D1687766

Hans-Rudolf Egli und Martin Hasler (Hrsg.)

Geografie
Wissen und verstehen

Ein Handbuch für die Sekundarstufe II

Autoren:

Silvan Aemisegger
Peter Berger
Sabin Bieri
Hans-Rudolf Egli
Martin Hasler
Stefan Manser
Matthias Probst
Ernst Stauffer
Franz Xaver Troxler

hep
der bildungsverlag
www.hep-verlag.ch

Hans-Rudolf Egli und Martin Hasler (Hrsg.)
Silvan Aemisegger, Peter Berger, Sabin Bieri, Hans-Rudolf Egli,
Martin Hasler, Stefan Manser, Matthias Probst, Ernst Stauffer,
Franz Xaver Troxler

Geografie
Wissen und verstehen
Ein Handbuch für die Sekundarstufe II
ISBN 978-3-03905-473-2

Layout: Jan Dubach, www.tasty.ch

Bibliografische Information der Deutschen Nationalbibliothek:
Die Deutsche Nationalbibliothek verzeichnet diese Publikation
in der Deutschen Nationalbibliografie; detaillierte bibliografische
Angaben sind im Internet über http://dnb.d-nb.de abrufbar.

2. Auflage 2010, überarbeitet und erweitert
Alle Rechte vorbehalten
© 2010 hep verlag ag, Bern

hep verlag ag
Brunngasse 36
CH-3011 Bern

www.hep-verlag.ch

Inhaltsverzeichnis

Vorwort 7

1 Geografie und ihre Geschichte 9
   Hans-Rudolf Egli, Martin Hasler

2 Planet Erde 17
   Peter Berger

3 Geologie 37
   Matthias Probst

4 Geomorphologie 83
   Matthias Probst

5 Böden 107
   Matthias Probst

6 Hydrologie 121
   Stefan Manser, Ernst Stauffer

7 Wetter und Klima 137
   Martin Hasler

8 Bevölkerung und Gesellschaft 167
   Martin Hasler, Sabin Bieri

9 Wirtschaft und Raum 205
   Silvan Aemisegger, Ernst Stauffer, Stefan Manser

10 Stadt und Verkehr 231
   Hans-Rudolf Egli

11 Landschaftswandel und Raumplanung 263
   Stefan Manser, Ernst Stauffer, Hans-Rudolf Egli

12 Entwicklung und Umwelt 279
   Sabin Bieri, Franz Xaver Troxler

13 Geografische Arbeitsmethoden 337
   Martin Hasler, Stefan Manser, Ernst Stauffer, Hans-Rudolf Egli

14 Register und Abbildungsnachweis 373

- Geografie und ihre Geschichte
- Planet Erde
- Geologie
- Geomorphologie
- Böden
- Hydrologie
- Wetter und Klima
- Bevölkerung und Gesellschaft
- Wirtschaft und Raum
- Stadt und Verkehr
- Landschaftswandel und Raumplanung
- Entwicklung und Umwelt
- Geografische Arbeitsmethoden
- Register und Abbildungsnachweis

Vorwort

«Wer die Welt verstehen will, der muss sie lesen.»
(«Die Welt»)

Die Welt – ein globales Dorf? Braucht es da noch eine Erdbeschreibung, eine Geografie, oder genügt für die Zukunft nicht ein «Dorfplan»? Es kann kaum bestritten werden, dass das globalisierte Warenangebot und ein scheinbar weltumspannendes Kommunikationsnetz das Weltbild im ersten Jahrzehnt des 21. Jahrhunderts kennzeichnen und damit auch die Aufgaben der Geografie verändert haben. Die Finanzkrise 2008/2009 belegt die Gefahren einer globalen Vernetzung deutlich, und der Klimagipfel in Kopenhagen vom Dezember 2009 zeigt, dass eine auf die Zukunft ausgerichtete Geografie zu den aktuellen Herausforderungen gehört.
Gerade junge Menschen in den Industrieländern sind heute in Beruf und Freizeit mobil. Sie bewegen sich in künstlichen und virtuellen Räumen und fühlen sich mit ihrer tatsächlichen Umgebung kaum mehr verbunden. Mobilität kennzeichnet heute die Wohn-, Arbeits- und Freizeitwelt vieler Menschen in den Dienstleistungsgesellschaften der Industrieländer. Der berufliche Alltag der Menschen spielt sich fast nur noch in klimatisierten Räumen ab. Die Natur wird höchstens noch am Wochenende oder in den Ferien zur Erholung aufgesucht.
Doch die globalen Probleme wie Klimawandel, Bodendegradation, Entwicklungsprobleme, Wasserknappheit usw. zeigen auf, dass ein Grundlagenwissen in der Geografie unumgänglich ist, damit die Herausforderungen im 21. Jahrhundert wirksam und nachhaltig angegangen werden können. Die Geografie beschäftigt sich mit der Erde im umfassenden Sinne: Sie versteht die Erde einerseits als Naturraum, der durch physische Kräfte geprägt und geformt wird, andererseits untersucht sie die vom Menschen zum Kulturraum geformte Landschaft. Sie setzt sich mit der Frage «Was ist wo, wie, wann und warum im Raum» wissenschaftlich auseinander.
«Erdbeschreibung» im weitesten Sinne des Wortes heisst zuerst einmal Orientierung im Raum. Darunter ist die Untersuchung der Lage im Raum (was ist wo?) zu verstehen. Zum Orientierungswissen gehört aber auch das Einordnen einer Beobachtung, einer Medienmeldung oder eines wissenschaftlichen Befundes in den fachlichen Hintergrund. Weiter gilt es, das fundierte Orientierungswissen an regionalgeografischen Beispielen anzuwenden und Wechselbeziehungen zwischen den raumbestimmenden Faktoren herzustellen. Die Gestalt der Erdoberfläche ist immer auch das Ergebnis unterschiedlichster Entwicklungsprozesse, die sich etwa im Landschaftswandel niederschlagen. Die Geografie hat im Verlaufe der Wissenschaftsgeschichte zur Analyse räumlicher Fragestellungen und zum Erfassen der dynamischen Geschichte einer Landschaft eine eigene Methodik und einen fachspezifischen Wortschatz entwickelt.
Das Handbuch richtet sich an Lehrende und Lernende der Sekundarstufe II, fasst Themen und Begriffe, wie sie etwa im Rahmenlehrplan für die Geografie und in den Lehrplänen für die Maturitätsschulen der einzelnen Kantone vorgesehen sind, zusammen und bildet damit die Grundlage zum Erarbeiten von fachspezifischen Schlüsselqualifikationen zum Erreichen der allgemeinen Studierfähigkeit. Gleichzeitig dient das Handbuch auch einer breiteren Öffentlichkeit als Nachschlagewerk für das Verständnis anspruchsvoller geografischer Themen. Zudem lassen die thematisch ausgerichteten Beiträge der Lehrkraft in der Auswahl regionalgeografischer Beispiele, für den Einsatz von Fallstudien und in der Unterrichtsgestaltung grosse Freiheiten. Als Handbuch unterstützt es die Erarbeitung und den Erwerb grundlegender geografischer Kenntnisse und Arbeitsmethoden. Eigene Unterrichtsnotizen, ein Atlas und die im Geografieunterricht eingesetzten Medien sollen das Handbuch in der Unterrichtsgestaltung ergänzen.

Das Buch orientiert sich beim Aufbau an geografischen Themen und folgt dabei der allgemein üblichen Einteilung geografischer Disziplinen in physisch-geografische, kulturgeografische und übergreifende Themenbereiche. Ein Kapitel mit ausgewählten geografischen Arbeitsmethoden ergänzt die thematisch orientierten Kapitel. Die einzelnen Kapitel sind dabei in sich geschlossen verfasst; aus der Kapitelreihenfolge ergibt sich keine für den Unterricht zwingende Anordnung.

Das Buch unterstützt den Erwerb kognitiver und methodischer Fertigkeiten und Fähigkeiten, es soll geografisches Wissen und Können aufbauen. Es ist den Autoren wichtig zu betonen, dass sich eine geografische Unterrichtsarbeit an einer Maturitätsschule nicht allein im Erwerb von Schlüsselqualifikationen erschöpfen darf. Jede Auseinandersetzung mit einer Region weist auch eine ästhetische und emotionale Seite auf. Gebirgs- und Wüstenlandschaften lösen Staunen und Ehrfurcht aus, von Kindern durchwühlte Müllhalden in einer Grossstadt der Dritten Welt provozieren Entsetzen und Gefühle der Ohnmacht. Und dass Gewalt immer noch als legitime Option bei Raumkonflikten angesehen wird, fordert gerade junge Menschen heraus und stellt die Frage nach dem eigenen Handlungsspielraum und der persönlichen Verhaltenskompetenz. Dadurch wird letztlich der eigene Lebensentwurf und die persönliche Biografie hinterfragt und geprägt.

Auch die grundlegend überarbeitete zweite Auflage dieses Handbuches könnte nicht erscheinen ohne die Unterstützung zahlreicher Personen und Institutionen. An erster Stelle geht der Dank an die Autorin und die Autoren, die mit grossem Einsatz ihre Texte ergänzt und teilweise neu geschrieben haben. Ein grosser Dank gebührt dem hep verlag, der uns die Möglichkeit gibt, das Lehrbuch zu überarbeiten und neu herauszugeben. Die Projektleiterin Geraldine Blatter hat uns in allen Phasen sehr kompetent und hilfreich unterstützt. Jan Dubach hat zahlreiche Grafiken neu gezeichnet und ist für die Buchgestaltung verantwortlich. Der Kartograf des Geographischen Institutes der Universität Bern, Alexander Hermann, gestaltete oder ergänzte mehrere Kartengrafiken. Ihnen allen danken wir ganz herzlich für ihre Beiträge und die ausgezeichnete Zusammenarbeit.

Bern, im Frühjahr 2010
Hans-Rudolf Egli und Martin Hasler

1
Geografie und ihre Geschichte

Hans-Rudolf Egli, Martin Hasler

Die Geografie untersucht die physisch-materielle Umwelt als Naturraum und als Existenzgrundlage und Produktionssphäre des Menschen sowie die Wechselwirkungen mit den gesellschaftlich-kulturellen Prozessen, die sich in den räumlichen Nutzungen manifestieren. Sie untersucht auch die Auswirkungen menschlicher Aktivitäten auf den Natur- und Kulturraum. Die Geografie beschreibt die Erde im wörtlichen Sinne und vermittelt als wissenschaftliche Disziplin jenes Wissen, das den Menschen befähigen soll, seine Umwelt und seinen Lebensraum besser zu verstehen und ökologisch, sozial und wirtschaftlich verantwortungsbewusst zu handeln.

1. Die Geografie als Wissenschaft

Geografie ist spannend und schwierig zugleich, weil sich das Fach mit den Mensch-Umwelt-Beziehungen auseinandersetzt und damit sowohl die naturräumliche Ausstattung der Erde wie auch die räumlichen Auswirkungen des sozial, kulturell und wirtschaftlich handelnden Menschen betrachtet. Entsprechend vielfältig sind denn auch die Methoden, die in der Geografie zur Anwendung gelangen.

Das System der modernen wissenschaftlichen Geografie (Abb. 1.1) gliedert sich in die **«Allgemeine Geografie»**, die auch als «thematische Geografie» bezeichnet wird und die sich vorwiegend themenorientiert einem Raum zuwendet, und in die **«Regionalgeografie»**, die die typischen räumlichen Aspekte einer Region in den Mittelpunkt stellt. Beide Seiten ergänzen sich gegenseitig und weisen in der Geschichte des Faches eine unterschiedliche Bedeutung auf. In der modernen geografischen Lehre und Forschung steht die Allgemeine Geografie im Vordergrund.

Lehre und Forschung

Abbildung 1.1:
Das System der modernen wissenschaftlichen Geografie

```
                              GEOGRAFIE
                                  |
          ┌───────────────────────┼───────────────────────┐
   Allgemeine Geografie    Regionale Geografie        Didaktik
          |                       |
   ┌──────┴──────┐          ┌─────┴─────┐
Physische      Kulturgeografie  Regional-   Landeskunde
Geografie    (Anthropogeografie, forschung
              Humangeografie)
```

Teildisziplinen										
Geomorphologie	Klimageografie	Hydrologie	andere	Wirtschaftsgeografie	Sozialgeografie	Siedlungs- und Verkehrsgeografie	andere	Sozioökonomische Entwicklungsforschung	Ökologische Belastungsanalyse	andere

Nachbardisziplinen										
Geologie	Meteorologie	Ingenieurwissenschaften	andere	Ökonomie	Soziologie	Kulturlandschaftsforschung	andere	Regionalplanung	Umweltplanung	andere

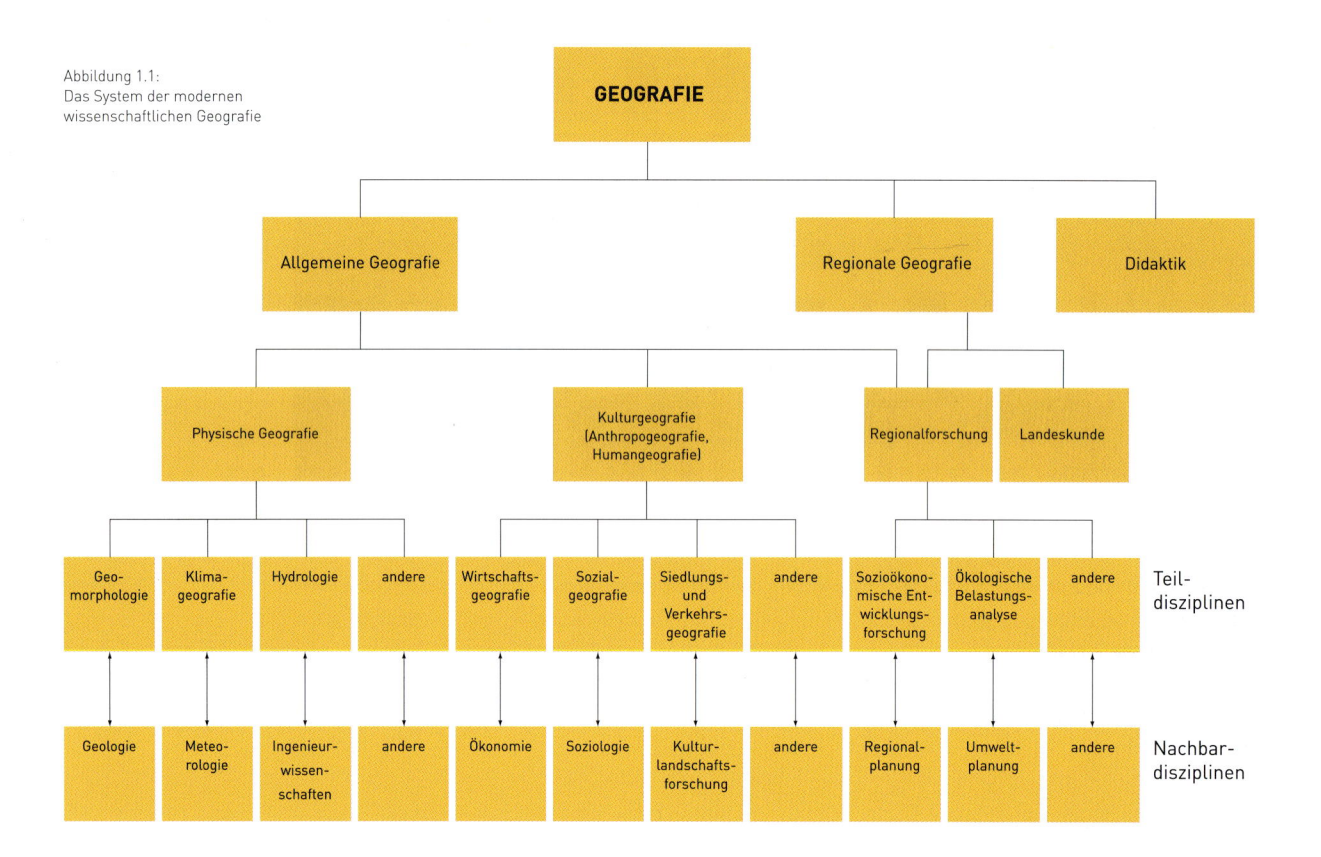

Die Geografie arbeitet raumzentriert an der Schnittstelle zwischen den Natur-, den Gesellschafts- und den Wirtschaftswissenschaften. Die Allgemeine Geografie zeichnet sich durch die Verbindung natur- und gesellschaftswissenschaftlicher Forschungsansätze und -methoden aus (Abb. 1.2). Die naturwissenschaftlich orientierte **«Physische Geografie»** untersucht die physische Umwelt und die darin wirksamen Kräfte und ablaufenden Prozesse. Sie gliedert sich in verschiedene Teilbereiche wie Klimatologie, Hydrologie, Vegetationsgeografie, Geomorphologie u.a.m. Die **«Kulturgeografie»** versteht den Naturraum einerseits als Grundlage für die menschliche Existenz und die kulturelle Entwicklung des Menschen und untersucht andererseits die Landschaft als das Ergebnis menschlichen Handelns und Gestaltens bzw. als Ergebnis gesellschaftlicher Strukturen. Landschaftswandel wird als das Resultat dynamischer naturräumlicher, wirtschaftlicher, politischer und sozialer Prozesse verstanden.

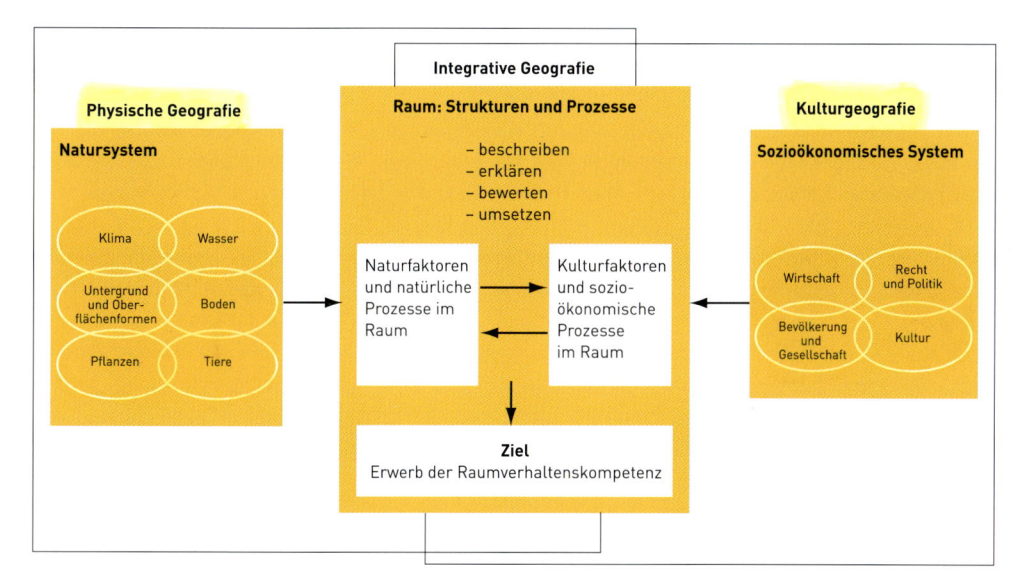

Abbildung 1.2:
Die geografischen Arbeitsfelder

Die **geografische Forschung** arbeitet eng mit zahlreichen Nachbarwissenschaften zusammen und öffnet damit den Geografinnen und Geografen viele Anwendungsfelder in der beruflichen Praxis. So arbeiten Geografinnen und Geografen in Umwelt- und Raumplanungsbüros, in internationalen Entwicklungsprojekten, in zahlreichen Verwaltungsabteilungen von Bund, Kantonen und Gemeinden sowie in vielen weiteren Bereichen.

Ein wichtiges Anliegen der Geografie ist die geografische Bildung, wie die Ausbildung von Geografielehrkräften, die Entwicklung von Lehrmitteln und Unterrichtsmedien und die didaktische Forschung. Das lexikalische Vermitteln länderkundlichen Wissens gehört in der **Schulgeografie** mittlerweile der Vergangenheit an. In der obligatorischen Schulzeit steht heute die Alltagstauglichkeit als didaktisches Konzept im Vordergrund und fliesst in die neuen Unterrichtsgefässe wie «Natur-Mensch-Mitwelt» oder «Mensch und Umwelt» ein. Auf der Sekundarstufe II wird thematisches Grundlagenwissen an räumlichen Beispielen vertieft, und räumliche Zusammenhänge und Entwicklungsprozesse werden erarbeitet. Schülerinnen und Schüler lernen dabei zu verstehen, dass das eigene Verhalten immer auch raumrelevant ist. Aber auch das «Weltverstehen» ist Teil des didaktischen Konzeptes für die Sekundarstufe II, das mit «Raumverhaltenskompetenz» umschrie-

Bildungsziele

Geografie und ihre Geschichte

ben wird. Geografische Kenntnisse und persönliches Engagement sind für das 21. Jahrhundert die Voraussetzungen, die zur Bewältigung globaler Probleme wie Umweltveränderungen, soziale Ungleichheit und wirtschaftliche Benachteiligung notwendig sind. Unverzichtbar in der geografischen Bildung ist deshalb auch eine wertorientierte Betrachtungsweise, die kulturelle Toleranz, einen verantwortungsbewussten Umgang mit den Ressourcen und eine nachhaltige Entwicklung der Lebensräume fördern soll.

2. Eine kurze Geschichte der Geografie

Die Wissenschaftsgeschichte der Geografie reicht bis in die griechische Antike zurück. Als Wissenschaft im modernen Sinne ist die Geografie ein Kind der europäischen Aufklärung und ein Ergebnis der Etablierung der modernen Wissenschaften, die im 19. Jahrhundert durch die Schaffung von Universitätsinstituten und Studiengängen eingeführt worden sind.

Das Wort **«Geografie»** stammt aus dem Griechischen und bedeutet **«Beschreibung der Erde»**. Die Anfänge der Beschäftigung mit der Erde und ihrer räumlichen Ausstattung sind nicht erst in der griechischen Antike auszumachen. Schon in der Frühzeit ihrer Geschichte mussten sich Menschen in ihrer Umwelt zurechtfinden. Bekannt sind Felsbilder, die oft den Lebensraum, ergänzt mit Wildtieren und Jagdszenen, zeigen. Es gibt aus verschiedenen Weltreligionen Hinweise, dass Menschen ihren Lebensraum beschrieben und diesen kartografisch dargestellt haben, zum Beispiel China um 1000 v. Chr.

Geografie im Altertum

Im klassischen Altertum fassten die Gelehrten mit dem Begriff «Geografie» Erkenntnisse über Land und Leute zusammen. Soweit heute bekannt ist, versuchte Thales von Milet in der ersten Hälfte des 6. Jahrhunderts v. Chr. erstmals eine wissenschaftliche Gesamtdarstellung der Welt vorzunehmen. Er beschrieb die **Erde als eine kreisförmige Scheibe**, die auf dem Urozean schwimmt. Als Urstoff der Schöpfung nahm er das Wasser an.

Im Griechenland der Antike gehörte es zur allgemeinen Bildung, sich mit geografischen Fragestellungen auch wissenschaftlich zu beschäftigen. Aus einer Vielzahl griechischer Gelehrter sollen deshalb einige Namen erwähnt werden, die für die Geschichte der geografischen Wissenschaft von grosser Bedeutung sind.

Herodot von Halikarnass (ca. 480–424 v. Chr.) verfügte selbst über grosse geografische Erfahrungen vor Ort durch ausgedehnte Reisen im Vorderen Orient, die er seinen länderkundlichen Aufzeichnungen zugrunde legte. Seine Beschreibung der ihm bekannten Räume umfasst die Topografie, die Herkunft der Völker, die Landesstruktur und die Lebensweise der Bevölkerung. Hinweise zur Kultur und zur Religion, zu Sitten und Gebräuchen und die kartografische Darstellung der Landschaften runden sein Werk ab. Herodot kann damit als Begründer klassischer länderkundlicher Monografien gelten.

Abbildung 1.3: Aristoteles (384–322 v. Chr.)

Nachdem **Aristoteles** (384–322 v. Chr.) die Lehre von der **Kugelgestalt der Erde** übernommen und Bereiche der Physischen Geografie (wie die Meteorologie) weiterentwickelt hatte, postulierte **Aristarch** von Samos in der ersten Hälfte des 3. Jahrhunderts v. Chr. als Erster ein Weltbild, das die Sonne ins Zentrum setzte (heliozentrisches Weltbild). **Eratosthenes** ermittelte im 3. Jahrhundert v. Chr. nicht nur den Umfang der Erde, sondern untersuchte auch die Beziehungen zwischen Mensch und Landschaft und setzte dafür den Begriff «Geografie» ein.

Abbildung 1.4: Eratosthenes (ca. 276–194 v. Chr.)

Claudius Ptolemäus von Alexandrien (ca. 100–170) vertrat dann allerdings wieder ein geozentrisches Weltbild und versuchte ebenfalls, den ihm bekannten Teil der Erde kartografisch darzustellen. Dazu setzte er sich auch mit der Geodäsie und der kartografischen Projektionslehre auseinander. Ptolemäus prägte mit seinem umfangreichen Werk die Vorstellungen über die Erde und das Weltall bis ins Entdeckungszeitalter (15. Jahrhundert).

Im abendländischen Mittelalter versuchten die kirchentreuen Gelehrten, das Weltbild mit der damaligen christlichen Weltanschauung in Übereinstimmung zu bringen. Es waren vor allem arabische Gelehrte, die die Ausdehnung des islamischen Reiches im 8. Jahrhundert und die ausgedehnten Kontakte arabischer Händler nutzten, um ein grosses, enzyklopädisches geografisches Schrifttum zu verfassen. So wirkte **al-Idrisi** (um 1100–1166) am Hofe Rogers II. in Sizilien als Geograf und Kartograf und verfasste 1154 sein nach ihm benanntes Kartenwerk.

Die Entdeckungsreisen schufen ab dem 15. Jahrhundert in Europa ein Bedürfnis nach geografischen Informationen über Land und Leute in den fernen Welten. Neu entdeckte Landschaften galt es geografisch zu dokumentieren und kartografisch aufzunehmen. **Martin Waldseemüller** (1470–ca. 1520) publizierte 1507 eine Karte, die erstmals den Namen «Amerika» aufführte. **Sebastian Münster** (1488–1552) schuf 1544 in Basel die «Cosmographia», eine Darstellung der damaligen Welt. **Gerhard Mercator** (1512–1594) entwickelte die nach ihm benannte Projektionsart und legte so die Grundlagen zur neueren Kartografie. **Nikolaus Kopernikus** (1473–1543), **Johannes Kepler** (1571–1630) und **Galileo Galilei** (1564–1642) widmeten sich der Erforschung des Sonnensystems und erreichten, dass das **heliozentrische Weltbild** schliesslich bei den Gelehrten allgemein akzeptiert wurde.

Auf ihren ausgedehnten Reisen wurden die europäischen Seefahrer oft auch von schreibkundigen Mitreisenden begleitet. Sie sollten ihre Beobachtungen und Eindrücke festhalten und damit ihre Mitmenschen in Europa beeindrucken. Mehr oder weniger realistische, zum Teil auch fantastische Reisebeschreibungen prägen bis ins 19. Jahrhundert die geografische Literatur. **Hans Staden** (1525–1576) beschrieb nach seinem Aufenthalt in Brasilien 1557 in seinem Werk «Wahrhaftige Historia ...» mit fast wissenschaftlicher Genauigkeit Land, Menschen, Tier- und Pflanzenwelt und schuf damit die erste völkerkundliche Monografie.

Bernhardus Varenius (1622–1650) gab nach der Publikation einer Landeskunde von Japan 1650 eine «Geographia Generalis» heraus, in der erstmals der Versuch unternommen wurde, geografische Fakten wissenschaftlich zu systematisieren. Varenius unterschied als Erster zwischen der **Allgemeinen** und der **Regionalgeografie**.

Anton Friedrich Büsching (1724–1793) gab neben einer Vielzahl geografischer Arbeiten 1754 eine «Neue Erdbeschreibung» heraus, mit der er für die Geografie die Grundlagen zu einer eigenständigen wissenschaftlichen Disziplin mit verschiedenen Teilgebieten schuf. Er eröffnete mit seiner «Erdbeschreibung» das Zeitalter der regionalgeografischen Publikationen.

Abbildung 1.5: Claudius Ptolemäus von Alexandrien (ca. 100–170)

Abbildung 1.6: al-Idrisi (um 1100–1166)

Abbildung 1.7: Gerhard Mercator (1512–1594)

Abbildung 1.8: Nikolaus Kopernikus (1473–1543)

Abbildung 1.9: Johannes Kepler (1571–1630)

Geografie und ihre Geschichte

Abbildung 1.10:
Galileo Galilei (1564–1642)

Abbildung 1.11:
Alexander von Humboldt (1769–1859) skizzierte auf seiner Forschungsreise 1810 den Vulkan Chimboroza in Ecuador.

Immanuel Kant (1724–1804), der sich neben der Philosophie auch mit der Geografie beschäftigte, erkannte, dass die Spezialdisziplinen wie die Meteorologie oder die Siedlungsgeografie innerhalb der Geografie vereinigt werden mussten, damit ein ganzheitliches Verständnis von Natur und Gesellschaft erreicht werden konnte. **Alexander von Humboldt** (1769–1859) und **Carl Ritter** (1779–1859) begründeten dann die **moderne geografische Forschung**. Humboldt gewann wichtige seiner wissenschaftlichen Erkenntnisse durch Feldforschungen auf ausgedehnten **Forschungsreisen**, vor allem in Südamerika. Er erkannte beispielsweise den Zusammenhang zwischen den Höhenstufen der Vegetation und den klimatischen Veränderungen in Abhängigkeit zur Höhe. Die Geografie wurde damit zu einem angewandten Forschungsgebiet mit naturwissenschaftlicher Methodik. Ritter wurde 1825 in Berlin der weltweit erste Universitätsprofessor für Geografie und gilt damit als Begründer der Geografie als selbstständiger wissenschaftlicher Disziplin auf Hochschulebene. Im Gegensatz zu Humboldt standen für Ritter nicht naturgeografische Erkenntnisse im Vordergrund. Ritter betrachtete die Natur als einen Raum, den der Mensch verantwortungsbewusst zu gestalten hat. Humboldt und Ritter stellten in ihren Publikationen den ganzheitlichen Ansatz der Geografie in den Vordergrund und können daher als Universalgelehrte betrachtet werden, die das Wissen der Geografie und der Nachbardisziplinen überschauen konnten.

Teildisziplinen

Bereits im 19. Jahrhundert zeichnete sich in der geografischen Forschung die Spezialisierung in Teildisziplinen ab. Eine Trennung in naturgeografische und kulturgeografische Teildisziplinen begann sich abzuzeichnen. Während **Friedrich Ratzel** (1844–1904) die Politische Geografie begründete, beschäftigten sich **Eduard Brückner** (1862–1927) mit der Klimamorphologie und **Hermann Flohn** (1912–1997) mit der Klimageschichte und der Klimaklassifikation.

Die Forschung verlagerte sich nach dem Zweiten Weltkrieg noch stärker in die Teilgebiete der Geografie. Man sprach von der Allgemeinen oder thematischen Geografie und grenzte sich von einer enzyklopädischen Länderkunde ab, die man vorerst der Schulgeografie überliess. Die Landschaft stellte den Raum dar, mit dem sich die Teildisziplinen beschäftigen.

Geografie – eine moderne Synthese

Während **Torsten Hägerstrand** (1916–2004) an der Universität von Lund (Schweden) eine Diffusionstheorie für die Geografie entwarf, mit der sich Ausbreitungsvorgänge modellieren liessen wie die Ausbreitung von Infektionserkrankungen (z. B. Ebola-Virus in Kongo) oder die Verbreitung technischer Neuerungen (z. B. Mobiltelefone), führte **Peter Haggett** (geb. 1933) von der University of Bristol, England, die Entwicklung räumlicher Modelle seines Kollegen **Richard Chorley** (1927–2002) von der Universität Cambridge weiter und postulierte in seinem Buch «Geographie – eine moderne Synthese» (erste Auflage 1972) eine neue, integrale Betrachtungsweise von Räumen, die die geografische Forschungs- und Denkweise in der zweiten Hälfte des 20. Jahrhunderts nachhaltig prägte.

Lebensraum Erde

Die **globalen Probleme** wie die Umweltbelastung, die Klimaveränderung, die beschränkte Verfügbarkeit von Ressourcen wie Erdöl und Wasser, die Globalisierung der Wirtschaft und die Diskussion der Tragfähigkeit der Erde rückten in den 90er-Jahren des 20. Jahrhunderts ökologische Fragestellungen auch in der geografischen Forschung in den Vordergrund. Das Zusammenführen von Forschungsergebnissen aus den Teilgebieten der Physischen Geografie und der Kulturgeografie zu einer raumorientierten Gesamtsicht erwies sich für einen verantwortungsvollen Umgang mit dem Lebensraum als unumgänglich. Allerdings genügte es nun nicht mehr, Räume strukturell zu

Eine kurze Geschichte der Geografie

beschreiben. Die geografische Forschung wandte sich den raumgestaltenden Kräften zu und versuchte, Vernetzungen von Raumelementen, räumliche Prozesse und deren Dynamik zu erkennen und zu erfassen. Aus Sorge um den Lebensraum Erde engagieren sich heute Geografen aktiv in der Umsetzung ihrer Erkenntnisse in der Öffentlichkeit, werden in Delegationen zu internationalen Umweltkonferenzen berufen und setzen sich für den Landschaftsschutz ein. Dadurch gelang es, dass heute Begriffe wie **«Raumverhaltenskompetenz»** und **«nachhaltige Entwicklung»** auf lokaler und globaler Ebene die didaktische Grundhaltung geografischer Lehre und Forschung prägen und damit die Ziele der geografischen Bildung umschreiben.

Literaturhinweise
BLOTEVOGEL H., 2001f.: Geographie, Geschichte der Geographie. In: Lexikon der Geographie. 4 Bände. Heidelberg.
BORSDORF A., 2007: Geographisch denken und wissenschaftlich arbeiten. Gotha.
BUTTIMER A., BRUNN S. D., WARDENGA U. (Hrsg.), 1999: Text and Image. Social construction of regional knowledges. Leipzig.
GEBHART H., GLASER R., RADTKE U., REUBER P., 2007: Geographie. Physische Geographie und Humangeographie. Heidelberg.
GOUDIE A., 1994: Mensch und Umwelt. Eine Einführung. Heidelberg.
HAGGETT P., 2004: Geographie – eine moderne Synthese. Stuttgart.
HEINEBERG H., 2006: Einführung in die Anthropogeographie/Humangeographie. Paderborn.
HEINRITZ G., WIESSNER R., 1997: Studienführer Geographie. Braunschweig.
KNOX P., MARSTON S., 2008: Humangeographie (Hrsg. von H. Gebhardt, P. Meusburger, D. Wastl-Walter). Heidelberg.
KOECK H. (Hrsg.), ab 1986: Handbuch des Geographieunterrichtes. 12 Bände. Köln.
LESER H., 1998: Was hat Geographie mit IDRISI zu tun? In: uni nova, September 1998. Basel.
LESER H., SCHNEIDER-SLIWA R., 1999: Geographie. Eine Einführung. Braunschweig.
LIVINGSTONE D. N., 1992: The geographical tradition. Episodes in the history of a contested enterprise. Oxford.
SCHENK W., SCHLIEPHAKE K. (Hrsg.), 2005: Allgemeine Anthropogeographie. Gotha/Stuttgart.
SCHMITHÜSEN J., 1970: Geschichte der geographischen Wissenschaft. Mannheim.
STRAHLER A. H., STRAHLER A. N., 2009: Physische Geographie. Stuttgart.

2
Planet Erde
Peter Berger

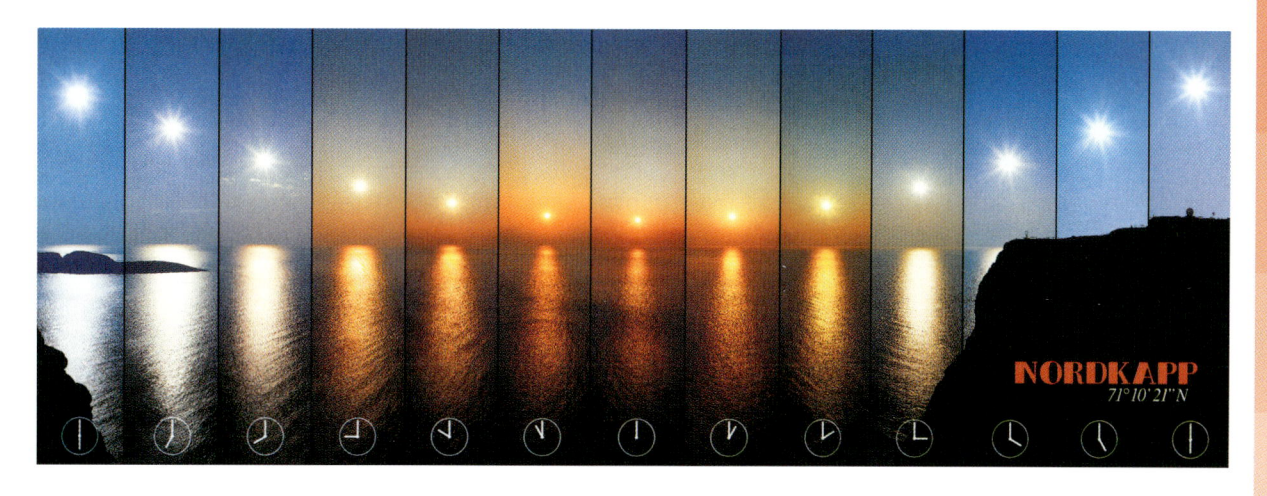

Die Jahreszeiten, wie wir sie in Mitteleuropa kennen, sind durch unterschiedliche Sonnenstände geprägt. Jede Jahreszeit hat ihre typischen Merkmale: Im Sommer geht die Sonne hoch über den Himmel, und die Tage sind sehr lang; im Winter hingegen sind die Tage kurz, und die Sonne beschreibt nur einen flachen Bogen über dem Horizont. Zwischen der unterschiedlich langen Sonnenscheindauer, den verschiedenen Einfallswinkeln der Sonnenstrahlen und den jahreszeitlichen Temperaturschwankungen gibt es einen direkten Zusammenhang.

Dieses Kapitel geht auf die wichtigsten Konsequenzen der Bewegung der Erde, der Neigung der Erdachse und deren Folgen auf die Einfallswinkel der Sonnenstrahlen, auf Tageslängen und Jahreszeiten ein. Durch die Bewegung von Erde und Mond entstehen Sonnen- und Mondfinsternisse. Die kombinierte Wirkung der Schwerkraft von Sonne und Mond führt zu Gezeitenerscheinungen auf der Erdoberfläche.

Wichtige Parameter, wie beispielsweise die Neigung und Ausrichtung der Erdachse, aber auch die Form der Erdbahn, ändern sich im Laufe von Jahrtausenden und beeinflussen so die Sonneneinstrahlung auf der Erdoberfläche. Der Wechsel von Warm- und Kaltzeiten kann dadurch teilweise erklärt werden.

1. Form der Erde

Viele Beobachtungen liefern Hinweise auf eine Wölbung der Erdoberfläche. Wenn z. B. ein Schiff von der Meeresküste wegfährt, «versinkt» es langsam hinter dem Horizont. Wäre die Erde eine Scheibe, so müsste es einfach immer kleiner erscheinen.

Bereits griechischen Astronomen war die Kugelform der Erde bekannt. Aristoteles (384–322 v. Chr.) führte Mondfinsternisse als Beleg für die Kugelform der Erde an. Diese treten bei Vollmond auf, wenn Mond, Erde und Sonne auf einer Linie liegen und der Mond sich in den Erdschatten hineinbewegt. Die Schattengrenze auf der Mondoberfläche ist dabei immer kreisförmig, was nur dann möglich ist, wenn die Erde eine Kugel ist.

Eratosthenes von Kyrene (ca. 276–194 v. Chr.) stellte auf seinen Reisen fest, dass zum Zeitpunkt des höchsten jährlichen Sonnenstandes die Sonne nicht überall gleich hoch über dem Horizont steht. So bemerkte er, dass in Syene (Assuan) die Sonnenstrahlen senkrecht in einen Brunnenschacht fielen, in Alexandria hingegen mit einem Winkel von 7,2°. Da er die Distanz b auf der Erdoberfläche zwischen den beiden Orten kannte, konnte er unter Annahme der Kugelform die erste überlieferte Bestimmung des Erdumfanges durchführen. Dieser beträgt gemäss seiner Berechnung $U = (360° / 7\,1/5°) \times b$. Mit den heute bekannten Umrechnungsfaktoren für die damals verwendeten griechischen Längenmasse liegt das Resultat im Bereich zwischen 37 700 km und 46 250 km.

Erdumfang

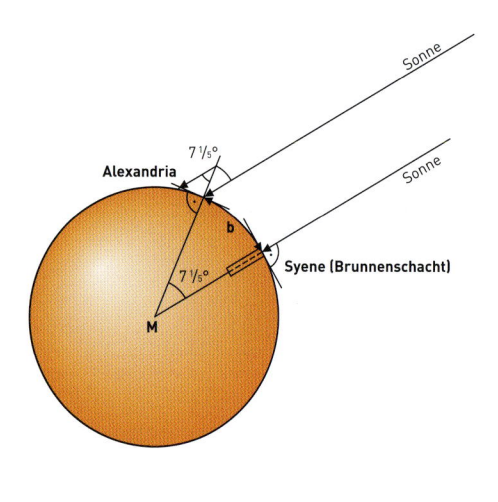

Abbildung 2.1, links: Bedingt durch die Neigung der Erdachse und die leicht elliptische Bahn der Erde, steht die Sonne im Laufe eines Jahres zu einem bestimmten Zeitpunkt (z. B. morgens um 8 Uhr) an unterschiedlichen Positionen über dem Horizont. Die dabei entstehende Figur in Form einer «8» wird als Analemma bezeichnet.

Abbildung 2.2, rechts: Eratosthenes berechnete den Erdumfang (Skizze nicht massstabsgetreu).

Lange wurde die Erde als perfekte Kugel betrachtet. Bei genauen Untersuchungen stellte Jean Richer 1672 in Cayenne (Französisch-Guyana) fest, dass er die Länge des Pendels seiner Pendeluhr gegenüber dem ursprünglichen Standort in Paris verkürzen musste, wenn die Schwingung des Pendels genau eine Sekunde dauern sollte. Es waren dann Christian Huygens und Isaac Newton, die aus den Beobachtungen Richers und den Gesetzen der Gravitation und der Fliehkraft den korrekten Schluss zogen, dass die Erde am Äquator leicht ausgebeult, an den beiden Polen aber abgeflacht sein muss. Genaue Vermessungen durch die französischen Forscher Pierre Louis Moreau de Maupertuis (1698–1759) in Lappland und durch La Condamine (1701–1774) in Peru belegten später diese theoretisch abgeleiteten Schlüsse. Streng genommen, hat die Erde keine Kugelform, sondern die Form eines **Rotationsellipsoides**. Verantwortlich für dessen Entstehung sind die durch die tägliche Rotation der Erde um die eigene Achse entstehenden Fliehkräfte und das plastische Verhalten des ganzen Erdkörpers. Daher ist der Abstand a vom Erdmittelpunkt zum Äquator um 21 km länger als der Abstand b zu einem der beiden Pole. Daraus berechnet sich die sogenannte **Abplattung** der Erde. Bei einer perfekten geometrischen Kugel ist die Abplattung null.

Rotationsellipsoid

Die heutigen Masse der Erde (nach «World Geodetic System», WGS 1984):

Erdmasse

Äquatorradius (a)	=	6 378 137 m
Polradius (b)	=	6 356 752 m
Erdumfang Äquator	=	40 075 017 m
Erdumfang Meridian	=	40 007 863 m
Abplattung	=	$(a-b)/a \approx 1/298.257 \approx 0{,}0035$

Oberfläche	Erde	510 Mio. km²	
	Wasser	362 Mio. km²	(71 %)
	Festland	148 Mio. km²	(29 %)
Volumen	Erde	$1083{,}207 \times 10^9$ km³	
Masse	Erde	$5{,}974 \times 10^{24}$ kg	
Mittlere Dichte	5,516 g/cm³		

Das **Schwerefeld** der Erde wird im Wesentlichen durch die Anziehungskräfte der Erdmasse und durch die bei der Rotation entstehenden Fliehkräfte verursacht. Wegen der ungleichförmigen Verteilung der Massen innerhalb der Erde ist das Schwerefeld der Erde unregelmässig. Denken wir uns eine Oberfläche, auf der in jedem Punkt die Schwerkraft senkrecht steht und in jedem Punkt gleich gross ist. Wir nennen eine solche Fläche Äquipotenzialfläche. Nun können wir eine solche Fläche als idealisierte «Meeresoberfläche» betrachten und bezeichnen sie als **Geoid**. Die so definierte Meeresoberfläche kann ausgebeult sein, ohne dass schwerkraftbedingte Meeresströmungen entstehen. Diese idealisierte Oberfläche weicht nun von der theoretischen Oberfläche des Rotationsellipsoides der Erde um bis zu 120 m ab (Abb. 2.3 und Abb. 2.4).

Geoid

Für Höhenbestimmungen mithilfe von GPS dient die Oberfläche des mathematisch definierten Rotationsellipsoides als Bezugshorizont. Die auf der Erdoberfläche vorgenommenen Höhenmessungen (Nivellements) beziehen sich auf die Geoidoberfläche als Referenz.

2

Abbildung 2.3, links:
Erdkugel, Rotationsellipsoid und Geoid (nicht massstabsgetreu)

Abbildung 2.4, rechts:
Die Erde als Geoid hat eine unregelmässige Form, vergleichbar mit einer Kartoffel.

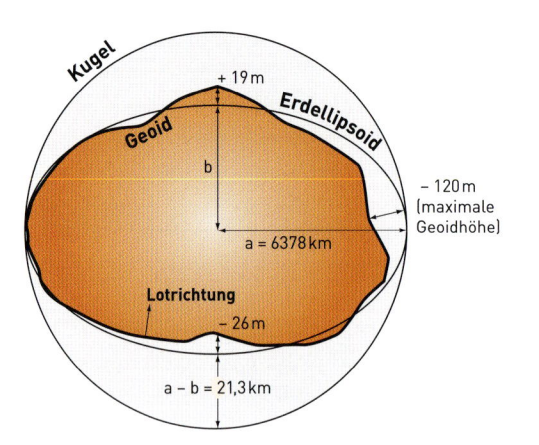

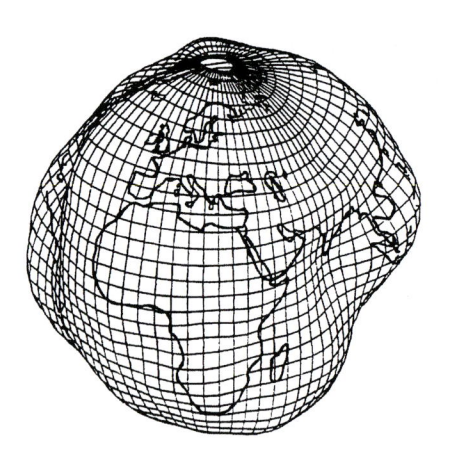

2. Das Magnetfeld der Erde

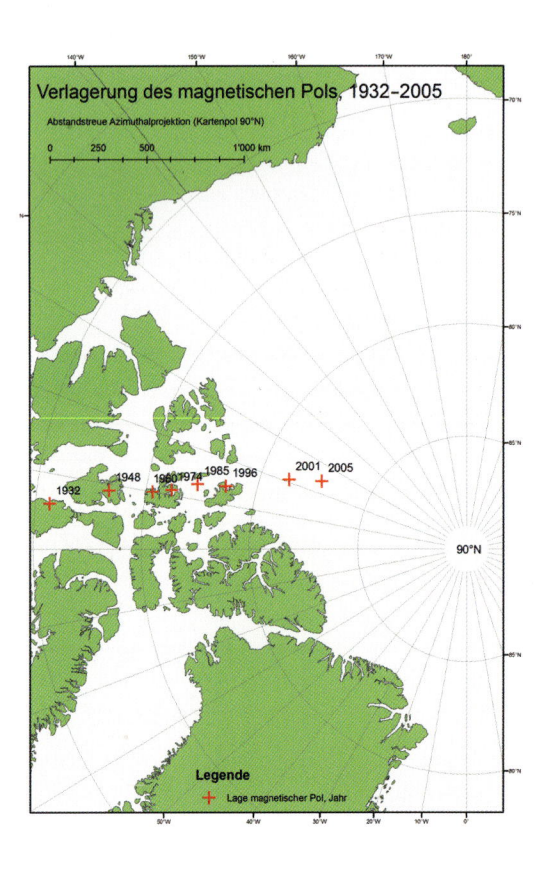

Das **Magnetfeld** der Erde liefert die Grundlage zur Navigation und Richtungsbestimmung mithilfe von Kompassen. Das Magnetfeld der Erde entspricht ungefähr dem eines magnetischen Dipols, also eines riesigen Stabmagneten. Die **magnetischen Pole (Nord- und Südpol)** liegen auf der Erde dort, wo die Feldlinien senkrecht zur Erdoberfläche verlaufen. Der eine magnetische Pol liegt nahe dem geografischen Nord-, der andere nahe dem geografischen Südpol. Die Lage der magnetischen Pole ist zeitlichen Änderungen unterworfen. Der nördliche magnetische Pol verlagert sich zurzeit jährlich um ca. 40 bis 50 km (vgl. Abb. 2.5).

Abbildung 2.5:
Wanderung des magnetischen Pols, 1932–2005

Wird das Magnetfeld der Erde als dasjenige eines Dipols betrachtet, so ist seine Achse um ca. 12° gegenüber der Erdachse geneigt. Dort, wo die (imaginäre) Achse des Dipols die Erdoberfläche durchstossen würde, liegen die beiden **geomagnetischen Pole**. Eine Kompassnadel richtet sich immer nach den Feldlinien des Erdmagnetfeldes aus. Weil diese im Bereich der beiden magnetischen Pole praktisch senkrecht zur Erdoberfläche verlaufen, ist dort die Richtungsbestimmung mithilfe eines Kompasses unzuverlässig. Die magnetischen und geografischen Pole sind nicht deckungsgleich, daher unterscheidet sich lokal die magnetische von der geografischen Nordrichtung. Der Winkel zwischen den beiden Nordrichtungen wird als magnetische Deklination bezeichnet und ist veränderlich. Zu Beginn des Jahres 2009 betrug die Deklination für Bern 0°53'E und wächst bis Ende 2010 auf 1°4'E an.

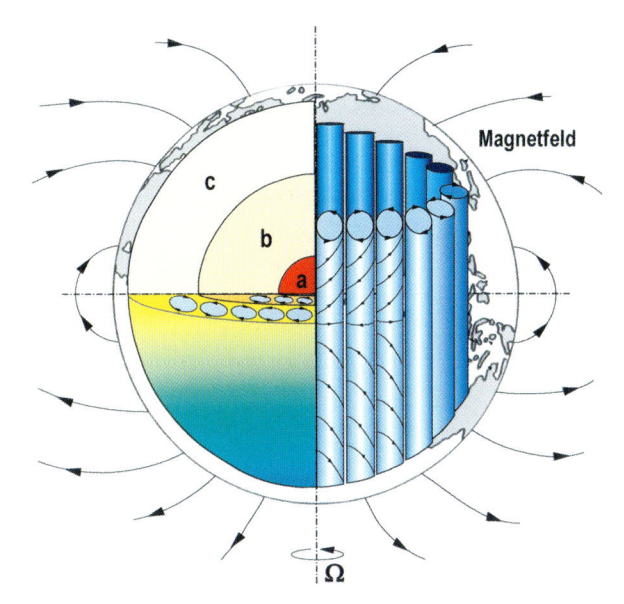

Abbildung 2.6:
Entstehung des Magnetfeldes der Erde

Die Entstehung des Erdmagnetfeldes ist noch nicht restlos geklärt. Als Ursache werden schraubenförmige Konvektionsströme im äusseren, flüssigen Teil des Erdkerns b bzw. des Erdmantels c vermutet (vgl. Abb. 2.6). Dafür sind Temperatur- und Dichteunterschiede sowie die Rotation der Erde Ω verantwortlich. Weil diese bewegten Massen aus elektrisch leitfähigem Material wie Eisen oder Nickel bestehen, wird ein sich selbst erhaltendes Magnetfeld aufgebaut, ein sogenannter **Geodynamo**. Darin wird kinetische Energie in elektromagnetische Energie umgewandelt.

Das Magnetfeld vermag die Erdoberfläche von der Wirkung des Sonnenwindes, eines Stromes geladener Teilchen mit hoher Geschwindigkeit, abzuschirmen. Der Sonnenwind und seine Wechselwirkungen mit dem Magnetfeld und der Erdatmosphäre sind aber auch die Ursache von eindrücklichen Leuchterscheinungen, der Aurora borealis, dem **Nord-** oder **Polarlicht**. Am häufigsten treten diese – sowohl auf der Nord- als auch auf der Südhalbkugel – in einem ringförmigen Gebiet um die beiden geomagnetischen Pole auf. Über Europa sind sie zwischen 65°N und 75°N häufig und vor allem während des Polarwinters gut zu beobachten. In mittleren geografischen Breiten sind Polarlichter relativ selten. Ein letztes markantes Ereignis konnte über der Nordschweiz und in Deutschland in der Nacht vom 6. auf den 7. April 2000 beobachtet werden.

Polarlicht

Das Magnetfeld der Erde ist zeitlich nicht stabil. Im Laufe der Erdgeschichte hat es sich mehrmals umgepolt, d. h., die magnetischen Süd- und Nordpole wurden vertauscht. Die letzte Umpolung erfolgte vor rund 780 000 Jahren und erstreckte sich über einige Tausend Jahre. Geologische Belege dafür sind die Magnetstreifenmuster auf den basaltischen Ozeanböden (vgl. Seite 45, 65).

Abbildung 2.7:
Polarlicht der Aurora borealis über dem Bear Lake, Alaska

Planet Erde

3. Rotation der Erde

Ortszeit

Die Erde dreht sich in 24 Stunden einmal in östlicher Richtung um die eigene Achse. Für den Beobachter auf der Erde wandert daher die Sonne von Ost nach West über das Himmelsgewölbe. Der höchste Punkt der täglichen Bahn, die Kulmination, wird als 12 Uhr **Ortszeit** definiert und steht genau südlich des Beobachters. Die Sonne überstreicht in 24 Stunden 360°, in einer Stunde also 15° bzw. in 4 Minuten 1 Längengrad. Die wahre Ortszeit, WOZ, richtet sich nach der tatsächlich beobachteten Kulmination der täglichen Sonnenbahn. Allerdings ist die Sonne ein relativ unpräziser Zeitgeber: Weil die Erde unter anderem auf einer leicht elliptischen Bahn um die Sonne wandert, bewegt sie sich nicht immer genau gleich schnell. Daher überschreitet die Sonne den örtlichen Meridian nicht immer zum genau gleichen Zeitpunkt. Die mittlere Ortszeit, MOZ, entspricht dem Zeitpunkt, an welchem eine sich gleichmässig bewegende Sonne die tägliche Kulmination erreichen würde. Die Differenz zwischen der wahren und der mittleren Ortszeit wird als Zeitgleichung bezeichnet; **Zeitgleichung** = WOZ−MOZ. So verspätet sich beispielsweise die Sonne am 11. Februar mit maximal 14 Minuten, am 4. November erscheint sie um 16 Minuten zu früh. Der Zeitpunkt des Sonnenaufganges verändert sich von Mitte Dezember bis Ende Januar in der Schweiz kaum, obschon in dieser Phase die Tageslänge bereits zunimmt. Die Sonne erscheint während dieser Phase jeweils kurz nach acht Uhr. Dafür setzt die Abenddämmerung bereits ab Anfang Januar später ein, und es bleibt Ende dieses Monats bis ca. 18 Uhr hell. Nach der Zeitgleichung verspätet sich die Sonne in diesem Zeitraum also um bis zu 14 Minuten.

Zeitgleichung

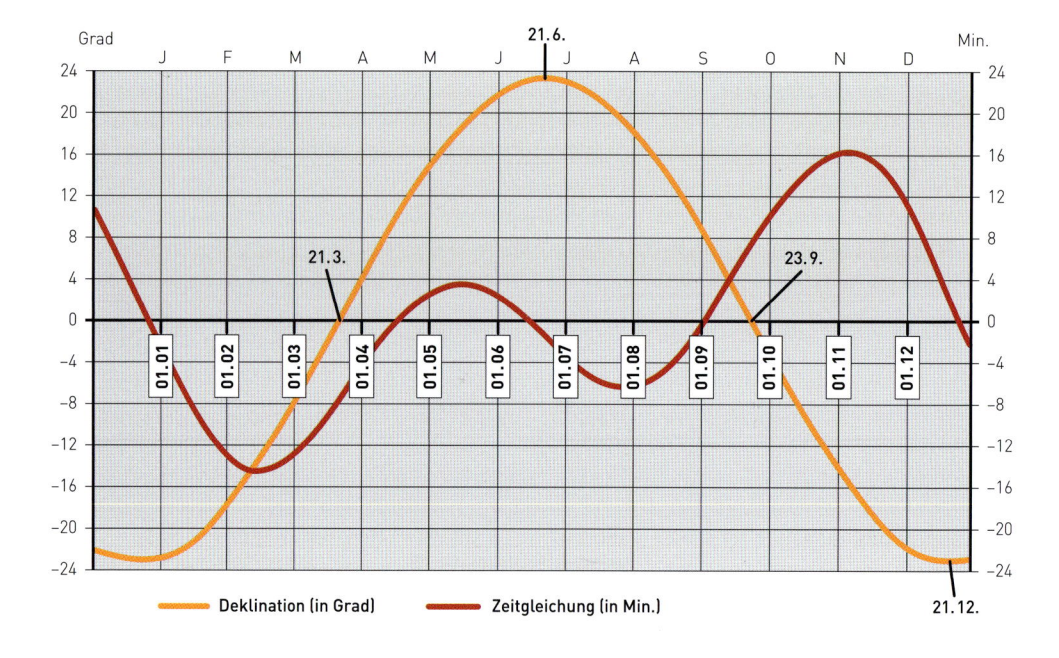

Abbildung 2.8: Zeitgleichung: Differenz zwischen der wahren und der mittleren Ortszeit

Orte, die nicht auf demselben Meridian liegen, haben unterschiedliche Ortszeiten: Die Ortszeiten von Chur (9°32'E) und Solothurn (7°32'E) unterscheiden sich beispielsweise um 8 Minuten voneinander. Solange keine schnellen Verkehrsmittel zwischen den Ortschaften zirkulierten, stellte dieser Sachverhalt kein Problem dar. So hatte bis 1848 jeder grössere Ort in der Schweiz seine eigene Ortszeit. Erst 1894 gab Genf seine eigene Ortszeit auf und gliederte sich in die schweizerische Zonenzeit ein.

1884 wurde die Erde in 24 Zeitzonen eingeteilt. Innerhalb einer Zeitzone gilt überall die gleiche Zeit, die «**Zonenzeit**» genannt wird. Für Mitteleuropa gilt die mitteleuropäische Zeit (MEZ), die um eine Stunde von der westeuropäischen Zeit (WEZ) oder Greenwicher Zeit abweicht (12.00 h MEZ = 11.00 h WEZ). Bei einer Reise nach Osten wird die Uhr pro Zeitzone, die durchquert wird, um eine Stunde vorgestellt. Anders bei einer Reise nach Westen: Pro Zeitzone, die durchquert wird, muss die Uhr um eine Stunde zurückgestellt werden. Zwischen dem letzten Wochenende im März und dem letzten Wochenende im Oktober werden in West- und Mitteleuropa (auch in der Schweiz) die Uhren um eine Stunde vorgestellt (**Sommerzeit**).

Für die Raumfahrt und den internationalen Informationsaustausch wird die Weltzeit, früher die **GMT** (Greenwich Mean Time), heute die **UTC** (Universal Time Coordinated), verwendet, die beide der mittleren Ortszeit von Greenwich (0°-Meridian) entsprechen. Sie unterscheiden sich nur dadurch, dass die koordinierte Zeit auf der Synchronisation der astronomisch bedingten Zeit mit einer Atomuhr beruht.

Zonenzeit

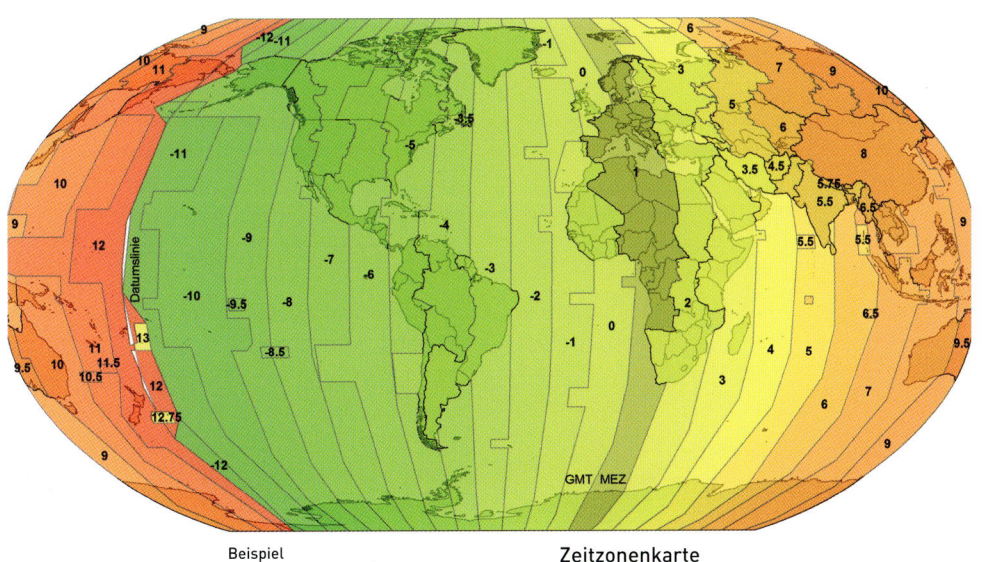

GMT, UTC

Abbildung 2.9:
Zeitzonenkarte der Erde

Beispiel

Schweiz: GMT + 1 = MEZ
New York: GMT − 5 = MEZ − 6
Indien: GMT + 6,5 = MEZ + 5,5

Zeitzonenkarte

Robinson-Projektion

Die Länge eines Tages wird durch die zeitliche Dauer einer **Rotation der Erde** um die eigene Drehachse bestimmt. Entscheidend dabei ist, einen Bezugspunkt festzulegen, da nur dann der Anfang bzw. das Ende einer Rotation festgelegt werden kann. Die so definierte Tageslänge fällt daher unterschiedlich lang aus, und zwar je nachdem, ob man die Sonne oder einen weiter entfernten Stern als Bezugspunkt auswählt. Es ist deshalb zwischen einem Sonnen- und einem Sterntag zu unterscheiden.

Die Erde verschiebt sich auf ihrer Umlaufbahn um die Sonne pro Tag um ca. 1° (360° in 365 Tagen). Misst nun ein Beobachter auf der Erde die Zeit zwischen zwei Meridiandurchgängen der Sonne (**Sonnentag**), so entspricht dies genau 24 Stunden. Er hat dann aber die zeitliche Dauer von etwas mehr als einer Umdrehung der Erde um die eigene Achse gemessen, weil der Beobachter auch noch die Zeit für das eine Grad misst, welches die Erde auf der Bahn um die Sonne mitterweile zurückgelegt hat.

Sonnentag

Planet Erde

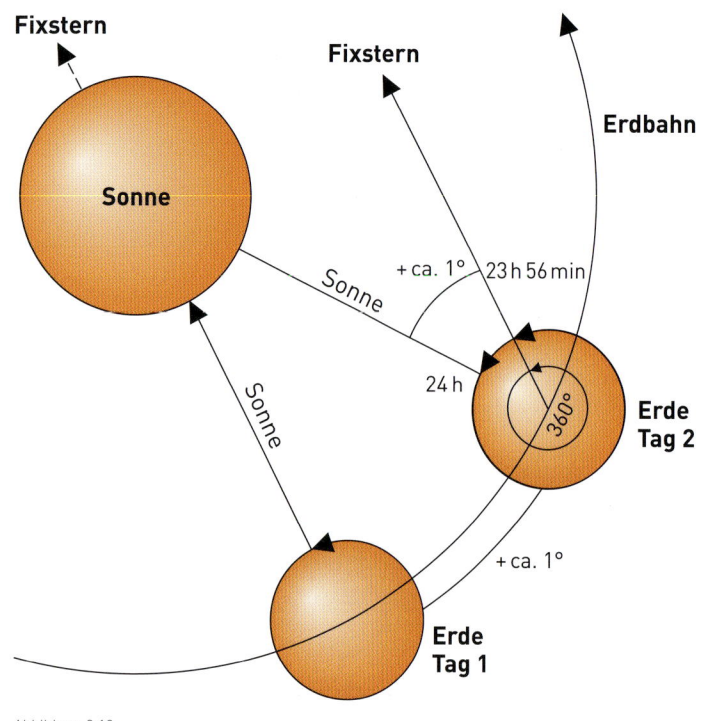

Abbildung 2.10:
Die Differenz zwischen Sonnen- und Sterntag (Winkel nicht massstabstreu)

Beim **Sterntag** wird exakt die Zeit für eine vollständige Drehung der Erde um die eigene Achse (360°) gemessen. Die Zeitspanne zwischen zwei aufeinanderfolgenden nächtlichen Durchgängen eines Fixsterns durch den örtlichen Meridian misst 23 Stunden 56 Minuten 04,09053 Sekunden.

Die Gliederung des Jahres in **Monate** geht ursprünglich auf die Mondphasen zurück. Bestimmt man das Zeitintervall zwischen zwei gleichen Mondphasen (von Vollmond zu Vollmond), erhält man den synodischen Monat mit einer mittleren Dauer von 29,530589 Tagen. Dabei bezieht sich die Umlaufzeit auf die Sonne. Wenn ein Fixstern als Bezugspunkt für den Mondumlauf um die Erde gewählt wird, dauert dieser siderische Monat im Mittel 27,321162 Tage.

Das **Jahr** ist definiert als die Zeitspanne, welche die Erde für einen vollständigen Umlauf um die Sonne benötigt. Auch dabei sind verschiedene Bezugspunkte möglich. Das für den Kalender wichtige tropische Jahr misst die Zeitspanne von einem Frühlingsbeginn zum nächsten, was 365,242190 Tagen entspricht.

Kalender

Abbildung 2.11:
Papst Gregor XIII., 1502–1585. Die päpstliche Bulle «Inter gravissimas» vom 24. Februar 1582 reformierte den julianischen Kalender und dekretierte den gregorianischen Kalender.

Das **Kalenderjahr** rechnet aus praktischen Gründen nur mit ganzen Tagen und Monaten, weshalb die Differenz zum tropischen Jahr durch Schalttage korrigiert werden muss. Der noch heute gültige Kalender ist der gregorianische, welcher 1582 von Papst Gregor XIII. eingesetzt wurde. Dieser wiederum stützte sich auf den julianischen Kalender (nach Julius Cäsar). Der damalige römische Kalender basierte auf einem Mondkalender, der aber zwischendurch mit eingeschobenen Tagen an das Sonnenjahr angepasst werden musste. Durch die julianische Kalenderreform wurde alle vier Jahre ein Schalttag im Monat Februar eingeführt. Allerdings wird durch eine starre Anwendung dieser Regel zu viel kompensiert. Daher wird im gregorianischen Kalender der Schalttag dann weggelassen, wenn die Jahreszahl durch 100, nicht aber, wenn sie durch 400 teilbar ist.

4. Die Revolution der Erde (Umlauf der Erde um die Sonne)

Die Bahn der Erde um die Sonne entspricht einer nahezu kreisförmigen Ellipse. Im sonnenfernsten Punkt der Erdbahn (Aphel, Anfang Juli) beträgt die Distanz der Erde zur Sonne 152,1 Mio. km, im sonnennächsten Punkt (Perihel, Anfang Januar) 147,1 Mio. km. Die Erdachse (Rotationsachse) steht nicht senkrecht auf der Bahnebene zur Sonne (**Ekliptik**), sondern bildet mit der Senkrechten zur Ekliptik einen Winkel von ca. 23,5°. Wegen dieser Schiefstellung der Erdachse und der **Revolution** (Umlauf der Erde um die Sonne) ändert sich die Sonnenhöhe am Mittag im Laufe eines Jahres, was die **Jahreszeiten** erzeugt. Die Deklination d ist der Winkel zwischen der Sonnenhöhe am Mittag und dem Himmelsäquator bzw. die geografische Breite, an der die Sonne zum betrachteten Zeitpunkt im Zenit steht. Für einen bestimmten Ort verändern sich die Längen von Tag und Nacht im Laufe eines Jahres und sind abhängig von der Position der Erde auf ihrer Bahn um die Sonne. Befinden sich die beiden geografischen Pole genau auf der Schattengrenze, liegt die Erdachse senkrecht zu den Sonnenstrahlen. Dann steht die Sonne über dem Äquator im Zenit (d = 0). Das sind die beiden Äquinoktien.

Die wichtigsten Erdbahnparameter sind periodischen Schwankungen unterworfen und beeinflussen die Einstrahlungsverhältnisse auf der Erde. Dabei sind bedeutend:

1. die Neigung der Erdachse,
2. die Präzession der Erdachse,
3. die Exzentrizität der Erdbahn.

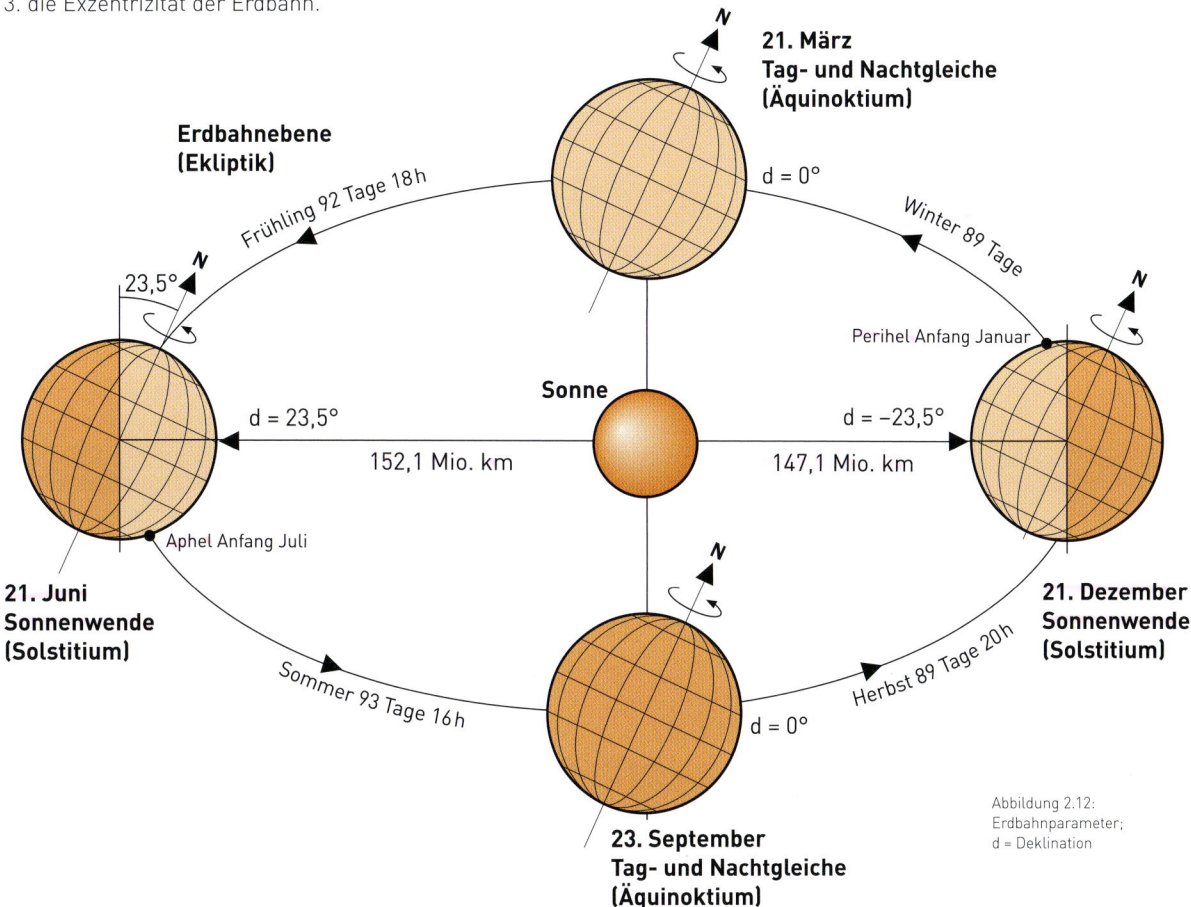

Abbildung 2.12: Erdbahnparameter; d = Deklination

Planet Erde

Die Neigung der Erdachse zur Senkrechten der Ekliptik (**Ekliptikschiefe**) beträgt zurzeit 23°26', schwankt aber zwischen 21°2' und 24°3' mit einer Periode von 41 000 Jahren. Der Anteil der Tropenzone zwischen den Wendekreisen an der Gesamtoberfläche der Erde schwankt deshalb zwischen 36% (bei einer Neigung von 21°2') und 42% (bei einer Neigung von 24°3'), was eine der möglichen Ursachen langperiodischer globaler Klimaschwankungen ist.

Die Rotationsachse der Erde beschreibt ihrerseits einen Doppelkegel um die Senkrechte zur Ekliptik. Diese Bewegung heisst **Präzession** und entspricht einer Kreiselbewegung. Sie ist eine Folge der Gezeitenkräfte der Sonne und des Mondes auf den Äquatorwulst der Erde. Ein vollständiger Umlauf der Erdachse um die durch den Erdmittelpunkt verlaufende Senkrechte zur Ekliptik dauert ca. 22 000 Jahre. Die Präzession bewirkt, dass sich markante jahreszeitliche Positionen der Erde ändern. So fällt beispielsweise heute der Winter der Nordhalbkugel in die Zeit des Perihels, was eher mildere Winter und kühlere Sommer zur Folge hat. Vor ca. 11 000 Jahren war die Situation umgekehrt. Diese Konstellation bewirkte wärmere Sommer und kältere Winter auf der Nordhalbkugel.

Abbildung 2.13, links: Die Neigung der Erdachse unterliegt periodischen Schwankungen.

Abbildung 2.14, rechts: Präzessionsbewegung der Erdachse

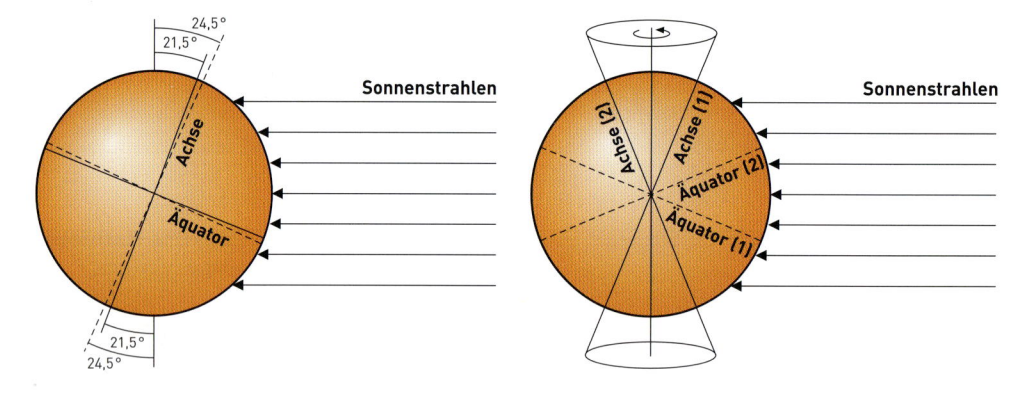

Schwankungen der Erdbahnparameter

Die elliptische Form der Erdbahn um die Sonne ist langfristigen Schwankungen unterworfen. Als Mass für die Abweichung einer Ellipse von der Kreisform gilt die **Exzentrizität** e (vgl. Abb. 2.15). Die maximale Exzentrizität beträgt 0,06, zurzeit 0,017. Die Schwankungen der Exzentrizität treten mit einer markanten Periode von 100 000 Jahren Dauer auf. Bei stärkerer Exzentrizität ergeben sich grössere Einstrahlungsunterschiede zwischen Perihel und Aphel.

Abbildung 2.15: Exzentrizität der Ellipse ist definiert durch $\epsilon = \frac{\sqrt{a^2-b^2}}{a}$. Bei Kreisform gilt $\epsilon = 0$, bei $\epsilon \to 1$ liegt eine langgestreckte Ellipse vor.

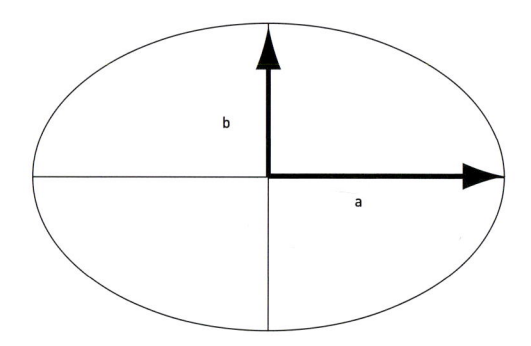

Die Variationen der Erdbahnparameter treten kombiniert auf und verändern die Einstrahlungs- und somit auch die Temperaturverhältnisse auf der Erdoberfläche. Milutin Milankovic (1879–1958), ein serbischer Astronom, entwickelte als Erster eine astronomische Theorie zur Entstehung von Eiszeiten und berechnete aufgrund der erwähnten Periodizitäten Zyklen von Warm- und Kaltzeiten. Mithilfe von Altersbestimmungen wie auch der Analyse des Gehaltes von Sauerstoffisotopen in Meeresablagerungen oder in Eisproben aus dem grönländischen und antarktischen Inlandeis konnte für die letzten 2 Millionen Jahre eine gute Korrelation zwischen den Variationen der Erdbahnparameter und der Temperaturentwicklung der Erde festgestellt werden.

5. Die solaren Klimazonen

Die Sonne ist bei Weitem die wichtigste Energiequelle, welche die Erdoberfläche erwärmt. Bedingt durch die Kugelgestalt der Erde, die Neigung der Erdachse und die Revolution, unterscheidet sich der Einfallswinkel der Sonnenstrahlung je nach geografischer Breite und ist zyklischen, jahreszeitlichen Schwankungen unterworfen. Die sich ändernden Sonnenstände bewirken eine unterschiedliche Erwärmung der Erdoberfläche und sind sowohl verantwortlich für die Jahreszeiten als auch für die solaren Klimazonen der Erde (vgl. Abb. 2.16).

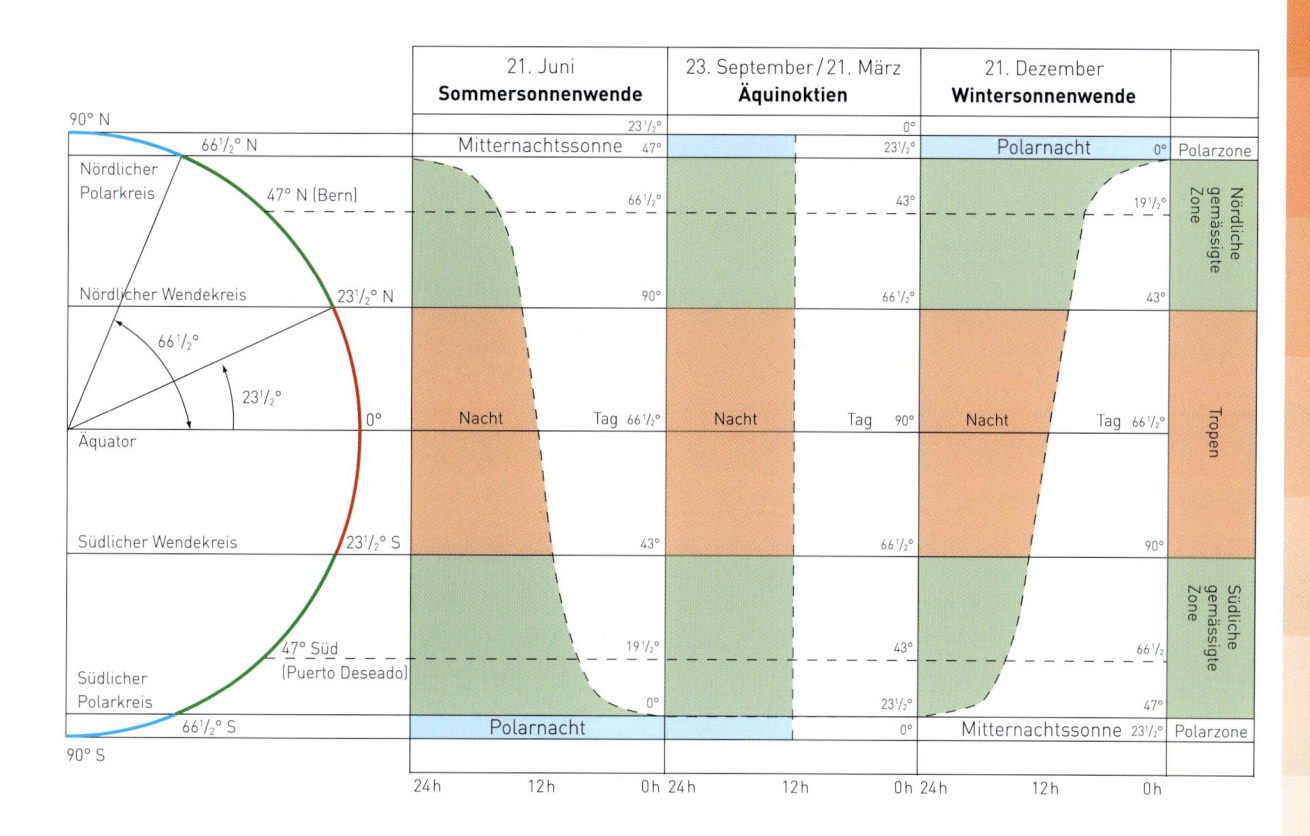

Abbildung 2.16:
Solare Klimazonen, Tageslängen und Einfallswinkel der Sonnenstrahlen beim Zenitstand der Sonne (Mittag)

Berechnungen

Wird der natürliche Horizont, der durch Berge oder Hügel begrenzt ist, vernachlässigt, lassen sich die Einfallswinkel der Sonnenstrahlen über einem beliebigen Ort für Mittag Ortszeit einfach berechnen. Dazu wird neben der geografischen Breite f des betrachteten Ortes nur noch die Deklination d der Sonne benötigt. Die Deklination ist der Winkel zwischen der Sonnenhöhe am Mittag und dem Himmelsäquator bzw. die geografische Breite, an der die Sonne zum betrachteten Zeitpunkt im Zenit steht.

Einfallswinkel der Sonnenstrahlen

Die folgenden Beispiele zeigen Ergebnisse verschiedener Berechnungen.

Planet Erde

Berechnung 1: Sonnenhöhe am Mittag (Ortszeit)

Die Höhe der Sonne am Mittag Ortszeit kann für jeden Ort der Erde und für jeden beliebigen Tag im Jahr bestimmt werden. Zur Lösung werden nur die geografische Breite des Ortes und die Deklination der Sonne benötigt.

Als Beispiel soll die Höhe der Sonne am Mittag über Bern am 1. November bestimmt werden. Geografische Breite f = 47°N und Deklination d = –14° (vgl. Abb. 2.8).

Der gesuchte Einfallswinkel misst z = 90° – (f + d) = 29°. Bei der Herleitung ist zu beachten, dass die Sonnenstrahlen als Parallelen betrachtet werden.

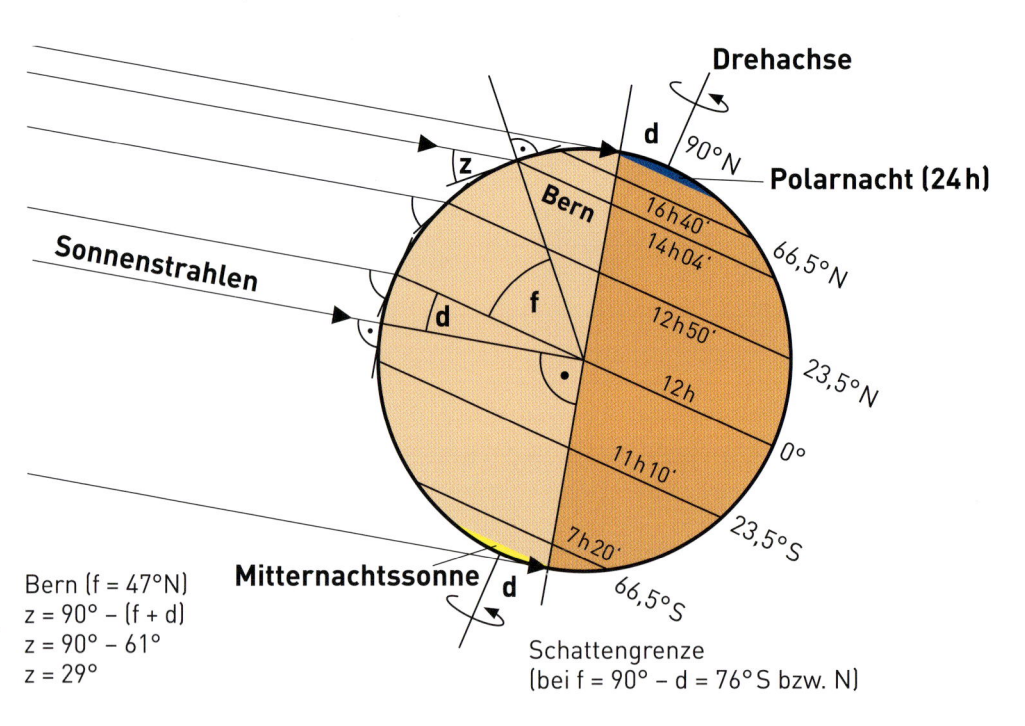

Abbildung 2.17: Einfallswinkel der Sonnenstrahlen für den 1. November, Lage der Schattengrenze und Länge der Nacht. Sonnenstrahlen sind Parallelen.

Bern (f = 47°N)
z = 90° – (f + d)
z = 90° – 61°
z = 29°

Schattengrenze (bei f = 90° – d = 76°S bzw. N)

Tagbogen der Sonne

Berechnung 2: Tagbogen der Sonne

Der Tagbogen der Sonne über einem bestimmten Ort und an einem beliebigen Datum kann ebenfalls berechnet werden. Die Formel erlaubt uns, z. B. für jede Stunde (Ortszeit) die Höhe der Sonne über dem Horizont zu berechnen. Die folgende Berechnung ist vereinfacht: In der Grafik des Tagbogens ist nicht die jeweilige Richtung des Sonnenstandes («Azimut») angegeben, sondern nur die Ortszeit mit der entsprechenden Sonnenhöhe. In einem weiteren Berechnungsschritt könnte auch das Azimut miteinbezogen werden. Dabei wenden wir folgende Beziehung (ohne Herleitung) an:
$\sin(h) = \sin(d) \cdot \sin(f) + \cos(d) \cdot \cos(f) \cdot \cos(s)$,
wobei: d = Deklination der Sonne; f = geografische Breite (negativ, wenn auf der Südhalbkugel); s = Stundenwinkel (Meridianwinkel). Am Mittag ist s = 0, am Vormittag ist der Winkel negativ (z.B. 8 Uhr morgens –60°), nachmittags positiv (z.B. 15 Uhr + 45°). h ist die gesuchte Sonnenhöhe über dem Horizont.

Mit den Resultaten kann ein Tagbogen der Sonne über einem Ort gezeichnet werden. Auf der x-Achse wird die Zeit, auf der y-Achse die Sonnenhöhe abgetragen.

Sonnenhöhen zu verschiedenen Jahreszeiten

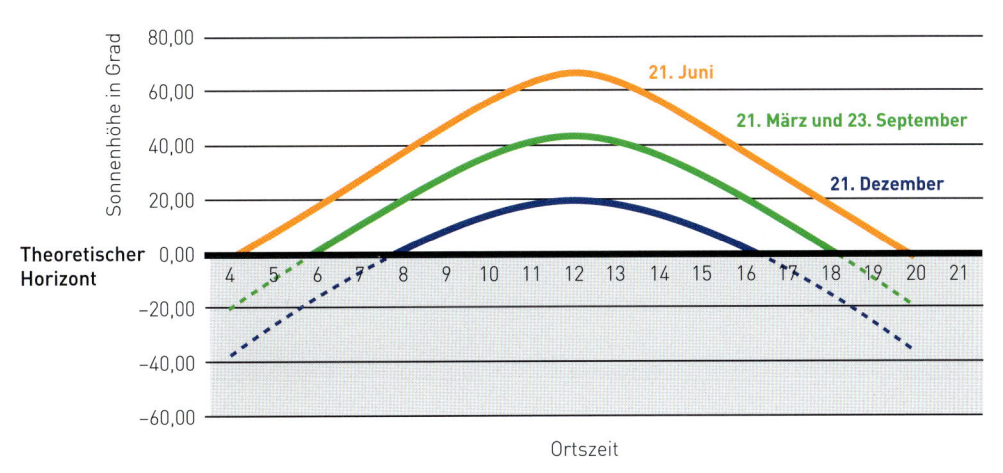

Abbildung 2.18:
Sonnenhöhe im Tagesgang über Bern zu verschiedenen Jahreszeiten

Berechnung 3: Die Tageslänge in Stunden

Die Tageslänge (Zeitspanne zwischen Sonnenauf- und -untergang) variiert für jeden Ort und jeden Tag. Zur Berechnung der Tageslänge wird nur die geografische Breite f und die Deklination d der Sonne benötigt. Die Resultate beziehen sich auf den mathematischen Horizont, der lokale Horizontverlauf wird nicht berücksichtigt, und die Sonne wird als Punkt betrachtet.

Tageslänge l = 2(180° − arccos(tan(d) × tan(f)))/15° (in Stunden)
Beispiel: Bern am 1. November (f = 47° und Deklination d = −14°)
Tageslänge l = 9 h 55 min (= 9,93 h)
(Die Formel liefert kein Resultat für Orte, an denen entweder Polarnacht oder Mitternachtssonne herrscht.)

Die Formel wurde verwendet, um die folgenden Tageslängen zu berechnen:

Abbildung 2.19:
Tageslängen

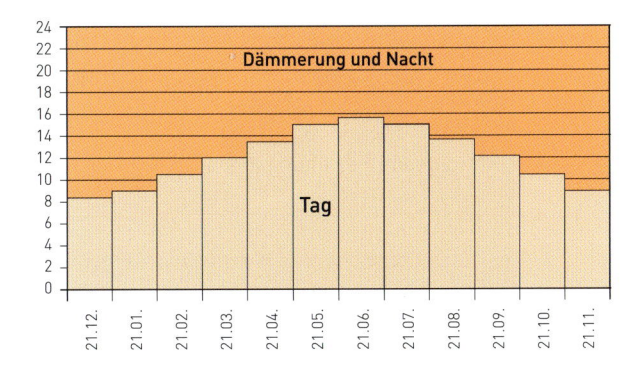

a) Tageslängen in Stunden im Jahresgang über Bern

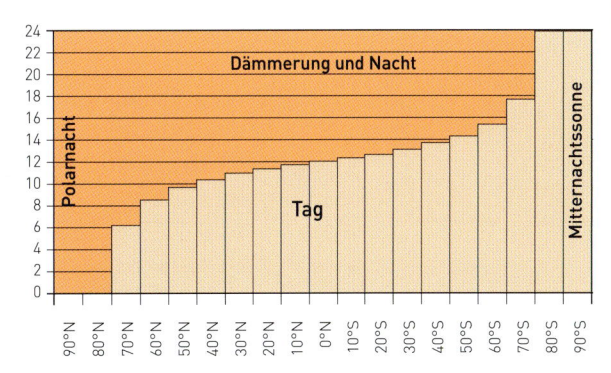

b) Tageslängen in Stunden am 1. November zwischen Nord- und Südpol

Planet Erde

6. Die Erde und der Mond

Der Mond umkreist die Erde auf einer elliptischen Bahn mit Abständen von minimal 356 400 km (Perigäum) und maximal 406 700 km (Apogäum) im gleichen Sinne, wie sich die Erde um die Sonne bewegt. Die Eigendrehung des Mondes ist gleich schnell wie der Umlauf des Mondes um die Erde. Man spricht deshalb von einer gebundenen Rotation. Ein Beobachter auf der Erde sieht immer dieselbe Mondhälfte. Weil aber der Mond aufgrund der elliptischen Umlaufbahn unterschiedliche Bahngeschwindigkeiten hat, bewegt er sich nicht immer genau gleich schnell wie die Erde: Er «taumelt» (Libration). Dies ermöglicht es einem Beobachter auf der Erde, auch Randbereiche der Rückseite einzusehen. Die Mondbahnebene ist gegenüber der Ekliptik mit 5°09' leicht geneigt.

Mondphasen

Die Zeit von Vollmond zu Vollmond, die z.B. dem islamischen Kalender zugrunde liegt, wird als synodischer Monat bezeichnet und beträgt im Mittel 29,53 Tage. Nach $7\,^1/_2$ Tagen steht der Mond im ersten Viertel (zunehmender Halbmond), nach $14\,^3/_4$ Tagen erscheint der Vollmond. Nach $21\,^1/_4$ Tagen (letztes Viertel) herrscht abnehmender Halbmond, und nach $29\,^1/_2$ Tagen wird wiederum die Neumondphase erreicht.

Sonnenfinsternis

Liegen Sonne, Mond und Erde in dieser Reihenfolge auf einer Linie, so stehen Sonne und Mond in Konjunktion. Wenn dabei der Mondschatten die Erdoberfläche erreicht, kommt es zu einer **Sonnenfinsternis**. Trifft sogar der Kernschatten des Mondes die Erde, gibt es eine totale Sonnenfinsternis. Die letzte totale Sonnenfinsternis konnte in Mitteleuropa am 11. August 1999 beobachtet werden, die nächste wird in der Schweiz erst am 3. September 2081 beobachtbar sein. Dort, wo der Halbschatten auf die Erdoberfläche trifft, kann eine partielle Sonnenfinsternis beobachtet werden.

Bei Vollmond steht die Sonne in Opposition zum Mond (Sonne, Erde und Mond liegen in dieser Abfolge in einer Linie), wenn der Mond in den Erdschatten eintritt, wird eine **Mondfinsternis** beobachtet. Wenn der Mond vollständig in den Schattenkegel der Erde eintritt, ist die Mondfinsternis total, sonst nur partiell. Mondfinsternisse sind häufiger zu beobachten als Sonnenfinsternisse, weil der kleinere Mond häufiger den Schatten der grösseren Erde passiert. Die nächsten totalen Mondfinsternisse in Mitteleuropa werden am 15. Juni 2011 und am 28. September 2015 zu beobachten sein. Die Tatsache, dass die auf der Mondoberfläche beobachteten Schattengrenzen immer kreisförmig sind, wurde bereits im Altertum als Beleg für die Kugelform der Erde betrachtet.

Abbildung 2.20, links: Synodischer Monat und Mondphasen

Abbildung 2.21, rechts: Totale Sonnenfinsternis über Bad Bergzabern, 11. August 1999. Deutlich ist das leuchtende Sonnenplasma, die Korona, neben der Mondscheibe zu erkennen.

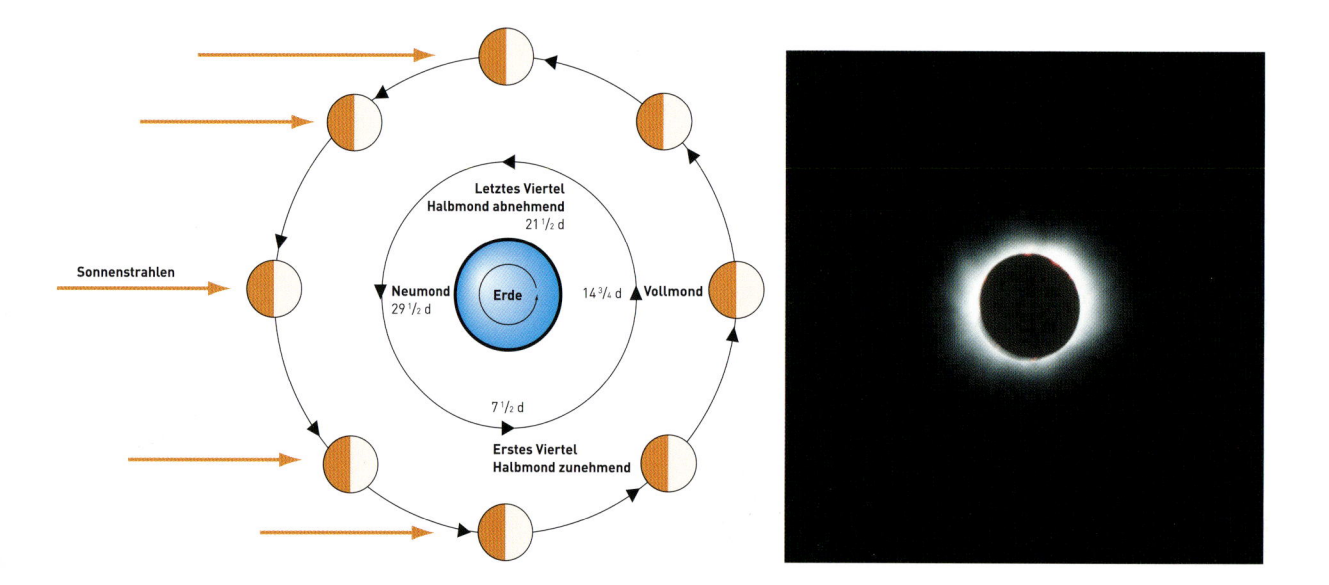

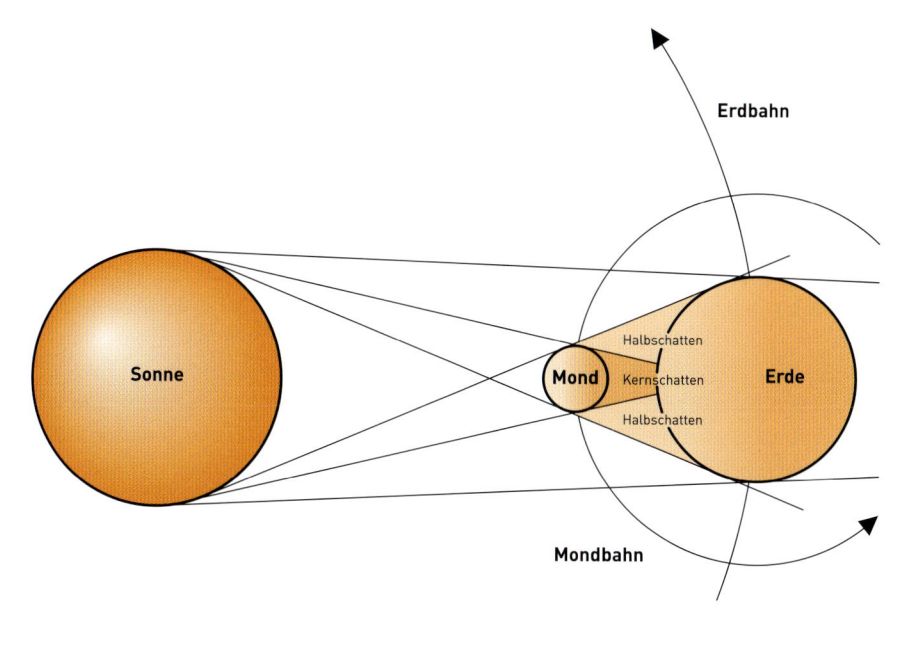

Abbildung 2.22:
Schema zur Erläuterung der totalen bzw. partiellen Sonnenfinsternis (Grössen und Distanzen nicht massstabsgetreu)

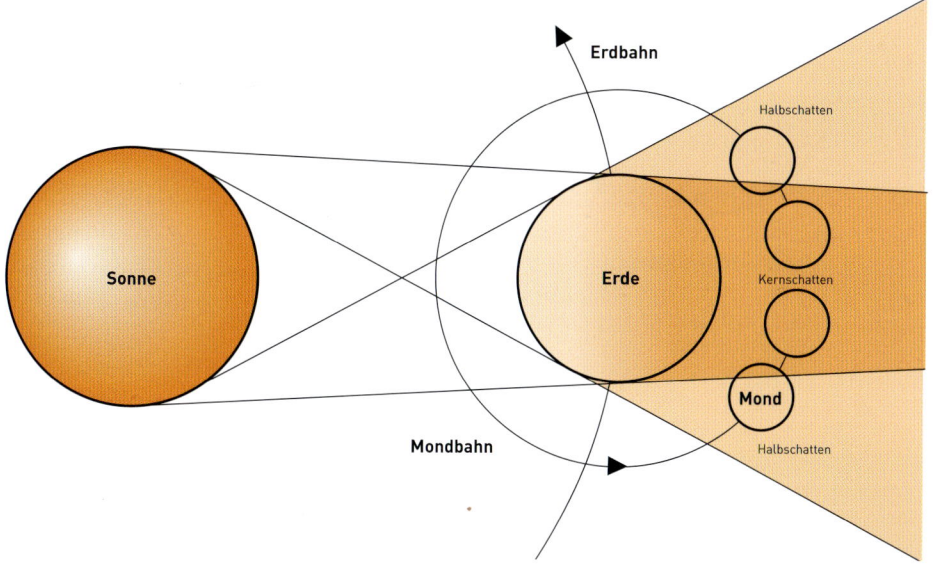

Abbildung 2.23:
Schema zur Erläuterung der totalen bzw. partiellen Mondfinsternis (Grössen und Distanzen nicht massstabsgetreu)

7. Gezeiten

An vielen Meeresküsten kann täglich ein grossartiges Schauspiel verfolgt werden. Mit einem zeitlichen Abstand von etwas mehr als 6 Stunden steigt oder sinkt der Meeresspiegel, in Extremfällen um mehrere Meter. Das sind die **Gezeiten**.

Verantwortlich dafür sind Gravitations- oder Anziehungskräfte zwischen Sonne, Mond und Erde sowie Fliehkräfte des Systems Erde und Mond. Gravitationskräfte sind direkt proportional zu den Massen der beteiligten Körper, aber indirekt proportional zum Quadrat der Entfernungen dazwischen. Trotz der viel grösseren Masse der Sonne ist ihre Gravitationswirkung auf die Erde nicht einmal halb so gross wie diejenige des Mondes, was auf ihre viel grössere Distanz zur Erde zurückzuführen ist.

Gezeiten

Planet Erde

Erde und Mond rotieren um ihren gemeinsamen Schwerpunkt S, der innerhalb der Erde, in einem Abstand von ca. 4670 km (ca. ¾ des Erdradius) vom Erdmittelpunkt liegt. Daher wirkt auf jeden Punkt der Erdoberfläche eine konstante Fliehkraft F. Auf der mondzugewandten Seite zeigt diese Kraft ins Erdinnere, auf der mondabgewandten Seite von der Erdoberfläche weg nach aussen. Auf jeden Punkt der Erdoberfläche wirkt aber auch die Gravitationskraft G des Mondes, und zwar auf der mondzugewandten Seite der Erde etwas stärker als auf der mondabgewandten Seite. Die resultierende **Gezeitenkraft** entspricht der Differenz zwischen der Fliehkraft F des Systems Erde–Mond und der Gravitationskraft G.

Auf der mondzu- und der mondabgewandten Seite zeigt die Gezeitenkraft von der Erdoberfläche weg. Dort entstehen auf einer frei beweglichen Wasserfläche die Flutberge. Die zwei Flutberge werden Nadirflut (dem Mond abgewandt) und Zenitflut (dem Mond zugewandt) genannt. Die folgende Abb. 2.24 verdeutlicht diesen Zusammenhang, die Kräfte werden als Vektoren dargestellt:

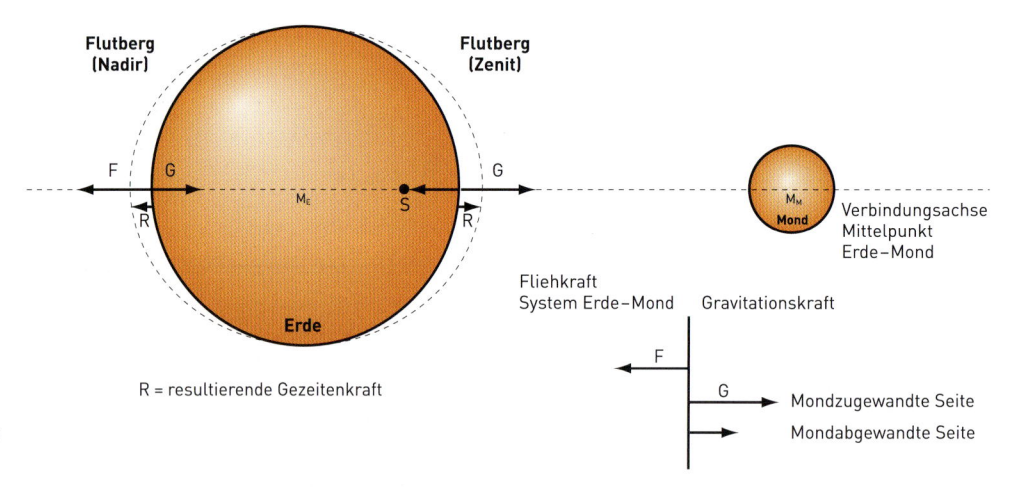

Abbildung 2.24:
Gezeitenkraft als Differenz der Fliehkraft des rotierenden Systems Erde–Mond und der Gravitationskraft

Die Wirkungen der gemeinsamen Anziehungskräfte von Sonne und Mond auf die Erde überlagern sich je nach deren Position:

Befinden sich die drei Himmelskörper in Konjunktion (Neumond) oder Opposition (Vollmond), kumulieren sich die gemeinsamen Gravitationskräfte von Sonne und Mond. Sowohl bei Voll- als auch bei Neumond sind daher die zu erwartenden Fluten hoch, was als Springtide oder **Springflut** bezeichnet wird. Wenn der Mond aber im ersten oder im letzten Viertel (zu- oder abnehmender Halbmond) steht, wird sowohl die Flut als auch die Ebbe geringer ausfallen, was man **Nipptide** nennt. Wenn sich die Erde in 24 Stunden einmal um die eigene Achse gedreht hat, hat sich der Mond auf seiner Bahn um ca. 13° weiterbewegt. Aus diesem Grund verspätet sich der Mondaufgang von Tag zu Tag um ca. 51 Minuten über dem gleichen Ort der Erdoberfläche. **Ebbe** und **Flut** treffen jeden Tag gegenüber dem Vortag 51 Minuten später ein. Zwei Fluten folgen sich daher im zeitlichen Abstand von ca. 12 ½ Stunden. Zwischen Flut und Ebbe liegen ca. 6 ¼ Stunden.

Die Gezeiten sind grossen räumlichen Schwankungen unterworfen. Gezeitenbedingte Meeresspiegelschwankungen, Tidenhube, von bis zu 12 m können in tiefen Buchten, z. B. im Golf von Saint-Malo in Nordfrankreich oder in der Fundy-Bucht im Osten Kanadas, beobachtet werden. Auf dem offenen Meer erreichen die Tidenhube oft kaum einen Meter. Häufig trifft die Flut gegenüber der Kulmination des Mondes verspätet ein, da Küstenformen, Wassertiefe, Meeresströmungen, aber auch die Jahreszeiten eine Verzögerung bewirken.

Enge Buchten mit hohen Tidenhuben eignen sich auch zur Errichtung von **Gezeitenkraftwerken**, wie beispielsweise demjenigen in der Mündung der Rance bei Saint-Malo, welches eine Leistung von 240 MW erbringen kann.

Gezeitenkräfte wirken sich nicht nur auf die bewegliche Wasseroberfläche aus: Selbst die feste Erdkruste wird regelmässig deformiert. Diese Erdgezeiten erreichen Amplituden von ca. 10 bis 20 cm und erlauben durch ihre Untersuchung Rückschlüsse auf plastisches Verhalten des gesamten Erdkörpers.

8. Die Erde im Sonnensystem

Die Erde ist Teil des Sonnensystems. Dieses umfasst die Sonne als Zentralgestirn, zurzeit acht Planeten, mehr als 100 Monde, unzählige Asteroide (kleine Himmelskörper vorwiegend im Bereich des Planetoidengürtels zwischen Mars und Jupiter), Meteoroide (sehr kleine Himmelskörper, in der Grössenordnung < 10 m) sowie interplanetarische Masse (Gase und Staub). Der früher als neunter Planet bezeichnete Pluto gilt heute als ein sehr grosses Objekt des Kuiper-Gürtels und wird nach der Definition der «International Astronomical Union» seit 2006 als Plutoid bezeichnet. Plutoide sind Himmelskörper, die kleiner als die bekannten Planeten sind und sich auf teilweise stark exzentrischen Umlaufbahnen ausserhalb Neptuns bewegen. Pluto ist nicht einmal der grösste bekannte Plutoid: 2003 wurde Xenia (astronomische Bezeichnung 2003 UB313) mit einem grösseren Durchmesser als Pluto entdeckt. Die starke Bahnneigung gegenüber der Ekliptik der acht Planeten stellte die Rolle Plutos als Planet schon längere Zeit infrage. Der Kuiper-Gürtel ist ein flacher Ring von kleinen, eisigen Himmelskörpern, die ausserhalb der Bahn des Neptuns um die Sonne kreisen. Er besteht aus mehreren Hundert Millionen Objekten und ist vermutlich auch die Herkunftsregion vieler beobachteter Kometen. Diese bestehen meistens aus einer Mischung aus Gesteinsmaterial und Eis.

Der Aufbau des Sonnensystems weist gewisse Regelmässigkeiten auf: Die **Planeten** bewegen sich auf leicht elliptischen Bahnen in der gleichen Richtung um die Sonne und liegen alle fast in der gleichen Ebene, was auf eine gemeinsame Entstehung von Sonne und Planetensystem hinweist. Die Planeten lassen sich nach ihrer Beschaffenheit gliedern in:
– Erdähnliche (terrestrische) Planeten: Merkur, Venus, Erde, Mars. Sie haben eine feste Oberfläche aus Gestein und zum Teil eine Atmosphäre.
– Gasplaneten (Riesenplaneten): Jupiter, Saturn, Uranus und Neptun. Sie weisen eine deutlich geringere Gesamtdichte auf als die terrestrischen Planeten und bestehen vorwiegend aus Gasen. Es ist möglich, dass im Innern dieser Planeten unter extrem hohem Druck feste Kerne existieren. Die Grösse der Planeten bedingt, dass sie aufgrund ihrer Anziehungskräfte auch die meisten Monde eingefangen haben. Die vier Gasplaneten besitzen zudem komplexe Ringsysteme, lange war allerdings nur dasjenige des Saturns bekannt.

Zwischen Mars und Jupiter befindet sich der **Planetoiden- oder Asteroidengürtel**, der die inneren Planeten (Merkur, Venus, Erde und Mars) von den äusseren (Jupiter, Saturn, Uranus, Neptun) trennt. Es handelt sich um einen breiten Gürtel mit unzähligen kleinen Himmelskörpern.

Planet Erde

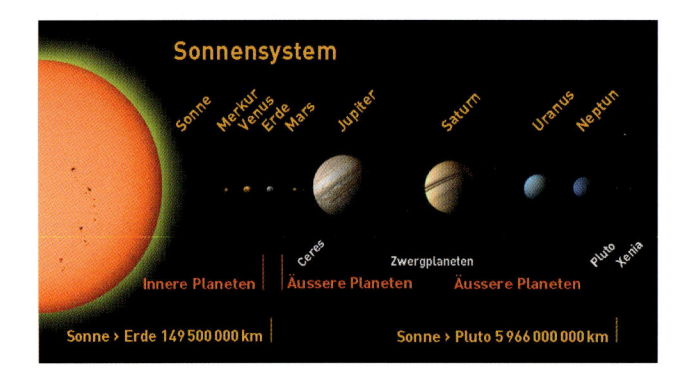

Abbildung 2.25:
Das Sonnensystem
im Überblick

Abstand AE [1]	Revolution (Jahre)	Masse (Erdmasse)	Rotations- dauer	Bahn (Neigung)	Bahn (Exzentrizität)	Dichte (10^3 kg/m^3)	Radius (Erdradien)
Sonne	0	0	332,8	25–36 d [2]	–	–	1,41	109
Merkur	0,39	0,24	0,05	58,6 d [4]	7°	0,2056	5,43	0,38
Venus	0,72	0,6	0,89	243 d	3,394°	0,0068	5,25	0,95
Erde	1	1	1	23h 56min	0°	0,0167	5,52	1
Mars	1,52	1,88	0,11	24h 37min	1,850°	0,0934	3,93	0,53
Jupiter	5,2	11,87	318	9h 55min	1,308°	0,0483	1,33	11,2
Saturn	9,4	29,63	95	10h 40min	2,488°	0,0560	0,69	9,41
Uranus	19,3	84,66	14,54	15h 26min	0,774°	0,0461	1,27	4
Neptun	30,1	165,5	17,2	16h 03min	1,774°	0,0097	1,67	3,87
Pluto[3]	39,9	251,9	0,0025	6,4 d	1,715°	0,2462	2,15	0,18

[1] AE = Astronomische Einheit (rund 149,6 Mio. Kilometer, das entspricht der mittleren Entfernung Erde – Sonne)
[2] Im Äquatorbereich rotieren die Sonne und die Gasplaneten rascher als bei den Polen
[3] Plutoid
[4] Tag

(Quelle: Keller H.-U., 2000: Astrowissen. Stuttgart)

Spuren von Körpern aus dem Sonnensystem sind auf der Mondoberfläche sehr schön zu beobachten. Unzählige **Einschlagskrater** vieler kleiner Himmelskörper (Meteoroiden) bedecken seine Oberfläche, wie bereits mit einem einfachen Feldstecher bei Vollmond schön beobachtet werden kann. Auch die Erde hat im Laufe ihrer Geschichte viele Treffer erhalten, allerdings sind die Spuren

Abbildung 2.26:
Anhand der Bewölkung ist die durch den Einschlag entstandene Ringstruktur des Nördlinger Ries deutlich zu erkennen. Der Meteorit hatte vermutlich einen Durchmesser von ca. 1,5 km.

Die Erde im Sonnensystem

der Einschlagskrater durch Verwitterung und Erosion häufig verwischt, oder der Einschlag erfolgte ins Meer. Das Nördlinger Ries und das benachbarte Steinheimer Becken (Abb. 2.26) nördlich des Bodensees sind zwei Impaktkrater aus der jüngsten Erdgeschichte mit einem Alter von ca. 15 Mio. Jahren und Durchmessern von 24 km bzw. 4 km. In Europa finden sich diverse Impaktstrukturen mit einem Durchmesser von mehr als 10 km (vgl. Abb. 2.27). Die Folgen von **Meteoriteneinschlägen** waren für die damaligen Ökosysteme in der betroffenen Region katastrophal. So werden sie heute als eine mögliche Ursache für das Massensterben bzw. Massenaussterben am Ende des Mesozoikums diskutiert.

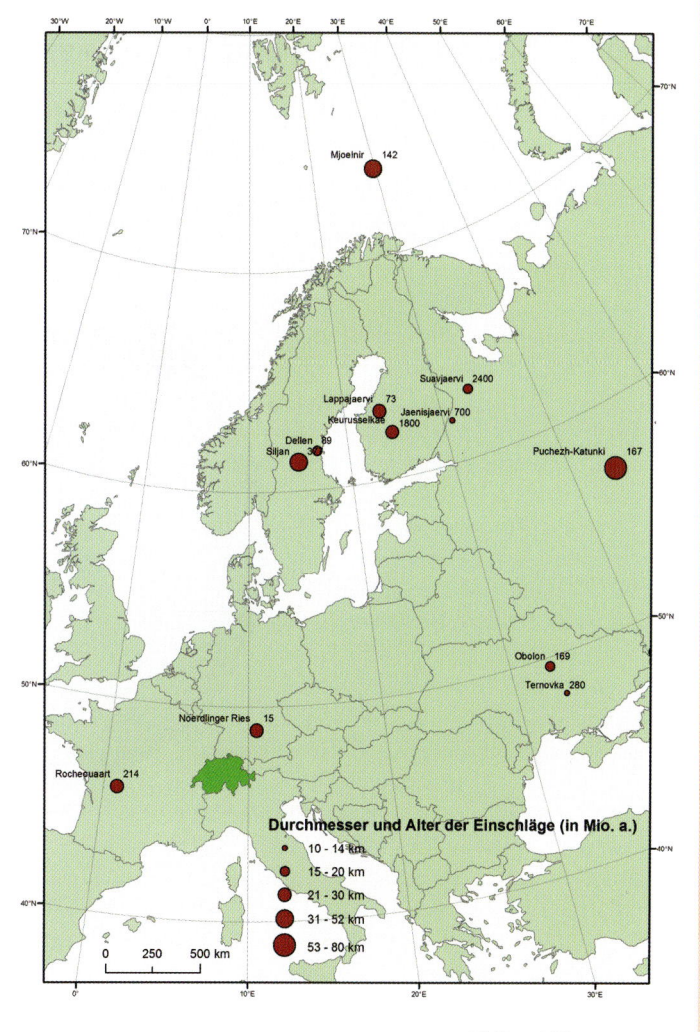

Abbildung 2.27:
Meteoriten-Einschlagskrater in Europa

Literaturhinweise

BECKER F., 1980: Geschichte der Astronomie. Bibliographisches Institut, Mannheim.
KELLER H.-U., 2003: Astrowissen – Zahlen, Daten, Fakten. Stuttgart.
ROTH H., 2008: Schweizer Weltatlas. (Hrsg. Von der Konferenz der kantonalen Erziehungsdirektoren), Zürich.

Planet Erde

Exkurs: GPS – «Global Positioning System»

GPS (Global Positioning System) ist ein satellitengestütztes System zur Bestimmung der genauen Position eines Ortes (Punktes) auf der Erdoberfläche. Heute ist es das mit Abstand am weitesten verbreitete System zur genauen Positionsbestimmung. Das Global Positioning System wurde in den letzten Jahren mit einem enormen finanziellen Aufwand durch die US-amerikanische Regierung aufgebaut. Ursprünglich handelte es sich um eine militärische Entwicklung der USA ab den 1970er-Jahren. Erst seit Mai 2000 ist es auch für zivile Anwendungen nutzbar, weil bewusst auf die ursprünglich aus militärischen Überlegungen eingebaute Signalverschlechterung («Rauschen») verzichtet wurde. Daneben existieren weitere Systeme, so das russische System Glonass. Die europäische Union beschloss im Jahre 2002 den Aufbau eines eigenen Satellitennavigationsprogrammes namens Galileo. Die Inbetriebnahme war für das Jahr 2008 vorgesehen. Neu soll nun Galileo ab 2013 dem US-amerikanischen System mit 30 Navigationssatelliten Konkurrenz machen. Zu den bisher geleisteten 1,5 Mia. Euro stellt die Europäische Union weitere 3,5 Mia. Euro zur Verfügung.

Das Prinzip der Positionsbestimmung

Um die Lage eines Ortes auf der Erdoberfläche mithilfe von Satelliten genau bestimmen zu können, muss die Entfernung zwischen diesem Ort und mehreren Satelliten (mindestens 3) gemessen werden können.
Jeder Punkt, der von einem Satelliten aus die gleiche Entfernung hat, liegt auf einer Kugeloberfläche, der sogenannten Abstandskugel. Soll nun der genaue Standort bestimmt werden, so befindet sich dieser im Schnittpunkt der drei Abstandskugeln mit der Erdoberfläche.
Das geometrische Prinzip ist einfach und einleuchtend, komplizierter wird aber die technische Umsetzung, denn: Wie wird der Abstand zu einem Satelliten gemessen?
Für das GPS-System umkreisen 24 Satelliten auf kreisförmigen Bahnen in 20 000 km Höhe und mit einer Umlaufszeit von 12 Stunden die Erde. Die Satelliten senden ständig Signale eines bestimmten Codes aus, die auf der Erdoberfläche von tragbaren GPS-Empfängern empfangen werden können. In den Satellitensignalen sind zusätzliche Angaben, wie die Daten zum Auf- und Untergang des Satelliten über dem Horizont und die genaue Uhrzeit des Satelliten, enthalten. Im GPS-Empfänger wird zeitgleich (z. B. synchronisiert auf 12 Uhr UTC) das gleiche Signal (mit dem gleichen Code) erzeugt. Das vom Satelliten gesendete Signal wird mit einer minimalen zeitlichen Verschiebung im Bereich von Mikrosekunden empfangen. Aufgrund der Phasenverschiebung zwischen Empfängersignal und dem vom Satelliten erzeugten Signal wird die Distanz zwischen diesen berechnet. Mit drei Satelliten lässt sich der Standort des GPS-Empfängers auf der Erdoberfläche bestimmen (vgl. Abbildung), mit einem vierten Satelliten wird dann noch die absolute Position im Raum, also die Höhe über Meer, ermittelt. Damit die Angaben präzise sind, müssen sich die zur Positionsbestimmung verwendeten Satelliten zur Zeit der Messung in Bezug auf den GPS-Empfänger-Standort hoch über dem Horizont befinden.
Natürliche Phänomene beeinflussen die Messgenauigkeit. So müssen die vom Satelliten ausgesendeten Signale z. B. die Ionosphäre durchdringen. Die dort vorhandene hohe Dichte geladener Teilchen («Ionen») führt dazu, dass die Signale abgelenkt werden. Im Weiteren schwanken auch die Satellitenbahnen leicht.
Ungenauigkeiten können durch den Einsatz des «differenziellen GPS» reduziert werden. Dabei berechnet ein stationäres Referenzgerät auf einem genau vermessenen Punkt der Erdoberfläche den durch die GPS-Positionierung (Messung der Distanz zu den Satelliten) erhaltenen Gesamtfehler bei der Lagebestimmung. Dieser wird dann per Funk benachbarten GPS-Empfängern übermittelt, welche mithilfe dieser vorher bestimmten Abweichungen ihre Positionsbestimmungen rechnerisch korrigieren und verbessern können.
Heute basieren die Ergebnisse der Messung von Plattenbewegungen (Plattentektonik) auf GPS-Daten. Beispielsweise bewegen sich die neufundländische Hafenstadt St. Johns mit einer jährlichen Rate von 1,9 cm in nordwestlicher, Zimmerwald nahe Bern mit jährlich 2,5 cm in nordöstlicher Richtung.

3
Geologie
Matthias Probst

Vulkane brechen aus, die Erde bebt, Felsen stürzen ins Tal. Dies erinnert stets daran, dass selbst die «feste» Erde Veränderungen durch innere und äussere Kräfte unterworfen ist.
Geologie ist die Wissenschaft von der Zusammensetzung, dem Bau und der Entwicklungsgeschichte überwiegend der zugänglichen Teile der Erdkruste und der gesamten Erde sowie jener Kräfte und Prozesse, unter deren Wirkung sich die Erdkruste entwickelte. Da hier **endogene Prozesse** (griech. «endogen» = von innen kommend, von innen entstehend), also Prozesse, die vom Erdinnern ausgehen, im Vordergrund stehen, bezeichnet man die Geologie auch als **endogene Geologie**.
Der Rohstoffreichtum, Erzlagerstätten, Kohlevorkommen und Erdölreserven sind wirtschaftlich derart bedeutend, dass sie geopolitische Konflikte auslösen können.
Konsumgesellschaften produzieren grosse Mengen an Abfall, die entsorgt werden müssen. Gefährliche Abfälle wie radioaktive Stoffe müssen so deponiert werden, dass auch künftige Generationen ohne die Gefahr einer radioaktiven Verstrahlung leben können. Der Geologie kommt besonders in diesen Fällen eine grosse Bedeutung zu.

1. Entstehung des Sonnensystems und der Erde

Seit Jahrhunderten beschäftigen sich Wissenschaftler mit der Frage, wie die Erde, die anderen Planeten und die Sonne entstanden sind. Auch heute legen Geologen und Astronomen immer wieder neue Daten und Theorien vor, die dann wiederum heftige Debatten über die Entstehung des Sonnensystems und der Erde auslösen. Eine nach dem heutigen Wissensstand plausible Theorie sei hier kurz skizziert:

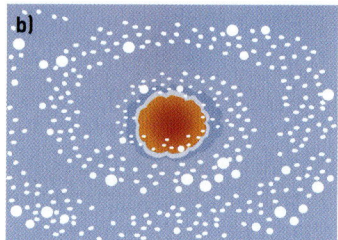

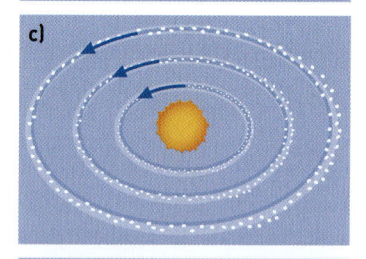

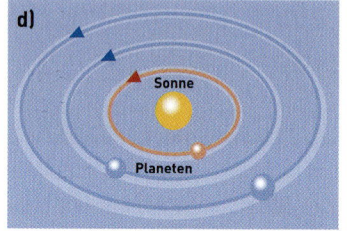

Urknall

a) Die **Urknalltheorie** von Edwin Powell Hubble (1929) geht von der Annahme aus, dass vor ca. 20 Milliarden Jahren praktisch die gesamte Masse des Universums in einem einzigen Punkt mit sehr hoher Dichte und Temperatur konzentriert war. Diese Materie wurde durch eine Explosion, die als **Urknall** (Big Bang) bezeichnet wird, vor etwa 13,7 Milliarden Jahren auseinandergetrieben und stellt seither unser **Universum** (Kosmos, Weltall), also die Gesamtheit der Sterne und Sternsysteme (Galaxien), dar.

Weltall

b) Durch die Ausdehnung des Universums sank dessen Temperatur, und aus den Elementarteilchen bildete sich eine kugelförmige, langsam rotierende Wolke aus Gas und Staub, der **solare Urnebel**. Aus diesem Urnebel entstand später unser Sonnensystem.

c) Im solaren Urnebel zogen durch die Gravitationskraft die grösseren Massen die kleineren Materieteilchen an sich, was die gesamte Wolke in eine immer schnellere Rotation versetzte. Durch die raschere Rotation flachte die Gas- und Staubwolke zu einer Scheibe ab. Durch die Massenanziehung strömten 99,9 % der Materie des Sonnensystems zum Zentrum. Die **Protosonne** entstand.

Sonnensystem

d) Der Rest der Gas- und Staubscheibe um die Protosonne herum und viele Gase kondensierten oder gingen in einen flüssigen oder festen Aggregatzustand über. Diese Teilchen bildeten durch die Gravitation allmählich die heute acht bekannten Planeten unseres **Sonnensystems**. Auf diesen Zeitpunkt (vor 4,6 Milliarden Jahren) wird die Entstehung unseres Sonnensystems und damit auch der Erde festgesetzt.

Geothermische Energie

e) Die Erde war zunächst ein homogener Planet, der im Inneren in allen Tiefen ungefähr die gleiche stoffliche Zusammensetzung aufwies.
Nach heutigem Verständnis haben zunächst drei Prozesse die Erde aufgeheizt, die die heute noch vorhandene **geothermische Energie (Erdwärme)** im Erdinneren erklären:
1) Bei Einschlägen von Meteoriten wandelte sich deren Bewegungsenergie in Wärme um.
2) Das Eigengewicht der Erde komprimierte sie auf ein geringeres Volumen, was im Inneren zu Druckerhöhung und zu Erwärmung führte.

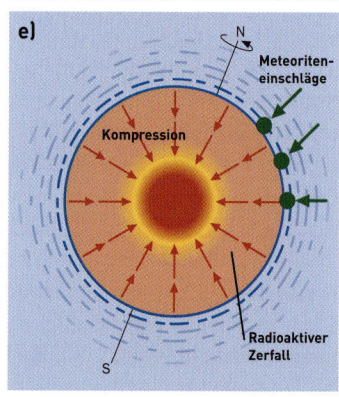

3) Radioaktiver Zerfall von Atomen im Erdinneren setzte Teilchen und Strahlung frei, die vom umgebenden Material absorbiert wurden und es erwärmten.

f) Mit der zunehmenden Erwärmung setzte ein gewaltiger Schmelzprozess im Erdinnern ein und löste die Bildung des Erdinneren aus: Die schwersten Komponenten (Eisen, Nickel) sanken ins Zentrum ab, und leichteres Material stieg an die Oberfläche auf, kühlte sich dort ab und bildete eine erste Kruste. Als Folge weist die Erde heute einen schalenförmigen Aufbau auf, mit einem dichten Kern aus Eisen, einer Kruste aus leichtem Gesteinsmaterial und dazwischen einem Mantel aus den übrigen Materialien.

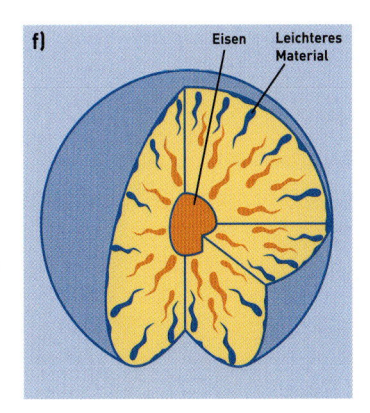

Abbildung 3.1: a) bis f): Entstehung des Sonnensystems und der Erde

Für die Entstehung der **Ozeane** und der **Atmosphäre** existieren zwei Erklärungen. Einige Geologen vermuten, dass in der frühen Geschichte der Erde zahlreiche Kometen die Erde trafen. Die Kometen enthielten Wasser, Kohlendioxid und andere Gase und konnten damit die frühen Ozeane und die erste Atmosphäre bilden. Eine andere Erklärung geht davon aus, dass ursprünglich Wasser und verschiedene Gase in bestimmten Mineralien eingeschlossen waren. Als das Erdnnere aufschmolz, wurden Wasserstoff, Stickstoff, Kohlendioxid und andere Gase freigesetzt und mit dem Magma an die Oberfläche verfrachtet, wo sie über Vulkane an die Erdoberfläche gelangten. Die Wassermenge, die heute bei vulkanischen Aktivitäten freigesetzt wird, zeigt, dass Vulkane über mehrere Milliarden von Jahren problemlos die Meere gefüllt haben könnten. Der fehlende Sauerstoff in der Uratmosphäre entstand bei der Entwicklung ersten Lebens vor 3,5 Milliarden Jahren: Cyanobakterien begannen, Fotosynthese zu betreiben, und gaben dabei als Abfallprodukt Sauerstoff in die Atmosphäre ab, der sich dort ansammelte.

Wasser und Sauerstoff

Vor etwa vier Milliarden Jahren war die Erde bereits ein differenzierter Planet mit Kern, Mantel und einer ersten Kruste mit Kontinenten. Die Ozeane und die Atmosphäre waren entstanden, und die grundlegenden inneren und äusseren geologischen Prozesse, die wir heute beobachten können, waren bereits in Gang gekommen.

2. Schalenaufbau der Erde

Das Erdinnere konnte bisher durch Bohrungen bis in eine Tiefe von 13 km untersucht werden, was ca. 1,5 % der Distanz bis zum Erdmittelpunkt entspricht. Auch Tunnelbauten ermöglichen Beobachtungen im Erdinneren, jedoch nur bis in Tiefen von 2 bis 3 km. Bei der Erforschung des überwiegenden Teils des Erdinnern ist man auf das indirekte Verfahren der Seismik angewiesen. Mit zunehmender Tiefe nehmen der Druck, die Dichte und die Temperatur zu. Die **geothermische Tiefenstufe** gibt die Dicke der Gesteinsschicht an, in der die Temperatur um 1 °C zunimmt. In alten und tektonisch ruhigen Gebieten der Erdkruste (z. B. Südafrika) kann sie bis zu 90 m betragen, während sie in jungen und tektonisch unruhigen Gebieten (etwa den Alpen) Werte von 30 m erreicht.

Die Erde ist schalenförmig aus Kruste, Mantel und Kern aufgebaut. Die **Erdkruste** macht nur 0,7 % der gesamten Erdmasse aus und wird in zwei Typen unterschieden: Die **kontinentale Kruste** im Bereich der Kontinente und des Schelfs ist mächtiger und leichter (geringere Dichte) als die **ozeanische Kruste** im Bereich der Ozeane. Die Grenze zwischen Kruste und Mantel ist durch einen Sprung in der Dichte der Materie von 2,8 g/cm³ auf 3,5 g/cm³ gekennzeichnet und wird nach ihrem Entdecker, dem kroatischen Geophysiker Andrija Mohorovičić (1857–1936), als **Mohorovičić-Diskontinuität** (oder kurz: **Moho**) bezeichnet. Der **Mantel** ist je nach Temperatur- und Druckverhältnissen fest oder teilweise aufgeschmolzen.

Aufbau der Erde

Geologie

3

Kontinentale Kruste
- Mächtigkeit: durchschnittlich 35 km, unter Gebirgen bis zu 70 km
- Temperatur: 0–700 °C
- Dichte: durchschnittlich 2,6 g/cm³
- Druck: 12 kbar
- Zusammensetzung: fest, v. a. Granit und Gneis

Ozeanische Kruste
- Mächtigkeit: durchschnittlich 5 km
- Temperatur: 0–700 °C
- Dichte: durchschnittlich 3 g/cm³
- Druck: 12 kbar
- Zusammensetzung: fest, ausschliesslich vulkanische Gesteine (Basalt und Gabbro)

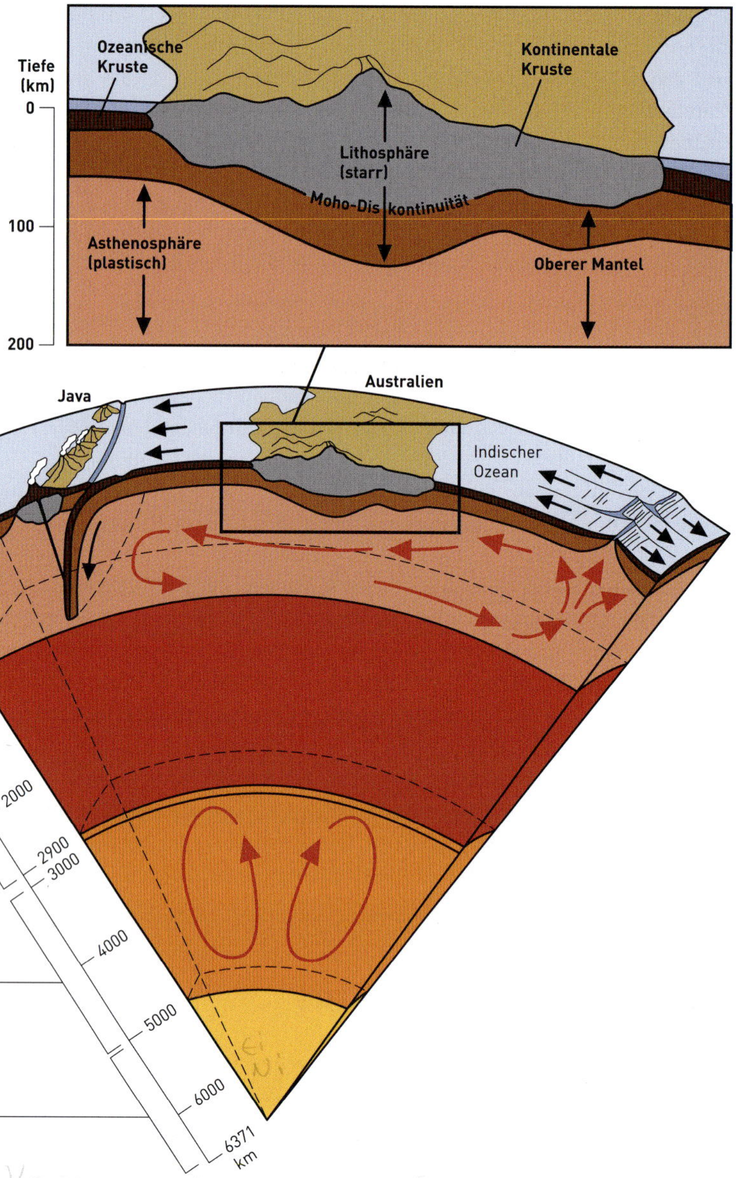

Oberer Mantel
- Mächtigkeit: 600–700 km
- Temperatur: 700–1300 °C
- Dichte: bis 3,5 g/cm³
- Druck: bis 350 kbar
- Zusammensetzung: fest bis plastisch, v. a. Peridotit, Olivin

Unterer Mantel
- Mächtigkeit: 2200 km
- Temperatur: 1300–3000 °C
- Dichte: bis 5,6 g/cm³
- Druck: bis 1400 kbar
- Zusammensetzung: fest, Eisen Magnesium (Sulfate, Oxide)

Äusserer Kern
- Mächtigkeit: 2100 km
- Temperatur: 3000–5000 °C
- Dichte: bis 12,1 g/cm³
- Druck: bis 3300 kbar
- Zusammensetzung: flüssig, Eisen und Schwefel

Innerer Kern
- Mächtigkeit: 1370 km
- Temperatur: bis 7000 °C
- Dichte: bis 13,5 g/cm³
- Druck: bis 3600 kbar
- Zusammensetzung: fest, Eisen und Nickel

Abbildung 3.2:
Schalenaufbau der Erde

Der **äussere Erdkern** besitzt etwa die Konsistenz von sehr dünnflüssigem Honig. Weil dieses flüssige Eisen leicht strömen kann und Eisen zudem ein guter elektrischer Leiter ist, vermuten Wissenschaftler hier – einem Dynamo entsprechend – die Ursachen für das **Magnetfeld** der Erde.
An der Grenze zum **inneren Kern** steigt der Druck so stark an, dass das Eisen trotz Temperaturen von über 4000 °C zu einer festen Kugel zusammengepresst wird.
Für die Theorie der Plattentektonik sind zwei weitere Abgrenzungen im Bereich der Kruste und des Mantels wichtig. Die **Lithosphäre** (griech. «lithos» = Stein) ist starr und brüchig wie Keramik und umfasst die Kruste und den festen Teil des oberen Mantels. Sie ist damit im Bereich von mittelozeanischen Rücken nur wenige Kilometer und im Bereich von Kontinenten bis zu 60 km

mächtig. Die darunterliegende **Asthenosphäre** (griech. «asthenés» = schwach) ist wegen der höheren Temperatur und des höheren Drucks plastisch und verformbar wie eine Kugel aus Wachs und reicht bis in eine Tiefe von 250 km. Die zirkulierenden Konvektionsströme in der heissen Asthenosphäre treiben die Bewegung der Lithosphärenplatten an und sind damit der Motor für die Erdbeben, den Vulkanismus und die Gebirgsbildung auf der Erdoberfläche.

Die starre Lithosphäre schwimmt, bedingt durch ihre geringere Dichte, auf der plastischen Asthenosphäre. Entsprechend dem Prinzip der **Isostasie** («Schwimmgleichgewicht»), taucht die Lithosphäre unter einem Gebirge durch das zusätzliche Gewicht tiefer in die Asthenosphäre ein. Wird das Gewicht des Gebirges später durch Abtragung verringert, so hat dies, wie beim Entladen eines schwimmenden Schiffes, eine Hebung zur Folge, bis die Isostasie wiederhergestellt ist. So hat sich beispielsweise Skandinavien seit der letzten Eiszeit vor 12 000 Jahren um bis zu 275 m gehoben, weil die 2,5 km mächtige Eisschicht abgeschmolzen und die Lithosphäre dadurch entlastet worden ist.

Isostasie

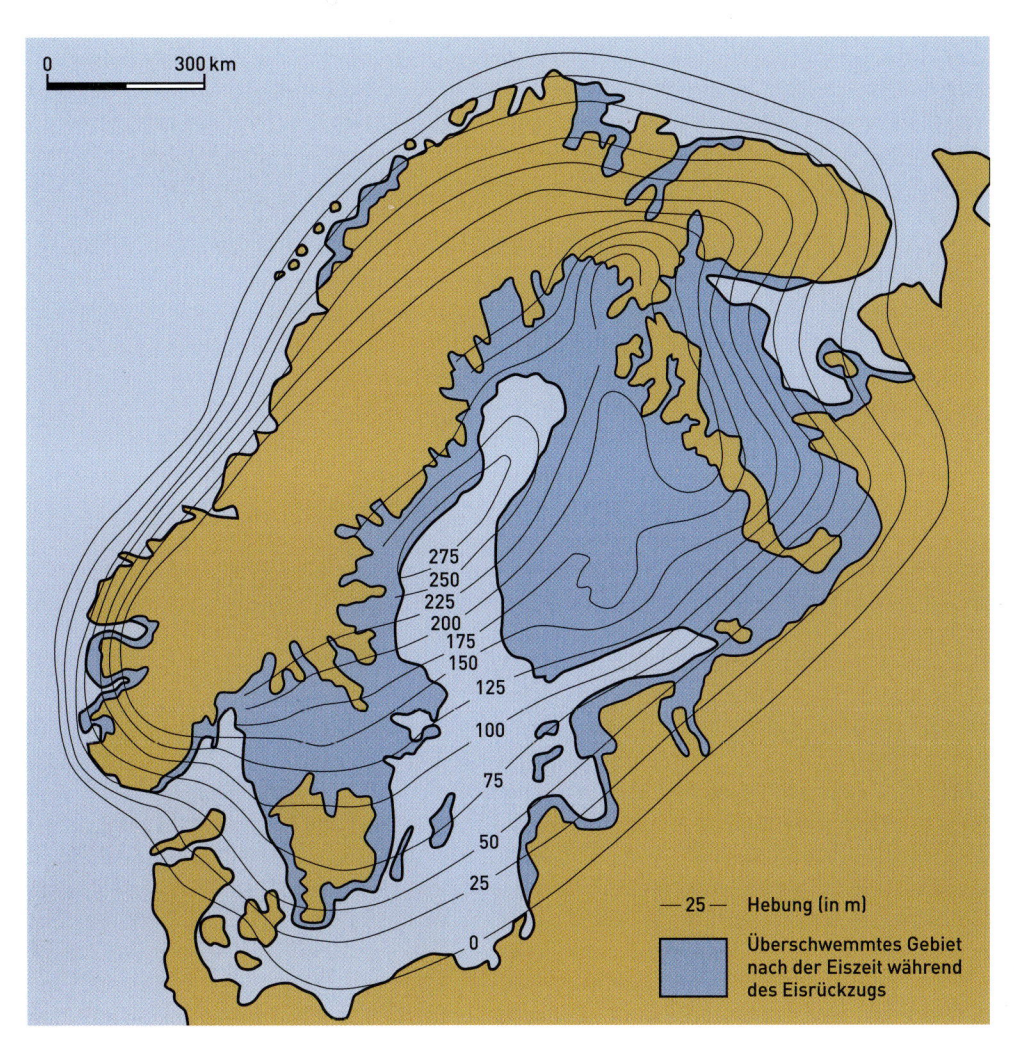

Abbildung 3.3:
Nacheiszeitliche Hebung Skandinaviens

Geologie

3. Plattentektonik

Die **endogenen Kräfte** (griech. «endogen» = von innen kommend, von innen entstehend) umfassen alle Vorgänge im Erdinneren und deren Auswirkungen an der Erdoberfläche wie Vulkanausbrüche, Erdbeben und Gebirgsbildungen. Tagtäglich werden wir direkt oder über die Medien mit diesen endogenen Kräften konfrontiert. In den 1960er-Jahren fand man mit der **Theorie der Plattentektonik** eine Erklärung für die weltweit auftretenden Erdbeben, Vulkanausbrüche sowie die Ozean- und Gebirgsbildung.

Von der Kontinentalverschiebungstheorie zur Plattentektonik

Kontinentaldrift

Die Vorstellung einer **Kontinentaldrift** (Kontinentalverschiebung), das heisst die Vorstellung von sehr langsamen, aber grossräumigen Bewegungen der Kontinente, ist bei den Naturforschern seit dem 17. Jahrhundert immer wieder aufgetaucht, da die Küstenlinien Afrikas und Südamerikas auf beiden Seiten des Atlantiks wie Puzzleteile zusammenpassen. Im Jahre 1915 legte der deutsche Geophysiker **Alfred Wegener** (1880–1930) mit seinem Buch «Die Entstehung der Kontinente und Ozeane» mehrere Beweise für das Auseinanderbrechen und die **Drift** (gerichtete Bewegung) der Kontinente vor: Auf den gegenüberliegenden Seiten des Atlantiks fand er zusammenpassende geologische Strukturen, gleichartige und gleich alte Gesteine, die gleichen Fossilien längst ausgestorbener Lebewesen und vergleichbare Spuren früherer Vereisungen. Wegener folgerte daraus, dass vor 250 Millionen Jahren alle heutigen Kontinente in einem Grosskontinent Pangäa vereint waren. Da Wegener keine plausible Erklärung für die Antriebskraft der Kontinente hatte, konnte er die Mehrheit der wissenschaftlichen Welt von ihrer Vorstellung ortsfester Kontinente nicht abbringen. Erst die geomagnetischen Messungen, die Untersuchungen am Mittelatlantischen Rücken und die Tiefseebohrungen im Jahre 1968 konnten die Fachwelt von bewegenden Lithosphärenplatten überzeugen und die Denkweise der Geologen völlig revolutionieren. 1984 konnte die Plattenbewegung erstmals mithilfe von Satelliten direkt gemessen werden. Im Durchschnitt bewegen sich die Platten mit etwa 1 bis 10 cm pro Jahr etwa so schnell, wie unsere Fingernägel wachsen.

Plattenbewegungen

Die starre Lithosphäre schwimmt, bedingt durch ihre geringere Dichte, auf der plastischen Asthenosphäre. Die Lithosphäre umgibt jedoch nicht als durchgehende Schale die gesamte Erdkugel, sondern sie ist in ungefähr ein Dutzend grosse, starre Lithosphärenplatten aufgeteilt, die ständig in Bewegung sind.

Konvektionsströme

Weil die Asthenosphäre heiss und damit fliessfähig ist, können in diesem Material **Konvektionsströme** einsetzen. Das Material in der Tiefe wird dabei erhitzt, dehnt sich aus und steigt aufgrund seiner geringer gewordenen Dichte auf. Oben kühlt das Material wieder ab und sinkt wegen seiner grösseren Dichte wieder in die Tiefe. Die Energiequelle dieser Bewegung ist die Wärme im Erdinneren. Die Konvektionsströmungen in der Asthenosphäre sind sehr langsam und verschieben die darauf schwimmenden Lithosphärenplatten nur um wenige Zentimeter pro Jahr.

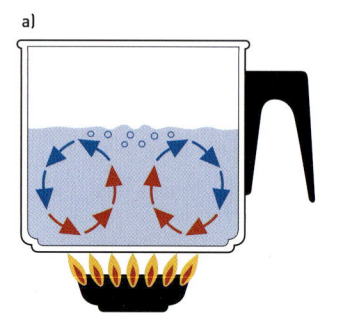

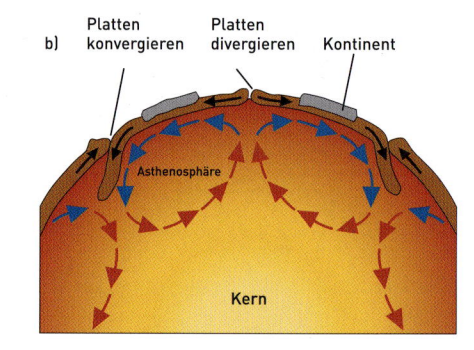

Abbildung 3.4: Konvektionsströme im kochenden Wasser in einer Pfanne a) und im Erdinnern b)

Unruhe an den Plattengrenzen

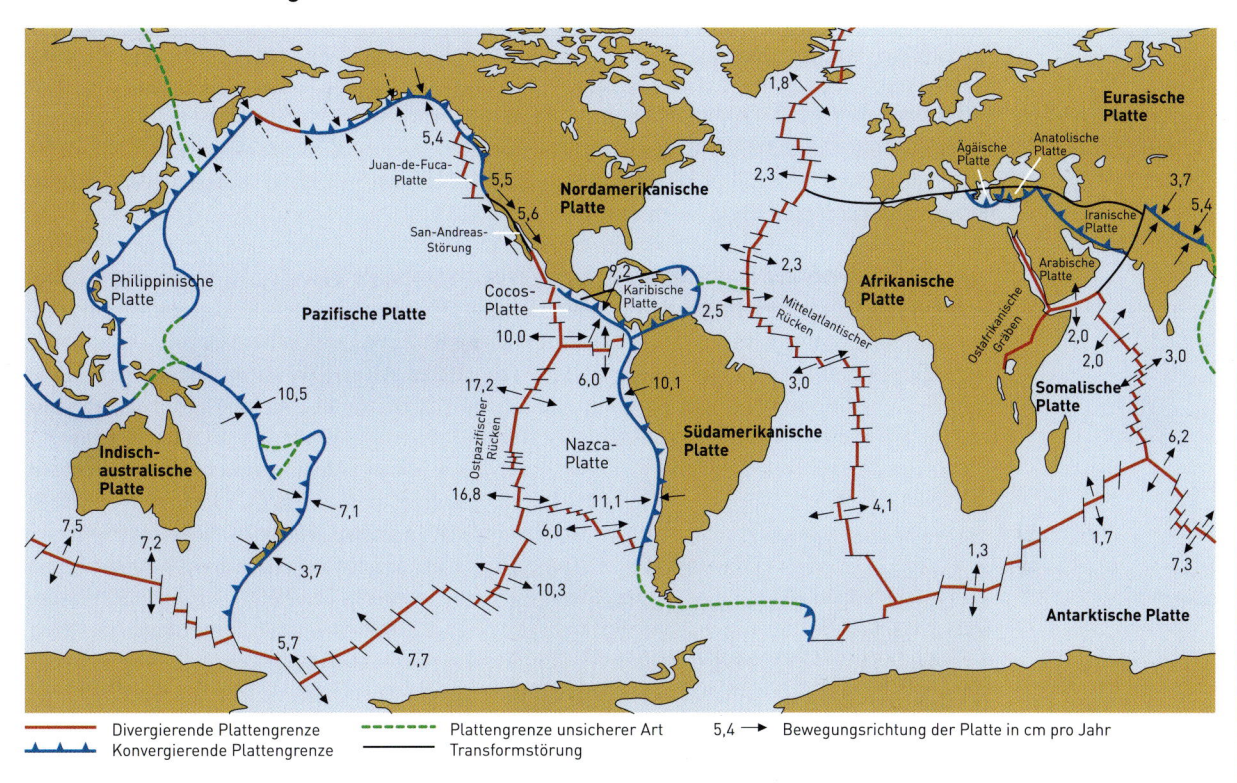

Abbildung 3.5:
Lithosphärenplatten der Erde

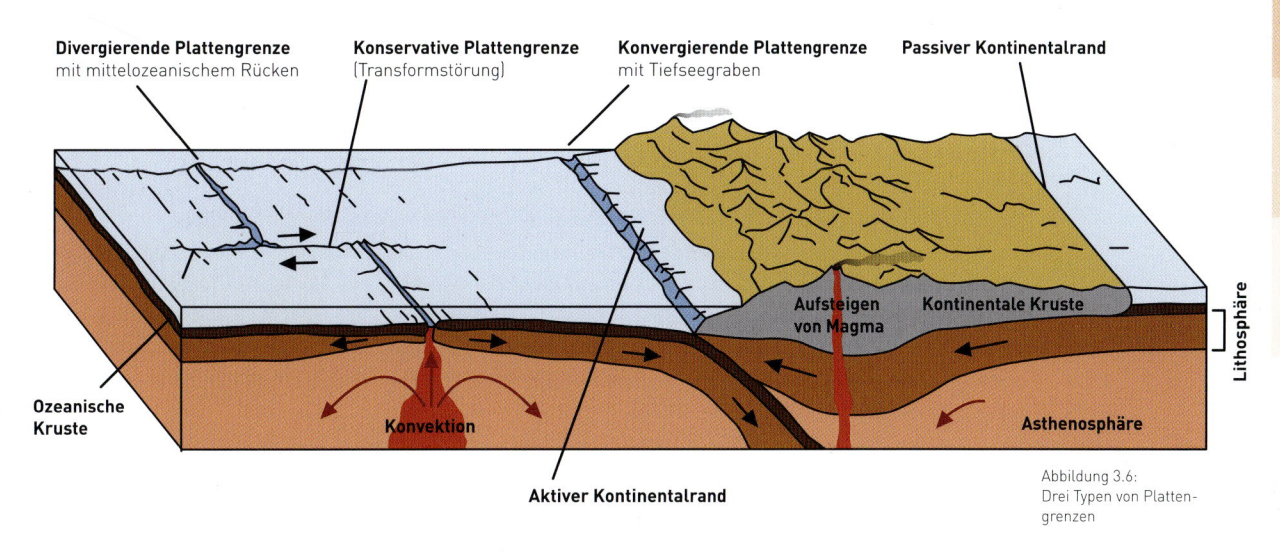

Die meisten der grösseren Lithosphärenplatten bestehen aus ozeanischen, meerbedeckten Bereichen und kontinentalen Anteilen. Einige Platten sind aber auch rein ozeanisch. Jede Lithosphärenplatte verschiebt sich als selbstständige Einheit, woraus drei unterschiedliche Plattengrenzen resultieren: divergierende und konvergierende Plattengrenzen und Transformstörungen.

Abbildung 3.6:
Drei Typen von Plattengrenzen

Geologie

Divergierende Plattengrenzen

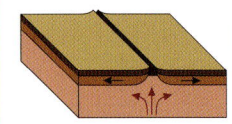

An den **divergierenden** oder **konstruktiven Plattengrenzen** bewegen sich die Platten jährlich um einige Zentimeter auseinander. Aufsteigendes heisses Magma der Asthenosphäre wird unter der Lithosphäre in entgegengesetzter Richtung seitlich wegbewegt, treibt damit die beiden darüberliegenden Lithosphärenplatten auseinander und füllt zugleich die entstandene Lücke zwischen den Platten auf. Das basaltische Magma kühlt ab und wird zu neuer Lithosphäre, die den wegdriftenden Plattenrändern angefügt wird. Weil die Spalte andauernd aufreisst und sich wieder auffüllt, wodurch ständig neue ozeanische Kruste entsteht, wird dieser Vorgang als **Seafloor-Spreading** («Meeresbodenausbreitung») bezeichnet.

Das Aufdringen des heissen aufsteigenden Magmas und dessen Volumenvergrösserung führen entlang der divergierenden Plattengrenze zu einer Aufwölbung, die allgemein als **mittelozeanischer Rücken** bezeichnet wird. Im Atlantik erstreckt sich beispielsweise entlang der divergierenden Plattengrenze von Island bis vor die Antarktis der Mittelatlantische Rücken. Mit einer Länge von über 10 000 km und einer mittleren Höhe von 3000 m (über dem Tiefseeboden) ist er eines der grössten Gebirge der Erde. Durch seine Breite von 1600 km weist er jedoch relativ flache Hänge auf. Auf dem Kamm des Rückens befindet sich die Spalte zwischen den beiden sich auseinanderbewegenden Platten: ein tiefes, enges, ungefähr zwei Kilometer breites, schluchtartiges Tal, das als **Rift-Valley** (engl. «Rift» = Spalte, Riss) bezeichnet wird. Dieses Tal ist durch Erdbebentätigkeit und basaltischen Vulkanismus gekennzeichnet. Mittelozeanische Rücken liegen weltweit unter dem Meeresspiegel – mit Ausnahme von Island und kleineren Vulkaninseln. Island ist daher zur Erforschung der Vorgänge beim Auseinanderdriften von Platten und dem Seafloor-Spreading sehr bedeutend.

Abbildung 3.7:
Auf Island verläuft der Mittelatlantische Rücken, eine divergierende Plattengrenze, über dem Meeresspiegel. Island, Thingvellir mit Blick nach Nordosten: Die Schlucht zeigt das Auseinanderdriften der Amerikanischen (links) und der Eurasischen Platte (rechts).

Konvergierende Plattengrenzen

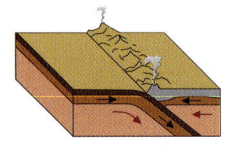

Subduktion

An **konvergierenden** oder **destruktiven Plattengrenzen** prallen zwei Lithosphärenplatten aufeinander. Stösst eine ozeanische auf eine kontinentale Lithosphärenplatte, so taucht die schwerere ozeanische Platte unter die leichtere kontinentale Platte in die Asthenosphäre ab (**Subduktion**) und schmilzt dort auf. Prallen zwei ozeanische Lithosphärenplatten aufeinander, so wird eine der beiden Platten subduziert und aufgeschmolzen. Die abgetauchte ozeanische Platte schmilzt teilweise zu Magma auf und tritt entweder als Lava aus einem Vulkan an die Erdoberfläche oder erstarrt innerhalb der kontinentalen Kruste. Die Kräfte einer solchen Kollision zwischen Lithosphärenplatten führen zudem zu heftigen Erdbeben. Dort, wo die ozeanische Platte abtaucht, bildet sich ein **Tiefseegraben**, d.h. eine lange, schmale Rinne, wo die Ozeane ihre grösste Tiefe (11 km im Marianengraben) erreichen. Der Rand der kontinentalen Platte wird gefaltet und emporgehoben und bildet so parallel zur Tiefseerinne eine **Gebirgskette**, die mit Vulkanen durchsetzt ist.

An der Westküste Südamerikas werden die Effekte einer Subduktionszone deutlich. Das Abtauchen der ozeanischen Nazca-Platte unter die kontinentale Südamerikanische Platte löst starke Erdbeben aus und führt immer wieder zu verheerenden Vulkanausbrüchen. Zudem bauen sich mit hohen Bergen und Vulkanen (Aconcagua 6969 m) die Anden auf, und es bildet sich der Atacama-Tiefseegraben mit bis zu 8066 m Tiefe. Die Höhendifferenzen an dieser Subduktionszone betragen also rund 15 km!

Bei der Kollision von zwei ozeanischen Platten spielen sich unter Wasser die gleichen geologischen Ereignisse ab. Zusammengestauchte Kruste und aktive Vulkane bauen ein Gebirge auf, das sich als **Inselbogen** (z. B. Japan) über den Meeresspiegel heben kann.

Zur **Gebirgsbildung** kommt es, wenn zwei kontinentale Platten kollidieren. Wegen der geringen Dichte kann keine Platte in die Asthenosphäre abtauchen, und es kommt zu Verkeilungen, Faltungen und mehrfacher Überschiebung der beiden Platten und damit zur Bildung von hohen Gebirgen. Die Alpen und der Himalaja sind beispielsweise auf diese Weise entstanden.

Kollision

An **Transformstörungen** oder an **konservativen Plattengrenzen** gleiten Platten horizontal aneinander vorbei. Dabei wird keine neue Lithosphäre gebildet und auch keine vernichtet. Viele Transformstörungen treten an divergierenden Plattengrenzen am Meeresboden auf, wo ihr Verlauf unterbrochen und seitlich versetzt wird. Auf dem Festland ist das bekannteste Beispiel die San-Andreas-Störung in Kalifornien, wo die Pazifische Platte an der Nordamerikanischen Platte «vorbeischrammt». Wegen der starken Reibung zwischen den Platten erfolgt die Gleitbewegung nicht kontinuierlich, sondern ruckartig und löst dadurch starke Erdbeben aus.

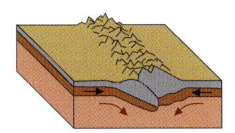

Konservative Plattengrenzen

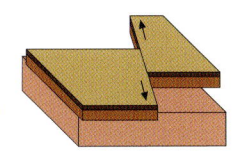

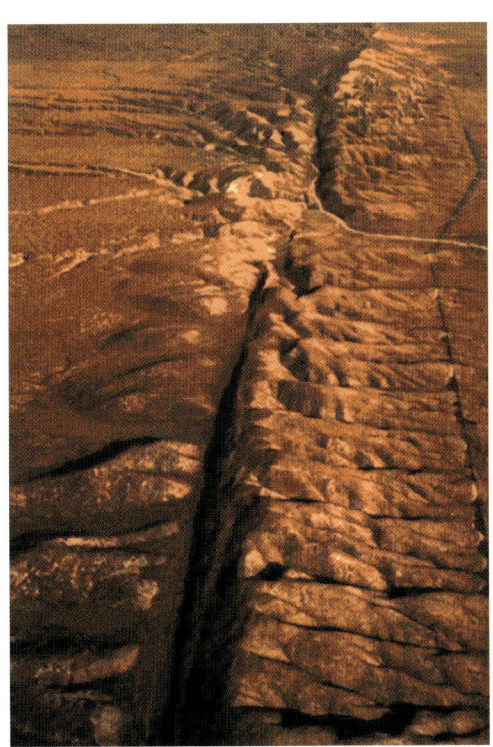

Abbildung 3.8, links: Die San-Andreas-Verwerfung in der Carrizo Plain von Kalifornien mit Blick aus Südosten

Abbildung 3.9, rechts: 1906 verursachte eine Bewegung an der San-Andreas-Störung das grosse Erdbeben von San Francisco. Der verschobene Zaun zeigt einen Versatzbetrag von nahezu drei Metern.

Ist die Küste eines Kontinents an Subduktionszonen und Transformstörungen gebunden, spricht man wegen der vulkanischen Tätigkeit und häufigen Erdbeben von **aktiven Kontinentalrändern**. Weit von Plattengrenzen entfernt liegende Küstenlinien (z. B. die Atlantikküste Europas) weisen keine Vulkane und nur selten Erdebeben auf, weshalb sie als **passive Kontinentalränder** bezeichnet werden.

Im Jahre 1967 haben **geomagnetische Messungen** der Theorie der Plattentektonik zum Durchbruch verholfen. Auf beiden Seiten des Mittelatlantischen Rückens entdeckten Geologen auf dem vulkanischen Ozeanboden (Basalt) ein symmetrisches Magnetstreifenmuster.

Im flüssigen Magma bewegen sich kleinste magnetisierbare Teilchen (z. B. Eisen, Nickel, Kobalt).

Untersuchungen der Plattenbewegungen

Geologie

Steigt das flüssige Magma an die Erdoberfläche, übernehmen die magnetisierbaren Teilchen vor der Erstarrung das jeweilige Magnetfeld der Erde. Das Gestein behält somit die magnetische Polung des Erstarrungszeitpunktes. Man weiss nun, dass sich aus unbekannten Gründen das Magnetfeld der Erde ein- bis fünfmal in einer Million Jahre umpolt, der magnetische Nordpol wird dann zum Südpol und umgekehrt. Die entdeckten magnetischen Streifen mit abwechselnd normaler (wie heute) und inverser (entgegengesetzter) Magnetisierung sind verschieden breit und verlaufen exakt symmetrisch zum mittelozeanischen Rücken. Dieses Streifenmuster zeigt, dass im Laufe der Jahrmillionen das aufsteigende Magma an den mittelozeanischen Rücken immer wieder normal respektive invers magnetisiert zu Ozeanboden erstarrte und dass deshalb zu beiden Seiten eine symmetrische Folge magnetisierter Streifen festgestellt werden kann.

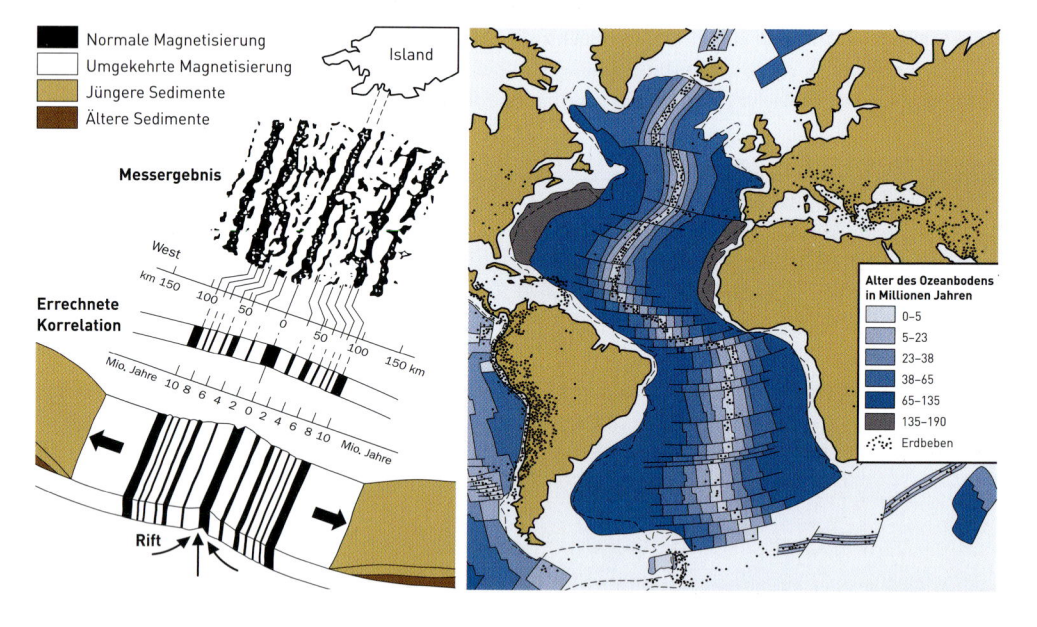

Abbildung 3.10, links:
Alter von Basalten und Sedimenten beiderseits des Mittelatlantischen Rückens im Südatlantik

Abbildung 3.11, rechts:
Das Alter des Ozeanbodens im Atlantik

Aus Untersuchungen an magnetisierter Lava auf dem Festland kennt man die Zeiten der Umpolung und kann mithilfe dieser Zeitskala das Alter jedes einzelnen Streifens auf dem vulkanischen Ozeanboden feststellen. Aus dem Alter eines magnetisierten Gesteinsstreifens und seinem Abstand zum Kamm des mittelozeanischen Rückens, wo er magnetisiert wurde, lässt sich die Geschwindigkeit der Plattenbewegung respektive der Ozeanöffnung berechnen.

Im Jahre 1968 konnte man von Schiffen aus mit **Tiefseebohrungen** den Ozeanboden direkt untersuchen und die Ergebnisse der geomagnetischen Messungen bestätigen. Da die Sedimentation einsetzt, sobald sich die ozeanische Kruste am mittelozeanischen Rücken bildet, kann anhand der Altersbestimmung der fossilen Organismen in den Sedimenten direkt über der basaltischen Kruste das Alter des Ozeanbodens bestimmt werden. Das Alter der Sedimente nimmt mit zunehmender Entfernung vom mittelozeanischen Rücken zu und stimmt mit dem Alter der paläomagnetischen Datierung überein. Mithilfe des magnetischen Streifenmusters auf den Ozeanböden und der Tiefseebohrungen konnte man die Wanderung der Kontinente während der letzten 270 Millionen Jahre rekonstruieren (vgl. Übersicht zur geologischen Geschichte der Alpen und der Welt im Nachsatz).

Mit dem **Global Positioning System (GPS)** und den präzisen **Laser-Vermessungsgeräten** lassen sich heute die Plattenbewegungen auch über kürzere Zeiträume verfolgen. So werden heute die Laser-Vermessungsgeräte und das GPS in Erdbebengebieten eingesetzt und liefern exakte Angaben über die Geschwindigkeit von Plattenbewegungen und das Ausmass der Verschiebungen nach einem Erdbeben.

Plattentektonik

4. Vulkanismus

Die **Vulkanologie** ist ein Forschungsbereich der Geologie, der sich mit dem Vulkanismus, seinen Ursachen im Erdinneren und den verschiedenen vulkanischen Erscheinungen an der Erdoberfläche befasst. **Vulkanismus** bezeichnet alle Vorgänge, die mit dem Austritt fester, flüssiger oder gasförmiger Stoffe aus dem Erdinneren an die Erdoberfläche in Zusammenhang stehen. Diese Erscheinungen sind in erster Linie an Plattengrenzen gebunden. Vulkanische Aktivitäten haben durch die Förderung von geschmolzenem Gestein aus dem Erdinneren 80 % der Erdoberfläche (inkl. Ozeanboden) entstehen lassen. Dem Menschen ermöglichen Vulkane einen kleinen Einblick in das Erdinnere. Gegenwärtig sind 500 bis 600 Vulkane auf dem Festland und schätzungsweise 20 000 vulkanische Ausbruchsstellen auf dem Meeresboden aktiv. In historischen Zeiten erklärten verschiedene Kulturen die furchterregenden Ausbrüche von flüssigem Gestein mit Sagen über einen Feuergott oder über den Teufel, der die heisse Unterwelt beherrscht. Moderne Wissenschaftler sehen in den Vulkanen ein Zeugnis für die innere Wärme der Erde, die bereits in 40 km Tiefe bei 800 °C das Gestein schmelzen lässt. Angezogen von dieser Nähe zum Erdinneren, von der faszinierenden Kraft der Ausbrüche und ihren Spuren, besuchen heute die Touristen zu Tausenden die vulkanisch aktiven Gebiete der Erde, wie Island, Neuseeland und Italien.

In den letzten 250 Jahren kamen jedoch auch über 200 000 Menschen durch vulkanische Aktivitäten und ihre Folgeerscheinungen wie Schlammströme, Überschwemmungen, Flutwellen, Seuchen und Hungersnöte ums Leben. Vulkane können aber auch nützlich sein, indem sie mineralienreiche Böden, chemische Rohstoffe und geothermische Energie liefern. Deshalb sind die Vulkangebiete oft dicht besiedelt (z. B. Java).

Weltweite Verteilung der aktiven Vulkane

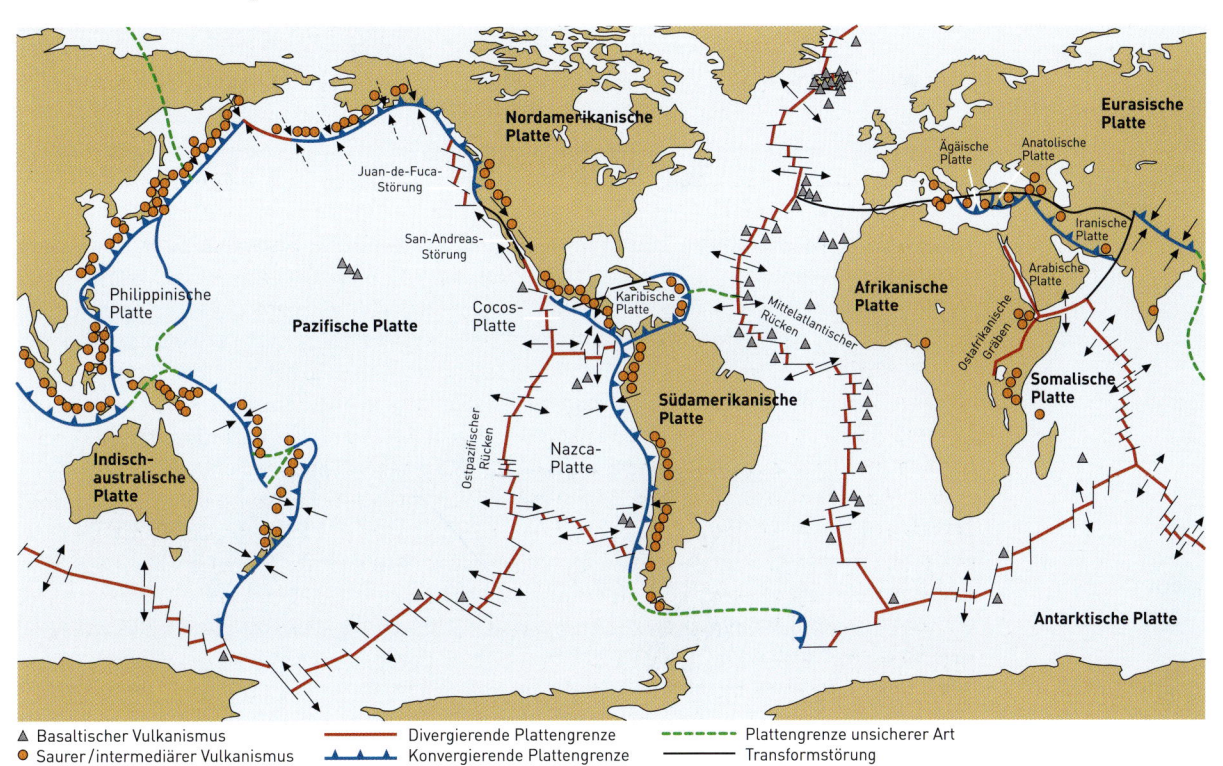

Abbildung 3.12: Weltweite Verteilung der aktiven Vulkane

3

Explosive Vulkane

Von den 500 bis 600 aktiven Vulkanen auf der Erdoberfläche (submarine Vulkane nicht mitgezählt) treten 80% an konvergierenden Plattengrenzen auf, 15% an divergierenden Plattenrändern und der Rest innerhalb der Platten.

An den Subduktionszonen bei konvergierenden Plattengrenzen treten meistens **explosive Vulkane** auf, da diese hauptsächlich zähflüssige, saure bis intermediäre Lava fördern. Wie beim Kochen von Polenta können aus dieser zähflüssigen Lava die Gase schlecht entweichen, wodurch der Druck immer wieder so hoch ansteigt, dass es zu explosionsartigen Ausbrüchen kommt. Zudem kann bei «verstopftem» Schlot durch erstarrte Lava oder Gletscherbildung im Krater der Innendruck so stark steigen, dass es zu heftigen Ausbrüchen und Explosionen und damit zur Wegsprengung ganzer Teile des Vulkans kommt. Beim Abkühlen dieser sauren Lava an der Oberfläche entstehen die hellen Vulkanite, Rhyolith und Andesit. Kollidieren zwei ozeanische Platten an einer Subduktionszone, können die aktiven Vulkane mit der Zeit über den Meeresspiegel wachsen und einen **vulkanischen Inselbogen** bilden (z. B. Japan, Philippinen und Kleine Antillen). Wird eine ozeanische unter eine kontinentale Platte subduziert, bildet sich in der Nähe des Kontinentalrandes eine **vulkanische Bergkette** (z. B. die Anden in Südamerika). Der Gürtel rings um den Pazifik wird als **zirkumpazifischer Feuergürtel** bezeichnet, da hier rund zwei Drittel der aktiven Vulkane der Erde liegen.

Effusive Vulkane

An divergierenden Plattengrenzen auf den Kontinenten (Rift-Valley) und in Ozeanen an den mittelozeanischen Rücken fördern **effusive** (lat. «effundere» = ausfliessen) **Vulkane** dünnflüssige basaltische Lava. Wie beim kochenden Wasser können aus dieser dünnflüssigen Lava die Gase leicht austreten, was ein ruhiges, gleichmässiges Ausfliessen der Lava ermöglicht. Der vulkanische, dunkle Basalt bildet die gesamte ozeanische Kruste der Erde.

Hot Spot

Innerhalb von Platten kann ein **Hot Spot** («heisser Fleck») zu vulkanischen Aktivitäten führen. Hierbei handelt es sich um einen ortsfesten oder gering bewegten Aufschmelzungsbereich in der Asthenosphäre, von dem heisses, geschmolzenes und daher spezifisch leichteres Gestein schlotartig durch die Lithosphäre hochsteigt und dort aktive Vulkane anwachsen lässt. Da der Hot Spot in der Asthenosphäre ortsfest ist und sich die darüberliegende Lithosphärenplatte bewegt, verlieren ältere Vulkane irgendwann ihre Verbindung zur Magmaquelle des Hot Spots, der nun neue Vulkane zu bilden beginnt. Aus der Kette einzelner Vulkane, die ein Hot Spot hinterlässt,

Plattengrenzen	Konvergierende Plattengrenze	Divergierende Plattengrenze	Innerhalb von Platten	Konvergierende Plattengrenze	Divergierende Plattengrenze
Chemismus der Magma/Lava	Sauer bis intermediär	Basisch	Basisch	Sauer bis intermediär	Basisch
Vulkanische Aktivität	Explosiver Vulkanismus	Effusiver Vulkanismus	Effusiver Vulkanismus	Explosiver Vulkanismus	Effusiver Vulkanismus
Gebildete Vulkanite	Rhyolith	Basalt	Basalt	Rhyolith	Basalt
Oberflächenform	Vulkanischer Inselbogen	Vulkanrücken	Vulkanische Inselkette	Vulkanische Bergkette	Grabenbruch oder Rift-Valley
Vulkantyp	Schichtvulkane	Schildvulkane	Schildvulkane	Schichtvulkane	Schildvulkane
Kurze Beschreibung	**Subduktion** Eine ozeanische Platte gleitet unter eine andere ozeanische Platte und wird teilweise aufgeschmolzen.	**Mittelozeanischer Rücken** Aufsteigendes Magma aus der Asthenosphäre bewegt die beiden ozeanischen Platten auseinander.	**Hot spot** Stationärer Hot spot in der Asthenosphäre fördert Magma zur Oberfläche der darüber hinweggleitenden Lithosphäre.	**Subduktion** Die schwere ozeanische Platte gleitet unter die leichte kontinentale Platte und wird teilweise aufgeschmolzen.	**Rift-Valley** Aufsteigendes Magma aus der Asthenosphäre bewegt die beiden kontinentalen Platten auseinander.

kann die Bewegungsgeschwindigkeit und -richtung der Lithosphärenplatten bestimmt werden. Da Hot Spots dünnflüssige basaltische Lava fördern, gehören sie zu den effusiven, für den Menschen weitgehend ungefährlichen Vulkanen. Bekanntestes Beispiel für einen Hot Spot sind die Hawaii-Inseln, die sich perlenschnurartig in Nordwest-Südost-Richtung im Pazifik aufreihen.

Vulkanische Förderprodukte

Abbildung 3.13: Vulkanische Förderprodukte

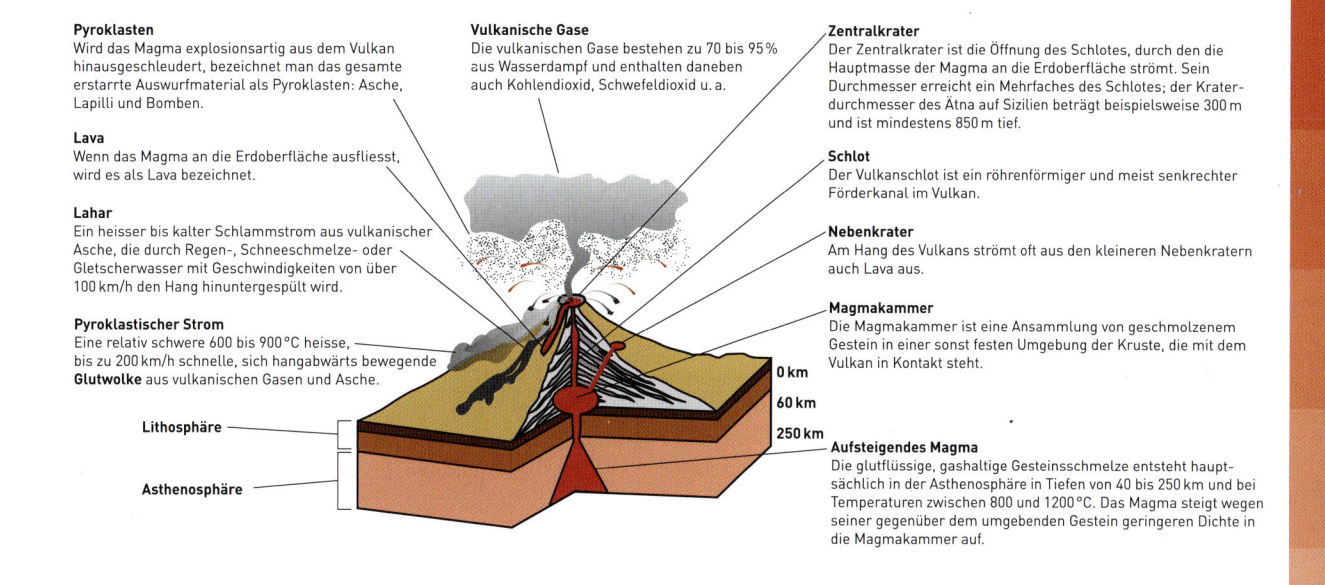

Pyroklasten
Wird das Magma explosionsartig aus dem Vulkan hinausgeschleudert, bezeichnet man das gesamte erstarrte Auswurfmaterial als Pyroklasten: Asche, Lapilli und Bomben.

Lava
Wenn das Magma an die Erdoberfläche ausfliesst, wird es als Lava bezeichnet.

Lahar
Ein heisser bis kalter Schlammstrom aus vulkanischer Asche, die durch Regen-, Schneeschmelze- oder Gletscherwasser mit Geschwindigkeiten von über 100 km/h den Hang hinuntergespült wird.

Pyroklastischer Strom
Eine relativ schwere 600 bis 900 °C heisse, bis zu 200 km/h schnelle, sich hangabwärts bewegende **Glutwolke** aus vulkanischen Gasen und Asche.

Lithosphäre

Asthenosphäre

Vulkanische Gase
Die vulkanischen Gase bestehen zu 70 bis 95 % aus Wasserdampf und enthalten daneben auch Kohlendioxid, Schwefeldioxid u. a.

Zentralkrater
Der Zentralkrater ist die Öffnung des Schlotes, durch den die Hauptmasse der Magma an die Erdoberfläche strömt. Sein Durchmesser erreicht ein Mehrfaches des Schlotes; der Kraterdurchmesser des Ätna auf Sizilien beträgt beispielsweise 300 m und ist mindestens 850 m tief.

Schlot
Der Vulkanschlot ist ein röhrenförmiger und meist senkrechter Förderkanal im Vulkan.

Nebenkrater
Am Hang des Vulkans strömt oft aus den kleineren Nebenkratern auch Lava aus.

Magmakammer
Die Magmakammer ist eine Ansammlung von geschmolzenem Gestein in einer sonst festen Umgebung der Kruste, die mit dem Vulkan in Kontakt steht.

0 km
60 km
250 km

Aufsteigendes Magma
Die glutflüssige, gashaltige Gesteinsschmelze entsteht hauptsächlich in der Asthenosphäre in Tiefen von 40 bis 250 km und bei Temperaturen zwischen 800 und 1200 °C. Das Magma steigt wegen seiner gegenüber dem umgebenden Gestein geringeren Dichte in die Magmakammer auf.

Bei **Eruptionen**, d. h. bei vulkanischen Ausbrüchen, können flüssige (Lava), feste (Bombe, Lapilli, Asche) und gasförmige (Wasserdampf, Kohlendioxid, Schwefeldioxid u. a.) Förderprodukte freigesetzt werden. Nicht selten treten Mischformen auf, wie beispielsweise beim pyroklastischen Strom, beim Geysir oder beim Lahar. Ob Magma in dünnflüssiger Form als Lava ausfliesst oder in zähflüssiger Form als Pyroklasten hinausgeschleudert wird, hängt von der chemischen Zusammensetzung, dem Gasgehalt und der Temperatur des Magmas ab.

Als **Vulkanite** (auch vulkanische Gesteine, Erguss- oder Effusivgesteine) bezeichnet man alle Gesteine, die als Magma aus dem Erdinneren aufgestiegen und an der Erdoberfläche zu festem Gestein erstarrt sind. Zu den Vulkaniten gehört damit die Lava, aber auch die explosiv hinausgeschleuderten Pyroklasten gehören dazu. Die schnelle Abkühlung und Druckabnahme verhindern eine gute Auskristallisation der Mineralien, sodass die meisten Vulkanite mikroskopisch kleine oder gar keine Mineralien aufweisen. Viele Vulkanite enthalten kleine Blasen, weil sich beim Abkühlen der Lava plötzlich der Druck verringert und Wasserdampf und andere Gase unter Bildung von Gashohlräumen oder Blasen aus der Lava entweichen. Die wichtigsten Vulkanite sind der dunkle, kieselsäurearme und daher basische **Basalt** und der helle, kieselsäurereiche und daher saure **Rhyolith**. Die Erstarrungsformen der Lava sind von der chemischen Zusammensetzung, der Temperatur und dem Gasgehalt der Gesteinsschmelze abhängig.

Basaltische Lava ist ausgesprochen dünnflüssig, da sie einen geringen Kieselsäuregehalt (basische Gesteinsschmelze) aufweist und zudem bei hohen Temperaturen zwischen 1000 und 1200 °C schmilzt und ausfliesst. Basaltische Lavaströme fliessen daher meist mit einigen Kilometern pro Stunde, können aber auch bis 100 km/h erreichen und erstrecken sich als dünne Decken bis zu 100 Kilometer vom Krater weg.

Basaltische Lavaergüsse werden entsprechend ihrer Oberflächenausbildung in vier Gruppen unterteilt.

Pahoehoe-Lava oder Stricklava

Die Bezeichnung Pahoehoe-Lava kommt aus dem Polynesischen, bedeutet strick- oder seilartig und wird «pa-ho-e-ho-e» ausgesprochen. Stricklava entsteht, wenn die Oberfläche einer dünnflüssigen Lavamasse abkühlt und so eine dünne, elastische Haut bildet. Diese wird von der darunter noch fliessenden Lavamasse zu strickförmigen Fliesswülsten zusammengeschoben.

Abbildung 3.14: Stricklava auf Hawaii

Aa-Lava

Die Aa-Lava trägt ihren Namen aufgrund ihrer harten und spitzigen Beschaffenheit. «Aa» ist das Wort, das man ausruft, wenn man barfuss über diese Art von Lava geht. Sie hat ihren Gasgehalt weitgehend verloren, ist dadurch zähflüssiger als die Pahoehoe-Lava und bewegt sich auch langsamer. Beim Abkühlen bildet sich eine dicke Kruste. Bewegen sich die unteren Schichten der Lava weiter, zerbricht die Kruste darüber in raue, scharfkantige Blöcke.

Abbildung 3.15: Aa-Lava auf Lanzarote

Kissenlava oder Pillow-Lava

Kissenlava entsteht nur bei untermeerischen Vulkanausbrüchen, wenn dünnflüssige Schmelzen durch den Kontakt mit dem Meerwasser aussen schnell abkühlen und dabei kissenartige Gebilde mit Durchmessern bis ca. 1 m bilden.

Abbildung 3.16: Kissenlava aus den North Oman Mountains in Oman

Basaltsäulen

Beim Abkühlen basaltischer Schmelzen kann durch Kontraktion eine verhältnismässig symmetrische, säulige Klüftung entstehen.

Saure bis intermediäre Lava ist zähflüssig, da sie im Gegensatz zur basaltischen Lava einen hohen Kieselsäuregehalt aufweist und bereits bei niedrigeren Temperaturen zwischen 800 und 1000 °C schmilzt und ausfliesst. Sie fliesst langsam und bildet meist nur ganz kurze Lavaströme, die beim Abkühlen mächtige, eher knollig-rundliche Lagen aus hellem Rhyolith bilden.

Abbildung 3.17: Die Basaltsäulen The Giant's Causeway in Nordirland

Vulkanismus

In Gebieten mit saurer bis intermediärer Lava kommt es häufig zum explosionsartigen Auswerfen von vulkanischem Lockermaterial, den **Pyroklasten** (griech. «pyr» = Feuer und «klan» = zerbrechen). Da die Gase aufgrund der hohen Viskosität (Zähflüssigkeit) des Magmas nicht kontinuierlich entweichen können, nimmt der Druck der Gase in der Gesteinsschmelze so lange zu, bis diese sich explosionsartig freisetzen. Dabei werden Magmafetzen und Teile des Schlotes mit Geschwindigkeiten bis zu mehreren Hundert Metern pro Sekunde weit emporgeschleudert.

Zu dramatischen Eruptionen kommt es, wenn der Druck des Gesteins über dem Magma und den gelösten Gasen plötzlich durch ein Abrutschen des Berges wegfällt und die Gase sich explosionsartig freisetzen können (z. B. Mount St. Helens 1980).

a) **Asche:** Dieses feinkörnige Auswurfmaterial mit Korndurchmesser unter 2 mm entsteht durch extremes Zerreissen des Magmas und der Schlotwände und besteht aus Lava- und Glasteilchen. Die Asche kann bis in die Stratosphäre in Höhen von 40 km gelangen und sich dort weltweit verteilen.

b) **Lapilli:** Die runden Lapilli sind aus herausgeschleuderten Magmafetzen enstanden, die sich während des Fluges zu runden Körpern zusammenballen und abkühlen. Die eckigen Lapilli bestehen aus Bruchstücken alter Lava. Eckige und runde Lapilli haben einen Durchmesser zwischen 2 und 64 mm.

c) **Bomben:** Bomben entstehen aus Lavafetzen, die im Flug durch Drehbewegungen eine abgerundete Form erhalten haben und erstarrt zu Boden fallen. Sie sind grösser als die Lapilli und können ein Volumen von mehreren Kubikmetern erreichen.

Abbildung 3.18: Explosiv zum Vulkankrater hinausgeworfene Pyroklasten

Wohl die bekannteste Eruption von vulkanischem Lockermaterial ereignete sich im Jahre 79 n. Chr., als der Vesuv grosse Mengen von Asche und Lapilli auswarf und die Stadt Pompeji unter einer mehr als sechs Meter mächtigen Schicht begrub. Durch die Briefe von Plinius dem Jüngeren und durch immer noch laufende Ausgrabungen ist dieser historische Vulkanausbruch relativ gut dokumentiert. Tausende von Menschen, die die Stadt Pompeji nicht rechtzeitig verlassen konnten, erstickten an den giftigen Gasen oder wurden lebendig vom Ascheregen begraben. Die benachbarte Ortschaft Herculaneum hingegen wurde von einem Lahar zugedeckt. Ein **Lahar** ist ein Schlammstrom aus wasserdurchtränkter vulkanischer Asche, der bei einem wassergefüllten oder mit Schnee oder Eis zugedeckten Krater entstehen kann und mit Geschwindigkeiten von über 100 km/h verheerende Schäden anrichtet.

Zu einer besonders spektakulären und verheerenden Eruptionsform kommt es, wenn heisse vulkanische Gase und Asche in Form einer **Glutwolke** ausgestossen werden. Diese Wolken sind relativ schwer und steigen daher nicht auf, sondern bewegen sich als **pyroklastischer Strom** mit Geschwindigkeiten von bis zu 200 km/h hangabwärts. Eine solcher pyroklastischer Strom ergoss sich im Jahre 1902 am Hang des Mont Pelé auf der Karibikinsel Martinique mit einer Temperatur von 800 °C und einer Geschwindigkeit von 160 km/h auf die Stadt Saint-Pierre und tötete die 29 000 Einwohner.

Die **vulkanischen Gase** bestehen zu 70 bis 95 % aus Wasserdampf und enthalten daneben Kohlendioxid, Schwefeldioxid und Spuren von Stickstoff, Wasserstoff, Kohlenmonoxid, Schwefel und Chlor. Ein Teil dieser Gase dürfte aus grossen Tiefen der Erde stammen und zum ersten Mal an

Geologie

die Erdoberfläche gelangen (juvenile Gase), andere bestehen wahrscheinlich aus verdampftem Grund- und Meerwasser, und schliesslich kommen wohl noch Gase der Atmosphäre und Gase, die in ältere Gesteine eingeschlossen wurden, hinzu. Bei jedem Vulkanausbruch werden enorme Mengen dieser Gase freigesetzt. Viele Wissenschaftler sind der Ansicht, dass diese Gase im Laufe der geologischen Vergangenheit die Meere und die Atmosphäre hervorgebracht haben und sogar heute noch unser Klima beeinflussen.

In die beiden Kraterseen Nyos und Monoun in Kamerun steigt kontinuierlich gasförmiges Kohlendioxid (CO_2) auf. Durch den Wasserdruck wird dieses in gelöster Form am Seegrund gehalten. Bei einer grösseren Erschütterung (z. B. einem Erdbeben) kann sich plötzlich eine unterseeische Gasblase bilden, nach oben steigen und grosse Mengen an CO_2 freisetzen. Eine solche Gasblase tötete 1984 am Monoun-See 37 Menschen und forderte 1986 am Nyos-See 1800 Opfer.

Eine **Fumarole** (Dampfquelle) ist eine Austrittsstelle von heissem Wasserdampf mit Temperaturen zwischen 200 und 800 °C, der hauptsächlich dem Grundwasser entstammt. Es können aber auch noch andere Gase vorhanden sein, die an der Austrittsstelle wegen ihrer Eisenverbindungen oft bunte Ablagerungen hinterlassen.

Eine **Solfatare** ist eine Austrittsstelle von schwefelhaltigem Wasserdampf mit Temperaturen von 100 bis 250 °C. Um die Austrittsstelle kann sich durch Oxidation des Schwefelwasserstoffs so viel elementarer Schwefel ablagern, dass oft wirtschaftlich nutzbare Schwefellagerstätten (z. B. in der Atacama in Chile) entstehen.

Eine **Mofette** ist eine Austrittsstelle von Kohlendioxid mit Temperaturen unter 100 °C. Mofetten treten sowohl in vulkanisch aktiven Gebieten als auch in Gebieten mit erloschenem Vulkanismus auf.

Ein **Geysir** ist eine Quelle, die in regelmässigen Zeitabständen Wasser und Dampf unter hohem Druck springbrunnenartig ausstösst. Ihr Vorkommen ist an drei Bedingungen gebunden: genügend Bodenwärme, genügend Grundwasser und ein siphonförmiges Quellrohr.

Abbildung 3.19:
Geysir

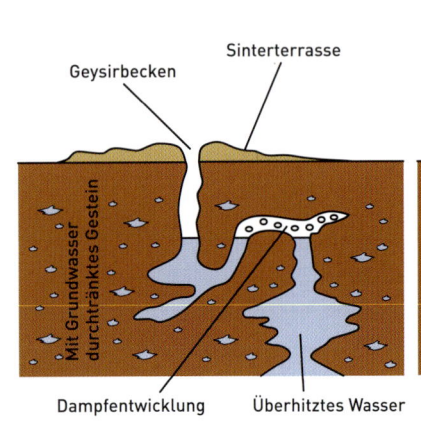

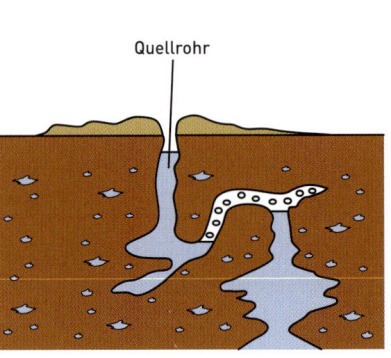

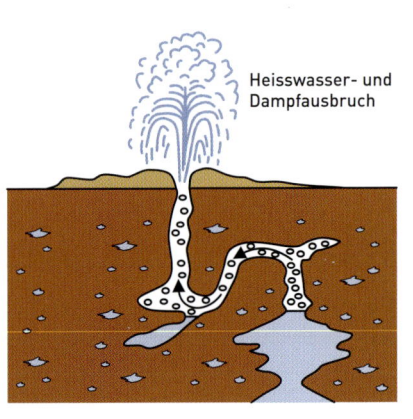

Von Niederschlägen oder nahen Gewässern stammendes Grundwasser sammelt sich im siphonförmigen Quellrohr. Magmakammern können noch viele Jahrhunderte nach einer Vulkaneruption das Wasser über 100 °C erhitzen.

Im siphonförmigen Quellrohr sammelt sich am höchsten Punkt zunehmend Wasserdampf, der die im Quellrohr liegende Wassersäule hinaufstösst. Die Wassersäule übt einen hydrostatischen Druck auf das Wasser weiter unten aus und bewirkt, dass die Siedetemperatur nicht wie normalerweise 100 °C beträgt, sondern je nach Tiefe bei über 120 °C liegt.

Übersteigt der Druck des Wasserdampfes den hydrostatischen Druck der Wassersäule darüber, so wird die Wassersäule als erste kleine Eruption in die Luft gespritzt. Durch den verminderten Wasserdruck sinkt nun auch der Siedepunkt im Quellrohr, und das tiefer liegende Wasser wird schlagartig in Dampf verwandelt. Diese Vorgänge greifen immer in tiefere Wasserschichten vor, sodass in einer Kettenreaktion von oben nach unten fortschreitend der Geysirschacht geleert wird.

Vulkantypen

Als **Vulkan** wird die charakteristische Bauform an der Erdkruste bezeichnet, die durch vulkanische Tätigkeit entsteht. Die Form der Vulkane hängt hauptsächlich von der Art und Dauer des Ausbruches und vom geförderten Material ab. Vulkanologen unterscheiden die folgenden Haupttypen:

Schildvulkane fördern ausschliesslich dünnflüssige, basische Lava, welche ruhig ausfliesst und sich weiträumig verbreitet. So ist die Lava beim Mauna Loa bis zu 100 km vom Krater weggeflossen und hat so die typisch flachen Hänge des Schildvulkans hinterlassen. Während weniger Millionen Jahre haben hier Tausende von mächtigen Lavaergüssen den «höchsten Berg der Erde» heranwachsen lassen: 9700 m über dem Meeresboden.

Ein **Schicht- oder Stratovulkan** fördert in einer Wechselfolge Lava und Pyroklasten. Da die zähflüssige Lava nicht weit vom Krater wegfliesst und das grössere Auswurfmaterial in der Nähe des Kraters herunterfällt, bildet sich ein Vulkankegel mit steilen Hängen. Schichtvulkane treten hauptsächlich an Subduktionszonen der Erde auf und sind damit der häufigste Vulkantyp auf den Kontinenten: Fujisan, Vesuv, Ätna und Mount St. Helens sind Beispiele für Schichtvulkane.

Aschenvulkane entstehen, wenn ausschliesslich vulkanisches Auswurfmaterial und keine Lava gefördert wird. Häufig entstehen Aschenkegel aus einem Nebenkrater eines grösseren Vulkans; reine Aschenvulkane sind hingegen selten.

Eine **Caldera** entsteht durch Wegsprengung des Vulkangipfels oder -kegels, in den meisten Fällen aber durch Einsturz. Bei einer sehr heftigen Eruption kann die wenige Kilometer tief liegende Magmakammer praktisch entleert werden und das Dach der Magmakammer unter der Last zusammenbrechen. Es entsteht eine grosse, steilwandige und beckenförmige Einsenkung, die mit einem Durchmesser von 1 bis zu 50 km wesentlich grösser als der ehemalige Krater ist und als Caldera (span. = Kessel) bezeichnet wird. Im Inneren der Caldera entsteht später oft ein neuer, kleinerer Vulkankegel (z. B. Vesuv).

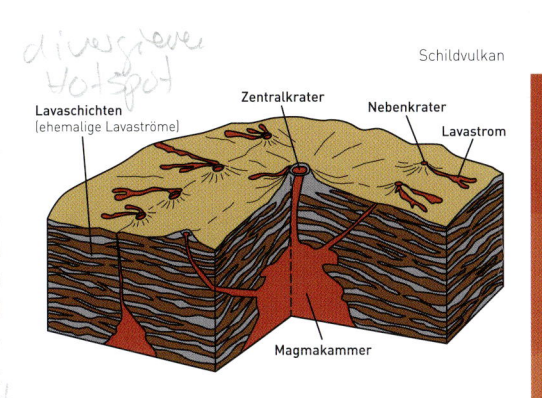

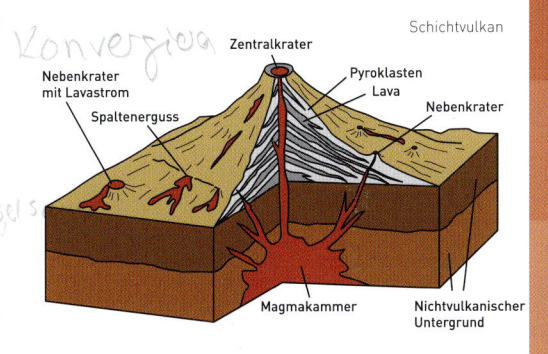

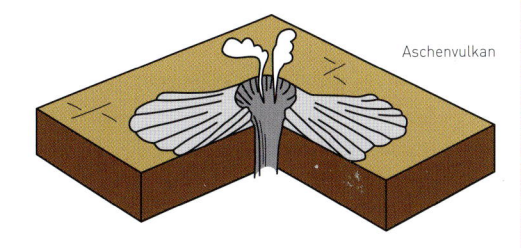

Abbildung 3.20: Vulkantypen

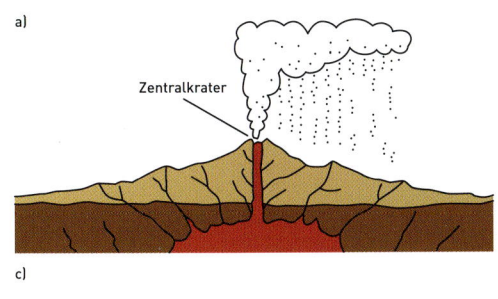

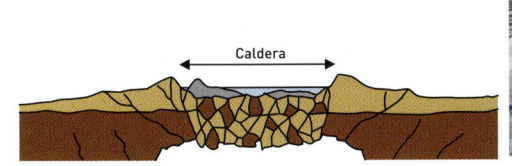

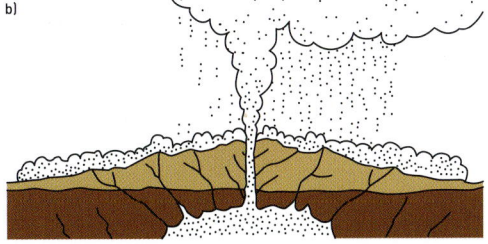

Abbildung 3.21: Die Aniakchak-Caldera in Alaska wurde durch einen explosiven Ausbruch von über 50 km³ Magma vor 3450 Jahren gebildet. Die Caldera weist einen Durchmesser von 10 km auf und ist 500 bis 1000 m tief.

Maare

Maare sind rundliche, trichterförmige Vertiefungen in der Erdoberfläche, die durch explosionsartiges Entweichen von Gasen ohne Förderung von Lava entstanden sind. Das weggesprengte Gesteinsmaterial und die geringe Menge vulkanischer Asche bilden den Ringwall. Der Trichter mit einem Durchmesser von bis zu 2 km füllt sich meist mit Wasser und bildet einen kreisrunden Maarsee. Bekannt sind die Maare der Eifel in Deutschland oder der Auvergne in Frankreich.

Abbildung 3.22:
Maar

Zähflüssiges Magma kann im Vulkanschlot stecken bleiben und dort abkühlen. Durch Abtragung des Vulkankegels wird das erstarrte Magma im Schlot als sogenannte **Staukuppe** (auch Quellkuppe oder Dom) freigelegt. Beispiele aus Europa sind der Hohentwiel im Hegau (Deutschland), der Strombolicchio auf den Liparischen Inseln (Italien) oder Le Puy in der Auvergne (Frankreich).

Staukuppe

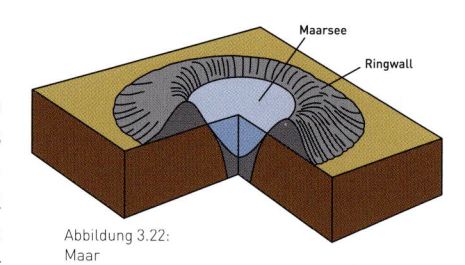

Abbildung 3.23:
Auf der 80 m hohen Staukuppe aus Basalt thront in Le Puy in der Auvergne (Frankreich) eine Kapelle.

Sind Vulkanausbrüche vorhersagbar?

Die Vorhersage von Vulkanausbrüchen ist die wichtigste, aber zugleich auch die schwierigste Aufgabe von Vulkanologen. Weil kein Vulkan in seinem Ausbruchsverhalten dem anderen gleicht, können gewonnene Informationen über einen Vulkan kaum auf einen anderen übertragen werden. Mit seismischen Geräten beobachten Vulkanologen die vielen leichten Erdbeben, die beim Aufsteigen des Magmas im Vulkan ausgelöst werden. Häufig auftretende und leichte Erdbeben sowie ein verstärkter Gasausstoss sind nur vage Anzeichen einer bevorstehenden Eruption, weil dadurch nicht klar wird, ob der Vulkan am nächsten Tag oder in einigen Jahren ausbrechen wird. Aussagefähiger sind Aufwölbungen und Formveränderungen am Vulkankegel, die mit Vermessungsgeräten registriert werden können. Mithilfe der Satellitenbeobachtung sind inzwischen die Formveränderungen, Oberflächentemperaturen und Gasaustritte von Vulkanen flächenhaft und präzise erfassbar geworden. Die Ausbrüche des Mount St. Helens im Mai 1980 und des Pinatubo im Juni 1991 konnten dank beobachteter Aufwölbungen einige Tage zuvor vorausgesagt werden. Viele der aktiven Vulkane werden von Vulkanologen weltweit intensiv erforscht und rund um die Uhr beobachtet, damit Millionen von Menschen bei einem drohenden Ausbruch rechtzeitig gewarnt werden könnten. Trotzdem ist eine exakte Prognose heute meist noch nicht möglich.

Abgesehen von ihrer Zerstörungskraft tragen die Vulkane aber in vielerlei Hinsicht zu unserem Wohlergehen bei. Vulkanische Gesteine sind sehr mineralienreich und führen bei ihrer Verwitterung zu fruchtbaren Böden. Die geförderten vulkanischen Gesteine, Gase und Dämpfe sind ausserdem Quellen wichtiger Industriemineralien und Chemierohstoffe, wie Bimsstein, Borsäure, Schwefel und Ammoniak, und bilden Lagerstätten mit Quecksilber-, Silber-, Gold-, Uran-, Blei-, Eisen-, Kupfer-, Nickel und Titanerzen. Zudem wird die thermische Energie des Vulkanismus zunehmend nutzbar gemacht: Viele Häuser auf Island werden mit heissem Wasser aus vulkanischen Quellen geheizt, und in Italien, Neuseeland, den USA und in Japan wird der heisse Dampf als Energiequelle zur Erzeugung von Elektrizität genutzt.

5. Erdbeben

Entstehung von Erdbeben

Die Lithosphärenplatten bewegen sich relativ zueinander. In ihrem Kontaktbereich verhindern Reibungskräfte die kontinuierliche Bewegung der Platten und führen während mehrerer Jahre zum Aufbau von Spannungen. Sind die aufgebauten Spannungen grösser als die Reibungskräfte, kommen die Platten während weniger Sekunden ruckartig in Bewegung und lösen damit eine Erschütterung der Erdkruste, ein **Erdbeben**, aus. Weltweit entstehen über 90 % aller Erdbeben im Bereich von Plattengrenzen. Daneben entstehen schwache Erdbeben beim Aufsteigen von Magma im Vulkanschlot oder beim Einsturz von unterirdischen Hohlräumen. Der Mensch kann Erdbeben «künstlich» mit Sprengungen oder mit unterirdischen Atomexplosionen erzeugen. Von der Entfernung des Erdbebenherdes zum Beobachtungsort hängen die Bezeichnungen **Orts-, Nah- und Fernbeben** ab. Die **Seismologie** (griech. «seismós» = Erschütterung) ist die Wissenschaft, die sich mit den natürlichen Erschütterungen der Erdoberfläche befasst. Sie untersucht die Entstehung, Ausbreitung und Auswirkung der Erdbeben.

Auslösung von Erdbeben

Seismologie

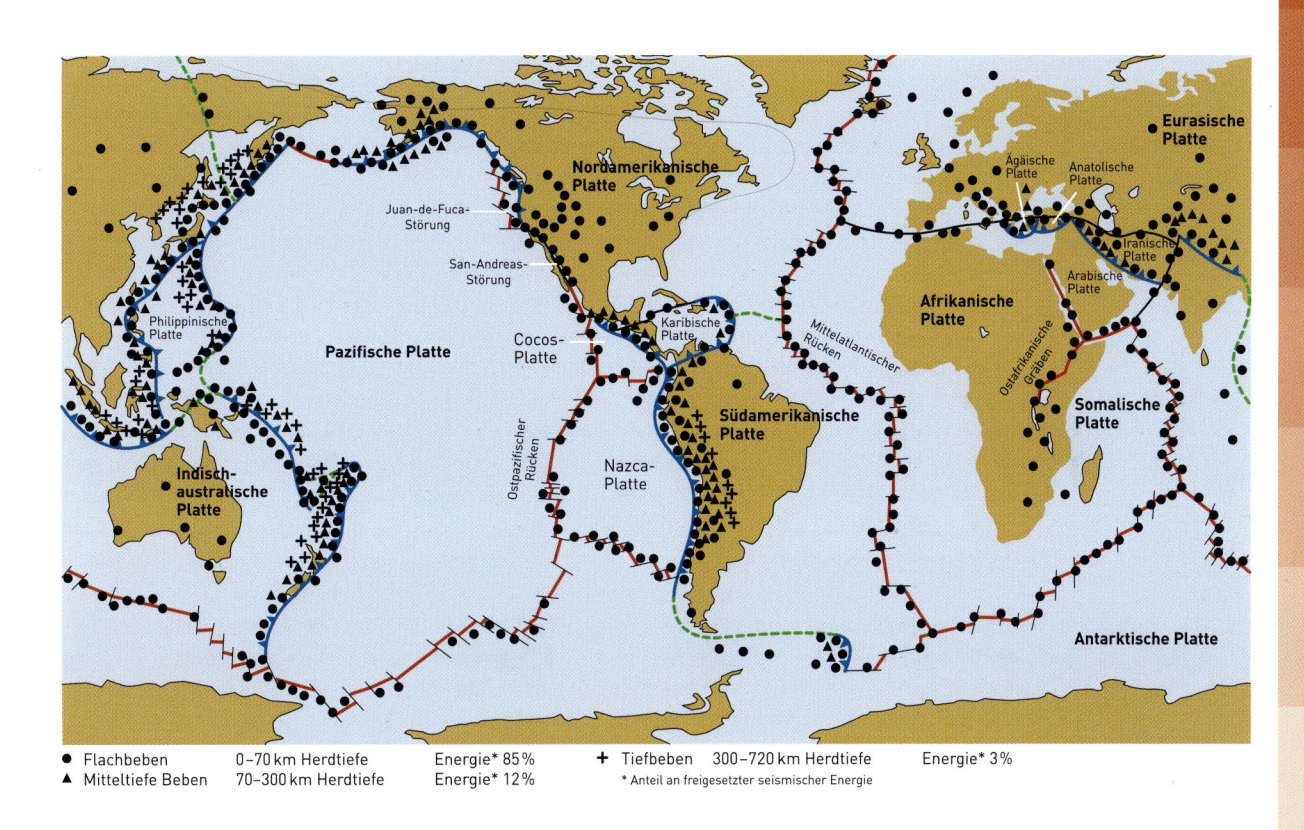

- ● Flachbeben 0–70 km Herdtiefe Energie* 85 %
- ▲ Mitteltiefe Beben 70–300 km Herdtiefe Energie* 12 %
- + Tiefbeben 300–720 km Herdtiefe Energie* 3 %

* Anteil an freigesetzter seismischer Energie

Abbildung 3.24:
Die weltweite Verteilung der Erdbeben 2010 und die Plattengrenzen

Geologie

Seismische Wellen

Plattenbewegung

Front der Erdbebenwellen

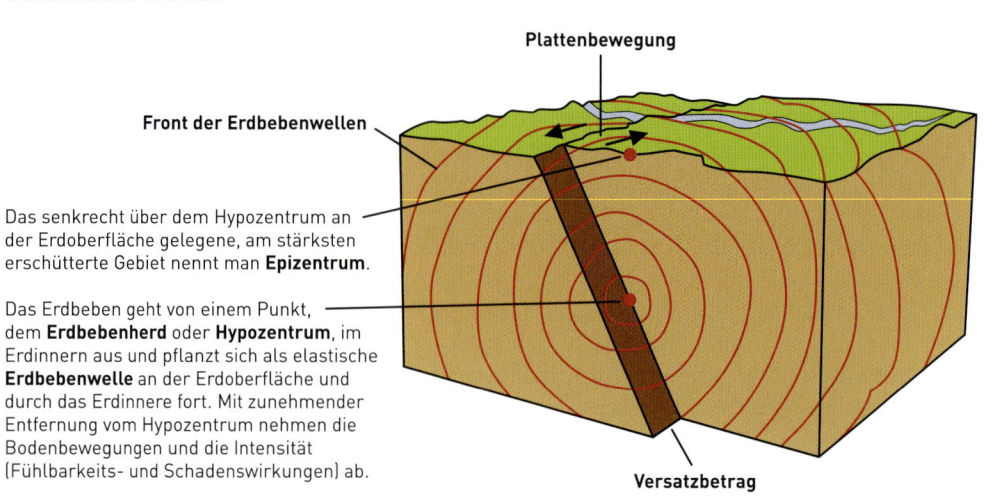

Das senkrecht über dem Hypozentrum an der Erdoberfläche gelegene, am stärksten erschütterte Gebiet nennt man **Epizentrum**.

Das Erdbeben geht von einem Punkt, dem **Erdbebenherd** oder **Hypozentrum**, im Erdinnern aus und pflanzt sich als elastische **Erdbebenwelle** an der Erdoberfläche und durch das Erdinnere fort. Mit zunehmender Entfernung vom Hypozentrum nehmen die Bodenbewegungen und die Intensität (Fühlbarkeits- und Schadenswirkungen) ab.

Versatzbetrag

Abbildung 3.25: Vom Hypozentrum eines Erdbebens breiten sich seismische Wellen aus.

Bei einer plötzlichen Verschiebung von Platten wird ein Grossteil der Energie als Reibungswärme freigesetzt. Nur ein kleiner Prozentsatz der Gesamtenergie wird in **seismische Energie** umgewandelt, die in Form von wellenförmigen Schwingungen vom Erdbebenherd in alle Richtungen gestrahlt wird. Von diesen Erdbebenwellen gehen vom Hypozentrum zwei verschiedene Wellen aus, die sich mit unterschiedlicher Geschwindigkeit durch das Erdinnere und an der Oberfläche fortpflanzen: Die schnellsten Wellen, die zuerst das Epizentrum erreichen, nennt man **Primärwellen** oder **P-Wellen**. Ebenso wie Schallwellen sind P-Wellen Kompressions- oder Longitudinalwellen, die sich in der Materie als eine periodische Verdichtung und Verdünnung der Teilchen in Fortpflanzungsrichtung ausbreiten. Die P-Wellen breiten sich in der Erdkruste mit durchschnittlich 6 km/s jedoch erheblich schneller aus als die Schallwellen in der Luft (~344 m/s). Man kann sich P-Wellen wie ein wiederholtes Zusammenschieben und Strecken der Gesteinsteilchen vorstellen.

Der P-Welle folgen mit rund halb so grosser Fortpflanzungsgeschwindigkeit die **Sekundärwellen** oder **S-Wellen** (~3,5 km/s). Die Sekundärwellen oder S-Wellen sind Scher- oder Transversalwellen, weil die Gesteinsteilchen in einer senkrechten Ebene schwingen, sich also transversal zur Ausbreitungsrichtung bewegen.

P- und S-Wellen sind **Raumwellen**, da sie sich vom Hypozentrum her räumlich nach allen Richtungen ausbreiten. Erreichen sie die Erdoberfläche, werden die Raumwellen zu **Oberflächenwellen**, die sich nun entlang der Erdoberfläche und in der äussersten Kruste fortpflanzen. Sie sind vergleichbar mit Wellen auf dem Meer. Ihre Geschwindigkeit ist nur wenig langsamer als die der S-Wellen, aber sie verursachen in der Regel die grösseren Erschütterungen. Auch bei den Oberflächenwellen unterscheidet man zwei Typen: Die P-Wellen werden an der Oberfläche zu sogenannten **Rayleigh-Wellen** (nach dem englischen Mathematiker John William Strutt Lord Rayleigh [1842–1919], und die S-Wellen werden zu **Love-Wellen** (nach dem englischen Mathematiker Augustus Edward Hough Love [1863–1940]).

Primärwellen

Sekundärwellen

Oberflächenwellen

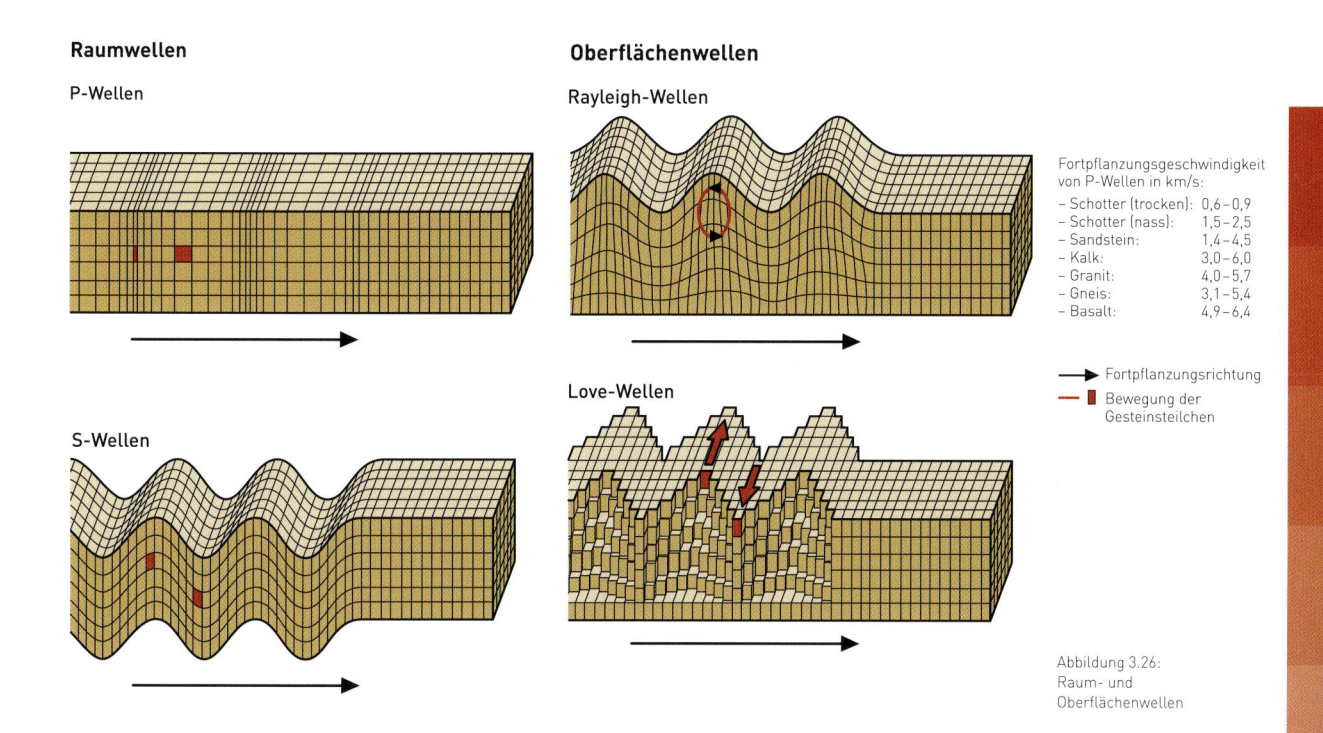

Raumwellen

P-Wellen

S-Wellen

Oberflächenwellen

Rayleigh-Wellen

Love-Wellen

Fortpflanzungsgeschwindigkeit
von P-Wellen in km/s:
- Schotter (trocken): 0,6–0,9
- Schotter (nass): 1,5–2,5
- Sandstein: 1,4–4,5
- Kalk: 3,0–6,0
- Granit: 4,0–5,7
- Gneis: 3,1–5,4
- Basalt: 4,9–6,4

→ Fortpflanzungsrichtung
▬ Bewegung der Gesteinsteilchen

Abbildung 3.26:
Raum- und Oberflächenwellen

Für die Untersuchung des Aufbaus des Erdinneren sind P- und S-Wellen von Bedeutung. P-Wellen breiten sich in Flüssigkeiten weitaus langsamer aus als in Festkörpern, und S-Wellen können sich in Flüssigkeiten gar nicht fortpflanzen. Aufgrund solcher Zusammenhänge lassen sich die Zusammensetzung, der Verlauf und die Mächtigkeit von Gesteinsschichten unter der Erdoberfläche erforschen, um Lagerstätten und Baugrund, aber auch das gesamte Erdinnere zu erkunden.

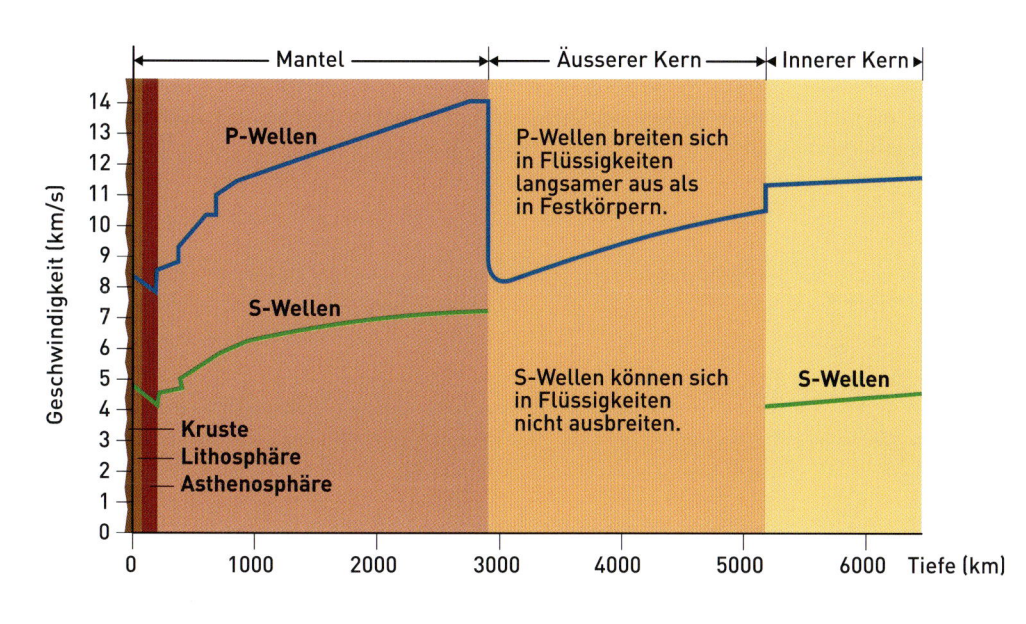

Abbildung 3.27:
Aus den Geschwindigkeitsänderungen der P- und S-Wellen können wichtige Informationen über die Abfolge der Schichten im Erdinnern gewonnen werden. Die S-Wellen im inneren Kern sind bei der Umwandlung von P-Wellen im äusseren Kern entstanden.

Geologie

Erdbebenmessung

Der **Seismograf** (griech. «gráphein» = schreiben) ist das wichtigste Instrument zur Untersuchung der Erdbeben und zur Erforschung der tiefer liegenden Bereiche des Erdkörpers.

Seismograf

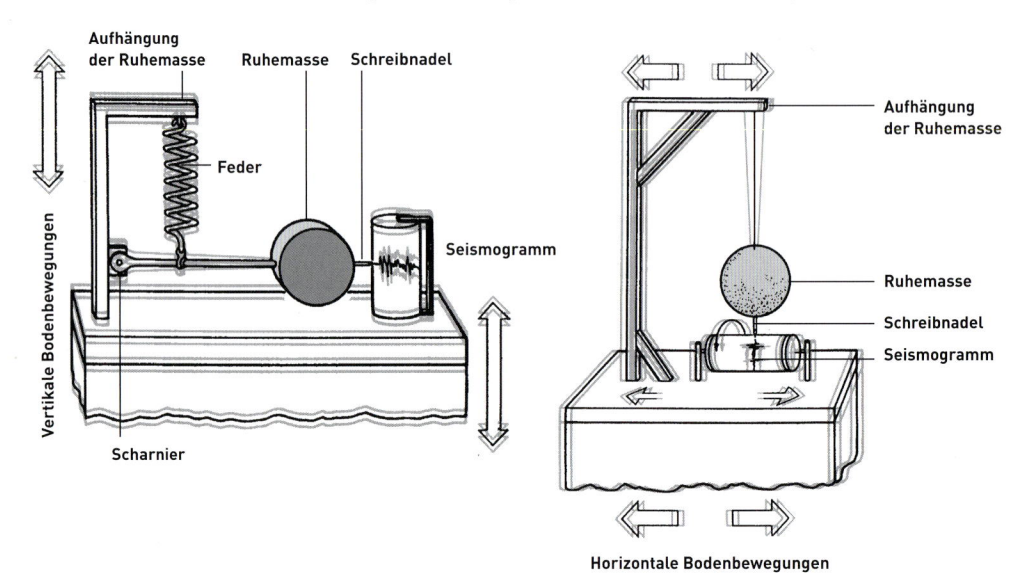

Abbildung 3.28: Seismografen registrieren ein Erdbeben.

Seismografen registrieren horizontale oder vertikale Bewegungen. Während des Erdbebens bewegen sich der Boden, die Aufhängung der Ruhemasse und das Papier mit dem Seismogramm auf und ab. Die Ruhemasse und die damit verbundene Schreibnadel sind an einer Feder aufgehängt und bleiben wegen ihrer Trägheit an Ort. Das heisst, dass sich nicht die Schreibnadel, sondern das Papier bewegt.

Seismogramm

Amplituden

Die auf dem Papier des Seismografen erzeugte Wellenlinie nennt man **Seismogramm**. Die Ausschläge in einem Seismogramm werden als **Amplituden** bezeichnet. Die Amplituden geben die Bodenbewegung in Millimetern am Standort des Seismografen an. Mit zunehmender Entfernung vom Hypozentrum nehmen die Bodenbewegungen und damit die Fühlbarkeit und die Schadenswirkung eines Erdbebens ab.

Seismometer

Moderne Seismografen bezeichnet man als **Seismometer** (griech. «métron» = Mass). Ihr Messprinzip ist technisch weiterentwickelt und verfeinert worden, und die Aufzeichnung der Bodenbewegung erfolgt nun digital.
1992 gelang es den Seismologen in Südkalifornien zudem, die Bodenbewegung auch mithilfe des GPS zu bestimmen.

Abbildung 3.29: Vom Hypozentrum bewegen sich die P-, S- und Oberflächenwellen unterschiedlich schnell durchs Erdinnere. Sie werden deshalb auf dem Seismogramm deutlich getrennt registriert.

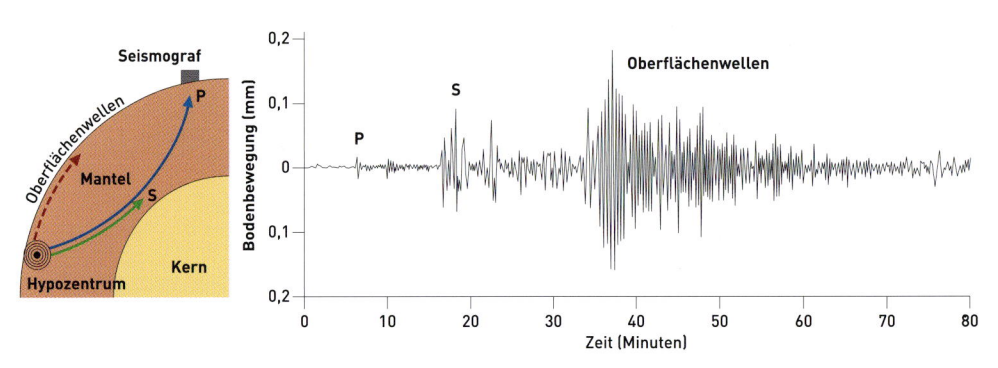

Erdbeben

Bestimmung des Epizentrums

Da man die durchschnittliche Fortpflanzungsgeschwindigkeit von P-Wellen (~ 6 km/s) und S-Wellen (~ 3,5 km/s) kennt, lässt sich aus dem Zeitunterschied ihres Eintreffens an einer Station die Entfernung zum Epizentrum berechnen. Grundsätzlich gilt: Je grösser die Zeitdifferenz in der Ankunftszeit der P- und S-Wellen, desto weiter ist die seismische Station vom Epizentrum entfernt.

Die Station Linth-Limmern (LLS) des Schweizerischen Erdbebendienstes registrierte die Ankunft der P-Wellen um 07:14:15.2 Uhr, die der S-Wellen um 07:14:20.6 Uhr. Zeitdifferenz zwischen der Ankunft der P- und der S-Wellen: 5.4 Sekunden.

Die Station Zürich-Degenried (ZUR) registrierte die Ankunft der P-Wellen um 07:14:16.2 Uhr, die der S-Wellen um 07:14:22.2 Uhr. Zeitdifferenz zwischen der Ankunft der P- und der S-Wellen: 6 Sekunden.

Die Station Fusio (FUSIO) registrierte die Ankunft der P-Wellen um 07:14:17.9 Uhr, die der S-Wellen um 07:14:25 Uhr. Zeitdifferenz zwischen der Ankunft der P- und der S-Wellen: 7.1 Sekunden.

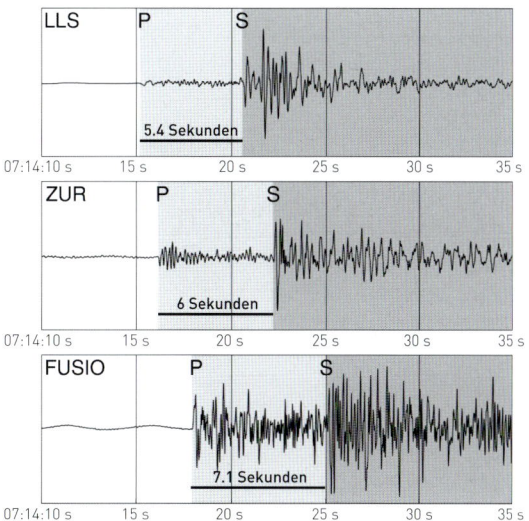

Abbildung 3.30:
Drei Seismogramme eines Erdbebens vom 17. August 2000 mit Magnitude 3,0. Weil das Hypozentrum dieses Erdbebens in etwa 10 km Tiefe liegt und zwischen 30 und 150 km von den drei Seismografen entfernt ist, gilt vereinfacht: Die Distanz (in km) zwischen dem Epizentrum und dem Seismografen ist rund achtmal so gross wie die Zeitdifferenz zwischen der Ankunft der P-Wellen und der S-Wellen (in Sekunden).

Auf einer Karte werden dann um mindestens drei Stationen Kreise gezogen, deren Radien dem berechneten Abstand der jeweiligen Station zum Epizentrum entsprechen. Das Epizentrum liegt dann im Schnittpunkt der drei Kreise. Das Epizentrum, der Zeitpunkt des Bebens und die Tiefenlage des Hypozentrums werden heute mit Computern auf der Grundlage dieses Verfahrens dreidimensional berechnet.

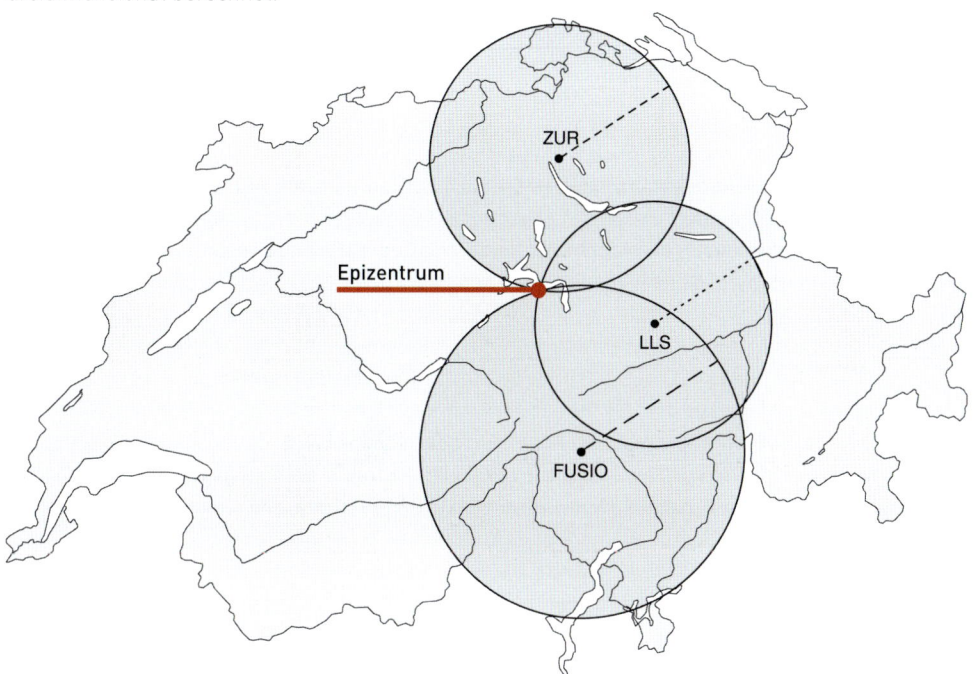

Abbildung 3.31:
Die drei seismischen Stationen, welche das Erdbeben vom 17. August 2000 erfasst haben, weisen auf das Epizentrum bei Beckenried am Vierwaldstättersee hin.

Geologie

Erdbebenstärke

Früher mass man die Stärke eines Erdbebens an seinen Auswirkungen: an Gebäudeschäden, an der Anzahl Obdachloser, Verletzter und Toter usw. Vor über 200 Jahren begann man, die Stärke des Erdbebens mit einer Schadensskala zu beschreiben. 1902 leitete der italienische Seismologe und Vulkanologe Giuseppe Mercalli (1850–1914) die 12-stufige **Mercalli-Skala** ab. Diese Skala wurde verschiedentlich modifiziert, wobei heute in Europa die Intensitätsskala **EMS-98** (Europäische makroseismische Skala 1998) offiziell gültig ist:

EMS	Intensität	Beschreibung der maximalen Wirkungen
I	Nicht fühlbar	Nicht fühlbar.
II	Kaum bemerkbar	Nur sehr vereinzelt von ruhenden Personen wahrgenommen.
III	Schwach	Von wenigen Personen in Gebäuden wahrgenommen. Ruhende Personen fühlen ein leichtes Schwingen oder Erschüttern.
IV	Deutlich	Im Freien vereinzelt, in Gebäuden von vielen Personen wahrgenommen. Einige Schlafende erwachen. Geschirr und Fenster klirren, Türen klappern.
V	Stark	Im Freien von wenigen, in Gebäuden von den meisten Personen wahrgenommen. Viele Schlafende erwachen. Wenige reagieren verängstigt. Gebäude werden insgesamt erschüttert. Hängende Gegenstände pendeln stark, kleine Gegenstände werden verschoben. Türen und Fenster schlagen auf oder zu.
VI	Leichte Gebäudeschäden	Viele Personen erschrecken und flüchten ins Freie. Einige Gegenstände fallen um. An vielen Häusern, vornehmlich in schlechterem Zustand, entstehen leichte Schäden, zum Beispiel Mauerrisse; kleine Verputzteile fallen ab.
VII	Gebäudeschäden	Die meisten Personen erschrecken und flüchten ins Freie. Möbel werden verschoben. Gegenstände fallen in grossen Mengen aus Regalen. An vielen Häusern solider Bauart treten mässige Schäden auf (kleine Mauerrisse, Abfall von Putz, Herabfallen von Schornsteinteilen). Vornehmlich Gebäude in schlechterem Zustand zeigen grössere Mauerrisse; Zwischenwände stürzen ein.
VIII	Schwere Gebäudeschäden	Viele Personen verlieren das Gleichgewicht. An vielen Gebäuden einfacher Bausubstanz treten schwere Schäden auf, d.h., Giebelteile und Dachgesimse stürzen ein. Einige Gebäude sehr einfacher Bauart stürzen ein.
IX	Zerstörend	Allgemeine Panik unter den Betroffenen. Sogar gut gebaute gewöhnliche Bauten zeigen sehr schwere Schäden. Teilweise Einsturz tragender Bauteile. Viele schwächere Bauten stürzen ein.
X	Sehr zerstörend	Viele gut gebaute Häuser werden zerstört oder erleiden schwere Beschädigungen.
XI	Verwüstend	Die meisten Bauwerke, selbst einige mit gutem, erdbebengerechtem Konstruktionsentwurf und guter Konstruktionsausführung, werden zerstört.
XII	Vollständig verwüstend	Nahezu alle Konstruktionen werden zerstört.

Die EMS-98 erfasst die Auswirkungen eines Erdbebens. Damit lassen sich historische Erdbeben aufgrund von Aufzeichnungen einordnen und für die Abschätzung des Erdbebenrisikos in einer Region heranziehen. Diese Skala macht aber keine Angaben zur freigesetzten Energie.

Anfang des 20. Jahrhunderts lieferten die Seismometer immer genauere Aufzeichnungen der Bodenbewegungen und ermöglichten es schliesslich, die Stärke eines Erdbebens zu berechnen. 1935 führte der amerikanische Seismologe Charles Francis Richter (1900–1985) die **Magnitude** ein, ein objektives Mass für die am Erdbebenherd freigesetzte Energie. Zur Berechnung der Magnitude benötigt man zwei Werte aus dem Seismogramm, und zwar die Grösse der maximalen Bodenbewegung (maximale Amplitude) sowie die Entfernung der seismischen Station zum Erdbebenherd. Die Magnitude wird mit Werten zwischen 0 und 9,5 (dem bisher stärksten gemessenen Erdbeben in Chile, 22. Mai 1960) auf der weltweit verwendeten **Richterskala** angegeben. Diese Skala ist theoretisch nach oben unbegrenzt, aus wissenschaftlicher Sicht sind jedoch Erdbeben mit einer Magnitude grösser als 10 kaum vorstellbar. Die Richterskala besitzt eine logarithmische Einteilung; das heisst, dass jede Erhöhung um eine Einheit eine Verzehnfachung der Bodenbewegungen bedeutet. Ein Erdbeben mit der Stärke 7 erzeugt demnach Bodenbewegungen, die 10 000-mal grösser sind als bei einem Beben der Magnitude 3.

Magnitude	Beben pro Jahr
1–1,9	Schätzungsweise 8000 pro Tag oder 2,9 Mio. pro Jahr
2–2,9	Schätzungsweise 1000 pro Tag oder 370 000 pro Jahr
3–3,9	Schätzungsweise 49 000 pro Jahr
4–4,9	Schätzungsweise 6200 pro Jahr
5–5,9	Rund 800 pro Jahr
6–6,9	Rund 120 pro Jahr
7–7,9	18 pro Jahr
8 und grösser	1 pro Jahr

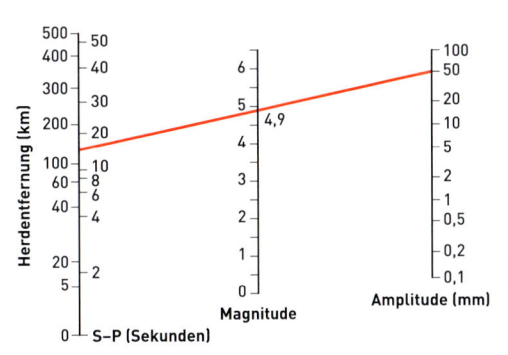

Abbildung 3.32:
Grafische Bestimmung der Magnitude mithilfe der Erdbebenherdentfernung und der maximalen Amplitude

Der Vorteil der Richterskala ist, dass sie mit der Magnitude eine objektive Beurteilung der Erdbebenstärke ermöglicht und jede seismische Station der Welt diesen einen objektiven Wert (Magnitude) für ein Erdbeben berechnen kann. Zudem besteht zwischen der Magnitude und der Grösse des Schadensgebietes ein Zusammenhang.

Welche Auswirkungen ein Beben einer bestimmten Magnitude in einem bestimmten Gebiet schliesslich hat, ist jedoch nicht nur abhängig von der Magnitude des Erdbebens (der freigesetzten Energie im Erdbebenherd), sondern auch:
– von der Tiefe des Erdbebenherdes,
– von der Distanz des Gebietes zum Erdbebenherd,
– vom lokalen Untergrund und
– von der Erdbebensicherheit der Bauwerke in diesem Gebiet.

Ein Nachteil der Richterskala ist also, dass ihr verwendetes Mass, die Magnitude, wenig über die Auswirkungen aussagt. Ereignet sich beispielsweise ein Erdbeben der Stärke 7,8 auf der Richterskala in einem menschenleeren Gebiet, so hat dieses starke Erdbeben für den Menschen keine Auswirkungen. In einem besiedelten Gebiet aber muss ab Magnitude 5 mit Schäden an Bauwerken gerechnet werden.

Durchschnittliches Schadensgebiet von Beben mit Magnitude 5 bis 6: 2000 km² oder ein Kreis mit rund 50 km Durchmesser
M 5–6
50 km

Durchschnittliches Schadensgebiet von Beben mit Magnitude 6 bis 7: 11 000 km² oder ein Kreis mit rund 120 km Durchmesser
M 6–7
120 km

Durchschnittliches Schadensgebiet von Beben mit Magnitude 6 bis 7: 80 000 km² oder ein Kreis mit rund 280 km Durchmesser
M 7–8
280 km

Durchschnittliches Schadensgebiet von Beben mit Magnitude 8 bis 9: 110 000 km² oder ein Kreis mit rund 380 km Durchmesser
M 8–9
380 km

Abbildung 3.33:
Bei Erdbeben in besiedelten Gebieten besteht zwischen der Magnitude und der Grösse des Schadensgebietes ein enger Zusammenhang.

Die grössten Erdbebenkatastrophen in der Geschichte:

Jahr	Land / Ort	Todesopfer	Stärke (Richterskala)
526	Syrien	250 000	
1356	Schweiz, Basel	500	
1556	China, Shanxi	830 000	
1693	Italien, Sizilien (Catania)	60 000	
1737	Indien, Kalkutta	300 000	
1755	Portugal, Lissabon	60 000	
1906	USA, San Francisco	3000	7,8
1920	China, Gansu	200 000	7,8
1923	Japan, Yokohama	143 000	7,9
1948	Turkmenistan, Aschchabad	110 000	7,3
1976	China, Tangshan	255 000	7,5
2003	Iran, Bam	31 000	6,6
2004	Indonesien, Sumatra	228 000	9,1
2005	Pakistan, Islamabad	86 000	7,6
2008	China, Sichuan	87 000	7,9
2010	Haiti, Port-au-Prince	220 000	7,0

Geologie

Ein **Tsunami** ist eine seismische Meereswoge, die bei einem **Seebeben** ausgelöst wird, wenn dessen Hypozentrum nahe dem Meeresgrund liegt, das Erdbeben eine Magnitude von 7 oder mehr auf der Richterskala erreicht und eine senkrechte Erdbewegung die Folge ist. Dadurch wird das gesamte Wasservolumen vom Meeresgrund bis zur Wasseroberfläche in Bewegung versetzt. Auf dem offenen Meer erreichen die Tsunamis bei einer Wellenlänge von 100 bis 500 km und einer Geschwindigkeit von 800 bis 1000 km/h, lediglich eine Wellenhöhe von 50 bis 100 cm. Erst mit Erreichen einer Küste wird die Welle durch die Bodenreibung abgebremst, während eine gewaltige Wassermasse mit hoher Geschwindigkeit nachschiebt. Dabei schrumpft die Wellenlänge, ohne dass sich die mitgeführte Energie wesentlich verringert; der Tsunami baut sich zu einer steigenden «Flutwelle» mit bis zu 30 m Höhe auf. Trotzdem erscheint ein Tsunami an der Küste als eine Serie von Hochfluten – anstelle von gebrochenen Wellen – welche die Küste schwallartig überschwemmen und grosse Verwüstung anrichten können. Der Begriff Tsunami (jap. = Hafenwelle) wurde durch japanische Fischer geprägt, die vom Fischfang zurückkehrten und im Hafen alles verwüstet vorfanden, obwohl sie auf offener See keine Welle gesehen oder gespürt hatten. Selten entstehen Tsunamis auch, wenn durch Vulkanausbrüche, küstennahe Bergstürze, Unterwasserlawinen oder Meteoriteneinschläge grosse Wassermassen abrupt verdrängt werden.

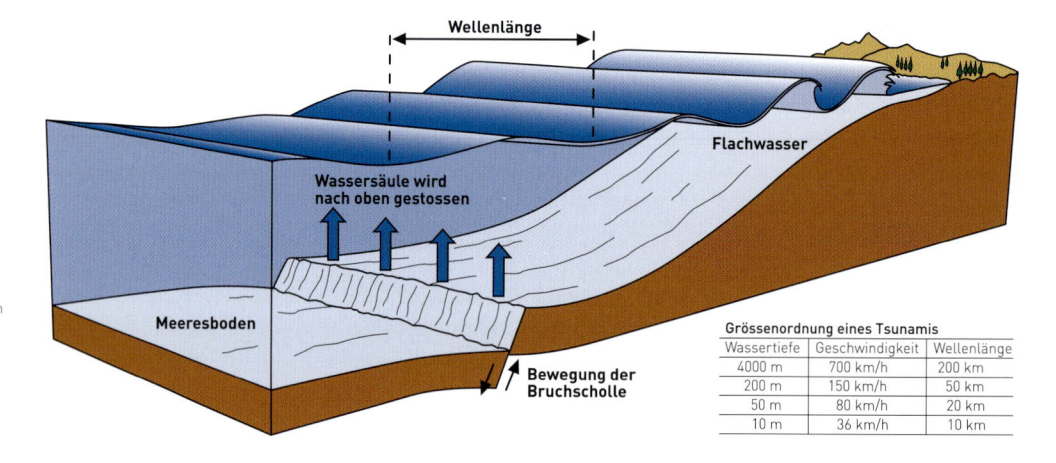

Abbildung 3.34:
Entstehung eines Tsunamis durch ein Beben im Meeresboden

Grössenordnung eines Tsunamis		
Wassertiefe	Geschwindigkeit	Wellenlänge
4000 m	700 km/h	200 km
200 m	150 km/h	50 km
50 m	80 km/h	20 km
10 m	36 km/h	10 km

Sind Erdbeben vorhersagbar?

Bis heute ist es kaum möglich, Erdbeben vorherzusagen und die betroffene Bevölkerung Stunden oder Tage vor dem Erdbeben zu warnen. Die Vorhersage eines Erdbebens ermöglicht zwar den Menschen die Flucht, aber die Zerstörung der Sachwerte (Gebäude, Verkehrsinfrastruktur, Wasser- und Stromanschluss usw.) und damit der Existenzgrundlage der Menschen kann dadurch nicht verhindert werden. Daher ist die wissenschaftlich durchführbare Abschätzung der **Erdbebengefährdung** in der heutigen Zeit wichtiger als die Vorhersage einzelner Ereignisse. Die Erdbebengefährdung gibt für ein bestimmtes Gebiet die Wahrscheinlichkeit an, mit der ein Erdbeben einer bestimmten Stärke innerhalb eines bestimmten Zeitraums auftritt. Zu beachten ist aber, dass bei hoher Erdbebengefährdung in einem dicht besiedelten Gebiet das **Erdbebenrisiko** für die Menschen hoch, in einem kaum besiedelten Gebiet hingegen tief ist. Wissenschaftler müssen also die Erdbebengefährdung und das mögliche Schadensausmass abschätzen, um das Erdbebenrisiko eines Gebietes bestimmen zu können. Im 20. Jahrhundert hat das Erdbebenrisiko weltweit stark zugenommen, obschon sich die Erdbebengefährdung kaum verändert hat. Gründe sind:

- Das Bevölkerungswachstum, das zur Folge hat, dass auch in erdbebengefährdeten Gebieten (Kalifornien, Indonesien usw.) immer mehr Menschen leben.
- Die Verstädterung: Auch Städte mit hoher Erdbebengefährdung sind stark gewachsen (Tokio, Los Angeles, San Francisco, Istanbul, Mexico City).
- Die zunehmende Bedeutung der sehr erdbebenverletzbaren Infrastruktur unserer Gesellschaft wie Verkehrsverbindungen, Wasserversorgung, Stromversorgung und Telekommunikation.
- Die global vernetzte Wirtschaft, die zur Folge hat, dass z. B. der Produktionsausfall einer Firma für Autogetriebe die gesamte globale Produktion gewisser Autos lahmlegen würde.

Zur Verringerung des Erdbebenrisikos gibt es verschiedene Möglichkeiten. Bestehende Bauwerke müssen untersucht und falls nötig nachgerüstet und neue Bauwerke nach modernen Normen erdbebensicher gebaut werden. In Gebieten mit hohem Erdbebenrisiko muss die Bevölkerung über Schutzmassnahmen bei Erdbeben unterrichtet sein. Behörden müssen entsprechende Vorsorgemassnahmen ergreifen, sie müssen zum Beispiel Pläne für eine Notversorgung vorbereiten, Rettungsmannschaften aufstellen, Bergungsmassnahmen und Löschpläne ausarbeiten.

6. Erdgeschichte im Überblick

Will man sich in die geologischen Prozesse vertiefen, die die Oberfläche der Erde und ihren inneren Aufbau geformt haben, muss man in Zeitdimensionen von Millionen bzw. Milliarden Jahren denken. Mithilfe der relativen und absoluten Altersbestimmung konnten die Wissenschaftler eine **geologische Zeittafel** (s. Nachsatz) erstellen.

Geologische Zeittafel

Abbildung 3.35:
Fossilien als echte Versteinerungen: In die toten Organismen dringen Minerallösungen ein. Das darin enthaltene Wasser verdunstet, und die Mineralsalze durchsetzen und ersetzen den Organismus vollständig. Echte Versteinerungen sind sehr selten. Die versteinerten Baumstämme im Petrified Forrest National Park (Arizona, USA) stammen von vielen Millionen Jahre alten Bäumen und zeigen, dass bei der Verkieselung die ursprünglichen Strukturen auf aussergewöhnliche Weise erhalten bleiben.

Abbildung 3.36, rechts:
Fossilien als Abdrücke: Meist wird die organische Substanz nach der Einbettung in Sedimente aufgelöst, und es bleibt nur die äussere Form fossiler Pflanzen und Tiere im umschliessenden festen Sedimentgestein erhalten. Auch Fussspuren von Tieren (z. B. Dinosauriern) in schnell erhärtenden Sedimenten bezeichnet man als Abdruck. Die Dinosaurierspuren bei Solothurn sind in Kalken erhalten geblieben, die aus der Zeit des späteren Juras stammen und somit rund 145 Millionen Jahre alt sind. Die grössten Fussabdrücke erreichen eine Länge von 120 cm.

Abbildung 3.37, links:
Fossilien als Steinkerne: Wird der Organismus im Sediment völlig zerstört, so kann ein Hohlraum entstehen. Wenn nun später in den Hohlraum andere Sedimente eindringen und durch den Druck verfestigt werden, entsteht ein fester Ausguss des Körperinneren. Der Ammonit (links) stammt aus dem Malm/Jura (Fundort: Jura) und die Muschel (rechts) mit Gehäuseresten aus dem Miozän (Fundort: Geissberg, Aarau).

Geologie

Zur Altersbestimmung verwendet die Geologie mehrere Methoden:

Relative Altersbestimmung

Mit der relativen Altersbestimmung kann nur festgestellt werden, ob ein Gestein älter oder jünger als ein anderes ist. Wann ein Gestein entstanden ist, kann damit aber nicht festgelegt werden. Das ist, wie wenn man in der Geschichte nur weiss, dass der Erste Weltkrieg vor dem Zweiten Weltkrieg stattfand, aber die genauen Daten für den Beginn und das Ende der Kriege nicht kennt. Die **Stratigrafie** untersucht die Lagerungsverhältnisse von Gesteinsschichten, um ihre räumliche und zeitliche Abfolge zu bestimmen.

Stratigrafie

Abbildung 3.38:
Die Stratigrafie basiert vor allem auf der Untersuchung von Sedimenten. Diese werden in horizontalen Schichten abgelagert und gehen allmählich von Locker- in Festgesteine über. Werden sie durch tektonische Einflüsse schräg gestellt und bleiben aber sonst verschont, kann ihr relatives Alter beim Sedimentgestein nach dem Prinzip «die ältere Schicht liegt unten, die jüngere oben» bestimmt werden.

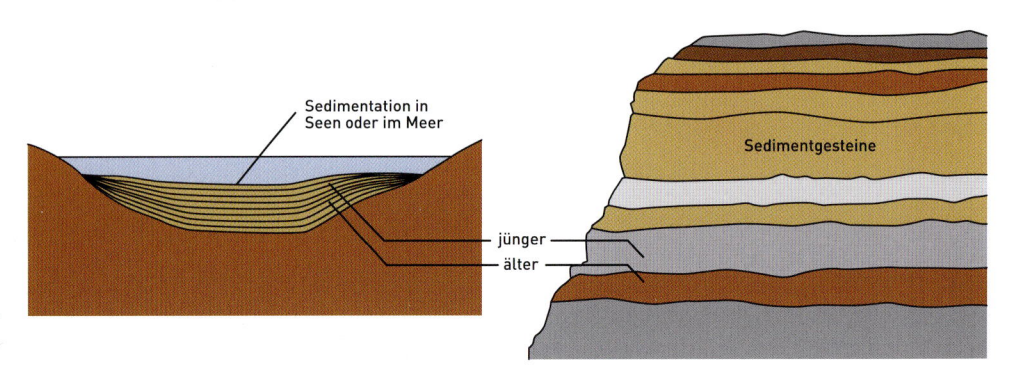

Fossilien sind erhalten gebliebene Reste von Pflanzen und Tieren früherer Erdzeitalter. Die wichtigste Voraussetzung für die Erhaltung gestorbener Lebewesen ist ihre rasche, luftdichte Einschliessung. Die **Paläontologie** erforscht die Entwicklungsgeschichte der Lebewesen anhand von Fossilienfunden und unterstützt die Stratigrafie wesentlich in ihren Untersuchungen. Wichtig sind dabei die **Leitfossilien**, die von Tier- und Pflanzenarten stammen, die räumlich sehr weit (weltweit) verbreitet gewesen sind und nur während einer kurzen Zeitspanne gelebt haben. Durch diese beiden Umstände sind diese Fossilien für eine bestimmte Gesteinsschicht charakteristisch («leitend») und können unter Umständen «weltweit» helfen, Gesteinsschichten zeitlich einzuordnen. Zunehmend bedeutender werden heute sehr kleine Leitfossilien, die nur unter dem Mikroskop zu erkennen sind. Sie sind in vielen Sedimenten in grosser Zahl und in gutem Zustand erhalten.

Leitfossilien

Absolute Altersbestimmung

Erst zu Beginn des 20. Jahrhunderts fanden Physiker eine Methode, um das Alter von Gesteinen und Fossilien verlässlich und genau zu bestimmen und damit auch die absoluten geologischen Zeiträume. Sieben Jahre nach der Entdeckung der Radioaktivität des Urans konnte der britische Physiker Ernest Rutherford im Jahre 1905 erstmals anhand natürlich vorkommender radioaktiver Elemente im Gestein dessen exaktes Alter bestimmen. Die **radiometrische Datierung** funktioniert nach folgendem Prinzip: Radioaktive Elemente wie Uran oder Rubidium werden in Mineralien eingeschlossen, wenn diese aus dem Magma auskristallisieren oder in einem metamorphen Gestein umkristallisieren. Diese radioaktiven Elemente sind instabil, das heisst, der Kern des radioaktiven Mutteratoms zerfällt spontan in ein Atom eines anderen chemischen Elements, und zwar in das sogenannte Tochteratom. Weil die mittlere Zerfallsrate jedes radioaktiven Elements absolut konstant ist, können Geologen mit der Bestimmung des aktuellen Mengenverhältnisses von Mutter- und Tochteratomen in einem Gestein dessen Entstehungszeitpunkt festlegen. Wenn ein radioaktives Element irgendwo im Universum entstanden ist, tickt es also wie eine Uhr: Der Zerfall von Mutter- zu Tochteratomen beginnt.

Radiometrische Datierung

Erdgeschichte im Überblick

Jedes radioaktive Element besitzt jedoch eine andere Zerfallsrate, die als Halbwertszeit angegeben wird. Das ist die Zeit, in der die Hälfte der radioaktiven Mutteratome zerfällt. Rasch zerfallende Elemente (z.B. Kohlenstoff-14) haben eine Halbwertszeit von wenigen Jahrtausenden, während andere radioaktive Elemente Halbwertszeiten von mehreren Milliarden Jahren aufweisen und dementsprechend für die Altersbestimmung viel älterer Gesteine herangezogen werden können. Sind in einem Gestein alle Mutteratome umgewandelt, kann das Alter des Gesteins nicht mehr bestimmt werden.

| Atom | | Halbwertszeit | Datierbarer Zeitraum | Datierbare Mineralien |
Mutter	Tochter	Mutteratom (Jahre)	(Jahre)	und andere Substanzen
Uran-238	Blei-206	4,6 Milliarden	10 Millionen – 4,6 Milliarden	Zirkon, Pechblende
Kalium-40	Argon-40 Calcium-40	1,3 Milliarden	50 000 – 4,6 Milliarden	Muskovit, Biotit, Hornblende, Vulkanite
Rubidium-87	Strontium-87	47 Milliarden	10 Millionen – 4,6 Milliarden	Muskovit, Biotit, Kaliumfeldspat, metamorphe und magmatische Gesteine
Kohlenstoff-14	Stickstoff-14	5730 Jahre	100 – 70 000 Jahre	Holz, Holzkohle, Torf, Knochen und Gewebe, Schalenmaterial und anderer Calcit, Grundwasser, Meerwasser und Gletschereis, die gelöstes Kohlendioxid (CO_2) enthalten

Zur Datierung von Fossilien wie Knochen, Schalen, Holz und anderen organischen Substanzen ist bei der **Radiokarbon-Methode** der Kohlenstoff-14 (C-14) das entscheidende Atom. Wachsende Pflanzen bauen kontinuierlich aus dem Kohlendioxid der Atmosphäre Kohlenstoff, der einen geringen Anteil von Kohlenstoff-14 aufweist, in ihre Zellen ein. Über die Nahrung gelangt der Kohlenstoff-14 in die Zellen von Tieren. Kohlenstoff ist ein wesentlicher Zellbestandteil aller lebenden Organismen. Der Gehalt an Kohlenstoff-14 in lebenden Organismen ist konstant, weil der Organismus in ständigem Austausch mit seiner Umwelt lebt. Stirbt das Lebewesen, so findet kein Austausch mehr statt. Von nun an nimmt der Gehalt an Kohlenstoff-14 nach dem Zerfallsgesetz ab, der Gehalt an Stickstoff-14 (N-14) zu. Da die Tochteratome teilweise aus dem Fossil entweichen, muss der Kohlenstoff-14-Anteil des Fossils mit dem damaligen Kohlenstoff-14-Anteil der Atmosphäre verglichen werden, der zum Teil aus Eisbohrungen bekannt ist. Aufgrund von Ungenauigkeiten haben Forscher für diese Methode zusätzlich eine Eichkurve erstellt, die inzwischen allgemein angewendet wird.

Radiokarbon-Methode

Weitere Datierungsmethoden

Bei der **Dendrochronologie** werden die Jahrringe von Bäumen und alten Hölzern analysiert: Die Jahrringe wachsen je nach klimatischen Verhältnissen in einem Jahr schneller oder langsamer. Dadurch entsteht für einen bestimmten Zeitabschnitt eine typische Abfolge von Jahrringen, die zur Datierung des Holzes bis mehrere Tausend Jahre zurück verwendet werden können.

Dendrochronologie

Bei der **Pollenanalyse** untersucht man den Blütenstaub von Pflanzen, der in verschiedenen Schichten eines Moores oder eines Sees abgelagert und konserviert wurde. Durch Bohrungen erhält man Zugriff auf mehrere Tausend Jahre alte Ablagerungen. Die enthaltenen Pollen werden unter dem Mikroskop bestimmt und gezählt. Daraus ergibt sich ein Bild über die Zusammensetzung der vorgeschichtlichen Vegetation und die jeweiligen klimatischen Verhältnisse.

Pollenanalyse

Die **Warvenchronologie** (Bändertonchronologie) untersucht die sehr fein geschichteten Ablagerungen in Schmelzwasserseen von Gletschern. Im Sommer, wenn viele Schmelzwasserflüsse vom Gletscher in den See fliessen, wird der helle, grobe Silt abgelagert. Im Winter kann unter der gefrorenen Seeoberfläche im ruhigen Wasser der feinkörnige, dunkle Ton und organisches Material abgelagert werden. Die Zählung dieser hellen, gröberen und dunklen, feinkörnigeren Schichten ermöglicht somit eine absolute Datierung der Ablagerungszeit der Tone.

Warvenchronologie

Die **Magnetostratigrafie** (Paläomagnetismus) beruht darauf, dass sich das Erdmagnetfeld ungefähr alle 500 000 Jahre umpolt und diese Umpolung in der Orientierung magnetischer Mineralien in den Gesteinen festgehalten wird.

Magnetostratigrafie

7. Entstehung und Kreislauf der Gesteine

Mineralien bauen Gesteine auf

Chemische Elemente

Nur wenige **chemische Elemente** wie Au, Ag, Pl, Cu, Pb, Hg, As, Am, S, C, O, N und die Edelgase können in der Natur ungebunden, also elementar, existieren; alle übrigen chemischen Elemente kommen nur in chemischen Verbindungen vor. Gehen die chemischen Elemente oder Verbindungen in der Lithosphäre vom flüssigen oder gasförmigen in den festen Zustand über, ordnen sich ihre Atome oder Ionen zu bestimmten räumlichen Kristallgittern, den **Mineralien**. Die meisten Mineralien sind **Kristalle**. Ein winziges Quarzkorn in einem Granit hat denselben inneren Aufbau wie ein grosser Bergkristall. Nur die als **glasig** oder **amorph** (griech. «ámorphos» = form-, gestaltlos) bezeichneten Mineralien sind keine Kristalle, weil ihre Atome nicht in einem bestimmten räumlichen Kristallgitter angeordnet sind (z.B. vulkanisches Glas). In der Lithosphäre findet die **Kristallisation** und damit die Bildung der Mineralien hauptsächlich beim Erstarren von Magma oder Lava und durch Umkristallisation schon vorhandener Mineralien durch Druck und Temperatur statt. Seltener bilden sich Mineralien auch beim Abkühlen von heissen Gasen (z.B. Schwefel), beim Verdunsten wässriger Lösungen (z.B. Salz) und unter Mithilfe von Organismen (z.B. Calcit). Von den 3000 heute bekannten Mineralien sind nur 200 gesteinsbildend, und die 10 häufigsten bauen über 90% der Erdkruste auf. **Gesteine** sind verschieden stark verfestigte Gemenge von Mineralien, Gesteinsbruchstücken oder Organismenresten.

Mineralien

Gesteine

Die Kristallstruktur der Mineralien ist hauptsächlich für die physikalischen Eigenschaften wie Härte, Spaltbarkeit, Farbe, Kristallform und Glanz verantwortlich. Die äusserliche **Mineralbestimmung** erfolgt durch die Prüfung dieser Eigenschaften. Geologen können heute jedoch mit hochempfindlichen Laborgeräten die Mineralien anhand ihrer Kristallstruktur und ihrer chemischen Zusammensetzung identifizieren. Die Mineralhärte ist ein wichtiges Erkennungsmerkmal. Die Bestimmung wird mithilfe der Mohs'schen Härteskala (nach Friedrich Mohs (1773–1839)) durchgeführt, die aus zehn Standardmineralien besteht. Zudem gibt es alltägliche Stoffe, an deren Härte man sich behelfsmässig orientieren kann: Fingernagel = 2,5, Kupfermünze = 3, Fensterglas = 5,5, Stahl (Messerklinge) = 6.

Die chemischen Eigenschaften eines Minerals kommen durch die chemischen Verbindungen von Elementen zustande und können nur im Labor untersucht werden.

Abbildung 3.39:
a) **Granit** (lat. «granum» = Korn) ist ein sehr häufiges Gestein in der Schweiz, das aus den drei häufigsten Mineralien der Erdkruste besteht, nämlich aus Feldspat, Quarz und Glimmer.
b) **Feldspat** ist mit 64% das häufigste Mineral der Erdkruste und ist an folgenden Eigenschaften erkennbar: weisse, graue, rötliche oder grünliche Farbe, deutliche Spaltflächen und Härte 6–6,5.
c) **Quarz** (SiO_2) ist das zweithäufigste Mineral der Erdkruste und ist an folgenden Eigenschaften erkennbar: durchsichtig, wasserklar bis milchig-trüb, muscheliger Bruch und Härte 7 (ritzt Glas).
d) **Glimmer** ist das dritte Mineral im Granit und an folgenden Eigenschaften erkennbar: schwarzes bis silbernes Glänzen, mit Fingernagel ablösbare, blättrige Schuppen und Härte 2,5–3.

Anteil der häufigsten Mineralien in der Erdkruste

Feldspat/Feldspatvertreter	64%
Quarz	18%
Hornblenden	5%
Glimmer	4%
Augite	4%
Olivin	2%

Härte	Standardmineral
1	Talk
2	Gips
3	Calcit
4	Fluorit
5	Apatit
6	Kalifeldspat
7	Quarz
8	Topas
9	Korund
10	Diamant

Gesteine dokumentieren geologische Prozesse

Ein Gestein kann uns aufgrund seiner Struktur und seiner Mineralien Auskunft darüber geben, wie und wo es entstanden ist, welche geologischen Prozesse es durchgemacht hat und welche Vorgänge im nicht zugänglichen Erdinneren abgelaufen sind. Angetrieben durch plattentektonische Prozesse, verbindet der Kreislauf der Gesteine die drei grossen Gruppen der magmatischen, metamorphen und sedimentären Gesteine miteinander. Jedes Gestein geht in diesem Kreisprozess immer wieder durch fortwährende Veränderung aus dem anderen hervor.

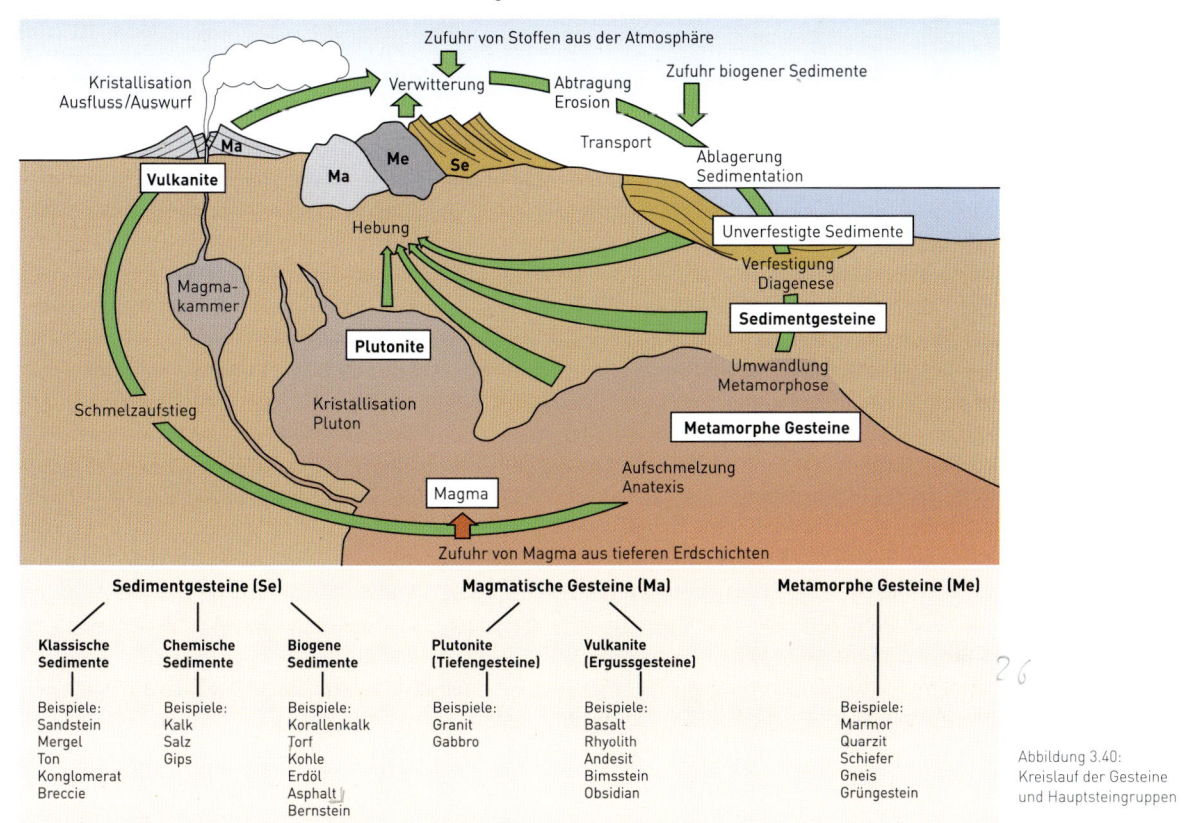

Abbildung 3.40:
Kreislauf der Gesteine und Hauptsteingruppen

An der Oberfläche verwittern die Gesteine unter dem Einfluss von Sonneneinstrahlung, Frost, Regen, chemischen Prozessen und Druckentlastung. Die Verwitterungsreste werden durch Wasser, Eis und Wind als Bruchstücke oder gelöst wegtransportiert und während der **Sedimentation** (Ablagerung) schliesslich als **Sedimente** (feste Stoffe) abgelagert. Unter der Last weiterer Ablagerungen erhöht sich der Druck auf die unteren Sedimentschichten. Dabei werden die lockeren Sedimente einerseits zusammengepresst und entwässert, und andererseits kristallisieren aus dem Porenwasser neue Mineralien aus und kitten die Sedimentkörner zusammen. Während dieses Vorganges, der **Verfestigung** (Diagenese) genannt wird, findet eine Umbildung der lockeren Sedimente zu festem **Sedimentgestein** statt. Nach Art oder Herkunft der Sedimente unterscheidet man drei Gruppen:
- Mechanische oder klastische Sedimente (griech. «klan» = zerbrechen) bestehen aus Gesteinsbruchstücken verschiedenster Korngrössen.
- Chemische Sedimente entstehen durch Ausfällung gelöster Stoffe aus Lösungen.
- Biogene Sedimente bilden sich aus Ablagerungen abgestorbener Pflanzen und Tiere oder durch aktive aufbauende Tätigkeiten von Tieren und Pflanzen (Korallenriffbildung).

Geologie

Metamorphe Gesteine

Sedimentgesteine können durch tektonische Hebung wieder an die Erdoberfläche gelangen und dort der Verwitterung, Erosion und Ablagerung ausgesetzt werden. Sie können aber auch (z. B. bei der Gebirgsbildung) noch tiefer abgesenkt, durch Druck- und Temperaturerhöhung weiter verfestigt und in ihrem Mineralbestand und Gefüge in **metamorphe Gesteine** (griech. «metamorphóein» = umgestalten) umgewandelt werden. Aus Kalkstein entsteht bei dieser **Metamorphose** (Umwandlung) Marmor, aus Sandstein Quarzit und aus Tonstein Schiefer. Metamorphe Gesteine besitzen oft in eine Richtung eingeregelte Mineralien, gefaltete Strukturen oder einzelne sehr grosse Mineralien. Zudem weisen sie keine Hohlräume und Fossilien auf.

Magmatische Gesteine

Beim Überschreiten der Schmelztemperatur kann das Gestein durch die Aufschmelzung schliesslich zu flüssigem Magma (Gesteinsschmelze) übergehen. Wegen der geringer gewordenen Dichte steigt das über 800 °C heisse Magma an geeigneten Stellen in der Lithosphäre wieder nach oben und bildet beim Abkühlen und Auskristallisieren die **magmatischen Gesteine**. Durch langsame Abkühlung und Auskristallisierung der Bestandteile des Magmas im Erdinnern bilden sich die **Plutonite** (Tiefengesteine) mit oft mehrere Millimeter grossen Kristallen (Mineralien). Steigt das Magma jedoch an die Erdoberfläche und fliesst oder entweicht explosiv aus einem Vulkan, so entstehen **Vulkanite** (auch: vulkanische Gesteine, Erguss- oder Effusivgesteine). Da die 800 bis 1200 °C heisse Gesteinsschmelze an der Erdoberfläche rasch abkühlt und erstarrt, können nur sehr kleine oder gar keine Mineralien auskristallisieren. Viele Vulkanite enthalten zudem kleine Blasen, weil sich beim Abkühlen der Lava plötzlich der Druck verringert und Wasserdampf und andere Gase unter Bildung von Gashohlräumen oder Blasen aus der Lava entweichen.

Plutonite und metamorphe Gesteine können mit der Zeit durch Erosion der darüberliegenden Gesteinsschichten und durch Hebung an die Erdoberfläche gelangen und dort wie die Vulkanite langsam zu losen Gesteinstrümmern verwittern. Der Kreislauf beginnt von Neuem.

Ein bedeutendes Sedimentgestein ist der **Kalkstein**, der überwiegend oder ganz aus Calciumcarbonat ($CaCO_3$) besteht und ganze Gebirge aufbauen kann (z. B. Jura). Kalkstein entsteht bei der Ausfällung von gelöstem Kalk aus dem Wasser in Form von **Kalkschlamm**. Dieser besteht aus Kalkausscheidungen von Organismen und hauptsächlich aus Kalkschalen und -skeletten von Muscheln, Schnecken, Korallen, Kalkschwämmen, **Foraminiferen** und vielen anderen Meereslebewesen. Die häufigsten und mächtigsten Kalkablagerungen stammen von den schneckenartigen Kalkgehäusen der planktonisch lebenden Foraminiferen, kleinen Einzellern, die in den oberflächennahen Wasserschichten des gesamten Meeres in Milliarden vorkommen. Mächtige Kalkablagerungen bilden sich jedoch nur in küstennahen Gebieten bis in ungefähr 4000 Metern Tiefe, weil unterhalb dieser Grenze, der **Kalkkompensationstiefe**, sämtliche Calciumcarbonate im CO_2-reichen Tiefenwasser gelöst werden. Je höher der CO_2-Gehalt des Wassers, desto mehr Kalk kann gelöst und somit nicht abgelagert werden. Je kälter das Wasser und je höher der hydrostatische Druck ist, desto mehr CO_2 kann im Wasser gelöst werden. Daher lagert sich in der Tiefsee hauptsächlich ein kalkfreier Ton ab. Im warmen Wasser der flachen Küstenbereiche kann der Kalk hingegen bis auf den Meeresgrund absinken und über Jahrmillionen zu mehrere Hundert Meter mächtigen Schichten anwachsen.

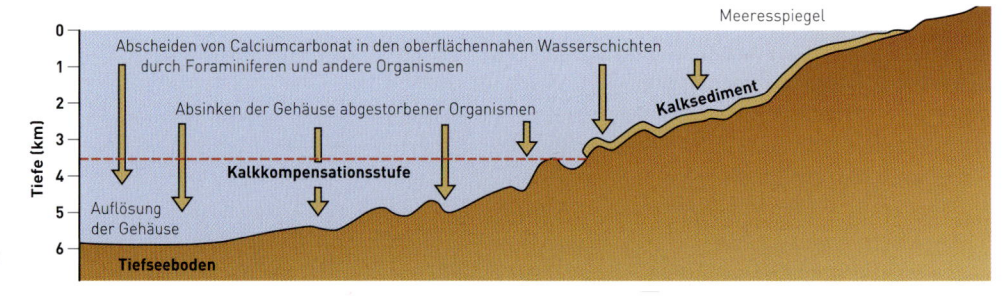

Abbildung 3.41: Kalkablagerungen sind nur im Meer oberhalb der Kalkkompensationstiefe (bis in ungefähr 3500 m Tiefe) möglich.

Entstehung und Kreislauf der Gesteine

8. Rohstoffe: Bildung von Lagerstätten

Von der Steinzeit über die Bronze- und Eisenzeit bis heute haben die Menschen gelernt, die Rohstoffe der Erde zu nutzen, um damit ihre Lebensqualität zu verbessern. Abbauwürdige Konzentrationen von Rohstoffen in der Erdkruste nennt man **Lagerstätten**. Die Abbauwürdigkeit eines Rohstoffes hängt von der Konzentration (Prozent oder Gramm pro Tonne), der Gesamtmenge, der politischen Lage im Land, dem Weltmarktpreis und von der Lage des Fundortes ab. Mit **Bodenschätzen** bezeichnet man abbauwürdige **mineralische Rohstoffe** (Erze, Salze, nichtmetallische Mineralien, Gesteine und Schmucksteine) sowie **fossile Energierohstoffe** (Kohle, Erdöl und Erdgas).

Bodenschätze

Mineralische Rohstoffe

Metallhaltige Mineralien und Mineraliengemenge, aus denen Metalle wirtschaftlich gewonnen werden können, bezeichnet man als **Erze**. Abbauwürdige Anreicherungen dieser Erzmineralien werden **Erzlagerstätten** genannt.

Nichtmetalle	Metalle
Gesteine für Bauzwecke	**Eisen** für Bauzwecke und für die Herstellung von Transportmitteln und verschiedensten Geräten
Sand und **Kies** für Bauzwecke	**Bauxit** für die Aluminiumherstellung im Fahrzeug- und Flugzeugbau, in der Elektrotechnik, für die Folienherstellung
Kalk zur Zementherstellung	**Kupfer** für die Herstellung von Kabeln in der Elektrotechnik, im Maschinenbau, in der Heiz- und Kühltechnik
Salz zur Ernährung	**Zink** für die Herstellung von Rohren und Blechen, Korrosionsschutz (verzinken)
Phosphat für Düngemittel	**Mangan** für Stahlveredlung, Korrosionsschutz
Quarz für Glasfaserkabel	**Blei** für die Herstellung von Akkumulatoren in der Elektrotechnik, für die Herstellung von chemischen Apparaten, Munition und Bleifarben

Beim **Bergbau** werden mineralische Rohstoffe in grossem Umfang gewonnen. Je nach Lage der Rohstoffe erfolgt der Abbau oberirdisch im **Tagebau** oder unterirdisch im **Tiefbau** oder **Untertagebau**. Ein **Bergwerk** bezeichnet die Gesamtheit aller Anlagen unter und über Tage, die dem Aufsuchen, Gewinnen, Fördern und Aufbereiten von mineralischen Rohstoffen dienen.
Nach der Art der Entstehung unterscheidet man drei Gruppen von Lagerstätten:

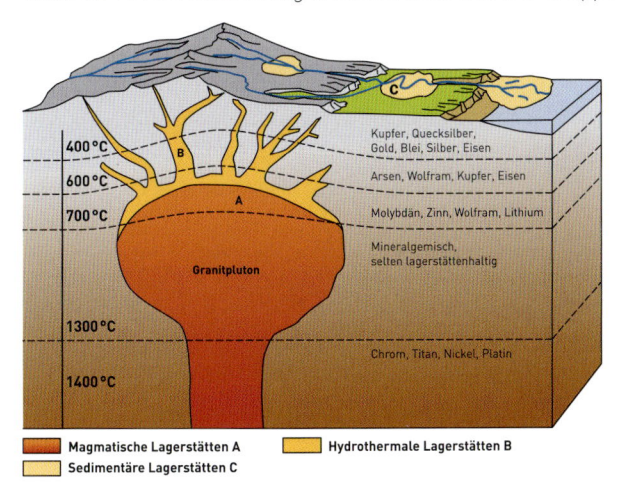

Abbildung 3.42:
Schematische Darstellung magmatischer, sedimentärer und hydrothermaler Lagerstätten

Geologie

A) **Magmatische Lagerstätten** oder primäre Lagerstätten: Steigt Magma in die Erdkruste auf, kühlt es sich dort zu einem **Pluton**, einem grossen kristallisierten Tiefengesteinskörper, ab, wobei die verschiedenen Stoffe des Magmas bei unterschiedlich hohen Temperaturen erstarren. Mineralien, die bereits früh aus dem geschmolzenen Magma auskristallisieren, sinken auf den Boden des werdenden Plutons und reichern sich dort an. Durch diese Trennung und Anreicherung der einzelnen Mineralbestandteile während der allmählichen Abkühlung entstehen verschiedene magmatische Lagerstätten.

B) **Hydrothermale Lagerstätten:** Heisse, wässrige Lösungen, sogenannte hydrothermale Lösungen, führen aus aufgestiegenen Magmen lösliche Bestandteile weg. Die heissen Lösungen können leicht in Spalten und Klüfte der Gesteine eindringen, dabei rasch abkühlen und dort die Erzmineralien als hydrothermale Lagerstätte oder **Gang** ausfällen und anreichern. Als **Adern** werden die kleinen Gänge bezeichnet. Hydrothermale Gänge gehören zu den wichtigsten Lagerstätten der Metalle (v.a. Gold, Blei, Kupfer, Quecksilber, Silber und Zink). Erreichen hydrothermale Lösungen die Erdoberfläche, so werden sie zu heissen Quellen und Geysiren, die beim Abkühlen Erzmineralien ausscheiden.

C) **Sedimentäre Lagerstätten** oder sekundäre Lagerstätten: Mit der Abtragung von Gebirgen werden auch magmatische Lagerstätten erfasst und flussabwärts transportiert. Die metallhaltigen Mineralien (Gold, Platin, Chrom, Zinn) werden entsprechend ihrem spezifischen Gewicht bei bestimmter Fliessgeschwindigkeit des Wassers als sogenannte **Seifen** abgelagert und angereichert. Seifen können in Flüssen, Seen, an Küsten durch die Wasserströmung sowie in Wüsten durch Ausblasung entstehen.

Erzlagerstätten und Plattentektonik

Plattengrenzen sind die bedeutendsten Entstehungsorte von Erzlagerstätten, da sich beim Trennen und Abtauchen von Platten heisse Magmen und hydrothermale Lösungen bilden. An den Subduktionszonen taucht die metallreiche ozeanische Kruste ab und wird teilweise zu Magma aufgeschmolzen. Dieses Magma steigt in Form von Plutonen auf und bildet reiche magmatische und hydrothermale Erzlagerstätten. An den **mittelozeanischen Rücken** dringt kaltes Meerwasser durch Spalten und Klüfte bis zur Magmakammer vor, löst dort metallhaltige Mineralien heraus und entweicht in Quellen und Schloten, in sogenannten **Black Smokers**, auf den Meeresboden. Hier werden die Erzmineralien mit hohem Gehalt an Zink, Kupfer, Eisen oder anderen Metallen ausgefällt und reichern sich als hydrothermale Lagerstätten an. Die gesamte ozeanische Kruste und ihre Sedimente sind durch hydrothermale Erzbildung mit Metallen angereichert.

Auf dem Meeresboden entstehen zudem durch chemische Reaktionen des Meerwassers mit den Sedimenten des Meeresbodens kugelige, schwarze Aggregate, die **Manganknollen**. Sie weisen meistens einen Durchmesser von wenigen Zentimetern auf und enthalten neben Mangan auch Eisen, Nickel, Kupfer und andere Metalle. Da die Manganlagerstätten auf dem Festland allmählich erschöpft sind und diese Knollen in riesigen Mengen grosse Gebiete der tieferen Ozeane bedecken, könnten sie in Zukunft eine wertvolle Ressource werden.

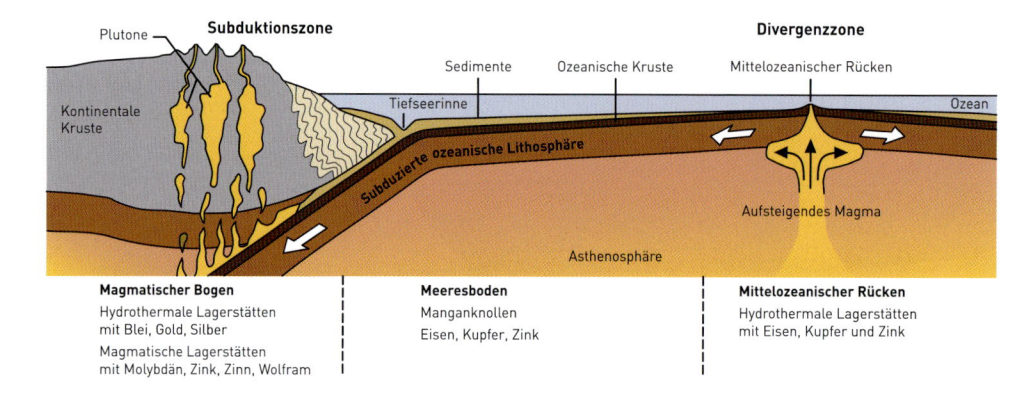

Abbildung 3.43:
Der Zusammenhang von Lagerstätten und Plattengrenzen

Energierohstoffe

Fossile Brennstoffe (lat. «fossilis» = ausgegraben) sind gasförmige, flüssige oder feste Brennstoffe, die in erdgeschichtlicher Vergangenheit aus abgestorbenen Pflanzen und Tieren entstanden sind und heute in Lagerstätten vorkommen. Dazu zählen im Wesentlichen Erdöl, Erdgas, Torf, Braun- und Steinkohle.

Erdöl- und Erdgaslagerstätten

1) Die Erdöl- und Erdgasbildung beginnt am sauerstoffarmen Grund von warmen, flachen Meeren oder Seen, wo sich in grossen Mengen abgestorbenes Plankton, aber auch Pflanzen, Tiere, Bakterien, Algen und andere Mikroorganismen ablagern. Dieses organische Material enthält die drei energiehaltigen Nährstoffe Proteine, Fette und Kohlenhydrate. Infolge der Sauerstoffarmut auf dem Meeresboden wird das organische Material nicht durch Verwesung zersetzt, sondern verfault und bildet zusammen mit den anorganischen Sedimenten von Flüssen den feinkörnigen, grauen bis schwarzen **Faulschlamm**. Unter Einwirkung von anaeroben Bakterien werden Teile der organischen Substanzen abgebaut und in eine teerartige, brennbare Masse aus Kohlenwasserstoffen, das **Bitumen**, umgewandelt.
2) Durch den zunehmenden Druck weiterer Ablagerungen werden der mit Bitumen durchsetzte Faulschlamm und die umgebenden Sedimente zum **Muttergestein** verfestigt.
3) Der zunehmende Überlagerungsdruck und die zunehmenden Temperaturen in der Tiefe bewirken, dass die gasförmigen und flüssigen Kohlenwasserstoffe in Form von Erdgas und Erdöl aus dem Muttergestein ausgepresst werden. Wegen ihrer geringen Dichte steigen **Erdöl** und **Erdgas** auf und sammeln sich in porösen und klüftigen Sand- oder Kalksteinschichten, dem sogenannten **Speichergestein**. Dieses ist von undurchlässigen Gesteinsschichten überdeckt, welche je nach Form und Lage das Erdöl und Erdgas in **Ölfallen** «fangen» können. In diesen Lagerstätten tritt Erdöl meist mit Erdgas und Restwasser gemeinsam auf, wobei sie entsprechend ihrer Dichte getrennt sind.

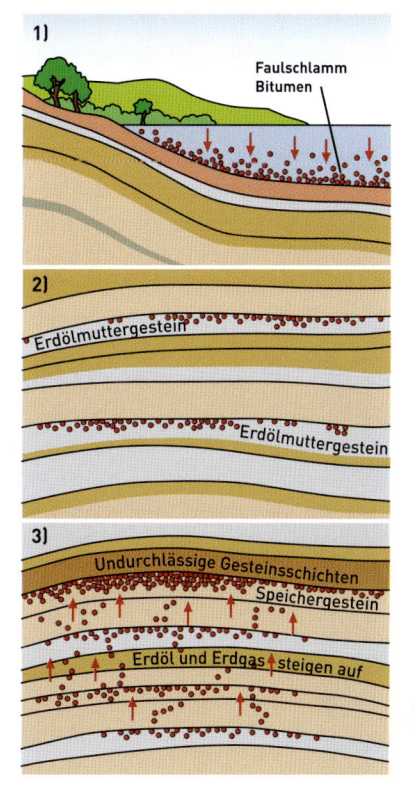

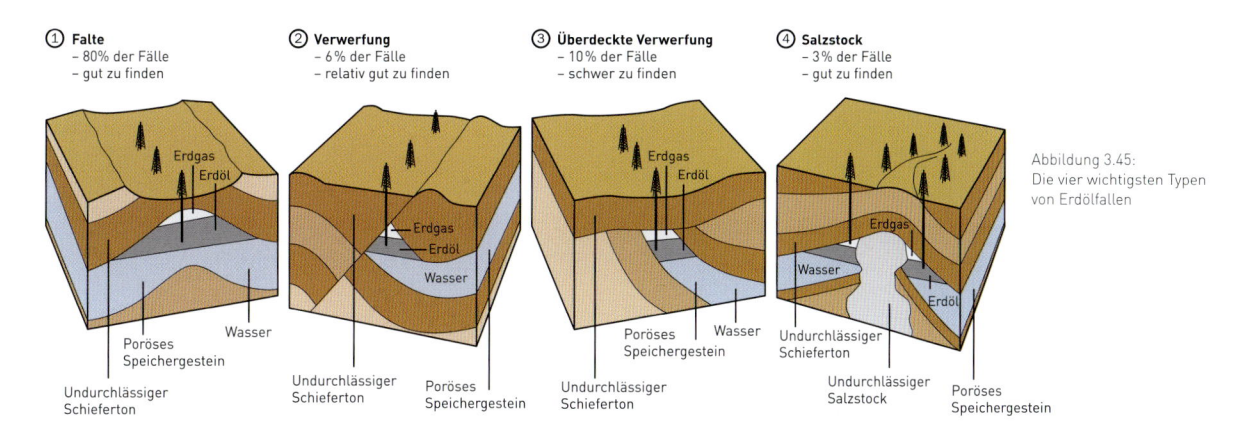

Abbildung 3.44: Entstehung von Erdöl

① **Falte**
– 80 % der Fälle
– gut zu finden

② **Verwerfung**
– 6 % der Fälle
– relativ gut zu finden

③ **Überdeckte Verwerfung**
– 10 % der Fälle
– schwer zu finden

④ **Salzstock**
– 3 % der Fälle
– gut zu finden

Abbildung 3.45: Die vier wichtigsten Typen von Erdölfallen

Geologie

Kohlelagerstätten

Kohle wird ebenso wie Erdöl und Erdgas zur Energieerzeugung verwendet. Kohle entsteht an flachen Meeresküsten und Seeufern aus Sumpfwäldern, die besonders bei warm-feuchtem Klima sehr üppig gedeihen. Abgestorbene Pflanzen fallen ins Sumpfwasser, in dem wegen Sauerstoffmangel keine Verwesung möglich ist. Das abgestorbene Pflanzenmaterial wird allmählich versenkt und geht dadurch in **Torf** über, eine lockere braune Masse aus organischem Material, in dem kleine Zweige, Äste und andere Pflanzenteile noch deutlich erkennbar sind. Durch die zunehmende Überdeckung im Laufe von Jahrmillionen werden die Torfschichten zusammengepresst und entwässert und dabei zu **Braunkohle** umgewandelt, einem weichen, kohleähnlichen, braunschwarzen Material mit einem Kohlenstoffgehalt von ungefähr 70 %. Wenn durch tiefere Versenkung in die Erdkruste Druck und Temperatur steigen, kann die Braunkohle zu verschiedenen Typen von **Steinkohle**, wie etwa dem Anthrazit, der einen Kohlenstoffgehalt von 92 % aufweist, übergehen. **Inkohlung** bezeichnet den Prozess der Umwandlung von abgestorbenen Pflanzenresten über Torf, Braunkohle, Steinkohle zu Anthrazit im Verlauf langer geologischer Zeiträume. Je höher der Inkohlungsgrad, desto härter und glänzender ist die Kohle, und desto höher ist ihr Kohlenstoffgehalt und ihr Heizwert.

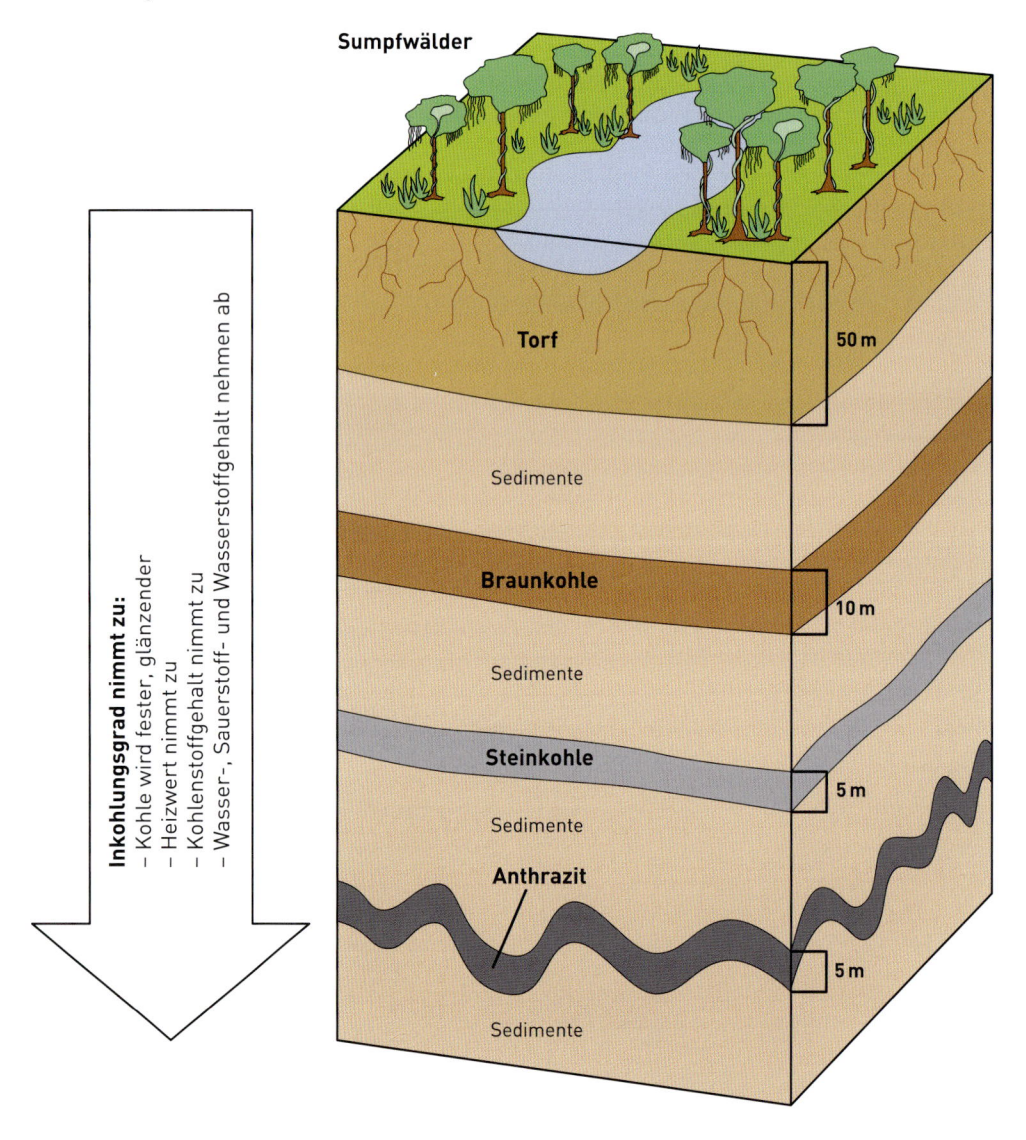

Abbildung 3.46:
Entstehung von Kohle aus abgestorbenen Pflanzen

Inkohlungsgrad nimmt zu:
– Kohle wird fester, glänzender
– Heizwert nimmt zu
– Kohlenstoffgehalt nimmt zu
– Wasser-, Sauerstoff- und Wasserstoffgehalt nehmen ab

Sumpfwälder

Torf — 50 m
Sedimente
Braunkohle — 10 m
Sedimente
Steinkohle — 5 m
Sedimente
Anthrazit — 5 m
Sedimente

9. Geologische Entstehungsgeschichte der Schweiz

Die Beschreibung der geologischen Entstehungsgeschichte der Schweiz geht in diesem Kapitel von der geologischen Dreiteilung der Schweiz in Alpen, Mittelland und Jura aus. Die Schweiz ist ein Gebirgsland, da 60 % ihrer Fläche auf die Alpen entfallen. Daneben nehmen das Mittelland 30 % und der Jura 10 % der Landesfläche ein.

Die **Alpen** haben sich während der letzten 100 Millionen Jahren gebildet und bestehen aus magmatischen und metamorphen Gesteinen sowie vorwiegend marinen Sedimenten.

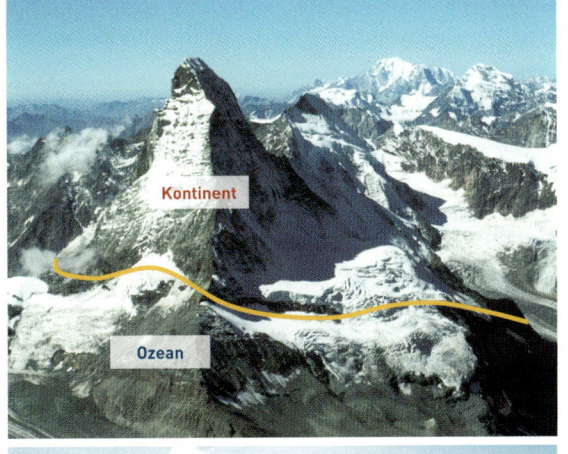

Abbildung 3.47:
Das Matterhorn ist aus afrikanischem Gestein aufgebaut: Die nach Norden vorstossende afrikanische Kontinentkruste aus Gneis glitt vor 60 Millionen Jahren über die marinen Sedimente eines verschwundenen Ozeans (Tethys) und baut heute das Matterhorn auf.

Das **Mittelland** besteht aus verwitterten Gesteinstrümmern, die von Gletschern und Flüssen aus den Alpen hierher transportiert wurden. Diese Ablagerungen sind bis zu 6 km mächtig.

Abbildung 3.48:
Das Foto zeigt aus Süden das Mittelland mit Kerzers in der Bildmitte, und vor der Jurakette ist der Neuenburgersee (links) und der Bielersee (rechts) zu erkennen.

Der **Jura** ist ein Mittelgebirge aus marinen Sedimenten, das in den letzten 5 Millionen Jahren gebildet wurde.

Abbildung 3.49:
Das Foto zeigt aus Osten den Faltenjura über Moutier hinweg ins Val de Tavannes.

Geologie

Entstehung der Alpen

Die geologische Entstehungsgeschichte der Schweiz ist jung und beschränkt sich im Wesentlichen auf die letzten 250 Millionen Jahre. Die Entwicklung der Alpen vom Flachmeer über ein Ozeanstadium und die Kollision zweier Platten bis zum heutigen Deckengebirge wird im Folgenden in vier Phasen dargestellt:

Pangäa (Trias vor 250 Millionen Jahren)

Im Laufe des Erdaltertums (Paläozoikum) ist vor gut 250 Millionen Jahren der Urkontinent **Pangäa** (griech. «pan» = ganz, alle; «gé/gaia» = Erde) entstanden. Sämtliche Kontinente sind in diesem Riesenkontinent vereint, welcher an den meisten Stellen durch die Abtragung praktisch eingeebnet ist. Seine enorme Fläche wird zeitweise von einem Flachmeer überflutet. So belegen Saurierfunde am Monte San Giorgio im Tessin und im aargauischen Fricktal, dass auch das gesamte Gebiet der heutigen Schweiz vom wenig tiefen Trias-Meer bedeckt war. Pangäa besteht hauptsächlich aus Granit, Gneis und kristallinen Schiefern **(kristallines Grundgebirge)**, auf welchen sich Kalk, Salz und Gips aus dem Meerwasser, aber auch Flusssedimente ablagern.

Entstehung von Europa und Afrika (Jura/Kreide, vor 210 bis 100 Millionen Jahren)

Aufgrund von Konvektionsströmen in der Asthenosphäre bricht Pangäa vor 210 Millionen Jahren an einer divergierenden Plattengrenze entzwei. Durch diese Riftbildung entstehen Europa im Norden und Afrika im Süden sowie ein flaches Meer, die **Tethys** (Name einer griechischen Meeresgöttin). Am mittelozeanischen Rücken bildet sich aus dem aufsteigenden Magma neue vulkanische Ozeankruste, was eine immer grössere Ausdehnung der Tethys bewirkt. Am Grund der Tethys lagern sich über Millionen von Jahren unterschiedliche Sedimente ab. Im Schelfbereich vor Europa setzen sich im wenige Hundert Meter tiefen Meer hauptsächlich Kalk, aber auch Ton, Sand, Salz und Gips ab. Diese 600 bis 3000 m mächtigen Ablagerungen (mesozoische Sedimente) bilden später das **Helvetikum** der Alpen, das **mittelländische Mesozoikum** und den **Jura**. Im Tiefseebereich lagern sich wegen der Kalkkompensationsgrenze hauptsächlich kalkfreie Tiefseesedimente zum **Penninikum** ab. Nur auf der erhöhten Briançonnais-Schwelle des Penninikums können sich kalkhaltige Sedimente absetzen. Auf der Afrikanischen Platte liegen die Ablagerungsräume des **Ostalpins** und **Südalpins** weitgehend im untiefen Meer, was zur Folge hat, dass auf dem Grund Kalk, Ton, Sand, Salz und Gips sedimentiert werden.

Alpine Gebirgsbildung (Kreide, vor 100 bis 5 Millionen Jahren)

Nach der vorangegangenen Dehnungsphase bewegen sich seit 100 Millionen Jahren die Europäische und die Afrikanische Platte wieder aufeinander zu. Dadurch wird vorerst die schwere ozeanische Kruste vollständig unter das Ost- und Südalpin der Afrikanischen Platte subduziert.
Bei der anschliessenden Kollision (vor 60 Millionen Jahren) der beiden kontinentalen Krusten schiebt sich die ostalpine Decke der Afrikanischen Platte bis zu 100 km weit über die penninische Decke der Europäischen Platte. Dabei wird die **penninische Decke** (= Penninikum) in der Tiefe intensiv gefaltet und zu metamorphen Gesteinen umgewandelt. Die **ostalpine Decke** (= Ostalpin) wird hingegen nur schwach metamorphisiert, gering verfaltet und baut später die höchsten Berge der Alpen auf. Die **südalpine Decke** (= Südalpin) ist kaum von der Alpenfaltung betroffen und nur in der letzten Phase der Gebirgsbildung in einzelne, inzwischen übereinandergeschobene Decken zerlegt worden. Der südliche Bereich der mesozoischen Sedimente (= **Helvetikum**) ist während der Alpenbildung in der Tiefe stark verfaltet, in wenigen Bereichen metamorph umgewandelt und nach Norden verschoben worden, wo diese Sedimente heute den Alpennordrand aufbauen. Der nördliche Teil der mesozoischen Sedimente bleibt noch unverändert an ihrem Ablagerungsort liegen – diese Sedimente werden später den Jura und das mittelländische Mesozoikum bilden. An den Rändern des jungen, sich hebenden Gebirges ist der vormalige Ozean Tethys bis auf geringe Reste am Alpennord- und -südrand (Molassemeer) verschwunden. Flüsse wie die Ur-Rhone oder der Ur-Rhein u.a. erodieren die höchstgelegenen ostalpinen Decken und lagern die gewaltigen Geschiebemengen im **Mittelland** ab. Solche Ablagerungen im Vorland eines sich faltenden Gebirges werden als **Molasse** bezeichnet.

Letzte Schubphase der Alpen und Jurafaltung (Tertiär/Quartär, vor 20 Millionen Jahren bis heute)

Einzelne Decken überfahren und kippen die alpennahen Molasseschichten; es entsteht die schräg gestellte **subalpine Molasse** am Alpennordrand. Bei der letzten Schubphase der Alpen vor 5 Millionen Jahren wurde schliesslich das **Juragebirge** aufgefaltet.
Während der Alpenbildung wurde der bis 1500 km breite Ablagerungsraum durch den gewaltigen Zusammenschub auf den heutigen Gebirgsquerschnitt von 150 bis 200 km zusammengestaucht! Dabei ist die Tethys bis auf das heutige östliche Mittelmeer nahezu vollständig verschwunden. Die andauernde Abtragung durch Gletscher und Fliessgewässer legte immer tiefere Teile des Deckengebirges frei.

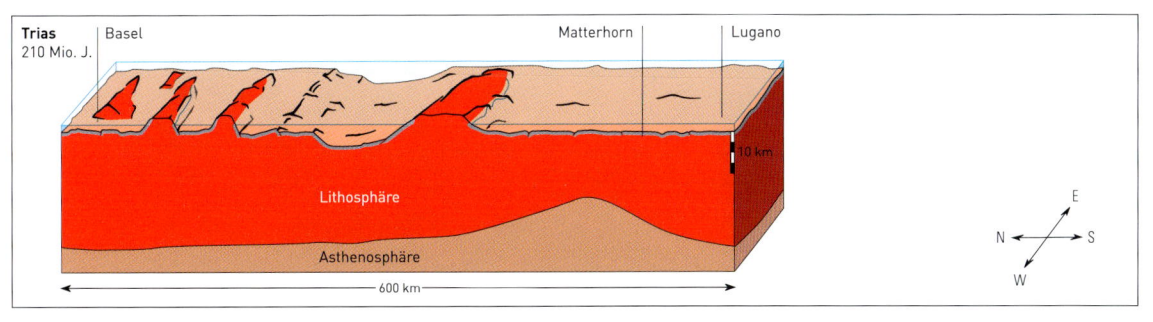

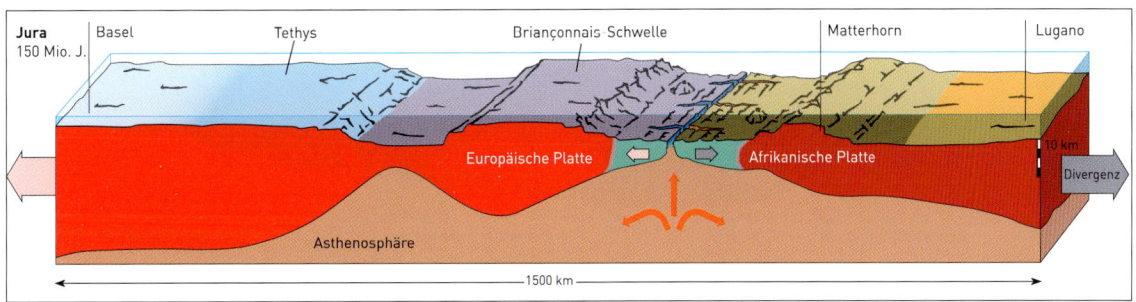

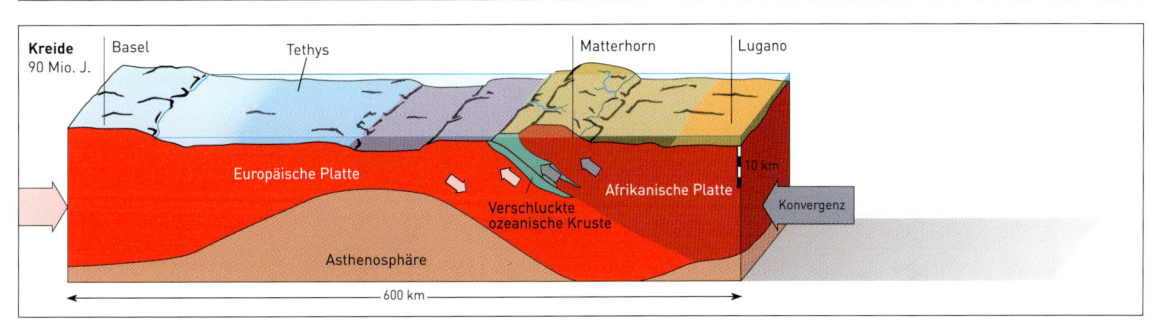

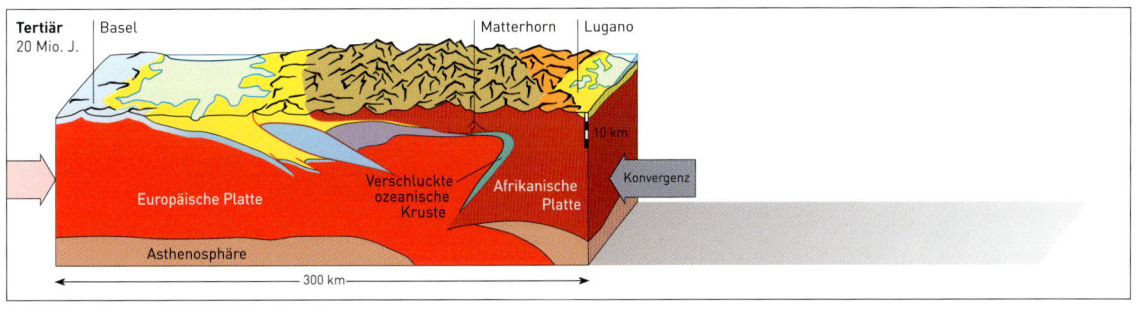

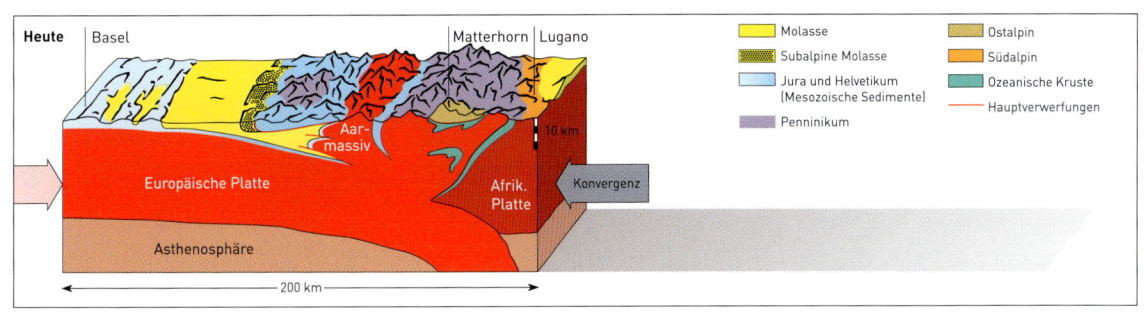

Abbildung 3.50:
Entstehung der Alpen

Geologie

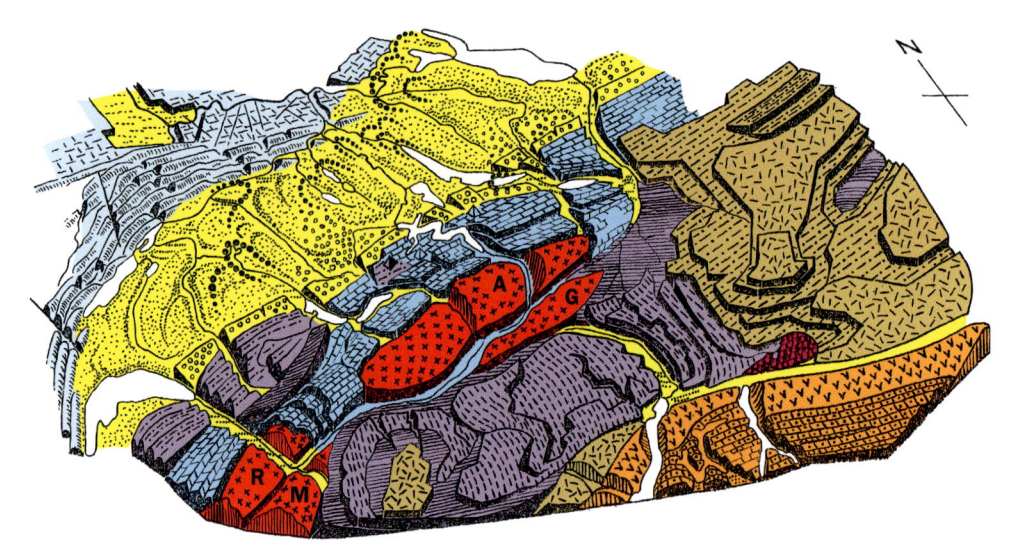

Abbildung 3.51:
Geologisch-tektonischer Aufbau der Schweiz

Tektonische Einheit		Symbol/Farbe	Gesteine	Zugehörigkeit vor der Bildung der Alpen
Jura	Faltenjura		Marine Sedimentgesteine: Kalk, Mergel	Europäischer Schelfbereich
	Tafeljura		Marine Sedimentgesteine	Europäischer Schelfbereich
Molasse	Mittelländische Molasse		Sedimentgesteine von Fluss- und Meeresablagerungen	–
	Subalpine Molasse		Sedimentgesteine von Fluss- und Meeresablagerungen	–
Helvetikum			Marine Sedimentgesteine: Kalk, Mergel	Europäischer Schelfbereich
Penninikum	Penninische Sedimente		Marine und leicht metamorphe Sedimentgesteine: Kalke, Sandsteine, Glimmerschiefer	Europäischer Tiefseebereich und Schwellen
	Penninisches kristallines Gebirge		Metamorphe Gesteine: Gneis, Schiefer	Kristallines Grundgebirge der europäischen Kruste
	Préalpes		Marine und leicht metamorphe Sedimentgesteine: Kalke, Mergel	Europäischer Tiefseebereich und Schwellen
Ostalpin	Ostalpine Sedimente		Marine Sedimentgesteine: Kalk, Dolomit	Afrikanischer Schelfbereich (Apulien)
	Ostalpines kristallines Grundgebirge		Granite, Vulkanite, Gneise	Kristallines Grundgebirge der afrikanischen Kruste
Südalpin	Südalpine Sedimente		Marine Sedimentgesteine: Kalk, Dolomit	Afrikanischer Schelfbereich (Apulien)
	Südalpines kristallines Grundgebirge		Granite, Vulkanite, Gneise	Kristallines Grundgebirge der afrikanischen Kruste
Zentralmassive	R Aiguilles-Rouges-Massiv M Montblanc-Massiv A Aarmassiv G Gotthardmassiv		Granite, Gneise	Kristallines Grundgebirge der europäischen Kruste
Nachalpine Intrusion	Bergell, Adamello		Granite	–

Geologische Entstehungsgeschichte der Schweiz

Der Alpenraum lässt sich heute vereinfacht in die Bereiche Zentralmassive, Ostalpin, Südalpin, Penninikum und Helvetikum aufteilen (vgl. Abb. 3.51).

Durch andauernde Hebung und Abtragung haben Teile des sehr alten kristallinen Grundgebirges, die **Zentralmassive**, die Gebirgsoberfläche erreicht, ohne dass sie in den Deckenbau einbezogen wurden. In der Schweiz gibt es vier solche Massive: das Aar-, das Gotthard-, das Aiguilles-Rouges- und das Montblanc-Massiv. Sie bestehen vorwiegend aus Granit, Gneis und metamorphen Schiefern, also kristallinen Gesteinen.

Das **Ostalpin** kommt heute vor allem im Graubünden und im angrenzenden Österreich vor, im Wallis und Tessin ist es bis auf einzelne übrig gebliebene Klippen (z. B. Matterhorn) abgetragen worden. Die Spitze des Matterhorns besteht damit aus ursprünglich afrikanischer Kruste. Die ostalpinen Sedimente sind hauptsächlich Kalke und Dolomite. Wo diese Sedimente fehlen, zeigt sich das ostalpine kristalline Grundgebirge mit einer grossen Vielfalt an kristallinen Gesteinen, hauptsächlich Graniten und Gneisen.

Das **Südalpin** umfasst die Alpenregion südlich der insubrischen Linie bis zur Poebene. Hier sind die Meeresablagerungen, d. h. die südalpinen Sedimente (Kalke, Dolomite), weitgehend abgetragen worden. Aufgrund von Hebungsvorgängen und Abtragung ist vorwiegend das südalpine kristalline Grundgebirge mit verschiedensten kristallinen Gesteinen und wenigen Vulkaniten aus der Zeit vor 290 bis 250 Millionen Jahren an der Erdoberfläche aufgeschlossen.

Das **Penninikum** umfasst den zentralen Teil der Alpen mit dem Südwallis, dem Nordtessin und dem westlichen Graubünden. Zudem wurde beim letzten Alpenschub ein Teil des Penninikums weit nach Norden über das Helvetikum geschoben und baut heute die Préalpes (Rochers de Naye, Stockhornkette, Niesen usw.) oder die Mythen bei Schwyz auf. Während der Gebirgsbildung wurden das penninische kristalline Grundgebirge und seine Sedimente in der Tiefe zu verschiedensten metamorphen Gesteinen umgewandelt.

Das **Helvetikum** baut ein grosses, geschlossenes Gebiet am Alpennordrand auf und ist aus denselben kalkhaltigen mesozoischen Sedimenten aufgebaut wie das **mittelländische Mesozoikum** und der **Jura**. Mittelländisches Mesozoikum und Teile des Juras sind im Gegensatz zu den meisten Sedimentpaketen der Alpen noch autochthon, das heisst, sie befinden sich noch am Ort ihrer ursprünglichen Ablagerung über dem kristallinen Untergrund.

Die Alpenbildung ist nicht abgeschlossen – jährlich heben sich die Alpen immer noch um 0,5 bis 1,5 mm. **Hebungen** sind grossräumige, vertikale Aufbeulungen der Erdkruste, die durch die Kollision von zwei Platten oder durch das Leichterwerden der Kruste verursacht werden (Isostasie). Verantwortlich für die Hebung der Alpen um 0,5 bis 1,5 mm pro Jahr sind wahrscheinlich sowohl die Kollision der Afrikanischen mit der Eurasischen Platte als auch das Leichterwerden der Alpen infolge der Abtragung durch Flüsse und das Abschmelzen der Gletschermassen seit der letzten Eiszeit vor ca. 10 000 Jahren. Die Hebungsbeträge scheinen gering, summieren sich im Laufe der Jahrmillionen aber zu gewaltigen Beträgen von 10 bis 30 km! Aufgrund der andauernden Abtragung sind die Alpen natürlich nie so hoch gewesen. Die Bedeutung der Abtragung zeigt sich am Rhein, der jährlich rund 4 Millionen Tonnen Abtragungsschutt (Geröll, Sand und Ton) in den Bodensee transportiert. Dies entspricht einer abgetragenen Gesteinsschicht von jährlich 0,46 mm Dicke. Ein Hochgebirge kann nur bestehen bleiben, wenn die Hebung mindestens gleich stark ist wie die Abtragung. Gegenwärtig überwiegt in den Schweizer Alpen die Hebung – die Alpen wachsen also in die Höhe.

Geologie

Ablagerung der Molasse im Tertiär

Entstehung des Mittellandes

Während der gesamten Alpenfaltung transportieren die Flüsse die verwitterten Gesteinstrümmer der Alpen ins Mittelland und lagern sie dort als Molasse auf dem kalkigen Untergrund (mittelländisches Mesozoikum) ab. Bei den Ablagerungen im Schweizer Mittelland unterscheidet man vier verschiedene Phasen, die heute an den Molasseablagerungen immer noch erkennbar sind.

Abbildung 3.52:
Vier Phasen der Molasseablagerung im Mittelland

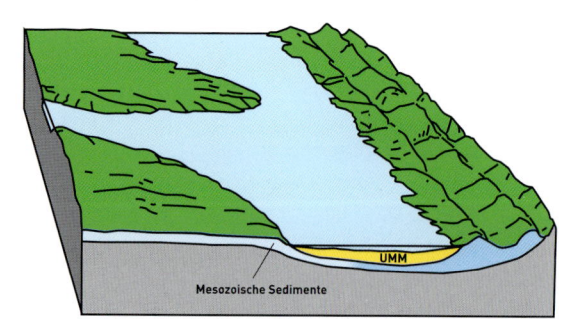

Untere Meeresmolasse UMM (37–32 Millionen Jahre)
Am Nordrand der jungen, sich bildenden Alpen bleibt vom vormaligen Ozean Tethys noch ein ca. 50 m tiefes Flachmeer übrig. Aufgrund der noch schwachen Alpenhebung gibt es keine Flussdeltas mit groben Gesteinstrümmern, sondern nur feinkörnige Sand-, Ton- und Mergelablagerungen. Im subtropischen Klima herrschen wärmeliebende Pflanzen wie die Palmen vor.

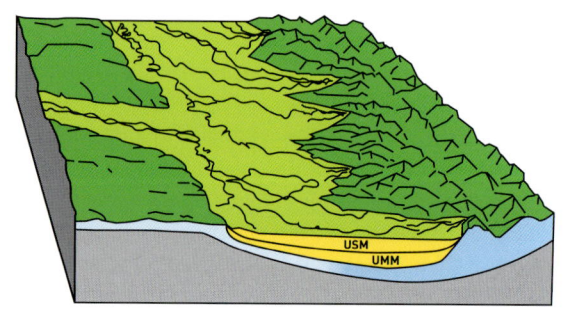

Untere Süsswassermolasse USM (32–23 Millionen Jahre)
Hebungen im Mittelland, kombiniert mit einer weltweiten Meeresspiegelabsenkung, bringen das Flachmeer völlig zum Verschwinden. Das Mittelland zeigt sich als sumpfiges Schwemmland, in welches die Flüsse am nun stark wachsenden Alpenrand ausgedehnte Schuttfächer mit groben Gesteinen (Nagelfluh) ablagern. Das Wasser des gesamten Mittellandes fliesst in Richtung Osten zur Ur-Donau ab. Im feucht-warmen Klima wachsen Palmen, Zimt, immergrüne Eichen, Gummibäume und leben Nashornarten, Tapire, Schildkröten, Wildschweine, Hirsche und verschiedene Nager.

Obere Meeresmolasse OMM (22–15 Millionen Jahre)
Absenkungen lassen erneut einen schmalen, untiefen Meeresarm (10–15 m) entstehen. Einige Flüsse schütten Geröll- und Sanddeltas aus den werdenden Alpen ins Meer, wobei Nagelfluh, Berner Sandstein und Muschelsandstein entstehen. Im Meer leben bei warmem und gemässigtem Klima Seeigel, Krebse, Haie, Rochen und Wale.

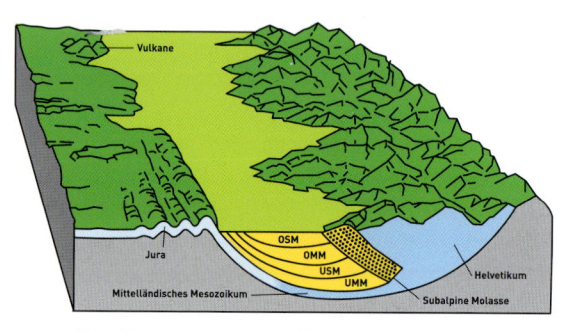

Obere Süsswassermolasse OSM (15–5 Millionen Jahre)
Hebungen bewirken wieder einen Rückzug des Meeres. Am Alpenrand bilden Flüsse durch die starke Gebirgsbildung grosse Schuttfächer (z. B. Napf- und Hörnlifächer) und fliessen mäandrierend und überschwemmend durchs Mittelland in Richtung Westen zur Ur-Rhone. Im Gebiet des Hegau kommt es zu Vulkanausbrüchen. Bei einem letzten Schub der Alpen vor 3 Millionen Jahren wird der Jura gefaltet und der alpennahe Molassebereich zugedeckt und zur subalpinen Molasse gekippt.

Geologische Entstehungsgeschichte der Schweiz

Durch die Tätigkeit der Flüsse sind die Molasseablagerungen am Alpenrand bis auf 6000 m Höhe angewachsen und nehmen mit zunehmender Entfernung nach Norden auf einige Hundert Meter ab. Zudem bestehen die Molasseablagerungen am Alpenrand aus grobem Geröll und werden mit zunehmender Entfernung feinkörniger (Sand, Ton).

Nach den Molasseablagerungen stossen die Alpengletscher während mehrerer Eiszeiten bis weit ins Mittelland vor und ziehen sich in den Zwischeneiszeiten (1,5 Millionen Jahre bis 10 000 Jahre) wieder zurück. So sind heute das Mittelland und weite Gebiete der Schweiz mit einer ein bis zehn Meter dicken Grundmoränenschicht überzogen, und Drumlins, Findlinge, Toteisseen und Moränenwälle sind als Spuren dieser gewaltigen Vereisung zurückgeblieben.

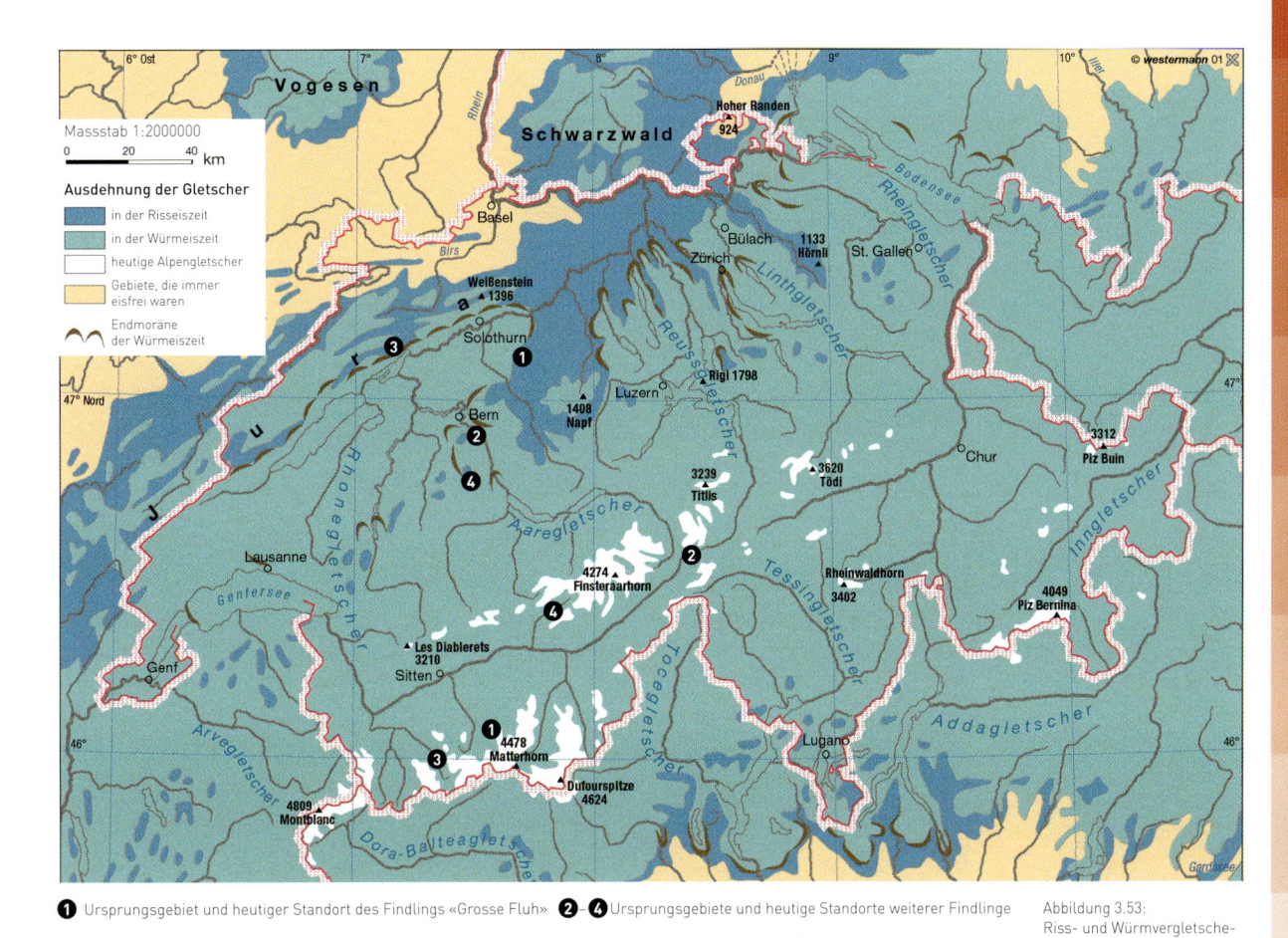

Eiszeiten im Quartär

❶ Ursprungsgebiet und heutiger Standort des Findlings «Grosse Fluh»   ❷–❹ Ursprungsgebiete und heutige Standorte weiterer Findlinge

Abbildung 3.53: Riss- und Würmvergletscherung in der Schweiz

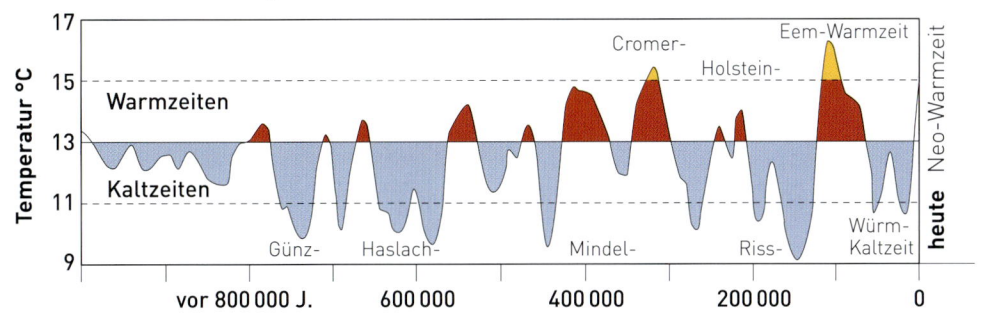

Abbildung 3.54: Klimaschwankungen im zweiten Teil des Pleistozäns

Geologie

Entstehung des Juras

Vor ca. 5 Millionen Jahren übte die letzte Schubphase der Alpenbildung einen starken Druck auf das mittelländische Mesozoikum aus. Durch das aufliegende Gewicht der Molasse wurden die Schichten des mittelländischen Mesozoikums aber kaum deformiert, sondern sie verschoben sich als Ganzes auf einer weichen Gesteinsschicht (**Gleithorizont**) nur leicht nach Nordwesten. Im Norden fehlte aber dieses aufliegende Gewicht der Molasse, und die mesozoischen Schichten falteten sich über dem darunterliegenden Gleithorizont zum Jura. Weil nicht alle Gebiete des Juras gleich stark gefaltet wurden, unterscheiden wir heute den **Faltenjura** vom **Plateaujura**. Der dritte Juratyp, der **Tafeljura**, ist nicht durch den letzten Alpenschub, sondern durch die beginnende Absenkung des Rheintalgrabens (ehemals aktive konstruktive Plattengrenze) nördlich von Basel entstanden.

Juratypen

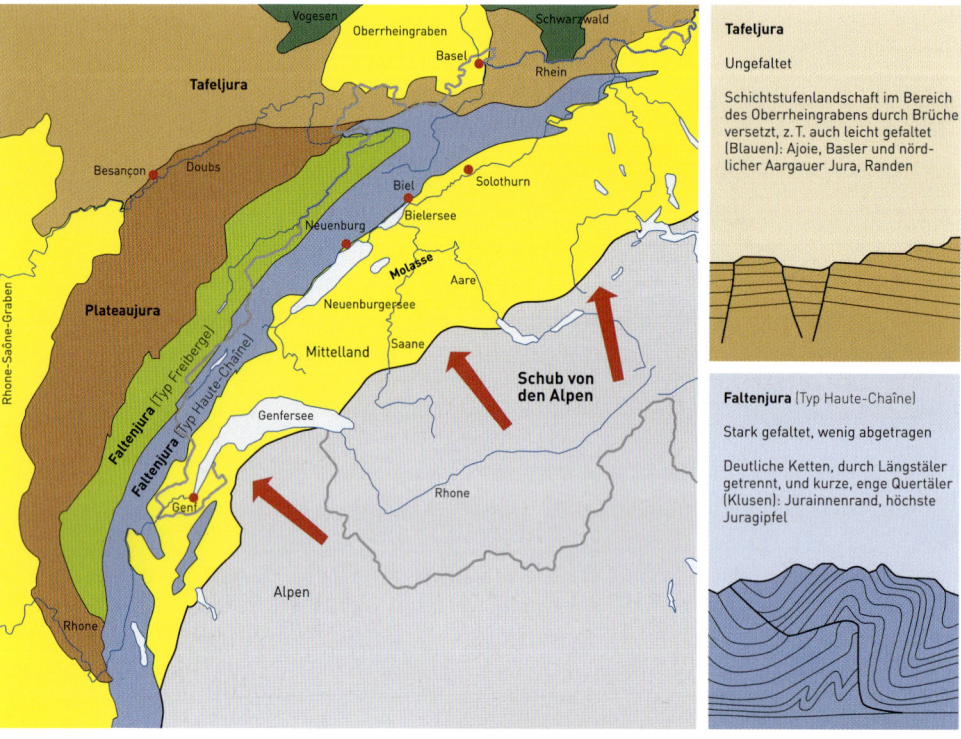

Abbildung 3.55:
Faltung des Juras und die vier Juratypen

Tafeljura

Ungefaltet

Schichtstufenlandschaft im Bereich des Oberrheingrabens durch Brüche versetzt, z. T. auch leicht gefaltet (Blauen): Ajoie, Basler und nördlicher Aargauer Jura, Randen

Faltenjura (Typ Haute-Chaîne)

Stark gefaltet, wenig abgetragen

Deutliche Ketten, durch Längstäler getrennt, und kurze, enge Quertäler (Klusen): Jurainnenrand, höchste Juragipfel

Plateaujura

Ungefaltete Hochebenen
Getrennt vom Faltengürtel

Franche-Comté (Frankreich)

Faltenjura (Typ Freiberge)

Stark gefaltet, stark abgetragen

Leicht gewellte Hochebene auf ca. 1000 bis 1200 m ü. M. Harte Schichten bilden Rippen: Freiberge, Oberlauf des Doubs (Frankreich)

Geologische Entstehungsgeschichte der Schweiz

Die verschiedenen Juratypen zeigen deutlich, dass sowohl diese Faltung als auch die Dauer und Wirksamkeit der Abtragung für das Aussehen der Landschaft bestimmend sind. Aufgrund des Kalkuntergrundes hat sich im Jura eine typische Karstlandschaft mit Dolinen, Höhlen, Schwundlöchern, unterirdischen Wasserläufen und Quellen entwickelt. Die Auffaltung des Juras verlief so langsam, dass sich die vorhandenen Flüsse während der Faltung einschneiden konnten und damit ihren Lauf nicht ändern mussten. Ein so entstandenes Quertal wird als **Klus** bezeichnet.

Oberflächenformen

Abbildung 3.56:
Faltenjura mit Klusen

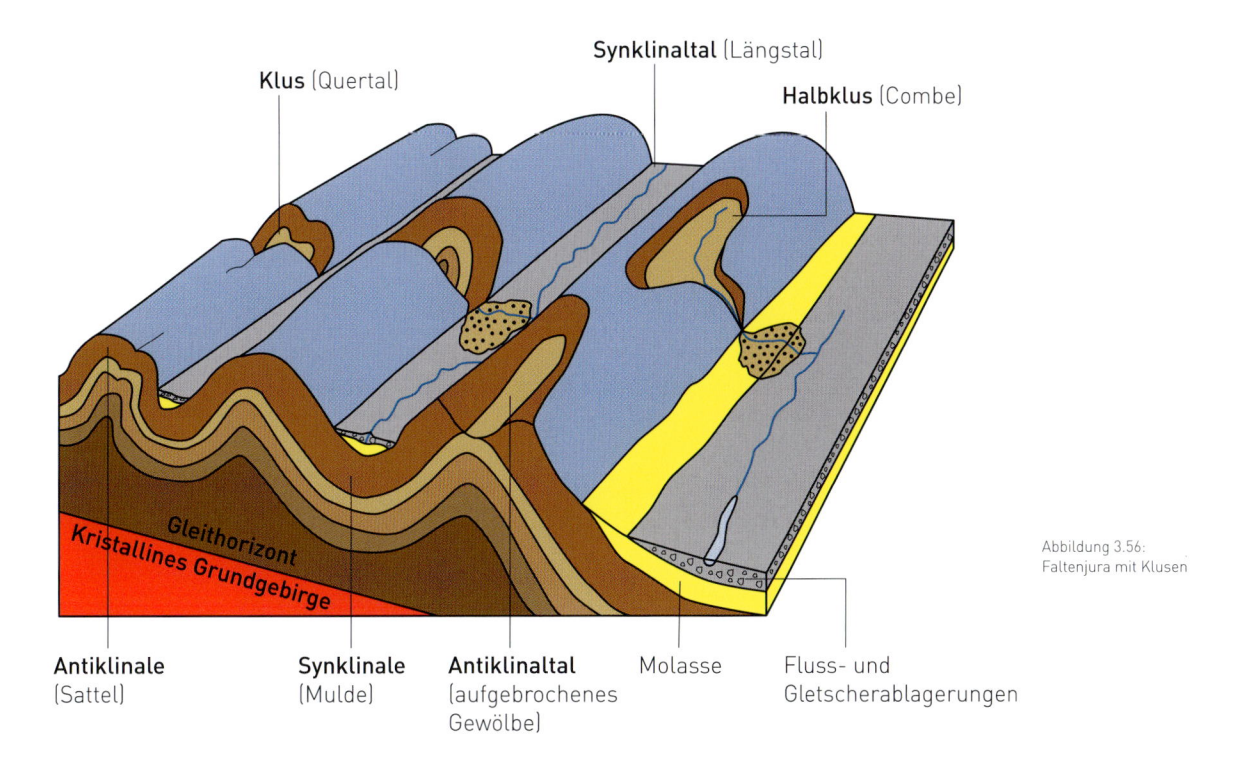

Abbildung 3.57:
Faltenjura mit der Klus von Moutier

Geologie

Literaturhinweise

FRANK F., 2003: Handbuch der 1350 aktiven Vulkane. ott verlag, Bern.
LABHART T. P., 2009: Geologie der Schweiz. 8. Auflage. ott verlag, Bern.
MARTHALER M., 2005: Das Matterhorn aus Afrika. Die Entstehung der Alpen in der Erd-
    geschichte. 2. Auflage. ott verlag, Bern.
PFANDER P., JANS V., 2004: Gold in der Schweiz. 4. Auflage. ott Verlag, Bern.
PFIFFNER A., 2009: Geologie der Alpen. Haupt, Bern.
PRESS F., SIEVER R., 2008: Allgemeine Geologie. 5. Auflage. Spektrum Akademischer Verlag,
    Heidelberg.
WEIDMANN M., 2002: Erdbeben in der Schweiz. Desertina, Chur.
WEISSERT H. J., STÖSSEL I., 2009: Der Ozean im Gebirge. vdf Hochschulverlag, Zürich.

4
Geomorphologie
Matthias Probst

Zu den wichtigen Aufgaben der Geografie gehört das Interpretieren, das «Lesen» einer Landschaft. Zu den wichtigsten Grundlagen einer Landschaft gehört die Oberflächengestalt.
Als ein Teilgebiet der Allgemeinen Geografie befasst sich die **Geomorphologie** (griech. «morphé» = Gestalt) mit den Oberflächenformen der Erde und sucht Erklärungen für deren Entstehen. Da hier **exogene Prozesse** (griech. «exogen» = von aussen stammend, von aussen wirkend) auf der Erdoberfläche im Vordergrund stehen, bezeichnet man die Geomorphologie auch als **exogene Geologie**.
Die Oberfläche der Erde ist hauptsächlich drei geologischen Prozessen ausgesetzt: Bei der **Verwitterung** wird festes Gestein gelöst und zerkleinert, bei der **Abtragung** wird dieses Gestein transportiert und bei der **Akkumulation** abgelagert.

1. Verwitterung

Chemische und physikalische Verwitterung

Nichts ist beständig auf dem ruhelosen Planeten Erde – jedes Gestein, das durch endogene Kräfte an die Erdoberfläche gelangt, wird durch die Verwitterung zerkleinert und gelöst. Mit Verwitterung bezeichnet man sämtliche Prozesse, die durch Kombination von physikalischer Zerstörung, chemischer Lösung oder biologischer Aktivität zum Zerfall und zur Zerstörung von Gesteinen und Mineralien führen. Die Stärke der Verwitterung ist abhängig vom Klima, den Gesteinseigenschaften und der Zeitdauer, während deren ein Gestein den Einflüssen der Atmosphäre ausgesetzt war. Die **chemische Verwitterung** läuft überall ab, wo Wasser die Gesteine erreicht. In polaren Klimazonen ist sie kaum relevant, da das Wasser meist gefroren und daher chemisch inaktiv ist. Dagegen ist hier die **physikalische Verwitterung** höchst aktiv, da das gefrierende Wasser in den Gesteinsspalten zur mechanischen Sprengung der Gesteine führt. Chemische und physikalische Verwitterung ergänzen sich gleichzeitig oder im jahreszeitlichen Wechsel.

Physikalische Verwitterung

Bei der **physikalischen Verwitterung**, auch **mechanische Verwitterung** genannt, werden feste Gesteine und Mineralien durch physikalische Prozesse aufgelockert und zerkleinert, ohne dass eine stoffliche Veränderung auftritt. Dabei entstehen kantige Gesteinsstücke von einigen Millimetern bis zu mehr als einem Meter Durchmesser.

Korngrösse

feinkörnig		mittelkörnig	grobkörnig		
Ton	Silt (Schluff)	Sand	Kies	Steine	Blöcke
	0,002	0,06	2	60	200
	Korn von Auge			Korndurchmesser in mm	
	nicht sichtbar ◄──┼──► sichtbar				

Je nach Prozess unterscheidet man vier physikalische Verwitterungsarten:

Temperaturverwitterung

1. Von einer **Temperaturverwitterung** spricht man dann, wenn sich Gesteine und Mineralien bei Erwärmung ausdehnen und bei Abkühlung zusammenziehen. Häufige, starke Temperaturschwankungen in der Aussenschale des Gesteins führen dort zu Spannungen und damit zur Ablösung und hörbaren Absprengung von einzelnen Gesteinsstücken und dünneren Gesteinsplättchen. Diesem Vorgang sind besonders Gesteine mit unterschiedlichen Mineralien stark ausgesetzt (z. B. Granit), da sich dunkle und helle Mineralien unterschiedlich ausdehnen und damit der Mineralienzusammenhalt stark geschwächt wird. In Wüstengebieten und Hoch-

Abbildung 4.1: Temperaturverwitterung: Abschuppung der Aussenschale eines Gesteins im Südwesten Boliviens in ca. 4200 m ü. M.

gebirgen ist die Temperaturverwitterung besonders stark, da die Oberflächentemperatur von Gesteinen täglich um bis zu 100 °C schwanken kann. Bei so extremen Bedingungen können sich im gesamten Gestein Spannungen aufbauen und grosse Blöcke durch «Kernsprünge» auch mittendurch teilen.

2. Von einer **Frostsprengung** bzw. einer **Frostverwitterung** spricht man, wenn sich das Volumen von Wasser beim Gefrieren um bis zu 11 % vergrössert. Dringt Wasser durch sehr feine Klüfte und Gesteinsporen in ein Gestein ein und gefriert, entwickelt sich beispielsweise bei −22 °C ein extrem starker Druck von 2200 kg/cm^2. Bei häufigem Auftauen und Gefrieren (**Frostwechsel**) kann das Gestein mit der Zeit gesprengt werden. Im Hochgebirge und in polaren Breiten ist Frostsprengung durch das häufige Auftauen am Tag und das nächtliche Gefrieren besonders wirksam.

Frostverwitterung

Abbildung 4.2:
Durch Frostsprengung gespaltener Felsblock im Yosemite-Nationalpark (USA) in ca. 2400 m ü. M.

3. Die **Salzsprengung** tritt vor allem in ariden und semiariden Gebieten mit gelegentlichen Niederschlägen auf. Hier verdunstet das Wasser durch die starke Sonneneinstrahlung an Erd- und Gesteinsoberflächen und scheidet dabei die gelösten Salze in Form von Salzkrusten aus. Fallen Niederschläge, werden die Salze wieder gelöst und dringen in Klüfte und Poren der Gesteine ein. Dort verdunstet das Wasser wieder, wobei die Salze unter einer Volumenvergrösserung von 30 bis 100 % auskristallisieren und damit einen erheblichen Druck auf das umgebende Gestein ausüben. Bei erneuter Befeuchtung wandeln sich die Salze unter einer Volumenzunahme von bis zu 300 % in Hydrate um und können das Gestein zersprengen.
4. Die **Wurzelsprengung** spielt innerhalb der physikalischen Verwitterung nur eine untergeordnete Rolle. Die Wurzeln von Pflanzen können in feine Klüfte und Poren eindringen und durch ihr allmähliches Wachstum einen starken Druck auf das umgebende Gestein ausüben, dieses lockern und schliesslich auseinandersprengen.

Salzsprengung

Wurzelsprengung

Chemische Verwitterung

Von einer **chemischen Verwitterung** spricht man, wenn Wasser und die in ihm gelösten Säuren, Basen und Salze die Gesteine und Mineralien auflösen und chemisch verändern. Da die Wirkung der chemischen Verwitterung an Wasser gebunden ist und mit steigenden Temperaturen zunimmt, ist sie in den feuchten und wechselfeuchten Tropen besonders intensiv. Während die physikalische

Geomorphologie

Verwitterung nur wenige Meter tief in die Erdkruste hineinwirkt, kann die chemische Verwitterung bis mehrere Hundert Meter hinunterreichen. Chemische und physikalische Verwitterungsarten kommen aber oft in Kombination vor und ergänzen und verstärken sich gegenseitig. Die chemische Verwitterung ist umso wirksamer, je weiter der Zerfall und die Auflösung eines Gesteins fortgeschritten ist und dadurch neue Angriffsoberflächen für die Wasserlösungen geschaffen werden.

Man unterscheidet vier chemische Verwitterungsarten:

Hydratationsverwitterung

1. **Hydratationsverwitterung** bedeutet, dass sich Wassermoleküle in Mineralien einlagern, dadurch den Zusammenhalt der Mineralien schwächen und so zu einem Zerfall des Gesteins führen. Voraussetzungen für die Hydratationsverwitterung sind Klüfte und Poren im Gestein und genügend Regen- und Grundwasser. Dieser Prozess tritt damit fast überall auf der Erde und in praktisch jedem Gestein auf, wenn auch mit unterschiedlicher Geschwindigkeit.
2. Bei der **Lösungsverwitterung** werden leicht lösliche Gesteine und Mineralien (z. B. Salze oder Gips) vom Wasser teilweise oder ganz aufgelöst und weggeführt. Treten zum Wasser Gase hinzu, vermögen diese aggressiveren Lösungen auch wasserunlösliche Gesteine anzugreifen. Man unterscheidet zwischen der Kohlensäure- und der Rauchgasverwitterung:

Kohlensäureverwitterung

Bei der **Kohlensäureverwitterung** oder **Karstverwitterung** wird der wasserunlösliche Kalkstein durch Kohlensäure gelöst. Die chemische Reaktion beruht auf folgender vereinfachter Formel:

$$CaCO_3 + H_2CO_3 = Ca(HCO_3)_2$$
Calciumcarbonat + Kohlensäure = Calciumhydrogencarbonat

Dolinen
Diese trichterförmigen Einsenkungen bilden sich dort, wo durch Kohlensäureverwitterung unterirdische Hohlräume entstehen und die Decke allmählich einstürzt. Ihr Durchmesser kann 10 m bis 1,5 km betragen, die Tiefe bis zu 300 m.

Karren oder Schratten
Das kohlensäurehaltige Niederschlagswasser frisst in die freiliegende Kalksteinoberfläche Rinnen und hinterlässt schmale, oft scharfe Grate. In den Kalkalpen (z. B. Schrattenfluh, Niederhorn) finden wir ausgedehnte **Karrenfelder**.

Schwundlöcher
Bäche oder Abflüsse von Seen können in Schwundlöchern verschwinden und später, oft mehrere Kilometer von der Versickerungsstelle entfernt, als **Stromquelle** wieder zum Vorschein kommen.

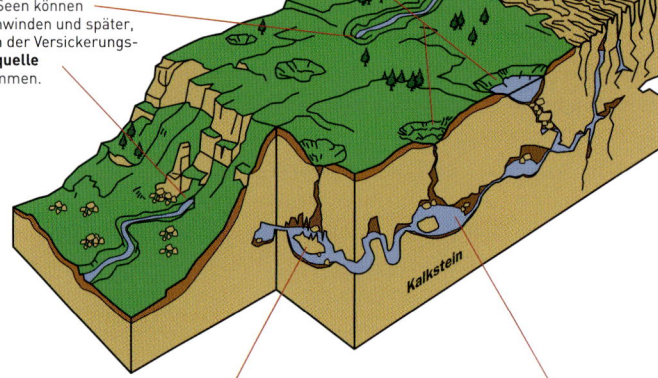

Tropfsteine
Wenn sich kalkhaltige Wassertröpfchen von der Höhlendecke lösen, wird dort ein Teil des gelösten Kalks ausgeschieden, wodurch sich im Laufe der Zeit ein **Stalaktit** bildet. Die am Höhlenboden aufprallenden Tropfen lagern hier ebenfalls Kalk ab und bilden so einen **Stalagmiten**. Wachsen die beiden Tropfsteine zusammen, spricht man von Tropfsteinsäulen, den **Stalagnaten**.

Höhlen
Das im Untergrund zirkulierende Wasser erweitert Spalten und Klüfte oft zu einem weit verzweigten System von Wasserläufen und Hohlräumen.

Abbildung 4.3: Karsterscheinungen

4

Kalk besteht hauptsächlich aus Calciumcarbonat. Kohlensäure entsteht in der Atmosphäre durch die Anreicherung des Niederschlagswassers (H_2O) mit Kohlendioxid (CO_2) oder im Boden, wo von Pflanzenresten weiteres Kohlenstoffdioxid gelöst wird. Die Kohlensäure wandelt das wasserunlösliche Calciumcarbonat in das wasserlösliche Calciumhydrogencarbonat um, das vom Wasser nun leicht verwittert werden kann.

Die Kohlensäureverwitterung ist nur in Gebieten, die überwiegend aus Kalk bestehen, wirksam. Hier verursacht sie zahlreiche typische Oberflächenformen, die zusammenfassend als **Karst** bezeichnet werden. In Karstlandschaften herrscht an der Oberfläche Wasserarmut, da das Wasser durch die vergrösserten Klüfte und Hohlräume rasch versickert. So sind die **Trockentäler** in Karstgebieten zwar durch Flüsse entstanden, führen heute aber kein Wasser mehr, da sich die Entwässerung weitgehend unterirdisch abspielt.

Die vom Menschen verursachte **Rauchgasverwitterung** ist eine weitere besondere Form der Lösungsverwitterung. Durch intensive Verbrennung von Öl und Kohle reichert sich in der Luft Schwefeldioxid (SO_2) an, welches sich in Verbindung mit Niederschlägen in Schwefelsäure (H_2SO_4) umwandelt und den sogenannten **sauren Regen** bildet. Diese Säure ist zu schwach, um auf der Haut Ätzungen zu verursachen, zerstört aber in beträchtlichem Masse Bauwerke, Farben, Metalle und Gesteine. Einige historische Städte in der Schweiz (z. B. Bern) sind aus Sandstein aufgebaut, die als Bindemittel Calziumcarbonat enthalten. Schwefelsäure kann dieses Calziumcarbonat in wasserlöslichen Gips verwandeln, der vom Regen ausgewaschen wird oder abbröckelt. Die Schwefelsäure kann aber auch in die Poren der Sandsteine eindringen und dort unter Volumenzunahme auskristallisieren und das Gestein oberflächlich absprengen.

Rauchgasverwitterung

3. Bei der **Oxidationsverwitterung** lagert sich Sauerstoff in Eisen-, Mangan- und Schwefelmineralien an, was zu einer Volumenzunahme dieser Mineralien und somit zur Auflockerung des Gesteins führt. Das «Rosten» des Gesteins findet weltweit unter Einwirkung von feuchter Luft oder lufthaltigem Wasser statt. Die Oxidation des Eisens ist leicht am Farbwechsel von dunklen zu helleren (gelblich-bräunlich-rötlichen) Farbtönen erkennbar. Alle «verrosteten» Bereiche des Gesteins lösen sich leicht aus ihrem Verband.

Oxidationsverwitterung

4. Bei der **chemisch-biologischen Verwitterung** scheiden Pflanzen und Tiere Huminsäuren aus, die Gesteine und Mineralien angreifen und zerlegen. Vor allem der Humus aus abgestorbenen pflanzlichen und tierischen Resten enthält in hohem Masse solche Huminsäuren (vgl. Bodenbildung).

Chemisch-biologische Verwitterung

Abbildung 4.4: Verwitterungsschäden durch Hydratations- und Rauchgasverwitterung sowie durch Salz- und Frostsprengung an einer Säule am Berner Münster. Rechts die Säule nach den Konservierungs- und Restaurierungsarbeiten

Geomorphologie

87

2. Abtragung und Akkumulation

Das durch physikalische und chemische Verwitterung zerteilte und gelöste Gesteinsmaterial wird durch **Abtragung** vom Verwitterungsgebiet entfernt. Abtragung ist ein Oberbegriff für sämtliche Verlagerungsprozesse durch die Schwerkraft (Bergsturz, Steinschlag, Rutschung, Bodenfliessen und Solifluktion) und durch Wasser (Erosion, Abspülung, Ausspülung), Wind (Deflation) und Eis (Glazialerosion). Dauern Abtragungsprozesse sehr lange, führen sie zur Einebnung der Erdoberfläche und zur Bildung einer **Fastebene** (Peneplain). **Erosion** bezeichnet im engeren Sinn die Abtragung durch fliessendes Wasser; im weiteren Sinn bezieht sich der Begriff «Erosion» auch auf die Abtragung durch Eis und Wind. Art und Ausmass der Abtragung sind von klimatischen Faktoren, aber auch von lokalen Voraussetzungen wie Gesteinsstruktur, Relief und Vegetation abhängig. Der Abtragung folgen der **Transport** und schliesslich das Absetzen der Gesteinsstücke und das Ausscheiden der im Wasser gelösten Stoffe, was man allgemein als **Ablagerung**, **Akkumulation** oder **Sedimentation** bezeichnet.

Formenbildung durch Flüsse

Fliessendes Wasser gestaltet Landschaftsformen durch Erosion, Transport und Ablagerung (vgl. Kapitel 5, Hydrologie). Alle drei Vorgänge sind vom Gefälle und von der Wassermenge abhängig. Bei starkem Gefälle und grosser Wassermenge werden grössere Gesteinstrümmer und -mengen erodiert und transportiert. In flacherem Gelände werden zuerst die grösseren Gesteinstrümmer und später die noch lange schwebenden feineren Sedimente abgelagert. **Fluvial** oder **fluviatil** bedeutet «vom Fluss geschaffen», vom fliessenden Wasser abgetragen, transportiert und abgelagert. Im Einzugsbereich eines Flusses formen hauptsächlich Tiefen-, Seiten-, Rückwärtserosion und Hangabtragung die Landschaft.

Die **Tiefenerosion** ist von der Wassermenge, dem Gefälle, dem Gesteinsuntergrund und der Art und Menge des transportierten Materials abhängig. Einem Fluss auf festem Gestein ohne Transportgut (Sand, Kies) fehlt das Schleifmaterial zur Erosionsarbeit. Im Oberlauf eines Flusses mit starkem Gefälle und damit hoher Fliessgeschwindigkeit dominiert die Tiefenerosion. Kann im Oberlauf die Verwitterung und die flächenhafte **Hangabtragung** oder Denudation an den Seitenhängen mit der Tiefenerosion mithalten, entsteht ein **Kerbtal**, das wegen seines V-förmigen Querschnitts auch **V-Tal** genannt wird. Ist der felsige Untergrund im Oberlauf eines Flusses sehr hart, können Verwitterung und Hangabtragung der Tiefenerosion nicht folgen; es entstehen **Schluchten**. Im Gegensatz dazu haben **Cañons** (span. = Röhre) treppenartige Hänge, da diese aus horizontal gelagerten Gesteinsschichten mit wechselnder Widerstandsfähigkeit aufgebaut sind (z. B. der Grand Canyon in den USA).

Abbildung 4.5:
Im Oberlauf eines Flusses bildet sich ein Kerbtal, eine Schlucht oder ein Cañon.

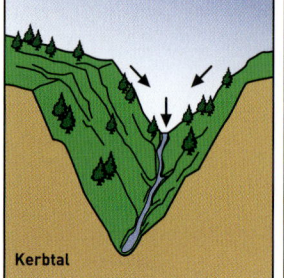

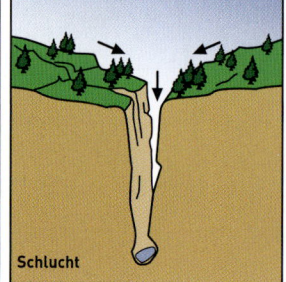

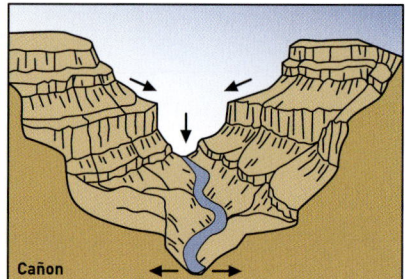

Im Oberlauf sind Tiefenerosion ↓ und Hangabtragung ↙ grösser als Seitenerosion ←.

Im Mittellauf eines Flusses überwiegt die **Seitenerosion** gegenüber der Tiefenerosion, da hier das Gefälle geringer ist und die Fliessgeschwindigkeit nachlässt. Dadurch entstehen mehr oder weniger weit ausschwingende Flussschlingen, die einer unregelmässigen Schlangenlinie gleichen und als Mäander (nach dem kleinasiatischen Fluss **Mäander**, heute Menderes) bezeichnet werden. Die Krümmungen der Flussschlingen werden im Lauf der Zeit immer stärker, weil an den Aussenseiten, am steilen **Prallhang**, die Seitenerosion wegen der höheren Fliessgeschwindigkeit stärker ist und auf der Innenseite, dem flachen **Gleithang**, das Wasser langsam fliesst und daher Material abgelagert wird. Schliesslich kann es am Schlingenhals zu einem Durchbruch kommen, sodass die Schlinge vom fliessenden Wasser abgeschnitten und zu einem **Altwasserarm** wird.

Durch den Abtransport von Material verlegen Flüsse ihr Flussbett talaufwärts, man spricht von **Rückwärtserosion**. Die zeigt sich deutlich bei Wasserfällen. Bei den Niagarafällen in Nordamerika wird beispielsweise die Kante des Wasserfalls jährlich um einen Meter flussaufwärts verlegt. Ähnliches lässt sich auch beim Rheinfall beobachten. Um Rückwärtserosion handelt es sich auch bei der **Flussanzapfung** im Bergell. Die Maira hat ihr Flussbett im Laufe der Jahrtausende so stark rückwärts erodiert, dass sie den Flusslauf des Inn anzapfen konnte. Das Wasser des ehemaligen obersten Teiles des Inn-Einzugsgebietes des fliesst nun teilweise südwärts durch die Maira in Richtung Comersee.

Formenbildung im Mittellauf

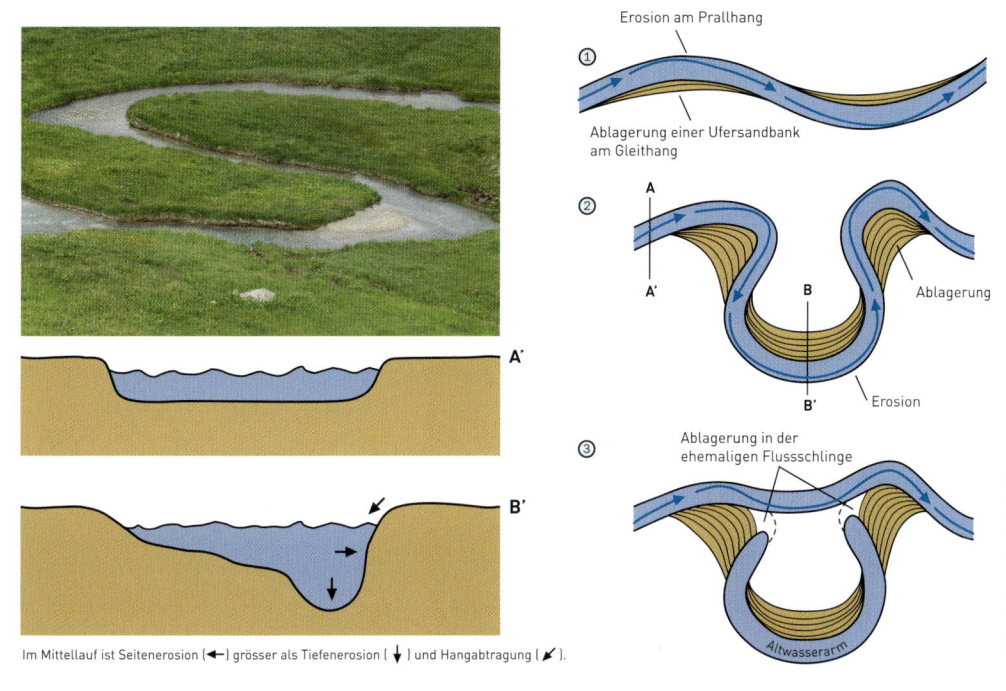

Abbildung 4.6:
Die Krümmungen eines mäandrierenden Flusses werden im Laufe der Zeit immer stärker, bis ein Durchbruch am Schlingenhals wieder einen direkteren Verlauf ermöglicht. Das Foto zeigt einen Mäander bei Plan de la Lai (Frankreich).

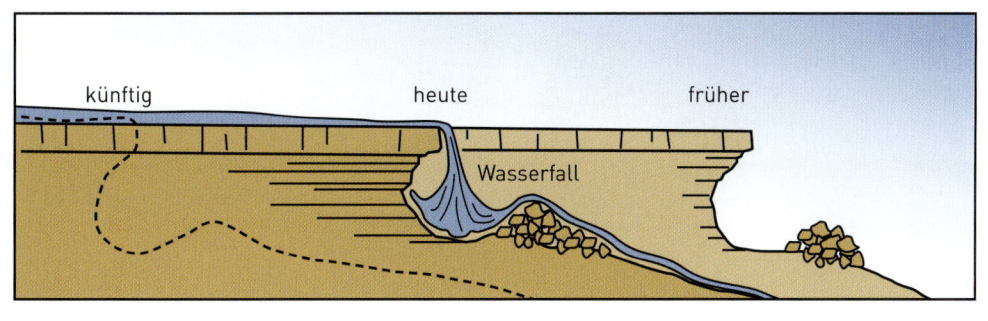

Abbildung 4.7:
Durch Rückwärtserosion verschiebt sich der Wasserfall talaufwärts.

Geomorphologie

Beim Transport wird das mitgeführte Gesteinsmaterial durch die ständige Umlagerung zerkleinert und gerundet. Der Transport erfolgt entweder rollend oder springend als **Geröll- oder Geschiebefracht** auf der Sohle des Flussbettes, als **Schwebefracht**, die sich aus festen Bestandteilen kleinerer Korngrössen zusammensetzt (z. B. Sand), oder als **Lösungsfracht** in gelöster Form (z. B. Salz, Calciumhydrogencarbonat). Auf dem Transportweg wird ständig Material abgelagert und wieder in Bewegung gesetzt (vgl. Hjulströmdiagramm in Kapitel 6, Hydrologie, S. 124).

Formenbildung im Unterlauf

Im Unterlauf eines Flusses ist die Fliessgeschwindigkeit klein, die Transportkapazität und die Erosion nehmen ab, sodass die **Ablagerung** (Sedimentation, Akkumulation) dominiert: Zuerst wird das gröbere Material, bei abnehmender Geschwindigkeit das feinere Material akkumuliert.

Die gerundeten und meist sortierten Ablagerungen von Flüssen im Ober-, Mittel- und Unterlauf werden als **Schotter** bezeichnet.

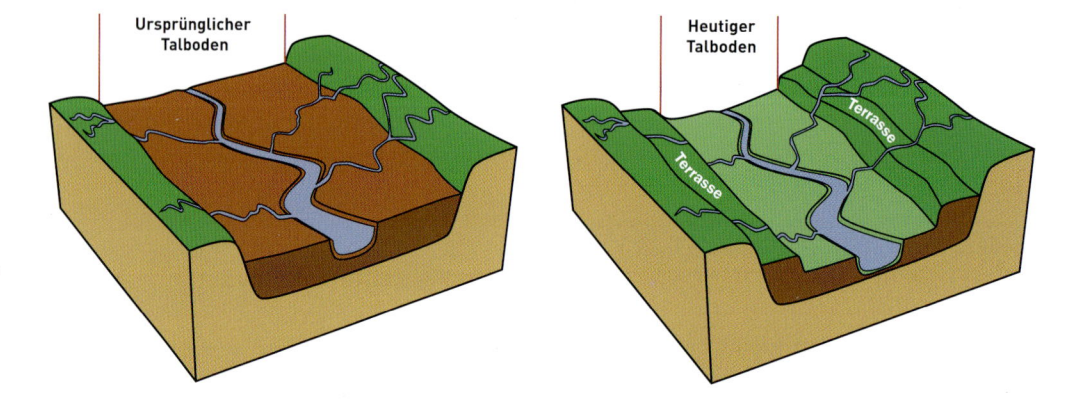

Abbildung 4.8:
Auen und Flussterrassen in einem Flusstal

Wenn der Fluss nicht mehr in der Lage ist, seine Geröll- und Sandfracht weiterzutransportieren, können seine Schotterablagerungen ganze Talböden auffüllen und ausebnen. Der bei Hochwasser überflutete und mit Sedimenten überlagerte Teil des Talbodens wird **Aue** genannt. Schneidet sich der Fluss später in diese Schotterablagerungen wieder ein, bilden sich **Flussterrassen** und auf einem tieferen Niveau eine neue Aue. Die Flussterrassen sind Reste früherer Talböden. Ursachen für den Wechsel von Akkumulations- und Erosionsphasen können Klimaänderungen und tektonische Hebungen und Senkungen sein.

Mündet ein Fluss in einen See, bildet sich ein **Delta**, das durch die Ablagerungen der Schwebefracht in den See hinauswächst. Aufgrund der abnehmenden Strömungsgeschwindigkeit werden die gröberen Sedimente (z. B. Grobsand) am Anfang des Deltas abgelagert, und die feineren Sedimente (z. B. Ton) schweben in den See hinaus und sinken am Ende des Deltas langsam ab (vgl. Hjulströmdiagramm in Kapitel 6, Hydrologie).

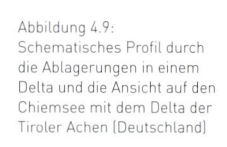

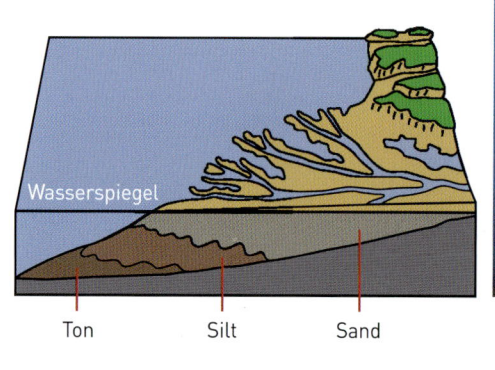

Abbildung 4.9:
Schematisches Profil durch die Ablagerungen in einem Delta und die Ansicht auf den Chiemsee mit dem Delta der Tiroler Achen (Deutschland)

Abtragung und Akkumulation

4

Formenbildung durch Gletscher

Die Festlandfläche der Erde ist ungefähr zu 10% von Gletschereis bedeckt. Aufgrund der Grösse und Form lassen sich zwei Grundtypen der Eisbedeckung unterscheiden. Das **Inlandeis** ist eine grossflächige und mächtige Vereisung einer Landmasse, aus welcher nur einzelne eisfreie Gipfel, die **Nunataker** oder **Nunataks**, herausragen. In Grönland und der Antarktis sind beispielsweise über 85% der Landmassen mit Inlandeis überdeckt, das im Zentrum bis zu 300 Meter mächtig ist. Von diesem Zentrum der Eiskappen aus fliesst das Eis zu allen Seiten sehr langsam ab. In den Gebirgsräumen kommt es zur lokalen Eisbedeckung. Das Eis fliesst als Gletscher (Eisstrom) langsam das Tal hinunter, wo das Eis abschmilzt.

Gletscher entstehen dort, wo das Klima so kalt ist, dass ein Massenzuwachs an Eis stattfindet, weil die jährlich gefallene Schneemenge grösser ist als die **Ablation**, d.h. grösser als das Verdunsten und Abschmelzen von Schnee und Eis. Über mehrere Jahre hinweg verdichten sich hier die **Neuschneekristalle** zu körnigem, milchig-weissem **Firn**. Unter dem zunehmenden Druck der darüber abgelagerten Schneedecken geht der Firn in das kompakte, grünblaue **Eis** über. Eine solche **Akkumulation** von Eis ist im **Nährgebiet** bei Gletschern im Gebirge und in den aufgewölbten Zentren bei Inlandeismassen der Fall. Die Eismassen werden hier so schwer, dass sie durch die Schwerkraft zu fliessen beginnen. Gletscher bewegen sich einerseits durch Gleiten auf dem Untergrund und andererseits infolge von Bewegungen und Deformationen innerhalb der Eismasse. Die Geschwindigkeit der Gletscherbewegung nimmt zu, wenn der Hang steiler oder das Eis dicker wird, und kann im Extremfall mehr als einen Meter pro Tag erreichen. Einmal gebildetes Eis fliesst damit vom Nährins **Zehrgebiet**, wo die Ablation grösser ist als die Akkumulation. Die **Gleichgewichtslinie** trennt Nähr- und Zehrgebiet und ist meist im Sommer als Grenze zwischen dem weissen firnbedeckten Gletscher und dem unterhalb liegenden blanken oder geröllbedeckten Gletschereis sichtbar. Sie wird daher auch als Firnlinie oder als Schneegrenze auf dem Gletscher bezeichnet. Der Unterschied zwischen Eiszuwachs und Eisverlust ergibt den sogenannten **Massenhaushalt** eines Gletschers. Er bestimmt, ob sich ein Gletscher zurückzieht oder ob er vorstösst.

Abbildung 4.10: Roseg-Tschierva-Gletscher: vom Nährgebiet in der Gipfelregion bis zum Zehrgebiet mit mächtigen Moräneablagerungen

Geomorphologie

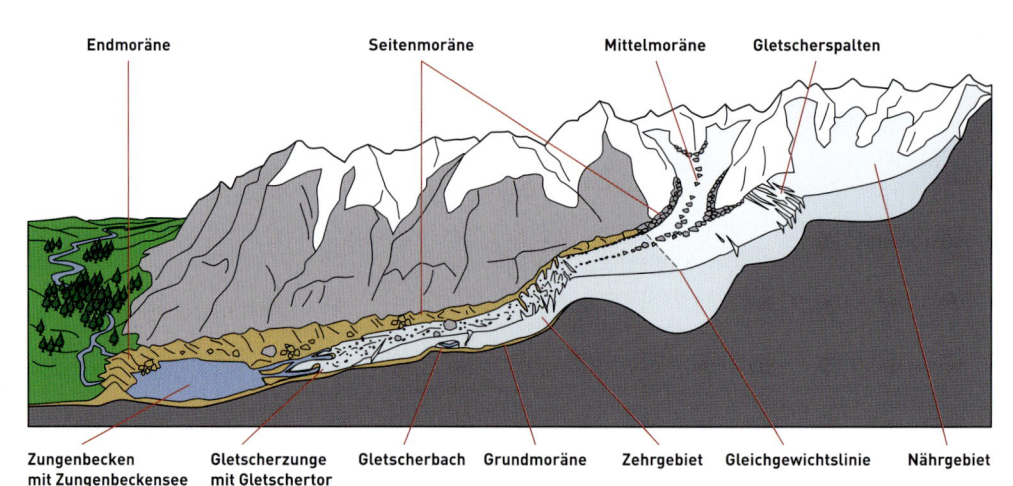

Abbildung 4.11:
Gletschereis bewegt sich, erodiert dabei Material und lagert es nach dem Transport in charakteristischen Formen ab.

Endmoräne · Seitenmoräne · Mittelmoräne · Gletscherspalten

Zungenbecken mit Zungenbeckensee · Gletscherzunge mit Gletschertor · Gletscherbach · Grundmoräne · Zehrgebiet · Gleichgewichtslinie · Nährgebiet

Durch die Bewegung des Gletschereises bilden sich an der Oberfläche bis zu 20 m breite und maximal 60 m tiefe **Gletscherspalten**, wobei man Quer-, Rand- und Längsspalten unterscheidet. **Querspalten** entstehen oft, wenn die Hangneigung steiler wird. **Randspalten** bilden sich auf der Seite des Gletschers, wenn sich das Eis an Fels und Schutt der Seitenwände reibt und sich dadurch dort das Fliesstempo gegenüber der Gletschermitte verlangsamt. **Längsspalten** entstehen in der Regel über Unebenheiten des Untergrunds.

Geschmolzenes Eis verschwindet in Spalten und Hohlräumen im Gletscher und fliesst über die **Gletscherbäche** am Gletscherboden zur **Gletscherzunge**, wo es aus einem oder mehreren **Gletschertoren** ausfliesst. Infolge der Wärme am Gletschergrund durch den Druck, die Reibung und die Erdtemperatur wird dem Gletscherbach ganzjährlich Schmelzwasser zugeführt. Das Schmelzwasser eines Gletscherbachs färbt sich durch feines Gesteinsmehl milchig-weiss und wird daher als **Gletschermilch** bezeichnet.

Glaziale Erosionsformen

Ziehen sich Gletscher zurück, hinterlassen sie charakteristische Landschaftsformen, die einerseits durch die glaziale Erosion und andererseits durch die glaziale Akkumulation entstanden sind. Das fliessende Eis mit eingefrorenen Gesteinstrümmern erodiert durch Abschleifen und Herausbrechen das Gestein am Untergrund und an den Talhängen. Durch diesen **Gletscherschliff** werden raue Felsoberflächen geglättet und poliert. Die ehemalige Fliessrichtung des Gletschers kann anhand von eingeritzten Furchen in der Felsoberfläche, den **Gletscherschrammen,** abgelesen werden (Abb. 4.12).

Abbildung 4.12:
Bildung eines Rundhöckers (schematisch) und Foto eines Rundhöckers mit Gletscherschliff und Gletscherschrammen vor dem Steinlimigletscher in den Berner Alpen

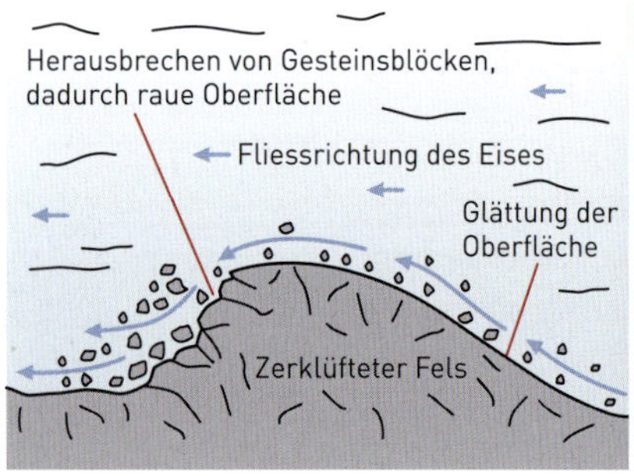

Felshindernisse werden vom Gletscher zu stromlinienförmigen **Rundhöckern** geformt (Abb. 4.12). An der dem Eisstrom zugewandten Seite des Felshindernisses führt der zunehmende Druck des Eises zum Schmelzen und damit zur Entstehung eines Gleitfilms zwischen Gletscher und Fels. Die Erosion erzeugt hier eine stromlinienförmige und glatte Oberfläche. Auf der dem Eisstrom abgewandten Seite friert bei nachlassendem Druck das Gestein an der Gletscherunterseite fest, wodurch einzelne Gesteinsbruchstücke losgerissen werden. Dies führt zu einer rauen, meist stufenförmigen Oberfläche der Rückseite eines Rundhöckers. Die Form des Rundhöckers gibt damit auch Hinweise auf die ehemalige Fliessrichtung des Gletschers.

Herausbrechen von Gesteinsblöcken, dadurch raue Oberfläche · Fliessrichtung des Eises · Glättung der Oberfläche · Zerklüfteter Fels

92 · Abtragung und Akkumulation

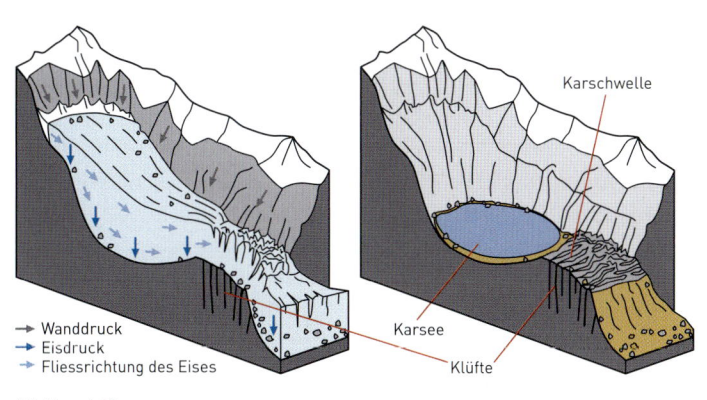

Abbildung 4.13:
Bildung eines Kars mit Karsee. Das Foto zeigt den Karsee Grauseeli beim Schilthorn im Kanton Bern.

Unter den Gipfelpartien im Ursprungsgebiet des Gletschers führt die Erosion durch die grosse Eismasse zu einer steilwandigen, sesselförmigen Hohlform, einem **Kar** (Abb. 4.13). Nach dem Gletscherrückgang kann sich in der Mulde des Kars durch Schmelz- und Niederschlagswasser ein **Karsee** bilden, oder die Mulde wird mit niedergehendem Felsschutt allmählich zugeschüttet. Wenn sich ein Gletscher von seinem Kar aus bergab bewegt, schürft er entweder das Lockermaterial aus einem Tal aus, oder er vertieft und überformt ein bereits vorhandenes V-Tal eines Flusses zu einem **Trog**- oder **U-Tal** mit einem muldenförmigen Talboden (Abb. 4.14). Dieser wird später meist durch Flussablagerungen ausgeebnet (z. B. Wallis). Die steilen bis senkrechten Talwände enden an der **Trogkante**, an die sich die ziemlich flach verlaufende **Trogschulter** anschliesst, die bis zur **Schliffgrenze** reicht. Die Schliffgrenze markiert den ehemaligen Gletscherhöchststand als Grenzlinie zwischen kantigem, stark frostverwittertem Fels und den durch die Eisüberfahrung glattgeschliffenen, tieferen Felspartien. Mündet ein Seitengletscher mit geringerer Erosionskraft in den Hauptgletscher, entsteht aufgrund seiner geringeren Erosionskraft ein höher gelegenes Seitental, das nach dem Gletscherrückzug durch eine steile Stufe vom Haupttal getrennt bleibt und daher als **Hängetal** bezeichnet wird. Die Einmündung eines Hängetals in ein Haupttal ist meistens mit einem Wasserfall gekennzeichnet. Wird ein Trogtal nach dem Abschmelzen des Eises vom Meer überflutet, bezeichnet man diese weit ins Land eingreifende, schmale Meeresbucht als **Fjord** (z. B. in Norwegen).

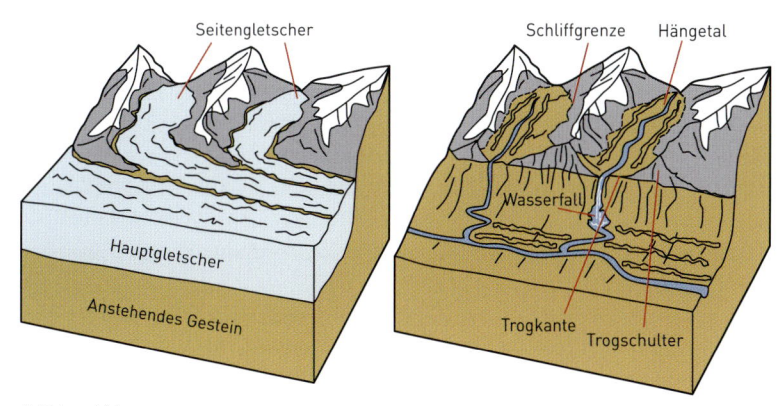

Abbildung 4.14:
Bildung eines U-Tals. Das Foto zeigt das Lauterbrunnental mit Staubbachfall.

Geomorphologie

4

Glaziale Akkumulationsformen

Der Gletscher transportiert kantiges Gesteinsmaterial, das er selber am Untergrund und an den Talhängen erodiert hat oder das durch Frost- und Temperaturverwitterung abgesprengt wurde und von den Talflanken auf den Gletscher gefallen ist. Sämtliche Gesteinstrümmer, die im und auf dem Gletscher transportiert und später wallförmig beim Schmelzen des Eises abgelagert werden, bezeichnet man als **Moränen** (Abb. 4.11). Weil im Gletschereis ein Sandkorn und ein Felsbrocken gleich schnell transportiert und ihre Form dabei nicht verändert wird, sind die Ablagerungen in einer Moräne unsortiert und kantig. Die verschiedenen Arten von Moränen werden nach ihrer Position zum Gletscher benannt, durch den sie entstanden sind. Bleibt die Gletscherzunge über längere Zeit ortsfest, wird durch das ständig bergabwärts fliessende Eis sehr viel Material zur Gletscherzunge transportiert und dort zu einer markanten **Endmoräne** abgelagert. Sie kennzeichnet demzufolge die ehemalige Ausdehnung eines über längere Zeit stationären Gletschers. In der **Seitenmoräne** wird auf den Gletscher gefallenes und an den Talseiten abgetragenes Gesteinsmaterial transportiert und später seitlich, meist wallförmig abgelagert. Fliessen zwei Gletscher zusammen, vereinigen sich die beiden Seitenmoränen zu einer **Mittelmoräne**. Im Eis abgesunkenes und am Gletschergrund abgeschürftes Gesteinsmaterial wird an der Sohle transportiert und unter dem Eis zu einer **Grundmoräne** abgelagert. Grössere Felsblöcke, die der Gletscher oft Hunderte von Kilometern vom Ursprungsort wegtransportiert hat, bezeichnet man als **erratischen Block** oder **Findling** (Abb. 4.17).

Abbildung 4.15:
Seitenmoränen (im Foto markiert) bleiben in der Landschaft als längliche Wälle zurück, die an den Talhängen wie grössere Terrassen aussehen. Am Längenberg im Kanton Bern sind solche angelegte Seitenmoränen des eiszeitlichen Aaregletschers auf verschiedenen Höhen (Rückzugsstadien) ersichtlich.

Abbildung 4.16:
Blick in eine Seitenmoräne am Längenberg im Kanton Bern: Weil im Gletschereis ein Sandkorn und ein Felsbrocken gleich schnell transportiert werden und ihre Form dabei nicht verändert wird, sind die Ablagerungen in einer Moräne unsortiert und kantig.

Abbildung 4.17:
Erratische Blöcke, umgangssprachlich **Findlinge** genannt, sind grössere Felsblöcke, die der Gletscher oft Hunderte von Kilometern vom Ursprungsort wegtransportiert hat. Die «Grosse Fluh» (Foto) ist der grösste Findling im Mittelland. Er wurde während der Eiszeit vom Rhonegletscher aus dem Gebiet Arolla im südlichen Wallis nach Steinhof im Kanton Solothurn transportiert.

Überfährt der Gletscher bei einem Vorstoss seine eigene Moräne, so formt er dieses lockere Moränenmaterial zu länglichen, in Richtung der Eisbewegung ausgerichteten Hügeln, den Drumlins. Ein **Drumlin** kann bis zu 50 m hoch und einige Hundert Meter lang sein. Die steile Seite zeigt normalerweise die Richtung an, aus der das Eis gekommen ist (Abb. 4.18).

Im Bereich der Gletscherzunge bildet sich durch die Erosion des Eises ein **Zungenbecken**, welches oft durch End- und Seitenmoränen wallartig umgeben ist. Nach dem Rückzug der Gletscherzunge bildet sich ein **Zungenbeckensee** aus Schmelzwasser, der später auch durch Zuflüsse und Niederschlagswasser gespiesen wird (Abb. 4.11 und Abb. 4.19). Die meisten grösseren Alpenvorlandseen (z.B. Genfer-, Zürcher-, Boden-, Sempacher-, Hallwilersee u.a.) sind typische Zungenbeckenseen.

Abtragung und Akkumulation

Beim Gletscherrückzug können sich grössere Eisblöcke vom fliessenden Gletscher trennen und in der Moräne einlagern. Schmilzt dieses **Toteis**, so sackt das darüber befindliche Moränenmaterial ein und bildet eine Vertiefung, die sich durch Niederschlags- und Grundwasser zu einem **Toteissee** füllt (Abb. 4.19). Toteisseen sind meist zu- und abflusslos.

Abbildung 4.18:
Ein **Drumlin** ist ein ovaler, in Richtung der Eisbewegung ausgerichteter Hügel aus lockerem Grundmoränenmaterial. Die steile Seite zeigt normalerweise die Richtung an, aus der das Eis gekommen ist. Das Foto zeigt einen Drumlin in der Nähe von Burgdorf.

Abbildung 4.19:
Nach dem Gletscherrückzug treten Grund- und Endmoränen in der Landschaft als Ansammlung kleiner Kuppen und Hügel mit dazwischenliegenden kleinen **Toteisseen** auf. Ein solcher See bildet sich aus einem grösseren Toteisblock, der in der Moräne eingelagert und vom Gletschereis getrennt wurde und später in seiner Hohlform abschmilzt. Das Foto zeigt links vom kleinen Toteissee (Mauensee) die Reste eines Endmoränenwalls des ehemaligen Reussgletschers (entlang der Strasse). Der Sempachersee (rechts) ist ein Zungenbeckensee, der von einer weiteren Endmoräne abgeschlossen wird.

Formenbildung durch Wind

Der Wind kann Material bis zur Grösse von grobkörnigem Sand abtragen, über weite Strecken transportieren und schliesslich wieder ablagern. In ariden und polaren Gebieten, die kaum oder gar nicht mit Vegetation bedeckt sind, ist die formende Kraft des Windes besonders wirksam. So transportieren südliche Höhenwinde den Saharastaub mehrmals jährlich bis in den Alpenraum, wo er als rötliche Verfärbung auf dem Schnee sichtbar wird.

Äolisch (nach Aiolos, dem griechischen Gott des Windes, benannt) bedeutet «vom Wind geschaffen», vom Wind bewirkt, abgetragen, transportiert und abgelagert. Wind kann Sand aufwirbeln und abtransportieren, was als **Deflation** (Ausblasung) bezeichnet wird. Dadurch kann in Trockengebieten eine **Hammada** (Felswüste, Felsschuttwüste) oder eine **Serir** (Kies- oder Geröllwüste) entstehen, die wegen der starken Deflation keinen Sand mehr an der Oberfläche aufweisen.

Äolische Erosionsformen

Wind allein kann einen Felsen nicht abtragen. Mit Flugsand erreicht er aber eine abschleifende Wirkung, die der eines Sandstrahlgebläses entspricht. Da die meisten Sandkörner unmittelbar über dem Boden transportiert werden, führt die Winderosion hauptsächlich hier zur Rundung und Abtragung der anstehenden Felsen und der losen Steine. Weisen Steine rundherum Schliffflächen auf, bezeichnet man sie als **Windkanter**. Aufragende Einzelfelsen werden unterschliffen und zu **Pilzfelsen** mit einem schmalen Sockel umgeformt.

Die Sandkörner werden hauptsächlich in «springenden» Bewegungen (**Saltation**) unmittelbar über den Boden hinweg transportiert. Bei Sand- und Staubstürmen können heftige Winde den Sand und Staub stark aufwirbeln, in der Luft aufnehmen und als losen **Flugsand** respektive als **Flugstaub** über weite Strecken transportieren. Bei grossen Staubstürmen kann ein Kubikkilometer Luft bis zu 1000 Tonnen Sand und Staub mit sich führen, was dem Volumen eines kleinen Hauses entspricht.

Äolische Transportformen

Geomorphologie

Abbildung 4.20:
Windkanter Oberseite (links)
Windkanter Unterseite (Mitte)

Abbildung 4.21:
Pilzfelsen im Südwesten
von Bolivien (rechts)

Äolische
Akkumulationsformen

Ausgeblasener Sand aus einer Hammada oder einer Serir werden oft bei nachlassender Windströmung oder auf der Leeseite eines Hindernisses zu einzelnen **Dünen** oder sogar zu Dünenfeldern, einem **Erg** (Sandwüste), abgelagert. Der Sandtransport auf der Luvseite einer Düne erfolgt oberflächennah durch Saltation und Schieben der Sandkörner. Beim Überschreiten des Dünenkamms bildet sich auf der Leeseite eine instabile Sandanhäufung, die von Zeit zu Zeit abrutscht und abgelagert wird. Infolge ständiger Abtragung auf der Luvseite und Ablagerung auf der Leeseite können Dünen als Ganzes in Windrichtung wandern und Höhen von einigen Dutzend Metern erreichen. Die Oberfläche einer Düne ist durch wellenartige, wenige Zentimeter grosse **Windrippel** gegliedert, die quer zur Windrichtung angeordnet sind und sich in gleicher Art und Weise wie die Dünen vorwärtsbewegen können. In unserer Vorstellung sind die Wüsten überwiegend Sandgebiete; in Wirklichkeit besteht aber nur etwa ein Fünftel der gesamten Wüstengebiete der Erde aus diesen äolischen Ablagerungen.

Konstant starke Winde aus der gleichen Richtung führen zu mächtigen Staubablagerungen, die als **Löss** bezeichnet werden (z. B. nordchinesisches Bergland). Auf dem Löss können ausserordentlich fruchtbare Böden entstehen, die aber auch sehr leicht durch Wasser erodiert werden. Solche Lössböden sind in der Schweiz (z. B. bei Basel) durch die Ausblasung der Ablagerungen in Gletschervorfeldern entstanden.

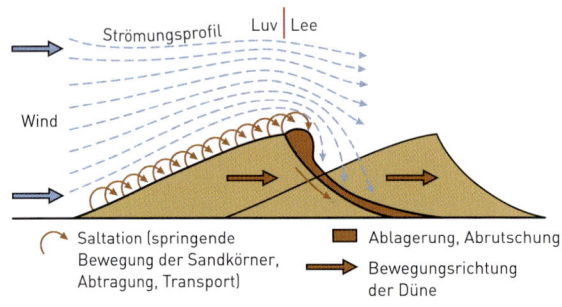

Abbildung 4.22:
Wanderung einer Düne und Windrippelbildung

Abbildung 4.23:
Dünenlandschaft in Namibia mit Windrippeln im Vordergrund

Formenbildung an Meeresküsten

Die Meeresküste umfasst als schmaler, aber ausgedehnter Grenzsaum den Randbereich des Meeres und einen Streifen Festland. Durch Meeresströmungen, Hebungen und Senkungen des Festlandes, Meeresspiegelschwankungen, Ablagerungen der Flüsse, Gezeiten und Wellengang werden Küstenformen stetig verändert. Meereswellen, die auf die Küste auflaufen und sich überstürzen (brechen), werden als **Brandung** bezeichnet. Die grosse Kraft führt an **Steilküsten**, bei denen das Land steil zum Meer hin abfällt, zur Küstenzerstörung, zur **Abrasion**. An **Flachküsten**, an denen sich das Land nur langsam zum Meer hin absenkt, führt die Brandungskraft zum Küstenaufbau, zur Ablagerung von Material, zur **Akkumulation**.

Abtragung und Akkumulation

Steilküsten werden durch die Brandung heftig bearbeitet. Dort, wo die Wellen anschlagen, wird die Küste unterhöhlt: Es entsteht eine **Brandungshohlkehle**. Sobald die Brandungshohlkehle tief genug ist, stürzt der darüberliegende überhängende Fels ein. Die entstandenen Gesteinstrümmer werden abtransportiert, und die Brandung wirkt erneut auf die Küste ein. Dadurch entstehen nahezu senkrecht ins Meer abfallende Steilufer, welche man als **Kliff** (Kliffküste) bezeichnet. Durch die Zurückverlegung des Kliffs entsteht vor ihm eine zum Meer hin leicht abfallende Verebnung, die **Abrasions-** oder **Brandungsplattform**, die durch die Brandung und durch das bewegte Geröll abgeschliffen wird. Kliffküsten finden sich beispielsweise in der Bretagne oder an der Südküste Englands.

Steilküste

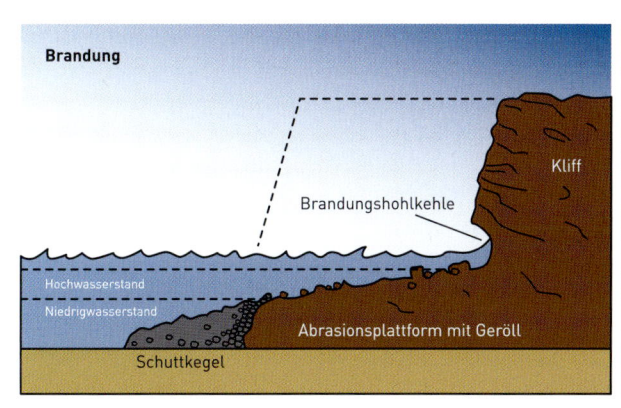

Abbildung 4.24:
Formen der Brandungsarbeit an der Steilküste: Die Küste wird durch die Brandung unterhöhlt, und es entsteht eine Brandungshohlkehle.

Abbildung 4.25:
Abrasionsplattform mit Kliff bei Ebbe in Biarritz, Frankreich

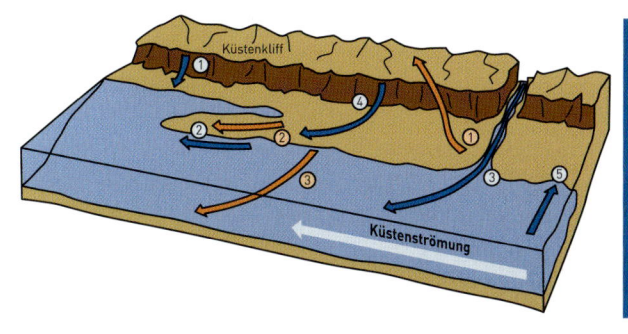

Akkumulation
1. Die Abrasion der Brandung am Steilufer liefert Material.
2. Die parallele Küstenströmung liefert Material und bildet Landzungen.
3. Die Flüsse lagern Sedimente vom Festland ab.
4. Die Verwitterung und Abtragung der Steilküste liefert Material.
5. Die Brandung und die Gezeiten schwemmen Material aus dem tieferen Wasser an den Strand.

Erosion
1. Auflandige Winde tragen Sand ab und transportieren ihn zu den Dünen.
2. Die parallele Küstenströmung trägt Material ab.
3. Die Brandung und die Gezeiten tragen Sedimente ab und transportieren sie ins tiefere Wasser.

Abbildung 4.26:
An einem Sandstrand gleichen sich normalerweise die Akkumulations- und Erosionsprozesse aus, und der Strand behält seine Gesamtform bei.

Flachküsten bestehen im Wesentlichen aus Sand und Geröll, treten als kleine, halbmondförmige Buchten oder als über 100 Kilometer lange Sandstreifen auf und werden landseitig durch Dünenfelder oder Steilwände begrenzt. Die Brandung und die Gezeiten können einen solchen Strand durch Ablagerung von Sand verbreitern oder durch den Abtransport von Sand auch verkleinern. Zu den Flachküsten gehören einerseits die Watt- und andererseits die Ausgleichsküsten.
An Flachküsten mit starken Gezeiten stellt das **Watt** das Übergangsgebiet vom Festland zum Meer dar, welches bei Flut überschwemmt und als Wattenmeer bezeichnet wird. Ein Watt ist also ein mehrere Kilometer breiter Küstenstreifen, der durch den Einfluss der Gezeiten, durch den Wechsel von Ebbe und Flut, zweimal täglich trockenfällt respektive zweimal täglich überflutet wird. Der

Flachküste

Geomorphologie

Flutstrom überschwemmt das Watt und bringt grosse Mengen Sand und feinkörnig-schlammigen Schlick mit, die sich hier teilweise ablagern oder bei Ebbe wieder abtransportiert werden. In flussähnlichen Vertiefungen im Watt, den **Prielen**, sammelt sich bei Ebbe das abfliessende Wasser. Durch die Sand- und Schlickablagerungen des Meeres und durch die Sedimentablagerungen der Flüsse kann das Watt verlanden, und es entsteht **Marschland**. Wattküsten und grosse Flächen von Marschland finden sich beispielsweise in Holland, wo dieses Marschland durch mehrere hohe Deiche in fruchtbares Kulturland umgewandelt wurde und heute landwirtschaftlich genutzt wird. Meeresströmungen, welche der Küste entlangführen, transportieren Sand und Schlamm und lagern dieses Material wieder ab. Die zurückflutende Brandungswelle führt das Material wieder meerwärts, wo es erneut durch die Meeresströmung erfasst und weitertransportiert wird. Dadurch kann einer Bucht ein Saum aus Schlamm und Sand, eine **Sandbank** oder **Nehrung**, vorgelagert werden. Die Küstenform wird dadurch ausgeglichen. In der Bucht entsteht ein Küstensee oder Strandsee (Haff, **Lagune**). Die bekannteste Lagune ist diejenige von Venedig. Hier trennen die vorgelagerten Inseln (Lido) die Lagune ab. Diese Strandversetzung führt am Ende zu einer **Ausgleichsküste**, d. h. zu einer begradigten Küste mit abgetragenen Landvorsprüngen und geschlossenen Buchten.

Riasküsten und Fjordküsten stellen spezielle Küstenformen dar. **Riasküsten** (span. «ria» = die Bucht) entstehen, wenn Flusstäler (V-Täler) vom Meer überflutet werden. Diese Küsten sind sehr buchtenreich (z. B. Nordwestspanien). **Fjorde** reichen noch deutlich tiefer ins Festland hinein. Fjorde sind vom Meer überflutete Gletschertäler (U-Täler). Sie sind u. a. in Norwegen verbreitet.

Kleine Felseninseln, die glazial zu Rundhöckern abgeschliffen wurden, bilden eine **Schärenküste**. Eine eindrückliche Schärenküstenlandschaft befindet sich vor Stockholm in der Ostsee. Bei Flussmündungen können zwei Typen unterschieden werden. Wenn das Material, das von Flüssen mittransportiert wird, an der Küste abgelagert wird und dort liegen bleibt, bildet sich ein **Delta** (Mündung des Mississippi, der Rhone [Camargue], des Nil). Dort, wo der Tidenhub, also der Wechsel zwischen Ebbe und Flut, sehr ausgeprägt ist, reissen die Wassermassen bei Ebbe Material mit. Die Flussmündung wird dabei zu einem trichterartigen, zur Mündung hin breiter werdenden Gebilde, dem sogenannten **Ästuar** (Mündung der Rance in der Bretagne [Gezeitenkraftwerk], der Themse, der Seine).

Abbildung 4.27:
Bildung einer Ausgleichsküste

Abbildung 4.28:
Ausgleichsküste mit Nehrung in Nordisland am Öxarfjördur

Abtragung und Akkumulation

3. Naturgefahren im Alpenraum

Die Schweiz ist oft von Hochwassern (vgl. S. 126), Stürmen, Rutschungen und Lawinen betroffen. Weniger häufig sind Trockenheit, Hitze- oder Kältewellen. Starke Erdbeben sind selten, wie die Geschichte zeigt, können sie aber auch in der Schweiz vorkommen. Naturgefahren schliessen alle Vorgänge und Einwirkungen der Natur ein, die für den Menschen und für Sachwerte schädlich sein können. Da in der Schweiz die Siedlungen immer dichter und die Sachwerte immer grösser werden, hat in den vergangenen Jahrzehnten das Schadenausmass bei vergleichbarer Natureinwirkung erheblich zugenommen. Im Folgenden werden die wichtigsten Naturgefahren im Alpenraum beschrieben, die im Wesentlichen durch die Schwerkraft und durch die Mithilfe von Wasser und Schnee verursacht werden.

Murgang

Wildbäche können bei Hochwasser durch die hohe Fliessgeschwindigkeit zu einem **Murgang** (auch Mure oder Rüfe genannt) werden – ein breiartiges, oft schnell fliessendes Gemenge aus Wasser und Feststoffen (Sand, Kies, Steine, Blöcke, Holz) mit einem hohen Feststoffanteil von etwa 30 bis 60%. Murgänge treten im Hochgebirgsraum und in den Voralpen bei genügend Gefälle (mindestens 25 bis 30%), erosionsanfälligem oder unbewaldetem Untergrund sowie bei aufgetauten Permafrostböden auf. Lang andauernder oder intensiver Regen sowie intensive Schneeschmelze können hier einen Murgang auslösen, indem das vorhandene Lockermaterial verflüssigt wird und als wasserdurchtränktes Gemenge mit rasanter Geschwindigkeit von 40 bis 60 km/h im Wildbachgerinne oder an alten Hangfurchen zu Tale fliesst.

Ein Murgang vermag grosse Geröllmassen (Blöcke von mehreren Kubikmetern Volumen, Baumstämme, Autos usw.) mitzureissen und dadurch das Wildbachbett zu vertiefen und die Uferböschungen zu destabilisieren. Andererseits entstehen Schäden durch die mächtigen Ablagerungen von Blöcken, Schutt und Holz. Gebäude, Verkehrswege, jedoch auch Personen können von der Zerstörungskraft eines Murganges betroffen sein.

Abbildung 4.29:
Murgang am Glyssibach bei Brienz, Kanton Bern 2005

Rutschungen und Hangmuren

Bei Rutschungen und Hangmuren gleiten Hangteile aus Fest- und/oder Lockergestein sowie Bodenmaterial ab. **Rutschungen** entstehen in mässig bis steil geneigten Hängen mit Neigungen zwischen 10 und 40°, weisen eine Gleitfläche auf, sind in ihrer Erscheinung (Grösse, Tiefe, Form der Gleitfläche) sehr vielfältig und laufen je nach Untergrundstruktur, Gesteinsbeschaffenheit und Beteiligung von Wasser sehr unterschiedlich ab. Die beiden Hauptformen von Rutschungen sind die **Rotationsrutschung** auf einer gekrümmten Gleitfläche mit meistens beschränktem Materialvolumen und die **Translationsrutschung** auf einer geneigten Gleitfläche mit einer Tiefe von 0,5 bis zu mehreren Metern und einer Ausdehnung von einem Quadratmeter bis zu mehreren Quadratkilometern.

Dagegen weisen **Hangmuren** selten eine Gleitfläche auf, ereignen sich vorwiegend an steilen Hängen, wobei nur ein oberflächennahes Gemisch mit einem beschränkten Volumen abgleitet. Der grosse Wasseranteil führt jedoch zu hohen Fliessgeschwindigkeiten (bis 35 km/h) und zu einer Verschwemmung des bewegten Materials. Mündet eine Hangmure in ein Gerinne ein, kann sich daraus ein Murgang entwickeln.

Rutschungen und Hangmuren entstehen in vernässten Böden, auf übernutzten und unbewaldeten Hängen, in erwärmten Permafrostzonen sowie in Gebieten, wo der Zusammenhalt der Erdkruste durch Brüche, Spalten und Gesteinszusammensetzung schwach ist. Solche instabilen Zonen

Abbildung 4.30:
Rotationsrutschung (links) und Translationsrutschung (rechts).

R_r = Reibungskraft
N = Haftkraft
G = Gewicht
T = treibende Kraft

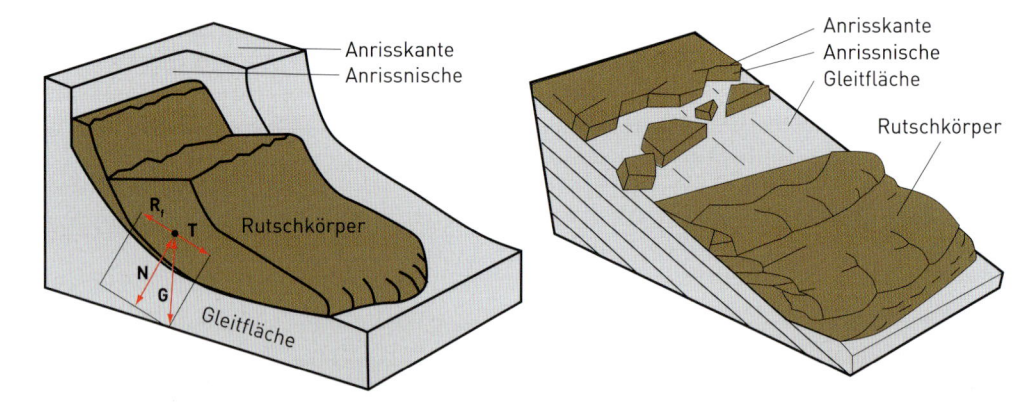

Abbildung 4.31:
Rotationsrutschung mit muschelförmiger Anrisslinie und gekrümmter Gleitfläche bei Brandösch im Napfgebiet 2007, Kanton Bern

Abbildung 4.32:
Translationsrutschung mit hangparalleler Gleitfläche bei Wald im Kanton Appenzell Ausserrhoden, 2002

Abbildung 4.33:
Hangmuren in Erlenbach im Kanton Bern, 2005

100 Naturgefahren im Alpenraum

umfassen in der Schweiz eine Fläche von 8%. Ausgelöst werden Rutschungen und Hangmuren meistens durch intensive und lang andauernde Niederschläge und Schneeschmelzen, die den Boden mit Wasser sättigen. Weil dadurch die Bodenteilchen den Zusammenhalt verlieren, nimmt die Scherfestigkeit – eine aus innerer Reibung (Rf) und Haftung (N) resultierende Kraft – ab und kann nicht mehr gegen die treibende Kraft (T) wirken (vgl. Abb. 4.30).

Aufgrund der unterschiedlichen Rutschgeschwindigkeiten unterscheidet man **Bodenkriechen** (bis 10 mm pro Jahr), **Bodenfliessen** (mehrere Zentimeter pro Jahr bis ein Kilometer pro Stunde) und **Erdrutsch** (über ein Kilometer pro Stunde). Ein Erdrutsch kann oberflächlich (bis 2 m tief) oder tiefgründig (ab 10 m tief) sein. Das Volumen variiert von 10 bis zu mehreren Millionen Kubikmetern. Vorzeichen für Rutschungen sind Risse in Strassen, Böden und Gebäuden sowie krummwüchsige Bäume und stark geneigte Zäune, Leitplanken, Masten und Mauern. Rutschungen führen zum Unterbruch von Stromleitungen, Bahnlinien und Strassen, können im Bereich von Flüssen gefährliche Überschwemmungen und Murgänge auslösen und fordern immer wieder Menschenleben.

Stein-, Blockschlag, Fels- und Bergsturz

Die Begriffe **Steinschlag**, **Blockschlag**, **Felssturz** und **Bergsturz** bezeichnen den gleichen Prozess, bei dem sich an Steilwänden plötzlich Gesteins- und Erdmassen ablösen und in freiem Fall, springend oder rollend zu Tal stürzen. Grösse und Masse des Gesteins sowie die Fallgeschwindigkeit dieser Massenbewegung sind jedoch unterschiedlich.

	Durchmesser der grössten Steine	Volumen der bewegten Masse	Fallgeschwindigkeit
Steinschlag	< 0,5 m	< 1 Mio. m^3	5–30 m/s
Blockschlag	> 0,5 m	< 1 Mio. m^3	5–30 m/s
Felssturz	> 1 m	< 1 Mio. m^3	10–40 m/s
Bergsturz	> 1 m	> 1 Mio. m^3	> 40 m/s

Die Sturzprozesse hängen von der Art und der Lage der Gesteinsschichten, von den Spalten und Klüften im Gestein sowie von der Verwitterung und vom damit verbundenen Zerfall einer Felswand ab. Zudem nimmt die Sturzgefahr bei einer Hangneigung von über 30° zu, da bei geringeren Hangneigungen die Steine und Blöcke meistens ausrollen und zum Stillstand kommen. Neben Felsgebieten können sich auch aus Lockergesteinszonen Steine und Blöcke lösen. Daher gilt in erwärmten Permafrostzonen sowie in Gebieten, in denen der Zusammenhalt der Erdkruste durch Brüche, Spalten und Gesteinszusammensetzung schwach ist, eine erhöhte Steinschlaggefahr.

Durch längere Niederschlagsperioden und starke Schneeschmelzen füllen sich die Felsspalten und -klüfte. Der dadurch erhöhte Druck in der Felswand kann einen Sturzprozess auslösen. Im Wald ist die Steinschlaggefahr geringer, weil Waldbäume niederstürzende Steine auffangen oder abbremsen und aus dem durchwurzelten Waldboden sich weniger Steine lösen.

Wegen der hohen Geschwindigkeit kann bereits ein Steinschlag mit relativ kleinen Steinen tödlich sein. Grössere Steine und Blöcke haben auf ihrer Sturzbahn generell eine hohe Zerstörungskraft, die erst beim Ausrollen kurz vor dem Stillstand abnimmt. Stein- und Blockschlag tritt oft plötzlich und ohne vorankündigende Ereignisse auf. Bei Fels- und Bergstürzen führen die grossen Massen zu Überschüttungen und Zerstörungen. Fels- und Bergstürze kündigen sich gelegentlich durch vermehrte Stein- und Blockschlagaktivität einige Tage oder Wochen im Voraus an. Lagern sich grosse Bergsturzmassen in Bächen und Flüssen ab, kann die Aufstauung zu einem katastrophalen Wasserausbruch führen und die talabwärts liegenden Gebiete überfluten.

Lawinen

Ein Lawinenabgang ist ein Vorgang, bei dem sich im Anrissgebiet losgelöster Schnee oder Eis plötzlich und schnell in einer Sturzbahn als gleitende, fliessende oder rollende Masse oder als aufgewirbeltes Schnee-Luft-Gemisch talwärts bewegt und in einem Ablagerungsgebiet zum Stillstand kommt. Lawinengefährliche Hänge sind im Anrissgebiet zwischen 30 und 50° steil; steilere Hänge entleeren sich ständig. Lawinengefahr entsteht besonders nach starken Schneefällen, im Frühjahr bei hohen Temperaturen und starker Sonneneinstrahlung oder im Winter nach Schneefällen und starkem Wind. Eine Schneedecke ist kein ruhig daliegendes Gebilde. Aufgrund ihrer Verformbarkeit befindet sich die gesamte Schneedecke dauernd in einer langsamen Kriechbewegung in Fallrichtung des Hanges. Die Kräfte, die in einer Schneedecke wirken, entstehen in erster Linie aus ihrem Eigengewicht. Wenn die Kräfte zwischen zwei Schichten oder parallelen Bewegungen gegeneinander wirken, entstehen Scherkräfte. Zusätzliche Belastungen im Anrissgebiet, z. B. durch Skifahrer, bewirken veränderte Spannungen in der Schneedecke, was der Auslöser zur Bildung eines Initialrisses sein kann. Dieser Initialriss ist als dumpfer Knall hörbar, setzt sich mit bis zu 100 m/s fort, und an seinen seitlichen Begrenzungsflächen entstehen Sekundärrisse. Sobald das **Schneebrett** durch Sekundärrisse vollständig abgelöst ist, fängt es an zu gleiten und kann Geschwindigkeiten bis zu 100 km/h erreichen.

Die Bildung einer **Staublawine** wird begünstigt, wenn die Sturzbahn plötzlich deutlich steiler wird oder wenn sie über steil abstürzende Felsbänder führt. Die Lawine löst sich dabei vom Boden und kann als Schnee-Luft-Gemisch durch erheblich verminderte Reibung Geschwindigkeiten von gegen 300 km/h erreichen. Das Schnee-Luft-Gemisch erzeugt enormen Druck und nachfolgenden Sog und kann verheerende Schäden anrichten. Die Zerstörungskraft erreicht die von Wirbelstürmen, bei allerdings viele kleinerer Flächenwirkung. Sturzbahn und Auslaufstrecke von Staublawinen sind auch heute noch nicht genau berechenbar, sodass es immer wieder zu Überraschungen kommt: Neue Schneisen werden in alte Bannwälder geschlagen, Felsbrocken mitgerissen und jahrhundertealte Gebäude zerstört. Ferner können Staublawinen Hunderte von Metern am Gegenhang emporsteigen.

Im Gegensatz zu den Staublawinen sind die **Grundlawinen** als nasse Fliesslawinen einigermassen berechenbar. Es sind «warme» Lawinen, die bei Tauwetter losbrechen. Ihre Sturzbahnen sind meistens durch Runsen vorgezeichnet und kanalisiert. Sie verursachen daher nur selten aussergewöhnliche Schäden, können aber zu Unterbrüchen und Zerstörung von Verkehrsverbindungen führen. Der schwere und nasse Schnee reisst bis auf den Grund alles mit sich fort: Bäume, Felsbrocken, Erde. Die Auslaufstrecke ist merklich kürzer als bei den Staublawinen, und auch die Geschwindigkeit ist wesentlich geringer. Der Druck kann aber 100 Tonnen pro Quadratmeter übertreffen. Grundlawinen hinterlassen naturgemäss die grössten Lawinenkegel.

Viele Katastrophenlawinen sind Mischformen aus Schneebrett-, Staub- und Grundlawinen. Als trockene Schneebrettlawinen brechen sie los, entwickeln sich auf ihrer Sturzbahn vorerst zu Staublawinen und reissen dann durch ihre Sturzwucht in tieferen Lagen die durchnässte Schneedecke mit sich und wälzen sich schliesslich als relativ träge Grundlawinen in die Talböden.

Äusseres Merkmal	Unterscheidung und Namensgebung	
Form des Anrisses	Linienförmig, scharfkantig, senkrecht zur Gleitfläche **Schneebrett**	5 – 30 m/s **Lockerschneelawine**
Lage der Gleitfläche	Innerhalb der Schneedecke **Oberlawine**	Auf dem Boden **Grund- oder Bodenlawine**
Form der Bewegung	Vorwiegend stiebend **Fliesslawine**	Vorwiegend fliessend **Staublawine**
Feuchtigkeit des abgleitenden Schnees	Trocken **Trockenschneelawine**	Nass **Nassschneelawine**
Form der Bahn (Querprofil)	Flächige Bahn **Flächenlawine**	Runsenförmige Bahn **Runsenlawine**
Länge der Bahn	Vom Berg ins Tal **Tallawine**	Am Hangfuss zum Stillstand kommend **Hanglawine**
Art des Schadens	Heimstätte, Hab und Gut, Verkehr, Wald **Katastrophen- oder Schadenlawine**	Skifahrer und Bergsteiger im freien Skigelände **Touristen- oder Skifahrerlawine**
Art des abrechenden Materials	Schnee **Schneelawine**	(Gletscher-)Eis **Eis- oder Gletscherlawine**

Lawinenklassifikation

Geomorphologie

Literaturhinweise

LEISER H., 2003: Geomorphologie. Westermann, Braunschweig.
PRESS F., SIEVER R., 2007: Allgemeine Geologie. Spektrum, Heidelberg.
SCHIFFERS H., 1996: Harms Handbuch der Geographie. Physische Geographie und Nachbarwissenschaften. List, München.
ZÄNGL W., HAMBERGER S., 2006: Gletscher im Treibhaus: eine fotografische Zeitreise in die alpine Eiszeit. Tecklenborg, Steinfurt.
ZEPP H., 2008: Geomorphologie. Schöningh, Paderborn.

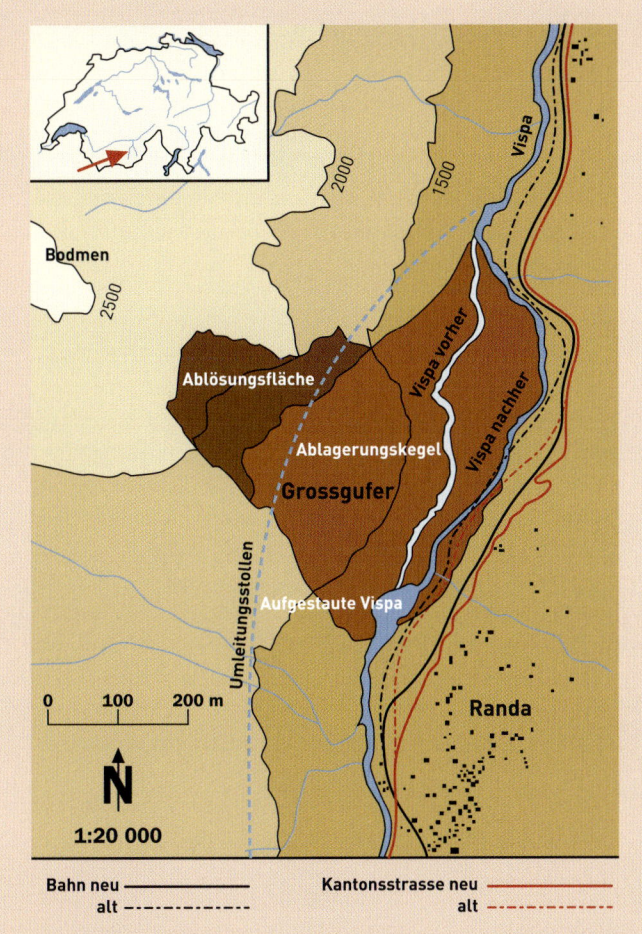

Exkurs: Der Bergsturz von Randa

Am 18. April und am 9. Mai 1991 stürzten je rund 15 Millionen Kubikmeter Fels aus der steilen westlichen Talflanke oberhalb der Ortschaft Randa ins Tal. Der Bergsturz von Randa ist damit einer der grösseren der vergangenen Jahrhunderte. Da keine Ortschaften unmittelbar betroffen waren, gab es glücklicherweise keine Menschenopfer zu beklagen. Die Schadensumme betrug jedoch rund 80 Millionen Franken.

Die Ursachen des Bergsturzes

Während der Eiszeiten erreichten die Gletscher bei Randa einen Höchststand von 2700 m. Nach dem Gletscherrückzug vor ca. 12 000 Jahren führte die Erosion und der Abbau des Eisdruckes zu einer Entspannung des Gebirges, was zu einer Dehnung und zur Öffnung von Klüften führte. Dieser Vorgang förderte die Verwitterung und schwächte die Hangstabilität.

Bergsturzereignisse in Randa

Vor dem 18. April 1991

Der ab 1979 einsetzende Steinschlag in diesem Gebiet intensivierte sich 1991 und kündigte die Gefahr an. Aufgrund der starken Schneeschmelze floss aus den Quellen am Fusse der Felswand am Vortag viel Wasser.

Bergsturzgebiet Randa von Süden im Jahr 1989 vor (Abb. a) und im Mai 1991 nach (Abb. b) dem Bergsturz. Die Karte zeigt die Lage des Abrissgebietes und des Ablagerungskegels sowie den ehemaligen und heutigen Verlauf der Vispa, der Bahnlinie, der Kantonsstrasse und des Umleitungsstollens.

Exkurs: Der Bergsturz von Randa

18. April 1991

Der erste grosse Bergsturz verschüttete das Bett der Vispa auf einer Länge von 850 m bis zu 60 m hoch. Bahn und Strasse wurden unterbrochen und der Weiler Lerch bei Randa teilweise begraben. Weiträumig setzte sich eine Staubdecke von bis zu 50 cm Mächtigkeit ab.

19. April bis 9. Mai 1991

Am Tag nach der Katastrophe richteten Geologen in der weiteren Umgebung des Abrissgebietes einfache Messeinrichtungen über klaffenden Spalten ein, stellten Erschütterungsmessstationen auf und brachten Reflektoren an. Von einer Messstation im sicheren Gegenhang konnte man die Distanz zu diesen Reflektoren einmessen und damit Bewegungen feststellen. Während der folgenden zwei Wochen ereigneten sich mehrere Felsstürze (insgesamt einige 100 000 Kubikmeter), die jedoch wenig Schaden anrichteten. Messungen zeigten, dass sich der Berghang in dieser Zeit um etwa 1 cm pro Tag gegen das Tal bewegte. Drei Tage vor dem 9. Mai nahmen die Bewegungen auf 6 cm pro Tag zu, und stossartige Wasserausbrüche setzten ein.

9. Mai 1991

Die Folgen des zweiten Bergsturzes vom 9. Mai waren gewaltiger. Die Vispa wurde auf einer Länge von 1300 m bis zu 140 m hoch zugeschüttet. Das Bahntrassee wurde auf einer Länge von 650 m und die Staatsstrasse auf einer Länge von 200 m zugedeckt. Insgesamt fielen den beiden Bergstürzen 30 Schafe und 7 Pferde zum Opfer. 33 Gebäude (Ferienhäuser und Ställe) wurden zerstört. Der letzte Bergsturz löste ein Erdbeben der Stärke 3 auf der Richterskala aus. Die unmittelbaren Folgen blieben geringer als bei den Katastrophen von Goldau, Elm und Val Pola, weil nicht grössere Orte betroffen waren und sich der Bergsturz zeitlich gestaffelt abspielte.

9. Mai 1991 bis heute

Der Ablagerungskegel staute in den darauffolgenden Wochen die Vispa und bildete einen See. Obschon 37 Wasserpumpen 11 500 l/s aus dem aufgestauten See pumpten und ein provisorischer Kanal durch den Ablagerungskegel gebaut wurde, überschwemmte die Vispa den unteren Teil des Dorfes Randa. Erst die Fertigstellung eines Umleitungsstollens im Sommer 1992 brachte eine definitive Lösung auch hinsichtlich künftiger Ereignisse. Nach 3 Wochen waren die 1,4 km lange Umfahrungsstrasse und nach 10 Wochen die neue, 3 km lange Linie der Bahn erstellt und befahrbar. Gemäss Untersuchungen können noch 9 Millionen Kubikmeter Fels in Bewegung geraten. Da die Gefahr eines erneuten Bergsturzes in Randa auch heute noch besteht, werden die Bewegungen rund um die Uhr überwacht.

Schwere Bergstürze im Alpenraum in den letzten 300 Jahren:

Jahr	Ereignis	Volumen	Schadensumme[1]	Opfer	Spenden[1]
1714 + 1749	Derborence, Wallis	50 Mio. m^3	–	18	–
1806	Goldau, Schwyz	30–40 Mio. m^3	> 420	ca. 500	> 38
1881	Elm, Glarus	11 Mio. m^3	> 84	114	> 63
1987	Val Pola (Veltlin), Italien	40 Mio. m^3	> 500	27	–
1991	Randa, Wallis	30 Mio. m^3	30 – 80	keine	3,5
1996	Sandalp, Glarus	3 Mio. m^3	–	keine	–

[1] in Mio. Fr. bezogen aufs Jahr 2000.

5 Böden

Matthias Probst

Der Boden ist mehr als nur Humus und Erde. Er bezeichnet den Übergangsbereich zwischen dem Festgestein und der Atmosphäre und beschreibt ein komplexes System aus verwittertem Gestein, lebenden und abgestorbenen Organismen, Wasser und Luft. Er ist die Lebensgrundlage für Mikroorganismen, Pflanzen und Tiere und für uns Menschen.
Heute sind die ökologischen Funktionen des Bodens jedoch durch die Aktivitäten des Menschen – insbesondere durch seine Ansprüche an Wohn- und Wirtschaftsraum und Ernährung – stark gefährdet.

Boden

Durch die Verwitterung des Ausgangsgesteins und die Zersetzung von pflanzlichen und tierischen Organismen bildet sich an der Erdoberfläche eine Schicht aus Lockererde, der **Boden**. Er ist damit die äusserste Schicht der Erdkruste und ist, im Gegensatz zum festen Gestein darunter, durch Lebewesen geprägt. Der Boden ist in den mittleren Breiten ein bis zwei Meter, in den subpolaren Regionen nur wenige Millimeter und in den Tropen mehrere Dutzend Meter mächtig. Natürlicher und gesunder Boden erfüllt vielfältige Funktionen:
– Der Boden bietet Lebensraum für eine Vielzahl von Bodenorganismen.
– Der Boden bietet Pflanzen den Wurzelraum zur Verankerung sowie zur Versorgung mit Wasser, Luft und Nährstoffen.
– Der Boden dient dem Menschen zum Nahrungsmittelanbau, zur Erholung und Freizeitgestaltung (Wald, Parks), als Rohstofflieferant (z. B. Tongefässe, Ziegel), als Deponie von Abfällen sowie als Standort für Siedlung und Verkehr.
– Der Boden ist ein wichtiger Wasserspeicher und -regulator und vermag die verschiedenen Stoffe im Wasser zu filtern, zu speichern und abzubauen, wodurch er der Grundwasser- und Gewässerverunreinigung entgegenwirkt.
– Aufgrund seiner vielfältigen Funktionen ist der Boden die Lebensgrundlage für Pflanzen, Tiere und Mensch.

Bodenkunde

Bodenkunde oder **Pedologie** ist die Wissenschaft von der Entstehung, der Entwicklung, den Eigenschaften und Funktionen des Bodens sowie seiner Bedeutung in den Ökosystemen und für die menschliche Existenz. Für Agrarwissenschaftler sind die Verwitterungsprozesse, die zur Bildung von fruchtbaren Böden führen, und die Erosionsprozesse, die den Boden ausdünnen und abtragen, von grossem Interesse.

1. Wie setzt sich ein Grünlandboden zusammen?

Der Boden besteht je zur Hälfte aus festen Bestandteilen (mineralischer und organischer Substanz) und dem Porenraum, der mit Luft und Wasser gefüllt ist.

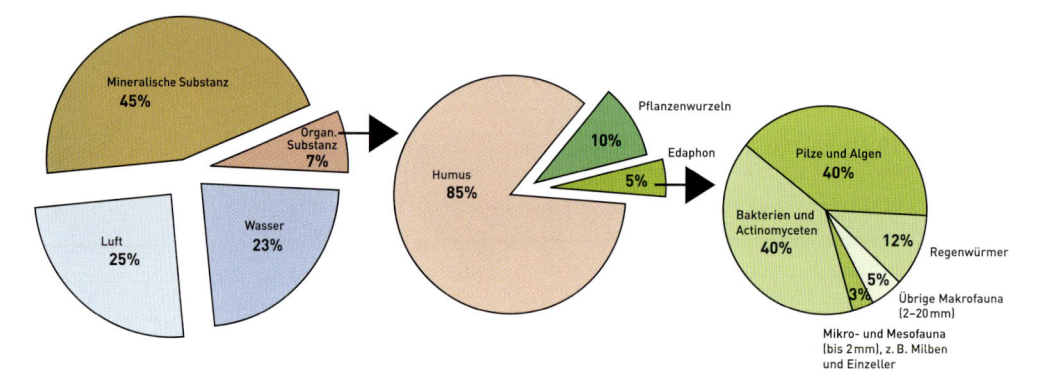

Abbildung 5.1: Zusammensetzung des Wiesenbodens

- Mineralische Substanz 45%
- Organ. Substanz 7%
- Luft 25%
- Wasser 23%

- Humus 85%
- Pflanzenwurzeln 10%
- Edaphon 5%

- Pilze und Algen 40%
- Bakterien und Actinomyceten 40%
- Regenwürmer 12%
- Übrige Makrofauna (2–20mm) 5%
- Mikro- und Mesofauna (bis 2mm), z. B. Milben und Einzeller 3%

Mineralische Substanz

Die **mineralische Substanz** (= **Mineralerde**) stammt vom Ausgangsgestein, welches durch die Verwitterung zerkleinert und chemisch umgewandelt oder gelöst wird. Diese Mineralien sind für die Pflanzen lebensnotwendig. Je nach Ausgangsmaterial und Verwitterungsgrad setzt sich die mineralische Substanz aus verschiedenen Korngrössen zusammen, wobei man Sand, Silt und Ton unterscheidet. Entsprechend ihrem Anteil im Boden spricht man von Tonboden, Sandboden usw.

Organische Substanz

Die **organische Substanz** bildet zusammen mit der mineralischen Bodensubstanz den festen Boden. Der **Humus** (lat. Boden) besteht aus zersetzten Tier- und Pflanzenresten sowie deren Abbauprodukten und ist reich an Kleinstlebewesen. Diese oberste Bodenschicht erhält durch die organische Substanz seine charakteristische dunkle Farbe und riecht wie ein feuchter Keller. Humus ist ein wichtiger Faktor der Bodenfruchtbarkeit, da er für lockeren Boden sorgt, der viel Luft an die Wurzeln lässt, viele Mineralien und lebenswichtige Elemente (v. a. Stickstoff) für die Pflanzen enthält und zudem das Wasser wie ein Schwamm aufsaugt und bei Bedarf wieder abgibt. Mit **Edaphon** oder **Bodenorganismen** (Bakterien, Pilze, Algen, Regenwürmer, Fadenwürmer, Insekten, Urtierchen und Amöben) bezeichnet man die Gesamtheit pflanzlicher und tierischer Organismen im Boden. In einer Handvoll Erde hat es mehr Lebewesen als Menschen auf der Erde. Die Bodenorganismen bringen sogar bis zu zehnmal mehr Masse auf die Waage als die oberirdisch lebenden Tiere; durchschnittlich sind es in den oberen 30 Zentimetern Boden 3 bis 4 Tonnen pro Hektare. Diese Vielzahl verschiedener Bodentiere zerkleinern, durchmischen oder «verdauen» mechanisch organische Substanzen, leben räuberisch und durchwühlen mit ihren Gängen den Boden. Aufgrund dieser Durchmischung des Bodens wird sein Porenvolumen und damit auch sein Wasser- und Lufthaushalt verbessert.

Knapp die Hälfte des Bodens besteht aus Hohlräumen, die mit Wasser und Luft gefüllt sind. **Bodenwasser** und **Bodenluft** sind für die Bodenorganismen und die Pflanzen lebenswichtig und beeinflussen die chemischen Prozesse im Boden. Durch die Atmungsprozesse der Bodenorganismen weist die Bodenluft einen höheren CO_2- und einen geringeren O_2-Gehalt als die Atmosphäre auf.

2. Bodenbildung

Die Böden sind das Ergebnis einer langen, oft mehrere Tausend Jahre andauernden Entwicklung, die immer weiter fortschreitet und nie zum Stillstand kommt. Viele Böden im Schweizer Mittelland sind ca. 10 000 Jahre alt, da ihre Entstehung am Ende der letzten Eiszeit beim Rückzug der Gletscher begann. Die Bodenentwicklung setzt an der Oberfläche des Ausgangsgesteins ein und schreitet im Laufe der Zeit zur Tiefe fort. Dabei entstehen **Bodenhorizonte**, die die mehrheitlich ab- oder aufwärtsgerichtete Verlagerung von Bodenbestandteilen widerspiegeln. Diese Anreicherungs- oder Verarmungszonen verlaufen meist parallel zur Erdoberfläche und unterscheiden sich im Gefüge, in Chemismus, Wasserhaushalt und in der Farbe.

Abbildung 5.2: Die Bodenentwicklung im schweizerischen Mittelland nach der letzten Eiszeit

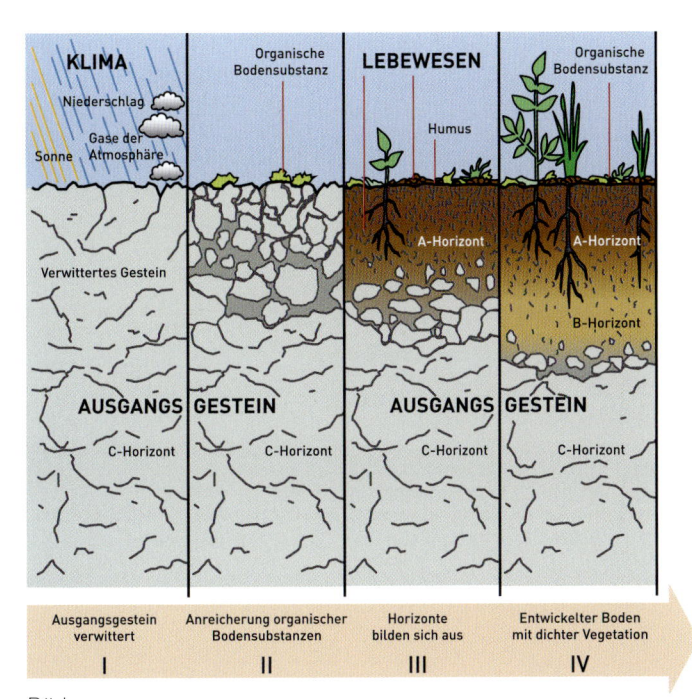

5 Bodenbildung

Boden entsteht unter dem Einfluss der folgenden **Bodenbildungsfaktoren**:
- Das **Klima** beeinflusst durch den Niederschlag, die Temperatur (Sonneneinstrahlung) und Gase (z.B. CO_2) die Geschwindigkeit der Verwitterung beträchtlich. Je höher die Temperaturen und Niederschläge sind, desto intensiver läuft die chemische Verwitterung ab. So ist sie in den immerfeuchten Tropen vier- bis fünfmal so stark wie bei uns in den mittleren Breiten.
- Das **Ausgangsgestein** oder **Muttergestein** verwittert je nach Gesteinsart unterschiedlich schnell und beeinflusst damit die Geschwindigkeit der Bodenbildung. Die mineralische Zusammensetzung des Ausgangsgesteins bestimmt zudem die Bodeneigenschaften massgebend.
- Die **Lebewesen** (Pflanzen und Tiere) tragen in vielfältiger Weise zur Bodenbildung bei. Nach ihrem Absterben liefern sie das organische Material, welches dem Boden Nährstoffe in Form von Kationen und Anionen liefert. Die Zersetzung dieses organischen Materials wird wiederum durch die Tätigkeit der Regenwürmer, Wühltiere und Mikroorganismen (Bakterien, Algen, Pilze) vorangetrieben. Die Vegetation und die Tierwelt verursachen zudem das saure Milieu im Boden, das die Verwitterung der Gesteine und Mineralien stark fördert.
- Im Laufe der **Zeit** verwittert das Ausgangsgestein immer mehr, verdichtet sich die Vegetation zunehmend, nimmt der Boden durch die anfallenden mineralischen und organischen Substanzen an Mächtigkeit zu und erhält deutliche Bodenhorizonte. In 100 Jahren bildet sich durchschnittlich 1 Zentimeter Boden neu.
- Aufgrund des **Reliefs** kommt es an einem steilen Hang zu Bodenerosion und am Hangfuss zur Ablagerung von Bodenteilchen. Im Anreicherungsbereich bilden sich deshalb mächtige Böden, im Abtragungsbereich fehlt jedoch der A- oder sogar der B-Horizont, und die Böden verlieren an Mächtigkeit.
- Schliesslich beeinflusst der **Mensch** die Bodenentwicklung durch Ackerbau, Ent- und Bewässerung oder durch Bauten entscheidend. Es gibt immer weniger Böden, die nicht durch den Menschen beeinflusst werden.

In Abhängigkeit von diesen sechs Bodenbildungsfaktoren entsteht die organische und mineralische Substanz des Bodens über Tausende von Jahren durch das Wirken folgender **Bodenbildungsprozesse**:

Organische Bodensubstanz	Mineralische Bodensubstanz
Prozesse des Abbaus	**Prozesse des Abbaus**
Verwesung In Tieren und Pflanzen enthaltene organische **Nährstoffe** (Kohlenhydrate, Proteine und Fette) und anorganische **Mineralstoffe** (z. B. Salze aus den Elementen N, K, Ca, Mg, Fe, P, N) werden zerkleinert und in der Form von **Kationen**[1] und **Anionen**[2] freigesetzt. **Ionen** sind Atome oder Atomgruppen, die entweder positiv oder negativ geladen sind. **Kationen**[1] sind positiv geladene Ionen (z. B. Kaliumion K^+), **Anionen**[2] sind negativ geladene Ionen (z. B. Chloridion Cl^-).	**Verwitterung** Das Ausgangsgestein zerfällt bei der chemischen und physikalischen Verwitterung in seine anorganischen **Mineralstoffe** (z. B. Salze aus den Elementen N, K, Ca, Mg, Fe, P, N), die teilweise weiter zerkleinert und in der Form von **Kationen** freigesetzt werden. Von den häufigsten Mineralien können beispielsweise Feldspäte und Glimmer leicht verwittern und gelöst werden. Quarz ist dagegen sehr verwitterungsresistent und kann chemisch kaum verändert werden.
Prozesse des Aufbaus	**Prozesse des Aufbaus**
Humifizierung Durch Humifizierung bauen sich aus den freigesetzten Kationen und Anionen von Tier- und Pflanzenresten neue Stoffe auf, die **Huminstoffe** oder **Humusstoffe**. Die Humin- oder Humusstoffe sind braun bis schwarz gefärbte Stoffe, die vorwiegend im Humus des A-Horizonts vorkommen und sehr unterschiedlich zusammengesetzt sind (z. B. Fulvosäuren, Huminsäuren).	**Mineralneubildung** Einerseits können sich aus den freigesetzten Kationen von Feldspäten und Glimmern neue Mineralien, die **Tonmineralien**, bilden, und andererseits kristallisieren aus der Bodenlösung die **Oxide** oder andere Mineralien, wie beispielsweise Calciumcarbonat, aus. Die Neubildung von Tonmineralien und von Oxiden dominiert in unseren Breiten im B-Horizont und bewirkt dort die typisch braune Farbe.

3. Wodurch wird ein Boden fruchtbar?

Unter **Bodenfruchtbarkeit** versteht man die Fähigkeit des Bodens, den Pflanzen als Standort zu dienen und ein ertragreiches und gesundes Wachstum von Kulturpflanzen zu ermöglichen. Entscheidend für die Bodenfruchtbarkeit ist die Fähigkeit der organischen und mineralischen Substanz, die Pflanzennährstoffe in Form von Kationen und Anionen und die Mineralstoffe in Form von Anionen zu binden, zu speichern und den Pflanzen bei Bedarf abzugeben.

Unter den Bodenmineralien sind die **Dreischichttonmineralien** (z. B. Montmorillonit, Illit, Vermiculit) die bedeutendsten für die Bodenfruchtbarkeit, da ihre **Kationenaustauschkapazität** sehr hoch ist, d. h., sie können viele Kationen an ihrer Oberfläche binden und bei Bedarf wieder abgeben. Sie kommen vor allem in den Böden der mittleren Breiten vor. Die **Zweischichttonmineralien** (z. B. Kaolinit) haben eine geringere Kationenaustauschfähigkeit, womit weniger Nähr- und Mineralstoffe im Boden gespeichert werden können. Sie herrschen in den Böden der immerfeuchten Tropen und in den niederschlagsreichen Teilen der Feuchtsavannen vor.

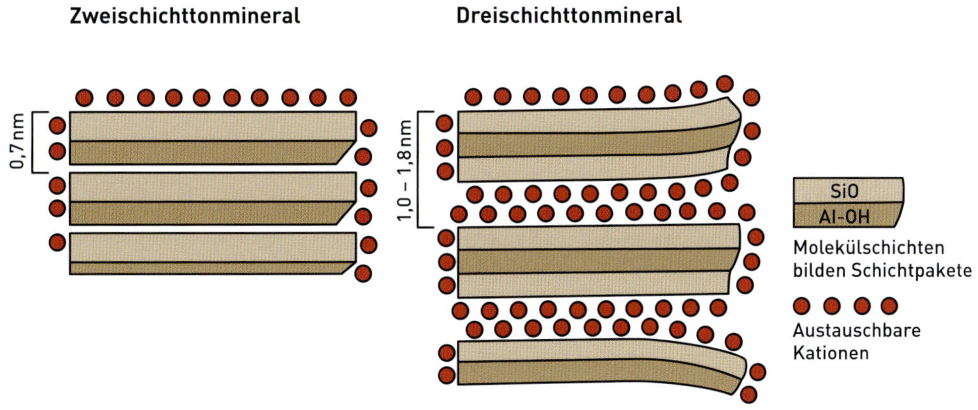

Abbildung 5.3: Tonmineralien sind meistens plättchenförmig aufgebaut, d. h., sie weisen zwei oder drei Molekülschichten auf, welche sehr unterschiedliche Kationenaustauschkapazitäten aufweisen.

Die **Huminstoffe** haben eine doppelt so grosse Kationenaustauschkapazität wie die Tonmineralien und können auch viel mehr Wasser und Sauerstoff an ihrer Oberfläche anlagern. Durch ihre dunkle Farbe erhöhen sie auch die Bodentemperatur. Durch diese Eigenschaften sind Huminstoffe für die Bodenfruchtbarkeit sehr bedeutend. Indem sich Huminstoffe und Tonmineralien zu **Ton-Humus-Komplexen** verbinden, können diese wertvollen Stoffe weniger gut mit dem Sickerwasser aus dem Boden ausgewaschen werden.

Zerdrückt man eine Erdscholle zwischen den Fingern, zerfällt sie in der Regel in einige Millimeter grosse, unregelmässig geformte Teile, die **Krümel**. Der Krümel ist der Grundbaustein des Bodens und ist vergleichbar mit der Zelle einer Pflanze, in der sich alle wesentlichen Funktionen wie Atmung und Aufbau von Zucker und Stärke abspielen. Im gesunden Bodenkrümel werden Wasser, Nähr- und Mineralstoffe gespeichert, und auf der Oberfläche wird organisches Material abgebaut. Fehlt diese gräulich-schwarze Humushülle, fällt der Krümel mit den Ton-Humus-Teilchen im Innern auseinander. Auf und in der Humushülle spielt sich ein grosser Teil des Bodenlebens ab. Hier findet man Bakterien, Pilzfäden und verschiedenste Bodenorganismen. Die Wurzeln der Pflanzen umwachsen die Krümel und können die reich vorhandenen Nähr- und Mineralstoffe und das Wasser mit ihren feinen Wurzelhärchen aus dem Innern aufnehmen. Die Krümel werden hauptsächlich durch Regenwürmer gebildet, wobei ein hoher Gehalt an organischer Substanz und Ton die Krümelbildung fördern. Die Krümel sind für das Bodenleben, die Bodenfruchtbarkeit und den Wasserhaushalt im Boden wichtig. Durch intensives und tiefes Pflügen zerfallen die Krümel

Böden

Abbildung 5.4, links: Bodenkrümel und Regenwurm

Abbildung 5.5, rechts: Wenn es regnet, löst das erste Regenwasser Nährstoffe aus der Oberfläche des Bodens und wird dadurch nährstoffreich. Die Krümel saugen das Wasser zügig auf. Damit werden Nährstoffe ins Innere der Krümel gesogen und bleiben darin gebunden. Die Konzentration der Nährstoffe im Bodenwasser nimmt nach unten wieder stark ab und entspricht am Ende etwa der Konzentration des Regenwassers. Selbst wenn alles Sickerwasser abgeflossen ist, können die Pflanzen das gespeicherte Wasser und die Nähr- und Mineralstoffe aus den Krümeln saugen.

zu Feinerde, welche die Wurzeln verkleben, sodass sie keinen Sauerstoff mehr erhalten und ersticken. Zudem kann das Niederschlagswasser schlechter versickern, was Verschlämmung und Bodenerosion zur Folge hat. Heute wird der Boden daher zunehmend oberflächennah bearbeitet (konservierende Bodenbearbeitung), oder die Saat wird direkt in den unbearbeiteten Boden abgelegt (Direktsaat) (vgl. Abschnitt zur Bodenerosion, S. 117).

ph-Wert

Die gesamten Bodenbildungsprozesse und die Verfügbarkeit und Speicherfähigkeit der Pflanzennährstoffe und Mineralstoffe werden durch den **pH-Wert** gesteuert. Mit dem pH-Wert wird die Säurekonzentration in der Bodenlösung angegeben. Nutzpflanzen gedeihen bei einem bestimmten pH-Wert optimal. Bei tiefem pH-Wert ist die chemische Verwitterung erhöht, die Bodenorganismen sind weniger aktiv und weniger zahlreich, und die Nähr- und Mineralstoffe werden schneller ausgewaschen.

pH-Wert, Bodenbildungsprozesse und Nutzpflanzen

Nebst der Kationenaustauschkapazität, der Krümelstruktur und dem pH-Wert sind für die Bodenfruchtbarkeit auch das Klima (Niederschlag, Bodentemperatur), die chemische Zusammensetzung des Muttergesteins, der Humusgehalt des Bodens, die Aktivität der Bodenorganismen und ein genügend grosser Anteil an Hohlräumen für die Sauerstoff- und Wasserversorgung von grosser Bedeutung.

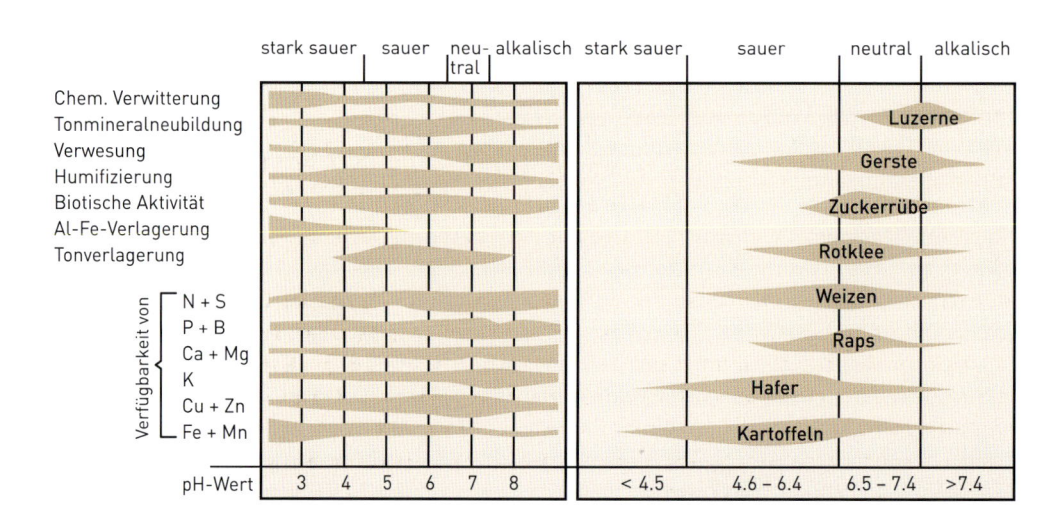

Wodurch wird ein Boden fruchtbar?

Gleichmässige Bodenfeuchtigkeit, genügend Wärme und Sauerstoffzutritt fördern die Verwesung der organischen Pflanzen- und Tierreste sowie die Verwitterung des Ausgangsgesteins. Der Umsatz der organischen und mineralischen Substanz in den Böden der immerfeuchten Tropen ist sehr hoch, und es entwickelt sich nur eine geringmächtige Humusauflage. Die Mineralstoffe und Nährstoffe stehen schnell zur Verfügung, müssen aber auch rasch aufgenommen werden, da sie durch die Zweischichttonmineralien kaum gespeichert werden können. Durch das starke Pflanzenwachstum in den immerfeuchten Tropen sind Nähr- und Mineralstoffe hauptsächlich in den Pflanzen gespeichert, während sie in unseren Breiten vorwiegend im Boden vorhanden sind. Zudem liegt das Ausgangsgestein in den Tropen so tief, dass von dort keine Mineralstoffe in den Wurzelbereich der Pflanzen nachgeliefert werden können. Nach der Abholzung des Regenwaldes sind im Boden also nur geringe Mengen Nähr- und Mineralstoffe für den Anbau von Nutzpflanzen gespeichert. Nach ca. 2 bis 4 Jahren sind diese Böden daher nicht mehr fruchtbar und müssen mit der Anpflanzung von Regenwald über 30 bis 40 Jahre wieder regeneriert werden.

Böden der immerfeuchten Tropen

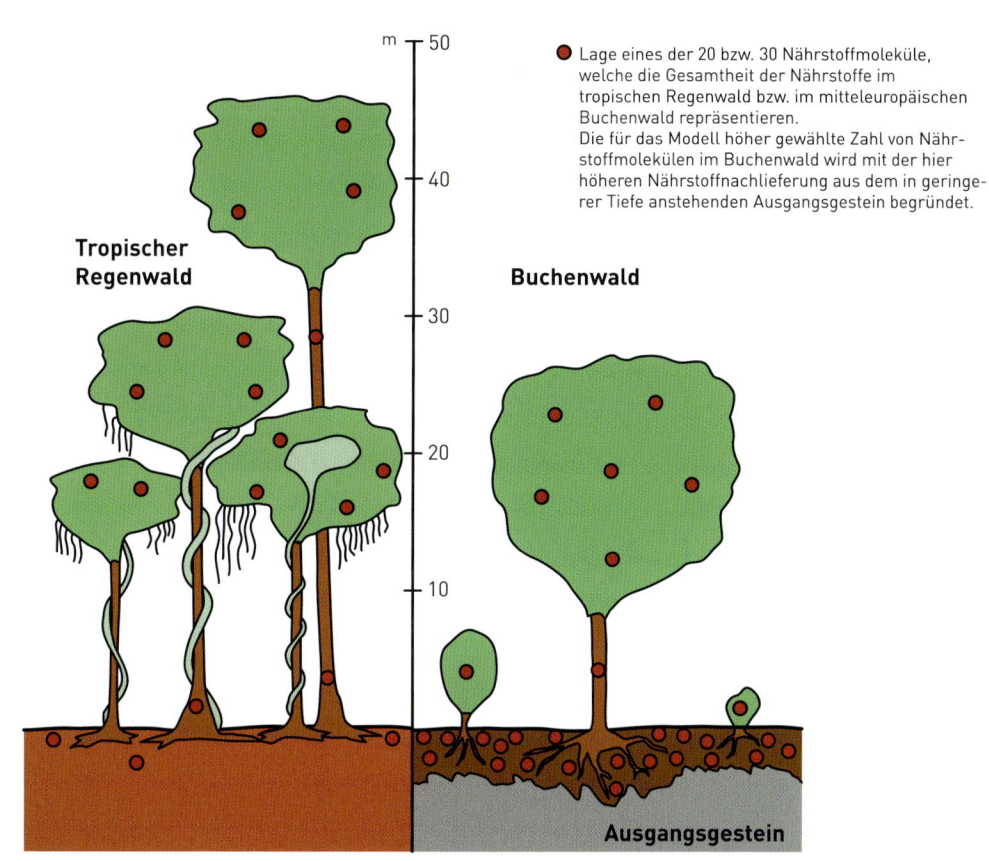

● Lage eines der 20 bzw. 30 Nährstoffmoleküle, welche die Gesamtheit der Nährstoffe im tropischen Regenwald bzw. im mitteleuropäischen Buchenwald repräsentieren.
Die für das Modell höher gewählte Zahl von Nährstoffmolekülen im Buchenwald wird mit der hier höheren Nährstoffnachlieferung aus dem in geringerer Tiefe anstehenden Ausgangsgestein begründet.

Abbildung 5.6:
Modell der Nährstoff- und Mineralstoffverteilung im tropischen Regenwald und im Mischwald der gemässigten Breiten

Jährlich schrumpft der tropische Regenwald um 120 000 km², was rund dreimal der Fläche der Schweiz (41 285 km²) entspricht. Die Bodeneigenschaften in den feuchten Tropen und der für die Regenwälder typische Nährstoffkreislauf bewirken, dass Kahlschläge von grösserem Ausmass katastrophale Folgen haben: Der Nährstoffkreislauf wird unterbrochen, die Böden sind nicht mehr fruchtbar und werden ohne Vegetationsbedeckung in diesem regenreichen Klima schnell abgeschwemmt. Der Boden des tropischen Regenwaldes regeneriert sich mit durchschnittlich 1 Zentimeter pro 100 Jahre sehr langsam.

Böden

4. Wichtige Bodentypen der Erde

Ein **Bodenprofil** reicht von der Erdoberfläche bis in die Tiefe des unveränderten Ausgangsgesteins und zeigt die unterschiedlich gefärbten Bodenhorizonte. Böden mit gleicher Abfolge und Ausprägung der Bodenhorizonte widerspiegeln den gleichen Entwicklungsstand bei gleichartigen Bodenbildungsfaktoren (Klima, Ausgangsgestein, Vegetation, Tierwelt, Zeit und Relief) und werden zu bestimmten **Bodentypen** zusammengefasst. In der Schweiz sind die häufigsten Bodentypen im Jura die Rendzina, im Mittelland die Braunerde und in den Alpen der Podsol. Zudem kommt in Lagen mit einem Wasserüberschuss der Gley häufig vor.

Bodentypen

Rendzina

Vorkommen: häufigster Bodentyp im Jura und in den kalkhaltigen Alpen
Klima: gemässigt-humides Klima
Ausgangsgestein: kalkhaltiges Gestein
pH-Wert: neutral bis alkalisch, wegen des Kalks
A-Horizont: Die Humusschicht ist mässig dick und liegt oft direkt auf dem unverwitterten Ausgangsgestein.
Mineralerdehorizont: Durch die Kohlensäureverwitterung wird der Kalk mit dem Sickerwasser weggeführt. Die mineralische Bodensubstanz besteht daher aus noch ungelösten Kalksteinen und unlöslichen feinkörnigen Tonanreicherungen. Aus diesem Grund ist der B-Horizont vielfach nicht vorhanden bzw. braucht sehr lange, um sich herauszubilden.
Besonderes: Rendzinen sind sehr wasserdurchlässig und neigen daher zur Austrocknung. Sie sind häufig mit vielen Kalksteinen durchsetzt, die dem Boden den Namen Rendzina (poln. «rzedzic» = Geräusch der Steine beim Pflügen) gegeben haben.

Braunerde

Vorkommen: häufigster Bodentyp im Mittelland
Klima: gemässigt-humides Klima
Ausgangsgestein: kalkfreies Gestein wie Granit, Sandstein und Schiefer sowie Moräne- und Schotterablagerungen der Alpen.
pH-Wert: sauer, weil Kalkgestein in diesem Boden fehlt
A-Horizont: Das organische Material wird rasch abgebaut, mit der mineralischen Substanz völlig vermischt und erhält dadurch eine dunkle, braungraue Farbe. Mit dem Sickerwasser werden Kationen und Anionen der organischen und mineralischen Substanz ausgewaschen.
B-Horizont: Aus den eingeschwemmten Stoffen der Bodenlösung oxidieren einerseits die eisenhaltigen Mineralien, und andererseits bilden sich neue Tonmineralien, was die typisch braune Farbe des B-Horizontes ergibt.
Besonderes: Braunerden haben in der Regel ein gutes Wasser- und Nährstoffspeichervermögen, eine hohe Aktivität der Bodenorganismen, sind tief durchwurzelt und gut durchlüftet und ermöglichen das Wachstum einer reichhaltigen Flora. Sie sind daher für die Landwirtschaft gut geeignet.

Podsol (Bleicherde)

Vorkommen: häufigster Bodentyp in den Alpen, hauptsächlich in Nadelwaldgebieten
Klima: kühl-humides Klima
Ausgangsgestein: kalkfreies Gestein
pH-Wert: sehr sauer
Oberboden: Das organische Material wird sehr langsam abgebaut und häuft sich als unzersetzter Humus an. Die im Sickerwasser gelösten, aggressiven, stark sauren Huminsäuren waschen Humus, Eisen- und Aluminiumverbindungen aus dem Oberboden aus.
Unter dem unzersetzten, dunklen Humus entsteht im Auswaschungshorizont eine hellgraue Schicht, die dem Boden den Namen gibt (russ. «pod» = unten; «zolá» = Asche).
Anreicherungshorizont: Durch das Einschwemmen und Ausfällen von Humus und Metallverbindungen färbt sich dieser Horizont rostrot.
Besonderes: Podsole sind extrem nährstoffarm und daher für Landwirtschaft meistens ungeeignet.

Abbildung 5.7:
Rendzina im Schitterwald, Weissenstein, Kanton Solothurn

Abbildung 5.8:
Braunerde auf dem Buchberg, Marthalen, Kanton Zürich

Abbildung 5.9:
Podsol im Grubenwald, Schwarzenberg, Kanton Luzern

Gley

Vorkommen: an allen Standorten mit hohem Grundwasserstand oder Hangwasser (russ. «Gley» = Sumpf)
Klima: gemässigt-humides Klima
Ausgangsgestein: auf jedem Gestein
pH-Wert: unterschiedlich
Oberboden: Die abgestorbenen Pflanzen werden nur langsam zersetzt, weil praktisch der gesamte Porenraum mit Wasser gefüllt ist und daher nur wenig Luft für die Bodenorganismen und für die Oxidation des organischen Materials übrig bleibt.
Mineralerdehorizont: In den wechselfeuchten oberen Bereichen führt die Oxidation der eisenhaltigen Mineralien zu rostfarbenen Flecken. Die grünlich-bläulichen Flecken entstehen in tieferen Bereichen mit dauernder Vernässung und Sauerstoffmangel aufgrund der Reduktion der eisenhaltigen Mineralien.
Besonderes: Grund- und Hangwasser führen dem Gleyboden mindestens so viel oder mehr gelöste Stoffe zu, als aus ihm ausgeführt werden. Steigt das Grundwasser nicht zu hoch, ist daher ein Gleyboden trotz schlechter Durchlüftung und reduzierter biologischer Aktivität für die Landwirtschaft nutzbar. Ausserdem ist in vielen Gleyböden das Grundwasser durch Melioration abgesenkt worden.

Abbildung 5.10:
Gley auf dem Gottschalkenberg, Ratenpass, Kanton Zug

Schwarzerde (Tschernosem)

Vorkommen: in kontinentalen Steppengebieten (z. B. Nordamerika und GUS)
Klima: semiarides, winterkaltes Klima
Ausgangsgestein: kalkhaltiges, feines Lockergestein (z. B. Löss)
pH-Wert: neutral bis schwach alkalisch
A-Horizont: Im Frühjahr liefert die Steppenvegetation die organische Substanz für eine starke Humusbildung. Die Sommerdürre und die Winterkälte unterbrechen den bakteriellen Abbau aber immer wieder, sodass ein 50 bis 80 cm mächtiger, schwarzer und humusreicher Oberboden entstehen kann. Steppentiere (Hamster, Wühlmäuse) arbeiten Humusstoffe tief in den Boden ein, sodass der humose Oberboden direkt auf das Ausgangsgestein zu liegen kommt.
B-Horizont: Durch die starke Tätigkeit der Steppentiere kaum bis schwach vorhanden.
Besonderes: Der gute Luft- und Wasserhaushalt der Schwarzerde ist den Steppentieren, die den Boden aufwühlen, zu verdanken. Zudem sorgt der hohe Gehalt an Huminstoffen und Ton für eine gute Kationenaustauschkapazität und Wasserspeicherfähigkeit. Die Bodenfruchtbarkeit ist daher extrem hoch.

Abbildung 5.11:
Schwarzerde im Umland von Moskau, Russland

Ferralsol (tropische Roterde)

Vorkommen: in Gebieten des immerfeuchten tropischen Regenwaldes und Teilen der Feuchtsavanne
Klima: heisses, immerfeuchtes Klima
Ausgangsgestein: liegt für die Pflanzenwurzeln in unerreichbarer Tiefe und hat daher für ihre Versorgung mit mineralischer Substanz keine Bedeutung.
pH-Wert: schwach bis stark sauer
A-Horizont: Weil das organische Material durch die hohen Temperaturen und Niederschläge schnell zersetzt wird, ist der Oberboden nicht sehr mächtig. Die Vegetation nimmt die entstandenen Nährstoffe nahezu vollständig auf.
B-Horizont: Durch die intensive chemische Verwitterung kommt es zu einem mehrere Meter mächtigen B-Horizont mit einer Anreicherung von Aluminium- und Eisenoxiden, was zur intensiven Rotfärbung führt. Tropische Roterden können bis zu 100 m mächtig sein, da sie über mehrere 100 000 Jahre entstanden sind und das Ausgangsgestein dabei fast vollständig verwittert ist.
Besonderes: Durch die schnelle Zersetzung des organischen Materials im Oberboden sind diese Böden nach dem Abholzen des Regenwaldes nur über drei bis vier Jahre landwirtschaftlich nutzbar. Danach muss man den Regenwald während der nächsten zwei Jahrzehnte wieder wachsen lassen, damit sich der Boden regenerieren kann.

Abbildung 5.12:
Ferralsol in Akonolinga (östlich von Yaoundé), Kamerun

Böden

5. Bodennutzung durch den Menschen

Die Neubildung von Boden erfolgt mit durchschnittlich einem Zentimeter pro 100 Jahre sehr langsam. Daher kann das Ökosystem Boden nach einer Zerstörung oder Verletzung nicht durch rasche Massnahmen wiederhergestellt werden. Der Mensch ist auf die Nutzung von Boden zur Ernährung und zum Wohnen angewiesen und muss entsprechend sorgfältig mit ihm umgehen.

Bodenmeliorierung

Der Mensch hat stets versucht, mit Methoden der **Bodenverbesserung** oder **Bodenmeliorierung** den Ertrag von landwirtschaftlich genutzten Böden zu steigern:

- Beim **Pflügen** wird die Erde gelockert, gemischt und als Saatbett vorbereitet.
- Beim **Terrassieren** werden Hänge für die Landwirtschaft nutzbar gemacht, und es wird die Bodenerosion vermindert.
- Mit der **Düngung** werden dem Boden und den Pflanzen mineralische oder organische Stoffe zugeführt, die das Wachstum der Pflanzen fördern. Über Jahrhunderte versorgte man die Böden mit **organischem Dünger** wie Stallmist, Kompost, Gülle oder Gründünger. Mit der Anwendung von **mineralischen Düngern** (Stickstoff, Phosphat, Kalisalz) konnte man vor rund 150 Jahren die Pflanzenerträge um mehr als das Zehnfache erhöhen.
- Bei der Kalkung des Bodens führt man einem sauren Boden gemahlenen Kalkstein zu und kann so seinen pH-Wert erhöhen.
- Zur **Entwässerung** des Bodens legt man bei der **Drainage** unterirdisch Kunststoffröhren mit Löchern in den Boden, um die pflanzenschädliche Bodennässe zu beseitigen oder eine Versalzung des Bodens zu verhindern.
- Mit der **Bewässerung** versorgt man die Pflanzen über den natürlichen Niederschlag hinaus mit Wasser. Bei der **Berieselung** dringt das Wasser über ein System von Gräben seitlich in den Boden ein, oder das Kulturland wird vollständig überschwemmt (z. B. Terrassenfeldbau beim Reisanbau). Bei der **Beregnung** werden die Anbauflächen mit Wasser besprengt (z. B. Gartenbau), wobei mehr Wasser durch die Verdunstung verloren geht als bei der Berieselung. Die **Tröpfchenbewässerung** ist ein Wasser sparendes Verfahren, das in ariden Gebieten und in Gewächshäusern angewandt wird. Über- oder unterirdisch verlegte Rohr- oder Schlauchleitungen führen den Pflanzen eine genau dosierte Wassermenge tropfenweise zu. Damit kann in ariden Gebieten die Versalzung des Bodens weitgehend vermieden werden.
- Im Rahmen eines Fruchtfolgezyklus landwirtschaftlich nicht genutztes Ackerland bezeichnet man als **Brache**. Bei der **Schwarzbrache** wird durch wiederholtes Umbrechen des Bodens ein Pflanzenwuchs verhindert und damit der Wasservorrat im Boden konserviert. Bei der **Grünbrache** lässt man die Gras- und Krautvegetation wachsen und arbeitet dann das organische Material in den Boden ein, um die Humusbildung und Bodenstruktur zu verbessern.

Bodenschutz

Für den **Bodenschutz** existieren in der Schweiz gesetzliche Grundlagen. Die Erhaltung der Bodenfruchtbarkeit wird über das Umweltschutzgesetz und über die Verordnung zur Belastung des Bodens gesetzlich geregelt und anhand von vorgegebenen Werten kontrolliert. Der Schutz vor ungeordneter Überbauung ist Gegenstand des Raumplanungsgesetzes.

Bodenbelastung

Durch die zunehmend intensive landwirtschaftliche Nutzung hat die **Bodenbelastung** weltweit zugenommen. Zudem schreitet die **Bodenzerstörung** oder **Bodendegradation** auch durch die Ausbreitung der Siedlungsgebiete und der Verkehrsbauten stark voran.

Bodenversiegelung

Die Bodenversiegelung erfolgt durch die Bedeckung der Böden mit wasserundurchlässigen Substanzen wie Asphalt, Beton oder Gebäuden. Diese Areale haben ihre Funktion als Pflanzenstandort, als Lebensraum für Organismen und ihre Funktion als Grundwasserspeicher und -filter verloren. In innerstädtischen Gebieten sind heute bis zu 90% der Gesamtfläche versiegelt. In der Schweiz werden pro Sekunde 0,86 m^2 Baufläche umgewandelt.

Abgrabung und Überschüttung

Bei der Gewinnung von Bodenschätzen im Bergbau und bei Baumassnahmen werden Böden vernichtet oder von Deponien überdeckt.

Bodenverdichtung

In der Landwirtschaft und im Baugewerbe kommen immer schwerere Maschinen zum Einsatz, was zu einer Verdichtung des Bodens führen kann. Durch den verringerten Hohlraum des Bodens wird der Lebensraum der Bodenorganismen gestört, das Wurzelwachstum gehemmt und der Luft- und Wasserhaushalt beeinträchtigt. Infolge des erhöhten Oberflächenabflusses nimmt zudem die Bodenerosion zu.

Bodenerosion

Die Abtragung lockerer Bodenteile durch Wasser und Wind wird durch unsachgemässe Bodenbewirtschaftung und fehlende Vegetationsdecke begünstigt oder ausgelöst. Die Abnahme der Bodenmächtigkeit führt zu einer verminderten Puffer- und Filterfunktion, wobei auch die Speicherkapazität für Wasser, Nähr- und Mineralstoffe abnimmt und der Wurzelraum reduziert wird. In Trockengebieten der Erde führt die Bodenerosion zur Desertifikation und damit zur Ausbreitung der Wüsten.

Abbildung 5.13, links:
Bodenversiegelung

Abbildung 5.14, rechts:
Abgrabung von Boden

Abbildung 5.15, links:
Vernässte Traktorspuren

Abbildung 5.16, rechts:
Bodenerosion auf strukturlabilen Ackerflächen

Abbildung 5.17, links:
Boden mit Salzkrusten in Bolivien

Abbildung 5.18, rechts:
Versprühen von Pestiziden in der Landwirtschaft

Überdüngung

Einerseits belasten die Begleitstoffe im Dünger (z. B. Schwermetalle) den Boden und führen zu einer Bodenkontamination, und andererseits können übermässige Düngergaben von den Pflanzen nicht aufgenommen werden und belasten das Grundwasser, die Flüsse, die Seen und die Meere (z. B. Nitrat und Phosphor).

Bodenkontamination

Als Bodenkontamination bezeichnet man die unerwünschte Verunreinigung und Anreicherung von Fremd- und Schadstoffen im Boden. Die bedeutendsten Quellen sind:
- **Stäube** von Fahrzeugen und Industrien,
- **Schwermetalle** von Fahrzeugen, Industrien, Klärschlamm, Kompost, Gartendünger und Pestiziden,
- **Pestizide** (Pflanzenbehandlungsmittel) aus der Landwirtschaft und aus dem Gartenbau,
- **Salze** von anorganischen Düngungsmitteln und von Streusalzen entlang von Strassen.

Versalzung

Bei der Verdunstung steigen gelöste Stoffe (v. a. Salze) mit dem Wasser in den Oberboden auf, fällen dort aus und führen zu einer Salzanreicherung bis hin zur Bildung einer dicken Kruste. Die Bewässerung in ariden Gebieten fördert die Versalzung der Böden.

6. Bodenerosion in der Schweiz

Der Ackerbau verstärkt die Bodenerosion zwangsläufig, da unbewachsener Boden der angreifenden Wirkung von Regentropfen und abfliessendem Wasser ungeschützt ausgesetzt ist. Bodenerosion durch Wind tritt in der Schweiz kaum auf. Auch bei einer geschlossenen Vegetationsdecke verursacht die Erosion durch Wasser in der Schweiz kaum Bodenschäden. Fachleute schätzen hier die Abschwemmung humushaltiger Feinerde auf weniger als 0,03 Millimeter pro Jahr. Durch die Bodenbearbeitung nehmen die Bodenverluste um das Zehn- bis Fünfzigfache zu. Offene Ackerflächen an Hanglagen verlieren nach extremen Niederschlägen jährlich bis zu 50 Tonnen Erde pro Hektare. Auf der gleichen Fläche beträgt die Bodenneubildung nur 0,2 bis 1 Tonne pro Jahr. Die humushaltige Bodensubstanz und die Bodenfruchtbarkeit nehmen ab bis hin zur völligen Bodenzerstörung. Die Bodenerosion in der Schweiz geschieht im Unterschied zu Prozessen in Tropen und Subtropen (z. B. in Afrika) schleichend und meist unbemerkt über lange Zeiträume. Bis zu 40 % der Ackerfläche der Schweiz sind heute von Erosion betroffen. Nach intensiven Regenfällen können wir auf Ackerflächen verschiedene Bodenerosionsformen erkennen (vgl. Abb. 5.19)

Abbildung 5.19:
Flächenerosion (links), Rillenerosion (Mitte) und Grabenerosion (rechts) in der Schweiz

Starke Bodenerosion schädigt den Boden und führt zu ökologischen Problemen:
- Pflanzen und Aussaat gehen im Abtragungsgebiet durch Erosion und im Ablagerungsbereich durch Überschlämmung verloren.
- Die Bodenfruchtbarkeit nimmt durch den Abtrag von Humus und Nährstoffen ab.
- Die geringere Bodenmächtigkeit führt zu reduziertem Wurzelraum für die Pflanzen.
- Durch die geringere Mächtigkeit nimmt die Speicherkapazität für Wasser und Nährstoffe im Boden ab.
- Durch die geringere Mächtigkeit können weniger Nährstoffe und Pestizide gespeichert, umgewandelt bzw. abgebaut und somit gefiltert werden; sie gelangen ins Grundwasser.
- Dünger und Schadstoffe gelangen in benachbarte Ökosysteme (z. B. Seen, Flüsse, Naturschutzgebiete).
- Die Lebensbedingungen für die Bodenorganismen verändern sich.

Da die Bodenerosion die Bodenfruchtbarkeit und damit den Ertrag empfindlich vermindert, werden heute in der Schweiz verschiedene bodenkonservierende Massnahmen umgesetzt:
- Um möglichst das ganze Jahr hindurch eine schützende Vegetationsdecke zu erreichen, werden anstelle der Brache bodenerhaltende und bodenverbessernde Pflanzen (z. B. Klee) angebaut.
- Felder werden in Streifen quer zum Hang aufgeteilt und wechselweise mit erosionsanfälligen Kulturen (z. B. Mais) und bodenerhaltenden Kulturen (z. B. Wiesen) angebaut.
- Kulturen mit einem hohen Anteil an vegetationsloser Fläche (z. B. Mais, Reben) werden mit einer Untersaat ergänzt.
- Indem quer zum Hang gepflügt wird, kann die flächenhafte Abspülung verlangsamt und das Eindringen des Wassers in den Boden verbessert werden.
- Die Bodenverdichtung durch schwere Maschinen wird nach Möglichkeit reduziert, damit das Niederschlagswasser versickern kann und nicht als abfliessendes Oberflächenwasser zu Erosionsschäden führt.
- Durch organische Düngung, Bodenlockerung und konservierende, d. h. pfluglose Bodenbearbeitung wird die Verschlämmung und Verkrustung der Bodenoberfläche vermieden und eine gute Infiltration sowie ein guter Luft- und Wasserhaushalt im Boden geschaffen bzw. beibehalten. Bei intakter Bodenstruktur und intakten Porenräumen kann das Saatgut mit speziellen Direktsähmaschinen ohne jegliche Bearbeitung in den unbearbeiteten Boden abgelegt werden (Direktsaat).

Literaturhinweise

EITEL B., 2001: Bodengeographie. Westermann, Braunschweig.
FLÜCKIGER R., RÖSCH J., STURNY W., VÖKT U., 2001: Bodenkunde. 3. Auflage. Landwirtschaftliche Lehrmittelzentrale, Zollikofen.
GEOGRAPHIE HEUTE, 1998: Lernkartei III Boden. Friedrich Verlag, Seelze-Velber, Nr. 161.
GISI U., 1997: Bodenökologie. Thieme Verlag, Stuttgart.
HINTERMAIER-ERHARD G., 2002: Böden der Welt. Ein Bildatlas. Spektrum, Heidelberg.
SCHEFFER F./SCHACHTSCHABEL P., 2010: Lehrbuch der Bodenkunde. Spektrum, Heidelberg.

6
Hydrologie

Stefan Manser, Ernst Stauffer

Die Erde – der «blaue Planet» – ist zu 71% von Wasser bedeckt. Ein grosser Teil davon entfällt auf die Ozeane und Meere, während die Seen und Fliessgewässer nur einen kleinen Teil ausmachen. Wasser ist einer der wichtigsten Rohstoffe unseres Planeten, der für Fauna und Flora, aber auch für den Menschen lebensnotwendig ist. Die Sauberkeit von Flüssen und Seen, aber vor allem jene des Grundwassers ist von grosser Bedeutung, der schonende Umgang mit dem Rohstoff Wasser stellt daher eine zentrale Aufgabe für die Menschheit dar.

1. Wasserkreislauf und Wasserbilanz

Die Schweiz ist aus hydrologischer Sicht ein Zentrum Europas. Die Flüsse Rhone, Rhein, Inn und Ticino entwässern in vier Himmelsrichtungen: Die Westschweiz wird von der Rhone in Richtung Mittelmeer entwässert, der Rhein fliesst nordwärts in die Nordsee, das Wasser des Inns strömt nach Osten in die Donau und weiter ins Schwarze Meer, und das Wasser des Ticino und des Adige fliesst in Richtung Süden ins Adriatische Meer. Die Schweiz wird aus diesem Grund auch als Wasserschloss Europas bezeichnet.

Wasserschloss Europas

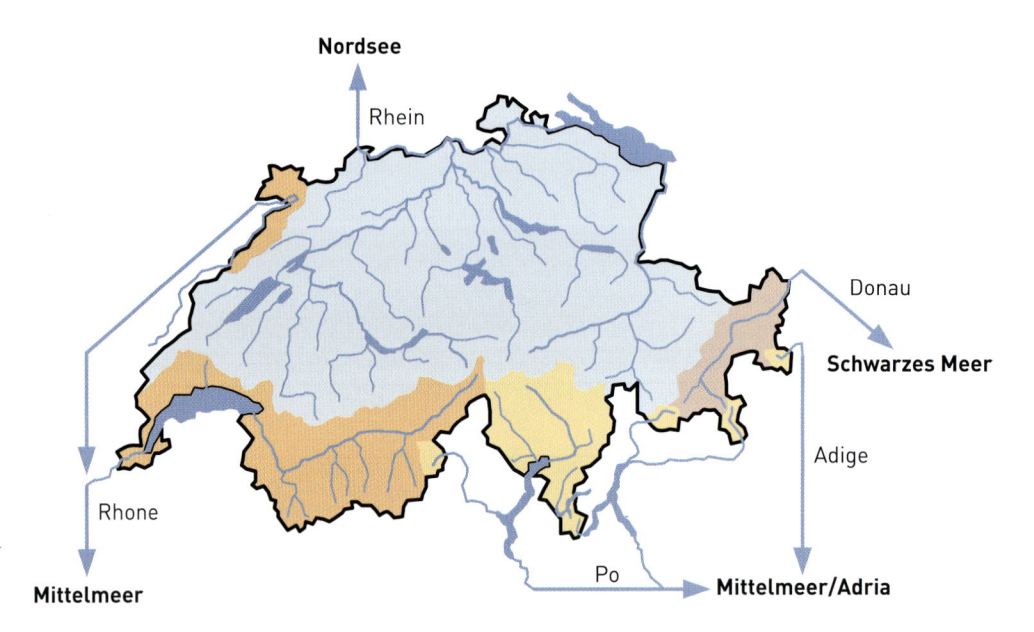

Abbildung 6.1:
Die Flüsse Rhone, Rhein, Inn und Ticino entwässern in vier Himmelsrichtungen.

Wasserkreislauf

Wasserkreislauf

Wasser kommt auf der Erde flüssig, aber auch als Wasserdampf und Eis vor. Es findet ein Austausch zwischen der Erdoberfläche und der Atmosphäre statt. Dieser Kreislauf wird als Zirkulation des Wassers bezeichnet. Bei globaler Betrachtung handelt es sich um ein geschlossenes System. Durch die Sonnenenergie verdunstet Wasser aus Meeren, Flüssen, Seen und von der Erdoberfläche (**Evaporation**). Auch Pflanzen, Tiere und Menschen verdunsten Wasser (**Transpiration**). Beide Prozesse zusammen werden als **Evapotranspiration** bezeichnet. Der dabei entstehende Wasserdampf steigt auf, und durch Kondensation bilden sich Wolken, die vom Wind weitertransportiert werden. Schliesslich fällt der Niederschlag als Regen, Schnee oder Hagel auf die Erde oder setzt sich als Tau oder Reif ab. Weltweit verdunsten mehr als 70% des Niederschlags, die restlichen 30% fliessen oberirdisch oder unterirdisch ab.

Abbildung 6.2:
Der globale Wasserkreislauf

Wassermengen der Erde

96,5 % der weltweiten Wassermengen sind als Salzwasser in den Ozeanen und Meeren gespeichert, nur gerade 3,5 % der Wasservorkommen sind in Form von Süsswasser verfügbar. Davon ist der grösste Teil in Form von Eis in Polarkappen, Gebirgsgletschern und als Permafrost gespeichert. Nur etwas mehr als 1 % sind als Grundwasser vorhanden, und Oberflächengewässer wie Flüsse, Seen und Sümpfe machen einen sehr kleinen Teil der Wassermengen aus. Das weltweite Wasserangebot ist zwar mit rund 40 000 km^3 deutlich grösser als der anthropogene Wasserverbrauch von ca. 6200 km^3. Die regional und jahreszeitlich sehr ungleiche Verteilung der Niederschläge führt trotzdem dazu, dass ein Viertel der Weltbevölkerung keinen oder einen ungenügenden Zugang zu sauberem Wasser hat.

Wasserbilanz

Die Wasserbilanz dient zur Berechnung des Wasserhaushaltes eines Einzugsgebietes. Sie ist definiert durch die Parameter Niederschlag (N), Verdunstung (V), Abfluss (A) und die Veränderung des gespeicherten Wassers (ΔS).

Niederschlag = Abfluss + Verdunstung + Veränderung des gespeicherten Wassers (N = A + V + ΔS)

Wasserbilanzgleichung

Das Wasser, das als Niederschlag in ein Einzugsgebiet hineinkommt, fliesst entweder aus dem Gebiet ab, verdunstet noch im Einzugsgebiet oder wird kurz- bis langfristig in Form von Schnee, Eis oder Boden- und Grundwasser gespeichert. Durch Umformen der Gleichung kann beispielsweise auch der Abfluss aus einem Gebiet bestimmt werden: Der Abfluss ergibt sich aus dem Niederschlag, der auf ein Einzugsgebiet fällt, und dem Wasser, das aus dem Speicher abfliesst, abzüglich des Wassers, das bereits im Einzugsgebiet verdunstet, und abzüglich des Wassers, das durch Speicherung zurückgehalten wird (A = N – V – ΔS).

Konkret sieht der Wasserhaushalt (die Wasserbilanz) der Schweiz folgendermassen aus: Auf dem Gebiet der Schweiz fallen pro Jahr durchschnittlich 1460 mm Niederschlag. Davon verdunstet ungefähr ein Drittel, nämlich 480 mm, sodass die verbleibenden 980 mm pro Jahr ober- oder unterirdisch aus der Schweiz abfliessen. Die Speicheränderungen beim Grundwasser sind dagegen über grössere Zeiträume hinweg vernachlässigbar.

Wasserbilanz der Schweiz

Weil in den Alpen einige der grossen europäischen Flüsse entspringen, hat die Schweiz eine besondere Verantwortung im Umgang mit dem Trinkwasser. Das kostbare Nass wird nämlich auf seinem Weg in die Weltmeere oft mehrmals als Trink-, Bewässerungs- und Industriewasser verwendet. Wie wichtig der Alpenraum für den europäischen Wasserkreislauf ist, verdeutlicht Abbildung 6.3. Natürlich ist Wasser auch ein wirtschaftlicher und damit ein politischer Faktor: Die Bergregionen können dank der Wassernutzung Kapital aus dem Wasser schlagen (z. B. durch Wasserzinsen für die Nutzung der Wasserkraft oder als Trink- und Mineralwasser).

Auch international ist Wasser und seine Qualität von Bedeutung. Entlassen wir das Flusswasser verunreinigt ins Ausland, so muss das Wasser durch die Nachbarstaaten gereinigt werden, bevor es genutzt werden kann. Um langfristig gute internationale Beziehungen zu flussabwärts liegenden Nachbarstaaten aufrechterhalten zu können, muss folglich bei jedem Eingriff in den Wasserkreislauf (Trinkwasserentnahme, Abwassereinleitung, Wasseraufstau usw.) vorgängig genau abgeklärt werden, wie sich diese Massnahme auf flussabwärts liegende Gebiete auswirkt.

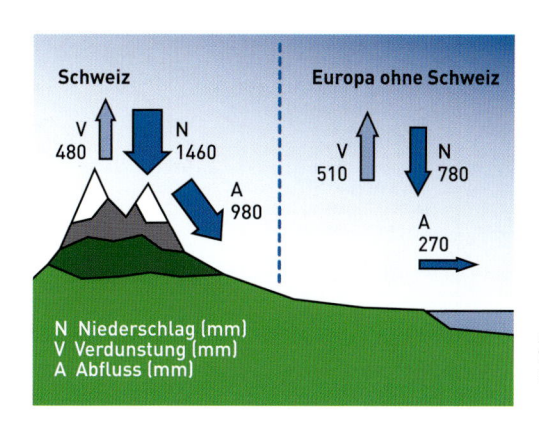

Abbildung 6.3:
Wasserhaushalt der Schweiz im Vergleich zu Europa

Hydrologie

2. Hydrologische Formen und Prozesse

In der Schweiz haben vor allem Wasser und Eis als landschaftsgestaltende Kräfte (exogene Prozesse) über Jahrmillionen hinweg die heutigen Täler und Schluchten, Bergflanken und Ebenen geschaffen und geprägt. In der Hydrologie werden Fliessgewässer und stehende Gewässer unterschieden.

Stehende Gewässer

Als See bezeichnet man eine allseitig geschlossene, in einer Vertiefung des Bodens befindliche, mit dem Meer nicht in direkter Verbindung stehende, stagnierende Wassermasse.

Fliessgewässer

Als Fliessgewässer gelten Ströme (grössere Flüsse, die in ein Meer münden), Flüsse oder Bäche. Aufgrund der verschiedenen fluvialen Prozesse wie Erosion, Transport und Ablagerung haben sich für Fliessgewässer typische Formen wie Kerbtäler, Flussschlaufen und Deltas gebildet.

Wasser als landschaftsprägendes Element

Erosion

Die **Erosion** (Abtragung) findet vor allem im Oberlauf eines Flusses statt. Bei der Abtragung des Materials spielen das Gefälle und die Wassermenge eine zentrale Rolle. Bei starkem Gefälle und grosser Wassermenge werden grössere Korngrössen erodiert und transportiert als bei geringem Gefälle und kleinerer Wassermenge.

Beim **Transport** erfolgt durch ständige Umlagerung die Zerkleinerung und Rundung des mitgeführten Materials. Der Transport von Material erfolgt entweder rollend oder springend (saltierend) als **Geröll- oder Geschiebefracht** auf der Sohle des Flussbetts, als **Schwebefracht**, die sich aus festen Bestandteilen kleiner Korngrössen zusammensetzt (z. B. Sand), oder als **Lösungsfracht** in gelöster (unsichtbarer) Form (z. B. Salz, Kalk). Auf dem Transportweg wird ständig Material abgelagert und wieder in Bewegung gesetzt.

Im Unterlauf eines Flusses dominiert die **Sedimentation** (Ablagerung). Die Fliessgeschwindigkeit ist klein, die Transportkapazität eines Flusses nimmt ab. Auch feinkörnige Teilchen wie Kies oder Sand werden abgelagert. Mündet ein Fluss in einen See, wie die Maggia im Tessin (vgl. Abb. 6.8), bildet sich ein **Delta**. Hier wird das Material akkumuliert (angehäuft). Die Formbildung durch Flüsse beschreibt Kapitel 4 (Geomorphologie).

Als grobe Annäherung kann die Transportkapazität fliessenden Wassers bei konstanter Wassertiefe als Funktion von Strömungsgeschwindigkeit und Grösse der Teilchen dargestellt werden (Hjulströmdiagramm, siehe Abb. 6.4). Kleine Teilchen bieten wegen der grösseren spezifischen Oberfläche (Oberfläche pro Volumeneinheit) dem strömenden Wasser mehr Angriffsfläche, erfahren grösseren dynamischen Auftrieb und werden daher im Allgemeinen eher abgetragen (erodiert) als grosse Teilchen gleicher Dichte. Vermindert sich in einem geröll- und schlammführenden Fliessgewässer die Strömungsgeschwindigkeit (wie bei der Mündung in ein stehendes Gewässer, bei der Vergrösserung des Fliessquerschnittes oder bei Abnahme des Gefälles), bleiben zuerst die grössten Steine, dann kleinere Steine, Kies, Sand und zuletzt Ton liegen. Die Transportkapazität eines Fliessgewässers wird damit in erster Linie über die Fliessgeschwindigkeit und die Wassermenge bestimmt.

Hjulströmdiagramm

Abbildung 6.4:
Das Hjulströmdiagramm zeigt die Transportkapazität fliessenden Wassers in Abhängigkeit von der Korngrösse und der Strömungsgeschwindigkeit bei einer Wassertiefe von einem Meter. Die Körner im Feld «Ablagerung» sind stets in Ruhe, diejenigen im Feld «Erosion» stets in Bewegung. Im Bereich «Transport» bleiben ruhende Teilchen in Ruhe, bewegte in Bewegung. Um ein ruhendes Korn in Bewegung zu bringen, ist eine höhere Strömungsgeschwindigkeit notwendig als diejenige, bei der es sich abgesetzt hatte. In Folge der Kohäsion (Zusammenhangskraft) nimmt dieser Unterschied zu, je feiner die Korngrösse ist.

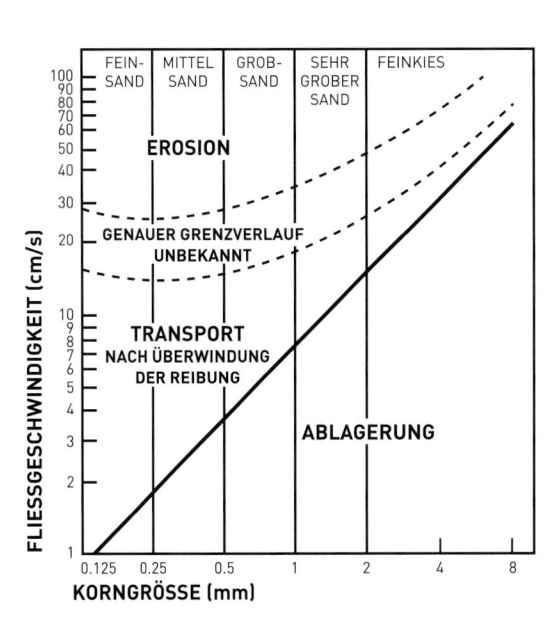

6

Abbildung 6.5, links:
Tiefenerosion in der Aareschlucht

Abbildung 6.6, rechts:
Transport und Sedimentation im Maggiatal

Abbildung 6.7:
Mäanderschlaufen der Aare zwischen Büren und Solothurn

Abbildung 6.8:
Maggiadelta: Akkumulation in einem Delta

Hydrologie 125

3. Eingriffe in den natürlichen Wasserhaushalt und Hochwasserschutz

Über die Medien erreichen uns nach Hochwassern in den Alpen und Voralpen, aber auch im Mittelland und im Jura erschütternde Bilder der Zerstörung. Die Unwetter im Herbst 1993 haben in den Kantonen Tessin und Wallis Schäden von mehr als 850 Mio. Franken verursacht. Allein in der Stadt Brig sind Schäden von über 650 Mio. Franken entstanden. Auch Thun und Bern wurden 1999 und 2005 von einem ausserordentlichen Hochwasser heimgesucht, im Jahre 2000 traf es wiederum das Wallis und das Tessin.

Abbildungen 6.9:
Bilder aus dem Mattequartier in Bern im Mai 1999.
Linke Seite: nach Rückgang des Hochwassers;
rechte Seite: bei Hochwasserstand

Hochwasser und Hochwasserschutz

Hochwasser

Als **Hochwasser** bezeichnet man den Zustand eines oberirdischen Gewässers (Fluss, See), bei dem der Wasserstand oder der Abfluss (oder beides) einen bestimmten Schwellenwert überschreitet. Hochwasser können dann zu Überschwemmungen führen, welche meistens Schäden verursachen.

Ursache von Hochwasser

Bei Hochwasserabflüssen spielen immer verschiedene Faktoren zusammen. Tagelange Niederschläge (**Dauerregen**) können in einem Einzugsgebiet zu einer grossen Vorbefeuchtung (**Sättigung**) führen, sodass der Boden bei weiteren Niederschlägen kaum mehr Wasser aufnehmen kann. **Starkniederschläge** in Form von heftigen Gewittern können dann den Abfluss eines Fliessgewässers rasch und stark ansteigen lassen. Hohe Temperaturen können zusätzlich dazu führen, dass die Nullgradgrenze weit nach oben verschoben wird und die **Schneeschmelze** auch in hoch gelegenen Regionen einsetzt oder dass der gesamte Niederschlag in Form von Regen und nicht als Schnee auf das Einzugsgebiet niedergeht und dadurch sofort abfliesst. Ebenso kann die **Form des Einzugsgebietes** im Abflussprozess eine wichtige Rolle spielen. Die Konzentration des Wassers in einem eher kreisförmigen Einzugsgebiet erfolgt aufgrund kürzerer Sammelwege rascher als in einem länglichen Einzugsgebiet. Schliesslich spielt die **Art des Bodens** eine wichtige Rolle. Lehmige oder felsige Böden können kaum oder gar kein Niederschlagswasser aufnehmen, während das Wasser in lockeren Waldböden langsam versickern kann. Durch menschliches Zutun (Versiegelung des Bodens durch Verkehrswege oder Siedlungsflächen) fliesst zudem mehr Wasser direkt via Kanalisation in die Flüsse ab. Hochwasser entstehen meistens dann, wenn mehrere dieser Faktoren zusammenspielen, wenn beispielsweise bei hohen Temperaturen (Schneeschmelze) zusätzlich gewittriger Starkniederschlag auf ein durch tagelange Regenfälle bereits stark vorbefeuchtetes Gebiet fällt.

Die Zerstörungskraft des Wassers tritt bei Hochwasser besonders stark in Erscheinung: Dämme und Brücken werden unterspült, exponierte Gebäude oder Strassenabschnitte weggerissen, Landwirtschaftsland überflutet.

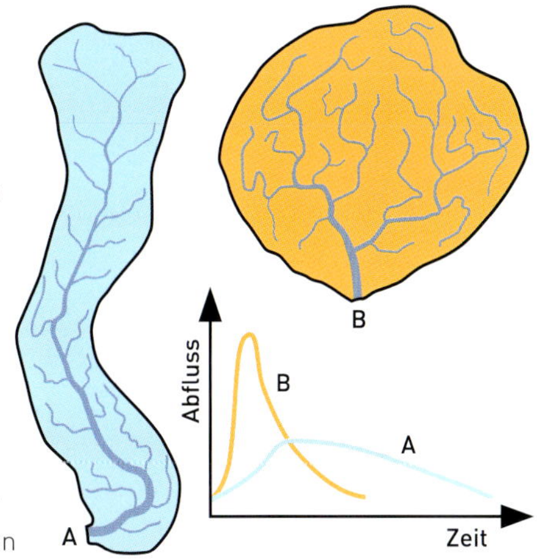

Abbildung 6.10: Auswirkung der Form eines Einzugsgebiets auf die Hochwasserspitze und den Hochwasserverlauf

Seit Jahrtausenden versucht der Mensch, sich und seinen Besitz vor Hochwasser zu schützen. Der Schutz vor Hochwasser ist eine Grundvoraussetzung für die Bewirtschaftung unseres Lebensraumes. Er soll mit minimalen Eingriffen sichergestellt werden. Eine Raumnutzung soll gefördert werden, welche die Naturgefahren ernst nimmt und dem Wasser die notwendigen Freiräume schafft und belässt. Über Jahrhunderte hinweg hat der Mensch immer wieder die landwirtschaftliche Nutzfläche auf Kosten der ehemaligen Flusslandschaften (Auenlandschaften) ausgedehnt. Dabei hat er den Fliessgewässern immer mehr Platz abgerungen, indem er sie kanalisiert und begradigt hat.

Hochwasserschutz

Bis in die 1980er-Jahre bestand Hochwasserschutz vor allem im Erstellen von Verbauungen. Dämme, Sperrentreppen und Geschiebesammler sollten den Gewässern ein stabiles, festes Bett schaffen, Hochwasser sicher und schnell ableiten. Solche Massnahmen sind kapitalintensiv und erfordern dauernden Unterhalt (z. B. das Leeren von Geschiebesammlern).

Das Jahr 1987 führte mit seiner enormen Hochwasser-Schadensumme zu einem Umdenken im Hochwasserschutz. Mit dem neuen Wasserbaugesetz wird dem Umstand Rechnung getragen, dass Naturgefahren ernst zu nehmen sind und auf die Erstellung teurer Bauwerke zugunsten der Schaffung von Freiräumen für Gewässer nach Möglichkeit verzichtet werden soll.

Renaturierung

Raumplanerische Massnahmen sollen die bestehenden Freiräume (Auenlandschaften) für die Gewässer schützen bzw. wieder neu schaffen. Reicht dies nicht aus, so sind **bauliche Schutzmassnahmen** an Gewässern erforderlich. Sie werden durch eine Notfallplanung zur Begrenzung des Restrisikos ergänzt. Hochwasserschutzkonzepte sollen auf einer **Differenzierung der Schutzziele** aufbauen. Dabei sind hohe Sachwerte (Museen, Industrieanlagen, bewohnte Gebiete usw.) besser zu schützen als niedrige Sachwerte (Acker- oder Weideland). Rückhalteräume (natürliche oder künstliche Wasserrückhaltebecken) sollen wo immer möglich erhalten bleiben oder wiederhergestellt werden. Die Eingriffe in die Fliessgewässer haben in einer möglichst naturnahen Art zu erfolgen, die natürlichen Ökosysteme sollen erhalten bleiben.

Bundesgesetz vom 21. Juni 1991 über den Wasserbau (in Kraft seit 1993)

Bundesgesetz über den Wasserbau

Art. 1
1 Dieses Gesetz bezweckt den Schutz von Menschen und erheblichen Sachwerten vor schädlichen Auswirkungen des Wassers, insbesondere vor Überschwemmungen, Erosionen und Feststoffablagerungen (Hochwasserschutz).
2 Es gilt für alle oberirdischen Gewässer.

Hydrologie

6

Art. 2 Zuständigkeit
Der Hochwasserschutz ist Aufgabe der Kantone.

Art. 3 Massnahmen
1 Die Kantone gewährleisten den Hochwasserschutz in erster Linie durch den Unterhalt der Gewässer und durch raumplanerische Massnahmen.
2 Reicht dies nicht aus, so müssen Massnahmen wie Verbauungen, Eindämmungen, Korrektionen, Geschiebe- und Hochwasserrückhalteanlagen sowie alle weiteren Vorkehrungen, die Bodenbewegungen verhindern, getroffen werden.
3 Diese Massnahmen sind mit jenen aus anderen Bereichen gesamthaft und in ihrem Zusammenwirken zu beurteilen.

Art. 4 Anforderungen
1 Gewässer, Ufer und Werke des Hochwasserschutzes müssen so unterhalten werden, dass der vorhandene Hochwasserschutz, insbesondere die Abflusskapazität, erhalten bleibt.
2 Bei Eingriffen in das Gewässer muss dessen natürlicher Verlauf möglichst beibehalten oder wiederhergestellt werden. Gewässer und Ufer müssen so gestaltet werden, dass:
   a. sie einer vielfältigen Tier- und Pflanzenwelt als Lebensraum dienen können;
   b. die Wechselwirkungen zwischen ober- und unterirdischen Gewässern weitgehend erhalten bleiben;
   c. eine standortgerechte Ufervegetation gedeihen kann.
3 In überbauten Gebieten kann die Behörde Ausnahmen von Absatz 2 bewilligen.
4 Für die Schaffung künstlicher Fliessgewässer und die Wiederinstandstellung bestehender Verbauungen nach Schadenereignissen gilt Absatz 2 sinngemäss.

Wildbach und Wildbachverbauungen

Wildbach

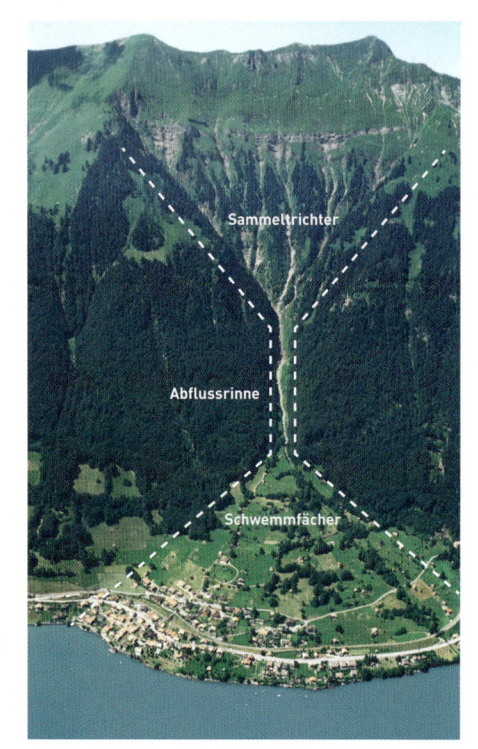

Massnahmen zur Gefahrenminderung

Abbildung 6.11: Wildbach bei Oberried. Deutlich erkennt man die drei Abschnitte eines Wildbachsystems: Sammeltrichter, Abflussrinne und Schwemmfächer.

Wildbäche sind im Alpenraum weit verbreitet. Sie sind gekennzeichnet durch streckenweise grosses Gefälle und stark wechselnden Abfluss in kurzer Zeit, welcher durch Starkniederschläge (Gewitter) oder durch eine rasch einsetzende Schneeschmelze hervorgerufen werden kann. Dabei kann sehr viel Material (Geröll- und Geschiebefracht sowie Schwebefracht, vermischt mit Wildholz) transportiert werden (vgl. S. 99). Wildbäche stellen daher eine grosse Gefahr für Mensch und Tier dar. Wildbäche werden in drei Abschnitte unterteilt: Im **Sammeltrichter** dominiert die Erosion, in der **Abflussrinne** der Transport, und auf dem **Schwemmfächer** findet die Ablagerung, die Sedimentation, statt. Die Gefahren in einem Wildbachsystem können durch gezielte **Verbauungsmassnahmen** gemindert werden. Im Sammeltrichter wird als Hauptmassnahme aufgeforstet. Einerseits wird durch das Wurzelwerk der Bäume das Gelände befestigt, andererseits kann das Wasser im lockeren Waldboden besser einsickern. In der Abflussrinne muss die Fliessgeschwindigkeit des Wassers herabgesetzt werden, was die Transportkapazität des Wassers und damit die Tiefenerosion eindämmt. Dazu werden Sperren, Treppen und Dämme aus Holz oder Beton erstellt. Da die Schwemmfächer sehr oft auch Siedlungsgebiete sind, wird hier versucht, Wasser und Geschiebe möglichst rasch abzuleiten. Dies kann in begradigten Kanälen erfolgen. Wo es die Platzverhältnisse erlauben, werden zudem Geschiebesammler gebaut. Sie trennen das Wasser vom Geschiebe und halten Schutt und Geröll zurück. **Raumplanerische Massnahmen** sollen zudem verhindern, dass in den Gefahrenzonen eines Schwemmfächers gebaut wird.

Gewässerkorrektionen

In vergangenen Jahrhunderten stellten häufig auftretende Überschwemmungen eine grosse Gefahr dar, und die stark wachsende Bevölkerung brauchte zudem grössere Flächen an landwirtschaftlich nutzbarem Land. Ausgedehnte Sumpfgebiete in den Schwemmebenen der Flüsse wurden immer wieder zu Seuchenherden und stellten ein Gesundheitsrisiko für Menschen und Tiere dar. Im Rahmen von gross angelegten Gewässerkorrektionen (Linthkorrektion [vgl. Exkurs, S. 134], Kanderkorrektion [vgl. Exkurs, S. 133], Rheinkorrektion, Juragewässerkorrektion) wurden sie entsumpft und mittels **Drainage** (Entwässerung, Trockenlegung von Gebieten) für die Bewirtschaftung urbar gemacht. Diese Bodenverbesserung und Nutzbarmachung durch Drainage und zusätzlich die Zusammenfassung von nebeneinanderliegenden Grundstücken (Güterzusammenlegung) wird auch als **Melioration** bezeichnet. Im Zuge der Gewässerkorrektionen wurden Flüsse kanalisiert und begradigt und wo immer möglich auch in einen See umgeleitet. Durch die Begradigung konnte eine höhere Fliessgeschwindigkeit und damit eine höhere Geschiebetransportkapazität erreicht werden. Durch die Umleitung in einen See wurde das Geschiebe zudem in einem natürlichen Becken abgelagert. Ebenso diente das Seebecken als Wasserrückhalte- und Ausgleichsbecken bei Hochwassersituationen.

Das Beispiel «Emme 2050»

Die Emme trat lange Zeit bei Hochwasser immer wieder über die Ufer und richtete grosse Schäden an. Die ab 1844 durchgeführten Verbauungen dämmten diese Gefahr stark ein. Folgeprobleme machten in jüngerer Vergangenheit weitere Verbauungsmassnahmen nötig. Diese waren von aussergewöhnlicher Art und haben in der Schweiz und im Ausland Nachahmung gefunden.
Gemäss Korrektionsplan der Emmeverbauung ab 1884 wurde die Emme innerhalb des bestehenden Flussbetts in ein enges, möglichst gerades Bett eingedämmt. Zusätzlich wurde das Überschwemmungsgebiet mit Hochwasserschutzdämmen begrenzt. Durch diese Massnahmen räumte die Emme zwar wie gewünscht ihr Bett aus, hörte damit aber nicht auf, als das Flussprofil den Idealvorstellungen der Wasserbauingenieure entsprach. Die Emme frass sich zunehmend tiefer in die Sohle ein (Tiefenerosion infolge höherer Fliessgeschwindigkeit). Sie begann, Brückenwiderlager freizulegen und Uferbauten und Schwellen zu unterspülen. Zudem senkte sich in den nahe gelegenen Ackerbauflächen der Grundwasserspiegel, der mit dem Wasserspiegel der Emme korrespondiert.
Bei der Planung einer neuen Flussverbauung entschloss man sich für die sogenannte «Emme-Birne», eine birnenförmige Verbreiterung des Emme-Flussbettes bei Aefligen/Utzenstorf. Durch das Aufheben von Sperren wurde das natürliche Gefälle des Tales an den Fluss zurückgegeben. Das neuartige Projekt «Emme-Birne» wurde als «180-Grad-Kehrtwende» im Wasserbau bezeichnet. Das alternative Verbauungskonzept, das es der Emme ermöglichen soll, ihren Lauf selber zu bestimmen, basiert auf dem von der Universität Bern und der ETH Zürich erarbeiteten Konzept «Emme 2050». Mit der durch Leitwerke geformten und durch Einlauftrichter abgeschlossenen, 300 Meter langen und bis zu 85 Meter breiten «Birne», die im Modell erprobt wurde, soll die Sohlenerosion gestoppt werden. Die Einlauftrichter sind unterhalb der Sohle fundiert und mit wild verlegten Alpenkalkblöcken gesichert. Nach 2 Jahren hatte sich die Emme bereits von 30 auf 65 Meter verbreitert und zum Teil die seitlich eingegrabenen Leitwerke erreicht. Gleichzeitig konnte die

Abbildung 6.12:
Die Emme bei Aefligen vor und nach dem Bau der sogenannten «Emme-Birne»

Renaturierung

Sohle auf dem Stand von 1988 stabilisiert werden. Der Fischbestand stieg deutlich an; derjenige der Bachforellen zum Beispiel erhöhte sich um das Dreifache. Auch der Grundwasserspiegel ist wieder höher als vorher, was für die Landwirtschaft von grosser Bedeutung ist.

4. Stehende Oberflächengewässer

Seen werden als Wasseransammlungen in geschlossenen Senken definiert. Sie sind wesentliche Elemente einer Landschaft. Grosse Seen können das regionale Klima merklich beeinflussen (Seewind – Landwind).
Die Entstehung der Seen in der Schweiz hat verschiedene Ursachen. Glazialen Ursprungs sind Zungenbeckenseen, welche hinter den ehemaligen Endmoränen von Gletschern aufgestaut wurden (Hallwilersee, Baldeggersee, Sempachersee). Toteisseen sind rundliche, kleinere Seelein oder Sümpfe, wassergefüllte Eintiefungen im Gelände, als Folge des Abschmelzens von grösseren Eisblöcken im Rahmen des Rückzugs der grossen Alpengletscher (Burgäschisee, Moossee, Wilersee); die meisten Bergseelein sind in glazial übertieften Felsnischen entstanden, welche von einem Kargletscher ausgehobelt wurden. Sie werden Karseen genannt. Verschiedene Seen finden sich in wassergefüllten U-Tälern (Königssee, Urnersee). Anthropogen bedingt sind die in verschiedenen Alpentälern zu findenden Stauseen.
Seen sind wichtige Wasserressourcen, dienen sie doch verschiedenenorts zur Entnahme von Wasser zur Aufbereitung als Trinkwasser. Die Wasserqualität ist daher von grosser Wichtigkeit. Wenn Oberflächengewässer wie Seen und Flüsse durch anorganische Nährstoffe wie Phosphor oder Stickstoffverbindungen überbelastet werden, spricht man von einer Eutrophierung. Dadurch kann sich das Ökosystem von Gewässern in landwirtschaftlich genutzten Gebieten stark verändern.
Die Wassertemperaturen, die Grösse der stehenden Gewässer und der Wasseraustausch innerhalb der Seen spielen dabei eine wichtige Rolle. Bei zunehmender Erwärmung beschränkt sich die Umwälzung und die mit ihr verbundene Wasserverfrachtung auf eine begrenzte Oberflächenschicht, das Epilimnion. Diese Schicht unterliegt einer häufigen Durchmischung infolge der Wirkung des Windes und ist daher thermisch mehr oder weniger homogen. Darunter liegt das Metalimnion, eine Wasserschicht, in der die Temperatur vertikal stark abfällt (Sprungschicht). Sie trennt die obere Schicht sehr wirksam von der tieferen kälteren Schicht, dem Hypolimnion. Einen wesentlichen Einfluss auf die Strömungen in Seen haben Zuflüsse zum See. Bedingt durch die andere Temperatur und den Schwebstoffgehalt, hat das zufliessende Wasser eine andere Dichte als das Seewasser. Der Zufluss schichtet sich entsprechend seiner Dichte in den Wasserkörper ein.

5. Meeresströmungen

Das Wasser des Meeres ist ständig in Bewegung. Die Meeresströmungen sind ein wichtiger Klimafaktor, sind sie doch für den Energietransport zwischen den niederen und höheren Breiten verantwortlich.

Nach den verursachenden Kräften, der Schubkraft des Windes und den durch den Dichteunterschied im Wasser bedingten inneren Druckkräften, unterscheidet man Driftströmungen und Gradientströme. Ein wesentlicher Motor der grossen Meeresströmungen sind die Winde. Dort, wo sie beständig wehen, etwa in den Randtropen als Nordost- respektive Südostpassate, erzeugen sie sogenannte Driftströmungen an der Meeresoberfläche. Aufgrund des durch die Erdrotation hervorgerufenen Corioliseffekts werden diese Bewegungen wie die Winde auf der Nordhalbkugel nach rechts und auf der Südhalbkugel nach links abgelenkt (vgl. Kapitel 7, Wetter und Klima). Es entstehen an der Meeresoberfläche grosse Zirkulationssysteme, die auf der Nordhalbkugel und auf der Südhalbkugel entgegengesetzt verlaufen.

Ebenso führen Unterschiede der Wasserdichte, hervorgerufen durch Temperaturschwankungen oder durch unterschiedlichen Salzgehalt, zur Entstehung von Strömungen. Schwereres, dichteres Wasser sinkt ab, weniger dichtes steigt auf, sodass vertikale Strömungen und Tiefenströmungen entstehen.

Beispielsweise dehnt sich das Wasser durch Erwärmung in den Tropen aus, und die Dichte nimmt ab. Starke Verdunstung, die zu einer erhöhten Salzkonzentration führt, erhöht wiederum die Dichte. In hohen Breitengraden, wie im Nord- oder Südatlantik, kühlt das Oberflächenwasser ab, wird schwerer als die darunterliegenden Wasserschichten und sinkt nach unten. Durch die Tiefsee fliesst es in Richtung Äquator und ersetzt das Wasser, welches durch Driftströmungen nach Norden respektive Süden transportiert wird.

Meeresströmungen folgen also weitgehend dem Muster der globalen Windzirkulation, werden aber an den Kontinenträndern umgelenkt. Kaltes Wasser stammt entweder aus hohen Breitengraden (Meeresströmungen) oder aus tieferen Wasserschichten eines Ozeans (Auftriebswasser). Über der kalten Meeresströmung sind auch die Luftmassen kühl. Werden diese Luftmassen über dem Land aufgewärmt, sinkt die relative Feuchtigkeit, Wolken und Nebel lösen sich auf, und es bilden sich Küstenwüsten: Der Humboldtstrom vor der Küste Südamerikas ist dabei verantwortlich für die Bil-

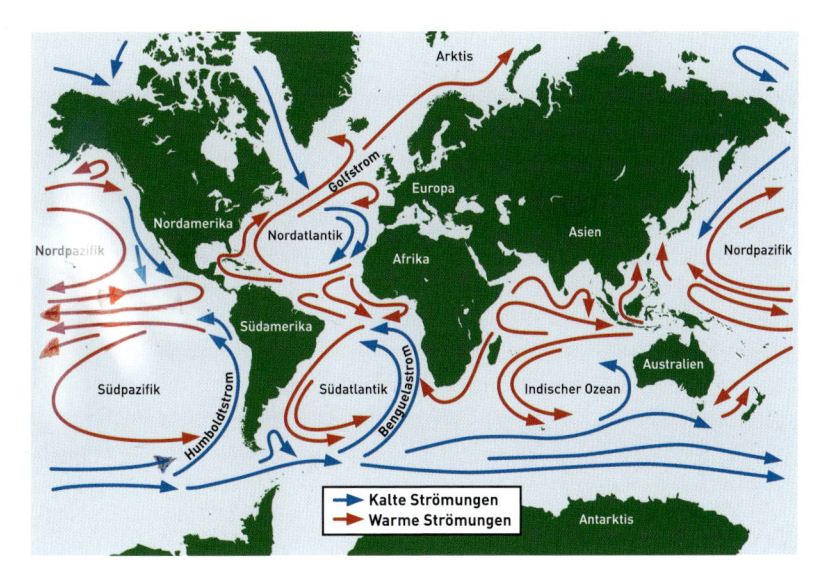

Abbildung 6.13:
Kalte und warme Meeresströmungen

Hydrologie

Förderbandzirkulation

dung der Atacama-Wüste in Chile, der Benguelastrom für die Bildung der Küstenwüste in Namibia. Warme Meeresströmungen dagegen bewegen sich vom Äquator weg. Damit wird Wärme vom Äquator in Richtung Pole transportiert. Der Golfstrom transportiert warmes Wasser aus dem Golf von Mexiko und der Karibik bis an die norwegische Küste und sorgt durch die relativ warmen Wassertemperaturen für ein milderes Klima, als es für diese Breitengrade typisch wäre (vgl. Exkurs, S. 135). Ozeanografen gehen heute davon aus, dass die Oberflächen-Meeresströmungen Teil eines globalen marinen Förderbandes sind. Oberflächenwasser vom Indischen und Pazifischen Ozean strömt in den Atlantik, kühlt sich über Nordeuropa ab, sinkt ab und strömt in 2000 bis 3000 m Tiefe wieder zurück. Temperaturunterschiede und eine unterschiedliche Salzkonzentration bewirken diese Förderbandzirkulation.

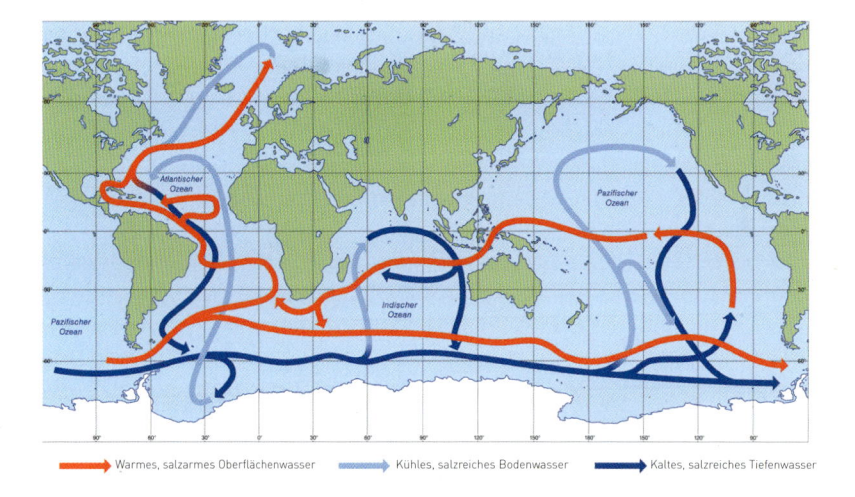

Abbildung 6.14:
Der globale ozeanische Strömungskreislauf («conveyer belt»).

→ Warmes, salzarmes Oberflächenwasser   → Kühles, salzreiches Bodenwasser   → Kaltes, salzreiches Tiefenwasser

Literaturhinweise

BUNDESAMT FÜR WASSERWIRTSCHAFT (Hrsg.), 1995: Anforderungen an den Hochwasserschutz. Biel.

BURRI K., 1995: Schweiz Suisse Svizzera Svizra. Geografische Betrachtungen. Lehrmittelverlag des Kantons Zürich, Zürich.

DYCK S., PESCHKE G., 1983: Grundlagen der Hydrologie. Verlag für Architektur und technische Wissenschaften, Berlin.

LINIGER H., WEINGARTNER R., GROSJEAN M., 1998: Mountains of the World Water-Towers for the 21st. Century. Bern.

MILAN F., MANSER S., BLANK B., ELSASSER A., 2000: Arbeitsblätter zum Thema Hydrologie. Hydrologischer Atlas der Schweiz, Bern.

PFANDER G., STAUFFER E., RYSER M., STAUFFER P., 1996: Flying over Switzerland. Fliessgewässer in der Landschaft – Gewässer – Eingriffe durch den Menschen – Geologie – Landschaftsfenster – Alpen – Ebenen vielfältig genutzt. Medienzentrum Schulwarte Bern, Bern.

RYSER H., 1967: Das Berner Oberland. Eine heimatkundliche Stoffsammlung. Haupt, Bern.

SCHÄDLER B., 1985: Der Wasserhaushalt der Schweiz. Mitteilungen der Landeshydrologie und -geologie N° 6. Bundesamt für Umweltschutz, Bern.

VBS SCHWEIZ, 2000: Flying over Switzerland, CD-ROM. 600 Luftaufnahmen, umfassend dokumentiert, mit vielfältigem Zugriff. EDMZ, Bern.

WEINGARTNER R., 1998: Analyse der räumlichen und zeitlichen Variabilität der Hochwasser in der Schweiz. Ein Beitrag zur Hochwasserabschätzung. Schlussbericht NFP 31, Zürich.

WILHELM F., 1993: Hydrogeographie. Grundlagen der Allgemeinen Hydrogeographie. Westermann, Braunschweig.

Exkurs: Kanderkorrektion

Einer der ersten grossen Eingriffe in ein schweizerisches Flusssystem erfolgte im frühen 18. Jahrhundert an der Kander im Berner Oberland. Im Laufe der Jahrtausende schüttete die Kander die grosse Thuner Allmend auf. Sie versperrte schliesslich sich selber und der Aare den Abfluss. Immer schlimmere Rückstauungen und Überschwemmungen traten auf. Im 18. Jahrhundert tauchte der Gedanke auf, man könne die Situation erheblich verbessern und dem Missstand abhelfen, indem man die Kander in einem Stollen durch den Strättlighügel in den Thunersee leiten würde. 1711 beschloss man, einen Kanal von 900 Metern Länge, 47 Metern Tiefe und 30 Metern Breite zu bauen. Da die Arbeiten zu wenig rasch vorankamen, wurde beschlossen, dass nur ein Stollen gebaut werden sollte. Dieser war Ende 1713 fertiggestellt. Im Juli 1714 versank ein Teil des Ufers, und aus dem Stollen wurde eine Schlucht. Das weggeschwemmte Material begann sich als Delta im Thunersee abzulagern.

Die Ableitung der Kander in den Thunersee brachte nun aber den Einwohnern von Thun bei Hochwasser immer wieder Überschwemmungen, da nun auch das Wasser aus dem Einzugsgebiet der Kander in den Thunersee floss. Seither führt die Aare bei Thun deutlich mehr Wasser. Der im Mai 2010 erfolgreich erprobte 1100 m lange Hochwasserstollen wird die bestehende Überschwemmunsgefahr hoffentlich in Zukunft endgültig lösen.

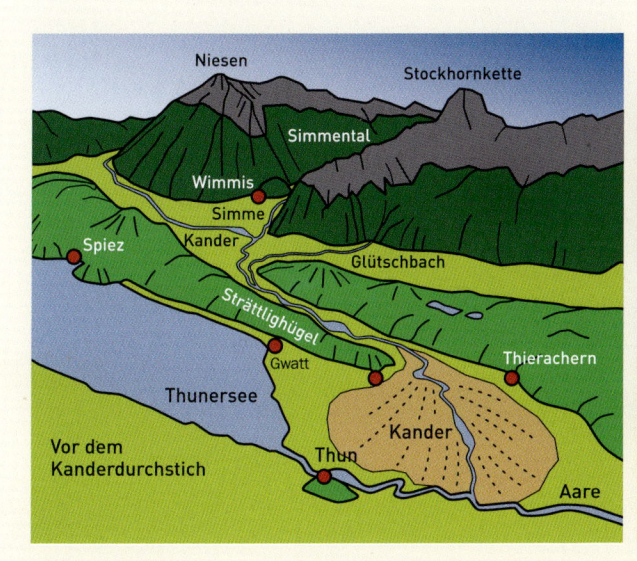

Im Vordergrund der Flugaufnahme ist die Kandereinmündung in den Thunersee mit der Kanderschlucht und dem Kanderdelta zu sehen. Die Kander zerschneidet den Strättlighügel und schüttet immer noch sehr viel Geschiebematerial in den See. Früher entwässerte sie durch das Glütschbachtal Richtung grosse Thuner Allmend-Thierachern. Dadurch wurde bei Hochwasser die Thuner Allmend oft überschwemmt. Seit 1913 wird im Kanderdelta Kies abgebaut. Der Wald und das Seeufer auf der rechten Seite sind öffentlich zugänglich und werden als Erholungsgebiet genutzt.

Der alte Kanderlauf

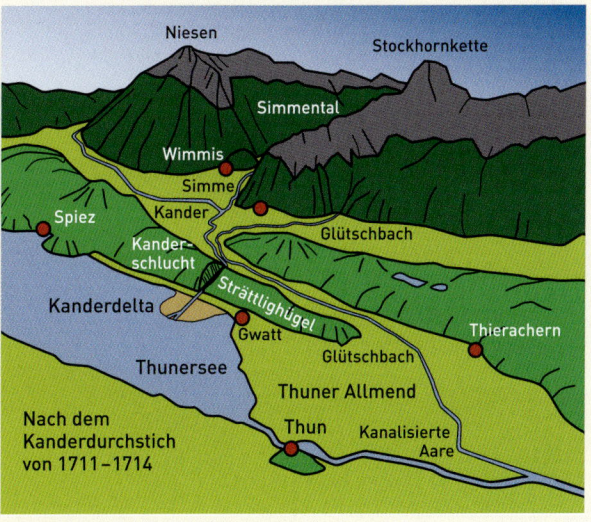

Der heutige Kanderlauf

6

Exkurs: Linthkorrektion

Die Linth hat in der Zeit von 1627 bis 1840 immer wieder grosse Überschwemmungen in der Ebene zwischen Näfels, Weesen und Ziegelbrücke verursacht. Besonders verheerend waren die beiden Überschwemmungen von 1762 und 1764. Die Linth und ihre Zuflüsse setzten damals die ganze Ebene vollständig unter Wasser, rissen fast alle Brücken weg und zerstörten zahlreiche Häuser. Damals mündete die Linth noch nicht in den Walensee, sondern floss von Mollis quer zum Tal gegen Niederurnen und dann nach Ziegelbrücke. Hier vereinigte sie sich mit der Maag, dem ehemaligen Abfluss des Walensees. Wegen der zahlreichen Hochwasser im 18. Jahrhundert wurden gewaltige Geschiebemassen aus den Glarner Bergen in die einst sehr fruchtbare Linthebene geführt. Es erfolgte ein Rückstau der Maag und dadurch ein Ansteigen des Walensees. Bei anhaltendem Regenwetter wurden insbesondere Weesen und Walenstadt bis zur Höhe der ersten Obergeschosse der Häuser überschwemmt. Die Linthebene verwandelte sich in einen Morast, und die Gegend wurde alljährlich vom Sumpffieber (Malaria) heimgesucht.

Bereits 1783 wurde durch die Tagsatzung ein Projekt für eine Korrektion der Linth in Auftrag gegeben. 1804 beschloss die Tagsatzung dann, die Linth ab Mollis durch einen Kanal in den Walensee zu leiten und das Flussbett zwischen dem Walensee und dem Zürichsee zu korrigieren. 1807 begannen die Arbeiten unter der Leitung von Hans Conrad Escher. 1811 wurde der Molliserkanal (später in Escherkanal umbenannt) eröffnet. Im Jahre 1816 war der Linthkanal zwischen Walensee und Zürichsee fertig gegraben.

Die Linthkorrektion hat die Erwartungen erfüllt, die man an sie gestellt hat. Sie bewirkte eine Seeabsenkung von 5,4 Metern. Weite Flächen des einst versumpften Gebietes konnten melioriert werden, und das Sumpffieber verschwand gänzlich aus der Linthgegend. Fast 200 Jahre nach der Realisierung der Korrektion wird der Linthkanal im Rahmen der Sanierung nach den Hochwassern von 1999 gemäss eidgenössischem Gewässerschutzgesetz durch Verstärkung der Dämme hochwassersicher gemacht und gleichzeitig ökologisch aufgewertet. Dabei werden 40 Hektaren an zusätzlichen naturnahen Flächen geschaffen. Durch verschiedene Ausweitungen des Linthkanals sollen neue Lebensräume für Flora und Fauna realisiert werden. Grundlage für das Projekt «Linth 2000» ist das interkantonale Konkordat zwischen St. Gallen, Glarus, Schwyz und Zürich, das seit dem 1.1.2004 in Kraft ist. Die Bauzeit wird mit ca. 10 Jahren veranschlagt, die Kosten mit 104,5 Millionen Franken.

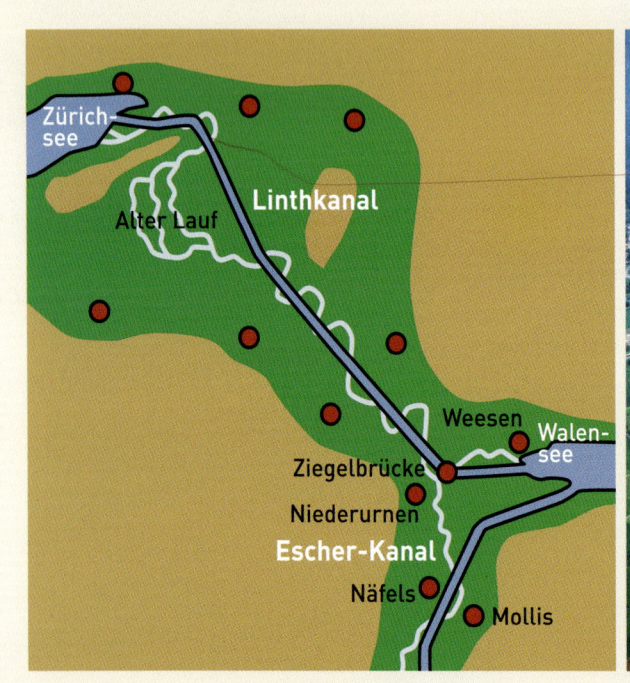

Escherkanal und Linthkanal, Walensee als Ausgleichsbecken

Die Linth wird über den Escherkanal in den Walensee geführt. Der Linthkanal am linken Bildrand führt das Wasser aus dem Walensee (oben im Bild) in den Zürichsee.

Exkurs: Golfstrom

Die Oberflächen-Meeresströmungen (Abb. 6.14) bilden ein sehr komplexes Netz rund um den Globus. Der für Europa wichtigste Strom ist der Golfstrom. Er erhielt seinen Namen durch die Annahme, dass das Wasser hauptsächlich aus dem Golf von Mexiko stamme. Der Südost- und der Nordostpassat bewegen die Wassermassen des Süd- und des Nordäquatorialstromes in den Golf von Mexiko. Dort werden sie stark aufgewärmt. Sie fliessen in den Atlantik und werden von der Westwinddrift der gemässigten Breiten gegen Nordeuropa geführt. Der Golfstrom sorgt somit für einen gewaltigen Energietransport und beeinflusst in starkem Ausmass das Klima in Europa. Im Verhältnis zur Ostküste der USA ist es nämlich in Europa wärmer und feuchter. Ohne den Golfstrom wäre es nicht möglich, dass in Grossbritannien Palmen gedeihen könnten, sondern es wäre im Jahresmittel um einige Grad kälter.

Nicht nur der Wind, sondern vor allem die Dichte der Wassermassen haben einen grossen Einfluss auf die Strömungsverhältnisse in Ozeanen, auch im Atlantik. Dessen Salzgehalt ist unterschiedlich, im Gesamten ist der Atlantik salzhaltiger als die beiden anderen Ozeane.

Der Export des über dem Atlantischen Ozean verdunsteten Wasserdampfs in die beiden anderen Ozeane (Pazifischer und Indischer Ozean) ist grösser als der Import an Wasserdampf aus deren Gebiet. Der Grund liegt in der Orografie der Kontinente. Die starke Verdunstung in den tropischen Gebieten führt zu einer erhöhten Salzkonzentration im Atlantik. Über die Landbrücke Mittelamerikas werden in der Troposphäre grosse Wassermengen in den Pazifik verfrachtet, was die Salzkonzentration im Atlantik erhöht. Umgekehrt regnen die Luftmassen in der Westwindzone an der Sierra Nevada und den Rocky Mountains aus, es erfolgt daher kaum ein Süsswassertransport vom Pazifik in den Atlantik.

Welche Auswirkungen die aktuellen Klimaveränderungen haben werden, ist umstritten. Man hat festgestellt, dass der Rückfluss der kalten Tiefenwasser in den letzten 50 Jahren um bis zu 20 Prozent zurückgegangen ist. Durch die globale Temperaturerhöhung schrumpfen im Nordatlantik die Eismassen und bringen immer grössere Mengen an Süsswasser in den Nordatlantik ein. Daraus resultiert eine geringere Dichte der Wassermassen. Damit sinkt immer weniger Wasser ab, und die Sogwirkung im Nordpolarmeer geht zurück. Diese Entwicklung könnte den Golfstrom abschwächen oder sogar verschwinden lassen, was wiederum zur Folge hätte, dass es in Nordeuropa deutlich kälter würde. Umgekehrt dürften die erhöhten Temperaturen eine Erhöhung der Verdunstungsraten in tropischen Gebieten bewirken und damit gäbe es einen grösseren Wassermassentransport in die anderen Ozeane, insbesondere in den Pazifik, was den Salzgehalt im Atlantik erhöhen würde. Damit würde die Golfstromzirkulation sogar verstärkt. Welcher der beiden Prozesse den grösseren Einfluss haben wird, ist derzeit nicht geklärt.

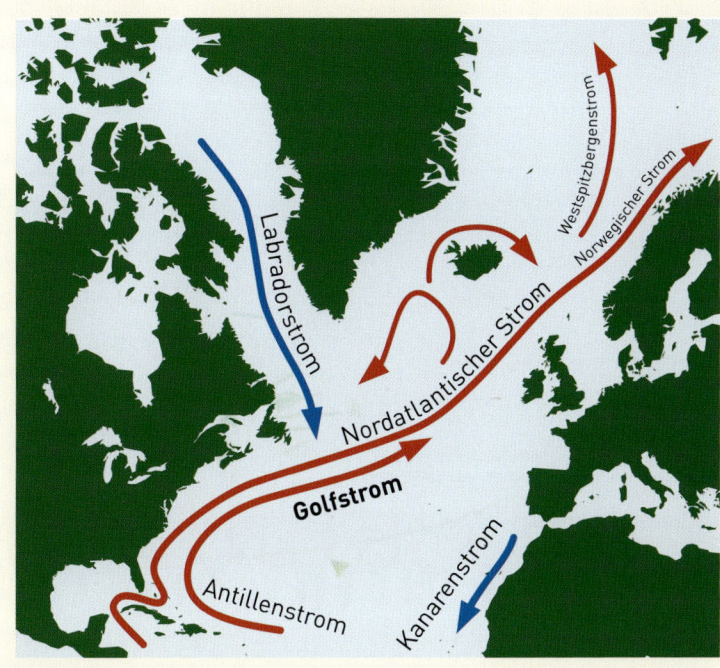

Der Golfstrom

Exkurs: Das El-Niño-Southern-Oscillation-Phänomen (ENSO)

Alle drei bis acht Jahre kann im tropischen Pazifischen Ozean ein Phänomen beobachtet werden, das in der Meteorologie unter der Bezeichnung ENSO beschrieben wird und eine komplexe Wechselwirkung zwischen Atmosphäre und Ozean aufzeigt. Die Abkürzung ENSO steht für El-Niño-Southern Oscillation, wobei El Niño das ozeanische Phänomen, Southern Oscillation die atmosphärischen Schwankungen darstellt.

Im südlichen Pazifischen Ozean strömt der Südostpassat als Teil der Hadley-Zirkulation vom südpazifischen Hochdruckgebiet zur äquatorialen Tiefdruckrinne, wo er in einen Ostwind übergeht, der von der peruanischen Küste zur südostasiatischen Inselwelt strömt. Der Südostpassat bewirkt, dass das Oberflächenwasser entlang des Äquators Richtung Indonesien strömt. Kühles und nährstoffreiches Tiefenwasser steigt dadurch vor der peruanischen Küste auf und bildet die Nahrungsgrundlage der reichen Fischgründe vor der südamerikanischen Pazifikküste. Die absinkenden und Richtung Asien strömenden Luftmassen bewirken gleichzeitig eine Niederschlagsarmut und eine Küstenwüste, die für die südamerikanische Küste entlang des Pazifiks charakteristisch ist. Auf der indonesischen Seite des Pazifischen Ozeans steigt demgegenüber feuchtwarme Luft über dem warmen Meer auf, kondensiert und löst die häufigen tropischen Niederschläge aus. Die Druckunterschiede zwischen der peruanischen Küste (Hochdruck) und der südostasiatischen Inselwelt (Tiefdruck) gingen als Walker-Zirkulation in die Fachliteratur ein.

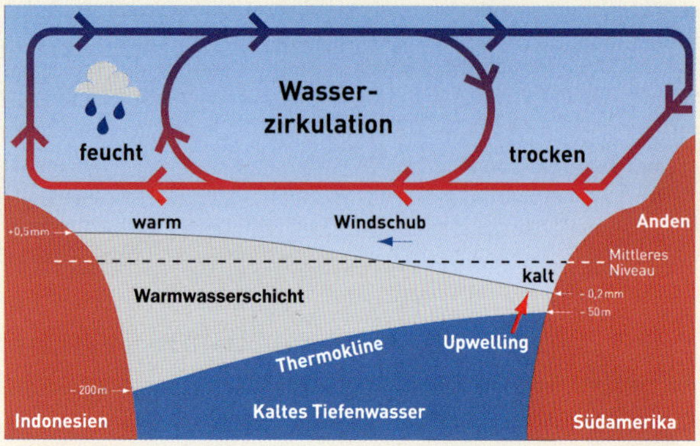

In einem El-Niño-Jahr schwächt sich das südpazifische Hoch ab, der Südostpassat und die äquatoriale Ostzirkulation werden schwächer, und warmes Wasser schwappt gegen die peruanische Küste und überlagert den kalten Humboldtstrom. Trockenheit in Indonesien und Australien und starke Regenfälle an der südamerikanischen Pazifikküste sind die Folge. Dadurch wird das Plankton in die Tiefe abgedrängt, und der Fischreichtum vor der peruanischen Küste versiegt. Das Phänomen tritt alle drei bis acht Jahre um die Weihnachtszeit auf und wird deshalb in Peru als El Niño, das Christkind, bezeichnet. Die Ursachen für dieses Phänomen sind nicht bekannt.

Perioden, in denen die Normalzirkulation verstärkt auftritt, die Druckunterschiede zwischen Südamerika und Asien also besonders gross sind und eine starke gegen Indonesien gerichtete Strömung auftritt, werden als La Niña (das Mädchen) bezeichnet.

Erfasst werden die Schwankungen durch die Druckunterschiede zwischen Darwin (Australien) und Tahiti (Französisch-Polynesien). Die Abweichungen von der durchschnittlichen Druckdifferenz werden als Southern Oscillation Index (SOI) bezeichnet. Durch Bojen und vermehrte Messungen von Forschungsschiffen aus konnten in den letzten Jahren weitere wichtige Daten im Pazifischen Ozean gewonnen werden, die nun standardisiert in den Multivariaten ENSO-Index (MEI) einfliessen.

Der El-Niño-Effekt scheint Auswirkungen weit über den Pazifischen Raum zu haben. Die Schwankungen des indischen Monsuns und die Häufigkeit tropischer Stürme sollen durch diese pazifischen Zirkulationsschwankungen verursacht werden.

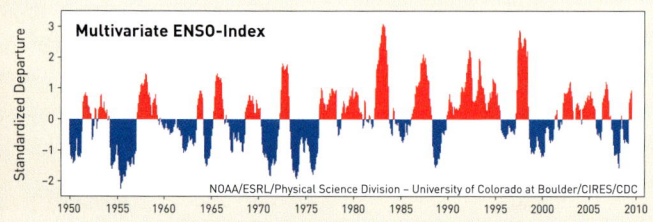

Normale Zirkulation: Luftdruckverteilung und Meeresströmungen im Pazifik.

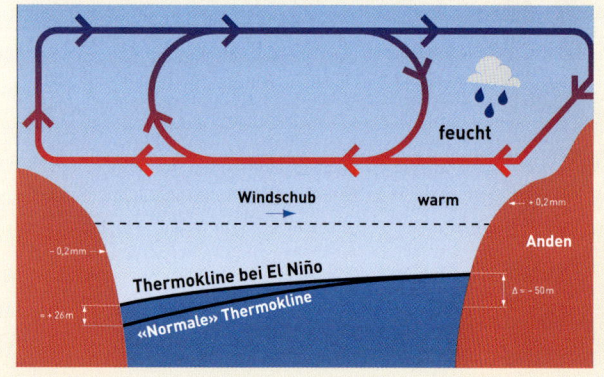

Die Zirkulation in einem El-Niño-Jahr

Der Multivariate ENSO von 1950 bis 2008. Rote Bereiche deuten einen El-Niño-Effekt an. Deutlich zeichnet sich der letzte starke El Niño aus dem Jahre 1997/98 ab.

7
Wetter und Klima

Martin Hasler

Seit Jahrtausenden beschäftigen sich Menschen mit dem Wetter. Dies ist verständlich, entscheidet doch der Wetterverlauf über Anbau und Ernteerfolg. Unwetter, Hochwasser und Dürren verursachen Schäden und gefährden auch heute noch Menschen in ihrer Existenz.
Selbst in der Freizeitgesellschaft des 21. Jahrhunderts ist das Wetter von grossem Interesse – die hohen Einschaltquoten der Fernsehwetterberichte bestätigen das –, weil das Wettergeschehen Reise- und Ferienpläne bzw. Freizeitaktivitäten bestimmt. Das Wetter ist eines der wenigen Phänomene, das sich der Beeinflussung und Steuerung durch den Menschen weitgehend entzieht.

1. Wetter und Klima

Meteorologie

Zwei Wissenschaftszweige befassen sich mit der Lufthülle der Erde: Die **Meteorologie** (griech. «meteoros» = in der Luft schwebend) beschäftigt sich wissenschaftlich mit dem aktuellen Zustand der Atmosphäre und erfasst diesen heute mit aufwendigen Messmethoden in einem weltumspannenden und mehrschichtigen Netz. Meteorologen versuchen, die dynamischen Prozesse in der Atmosphäre numerisch zu erfassen, um damit unter anderem den Wetterablauf für die nächsten Tage möglichst genau vorhersagen zu können. Bei numerischen Wetterprognosen werden die Stationsdaten rechnerisch in ein dreidimensionales Gitternetz übertragen, das dann als Ausgangslage für die Simulation der Entwicklung der Atmosphäre in den nächsten Tagen dient.

Abbildung 7.1:
Teil der automatischen Wetterstation auf dem Schilthorn, 2971 m. In der Lamellendose links befindet sich ein Temperatur- und ein Feuchtesensor, die Windfahne in der Mitte zeigt die Windrichtung an, und ganz rechts misst ein Anemometer die Windgeschwindigkeit.

Klimatologie

Auch der Begriff **Klima** (griech. «klinein» = neigen) geht auf die Antike zurück. Bereits die Griechen erkannten, dass die unterschiedliche Sonneneinstrahlung, eine Folge der Neigung der Erdachse gegenüber der Ekliptik (vgl. Kap. 2, S. 25f.), zu einem unterschiedlichen Witterungsverlauf führt. Die **Klimatologie** befasst sich daher mit dem mittleren Zustand der Atmosphäre und beschreibt die durchschnittlichen Wetterverhältnisse einzelner Orte und Gebiete. Mit den **Klimaelementen** (Strahlung, Temperatur, Luftdruck, Wind, Luftfeuchtigkeit, Verdunstung, Niederschlag und Bewölkung) wird das Klima eines Ortes möglichst umfassend beschrieben. Die **Klimafaktoren** erklären mit den räumlichen Voraussetzungen (z.B. geografische Breite, Höhenlage, Exposition, Vegetation usw.) den unterschiedlichen Klimaverlauf. Der Klimatologe fasst dann Orte mit einem vergleichbaren durchschnittlichen Wetterablauf in einer **Klimazone** zusammen.

Während Wetteränderungen kurzfristig eintreten können und Gegenstand der meteorologischen Forschung sind, lassen sich **Klimaschwankungen** und **Klimaänderungen** nur durch Beobachtungen über längere Zeiträume erfassen. Da die Aufzeichnungen meteorologischer Daten nur selten mehr als zweihundert Jahre zurückreichen, bemühen sich Klimatologen vor allem um die Auswertung sogenannter **Klimaarchive**. Dabei handelt es sich um Klimadaten, die indirekt durch die Analyse von Eisbohrkernen, Pollenprofilen, Baumholzproben usw., aber auch durch die Auswertung historischer Quellen (z.B. Erntestatistiken, Katastrophenberichte) gewonnen werden.

2. Aufbau und Zusammensetzung der Atmosphäre

Die **Atmosphäre** (griech. «atmos» = Dampf, «sphaira» = Kugel) umfasst die Lufthülle der Erde. Sie lässt sich aufgrund des Temperaturverlaufes in «Stockwerke» gliedern (Abbildung 7.2).

In der **Troposphäre** (griech. «trope» = Wende) spielt sich das eigentliche Wettergeschehen ab. Die mittlere Temperatur nimmt von 15 °C auf Meereshöhe auf durchschnittlich −55 °C an der Tropopause, der Grenze zur Stratosphäre, ab. Die Tropopause liegt über dem Äquator auf maximal 18 km Höhe, über den Polen noch auf 8 km. Innerhalb der Troposphäre verzeichnet die Temperatur im Durchschnitt eine Abnahme um 0,65 °C pro 100 m Höhenzunahme.

Aufbau der Atmosphäre

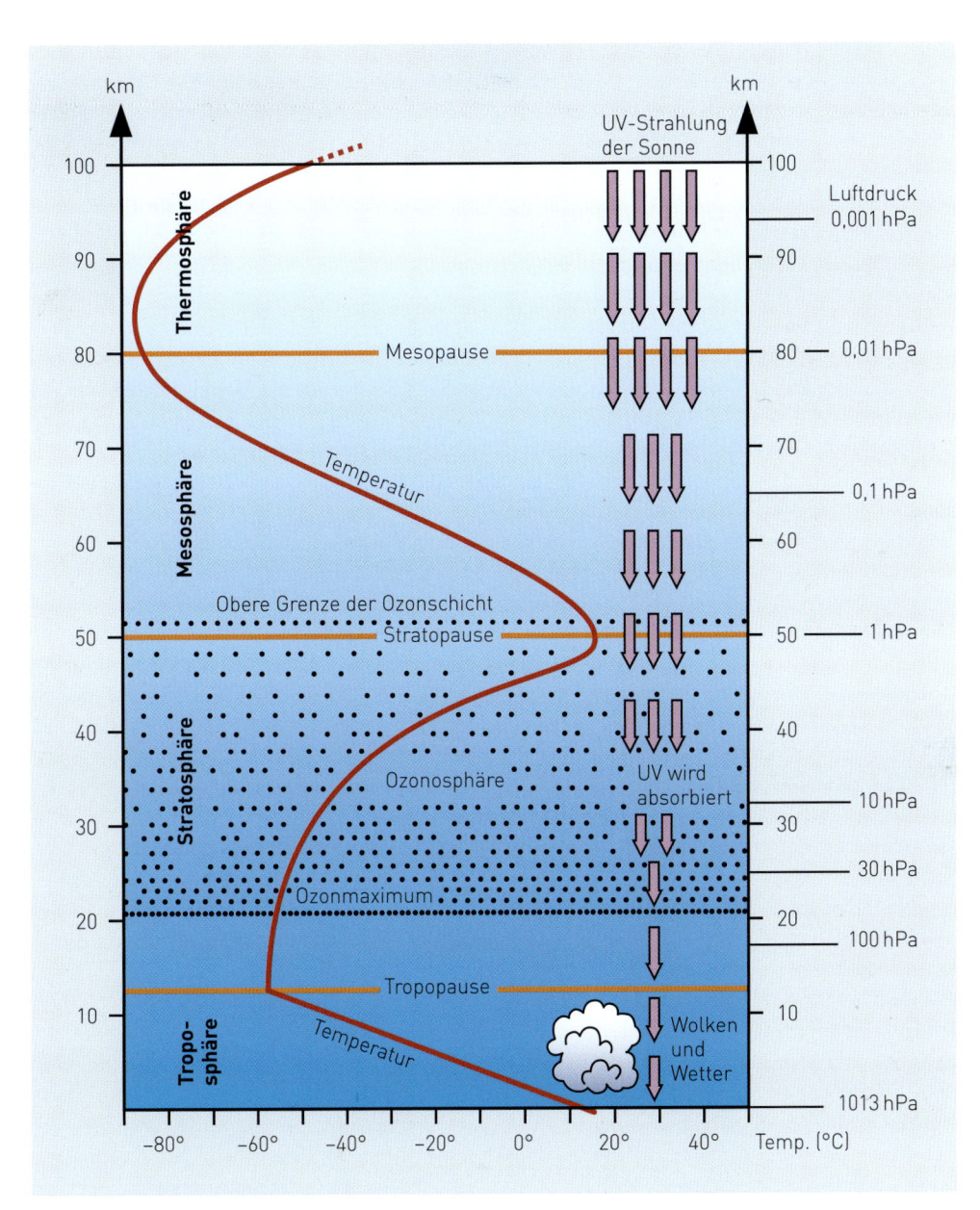

Abbildung 7.2:
Der Aufbau der Atmosphäre. Der Temperaturverlauf gliedert die Atmosphäre in Stockwerke (hPa: Hektopascal).

Wetter und Klima

In der **Stratosphäre** (griech. «stratos» = Schicht) bleibt die Temperatur oberhalb der Tropopause zunächst tief, um dann weiter oben bis zur Stratopause in 50 km Höhe auf etwa +10 °C anzusteigen. Hier wird die energiereiche Ultraviolettstrahlung, die für Mensch, Tier und Pflanzen gefährlich ist, durch Sauerstoff und **Ozon** (griech. = das Riechende) grösstenteils absorbiert und in Wärme umgewandelt. Der Ozonschicht kommt damit eine wichtige Schutzfunktion zu. Zudem wirkt die Temperaturzunahme in der Stratosphäre als Inversion (vgl. Abb. 7.4) und blockiert den vertikalen Austausch zwischen der Troposphäre und der Stratosphäre. Das für die Erdoberfläche wichtige meteorologische Geschehen beschränkt sich somit auf die Troposphäre.

Die über der Stratosphäre folgende **Mesosphäre** (griech. «meson» = Mitte) wird durch eine starke Temperaturabnahme von etwa +10 °C an der Stratopause (50 km Höhe) bis etwa –80 °C an der Mesopause in 80 km Höhe gekennzeichnet.

In der anschliessenden **Thermosphäre** (griech. «thermos» = warm) steigt die Temperatur wiederum stark an, was auf die geringe Gasdichte zurückzuführen ist, in der durch die UV-Strahlung ebenfalls Sauerstoffmoleküle (O_2) zu atomarem Sauerstoff (O) gespalten werden, der hier aber aufgrund der geringen Gasdichte keine weiteren Bindungen eingeht. Allerdings beschreiben die Temperaturen, die gegen oben über 1000 °C erreichen, die Bewegungsenergie der Moleküle und Atome und können kaum als «Hitze» im herkömmlichen Sinne bezeichnet werden. Da ab etwa 80 km Höhe ionisierte, also elektrisch geladene Gasmoleküle bzw. Gasatome vorkommen, spricht man hier auch von der **Ionosphäre** (Ion: elektrisch geladenes Teilchen). Durch das Auftreffen des «Sonnenwindes» (Elektronen und Protonen, die von der Sonne in unterschiedlicher Stärke in den Weltraum geschleudert werden) auf das Magnetfeld der Erde folgen die Elektronen und Protonen den Feldlinien des Magnetfeldes der Erde und tauchen über den Polen tief in die Atmosphäre ein. Dadurch werden in der Höhe zwischen 70 und 80 km Sauerstoffatome und Stickstoffmoleküle angeregt und emittieren Licht im grünlichen, roten und manchmal auch violetten Bereich, was dann als **Polarlicht** («Nordlicht» und «Südlicht») in schwingenden Bändern sichtbar wird.

Der allmähliche Übergang der Atmosphäre ab etwa 400 km Höhe in den Weltraum wird als **Exosphäre** (griech. «exo» = ausserhalb) bezeichnet.

Das Wettergeschehen spielt sich weitgehend in der Troposphäre ab. Die darüberliegenden Luftschichten sind aber als Schutzfilter lebenswichtig, da sie die kurzwellige, energiereiche und für den Menschen gefährliche Strahlung der Sonne absorbieren und in Wärme umwandeln.

Der **Normalluftdruck auf Meereshöhe** beträgt 1013 Hektopascal (1 hPa = 1 Millibar [mb] = 100 Newton pro Quadratmeter, N/m^2) auf 45° Breite und bei 0 °C. Dies entspricht auf Meereshöhe dem Druck einer 10,13 m hohen Wassersäule. Der Luftdruck nimmt mit der Höhe rasch ab und beträgt in 50 km Höhe nur gerade noch 1 hPa.

Zusammensetzung der Luft

Die **Zusammensetzung der Luft** bleibt bis in etwa 80 km Höhe (Mesopause) konstant. Trockene Luft besteht aus folgenden Bestandteilen (Volumenprozente):

Stickstoff	N_2	78,08 %
Sauerstoff	O_2	20,95 %
Argon	Ar	0,93 %
Kohlendioxid	CO_2	340 ppm (parts per million)
Neon	Ne	18 ppm
Helium	He	5 ppm
Methan	CH_4	2 ppm
Krypton	Kr	1 ppm

Der Wasserdampfgehalt der Luft variiert zeitlich und räumlich stark und kann bis zu 4 % betragen.

3. Klimaelemente

Klimaelement	Messinstrumente	Masseinheit
Strahlung	Pyranometer, Pyrheliometer	Intensität: W/m²
		Dauer: Sonnenscheindauer in Stunden
Temperatur	Thermometer	°C
Luftfeuchtigkeit	Hygrometer	Relative Luftfeuchtigkeit: %
Luftdruck	Barometer	hPa (früher: 1 mb [= 1 hPa] = 760 mm Quecksilbersäule)
Wind	Anemometer, Windfahne	m/s, Windrichtung
Niederschlag	Regenmesser	mm/m², (1mm/m²= 1 Liter Wasser/m²)

Strahlung

Die Energie für das gesamte Wettergeschehen stammt von der Sonne. Die an der Atmosphärenoberfläche zur Verfügung stehende eingestrahlte Energie beträgt, senkrecht zur Einfallsrichtung der Sonnenstrahlen gemessen, 1370 W/m² (Watt pro Quadratmeter). Dieser Wert wird als **Solarkonstante** bezeichnet. Betrachtet man das Strahlungsspektrum der Sonne, wird klar, dass die von der Sonne zur Erde abgestrahlte Energie ihre höchste Intensität im kurzwelligen Bereich (maximale Intensität bei 500 nm; nm = Nanometer, 1 Nanometer = 10^{-9} m) aufweist, das heisst, die Erde erhält die Energie als UV- und Lichtstrahlung. Im langwelligen Bereich strahlt die Sonne dagegen kaum Energie ab. Beim Auftreffen der Sonnenstrahlung auf die Atmosphäre werden Teile dieser Strahlung reflektiert (Abb. 7.3), ein geringer Teil wird durch die Atmosphäre absorbiert, und etwa die Hälfte der Strahlung gelangt direkt oder indirekt bis zum Erdboden (Globalstrahlung) und heizt diesen auf.

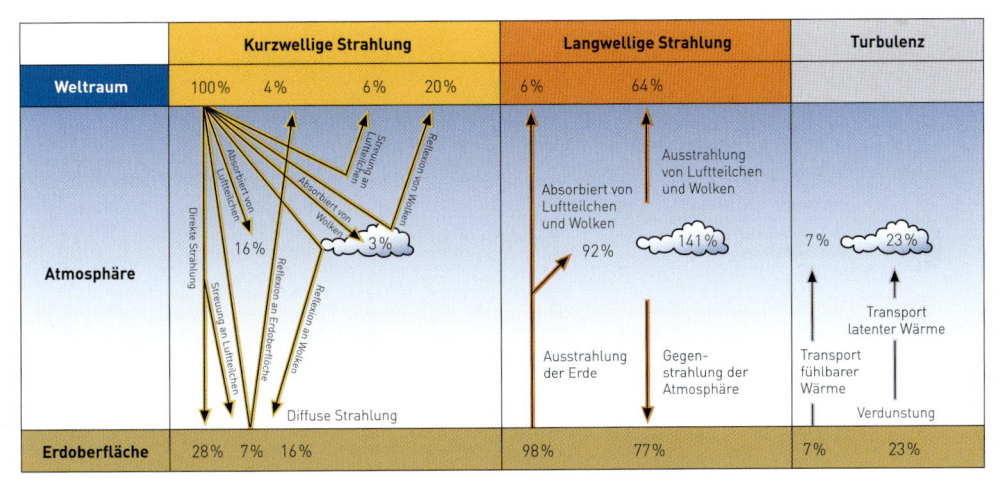

Abbildung 7.3: Strahlungsbilanz der Erde: Die kurzwellige Lichtstrahlung wird am Erdboden in langwellige Wärmestrahlung umgewandelt und an die Atmosphäre abgegeben. Die Einstrahlung der Sonne auf die Atmosphäre wird auf 100% gesetzt.

Die Erde ihrerseits strahlt Energie in langwelliger Form (Wärme) ab, die von den Gasen der Atmosphäre absorbiert wird. Da für die Verdunstung von Wasserdampf Energie in Form von Wärme benötigt wird, gelangt über die Verdunstung sogenannte latente Wärme in die Atmosphäre, die dann bei der Kondensation wieder freigesetzt wird. Auch durch Turbulenzen wird Energie direkt in die Atmosphäre transportiert. Zusammengefasst lässt sich festhalten, dass die Erde von der

Sonne Energie hauptsächlich in Form kurzwelliger Strahlung erhält und diese vor allem am Boden in langwellige Strahlung umgewandelt wird, die dann von der Atmosphäre aufgenommen werden kann und als erwärmte Luft wahrgenommen wird. Man spricht von einem natürlichen **Treibhauseffekt**.

Lufttemperatur

Die Lufttemperatur wird in Wetterstationen 2 m über dem Boden, an beschatteten und gut durchlüfteten Stellen, gemessen. Zu wissenschaftlichen Zwecken und für spezielle Kundengruppen werden auch Temperaturen in Bodennähe (z. B. für die Abschätzung der Bodenfrostgefahr) und mit Masten und Ballonsonden in den oberen Luftschichten (z. B. für Flugwetterberichte) gemessen.

Die gemessene Temperatur eines Ortes wird in °C (Grad Celsius) angegeben und ist von folgenden Faktoren abhängig:

Ursache	Faktor	Gesetzmässigkeit
Strahlung	1. Geografische Breite	Je weiter ein Ort vom Äquator entfernt liegt, desto geringer ist aufgrund des Einfallswinkels der Strahlung die eingestrahlte Sonnenenergie, und desto geringer ist damit die mittlere Jahrestemperatur.
	2. Jahreszeit	Die Ekliptikschiefe der Erdachse bedingt eine jahreszeitlich unterschiedliche Einstrahlung und damit ausserhalb der äquatorialen Regionen einen Jahresgang der Temperaturen.
	3. Tageszeit	Der Tagesgang der Sonne schlägt sich auch in tageszeitlich unterschiedlichen Temperaturen nieder. Dabei wird an einem vollen Strahlungstag das Maximum 1 bis 2 Stunden nach dem Sonnenhöchststand erreicht, das Tagesminimum in einer klaren Nacht kurz vor Sonnenaufgang.
Erdoberfläche	4. Höhe	Die Temperatur nimmt in der Troposphäre mit zunehmender Höhe ab.
	5. Exposition	Südexponierte Hänge erwärmen sich in den Gebirgsräumen der Nordhalbkugel stärker als Talböden und nordexponierte Hänge.
	6. Kontinentalität	Ein kontinentales Klima zeichnet sich durch hohe Temperaturdifferenzen v.a. im Jahresgang der Temperaturen aus. Ein ozeanisches Klima wirkt temperaturausgleichend.
	7. Meeresströmungen	Durch die globale Zirkulation wird ein grossräumiger Luftmassenaustausch bewirkt, sodass vor allem für Orte, die im Einflussbereich der Polarfront liegen, rasche Temperaturwechsel möglich sind. Aber auch die kleinräumige Luftzirkulation (z. B. Seewind) vermag die Temperatur eines Ortes zu beeinflussen.
Zirkulation	8. Luftmassen	Die Temperatur nimmt in der Troposphäre mit zunehmender Höhe ab.
Erdoberfläche	9. Bewölkung	Bewölkung gleicht den Tagesgang der Temperaturen etwas aus, indem die Sonnenstrahlung tagsüber nur indirekt in Bodennähe auftrifft und die nächtliche Ausstrahlung (Abkühlung) durch die Bewölkung gemildert wird.

Wichtig für das Lokalklima sind zudem die Inversionswetterlagen. Mit **Inversion** (Umkehr) wird eine Wetterlage bezeichnet, in der die Temperatur in Bodennähe tiefer ist als in der darüberliegenden Luftschicht. Damit wird etwa in Tallagen eine Durchmischung der Bodenluftschicht mit der freien Atmosphäre verhindert. Die Luftschadstoffe bleiben im Talboden «gefangen» und reichern sich von Tag zu Tag weiter an (Abb. 7.4 und 7.5).

Inversion

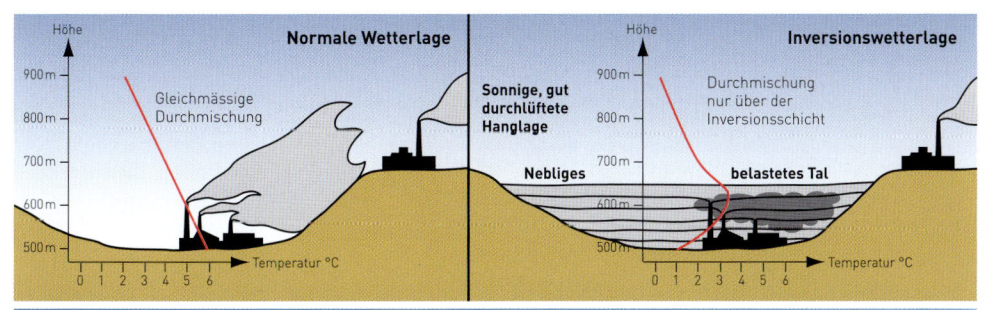

Abbildung 7.4:
Inversionslage: Die Schichtung der Atmosphäre (**Temperaturverteilung**) bei normaler Wetterlage und bei einer Inversionslage, beispielsweise bei einer winterlichen Bodennebellage

Abbildung 7.5:
Eine winterliche Inversionslage: Nebel oder Hochnebel **über dem** Mittelland, in den Alpen Sonne und gute Fernsicht. Bild: Blick von der Moosegg (967 m ü. M.) **zu den** Berner Alpen

Aus den während eines Tages zu festen Zeiten gemessenen Temperaturen wird ein Tagesmittelwert ermittelt. Aus den mittleren Tagestemperaturen ergibt sich das Monatsmittel, aus den Monatsmitteltemperaturen die Jahrestemperatur. Nach 10 bzw. nach 30 Jahren lassen sich Jahresmittelwerte berechnen. Klimadiagramme zeigen meist über 30 Jahre gemittelte Monatstemperaturen auf.

Luftfeuchtigkeit, Wolken, Niederschlag

Durch Verdunstung gelangt Wasserdampf hauptsächlich von den Ozeanoberflächen in die Atmosphäre. Die Luft hat in der Troposphäre je nach Ort und Zeit einen unterschiedlichen Wasserdampfgehalt. Die in einem Kubikmeter Luft enthaltene Wasserdampfmenge wird als **absolute Luftfeuchtigkeit** bezeichnet und in g/m^3 angegeben. Die Wasserdampfmenge kann, vergleichbar zum Luftdruck, auch als **Dampfdruck**, das heisst als Partialdruck des Wasserdampfes (ausgedrückt in Pa), angegeben werden.

Absolute Luftfeuchtigkeit

Wetter und Klima

Sättigungsmenge

Die Luft kann nicht beliebig viel Wasserdampf aufnehmen. Die maximale Menge ist abhängig von der Temperatur und wird als **Sättigungsmenge** bezeichnet. Mit **Taupunkt** wird die Temperatur bezeichnet, auf die ein Luftpaket abgekühlt werden muss, damit **Kondensation** eintritt. Dabei gilt: Je höher die Temperatur, desto mehr Wasserdampf vermag eine Luftmasse bis zur Sättigung aufzunehmen.

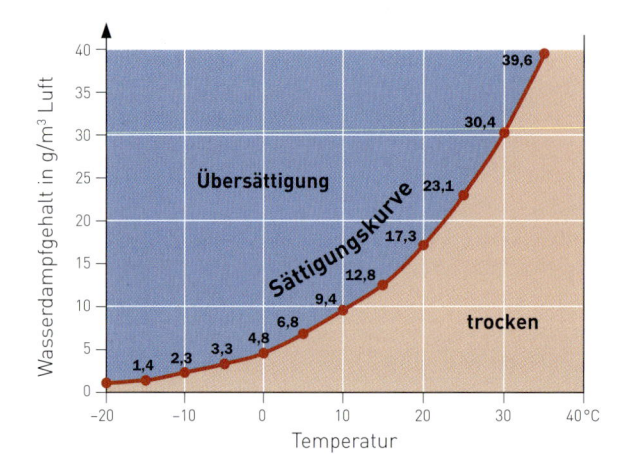

Abbildung 7.6:
Taupunkts- oder Sättigungskurve: Die Sättigungsmenge ist temperaturabhängig.

Relative Luftfeuchtigkeit

Aus der Sättigungsmenge und der absoluten Feuchte lässt sich die **relative Luftfeuchtigkeit** berechnen, die sich in einem Hygrometer auch direkt ablesen lässt:

$$\text{Relative Feuchte (in \%)} = \frac{\text{absolute Feuchte (g/m}^3\text{)} \times 100}{\text{Sättigungsmenge (g/m}^3\text{)}}$$

Durch die Verdunstung nimmt eine Luftmasse Wasserdampf auf. Allerdings wird dadurch die Sättigungsmenge in der Regel nicht erreicht. Zur Kondensation kommt es meistens erst, wenn sich eine Luftmasse so weit abkühlt, dass der Taupunkt erreicht wird.

Dies ist möglich
1. durch das Aufsteigen erhitzter Luft (Bildung von Cumulonimbuswolken und Wärmegewittern (vgl. Abb. 7.7));
2. durch das Aufsteigen der Luft an der Vorderseite der Gebirge (Steigungsniederschläge);
3. durch das Aufsteigen und Aufgleiten wärmerer Luft an einer Front (Frontalniederschläge);
4. durch Abkühlung von unten (**Kaltluftseebildung**, Inversion oder kalte Meeresströmung). Dabei kommt es häufig zur Bodennebelbildung (vgl. Abb. 7.4 und 7.5).

Es gelten folgende Gesetzmässigkeiten: Aufsteigende Luft kühlt sich um 1 °C pro 100 m Höhe ab (trockenadiabatischer **Temperaturgradient**), bis der Taupunkt erreicht ist. Steigt die Luftmasse nach Erreichen des Taupunktes noch weiter auf, beträgt die Abkühlung noch ca. 0,6 °C pro 100 m Höhenzunahme (feuchtadiabatischer Temperaturgradient). Eine absinkende Luftmasse erwärmt sich um 1 °C pro 100 m Höhenabnahme.

Unterschreitet die Temperatur einer Luftmasse den Taupunkt, kondensiert der Wasserdampf: Um **Kondensationskerne**, die aus Salzkristallen, Staubpartikeln oder Eiskeimen bestehen können und einen Durchmesser < 0,001 mm haben, bilden sich kleine Wassertröpfchen. Diese feinen Wassertröpfchen mit einem Durchmesser von etwa 0,01 mm verbleiben vorerst schwebend in der Atmosphäre und werden von innen als **Nebel**, von aussen als **Wolke** wahrgenommen.

Wolken

Die Wolken lassen sich in zwei Hauptgruppen einteilen:
1. Cumulus- oder Haufenwolken (lat. «cumulus» = Haufen): Sie sind das Ergebnis der **Konvektion**, des Aufsteigens warmer Luft in kälterer Umgebungsluft.
2. Stratus- oder Schichtwolken (griech. «stratos» = Schicht): Sie entstehen durch **Advektion**, das Aufgleiten wärmerer auf kältere Luft.

In der internationalen Wolkenklassifikation werden die Wolken in **zehn Wolkengattungen** sowie in Arten und Unterarten eingeteilt.

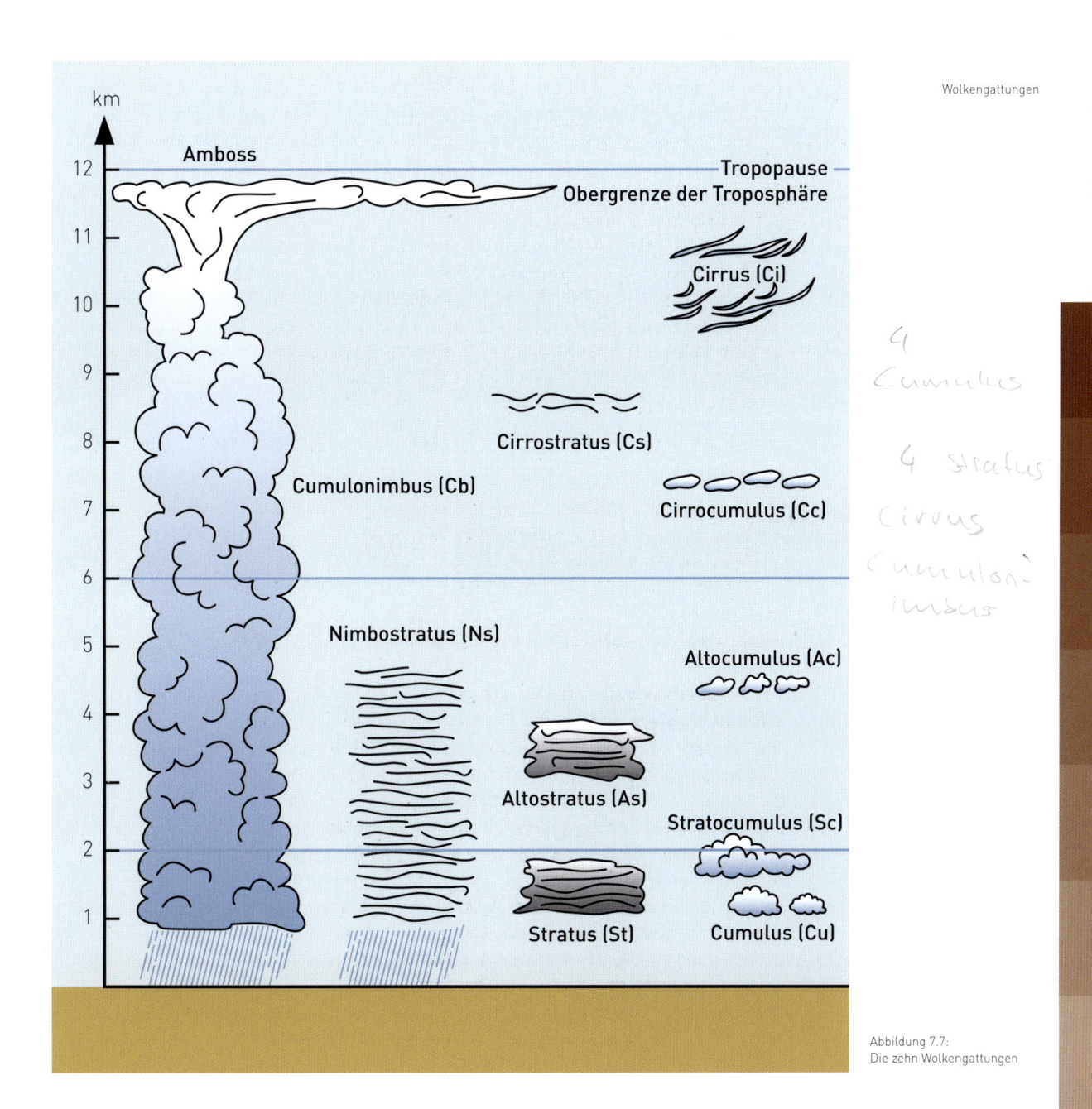

Wolkengattungen

Abbildung 7.7:
Die zehn Wolkengattungen

Wetter und Klima

7

Niederschlag

Niederschlag kann je nach den atmosphärischen Bedingungen in verschiedenen Formen auftreten:

Regen: Tropfen mit einem Durchmesser von > 0,5 mm.
Nieselregen: Tropfen mit einem Durchmesser < 0,5 mm, ab etwa 0,1 mm langsam fallend.
Starkregen: Starke Regenfälle, die in 5 Minuten mehr als 5 mm oder in 60 Minuten mehr als 17 mm Niederschlag ergeben.
Schnee: Ab etwa –12 °C kondensiert der Wasserdampf direkt zu kleinen Eiskristallen (sog. Sublimation), die sich dann zu Schneeflocken zusammenballen.
Graupel: Unregelmässig geformte, lufthaltige und gefrorene Körnchen von 2 bis 5 mm Grösse, die durch kräftige Aufwinde etwa an Kaltfronten entstehen können.
Hagel: Gefrorene Regentropfen > 5 mm Durchmesser, die aus einem Eiskristallkern und mehreren gefrorenen Schalen bestehen und die bei Gewitterwolken mit starken Aufwinden durch mehrmaliges Anlagern eines Wasserfilmes und wiederholtes Gefrieren entstehen können.
Tau: Wasserdampf, der nachts an Pflanzen oder Gegenständen zu feinen Wassertröpfchen kondensiert.
Reif: Gefrorener Tau.

Abbildung 7.8, links: Cirrostratus- (Cs) und Cirren-Bewölkung (Ci). Das spätsommerliche Nachmittagsbild vom Berner Flugplatz Belpmoos deutet auf das Anströmen und Aufgleiten (Advektion) warmer Luft aus Südwesten in der Höhe hin und lässt das Näherrücken einer Warmfront erahnen.

Abbildung 7.9, rechts: Cumulus-Bewölkung (Cu) über Schweden. Durch das vertikale Aufsteigen warmer Luftblasen in kälterer Umgebungsluft (Konvektion) entstehen um die Mittagszeit in einer sommerlichen Hochdruckwetterlage diese Schönwetterquellwolken. Sie werden in der Meteorologie als Cumulus humilis (Cu hum) bezeichnet.

Luftdruck und Winde

Luftdruck

Der Normalluftdruck beträgt auf Meereshöhe bei 0 °C 1013 hPa (früher: 1013 mb [Millibar] oder 760 mm Quecksilbersäule). 1 Hektopascal (hPa) entspricht 100 N/m².

Der Luftdruck nimmt mit der Höhe ab: Auf 5500 m Höhe beträgt er noch rund 500 hPa, in 11 000 m Höhe noch etwa 250 hPa. Als Faustregel gilt damit eine Halbierung des Luftdruckes pro 5500 m Höhenzunahme. Diese Gesetzmässigkeit wird beim barometrischen Höhenmesser zur Bestimmung der Höhe genutzt.

Wetterkarten

Der an den meteorologischen Stationen gemessene Luftdruck wird rechnerisch auf Meereshöhe reduziert, um damit zwischen den Stationen vergleichbare Daten zu bekommen, die dann einer **Wetterkarte** zugrunde gelegt werden. Die Linien gleichen Luftdruckes, die eine Wetterkarte aufbauen (vgl. als Beispiel die Wetterkarte vom 16. Oktober 2002 im Exkurs Föhn auf Seite 163) werden als **Isobaren** bezeichnet. Wetterkarten können mit einem topografischen Relief verglichen werden: Gebiete mit hohem Luftdruck («Berge») sind Hochdruckgebiete oder **Antizyklonen**, Gebiete mit tiefem Druck («Senken») Tiefdruckgebiete oder **Zyklonen** (griech. «kyklos» = Kreis).

Klimaelemente

Luftdruckunterschiede werden kleinräumig durch Temperaturunterschiede hervorgerufen und verursachen eine Zirkulation, die der Beobachter als **Wind** verspürt: Erwärmte Luft steigt auf und verursacht ein Bodentief, kühle Luft sinkt ab und erhöht dadurch den Bodendruck zu einem Bodenhoch. Das Land-Seewind-Beispiel vermag dies gut zu illustrieren (Abb. 7.10): Durch die Erwärmung der Insel beginnt dort tagsüber warme Luft aufzusteigen, wodurch über dem Land ein lokales Bodentiefdruckgebiet entsteht, das nun kühle Meeresluft «ansaugt» und einen See-Land-Wind erzeugt. Die aufsteigende Luft kühlt sich in der Höhe ab und sinkt über dem Meer ab, was dort ein Bodenhoch verursacht. Damit schliesst sich der thermisch erzeugte, lokale Windkreislauf. In der Nacht kühlt sich die Meeresoberfläche gegenüber dem Land nur geringfügig ab. Damit wird das lokale Tief auf das Wasser verlagert, die kühle Luft sinkt über dem Land ab und schliesst mit einer Windbewegung vom Land aufs Meer den nächtlichen Kreislauf.

Wind

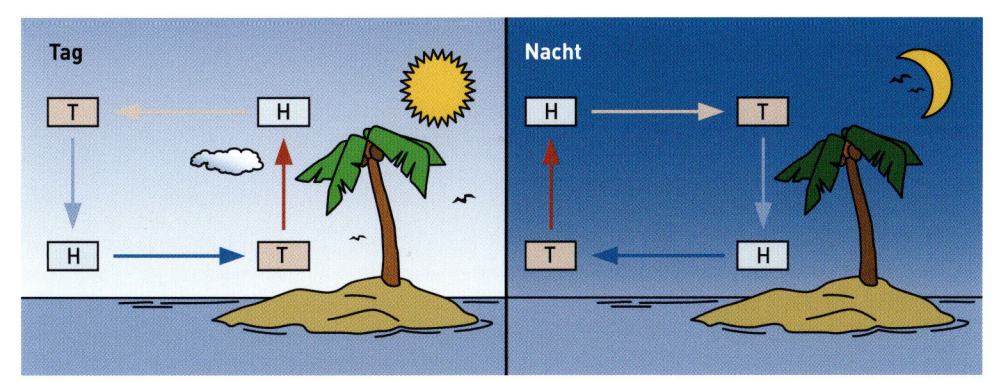

Abbildung 7.10: Land-Seewind im Tag-Nacht-Verlauf

Die Windstärke wird mit der Beaufort-Skala (nach dem englischen Admiral Sir Francis Beaufort (1774–1857)) bestimmt:

Beaufort-Skala

Beaufortgrad	m/s	km/h	Bezeichnung	Auswirkungen
0	0–0,2	< 1	Windstille	Rauch steigt gerade auf
1	0,3–1,5	1–5	Leichter Zug	Kaum spürbar, Rauch treibt leicht ab
2	1,6–3,3	6–11	Leichter Wind	Wind ist schwach fühlbar, Blätter werden bewegt, Windfahne zeigt Wind an
3	3,4–5,4	12–19	Schwacher Wind	Laub und dünne Zweige werden bewegt
4	5,5–7,9	20–28	Mässiger Wind	Dünne Äste werden bewegt. Staub, lockerer Schnee und Papier werden aufgewirbelt
5	8,0–10,7	29–38	Frischer Wind	Kleine Laubbäume beginnen zu schwanken, Schaumkronen auf Seen
6	10,8–13,8	39–49	Starker Wind	Starke Äste werden bewegt, Telefonleitungen pfeifen
7	13,9–17,1	50–61	Steifer Wind	Bäume schwanken, Behinderung beim Gehen
8	17,2–20,7	62–74	Stürmischer Wind	Zweige werden abgebrochen, das Gehen wird beschwerlich
9	20,8–24,4	75–88	Sturm	Äste brechen, Dachziegel werden weggerissen
10	24,5–28,4	89–102	Schwerer Sturm	Bäume werden entwurzelt, Schäden an Häusern
11	28,5–32,6	103–117	Orkanartiger Sturm	Dächer werden abgedeckt, Leitungsmasten geknickt
12	> 32,7	> 117	Orkan	Schwere Verwüstungen, Zerstörung von Gebäuden

Wetter und Klima

Grossräumig führen die Temperaturgegensätze zwischen dem Äquator und den Polarregionen zu einem markanten Luftdruckgefälle über den gemässigten Breiten. Aber auch thermische Prozesse, wie das grossräumige Aufsteigen warmer Luft, und dynamische Prozesse, wie das Zusammenstossen verschiedener Luftmassen, bewirken das grossräumige Auftreten unterschiedlicher Bodendruckverhältnisse. Die Luft versucht, das entstandene Druckgefälle zwischen hohem und tiefem Druck wieder auszugleichen, und beginnt, vom hohen zum tieferen Druck hin wegzufliessen. Die Kraft, die aufgrund des Druckgefälles auf ein Luftteilchen wirkt, wird als **Gradientkraft** bezeichnet. Sie ist vom Ort höheren Luftdrucks zum Ort tieferen Luftdrucks gerichtet und wirkt senkrecht zu den Isobaren. Je grösser die auftretenden Luftdruckgegensätze sind, je geringer also der Abstand zwischen den Isobaren ist, desto stärker wirkt die Gradientkraft. Die Gradientkraft F_G auf einen Luftkörper mit dem Volumen V_L entsteht durch den unterschiedlichen Druck p_1 und p_2 zwischen zwei Orten, die eine Distanz D haben ($p_1 > p_2$).

Gradientkraft: $F_G = V_L \times ([p_1 - p_2]/D)$

F_G: Gradientkraft (N, Newton)
V_L: Volumen des bewegten Luftkörpers (m³)   Volumen = Masse/Dichte
p: Druck (N/m²)   ($p_1 - p_2$)/D ist der Druckgradient
D: Distanz (m)

Da sich die Erde von West nach Ost dreht, wird eine Luftmasse, die sich bewegt, abgelenkt. Die Drehgeschwindigkeit durch die Erdrotation beträgt am Äquator 465 m/s, in 47° nördlicher Breite (Bern) noch 317 m/s und nimmt gegen die Pole hin auf null ab. Dies bewirkt, dass beispielsweise eine vom Äquator nach Norden fliessende Luftmasse der Erdoberfläche weiter nördlich vorauseilt, was auf der Nordhalbkugel eine Rechtsablenkung zur Folge hat (Abbildung 7.11). Auf der Südhalbkugel dagegen wird eine Luftmasse nach links aus der Bewegungsrichtung abgelenkt. Diese Gesetzmässigkeit wurde vom französischen Mathematiker Gaspard Gustave de Coriolis (1792–1843) entdeckt und nach ihm benannt:

Corioliskraft: $F_C = 2 \times m \times v \times \omega \times \sin \varphi$

ω: Geografische Breite
F_C: Corioliskraft (N)
m: Masse des Körpers (kg)
v: Geschwindigkeit (m/s)
φ: Winkelgeschwindigkeit der Erde, $\omega = 2\pi/86400\ s = 0{,}0000727/s$

Abbildung 7.11:
Die Entstehung des geostrophischen Windes auf der Nordhalbkugel: Gradient- und Corioliskraft heben sich gegenseitig auf; das Luftteilchen bewegt sich parallel zu den Isobaren.

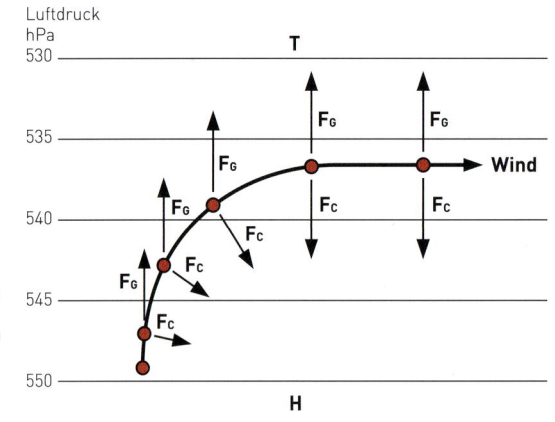

Bei der Corioliskraft handelt es sich um eine ablenkende Kraft, eine sogenannte Scheinkraft, die nur dann wirkt, wenn ein Luftteilchen in Bewegung versetzt wird.
Ein Luftteilchen befindet sich im Gleichgewicht, wenn die Gradientkraft und die Corioliskraft sich gegenseitig aufheben (Abb. 7.11). Das Luftteilchen bewegt sich dann parallel zu den Isobaren.

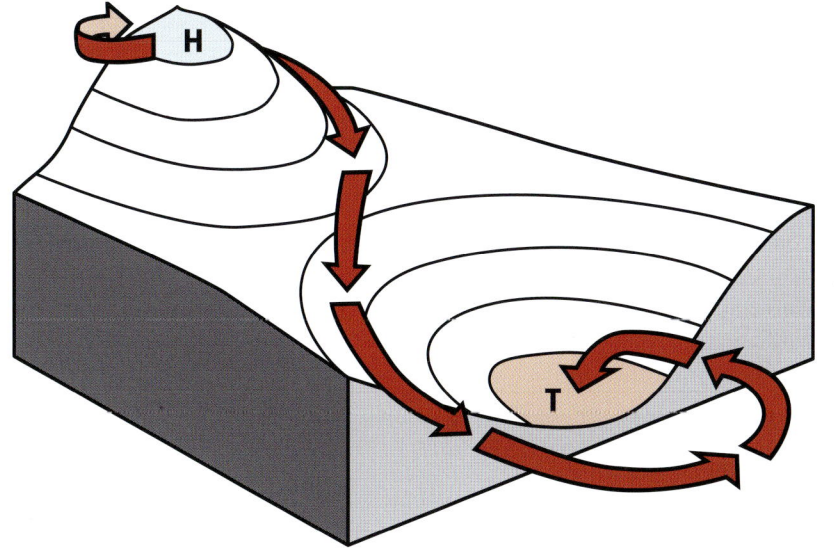

Abbildung 7.12:
Die Luftmassenbewegung auf der Nordhalbkugel in den bodennahen Luftschichten

Diese Luftmassenbewegung wird als **Geostrophischer Wind** (griech. «geo» = Erde, griech. «strophe» = Drehung) bezeichnet. In den höheren Luftschichten bewegen sich Luftmassen als geostrophischer Wind, in Bodennähe werden sie durch die Reibung an der Erdoberfläche leicht abgebremst, wodurch eine Spiralbewegung aus dem Hochdruckgebiet heraus und in das Tiefdruckgebiet hinein entsteht (Abb. 7.12).

Es gilt folgende Regel: Die Luftmassen umfliessen Tiefdruckgebiete auf der Nordhalbkugel im Gegenuhrzeigersinn, Hochdruckgebiete dagegen werden im Uhrzeigersinn umströmt. Auf der Südhalbkugel verläuft die Luftmassenbewegung umgekehrt.

Geostrophischer Wind

4. Die planetarische Zirkulation

Durch die grosse Einstrahlung steigt die erhitzte Luft im Bereich des Äquators nach oben und erzeugt am Boden einen die Erde umspannenden Tiefdruckgürtel, die sogenannte **innertropische Konvergenzzone ITC** (Abb. 7.13 und 7.14). In ihr fliessen die **Passate** zusammen (konvergieren),

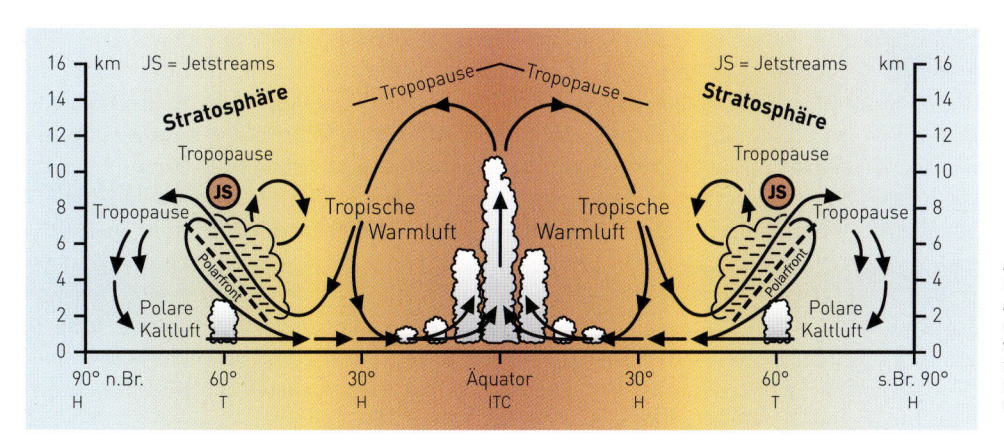

ITC

Abbildung 7.13:
Die globale Zirkulation im Aufriss: Durch die vertikale und meridionale Zirkulation wird ein Luftmassenaustausch zwischen den Tropen und den polaren Regionen möglich.

Wetter und Klima

die nach dem Absinken der tropischen Luft im **subtropischen Hochdruckgürtel** Richtung Äquator fliessen. Aufgrund ihrer konstanten Windrichtung werden sie als Nordostpassate auf der Nordhalbkugel bzw. Südostpassate auf der Südhalbkugel bezeichnet. Diese thermisch bedingte tropische Zirkulation (Abb. 7.13) wird als Hadley-Zelle (George Hadley, 1685–1768) bezeichnet.

Die nordwärts bzw. südwärts aus dem subtropischen Hochdruckgürtel ausfliessenden Winde stossen als Süd- bzw. Nord-**Westwinde** gegen Norden bzw. gegen Süden vor und treffen an der **Polarfront** auf die kalten **polaren Ostwinde**. An der Polarfront bilden sich deshalb die dynamischen Tiefdruckgebiete der gemässigten und subpolaren Breiten, und es entsteht damit die dynamisch erzeugte Ferrel-Zelle (William Ferrel, 1817–1891). In der Höhe nimmt das Luftdruckgefälle zwischen der hoch reichenden Warmluftsäule der Tropen und der weniger hoch reichenden Kaltluftsäule in den Polargebieten zu, was eine starke Westwindströmung über der Polarfront, einen **Jetstream** (Strahlstrom), ein Starkwindband in 7 bis 12 km Höhe mit Windgeschwindigkeiten zwischen 100 und 600 km/h entstehen lässt. Durch das Absinken kalter Luft über den Polen entsteht dort je ein **polares Kältehoch**.

Bedingt durch die jahreszeitliche Änderung des Sonnenstandes, verlagert sich die innertropische Konvergenzzone (ITC) im Nordsommer gegen Norden und im Südsommer gegen Süden. Dadurch kommt es zu einer Verlagerung der Druckzentren und der Windgürtel um 5° bis 8° nach Norden bzw. nach Süden. Als Folge ergeben sich Übergangszonen, wie die wechselfeuchten Tropen und das Mittelmeerklima (vgl. S. 151). Dabei handelt es sich also um Regionen, in denen sich der Witterungscharakter jahreszeitlich markant ändert.

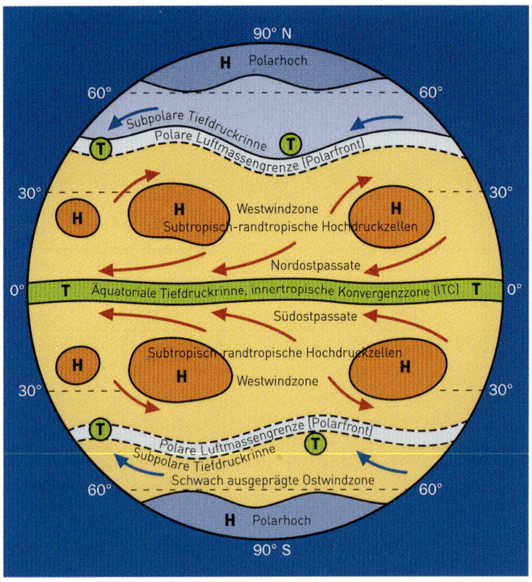

Polarfront

Abbildung 7.14:
Das Modell der planetarischen Zirkulation in den bodennahen Luftschichten

5. Die Klimazonen der Erde

Tausende von Wetterstationen registrieren täglich das Wettergeschehen und melden ihre Daten den nationalen Wetterdiensten, die diese dann archivieren. Die Auswertung der über Jahrzehnte gesammelten Temperatur- und Niederschlagsdaten erlaubt es, Stationen mit einem vergleichbaren Witterungsverlauf zu einer Klimazone zu gruppieren. **Klimaklassifikationen** bezwecken die Abgrenzung einheitlicher **Klimazonen**. Die Klimazonen sind entsprechend der Sonneneinstrahlung und der planetarischen Zirkulation (vgl. Abb. 7.14) grundsätzlich parallel zur geografischen Breite angeordnet. Die Hauptwindrichtungen und das Relief erklären die Unterschiede zwischen den Ost- und den Westküsten der Kontinente (vgl. Klimazonenkarte auf dem Vorsatz).

Klimazonen

Die auf dem Vorsatz dargestellte Klimaklassifikation gliedert die unterschiedlichen Witterungsverhältnisse auf Meereshöhe. Für Gebirgsregionen ergeben sich **Höhenstufen**, die sich, vereinfacht dargestellt, vom Äquator zu den Polen absenken (Abb. 7.17). In den Alpen nimmt die mittlere Jahrestemperatur um 0,6 °C pro 100 m Höhenzunahme ab, was sich in den Vegetationsstufen niederschlägt (Abb. 7.18). Gebirgsräume bewirken durch die Reliefgliederung und die unterschiedliche Exposition auch regional- und mikroklimatisch kleinräumige Unterschiede. Die Alpen stellen zum Beispiel eine Klimagrenze zwischen Nord und Süd dar und können dadurch lokale Effekte wie den Föhn (vgl. Exkurs, S. 163) bewirken.

Höhenstufen

Kalte Zone			
1		Klima des ewigen Eises Das ganze Jahr sehr kalt und trocken, alle Monate unter 0 °C	Eismitte (Grönland)
2		Klima der Tundra Sehr kalte und trockene Winter, sehr kurze und kühle Sommer; alle Monate unter 10 °C, weniger als 100 Tage über 5 °C (Wachstumszeit)	
3		Klima der Taiga (nördliche Nadelwälder) Sehr kalte und trockene Winter, kühle und feuchte Sommer, wärmster Monat über 10 °C, 100 bis 170 Tage über 5 °C	
Gemässigte Zone			

4	Länger als 170 Tage Wachstumszeit
	Klima der sommergrünen Laubwälder, Mischwälder und Waldsteppen
	a.) Seeklima: kühle Sommer und milde Winter fast ohne Schnee;
	    kältester Monat über 2 °C, wärmster Monat unter 20 °C
	b.) Übergangsklima
	c.) Landklima: warme bis heisse Sommer und kalte Winter
	    mit Schnee, kältester Monat unter 2 °C
			Berlin (Deutschland)

5		Klima der winterkalten Steppen Weniger Regen als in Zone 4	
6		Winterkaltes Halbwüsten- und Wüstenklima Das ganze Jahr trocken, heisse Sommer, kalte Winter	Astrachan (Russland)
Subtropenzone			
7	Kältester Monat zwischen 2 °C und 13 °C Klima der immergrünen Hartlaubgewächse der Westseiten (winterfeuchtes, sommertrockenes Mittelmeerklima) Heisse und trockene Sommer, milde und feuchte Winter, mehr als 5 Monate feucht		Rom (Italien)
8		Klima der sommergrünen und immergrünen Wälder und Grasfluren der Ostseiten (wintertrockenes und sommerfeuchtes, z.T. immerfeuchtes Subtropenklima) Heisse Sommer, milde Winter, mehr als 5 Monate feucht	Shanghai (China)
9		Subtropisches Steppenklima Wie Zone 7, aber trockener, weniger als 5 Monate feucht	
10		Subtropisches Halbwüsten- und Wüstenklima Das ganze Jahr sehr heiss und trocken	In-Salah (Algerien)
Tropen			
11	Kältester Monat über 13 °C Tropisches Halbwüsten- und Wüstenklima 0 bis 2 Monate Regenzeit		
12		Klima der Dornwälder und Dornsavannen 2 bis 4,5 Monate Regenzeit	
13		Klima der Trockenwälder und Trockensavannen 4,5 bis 7 Monate Regenzeit	Ouagadougou (Burkina Faso)
14		Klima der regengrünen Feuchtwälder und Feuchtsavannen 7 bis 9,5 Monate Regenzeit	
15		Klima der immergrünen Regenwälder 9,5 bis 12 Monate Regenzeit	Manáus (Brasilien)

Übersicht über die Klimate der Erde (vgl. auch die Karte auf dem Vorsatz und Abb. 7.15)

Wetter und Klima

7

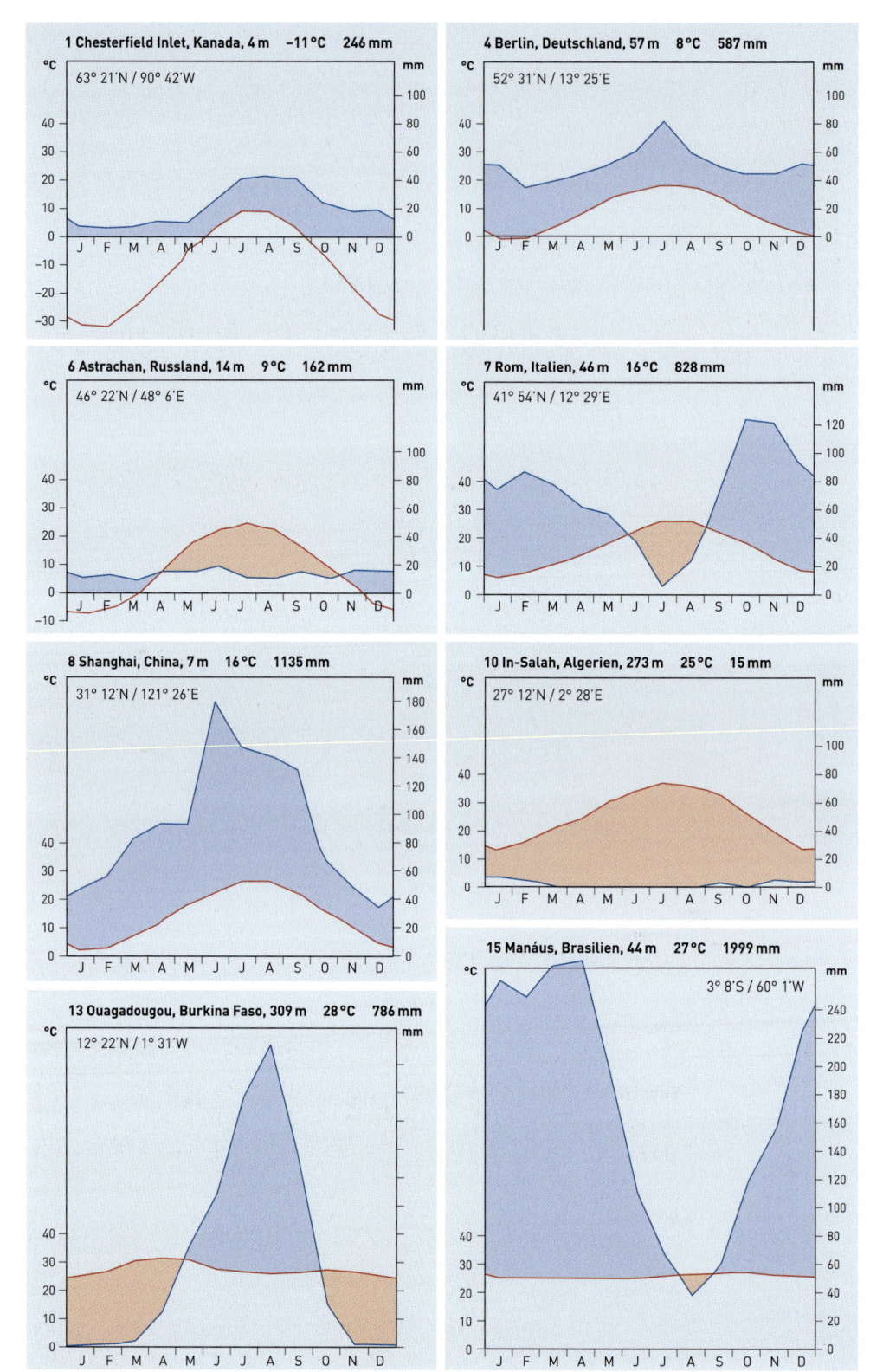

1 Chesterfield Inlet, Kanada, 4 m   −11 °C   246 mm
63° 21′N / 90° 42′W

4 Berlin, Deutschland, 57 m   8 °C   587 mm
52° 31′N / 13° 25′E

6 Astrachan, Russland, 14 m   9 °C   162 mm
46° 22′N / 48° 6′E

7 Rom, Italien, 46 m   16 °C   828 mm
41° 54′N / 12° 29′E

8 Shanghai, China, 7 m   16 °C   1135 mm
31° 12′N / 121° 26′E

10 In-Salah, Algerien, 273 m   25 °C   15 mm
27° 12′N / 2° 28′E

13 Ouagadougou, Burkina Faso, 309 m   28 °C   786 mm
12° 22′N / 1° 31′W

15 Manáus, Brasilien, 44 m   27 °C   1999 mm
3° 8′S / 60° 1′W

Abbildung 7.15:
Typische Klimadiagramme ausgewählter Klimazonen. Die Nummern beziehen sich auf die Klimazonen auf Seite 151. Neben der Stationshöhe werden die mittlere Jahrestemperatur und der Jahresniederschlag dargestellt. Die Klimadiagramme der Südhalbkugel weisen gegenüber den Stationen der Nordhalbkugel einen um ein halbes Jahr verschobenen Jahresgang von Temperatur und Niederschlag auf.

Die Klimazonen der Erde

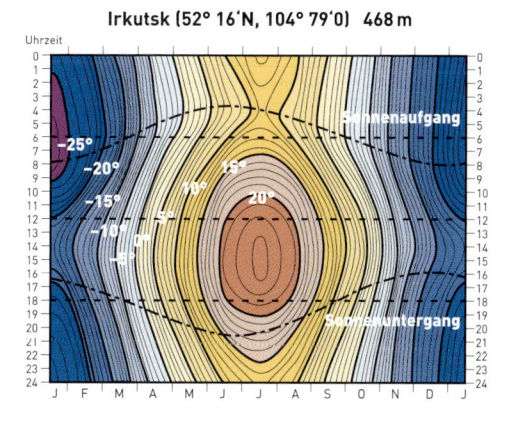

Abbildung 7.16:
Thermoisoplethendiagramme (Thermoisoplethen sind Linien gleicher Temperatur in einem Jahreszeiten-/Tageszeiten-Diagramm) der Stationen Parà (Brasilien) und Irkutsk (Russland). Während es sich bei Irkutsk um ein deutlich jahreszeitlich geprägtes Klima handelt, überwiegen bei Parà die tageszeitlichen Unterschiede.

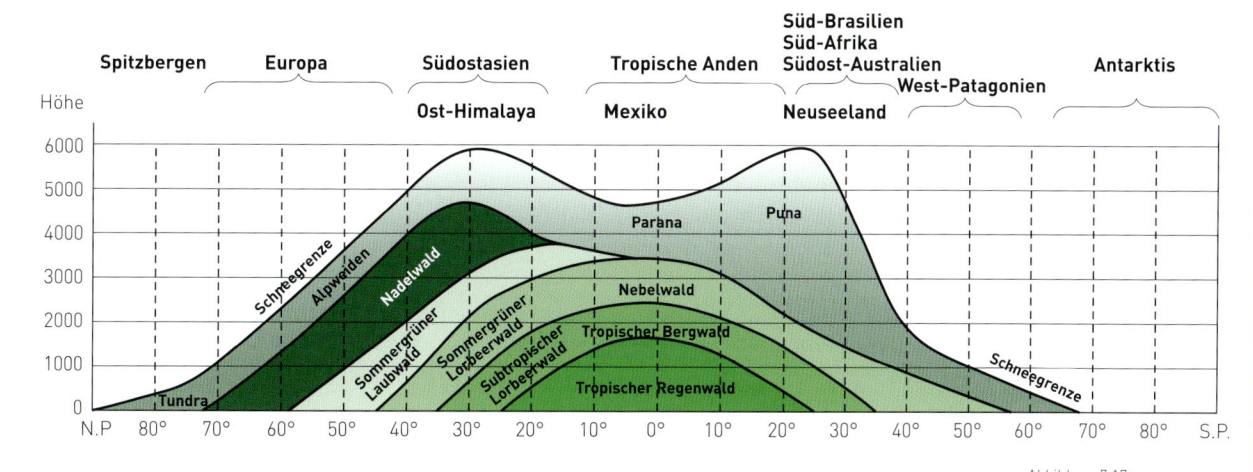

Abbildung 7.17:
Die Höhenstufen zwischen dem Äquator und den Polen

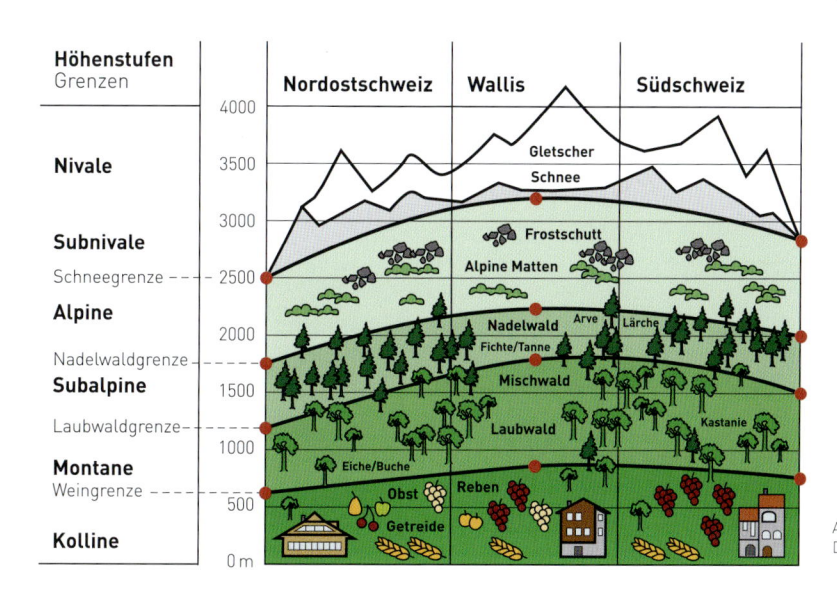

Abbildung 7.18:
Die Höhenstufen in den Alpen

Wetter und Klima

6. Das Wettergeschehen in Mitteleuropa

Mitteleuropa liegt im Einflussbereich der Polarfront. Eine starke Höhenströmung umfliesst die Erde wellenförmig von West nach Ost. Diese Wellenbewegung ist entscheidend für die Wetterentwicklung in den darunterliegenden Gebieten, steuert diese Höhenströmung doch den Verlauf der Tiefdruckgebiete und die Entwicklung der **Fronten**.

Fronten

Abbildung 7.19: Höhenströmung im Bereich der Polarfront. Starke Westwinde umkreisen in der Höhe mäandrierend die Erde und steuern die Bildung von Hoch- und Tiefdruckgebieten.

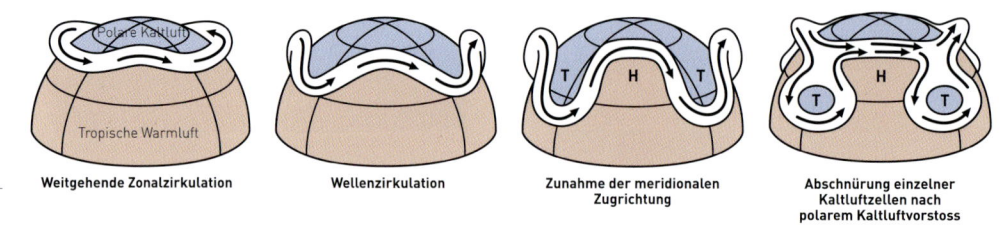

Weitgehende Zonalzirkulation — Wellenzirkulation — Zunahme der meridionalen Zugrichtung — Abschnürung einzelner Kaltluftzellen nach polarem Kaltluftvorstoss

Die in Mitteleuropa wetterwirksamen Zyklonen entstehen meist über dem Atlantischen Ozean im Dreieck Island – Schottland – Neufundland («**Islandtief**») und werden durch die starken Westwinde in der Höhe zum europäischen Kontinent gesteuert. Dabei entwickelt sich in Bodennähe zuerst ein Frontalsystem mit Warmfront und Kaltfront (Abb. 7.20). Da die Kaltfront rascher wandert als die Warmfront, vereinigen sich die beiden Fronten später, sie okkludieren. Die warme Luft gleitet auf der kalten Luft in die Höhe, während sie gleichzeitig rückseitig von der kalten Luft vorwärtsgedrängt wird. Dabei keilt die Warmluft im Warmluftsektor langsam aus. Verschwindet der Warmluftkeil in Bodennähe, wird also die warme Luft durch die vorangehende Warmfront und die nachfolgende Kaltluft in die Höhe abgehoben, spricht man von einer okkludierten Zyklone oder einer **Okklusion**. Da in einer okkludierten Zyklone die Zufuhr warmer Luft fehlt, löst sich das Tiefdruckgebiet langsam auf, es «füllt sich auf».

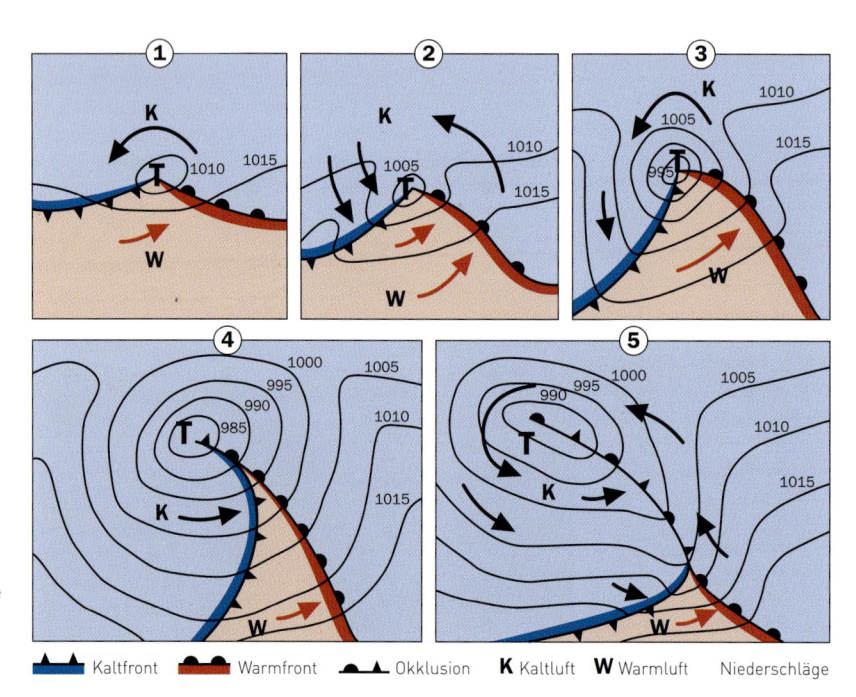

Abbildung 7.20: Der Lebenslauf einer Zyklone

▲▲ Kaltfront   ●● Warmfront   ●▲ Okklusion   **K** Kaltluft   **W** Warmluft   Niederschläge

154   Das Wettergeschehen in Mitteleuropa

Wetterkarte

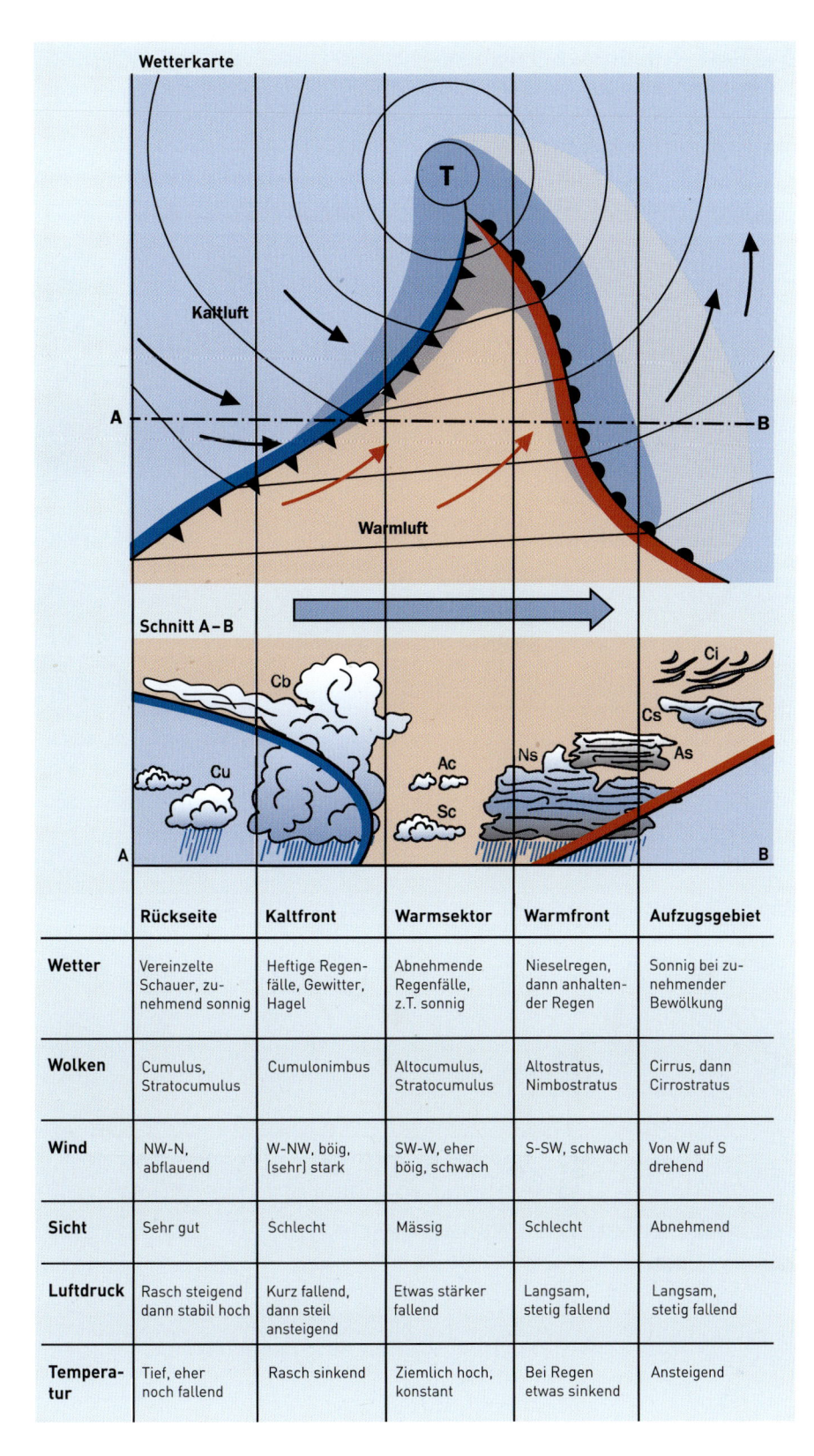

Schnitt A–B

	Rückseite	Kaltfront	Warmsektor	Warmfront	Aufzugsgebiet
Wetter	Vereinzelte Schauer, zunehmend sonnig	Heftige Regenfälle, Gewitter, Hagel	Abnehmende Regenfälle, z.T. sonnig	Nieselregen, dann anhaltender Regen	Sonnig bei zunehmender Bewölkung
Wolken	Cumulus, Stratocumulus	Cumulonimbus	Altocumulus, Stratocumulus	Altostratus, Nimbostratus	Cirrus, dann Cirrostratus
Wind	NW-N, abflauend	W-NW, böig, (sehr) stark	SW-W, eher böig, schwach	S-SW, schwach	Von W auf S drehend
Sicht	Sehr gut	Schlecht	Mässig	Schlecht	Abnehmend
Luftdruck	Rasch steigend dann stabil hoch	Kurz fallend, dann steil ansteigend	Etwas stärker fallend	Langsam, stetig fallend	Langsam, stetig fallend
Temperatur	Tief, eher noch fallend	Rasch sinkend	Ziemlich hoch, konstant	Bei Regen etwas sinkend	Ansteigend

Abbildung 7.21:
Ein Tiefdruckgebiet im Querschnitt

Wetter und Klima

7

Grosswetterlagen

Zyklonales und antizyklonales Wetter prägt in meist raschem Wechsel das Wetter im Alpenraum. Die Bodendruckverteilung und die Höhenströmung bestimmen den Wettercharakter und entscheiden, ob die in den Alpenraum einströmende Luftmasse polaren oder tropischen Charakter hat, maritim oder kontinental ist.

Westwindlage

Föhnlage im Alpenraum und Alpenvorland

Bisenlage

Schönwetterlage in Mitteleuropa

Staulage am Alpennordfuss (Nordföhn)

Gewitterlage in Mitteleuropa

Kaltfront ▬ Warmfront ▬ Okklusion ▬ Kaltluft → Warmluft → Gewitter ⚡

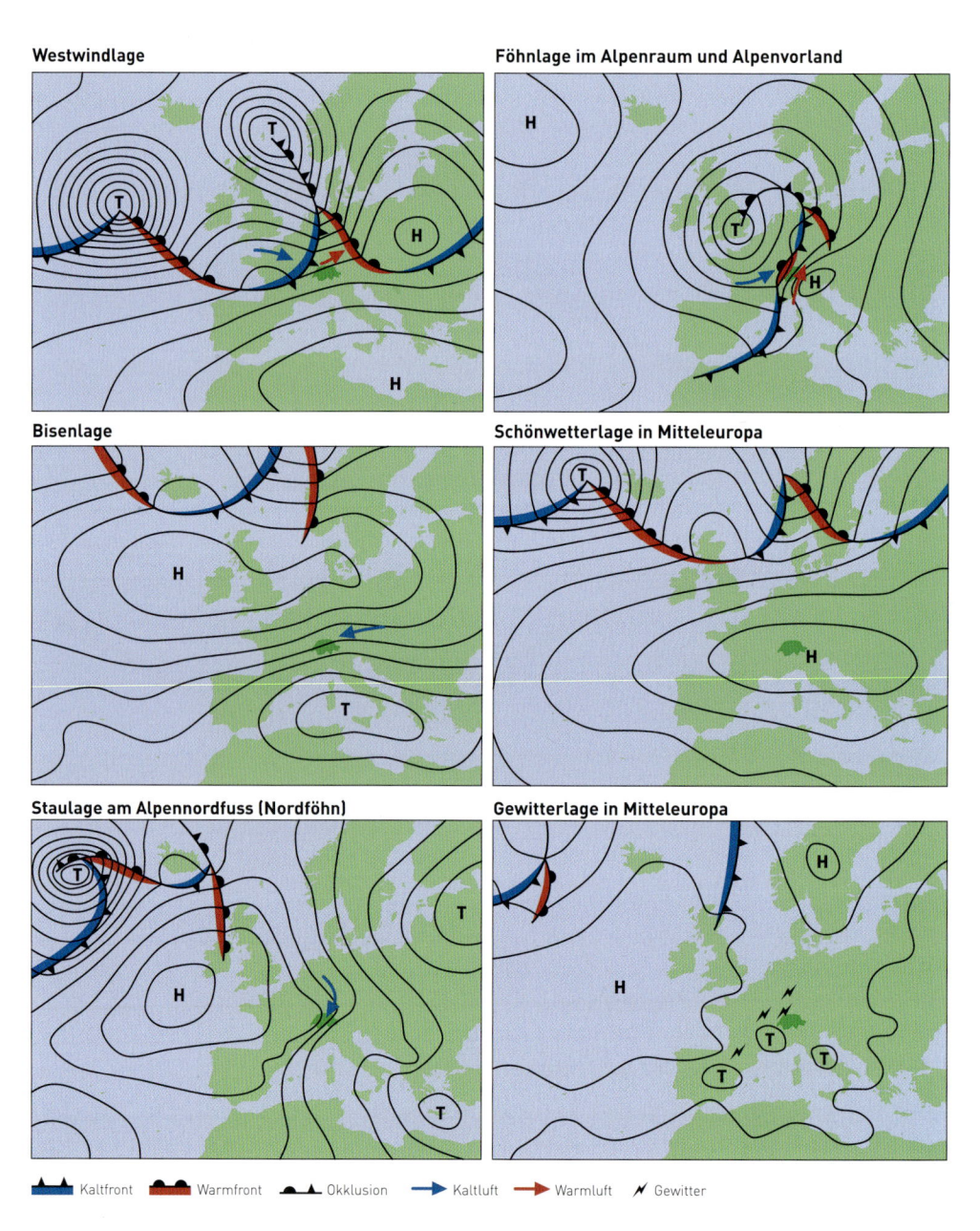

Abbildung 7.22:
Sechs typische Grosswetterlagen in Mitteleuropa

Das Wettergeschehen in Mitteleuropa

7. Klimaschwankungen und Klimawandel

Langjährige Messreihen der Temperaturen und Niederschläge zeigen, dass der Witterungsverlauf grossen Schwankungen unterliegt. Von **Klimaschwankungen** ist die Rede, wenn sich die Abweichungen in einer bestimmten Bandbreite bewegen. Lässt sich aus Mittelwerten ein Trend ablesen, ist von einer **Klimaveränderung**, bei einer langfristigen Veränderung von einem **Klimawandel** die Rede (Abb. 7.23 und 7.24). Allerdings muss berücksichtigt werden, dass sowohl Zeitphase wie auch Schwankungsbreite unterschiedlich gewählt werden können, was zu unterschiedlichen Interpretationen führen kann.

Klimawandel

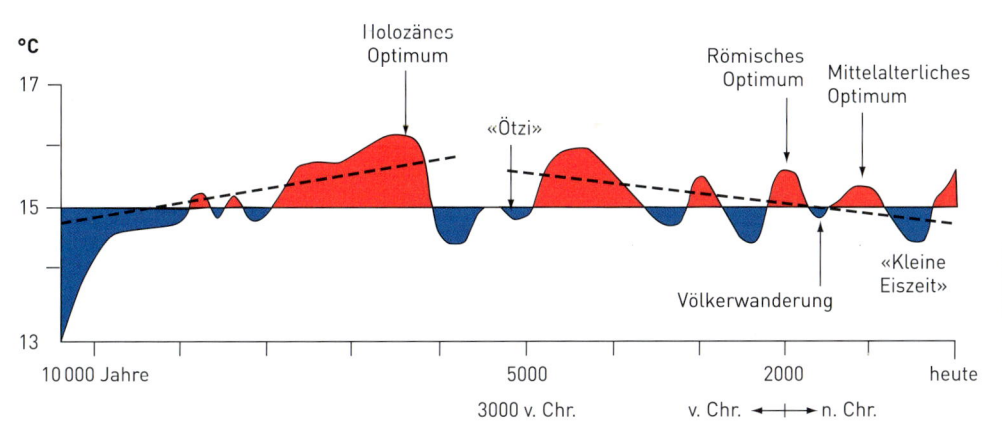

Abbildung 7.23:
Der globale Temperaturverlauf nach der letzten Eiszeit bis heute

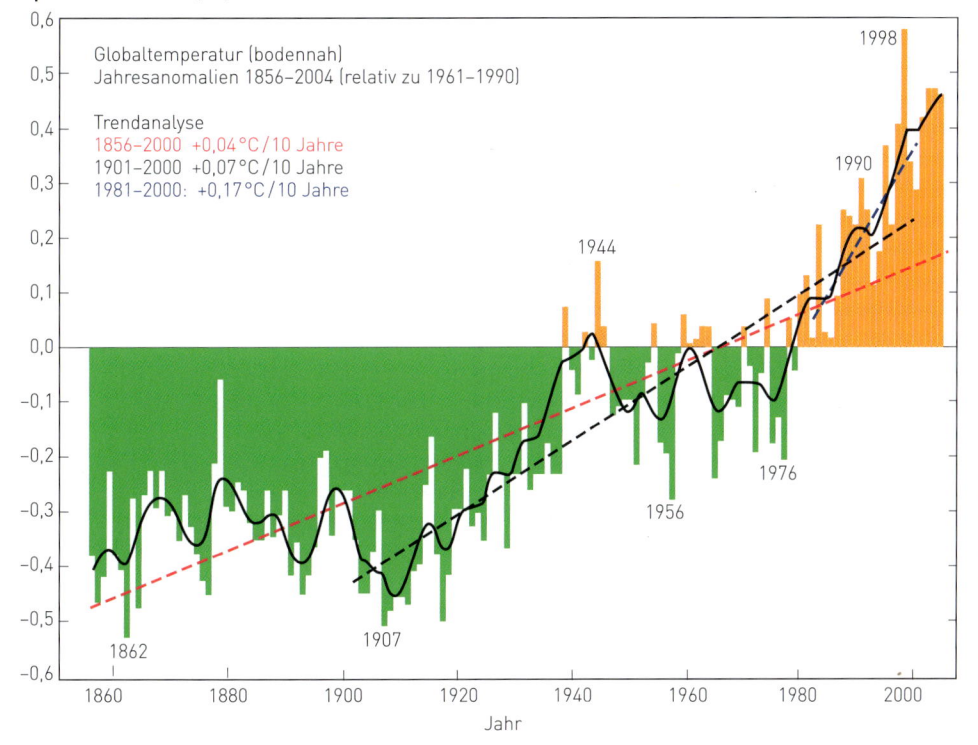

Abbildung 7.24:
Jährliche Abweichungen der globalen Mitteltemperatur 1856–2004 vom Mittelwert 1961–1990. Auffallend sind die hohen Werte nach 1980. Die schwarze ausgezogene Linie gibt den geglätteten Temperaturverlauf wieder, die gestrichelten Linien deuten die Trends der Perioden 1856–2000, 1901–2000 und 1981–2000 an.

Wetter und Klima

8. Klima und Umwelt

Durch die Industrialisierung und den dadurch massiv angestiegenen Verbrauch fossiler Energie (v.a. Kohle und Erdöl), aber auch durch die Intensivierung der Landwirtschaft und die umfangreichen Waldrodungen wird die Zusammensetzung der Atmosphäre seit dem 19. Jahrhundert durch den Menschen messbar beeinflusst (Abb. 7.24). Kohlendioxid (CO_2), Methan (CH_4) und weitere Gase bewirken einen verstärkten **Treibhauseffekt**. Dabei wird von einem anthropogen verursachten Treibhauseffekt gesprochen, um den seit dem 19. Jahrhundert markanten Temperaturanstieg in den bodennahen Luftschichten zu umschreiben. Im globalen Mittel beträgt der Anstieg 0,74 °C zwischen 1906 und 2005. Er wird als dramatisch eingeschätzt, weil in den letzten 1000 Jahren noch nie ein derart schneller Anstieg beobachtet worden ist (Abb. 7.23 und 7.24). Zudem waren die Neunzigerjahre des letzten Jahrhunderts (1990–1999) das wärmste Jahrzehnt, das Jahr 1998 das global wärmste Einzeljahr. In der Deutschschweiz stieg die Temperatur im 20. Jahrhundert sogar um 1,3 °C, in der Westschweiz um 1,6 °C und in der Südschweiz um 1,0 °C.

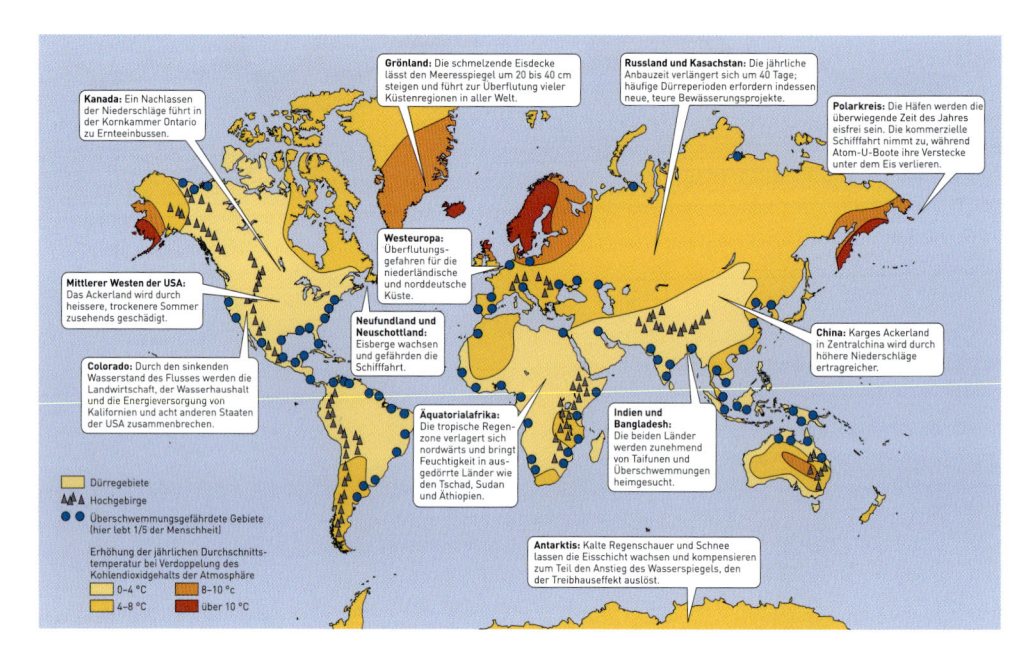

Abbildung 7.25:
Mögliche Auswirkungen des Treibhauseffektes um 2050

In stark unterschiedlicher zeitlicher und räumlicher Konzentration treten zudem in der bodennahen Luftschicht Ozon (O_3), Kohlenmonoxid (CO), Stickoxide (NO, NO_2) und Staubpartikel auf. Da sie bei hohen Konzentrationen Auswirkungen auf die menschliche Gesundheit haben und Reizungen sowie Erkrankungen der Atemwege auslösen können, werden sie als **Luftschadstoffe** bezeichnet. Bei hohen Konzentrationen spricht man von **Smog** (aus engl.: «smoke» + «fog»).

Im Winter kommt es bei Hochdruckwetterlagen – im schweizerischen Mittelland meist mit Nebel oder Hochnebel – häufig zu Inversionen (vgl. Abb. 7.4), wodurch der Austausch zwischen den bodennahen Luftschichten und der freien Atmosphäre stark reduziert wird. Dies hat zur Folge, dass sich in Bodennähe Spurengase wie Stickoxide, Schwefeldioxid, Kohlenmonoxid, aber auch Staub und Russ als Feinstaub (PM10) zum **Wintersmog** ansammeln. Mit PM10 werden Partikel mit einem Durchmesser von weniger als 10 Tausendstelmillimeter bezeichnet. Dieser lungengängige Feinstaub belastet die Atemwege und kann Lungenkrebs auslösen. Der u.a. mit Schwefelsäure angereicherte Niederschlag, der sogenannte saure Regen, wird für die Schwächung der Waldbäume, das **«Waldsterben»**, verantwortlich gemacht. Mit schwefelarmem Heizöl, Rauchgasreinigungsanlagen und Katalysatoren gelang es in den westeuropäischen Ländern, die Belastung durch Wintersmog erheblich zu reduzieren.

Die den **Sommersmog** verursachenden Schadstoffe werden im Gegensatz zum Wintersmog sekundär gebildet: Vorläufersubstanzen wie Stickoxide und VOC («volatile organic compounds», flüchtige Kohlenwasserstoffe) werden bei starker Einstrahlung und hohen Temperaturen fotochemisch u.a. zu **Ozon** umgewandelt. Ozon reizt die Schleimhäute, belastet die Atemwege und reduziert die Leistungsfähigkeit. Zudem beeinträchtigt eine erhöhte Ozonkonzentration das Pflanzenwachstum und reduziert damit die Ernteerträge. Der Mensch ist somit selber für seine lebensbedrohliche Lage verantwortlich, da er sich in der unteren Troposphäre mit Reizgasen und anderen Schadstoffen belastet, während er die Ozonkonzentration in der Stratosphäre, die dem Schutz vor schädlicher Ultraviolettstrahlung dient, stark dezimierte (vgl. Exkurs zum «Ozonloch», S. 161f.). Schliesslich wurde die Schweiz auch auf politischer Ebene aktiv. Mit der schweizerischen Luftreinhalte-Verordnung (LRV), die am 1.3.1986 in Kraft gesetzt wurde, führte die Schweiz **Immissionsgrenzwerte** ein.

Sommersmog

Schadstoff	Grenzwerte nach Luftreinhalte-Verordnung
Ozon	
Max. Stundenmittelwert	120 µg/m³
Anzahl Grenzwertüberschreitungen (1h-Mittelwert)	1x pro Jahr
Feinstaub PM10	
Max. 24-Stunden-Mittelwert	50 µg/m³
Anzahl Grenzwertüberschreitungen (24h-Mittelwert)	1x pro Jahr
Schwefeldioxid	
Max. 24-Stunden-Mittelwert	100 µg/m³
Anzahl Grenzwertüberschreitungen (24h-Mittelwert)	1x pro Jahr

Immissionsgrenzwerte (Anpassung der Luftreinhalte-Verordnung [LRV] vom 16.12.1985)

Während die Schwefeldioxidwerte heute als unproblematisch eingestuft werden können, zeichnet sich in der Ozon- und Feinstaubbelastung noch keine Entschärfung ab (Abb. 7.26). Die Zahl der Überschreitungen der Grenzwerte dokumentiert den Zustand der Schweizer Luft. Problematisch sind die Grenzwerte auch deshalb, weil keine Massnahmen vorgesehen sind, wenn die Grenzwerte überschritten werden.

Abbildung 7.26: Basel: Jahresmittel der Schwefeldioxidbelastung 1991–2007, Zürich: Feinstaubbelastung 1991–2007 (TSP: «total suspended particles», gesamte Festpartikelbelastung, PM10: lungengängiger Feinstaub), Bern: Ozonbelastung 1991–2006. (Messwerte NABEL, www.bafu.admin.ch)

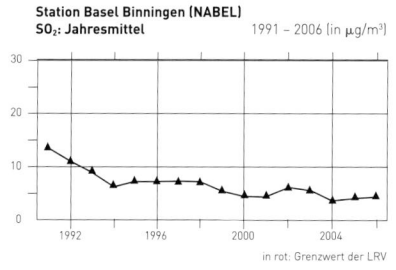

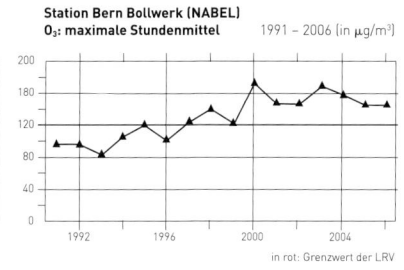

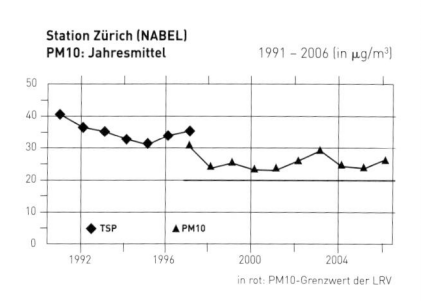

Wetter und Klima

Literaturhinweise

BAUER J. et al., 2002: Physische Geografie – kompakt. Spektrum, Heidelberg.

copy@work, 2007: TERRA Erdkunde «Natur- und Umweltkatastrophen». Kopiervorlagen mit CD-ROM. Klett, Stuttgart.

CUBASCH U., KASANG D., 2000: Anthropogener Klimawandel. Gotha.

DOW K., DOWNING T. E., 2007: Weltatlas des Klimawandels. Karten und Fakten zur globalen Erwärmung. Europäische Verlagsanstalt, Hamburg.

EMEIS S., 2000: Meteorologie in Stichworten. Borntraeger, Berlin.

HAECKEL H., 1999: Meteorologie. Ulmer, Stuttgart.

LILJEQUIST G., CEHAK K., 1984, Nachdruck 2006: Allgemeine Meteorologie. Friedrich Vieweg, Braunschweig.

MALBERG H., 2002: Meteorologie und Klimatologie. Springer, Berlin.

OcCC, 2007: Klimaänderungen und die Schweiz 2050. Erwartete Auswirkungen auf Umwelt, Gesellschaft und Wirtschaft. Bern.

PFISTER Vh., 1999: Wetternachhersage. Haupt, Bern.

REBETEZ M., 2006: Helvetien im Treibhaus. Der weltweite Klimawandel und seine Auswirkungen auf die Schweiz. Haupt, Bern.

SCHÖNWIESE Ch. D., 2003: Klimatologie. Eugen Ulmer, Stuttgart.

WANNER H., INVERSINI R., 2007: Meteorologie und Klimatologie. Ein einführender Lehrgang mit dem multimedialen Lernsystem KLIMEDIA. Geographisches Institut der Universität Bern, Geographica Bernensia U24.

WIEDERSICH B., 1996: Das Wetter. Entstehung, Entwicklung, Vorhersage. Ferdinand Enke, München.

Exkurs: Der anthropogene Ozonabbau in der Stratosphäre («Ozonloch»)

Während in der unteren Troposphäre der Ozongehalt, verursacht durch den Menschen, stetig zunimmt und damit das Leben von Menschen, Tieren und Pflanzen beeinträchtigt, kommt es in der Stratosphäre, ebenfalls durch menschliche Aktivitäten, zu einem bedrohlichen Abbau der Ozonkonzentration: Durch die starke kurzwellige elektromagnetische Strahlung (Wellenlänge < 242 nm, Röntgenstrahlung, UV-C-Strahlung [100–280 nm]) werden Sauerstoffmoleküle (O_2) in Sauerstoffatome (O) zerlegt und an den molekularen Sauerstoff (O_2) zu Ozon (O_3) angelagert. Die UV-B-Strahlung (mit einer Wellenlänge von 280 bis 315 nm) wird durch das Ozon absorbiert, indem das Ozon über einen Katalysator (z. B. natürlich vorkommende Stickstoffoxide NO) wieder in Sauerstoff umgewandelt und dabei Wärme freigesetzt wird, während das sichtbare Licht (380–780 nm) weitgehend durchgelassen wird.

Dieses natürliche Gleichgewicht wurde jahrzehntelang durch die vom Menschen erzeugten Fluorchlorkohlenwasserstoffe (FCKW) gestört, die vor allem als Kühlmittel, Treibgas für Spraydosen, Treibmittel für Schaumstoffe und Lösungsmittel Verwendung fanden und, freigesetzt in der Atmosphäre, bis in die Stratosphäre gelangten. Die FCKW sind zwar heute weitgehend verboten, doch dank ihrer Langlebigkeit von mehreren Jahrzehnten sind sie auch heute noch in der Stratosphäre wirksam, wo die starke UV-Strahlung die FCKW zerstört und u.a. Chlor freisetzt, das sofort mit Sauerstoff zu ClO reagiert und nun als Katalysator den Abbau von O_3 beschleunigt, wodurch das Ozongleichgewicht gestört wird und die Ozonkonzentration abnimmt (Abb. unten).

Der Gesamtozongehalt der Atmosphäre wird in Dobson-Einheiten (Dobson Units, DU) gemessen. Unter einer Dobson-Einheit wird eine reine Ozonschicht (von 0,01 mm Dicke) bei 1013 hPa und 0°C verstanden. 300 DU, wie sie im Herbst in den mittleren Breiten meist auftreten, bedeuten also, dass der Gesamtozongehalt der Atmosphäre umgerechnet einer reinen Ozonschicht von 3 mm entspricht. Dabei befinden sich 90 bis 95% des Ozons in der Stratosphäre. Die Zerstörung der Ozonmoleküle durch Chloratome wurde bereits 1974 nachgewiesen. 1981 fiel dem britischen Wissenschaftler Joseph Farman ein Ozondefizit über der britischen Antarktisstation «Halley Bay» auf. Die Veröffentlichung seiner Befunde 1984 stiess vorerst auf Skepsis, doch Nachprüfungen bestätigten die Ergebnisse und führten zur Bezeichnung «Antarktisches Ozonloch». Als Ursache für die extrem geringe Ozonkonzentration im antarktischen Frühling wird die Bildung eines Polarwirbels im polaren Winter angesehen, durch den die polare Kaltluft von der Zufuhr wärmerer Luft abgeschirmt wird. Bei den sehr tiefen Temperaturen von unter –80°C entstehen polare Stratosphärenwolken, Eiswolken mit gelöster Salpetersäure, die eine hohe Konzentration von aktivem Chlor enthalten. Mit dem ersten Sonnenlicht im antarktischen Frühling wird das Chlor aktiv und zerstört das Ozon.

Ozon-Produktion in der Stratosphäre

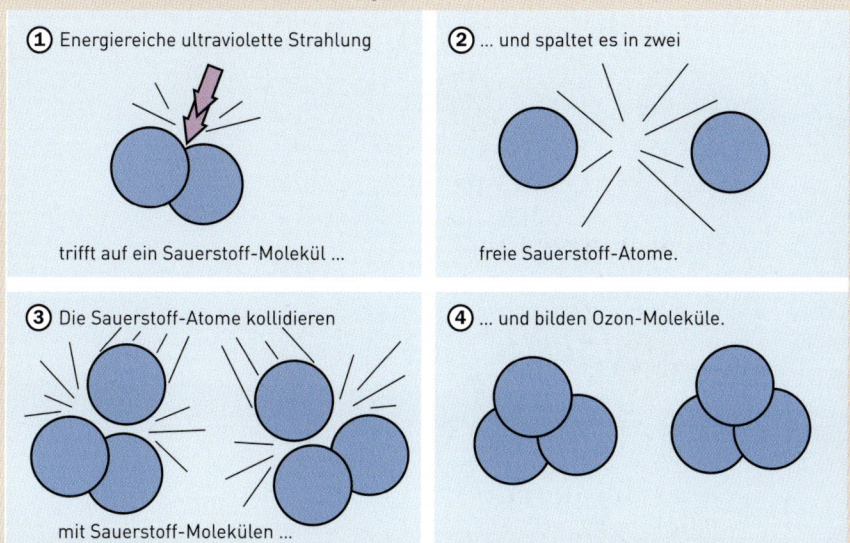

① Energiereiche ultraviolette Strahlung trifft auf ein Sauerstoff-Molekül …

② … und spaltet es in zwei freie Sauerstoff-Atome.

③ Die Sauerstoff-Atome kollidieren mit Sauerstoff-Molekülen …

④ … und bilden Ozon-Moleküle.

Das natürliche Ozongleichgewicht in der Stratosphäre und der anthropogen verursachte Abbau.

7

Natürlicher Ozonabbau

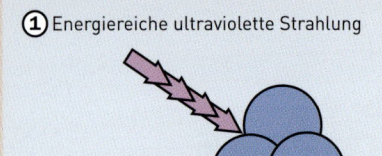

① Energiereiche ultraviolette Strahlung trifft auf ein Ozon-Molekül …

② … und spaltet es in ein Sauerstoff-Molekül und ein freies Sauerstoff-Atom.

③ Das freie Sauerstoff-Atom trifft auf ein Ozon-Molekül …

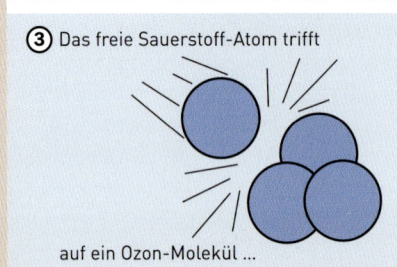

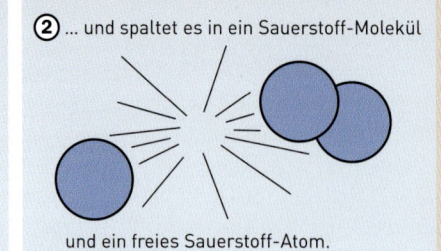

④ … und bildet zwei Sauerstoff-Moleküle.

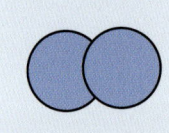

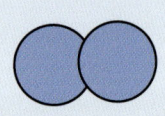

Anthropogene Ozon-Zerstörung

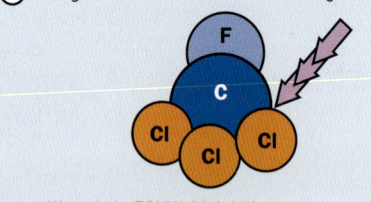

① Energiereiche ultraviolette Strahlung trifft auf ein FCKW-Molekül …

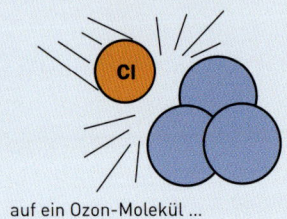

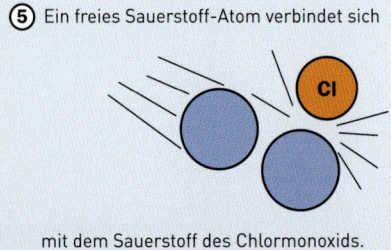

② … und spaltet ein Chlor-Atom ab.

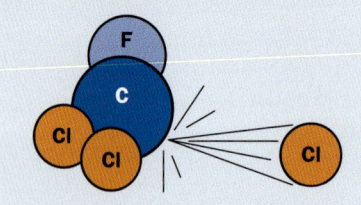

③ Das freie Chlor-Atom trifft auf ein Ozon-Molekül …

④ … und verbindet sich mit einem Sauerstoff-Atom zu Chlormonoxid.

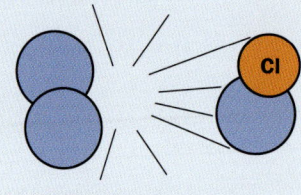

⑤ Ein freies Sauerstoff-Atom verbindet sich mit dem Sauerstoff des Chlormonoxids.

⑥ Das frei gewordene Chlor-Atom trifft erneut auf ein Ozon-Molekül und zerstört es.

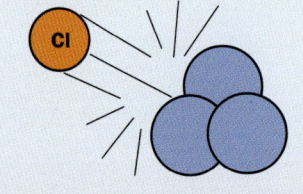

Exkurs: Der anthropogene Ozonabbau in der Stratosphäre («Ozonloch»)

Exkurs: Föhn

Die Bezeichnung Föhn stammt aus dem Lateinischen («favonius» = mild), was etwa mit «warmer Wind» übersetzt werden kann. Der Begriff wird mittlerweile in der Meteorologie für alle reliefbedingten Fallwindeffekte benutzt. Im Alpenraum ist von einem Südföhn die Rede, wenn feuchte Luft aus dem Mittelmeerraum zu den Alpen fliesst, bzw. von einem Nordföhn, wenn feuchte Polarluft aus Nordwesten gegen die Alpen gesteuert wird, auf der Nordseite zu einer Staulage führt und als Nordföhn in die Tessiner Täler einbricht.

Beim Südföhn werden vom Mittelmeer feuchte Luftmassen an die Alpen geführt, die im Tessin schlechtes Wetter erzeugen. Die feuchte Luft wird an den Alpen zum Aufsteigen gezwungen, der Taupunkt ist schon bald erreicht, und die Luftmasse kühlt sich nur noch um ca. 0,6 °C/100 m ab. Beim Absteigen der Luftmasse auf der Nordseite der Alpen wird der Taupunkt rasch unterschritten, was zum Auflösen bzw. zum Auflockern der Wolkendecke führt. Da sich die fallende Luft nun um 1 °C/100 m erwärmt, ergeben sich in den Alpentälern der Nordseite bei starkem Südwind relativ hohe Temperaturen und geringere Luftfeuchtigkeit.

Beispiel einer Südföhnsituation

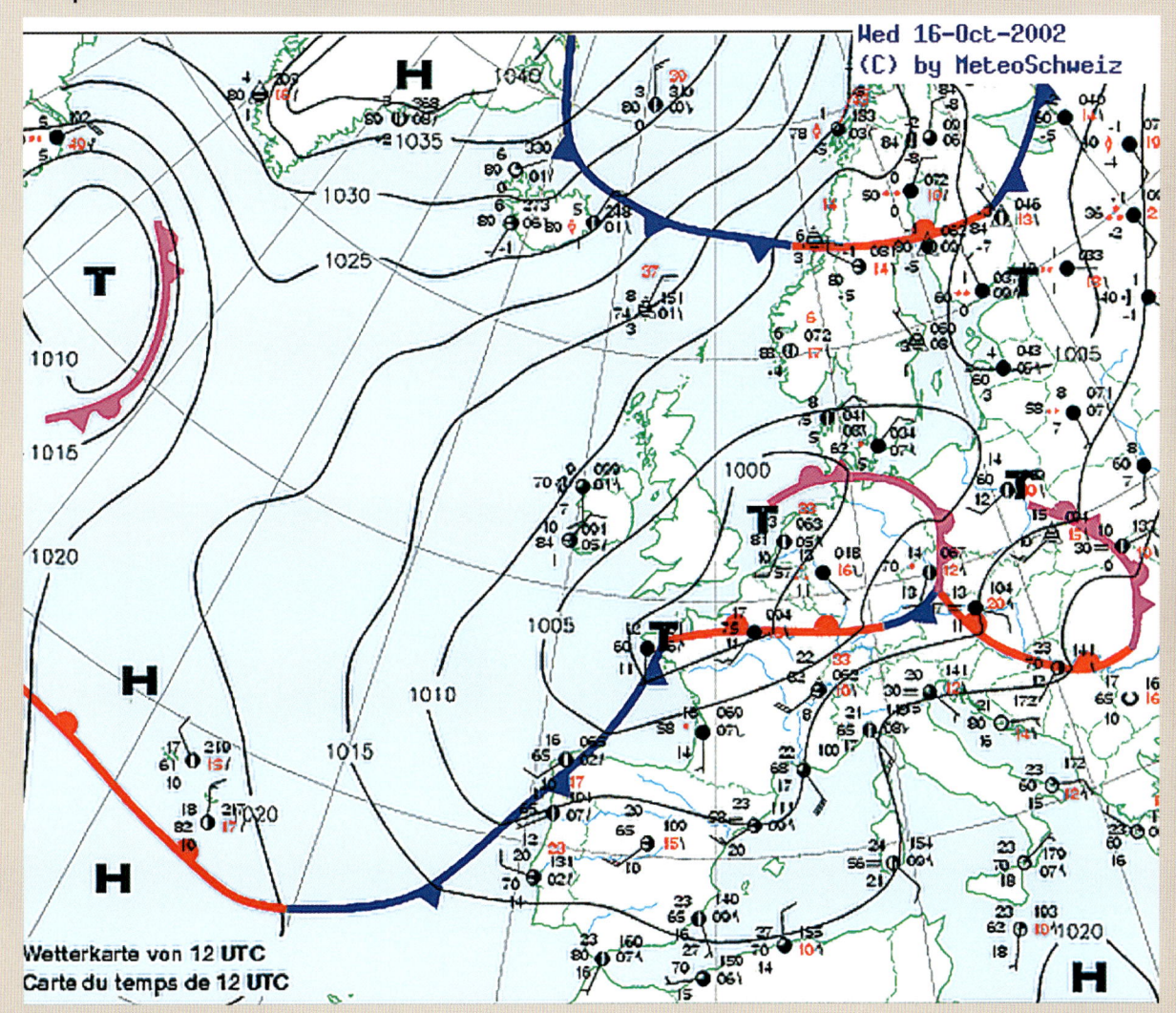

Wetterkarte vom 16.10.2002, 12 Uhr UTC.

7

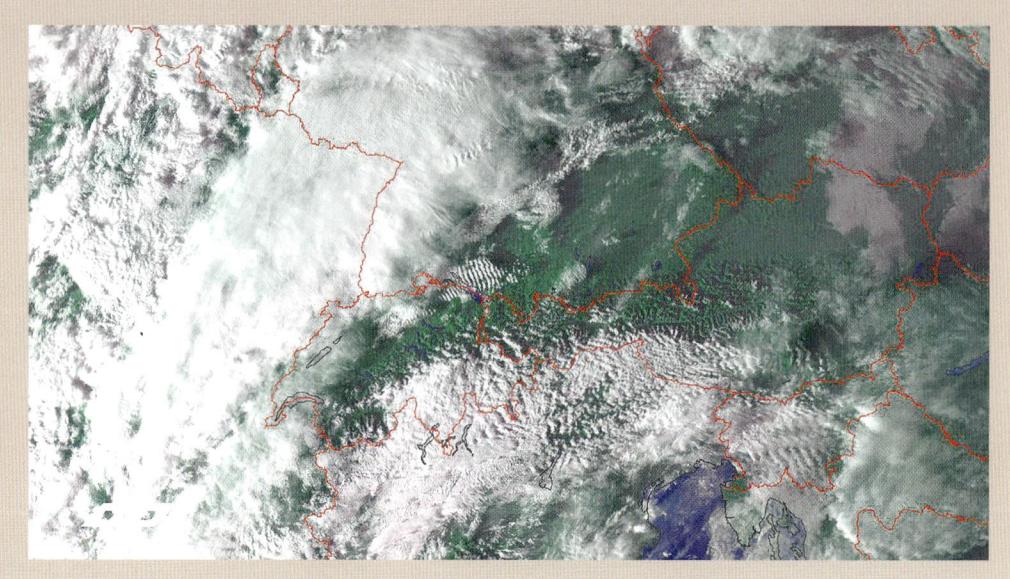

Im Satellitenbild des Deutschen Zentrums für Luft- und Raumfahrt DLR zeigt sich der Wolkenstau an den Alpen und das Föhnloch nördlich der Alpen besonders deutlich. DLR Oberpfaffenhofen, 16.10.2002, 15.39 Uhr MEZ (NOAA-Bild).

Dabei ergab sich am 16.10.2002, 12 Uhr UTC, folgendes Wetterprofil Süd – Nord:

	Lugano (276 m)	Gütsch ob Andermatt (2287 m)	Altdorf (449 m)	Zürich (556 m)	Genf (430 m)
Temperatur (°C)	16,1	3,3	22,5	20,4	22,7
Luftfeuchte (%)	86,9	99	34,7	57,8	38,5
Wind (m/sec)	0,5	11,9	10,3	2,1	9,0
Niederschlag (mm, vergangene 12 h)	1,7	–	–	0,5	–

Wetterprofil am 16.10.2002, 12 Uhr UTC

Im zeitlichen Verlauf wird ersichtlich, dass durch den Vorstoss einer Kaltfront (vgl. Wetterkarte und Satellitenbild) der Föhn schon nach wenigen Stunden zusammenbrach:

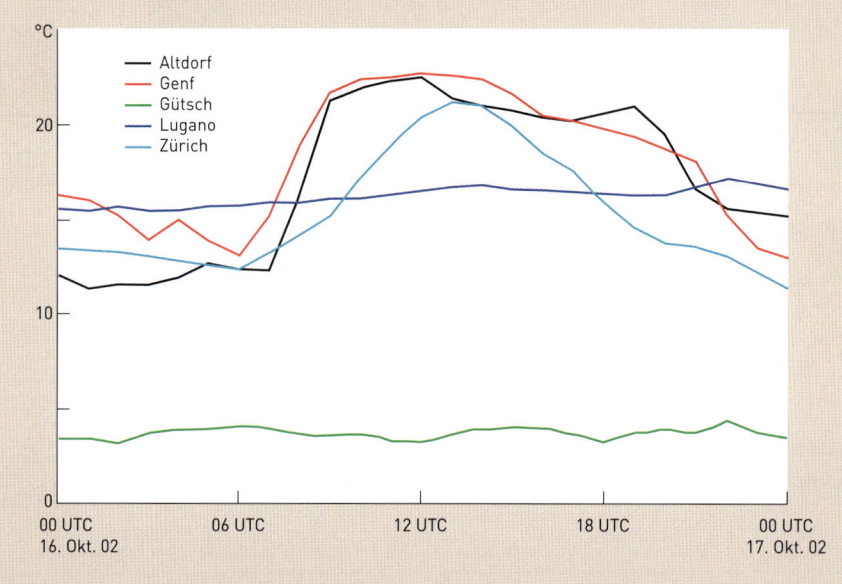

Temperaturverlauf am 16.10.2002 an ausgewählten Stationen

164

Exkurs: Föhn

Exkurs: Klimadiagramm

Klimadiagramme beschreiben mit einer grafischen Darstellung von Niederschlag und Temperatur das Klima eines Ortes. Klimadiagramme finden nicht nur in geografischen Lehrmitteln und wissenschaftlichen Publikationen Verwendung, sondern werden u.a. auch von Reiseveranstaltern eingesetzt und sind im Internet allgemein zugänglich. Zur Darstellung des Klimas eines Ortes können für Niederschläge und Temperaturen Signaturen und Massstäbe durchaus frei gewählt werden. Der Ökologe Heinrich Walter (1898–1989) suchte nach einer einfachen Methode, um aride (trockene) und humide (feuchte) Monate zu unterscheiden. Zusammen mit Helmut Lieth entwickelte er das hygrothermische Klimadiagramm. In der Ordinate werden dabei die monatlichen Niederschlagswerte in mm den Monatsmitteltemperaturen in °C im Verhältnis 1:2 gegenübergestellt: So verläuft die hygrothermische Trockengrenze nach Walter/Lieth beispielweise bei Monatswerten von 10°C und 20 mm, 20°C und 40 mm usw. Einschränkend muss festgehalten werden, dass diese Darstellung der Trockengrenze in polaren und subpolaren Regionen mit negativen Monatsmitteln bei den Temperaturen wenig Sinn macht.

Soll zum Ausdruck gebracht werden, dass es sich bei den Niederschlagswerten um Monatssummen, bei der Temperatur um das Monatsmittel handelt, wird man für die Darstellung der Niederschläge einer Säulenstruktur, für die Temperaturen einer Linie, die die einzelnen Monatsmittelwerte verbindet, den Vorzug geben. Bei hohen Monatsniederschlägen, wie sie etwa für Monsungebiete typisch sind, werden die Werte, die 100 mm übersteigen, in verkürzter Form (mit Faktor 1:10) wiedergegeben, um damit noch darstellbare Werte zu erhalten.

Klimadiagramm nach Walter/Lieth:
Fes (Marokko), 34°N/5°W, 415 m:
Jahresmitteltemperatur: 17,9°C, Jahresniederschlag: 538 mm

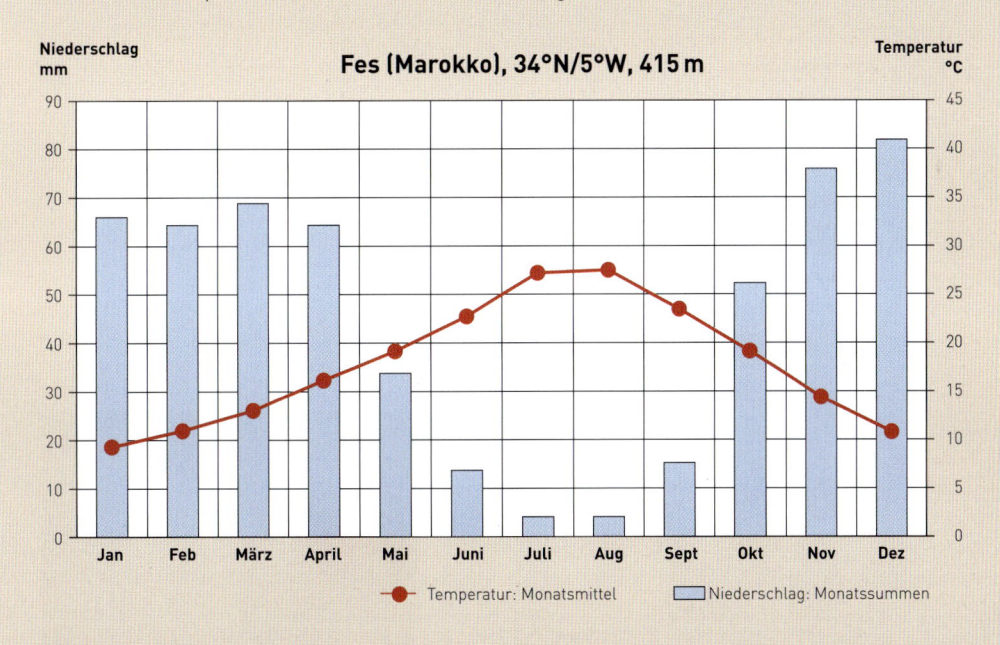

Auswertungsschritte:
1. Temperaturverlauf: eine Glockenkurve mit Spitze Juli/August: Nordhalbkugel
2. Höhe der Station: fällt nur unwesentlich ins Gewicht
3. Absolute Temperaturwerte: Jahres-, Januar-, Julitemperatur weisen auf die Subtropen hin
4. Jahresgang des Niederschlages: Regenzeit im Winter: Winterregenklima (Mittelmeerklima)
5. Hygrothermische Auswertung: Mai–September: aride Monate (Niederschlagsmenge < Verdunstung), Oktober–April: humide Periode (Niederschlag > Verdunstung)

7

Exkurs: Hurrikan

Hurrikans entstehen in den Tropen ab etwa 5° nördlicher bzw. 5° südlicher Breite über Meeresflächen mit mindestens 27 °C warmem Wasser. Wenn in der innertropischen Konvergenzzone in Gewitterzellen («cloud cluster») tropische Warmluft in die Höhe strömt, bildet sich an der Tropopause durch das Wegfliessen der aufgestiegenen Luftmassen eine starke Höhendivergenz. Dadurch wird weitere Luft in den bodennahen Luftschichten angesogen und über der warmen Meeresoberfläche mit Feuchtigkeit angereichert. Die aufsteigende Luft rotiert zyklonal (auf der Nordhalbkugel im Gegenuhrzeigersinn, auf der Südhalbkugel im Uhrzeigersinn) nach oben. Dabei setzt die Kondensation des Wasserdampfes grosse Wärmemengen frei, womit sich aus der tropischen Gewitterzelle, die nachts normalerweise wieder in sich zusammenfällt, ein tropischer Wirbelsturm entwickelt, der sich durch die weitere Zufuhr feuchtwarmer Luft an den Tagen noch verstärken kann.

Ein tropischer Sturm hat einen Durchmesser von mehreren Hundert Kilometern, und es können Windgeschwindigkeiten von über 200 km/h auftreten (vgl. Saffir-Simpson-Skala). Im Zentrum des Sturms ist oft eine windschwache Zone von 10 bis 50 km Durchmesser (das «Auge» des Hurrikans) zu beobachten. Tropische Stürme werden in Nordamerika als Hurrikans (indianisch «hura» = wegblasen), im südostasiatischen Raum als Taifune (chinesisch «da feng» = grosser Wind) und im Golf von Bengalen als Zyklone bezeichnet. Hurrikans, die nördlich des Äquators über dem Atlantischen Ozean entstehen, werden zuerst am Südrand des Azorenhochs in Richtung Karibik gesteuert, drehen dann in der Regel um das Subtropenhoch nordwärts zum nordamerikanischen Kontinent ab und enden schliesslich meist über dem Nordatlantik als Tiefdruckgebiet in der Polarfront.

Der Hurrikan Katrina forderte im August 2005 in der Region New Orleans 1836 Menschenleben und verursachte Schäden von über 80 Milliarden US-Dollar. Der Zyklon Nargis entstand Ende April 2008 über dem Golf von Bengalen und erreichte Anfang Mai mit Windgeschwindigkeiten von über 200 km/h das Irawadidelta in Burma, wo er mit hohen Niederschlägen und einer Sturmflut Überschwemmungen auslöste und Tod und Verwüstung brachte.

Modell eines Hurrikans

Der Hurrikan Katrina am 28. August 2005 über dem Golf von Mexiko. Der Hurrikan dreht im Gegenuhrzeigersinn. Gut sichtbar ist das «Auge» des Hurrikans.

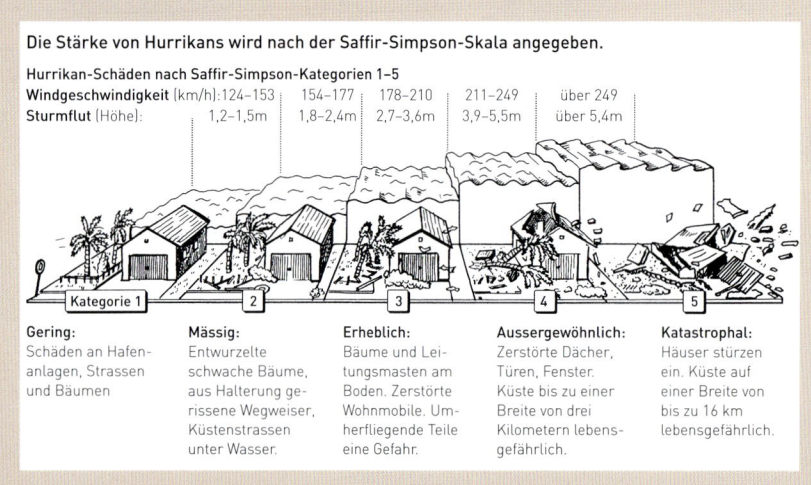

Die Stärke von Hurrikans wird nach der Saffir-Simpson-Skala angegeben.

Hurrikan-Schäden nach Saffir-Simpson-Kategorien 1–5

Kategorie	1	2	3	4	5
Windgeschwindigkeit (km/h)	124–153	154–177	178–210	211–249	über 249
Sturmflut (Höhe)	1,2–1,5m	1,8–2,4m	2,7–3,6m	3,9–5,5m	über 5,4m

Gering: Schäden an Hafenanlagen, Strassen und Bäumen.

Mässig: Entwurzelte schwache Bäume, aus Halterung gerissene Wegweiser, Küstenstrassen unter Wasser.

Erheblich: Bäume und Leitungsmasten am Boden. Zerstörte Wohnmobile. Umherfliegende Teile eine Gefahr.

Aussergewöhnlich: Zerstörte Dächer, Türen, Fenster. Küste bis zu einer Breite von drei Kilometern lebensgefährlich.

Katastrophal: Häuser stürzen ein. Küste auf einer Breite von bis zu 16 km lebensgefährlich.

Die Klassifikation der tropischen Wirbelstürme nach der Saffir-Simpson-Skala

8
Bevölkerung und Gesellschaft

Martin Hasler, Sabin Bieri

Männer, Frauen, Kinder – sie alle machen täglich ihre persönlichen Geografien. Wohnen und Arbeiten sind ortsgebunden, das Pendeln zwischen Wohn- und Arbeitsort erzeugt Verkehr, der Umzugsentscheid von Familien aufgrund des schulischen Angebots eines Wohnviertels ist raumwirksam. Auf Agrarflächen wird die Nahrungsmittelversorgung sichergestellt, und in den Alpen fordert die Natur die Freizeitsportler heraus.

Doch Menschen bewegen sich nicht nur im topografischen Raum. Sie sind Mitglieder einer sozialen Gemeinschaft, Teil einer Familie, besitzen einen Freundeskreis und betätigen sich in einem kulturellen Umfeld. Die Sprachen, die sie sprechen, dienen der Verständigung mit anderen Gesellschaften und verschaffen ihnen Zugang zu Informationen. Eine politische Landkarte widerspiegelt Interessen und Machtverhältnisse, und an religiös bedeutsamen Orten suchen Menschen Antworten auf das Geheimnis «Leben».

1. Einführung

Während die Physische Geografie die räumliche Struktur und die Dynamik der physischen Umwelt untersucht, befasst sich die **Kulturgeografie** (es werden auch die Bezeichnungen **Humangeografie**, Anthropogeografie und Sozialgeografie verwendet) mit den Beziehungen zwischen Mensch und Raum. Dabei sind die Strukturen und die Dynamik von Kulturen und Gesellschaften Gegenstand der raumwissenschaftlichen Betrachtung. Räume wirken sich auf die menschliche Tätigkeit aus, aber auch der Mensch gestaltet Räume nach Regeln und Normen, die wiederum auf Wertvorstellungen basieren. Reisanbau ist nur unter bestimmten klimatischen Voraussetzungen möglich, doch der zur Selbstversorgung durchgeführte Terrassenanbau auf den Philippinen unterscheidet sich vom preisgestützten, mechanisierten Reisanbau für den nationalen Markt in Japan, und dieser wiederum vom vollmechanisierten und weltmarktorientierten Anbau in den USA.

Täglich treffen Menschen durch ihr Verhalten raumwirksame Entscheidungen. Als Pendler gelangen sie am frühen Morgen mit dem öffentlichen Verkehrsmittel oder dem Privatwagen an ihren Arbeitsplatz, als Konsumentinnen und Konsumenten entscheiden sie über Anbau- und Herstellungsgebiete und damit über Warenströme. Und Freizeitaktivitäten finden häufig in einer von Menschen zu Parkanlagen, Natur- und Freizeitparks umgestalteten Naturlandschaft statt. Wertvorstellungen prägen die Orientierungsmuster, von denen sich Menschen in ihrem räumlichen Verhalten leiten lassen und die sich – zumindest teilweise – in der Gestaltung der Umwelt ablesen lassen.

2. Bevölkerungsgeografie

Weltbevölkerung

Die amerikanische Zensusbehörde schätzte die Zahl der Menschen auf der Erde für Mitte 2009 auf 6,79 Milliarden. Dabei wurden für das Jahr 2009 folgende **Zuwachszahlen für die Weltbevölkerung** angegeben:

Jahr 2009	79 810 508
Pro Monat	6 650 876
Pro Tag	218 659
Pro Stunde	9 111
Pro Lektion (45 Minuten)	6 840
Pro Minute	152
Pro Sekunde	2,45

Um 1800 hatte die Menschheit vermutlich die erste Milliarde erreicht. Die weitere Entwicklung der Weltbevölkerung lässt sich mit folgenden Zahlen ausdrücken:

Jahr	Weltbevölkerung	Dauer zur nächsten Milliarde Menschen
ca. 1800	1 Milliarde	
1930	2 Milliarden	130 Jahre
1960	3 Milliarden	30 Jahre
1974	4 Milliarden	14 Jahre
1987	5 Milliarden	13 Jahre
1999	6 Milliarden	12 Jahre
2011 (?)	7 Milliarden	12 (?) Jahre

8

Die Weltbevölkerung wächst immer noch, wenn auch leicht verlangsamt. Trotz Anstrengungen in der Familienpolitik, v. a. auch in Asien (China, Indien), und einem steten Rückgang der Geburtenzahlen in den Industrieländern beläuft sich die Zunahme der Weltbevölkerung zu Beginn des 21. Jahrhunderts immer noch auf 1,4 %. Immerhin gilt festzuhalten, dass sich die absolute Zunahme seit 1990 leicht rückläufig entwickelt und sich damit das Wachstum der Weltbevölkerung verlangsamt hat.

Weltbevölkerung 1800

Weltbevölkerung 1900

Einwohner in Millionen
- 40
- 10
- 2,5
- 0,1

Weltbevölkerung 1990

Mögliche Weltbevölkerung 2025

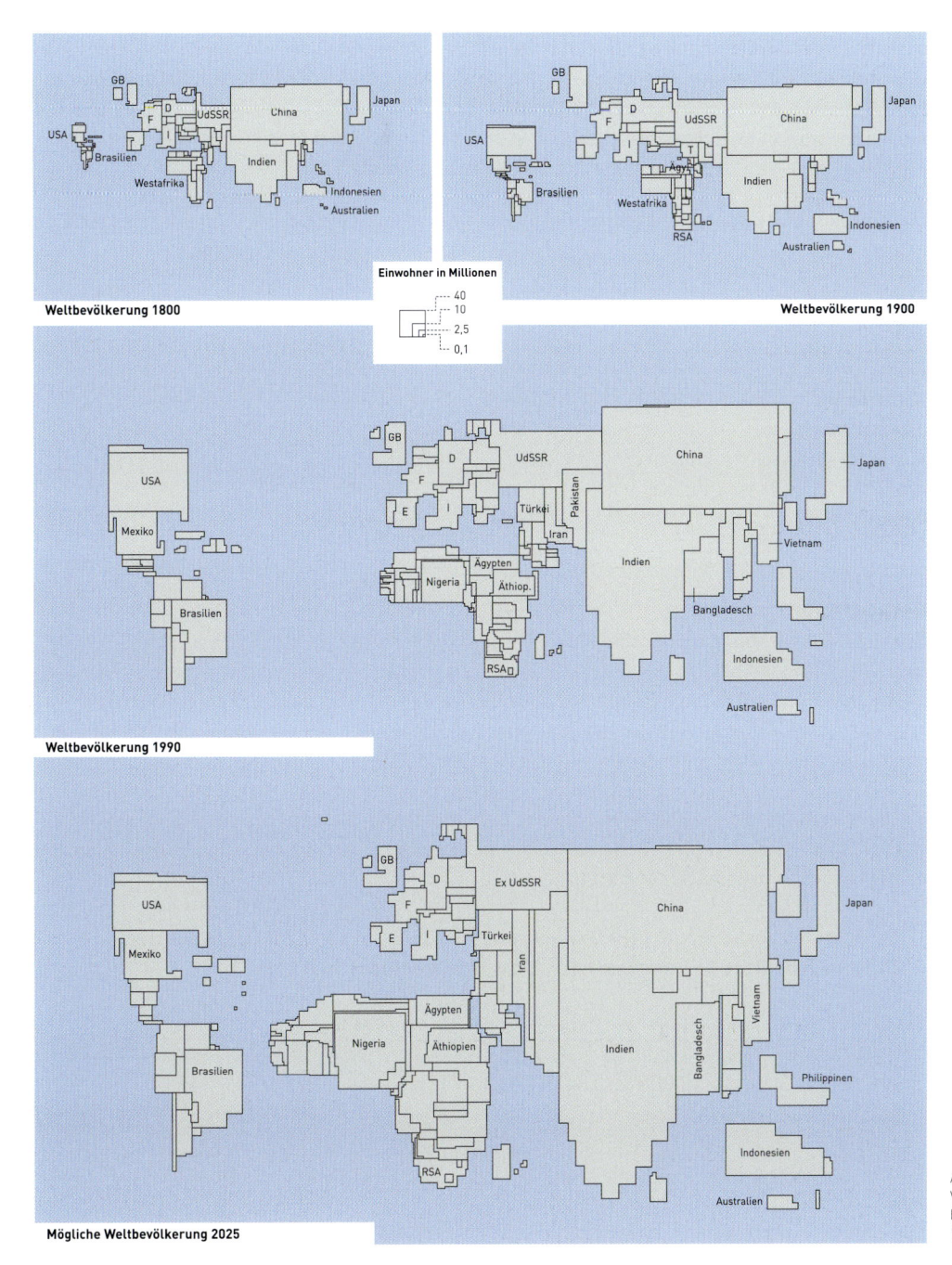

Abbildung 8.1: Verteilung der Weltbevölkerung 1800, 1900, 1990 und 2025.

Bevölkerung und Gesellschaft

8

Tragfähigkeit der Erde

Die starke Bevölkerungszunahme stellt die Weltgemeinschaft vor grosse Probleme: Die landwirtschaftlich nutzbare Fläche kann nicht beliebig erweitert werden, und die Erträge lassen sich auch bei der Anwendung moderner Anbautechniken und dem Einsatz von Hochertragssorten, von Düngemitteln und Insektiziden nicht unbegrenzt steigern. Aber auch industrielle Rohstoffe und Energieträger wie Erdöl und Erdgas sind nur beschränkt verfügbar. Wasser von guter Qualität dürfte im 21. Jahrhundert in weiten Teilen der Erde zu einem Mangelgut werden. Schliesslich ist die Umweltbelastung nicht nur in den Industriestaaten zu einer ernsten gesundheitlichen Bedrohung geworden. Die globale Erwärmung wird die Menschheit zusätzlich herausfordern, da sich dadurch labile Lebensräume wie Gebirgsregionen und Trockengebiete nachhaltig verändern, was grossräumige ökologisch und wirtschaftlich bedingte Wanderungsbewegungen auslösen könnte. Die Frage nach der Tragfähigkeit der Erde beschäftigt die Menschheit nicht erst im 21. Jahrhundert. Bereits Thomas R. Malthus beschäftigte sich 1798 in England in seinem berühmten Aufsatz «An Essay on the Principle of Population» damit (vgl. Exkurs, S. 203).

Die Verteilung der Weltbevölkerung (nach dem «World Population Data Sheet» des Population Reference Bureau):

	2008	Projektion 2025	Projektion 2050
Welt	6,7 Mia.	7,859 Mia.	9,104 Mia.
Afrika	967 Mio.	1281 Mio.	1845 Mio.
Nordamerika	338 Mio.	382 Mio.	450 Mio.
Lateinamerika	577 Mio.	697 Mio.	815 Mio.
Australien, Ozeanien	35 Mio.	40 Mio.	46 Mio.
Asien	4052 Mio.	4741 Mio.	5297 Mio.
Europa	736 Mio.	718 Mio.	651 Mio.

Demografie

Es ist die Aufgabe der **Demografie** ([Bevölkerungswissenschaft] griech. «demos» = Volk), Verteilung, Struktur und Entwicklung der Bevölkerung auf globaler, nationaler und regionaler Ebene zu untersuchen und nach den Ursachen und Hintergründen von Prozessen zu fragen, die Veränderungen steuern. Demografische Untersuchungen stützen sich dazu auf detaillierte und verlässliche Daten, die in den meisten Staaten über Volkszählungen erhoben werden.

Die demografische Grundgleichung

Die Bevölkerungsentwicklung eines Raumes, z. B. eines Staates, setzt sich aus dem natürlichen Bevölkerungswachstum und der Bevölkerungsbewegung zusammen und kann in der folgenden **demografischen Grundgleichung** erfasst werden:

Bevölkerung zum Zeitpunkt t_1 = Bevölkerung zum Zeitpunkt t_0 + (Zahl der Geburten – Zahl der Todesfälle + Einwanderung – Auswanderung) zwischen t_0 und t_1.

Gesteuert werden die Bevölkerungsbewegungen und das natürliche Wachstum durch verschiedene Faktoren:

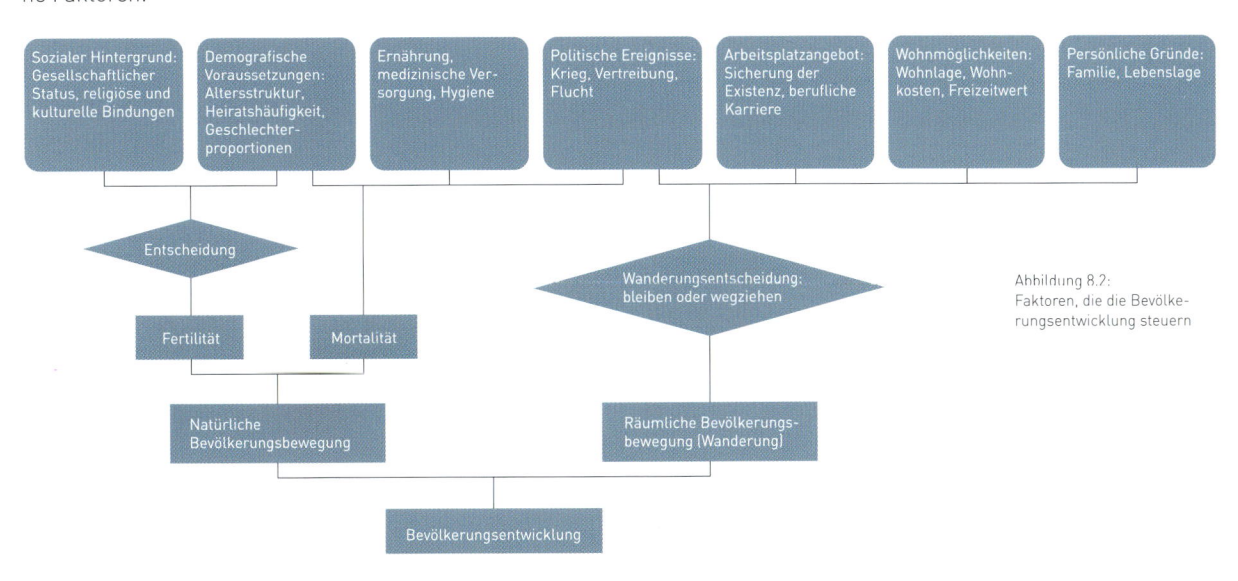

Abbildung 8.2: Faktoren, die die Bevölkerungsentwicklung steuern

Das **natürliche Bevölkerungswachstum** setzt sich aus der **Fruchtbarkeit (Fertilität)** und der **Sterblichkeit (Mortalität)** einer Bevölkerung zusammen. Geburten- und Sterbeziffern beschreiben als wichtige Indikatoren auch den Entwicklungsstand einer Region.

Die **Geburtenrate** berechnet sich aus der Zahl der Lebendgeborenen in einem Jahr pro tausend Menschen einer Region oder eines Staates. Aussagekräftiger ist die **Fruchtbarkeits- oder Fertilitätsrate**. Sie gibt an, wie viele Kinder eine Frau im gebärfähigen Alter durchschnittlich zur Welt bringt, und erlaubt daher Rückschlüsse auf die Wertvorstellungen und den gesellschaftlichen Wandel in einer Bevölkerung.

Fertilitätsraten (Anzahl Geburten pro Frau) ausgewählter Staaten im Jahre 2006
(nach Fischer Weltalmanach, 2009):

Burkina Faso	6,1	Mexiko	2,2	Schweiz	1,4
Kenia	5,0	Iran	2,1	Japan	1,3
Ägypten	2,9	USA	2,1	Deutschland	1,3
Indien	2,5	Tunesien	2,0	Russland	1,3
Brasilien	2,3	VR China	1,8		

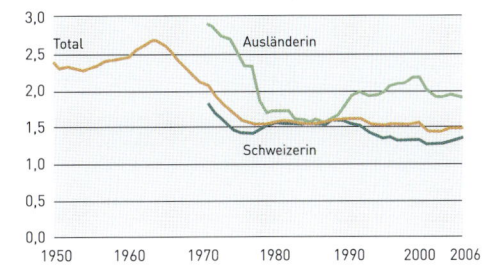

Abbildungen 8.3: Haushaltsgrösse und durchschnittliche Zahl der Kinder pro Frau in der Schweiz (in %, nur Privathaushalte)

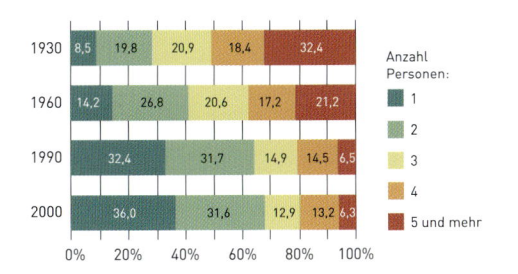

Bevölkerung und Gesellschaft

Entsprechend der Geburtenrate lässt sich die Sterblichkeit über die **Sterberate** beschreiben. Dabei wird die Zahl der Todesfälle in einem Jahr pro tausend Menschen einer Region oder eines Staates ermittelt. Die altersabhängige Sterberate gibt die Zahl der Todesfälle nach Alterskategorie an und weist oft geschlechtsspezifische Unterschiede auf (Abb. 8.4). Als Entwicklungsindikator wird etwa die **Säuglingssterblichkeit** angegeben. Sie gibt an, wie viele Kleinkinder auf tausend Neugeborene vor dem ersten Geburtstag sterben.

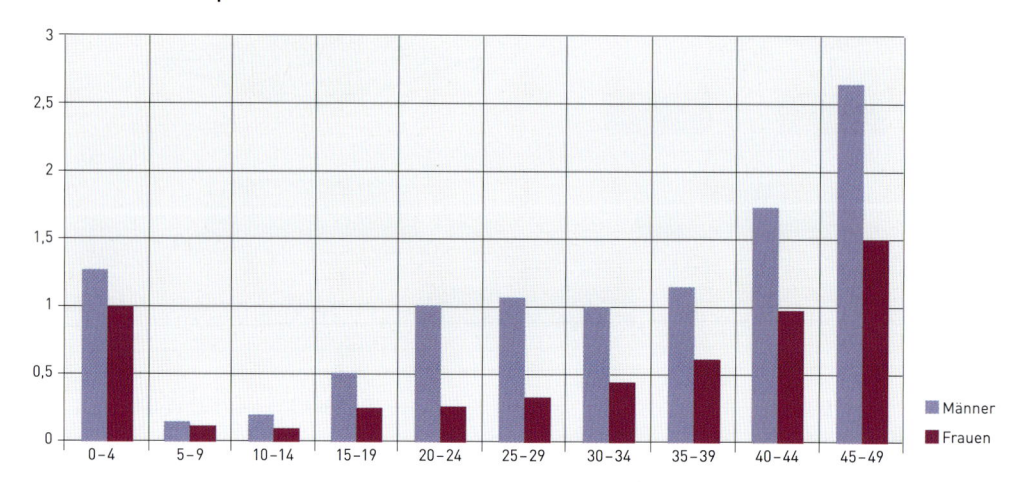

Abbildungen 8.4:
Sterberate in der Schweiz im Jahre 2000 zwischen 0 und 49 Jahren nach Geschlecht. Die Abbildung zeigt deutlich ein Ansteigen des Sterberisikos für Männer im Alter von 20 Jahren, was auf Sportunfälle bei Risikosportarten und Verkehrsunfälle hindeutet.

Abbildung 8.5:
Bevölkerung und Bevölkerungswachstum der Schweiz

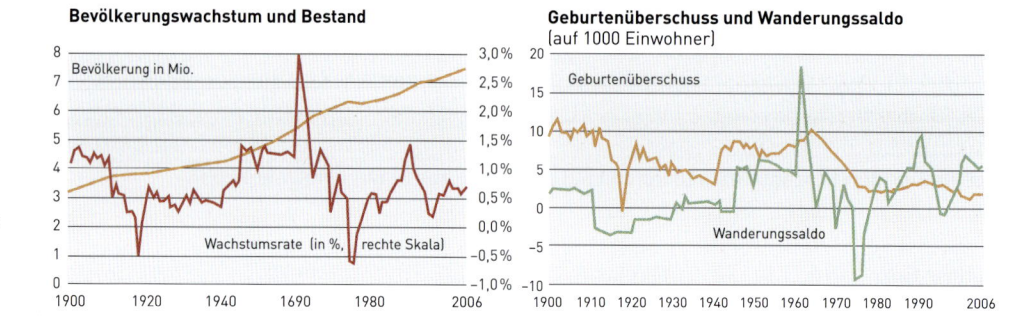

172   Bevölkerungsgeografie

Die **Lebenserwartung** gilt als wichtiger Indikator für den Entwicklungsstand einer Region oder eines Staates und wird u. a. auch im Human Development Index HDI (vgl. S. 292f.) verwendet. Sie gibt die durchschnittliche Anzahl Lebensjahre an, die ein Neugeborenes voraussichtlich erreichen wird.

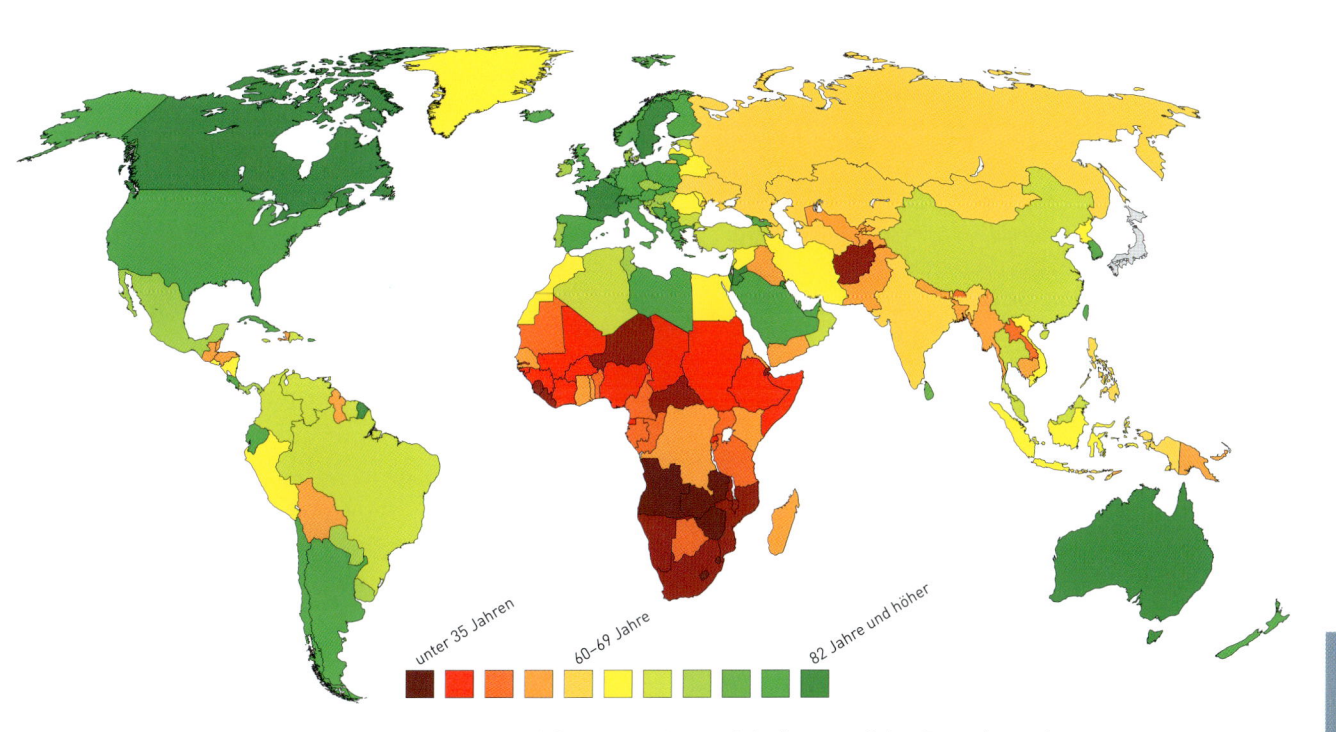

Abbildung 8.6:
Lebenserwartung im Jahre 2000 (Quelle: Fischer Weltalmanach, 2003)

Aus der Differenz zwischen Geburten- und Sterberate lässt sich die natürliche Zuwachs- oder **Wachstumsrate** pro tausend Einwohner berechnen. Unter Anwendung der sogenannten Zinseszinsformel lässt sich damit bei natürlicher Bevölkerungsentwicklung (geschlossenes regionales System) der Bevölkerungszuwachs wie folgt ableiten:

$Bt_1 = Bt_0 \times (1 + r)^n$ Bevölkerungswachstum

Dabei stellen Bt_0 die Bevölkerung im Ausgangsjahr, Bt_1 die Bevölkerung zum Zeitpunkt t_1, n die Anzahl Jahre und r die Zuwachsrate in Dezimalschreibweise (eine Zuwachsrate von 2% entspricht dem Faktor r = 0,02) dar. Setzt man $Bt_1 = 2$ und $Bt_0 = 1$, kann man das Zeitintervall berechnen, in dem sich eine Bevölkerung verdoppelt. Die oben stehende Formel lässt sich als

$2 = (1 + r)^n$ schreiben,
wodurch $\log 2 = n \times \log(1 + r)$
und $n = \log 2 / \log (1 + r)$ wird.

Auf Kenia angewandt, würde sich demnach bei einer gleichbleibenden Zuwachsrate von 2,0% die Bevölkerung in 35 Jahren von 31,1 Mio. (2002) auf 62,2 Mio. verdoppeln.
Die demografische Grundgleichung fasst damit die wesentlichen Faktoren der Bevölkerungsentwicklung zusammen. Gutes Datenmaterial ist die Grundlage einer seriösen demografischen Arbeit, aber auch fundierte Kenntnisse der gesellschaftlichen Veränderungen und der politischen und wirtschaftlichen Prozesse sind unverzichtbar.

Bevölkerung und Gesellschaft

Die Bevölkerungsverteilung

Es ist üblich, in Statistiken und Ländervergleichen aus der Bevölkerungszahl dividiert durch die Fläche die durchschnittliche **Bevölkerungsdichte** in Einwohnern pro Quadratkilometer (E/km²) als Mass für den Bevölkerungsdruck in einem Land oder einer Region anzugeben. Für die Schweiz beträgt der aktuelle Wert 188 E/km² (2009), wobei sich im Kanton Genf 1587 Menschen auf einem Quadratkilometer konzentrieren, während der Kanton Graubünden als grösster Schweizer Kanton im Schnitt nur gerade 26 Einwohner auf einem Quadratkilometer aufweist. Für Bangladesch werden 1057 E/km² angegeben, während in der Mongolei für 1,7 Einwohner 1 km² zur Verfügung steht (Fischer Weltalmanach, 2009). Für eine differenzierte Betrachtung genügen diese Angaben allerdings kaum. Bereits 1833 schuf deshalb der Engländer George Scrope eine erste Karte der Bevölkerungsverteilung. Solche Karten, die heute in jedem Schulatlas zu finden sind, liefern detaillierte Angaben, die sich geografisch interpretieren lassen. In den meisten Karten wird die Bevölkerungsverteilung in Stufen klassiert und flächenhaft dargestellt. Abb. 8.7 und 8.8 zeigen aber am Beispiel der Vereinigten Staaten und der Schweiz, dass andere Darstellungsweisen oftmals zweckmässiger sind und eindrückliche Ergebnisse liefern:

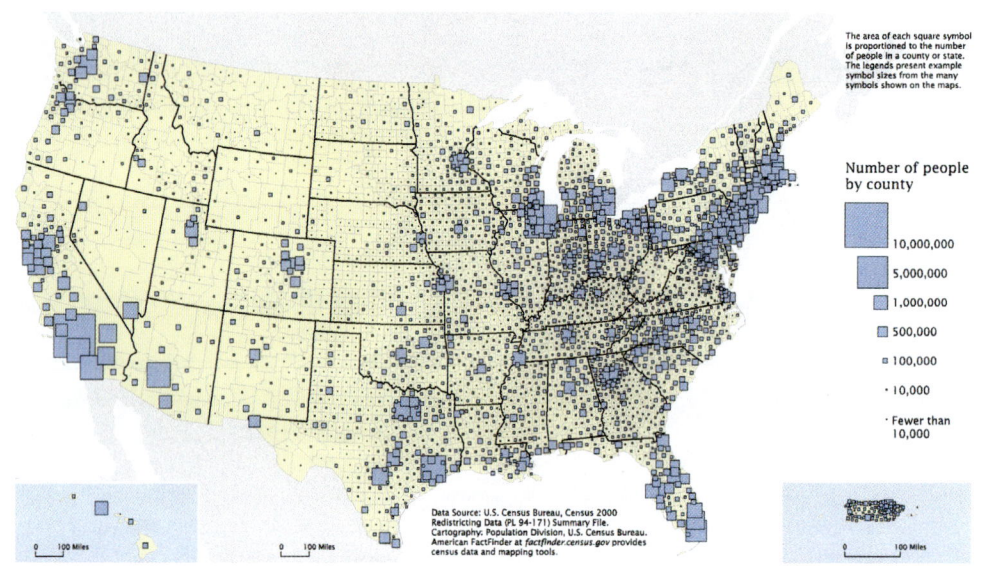

Abbildung 8.7:
Bevölkerungsverteilung in den USA

Für Ägypten lassen sich beispielsweise 74 E/km² als Mittelwert errechnen, was aber wenig aussagt, da fast die gesamte Bevölkerung auf nur 3% des Landes im fruchtbaren Niltal lebt, während die ausgedehnten Wüstengebiete nahezu unbesiedelt sind. In Australien konzentriert sich die Bevölkerung an der Südostküste, während in Mexiko die Bevölkerung einen Schwerpunkt um die Hauptstadt Mexiko City im Landesinnern bildet. Natürliche Ressourcen wie Bodenfruchtbarkeit und die Verfügbarkeit von Wasser, aber auch historische Begebenheiten und wirtschaftliche Aspekte liefern wichtige Erklärungshinweise für das Verteilungsmuster.

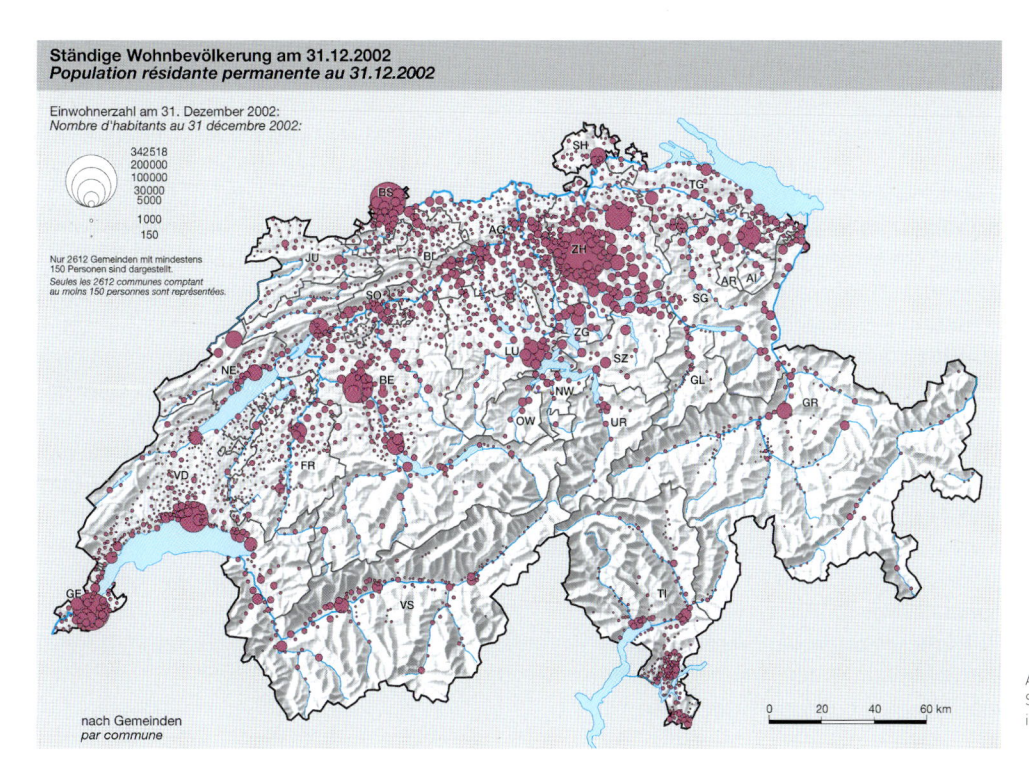

Abbildung 8.8:
Ständige Wohnbevölkerung in der Schweiz Ende 2002

Der demografische Übergang

Als demografischer Übergang oder **demografische Transformation** wird ein Modell bezeichnet, das die Veränderungen der Geburten- und Sterberate beschreibt, die den Übergang von der traditionellen Agrargesellschaft über den Industriestaat zur modernen Konsum- und Dienstleistungsgesellschaft begleiten.

Modell der demografischen Transformation

Im Modell lassen sich fünf Transformationsphasen unterscheiden:

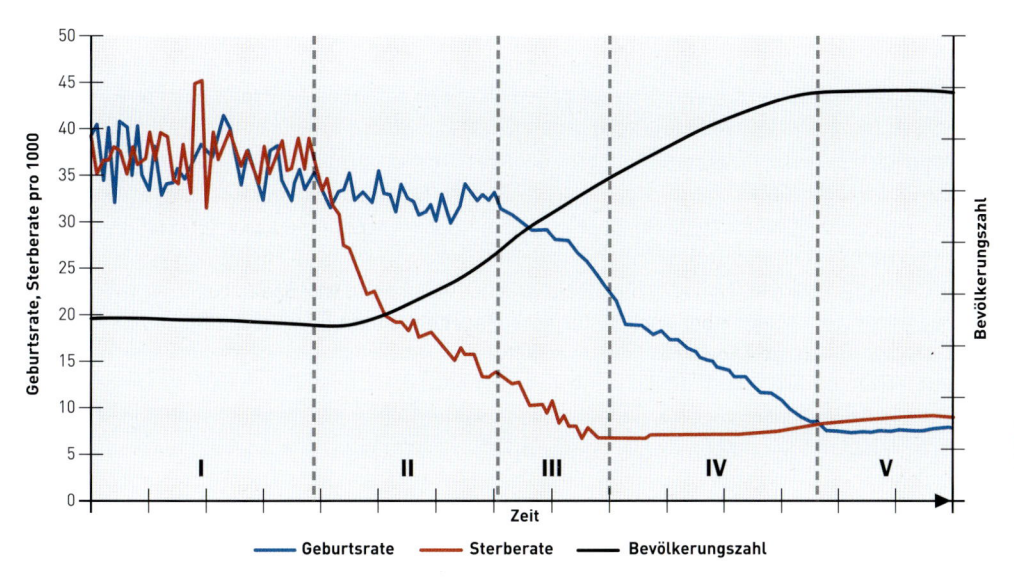

Abbildung 8.9:
Modell der demografischen Transformation

Bevölkerung und Gesellschaft

I) Prätransformative Phase: Eine hohe Geburtenrate ist notwendig, um die hohe Sterberate, verursacht durch das weitgehende Fehlen einer medizinischen Versorgung, auszugleichen. Epidemien und Seuchen (z.B. die Pest), aber auch Kriege reduzieren die Lebenserwartung zusätzlich und führen zu grossen Schwankungen in der Gesamtbevölkerungszahl, die aber über grössere Zeiträume aufgrund etwa gleich hoher Geburten- und Sterberate weitgehend konstant bleibt.

II) Frühtransformative Phase: Während die Geburtenrate konstant bleibt, eventuell sogar leicht zunimmt, beginnt die Sterberate aufgrund stabilisierter Ernährungsgrundlage, medizinischer Fortschritte und besserer hygienischer Verhältnisse zu sinken. Dadurch öffnet sich die Bevölkerungsschere, und die Bevölkerungszahl beginnt zu steigen.

III) Mitteltransformative Phase: Eine langsam sinkende Geburtenrate bei weiterhin abnehmender Sterberate erzeugt eine hohe natürliche Zuwachsrate. In dieser Phase weist das Bevölkerungswachstum die höchsten Werte auf.

IV) Spättransformative Phase: Die Geburtenrate beginnt nun rasch zu sinken. Vermehrte Verstädterung, mehr Arbeitsplätze im industriellen Sektor und im Dienstleistungssektor, eine bessere Ausbildung v.a. auch der Frauen, Familienplanung, staatliche Altersvorsorge und anderes mehr kennzeichnen einen deutlichen gesellschaftlichen Wandel. Dadurch beginnt sich der Bevölkerungszuwachs zu verlangsamen und die Schere zwischen der Geburten- und der Sterberate zu schliessen.

V) Posttransformative Phase: Die Geburtenrate pendelt sich auf niedrigem Niveau im Bereich der Sterberate ein und kann diese sogar unterschreiten. Die Bevölkerungszahl stabilisiert sich und könnte mittelfristig sogar abnehmen.

Das Modell orientiert sich am Verlauf der Bevölkerungsentwicklung in Europa, Nordamerika und Japan. Ob es für die Dritte Welt auch zutreffen wird, ist zurzeit noch offen. Für die Transformationsstaaten Mittel- und Osteuropas (ehemaliger Ostblock) kann das Modell kaum angewandt werden, da sich dort aufgrund der gesellschaftlichen, wirtschaftlichen und sozialen Entwicklung bei sehr niedriger Geburtenrate ein Ansteigen der Sterberate einstellt. Damit sind auch die Grenzen des Modells aufgezeigt: Es liefert Erklärungsansätze, die aber durch die Untersuchung der Altersstruktur, der Geschlechterverteilung und des gesellschaftlichen Wandels noch zu vertiefen sind. Für Prognoseaussagen eignet sich das Modell nicht.

Die Bevölkerungswanderungen

Migration

Räumliche **Bevölkerungsbewegungen** werden als Wanderung oder, wenn sie grenzüberschreitend und dauerhaft vollzogen werden, als **Migration** (lat. «migrare» = übersiedeln) bezeichnet. Millionen von Menschen sind jährlich auf der Suche nach einem neuen Wohnort unterwegs. Bei vielen geschieht dies freiwillig und wird durch den Wechsel des Arbeits- oder Ausbildungsplatzes bedingt. Verheerende Naturereignisse, ökologische Katastrophen, politische Konflikte und Kriege lösen aber immer wieder unfreiwillige Wanderungsbewegungen, Flüchtlingsströme aus, häufig über Landesgrenzen hinweg.

Pull- und Push-Faktoren

Seit der zweiten Hälfte des 20. Jahrhunderts lässt sich weltweit aber auch eine verstärkte Binnenwanderung in die Stadtregionen beobachten. Als **Push-Faktoren** (Faktoren, die zur Landflucht führen) werden die schlechten Lebensbedingungen und hemmende Sozialstrukturen (Druck der Grossfamilie auf junge Menschen, Kastenwesen), aber auch das geringe Preisniveau auf dem Weltmarkt für Agrarprodukte und das Fehlen qualitativ hochstehender Arbeitsplätze genannt. Umgekehrt gelten Städte als Orte, die gerade jungen Menschen viele Möglichkeiten und Chancen auf dem Arbeitsmarkt bieten, aber auch mit einem breiten kulturellen Angebot und vielfältigen Möglichkeiten der Freizeitgestaltung locken. Der Zugang zu einem breiten Warenangebot zählt ebenfalls zu den **Pull-Faktoren** (Faktoren, die die Stadt attraktiv machen).

Ein- und Auswanderung

Jedes Jahr wechseln viele Menschen den Wohnort von einem Land in ein anderes. Die Auswanderung wird als **Emigration**, die Einwanderung als **Immigration** bezeichnet. In den Industrieländern, wie z.B. der Europäischen Union, ist eine ständige berufsbedingte Umlagerung zu beobachten. Die Nachfrage nach Arbeitskräften und hohe Sozialleistungen steuern die Zuwanderung, während die hohe Arbeitslosigkeit in den Randregionen die Abwanderung fördert. Andererseits ziehen Menschen, die altersbedingt aus dem Arbeitsprozess ausscheiden, häufig in ihre alten Herkunftsgebiete zurück. Mit der Anwendung von qualifizierenden Einwanderungskontrollen über ein Punktesystem, wie es zum Beispiel Australien anwendet, stellen Industrieländer sicher, dass junge, hoch qualifizierte Berufsleute vorrangig aufgenommen werden. So haben aus Staaten der Dritten Welt nur sehr gut ausgebildete Fachkräfte überhaupt eine Chance, dort eine Niederlassungsbewilligung zu erhalten. Das hohe Lohnniveau und die guten Anstellungsbedingungen bewirken dann meist eine rasche Integration der ganzen Familie in die Mittelschicht des Aufnahmelandes, wodurch eine Rückkehr meist nicht in Betracht gezogen wird. Neben der Aufnahme von Familiennachzüglern, Flüchtlingen und Arbeitsmigranten vergeben die Vereinigten Staaten zusätzliche Einwanderungsbewilligungen über eine Lotterie (sogenannte «Green Cards»).

Grössere Naturkatastrophen, wirtschaftliche Krisen oder Umweltzerstörung, vor allem aber auch Armut, bewaffnete Konflikte und Menschenrechtsverletzungen zwingen Menschen zur Migration. Sie sind als **Flüchtlinge** auf der Suche nach einem sicheren Wohn- und Arbeitsort unterwegs und sehen, da sie überall als Belastung empfunden werden, einer unsicheren Zukunft entgegen. Handelt es sich um politisch verfolgte Menschen, steht ihnen eigentlich das Aufenthaltsrecht in einem sicheren Staat zu, falls ihnen der Nachweis der politischen Verfolgung gelingt. Die Integration von Flüchtlingen gestaltet sich gerade in den reichen Industrieländern nicht immer einfach. Sie gelten bei der einheimischen Bevölkerung als soziale Belastung, ihre Bewegungsfreiheit wird durch spezielle Ausweise oft eingeschränkt, und sie dürfen längere Zeit keine Arbeit annehmen. Flüchtlinge werden häufig ausgegrenzt, grössere Flüchtlingsgruppen etwa in Lagern zusammengefasst und von der Uno oder vom Roten Kreuz betreut. Illegal in ein Land eingereiste Flüchtlinge tauchen unter und leben in ständiger Angst, entdeckt zu werden. Sie verfügen bei Krankheit oder Unfall über keinen Versicherungsschutz, ihre Kinder sind vom Schulbesuch ausgeschlossen. Ihnen droht die Ausschaffung, falls sie aufgegriffen werden und ihre Identität und Nationalität festgestellt werden kann.

Das Flüchtlingshilfswerk der Uno (UNHCR, U.N. High Commissioner for Refugees) verzeichnete 2008 42 Millionen Menschen, die sich auf der Flucht vor Verfolgung, gewaltsamen Konflikten, Krieg und Menschenrechtsverletzungen befanden. 16 Millionen Menschen wurden als eigentliche Flüchtlinge registriert, sie mussten ihr Land aus begründeter Furcht, wegen eines Krieges oder eines innerstaatlichen Konflikts verlassen. 26 Millionen befanden sich 2008 innerhalb ihres eigenen Landes als **Binnenvertriebene** auf der Flucht.

Eine **Bedrohung Europas durch Flüchtlinge** wird in den Massenmedien oft publikumswirksam aufgemacht (z.B. Titelbild im «Spiegel» Nr. 25/17.6.02: «Europa macht dicht»). Die aktuelle Diskussion darf aber nicht darüber hinwegtäuschen, dass gerade im 19. Jahrhundert viele Menschen in Europa – auch in der Schweiz – aus wirtschaftlichen Gründen gezwungen waren auszuwandern, um sich in Osteuropa, Nord- oder Südamerika oder Australien eine neue Existenz aufzubauen. Nach dem Zweiten Weltkrieg schuf dann die Nachkriegs-Hochkonjunktur in Westeuropa ein hohes Arbeitsplatzangebot, sodass Fremdarbeiter mithelfen mussten, den Mangel an Erwerbstätigen zu überwinden. Dabei wanderten in die Schweiz nicht nur Arbeitskräfte, zuerst meist aus Italien, ein, sondern wenig später wurde oftmals die ganze Familie nachgezogen. Auf eine Rückwanderung nach dem Erreichen des Ruhestandes wurde häufig verzichtet, da sich die Kinder, die zweite Generation (heute als «Secondos» bezeichnet), durch den Schulbesuch und die berufliche Ausbildung bereits weitgehend integriert hatten und sich nur noch locker mit dem ursprünglichen Heimatland verbunden sahen.

Bevölkerung und Gesellschaft

Der Altersaufbau der Bevölkerung

Als wichtiger demografischer Indikator für das Verständnis der Bevölkerungsstruktur eines Landes oder einer Region gilt die **Altersstruktur**. Sie ist das Ergebnis des natürlichen Wachstums und von Wanderungsbewegungen. Dabei wird der altersabhängige Aufbau der Bevölkerung in einer Jahres- oder Fünfjahreskategorie absolut oder in Prozent pyramidenförmig dargestellt. Man spricht deshalb von **Bevölkerungspyramiden**, auch wenn der Bevölkerungsaufbau oft mit einer Pyramide im geometrischen Sinne nichts mehr zu tun hat. Die Bevölkerungsstrukturen lassen sich modellhaft im Wesentlichen auf drei Grundformen zurückführen:

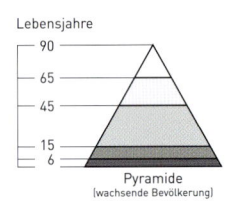

«Pyramide» — Bei abnehmender Sterberate und hohen Kinderzahlen entsteht eine klassische Pyramidenform, die auf ein exponentielles Bevölkerungswachstum hinweist (z. B. Kenia).

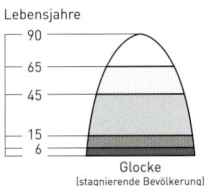

«Bienenkorb» oder «Glocke» — Bei zwei Kindern pro Eltern, die erwachsen werden, stabilisiert sich mittelfristig die Bevölkerung, und die Alterstruktur weist in den unteren und mittleren Alterskategorien die gleiche Bevölkerungszahl auf. Erst in den höheren Alterskategorien nimmt die Sterberate deutlich zu, sodass sich die Pyramide nach oben zu schliessen beginnt (z. B. Island).

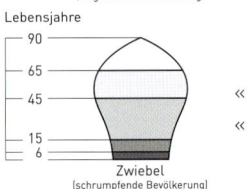

«Urne» oder «Zwiebel» — Bei geringer Kinderzahl (weniger als zwei Kinder pro Frau im gebärfähigen Alter) verengt sich die Pyramide im unteren Bereich. Die Bevölkerung wird ohne Zuwanderung mittelfristig abnehmen (z. B. Japan).

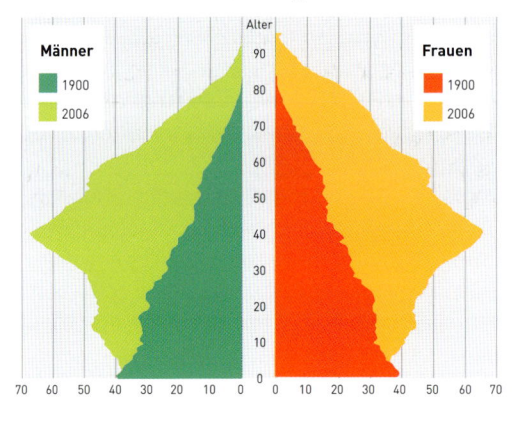

Abbildung 8.10:
Die Bevölkerungsstruktur der Schweiz 1900 und 2006

Die Altersstruktur der Schweizer Bevölkerung (Abb. 8.10) weist im Jahre 1900 eine Pyramidenform auf und belegt damit das stetige Bevölkerungswachstum im 19. Jahrhundert. 2006 steht die Schweiz am Übergang von der «Glocke» zur «Urne». Die Bevölkerung steigt aufgrund der Einwanderung und der Überalterung trotz niedriger Geburtenrate immer noch an.

Die Altersstruktur eines geografischen Raumes ist das Ergebnis sich überlagernder Faktoren. Der Zugang zur medizinischen Grundversorgung, zu Wasser und Nahrung, gewaltsame Konflikte und das Auftreten von Seuchen beeinflussen die Mortalität, wirtschaftliche und gesellschaftliche Strukturen steuern die Fertilität der Bevölkerung. Wanderungsbewegungen (Migration) werden durch wirtschaftliches Ungleichgewicht, Konflikte und Krisen erzeugt und schlagen sich ebenfalls im Altersaufbau nieder.

Bevölkerungsprognosen

Bevölkerungsveränderungen in einem Raum stellen für Behörden eine wichtige Planungsgrundlage dar. Sowohl der Raumplanung wie auch der Wirtschaftsförderung und dem Ausbau der Infrastruktur liegen Annahmen über die zukünftigen Bevölkerungszahlen zugrunde. Die Abschätzung der zukünftigen Bevölkerungszahl und -struktur ist deshalb ein wichtiges Arbeitsfeld für die Demografen.

Wird eine vergangene Bevölkerungsentwicklung als mathematische Funktion der Zeit aufgefasst und mit einer exponentiellen Formel (vgl. demografische Grundgleichung, S. 170) beschrieben und in die Zukunft extrapoliert, lässt sich von einem **Trend** sprechen. So beschrieb Malthus (vgl. Exkurs S. 203.) die exponentielle Bevölkerungsentwicklung mit einer geometrischen Reihe. Von einer Prognose im eigentlichen Sinne kann dabei aber kaum gesprochen werden.

Genauere Aussagen über die zukünftige Bevölkerung lassen sich über die **Komponentenmethode** gewinnen. Diese anspruchsvolle Methode zur Abschätzung der zukünftigen Bevölkerung arbeitet mit dem aktuellen Altersaufbau der Bevölkerung, den Fertilitätsraten der Frauen im gebärfähigen Alter und den altersbedingten Mortalitätsraten. Mit diesen Vorgaben wird stufenweise eine neue zukünftige Alterspyramide berechnet, die wiederum als Ausgangspunkt für die nächste Berechnungsphase dient. Vorgegangen wird dabei meist in Fünfjahresschritten. Dabei wird deutlich, dass die Zuverlässigkeit der Ergebnisse mit zunehmender Entfernung von der Gegenwart abnimmt. Ebenfalls schwer abzuschätzen bleibt die Migration, insbesondere die Immigration, da politische Konflikte, die grosse Flüchtlingsströme auslösen, kaum vorhersehbar sind.

Die Abschätzung der zukünftigen Bevölkerungszahl

3. Kultur und Raum

Der Begriff **Kultur** stammt aus dem Lateinischen «cultura» und wird im weitesten Sinn für alles, was vom Menschen geschaffen wurde, verwendet. Für die Geografie ist die Fragestellung von Interesse, wie sich eine Kultur räumlich artikuliert. Eine Kultur verändert sich laufend, sodass das Beschreiben einer Kultur durch das Erfassen des Wandels ergänzt werden muss. Zudem steht jede Kultur meist im Austausch mit anderen Kulturen und baut laufend neue Elemente ein. Durch die globale Verfügbarkeit materieller Güter sehen sich Kulturen gerade heute durch neue Wertvorstellungen und Normen, die durch das globalisierte Warenangebot mitgeliefert werden, herausgefordert. Amerikanische Spielfilme werden weltweit den Fernsehstationen angeboten und sind über Satellitenfernsehkanäle nahezu global abrufbar.

Es gibt nicht nur verschiedenartige Kulturen, selbst was unter **Kultur** zu verstehen ist, wurde und wird unterschiedlich umschrieben: E.B. Tylor lieferte 1871 die bekannteste und klassische Definition:

Definition Kultur

> «Kultur ist jener ganze Komplex, der Wissen, Glauben, Kunst, Recht, Moral, Sitte und alle anderen Fähigkeiten umfasst, die der Mensch als Mitglied einer Gesellschaft erworben hat.»

Definitionen sind immer auch Ausdruck der Zeit: Tylor stellt das Beschreibende in den Vordergrund und stützt damit den methodischen Ansatz der europäischen Ethnologen und Kulturforscher, die fremden Kulturen im 19. Jahrhundert mit dem Forschungsauftrag einer möglichst vollständigen Bestandesaufnahme gegenübertraten und als Ergebnis ihrer Forschung materielle Kulturgüter wie Alltagsgegenstände, Kleider, Masken und vieles andere mehr in europäischen Museen zur Schau stellten.

Bevölkerung und Gesellschaft

8

Normen und Wertvorstellungen

Der englische Geograf Peter Haggett betont in seiner Umschreibung des Begriffs «Kultur» die Weitergabe von Normen und Wertvorstellung von einer Generation zur nächsten (P. Haggett, 2004):

> **«Kultur beschreibt Muster angelernten Verhaltens, die eine beständige Schablone bilden, mit deren Hilfe Gedanken und Vorstellungen von einer Generation auf die andere oder von einer Gruppe auf die andere überliefert werden können.»**

Knox und Marston (2001) schliessen sich in ihrem neusten Standardwerk über die Humangeografie Haggett an und sehen im Begriff «Kultur» das gemeinsame Inventar an Bedeutungen, die tagtäglich durch materielle und symbolische Bräuche gelebt werden. Die Autoren erkennen daher in der Kultur eine «Lebensweise, die einen spezifischen Bestand von Fertigkeiten, Werten und Bedeutungen umfasst». Zur Kultur zählt nicht allein der materielle Bestand einer Gesellschaft, sondern sie schliesst auch soziale und geistige Bereiche wie gesellschaftliche Organisationsformen und Wirtschaftssysteme, Denk- und Verhaltensweisen, Normen und Wertvorstellungen mit ein. Der englische Biologe Julian Huxley (1887–1975; 1946–1948 erster Generaldirektor der Unesco) erkannte, dass sich Kulturen auf drei Ebenen erfassen und verstehen lassen:

1. Jede Kultur wird von aussen zuerst auf der **materiellen und sinnlich wahrnehmbaren Ebene** über jene Güter wahrgenommen, die sie hervorbringt. Nahrung, Kleidung, Unterkunft und Gebrauchsgegenstände des täglichen Lebens sind Merkmale, durch die sich eine Kultur äusserlich manifestiert. Darunter werden westliches Fast Food, der australische Bumerang und das japanische Sumoringen genauso verstanden wie afrikanische Masken, indische Filme und die brasilianische Sambamusik.
2. Hinter den materiellen Gütern stehen **Normen**, gedankliche Orientierungsmuster, die den Gütern einen Platz und eine Funktion zuordnen. Normen leiten auch die Beziehungen zwischen dem Einzelnen und der Gruppe und steuern das soziale Verhalten. Familienstrukturen, das Erziehungssystem, die Machtverhältnisse und die politische Entscheidungsfindung werden dabei erklärend beschrieben.
3. Normen werden von **Wertvorstellungen und Wertsystemen** geleitet. Werte stützen die dauerhaften Elemente einer Kultur nachhaltig und stellen die gedanklich-geistige Ebene einer Kultur dar. Diese Wertvorstellungen werden durch die Lebenseinstellung, die Religion und die Sprache zum Ausdruck gebracht.

Kultur und Gesellschaft

Kultur wird durch die Mitglieder einer **Gesellschaft** gelebt und weitergegeben. Jedes Mitglied einer Gesellschaft verwirklicht seine Persönlichkeit durch die Kultur. Die Achtung der Persönlichkeit ist deshalb eng mit der Achtung der Kultur verbunden. «Die Originalität jeder Kultur beruht vielmehr auf ihrer besonderen Weise, Probleme zu lösen und Werte herauszustellen», betonte der französische Ethnologe Claude Lévy-Strauss.

Kulturen prägen Landschaften

Menschen prägen durch ihre Kultur Räume. Sie schufen aus der Naturlandschaft eine **Kulturlandschaft**, die auch heute weiter umgestaltet wird. Selbst die Mitglieder der frühen Jäger- und Sammler-Gesellschaften definierten ihr Verhältnis zur Natur und entschieden über Veränderungen. Ackerbaukulturen formten im Mittelalter aus der Naturlandschaft das Agrarsystem des schweizerischen Mittellandes, in Asien entstanden Reiskulturen und im Iran das Qanat-Bewässerungssystem. Die industriellen und postindustriellen Gesellschaften schufen weitläufige Bergbau- und Fabrikareale, Technoparks, nutzten die Fühlungsvorteile sich ergänzender Produktions- und Dienstleistungsbetriebe und erstellten Arbeitersiedlungen, während die Freizeitgesellschaft des 20. und 21. Jahrhunderts künstliche Welten als Erholungs- und Freizeitlandschaften, etwa Aqua- und Tropenparks, entstehen liess.

Abbildung 8.11, links:
Bewässerungslandwirtschaft in der Gebirgsoase Nakhl, Oman

Abbildung 8.12, rechts:
Traditionelle Kulturlandschaft in den Mandara-Bergen, Kamerun

Abbildung 8.13:
Der Ocean Dome in Miyazaki, Japan. Eine künstliche Freizeitlandschaft auf der Südinsel Kyushu

Bevölkerung und Gesellschaft 181

8

Oft ist der Landschaftswandel der räumlich sichtbare Ausdruck kultureller Veränderungen. Neue Entwicklungen und Erfindungen prägen den **kulturellen Wandel** genauso wie fremde Elemente, die von einer anderen Kultur übernommen werden. Neue kulturelle Elemente wie materielle Güter, Ideen und Praktiken, aber auch Werte und Wertvorstellungen fliessen über Kontakte zu Menschen anderer Kulturen in die eigene Lebensweise ein. Die Kulturgeografie beschreibt mit Ausbreitungsmustern die **Diffusion** (lat. «diffundere» = verbreiten, zerstreuen) u. a. kultureller Innovationen. So waren die Beatles und ihre Musik zuerst nur in ihrer Heimatstadt Liverpool lokal bekannt. Der Sprung in die Londoner Musikszene öffnete ihrer Musik den Weg in die anderen Weltstädte, und von dort gelangte sie schliesslich weltweit in die lokalen Radios.

Akkulturation

Die umfassende Übernahme kultureller Elemente kann dabei auch zur Anpassung oder Angleichung an eine andere, dominant auftretende Kultur führen, was als **Akkulturation** bezeichnet wird. Mit Menschen, ihren Lebenseinstellungen und ihrem Lebensraum beschäftigt sich die Völkerkunde oder **Ethnologie** (griech. «ethnos» = Volk). Eine **Ethnie** oder eine ethnische Gruppe zeichnet sich durch ein gemeinsames «Wir-Gefühl» aus, das eine gemeinsame Kultur, eine gemeinsame Geschichte und einen ursprünglich gemeinsamen Lebensraum einschliesst. Eine Ethnie unterscheidet sich durch ihre sozialen Strukturen und ihre Verhaltensweisen von anderen Ethnien und wird von diesen als eigenständige Gruppe wahrgenommen.

Integration und Segregation

Die Vereinigten Staaten gelten als Modellfall für die **Integration** unterschiedlichster eingewanderter Volksgruppen. Die amerikanische Sozialgeografie prägte dafür die Bezeichnung **«Melting Pot»** (Schmelztiegel). Allerdings stellt die Sozialforschung fest, dass in den Grossstädten mehr und mehr das Phänomen der **Segregation** auftritt: Es bilden sich neben den Wohnvierteln der Weissen und der Schwarzen auch Quartiere mit Ethnien asiatischer Herkunft und der Spanisch sprechenden Bevölkerung (Abb. 8.15). Dabei erleichtern die bereits Ansässigen den Neuankömmlingen den Zugang zum Wohnungs- und Arbeitsmarkt und vermitteln ihnen in einem ethnisch homogenen Wohnquartier eine gewisse Geborgenheit. Es wird heute denn auch in den Vereinigten Staaten vermehrt von einem **ethnischen Pluralismus**, einer **«Salad Bowl»** und einer **multikultu-**

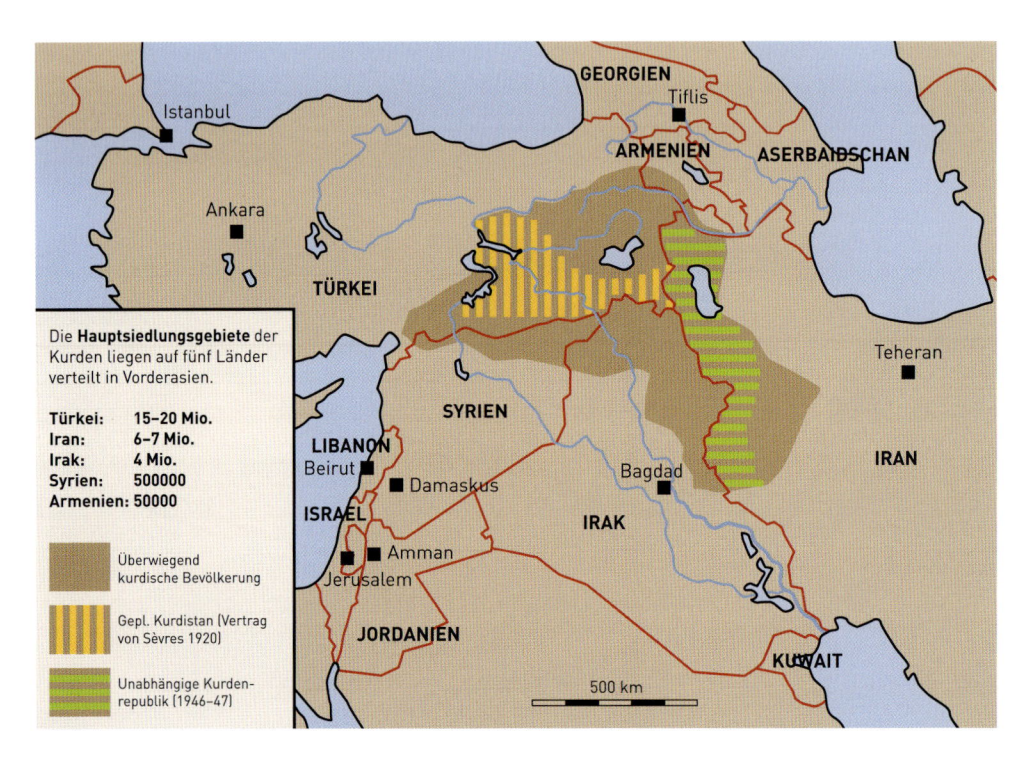

Abbildung 8.14:
«Volk ohne Staat»: Das Wohngebiet der kurdischen Bevölkerung

Die **Hauptsiedlungsgebiete** der Kurden liegen auf fünf Länder verteilt in Vorderasien.

Türkei: 15–20 Mio.
Iran: 6–7 Mio.
Irak: 4 Mio.
Syrien: 500000
Armenien: 50000

- Überwiegend kurdische Bevölkerung
- Gepl. Kurdistan (Vertrag von Sèvres 1920)
- Unabhängige Kurdenrepublik (1946–47)

Kultur und Raum

rellen Gesellschaft gesprochen, in der die Minderheiten als Teil der amerikanischen Gesellschaft betrachtet werden, wirtschaftlich durchaus integriert sein können, jedoch ihre eigene ethnische Identität bewahren.

Eine ethnisch bedingte Abgrenzung kann sich auch in einer regionalen Abtrennung niederschlagen: So wurden in Staaten wie den USA der indigenen Bevölkerung einige Restgebiete als **Reservate** zugeteilt, in denen eine beschränkte Selbstverwaltung ermöglicht wird. Eine ähnliche Politik betreibt Australien gegenüber den Aborigines, um damit den Forderungen der Urbevölkerung nach Rückgabe von weggenommenem Land entgegenzukommen. Andere Staaten kennen ebenfalls ethnisch bedingte Autonomieregelungen. In Kanada wurde 1999 Nunavut («Unser Land») geschaffen, ein Territorium mit einem hohen Grad an Selbstverwaltung für mehr als 20 000 Inuit (Abb. 8.16). Gerade in Australien, aber beispielweise auch in den USA, Brasilien und Kanada entzünden sich an den Landrechten der Urbevölkerung Konflikte um die Ausbeutung der Bodenschätze. Bodenschätze werden dabei als nationales Kapital angesehen, das für die Entwicklung des ganzen Landes eingesetzt werden soll. Die Ansprüche der Urbevölkerung sollen dabei nach Auffassung der betreffenden Regierungen den Fortschritt der ganzen Nation nicht verhindern dürfen.

Oftmals wird die Bildung von Regionen nach ethnischen Kriterien von der Zentralgewalt für eine bessere Kontrolle und zur Diskriminierung von Minderheiten missbraucht, wie das Vorgehen etwa der Volksrepublik China in Tibet oder in Xinjiang (Uiguren) zeigt. Eine Politik räumlicher Ausgrenzung von Menschen anderer Hautfarbe stellt die in Südafrika jahrzehntelang betriebene **Apartheidpolitik** dar: Spezielle Gebiete wurden als sogenannte «Homelands» für die schwarze Bevölkerung ausgeschieden und in den Städten Wohnquartiere und das öffentliche Leben (Verkehrsmittel, Verwaltung, Postbüros, Banken usw.) vollständig getrennt.

Diskriminierung und Ausgrenzung

Die Überzeugung, eine Ethnie oder Kultur sei einer anderen Ethnie oder Kultur überlegen, wird mit **Ethnozentrismus** umschrieben. Ethnozentrische Haltungen beginnen meist mit sozialen Vorurteilen («Die meisten Albaner sind Drogenhändler»), die sich zu Stereotypen verdichten («Zigeuner stehlen und sind schmutzig», «Italiener sind laut, singen und streiken häufig»). Solche

Ethnozentrische Haltung

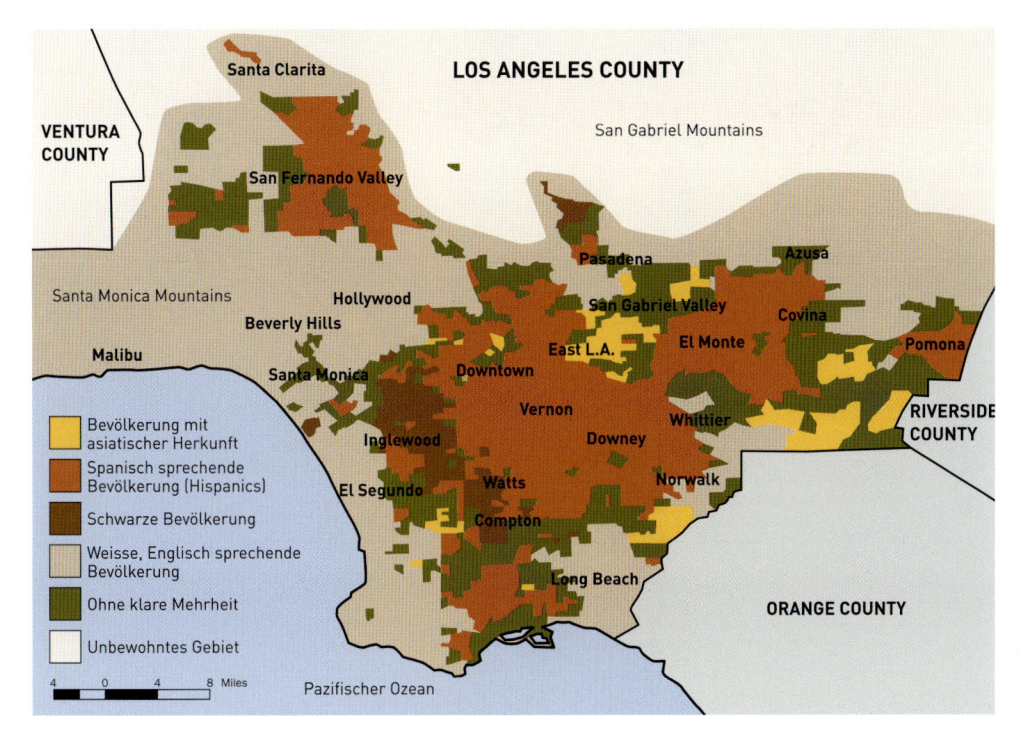

Abbildung 8.15:
Ethnische Gruppen in
Los Angeles im Jahre 2000

Bevölkerung und Gesellschaft

8

Abbildung 8.16:
Kanada: autonome Gebiete der Inuit-Bevölkerung. Das Nunavut Territory umfasst 26 745 Einwohner (85% Inuit) auf einer Fläche von 2 093 190 km² und ist rechtlich dem Yukon Territory und den Northwest Territories gleichgestellt.

(ab)wertenden Aussagen dienen letztlich dazu, Mitglieder anderer Ethnien auszugrenzen und die Überlegenheit der eigenen Kultur zu betonen. An dieser Stelle sei noch auf den Begriff der **Rasse** hingewiesen. Dem Konzept liegt die pseudowissenschaftliche Haltung aus dem 19. Jahrhundert zugrunde, die Gattung Mensch (homo sapiens) lasse sich aufgrund äusserer Merkmale in Gruppen einteilen. Dieses Vorgehen wird heute mehrheitlich als «ein äusserst problematisches Schema zur Einteilung der Menschheit, das auf Hautfarbe und anderen körperlichen Merkmalen basiert» (Knox, Marston, 2001), scharf kritisiert. Der Begriff ist durch die Geschichte der ersten Hälfte des 20. Jahrhunderts derart vorbelastet, dass auf seine Verwendung verzichtet werden sollte.

Wichtigste indianische Völker, nach Grösse
- Irokesen
- Athapasken
- Indianer der Pazifikküste (Wakash, Tsimshian, Haida)
- Algonkins
- Salish
- Sioux
- Kutenai

Bevölkerungsdichte (Einwohner pro km²)
- Sehr dünn besiedelte Gebiete
- 0,5 bis 10
- 65 bis 255
- 10 bis 65
- über 255

Autonomieabkommen mit den Inuit [1]
- Inuit-Gemeinschaften
- **Nunavik** («Der Ort, wo das Land ist»): Erstes Abkommen 1976, zweites Abkommen 2002
- **Inuvialuitland** («Land der Inuvialuit»): Unterzeichnung 1984
- **Nunavut** («Unser Land»): Unterzeichnung 1993, April 1999 in Kraft

Bodenschätze
- Au Gold
- Fe Eisen
- Zn Zink und Blei
- U Uran
- Ar Silber
- Cu Kupfer
- Ni Nickel
- K Kalium

Energievorkommen
- Erdöl und Erdgas
- H Kohle

(1) Die Verträge wurden von allen Inuit-Völkern unterzeichnet ausser von den Labradors. Die indianischen Völker unterzeichneten nur einige Verträge, vor allem in British Columbia und im Gebiet der James Bay. Über weitere Abkommen wird verhandelt.

Kultur und Raum

4. Sozialgeografie

Menschen leben in Gemeinschaften. Der gesellschaftliche Rahmen bestimmt die Regeln für das Zusammenleben. In städtischen Gesellschaften Europas grenzt sich beispielsweise der private Raum, das eigene Haus oder die Wohnung, klar vom **öffentlichen Raum**, der Strasse, dem Verkehr und den öffentlichen Dienstleistungen, ab. Abgesehen von wenigen, genau definierten Ausnahmen beschränkt sich das staatliche Rechtssystem auf den öffentlichen Raum, während im privaten Umfeld traditionelle bzw. kulturspezifische Konventionen gelten.

So unterliegt das Verhalten in öffentlichen Räumen bestimmten Regeln. Der Straftatbestand «öffentliches Ärgernis» ermöglicht es, Personen mit nichtkonformen Verhaltensweisen, z. B Alkohol- oder Drogenabhängigen, den Aufenthalt an bestimmten Orten zu verbieten. Das Private wird durch den Staat unter anderem mittels des Ehe- und Scheidungsrechts oder der Gesetzgebung zur häuslichen Gewalt geregelt. In der Schweiz trat erst 1988 ein modernes Eherecht in Kraft, das die rechtliche Gleichstellung von Frau und Mann in der Ehe verankerte. Seither ist es den Frauen erlaubt, nach ihrer Verheiratung den eigenen Namen weiterzuführen oder berufstätig zu bleiben, ohne den Ehemann um Erlaubnis fragen zu müssen. Gewalt in der Ehe oder innerhalb einer anderen Form von Lebensgemeinschaft konnte in der Schweiz vor 2004 nur dann rechtlich belangt werden, wenn das Opfer eine strafrechtliche Anzeige stellte.

Die **Sozialgeografie** versteht sich als die «Geografie(n) der Menschen» im eigentlichen Sinne. Im Mittelpunkt des Interesses stehen die Gesellschaft-Raum-Beziehungen. Die Sozialgeografie befasst sich mit Fragestellungen, wie räumliche Faktoren das gesellschaftliche Zusammenleben der Menschen beeinflussen und wie sich Gesellschaften räumlich organisieren. Sie untersucht einerseits die Inwertsetzung natürlicher Grundlagen, andererseits Alltagswelten bzw. die tägliche Wirklichkeit, wie sie von den Mitgliedern einer Gesellschaft wahrgenommen wird, und mit welchen Mitteln der Alltag bewältigt wird.

In einer Gesellschaft gestalten persönliche Bindungen die zwischenmenschlichen Beziehungen. In der europäisch-westlichen Gesellschaftsordnung bildete sich nach dem Zweiten Weltkrieg die **Kernfamilie** (Kleinfamilie) als kleinste gesellschaftliche Zelle heraus. Ergänzt wurde die Kernfamilie durch einen beruflichen und freizeitbedingten Freundeskreis. Die Mobilität der Industrie- und Freizeitgesellschaft, der Individualismus, aber auch veränderte Rollenvorstellungen und ökonomische Besserstellung der Frauen durch ihre vermehrte Integration in den Arbeitsmarkt führten zur Lockerung herkömmlicher familiärer Bindungen. **Patchworkfamilien**, Alleinerziehende und Singles sind heute in den westlich orientierten Industrie- und Dienstleistungsgesellschaften keine

Öffentlicher und privater Raum

Gesellschaftliche Strukturen

Abbildung 8.17:
Zweimal Treppe im öffentlichen Raum: Im Hauptbahnhof Bern wird das Absitzen untersagt, Treppen sind zum Zirkulieren da. Auf der Treppe der Heiliggeistkirche am Bahnhofplatz in Bern ist das Absitzen dagegen gestattet.

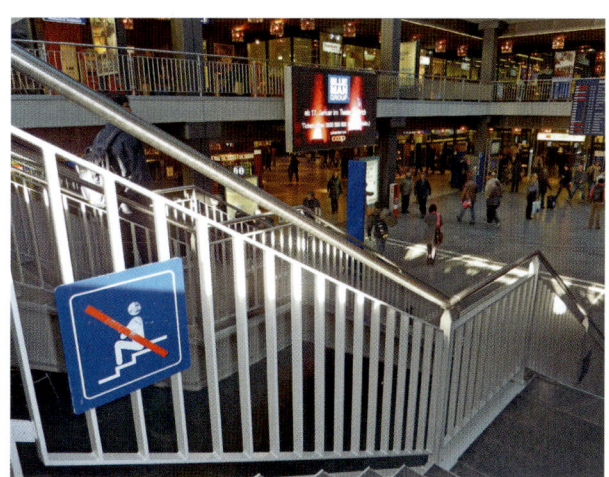

Bevölkerung und Gesellschaft

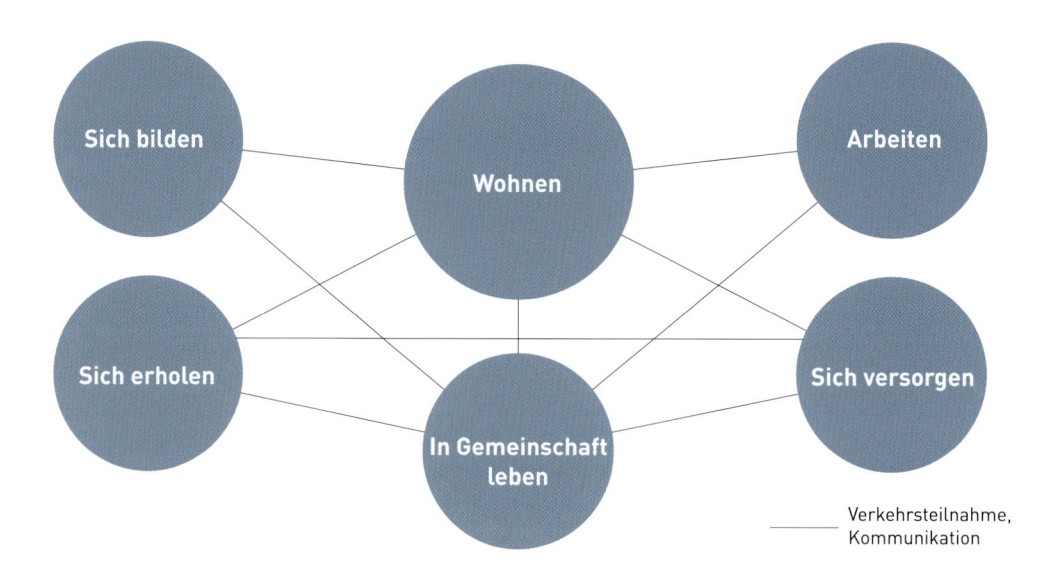

Abbildung 8.18:
Grundfunktionen
menschlichen Daseins

Gesellschaft und Raum

Ausnahme mehr. Umgekehrt steht in einer traditionell orientalischen Gesellschaft die **Grossfamilie** im Vordergrund. Hier unterstützt der Onkel die berufliche Karriere seiner Neffen, und die Tanten stehen einer jungen Frau in Kinderbetreuungsfragen beratend zur Seite. Das familiäre Umfeld reduziert zwar die freie Entscheidungsmöglichkeit des Einzelnen, garantiert ihm aber ein hohes Mass an sozialer Sicherheit.

Die meisten Gesellschaften weisen eine **hierarchische Struktur** auf. Das äussert sich in der westlichen Gesellschaft meist in einkommensbezogenen Kriterien, die dann in Statussymbolen wie Markenartikeln, in der persönlichen elektronischen Ausstattung, mit dem Besitz eines Autos oder Motorrades und in der Wohnlage und Wohnausstattung zum Ausdruck gebracht werden. In Japan und Nordamerika sind eine elegante Kleidung bzw. Anzug und Krawatte Ausdruck einer Tätigkeit im Bürobereich und verraten die Zugehörigkeit zum Mittelstand. Die herrschenden Wertvorstellungen werden weitgehend durch die soziale Stellung vermittelt.

Die Sozialgeografie zeigt auf, wie sich hierarchische Gesellschaftsstrukturen räumlich niederschlagen: In nordindischen Dörfern bewohnen Familien höherer Kasten in der Dorfmitte oft zweistöckige Häuser, die unberührbaren Parias dagegen leben am Rande des Dorfes in Hütten. Die Sozialgeografie spricht von sozialen und räumlichen **Disparitäten** (lat. «dispar» = ungleich, verschieden) und der **Marginalisierung** (lat. «margo» = Rand, Grenze) einzelner Bevölkerungsgruppen. In den Vereinigten Staaten entwickelten sich aus dem Sicherheitsbedürfnis des gehobenen Mittelstandes sogenannte **«Gated Communities»**, umzäunte, bewachte Siedlungen mit Eingangskontrolle. Nach Schätzungen soll es in den Vereinigten Staaten über 20 000 derartige Siedlungen geben, in denen mehr als 9 Mio. Menschen wohnen. Die Siedlungen stehen im Gegensatz zu den heruntergekommenen, zentrumsnahen Quartieren der Grossstädte, in denen Arbeitslosigkeit, Alkoholismus und Kriminalität das tägliche Leben der sozialen Unterschicht bestimmen.

Schliesslich gibt es auch Gesellschaftsstrukturen, die auf einem vererbbaren Status beruhen. Das indische Kastensystem stützt sich auf die hinduistische Auffassung, dass der soziale Status eine Belohnung oder eine Bestrafung für Taten, die im vorherigen Leben begangen wurden (sogenanntes Karma), sei. Damit bleiben Menschen ein Leben lang in ihrer Kaste sozial gefangen, was für sie bedeutet, dass Beruf, Heirat und Brauchtum vorbestimmt sind.

Sozialgeografie

5. Geschlecht und Raum

Geschlecht ist, in Kombination mit anderen Faktoren der sozialen Zuweisung wie Nationalität, Alter, Ethnizität oder soziale Herkunft, eines der am stärksten verankerten Ordnungsprinzipien moderner Gesellschaften (zur Definition von Geschlecht/Gender siehe Kapitel 12, S. 315f.). **Geschlecht funktioniert als sozialer Platzanweiser**. In welchem Zusammenhang auch immer wir über **gesellschaftliche Differenz** nachdenken, Geschlecht spielt mit hoher Wahrscheinlichkeit eine Rolle. Die Sozialgeografie problematisiert, wie soziale Ungleichheit über räumliche Zuordnungen in Gesellschaften eingelassen und verfestigt wird. Dies lässt sich an alltäglichen Raummustern ablesen, etwa am nahe beim Autobahnzubringer gelegenen Arbeiterquartier, welches sich so augenfällig vom Villenviertel im Grünen unterscheidet, oder daran, dass auf der Piazza ein heftig gestikulierendes Grüppchen älterer Männer sitzt, während ältere Frauen im öffentlichen Raum des sizilianischen Kleinstädtchens kaum sichtbar sind. Sozialgeografische Kriterien sind im Rahmen politischer Entscheidfindung von Bedeutung. Wenn die Diskussion um Südanflüge des Zürcher Flughafens national Wellen schlägt, so liegt die Erklärung nicht einzig darin, dass die Zahl der betroffenen Anwohnerinnen und Anwohner besonders gross ist. Ausschlaggebend ist vielmehr, dass sich darunter reiche Gemeinden und privilegierte Wohnlagen an der steuergünstigen Zürcher «Goldküste» befinden.

Ein- und Ausschlüsse lassen sich an räumlichen Mustern ablesen, und sie schlagen sich im räumlichen Handeln von Individuen nieder. Darüber hinaus bewirkt die räumliche Anordnung des Sozialen eine Naturalisierung der Verhältnisse: Der Eindruck entsteht, es gebe eine natürliche und damit unhinterfragbare Grundlage für geltende Hierarchien. Das wirft Fragen auf: Wer hat Zugang zu bestimmten Orten und wer nicht? Wem sind raumspezifische Ressourcen vorbehalten? Welches Verhalten ist angepasst, und was gilt als Übertretung? Warum meidet eine soziale Gruppe einen Ort? Aus der bürgerlichen Gesellschaft des 19. Jahrhunderts stammt das Konzept der strikten Trennung zwischen dem öffentlichen, von Männern besetzten Raum und dem Privatraum, in welchem sich die Frauen von der Öffentlichkeit abgeschirmt im Kreis ihrer Familie betätigen. Für «anständige» Frauen – so die herkömmliche Deutung – sind Strassen lediglich Transiträume. Halten sich Frauen nicht an diese Regel, kann dies, gerade im Fall von sexuellen Übergriffen, gegen sie verwendet werden. Für Männer hingegen ist und war das Herumstehen im öffentlichen Raum in kaum einer Gesellschaft verpönt.

Tradition, Gewohnheit oder diffuse Ordnungsvorstellungen sind jedoch keine hinreichenden Gründe für die systematische Benachteiligung bestimmter

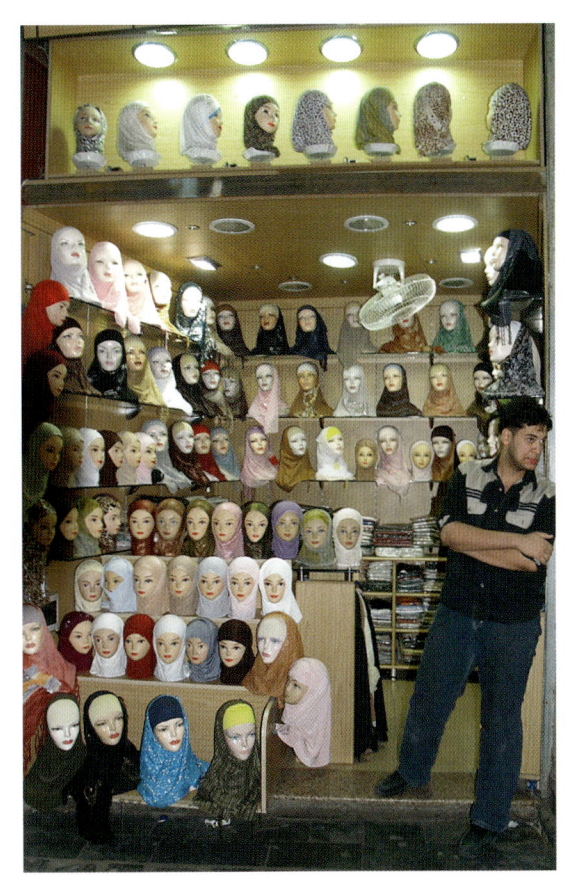

Soziale Ungleichheit im Raum

Öffentlicher und privater Raum

Abbildung 8.19: Das Kopftuch – modisches Accessoire und gleichzeitig ein Symbol mit zahlreichen Bedeutungen

Bevölkerung und Gesellschaft

8

Raumnutzerinnen oder -nutzer. Ein kritischer Ansatz bricht durch das Hinterfragen scheinbar selbstverständlicher Raumnutzungsformen sowie «natürlichen» Verhaltens («weil sie eine Frau ist», «weil er ein Ausländer ist» usw.) ausschliessende Normen auf: Beispiele für **sozial-räumliche Ordnungsmuster**, die gleichzeitig gesellschaftliche Machtstrukturen spiegeln, sind etwa reglementierte Sitzordnungen in einer Synagoge, verschiedene Hauseingänge für die Herrschaft und das Dienstpersonal, die Landsgemeinde in den Schweizer Kantonshauptorten, bevor das Frauenstimmrecht eingeführt wurde, oder das noch heute wirksame Verbot für Frauen, am Zürcher Sechseläutenmarsch die gleiche Route zu beschreiten wie die Zünfte.

Das Kopftuch

Ein Beispiel, wie eine rigide Trennung weiblicher und männlicher Sphären in der Praxis umgangen wird, findet sich in der muslimischen Kultur. Das Kopftuch mag für den westlichen Blick zwar ein Symbol der Diskriminierung sein, für den arabischen Kontext muss es jedoch differenziert gedeutet werden. Das Kopftuch – das in der öffentlichen Diskussion der letzten Jahre schnell und beinahe unbemerkt zum «Schleier» wurde – symbolisiert die Unantastbarkeit der Frauen und bietet ihnen Schutz vor Übergriffen. Mit dem Kopftuch können sich Frauen zumindest teilweise ohne männliche Begleitung in der Öffentlichkeit bewegen, in einzelnen arabischen Gesellschaften kommt dies einer kleinen Befreiung gleich. Tatsächlich ist das Kleidungsstück ein mit kontroversen Bedeutungszuschreibungen versehenes, hochaufgeladenes Symbol, über welches in jüngerer Zeit auch in europäischen Parlamenten und Gerichten heftig gestritten wird. So ist in Frankreich das Tragen jeglicher religiöser Symbole in öffentlichen Gebäuden – also auch in Schulen – verboten worden. Im Kanton Bern widersetzte sich der Erziehungsdirektor einem muslimischen Elternpaar, das seine Tochter aufgrund von Kleidervorschriften vom Schwimmunterricht dispensieren lassen wollte. Juristisch argumentierte er mit den Grundrechten des Mädchens (Recht auf Bildung, Chancengleichheit), welche über religiösen Konventionen stehen.

Frauenräume, Männerräume

Aus der Stadtforschung kennen wir historische Beispiele, wie Frauen- und Männerräume im Sinne der Wahrung der gesellschaftlichen Ordnung getrennt wurden. So gab es in Zürich um die Jahrhundertwende nach Geschlechtern getrennte Badeanstalten. Die sittlichen Grundsätze der damaligen Zeit verboten sogar «das Beschwimmen» der für das andere Geschlecht vorgesehenen Seezone. Die soziale Trennung wurde durch den Preis geregelt, sodass der «unbemittelten Klasse» die Benutzung der Seebäder möglich war, während die Begüterten für den «bescheidenen Comfort» spezieller Anlagen Eintritt bezahlten. Interessant ist die Entwicklung, welche nach der durch

Abbildung 8.20:
Damenbadeanstalt Basel
1918

188 Geschlecht und Raum

veränderte moralische Vorstellungen ermöglichten Aufhebung der Segregation der Geschlechter eintrat: An ihrer Stelle wurden nun verschärfte Kleidervorschriften durchgesetzt.

Der Bedarf nach einem «öffentlichen» Raum für bürgerliche Frauen war massgebend beim Bau der ersten grossen Warenhäuser im New York des späten 19. Jahrhunderts. Damals war der Aufenthalt auf der Strasse für die bürgerliche Frau tabuisiert, wollte sie nicht ihren untadeligen Ruf aufs Spiel setze. Mit den grossen Warenhäusern wurde eine neue Art von öffentlichem Raum geschaffen, der es den bürgerlichen Damen ermöglichte, einer standesgemässen Beschäftigung nachzugehen, ohne dabei auf ihre Privaträume beschränkt zu sein oder ihren sittlichen Ruf und damit ihre Heiratsfähigkeit zu gefährden.

Ausserhalb solcher historischer, formaler oder ritueller Ordnungssysteme finden wir in unserem Alltag Beispiele für räumliche Ein- und Ausgrenzung, die sich aufgrund unausgesprochener Normen, Werte und Zuschreibungen vollziehen. Auf Spielplätzen sind Frauen und Kinder als Folge der dominanten Rollenteilung meist unter sich. Die geschlechtstypische Berufswahl sorgt dafür, das in den Gängen der Abteilung für Bauingenieure der ETH fast nur Männer anzutreffen sind, während man in einem Spital mehrheitlich von Frauen betreut wird.

Räumliche Ausgrenzung

Das Geschlecht prägt auch die Art und Weise, wie Menschen ihre Lebensräume wahrnehmen und wie sie sich den Raum aneignen. Schlecht beleuchtete Parkhäuser, Treppenaufgänge oder Fusswege werden von vielen Frauen als «Angsträume» bei einbrechender Dunkelheit gemieden. Architektonische Verbesserungen wie gläserne Liftschächte, bessere Beleuchtung oder Alarmsäulen sind aber nicht nur für Frauen angenehmer, sondern für alle, die diese Räume nutzen. Statistisch sind Frauen zudem weniger häufig Opfer von Gewalt im öffentlichen Raum als Männer. Viel häufiger werden ihnen der private Raum und damit eher bekannte als unbekannte Täter zum Verhängnis. Es zeigt sich hier eine geschlechterdifferenzierende Diskrepanz zwischen der **Geografie der Angst** und der **Geografie der Gefahr**.

Orte wie «das Zuhause», «das Quartier», «die Gemeinde» oder «die Stadt» werden je ebenfalls unterschiedlich gedeutet. **«Zu Hause»** sein bedeutet normalerweise, sich in Abgrenzung vom öffentlichen Leben und dessen Herausforderungen entfalten und an einem Ort sein zu können, in dem man Sicherheit empfindet und über den man in hohem Mass Kontrolle ausübt. Die in westlichen Kulturen sakrosankte «Privatsphäre», wohin der Staat kaum eindringt, kann sich jedoch in bestimmten Konstellationen negativ und schädlich auswirken. Dies betrifft Fälle von häuslicher Gewalt, aber auch im sogenannt «normalen» familiären Umfeld gibt es Konstellationen von Zwang, Konflikt, Druck oder Rollenerwartung. Ein Beispiel dafür sind homosexuelle Jugendliche, die ihre sexuelle Orientierung in einem konservativen Elternhaus verbergen müssen. Sie verbinden das «Zuhause» in keiner Weise mit der Bezeichnung «home sweet home».

Privatsphäre

Die Sozialgeografie nähert sich also dem Raum als einem von komplexen Machtbeziehungen geprägten Phänomen. **Wertvorstellungen und Normen** prägen, auch wenn sie unausgesprochen bleiben, räumliches Verhalten und dessen Wahrnehmung. Räume erlangen ihre Bedeutung erst über emotionale, normative oder symbolische Zuschreibungen. Dieser Zuschreibungen werden wir uns häufig erst dann bewusst, wenn implizite Verhaltenscodes durchbrochen werden. Übertretungen wie eine «Velo-Demo», Teenager mit ihren Skateboards auf dem leeren Platz vor dem Regierungsgebäude, Häuserbesetzungen oder ein Protestpicknick im Naherholungsgebiet, welches für den Bau einer Fabrik umgezont wurde, Fussgängerinnen, die hartnäckig die Strasse überqueren, statt die düstere Unterführung zu benützen, Kinder, die eine Quartierstrasse behelfsmässig sperren, um vorübergehend eine Spielstrasse einzurichten – dies alles sind Beispiele, wie soziale Gruppen Räume abrupt oder allmählich verändern. Dadurch, dass sie ihre Präsenz manifestieren, fordern sie die bestehende Raum- und damit auch die Gesellschaftsordnung heraus. Im besten Fall erreichen sie, dass ihre Anliegen berücksichtigt werden – etwa, indem Velostreifen ausgebaut, Fussgängerzonen erweitert und Begegnungsstrassen gefördert werden. In einigen Fällen von Hausbesetzungen gelang es, zumindest befristete Mietverträge auszuhandeln.

Bevölkerung und Gesellschaft

Nutzungsansprüche

Das Wissen über diese sozial-räumlichen Zusammenhänge findet in der Forschung und nachfolgend in der Planung ihren Niederschlag, wenn unterschiedliche Raumwahrnehmungen und **Nutzungsansprüche** betroffener sozialer Gruppen in den Planungsprozess einbezogen werden und in die Umsetzung einfliessen. Ergebnis partizipativer Verfahren können neue städtische Wohnsiedlungen sein, in denen spezifisch auf Bedürfnisse, wie sie mit neuen Formen des Zusammenlebens entstehen (alleinerziehende Eltern, Patchworkfamilien, Wohngemeinschaften behinderter Menschen u.Ä.), eingegangen wird. Dies äussert sich etwa in der Gestaltung eines kindergerechten Wohnumfeldes, flexiblen Wohnungsgrössen, einer hohen sozialen Durchmischung der Bewohner, der Gestaltung von Gemeinschaftsräumen, der Verbindung von Wohn- und Erwerbsnutzung, ökologischer Bauweise, moderaten Mieten, der Reduktion von Parkplätzen sowie der Integration von Kindertagesstätten oder Beratungsstellen innerhalb der Siedlung.

Körper und Raum

Die Frage nach Geschlecht und Raum kann aber auch in eine ganz andere Richtung weisen, beispielsweise im Gesundheitsbereich. So hat eine GIS-gestützte Studie über die Häufung von Brustkrebsfällen auf Long Island, New York, neue Hinweise auf Zusammenhänge zwischen Umweltfaktoren und Geschlecht ergeben. Eine andere Studie befasst sich mit der Beziehung zwischen Körper – sozusagen der unmittelbarsten Geografie – und Raum. Das dominierende Schlankheitsideal prägt die **Körperwahrnehmung** vieler Frauen in einer Weise, dass sie das Gefühl entwickeln, zu viel Platz einzunehmen – die Antwort suchen junge Frauen häufig in der buchstäblichen Minimierung ihres Körpervolumens: Sie entwickeln Essstörungen. Auf der anderen Seite wird «dicken» Menschen zu verstehen gegeben, dass sie nicht erwünscht sind – etwa als Sitznachbarn im Kino oder Tram. Diese Forschungsarbeiten verweisen auf räumlich vermittelte moralische Zuschreibungen. Nicht zuletzt wirkt sich die gebaute Umwelt oft ausschliessend auf Personen mit besonderen Bedürfnissen aus und marginalisiert diese zusätzlich: Treppen oder hohe Stufen zwischen dem Trameinstieg und dem Perron erschweren die Mobilität und Unabhängigkeit von älteren und behinderten Personen.

Zusammenfassend: Geschlecht strukturiert sozial-räumliche Prozesse und ist somit eine zentrale Analysekategorie in der Sozialgeografie. Geschlecht bestimmt mit, wie Räume unterschiedlich gestaltet, genutzt, erlebt und wahrgenommen werden. Männlichkeit und Weiblichkeit werden in und durch spezifische räumliche Gegebenheiten und durch die Art und Weise, wie Menschen sich den Raum aneignen und sich im Raum bewegen, geformt. Häufig verbindet sich die Kategorie Geschlecht mit weiteren Faktoren sozialer Zuordnung, darunter besonders soziale Herkunft (Klasse), Alter oder nationale und ethnische Zugehörigkeit. Der Einbezug dieser Dimensionen sensibilisiert den geografischen Blick für die vielfältigen Machtbeziehungen, die in unser räumliches Umfeld eingelassen sind.

6. Geografie der Religionen

Glaube und Religion

Religion bezeichnet ein **Glaubenssystem**, ein religiöses Orientierungssystem, eine Geisteshaltung, mit dessen Hilfe der Mensch die Existenz einer höheren Macht oder Gesetzmässigkeit anerkennt, ohne deren Vorhandensein beweisen zu können. Der religiöse Mensch glaubt an diese höhere Macht und ordnet sich ihr unter, indem er das Leben harmonisch auf sie ausrichtet und dadurch seinem eigenen Leben eine Aufgabe und eine religiös-geistige Existenzberechtigung gibt. Der Mensch akzeptiert in seiner religiösen Haltung ein Wertesystem, das er nicht selbst geschaffen hat, und eine Autorität, die man nicht zu hinterfragen, sondern der man sich zu unterstellen hat. Religiös gestützte Argumente benötigen keine Rechtfertigung, sie werden als absolut wahr deklariert und entziehen sich damit der Diskussion. Religionen prägen dadurch die Wertvorstellungen einer Kultur nachhaltig.

Allgemein lassen sich in der Beschreibung **religiöser Erfahrungen** sieben Merkmale unterscheiden:
a) ritueller Aspekt (Gottesdienste, Predigten, Gebete, Yogaübungen, Meditationen),
b) emotionaler Aspekt (Erfahrungen auf der Gefühlsebene bei Riten, Lehren und Mythen, die die Gläubigen bewegen),
c) mythischer Aspekt (überlieferte Schriften und Erzählungen, z.B. über die Entstehung der Erde und das Ende der Welt oder über Heilige und Religionsgründer),
d) dogmatischer Aspekt (intellektuelle Aussagen, entwickelt aus den mythischen Erzählungen über die Grundlage des Glaubens),
e) ethischer Aspekt (Werte, Regeln und Gesetze [Gebote und Verbote]),
f) sozialer Aspekt (Bedeutung der Religion in der Gruppe und innerhalb der sozialen Gemeinschaft),
g) materieller Aspekt (religiöse Gebäude, Kunstschätze und natürliche Objekte [Flüsse, Berge usw.]).

Im Landschaftsbild zeigen sich die Aspekte religiösen Lebens vor allem in Symbolen wie Wegkreuzen, Kirchen, Tempeln und Moscheen, aber auch im Vorhandensein von heiligen Orten, von Kult- und Pilgerstätten. Einige religiöse Gruppierungen haben sich im Verlaufe der Zeit komplexe Organisationsformen zugelegt, die in einzelnen Fällen sogar staatliche bzw. staatsähnliche Organisationsformen (**Theokratie**) umfassen. Es sei an den Kirchenstaat Vatikan (er definiert sich als souveränes Bistum) erinnert oder an den Gottesstaat Iran, wo der religiöse Wächterrat die islamische Verfassung kontrolliert.

Religion und Landschaft

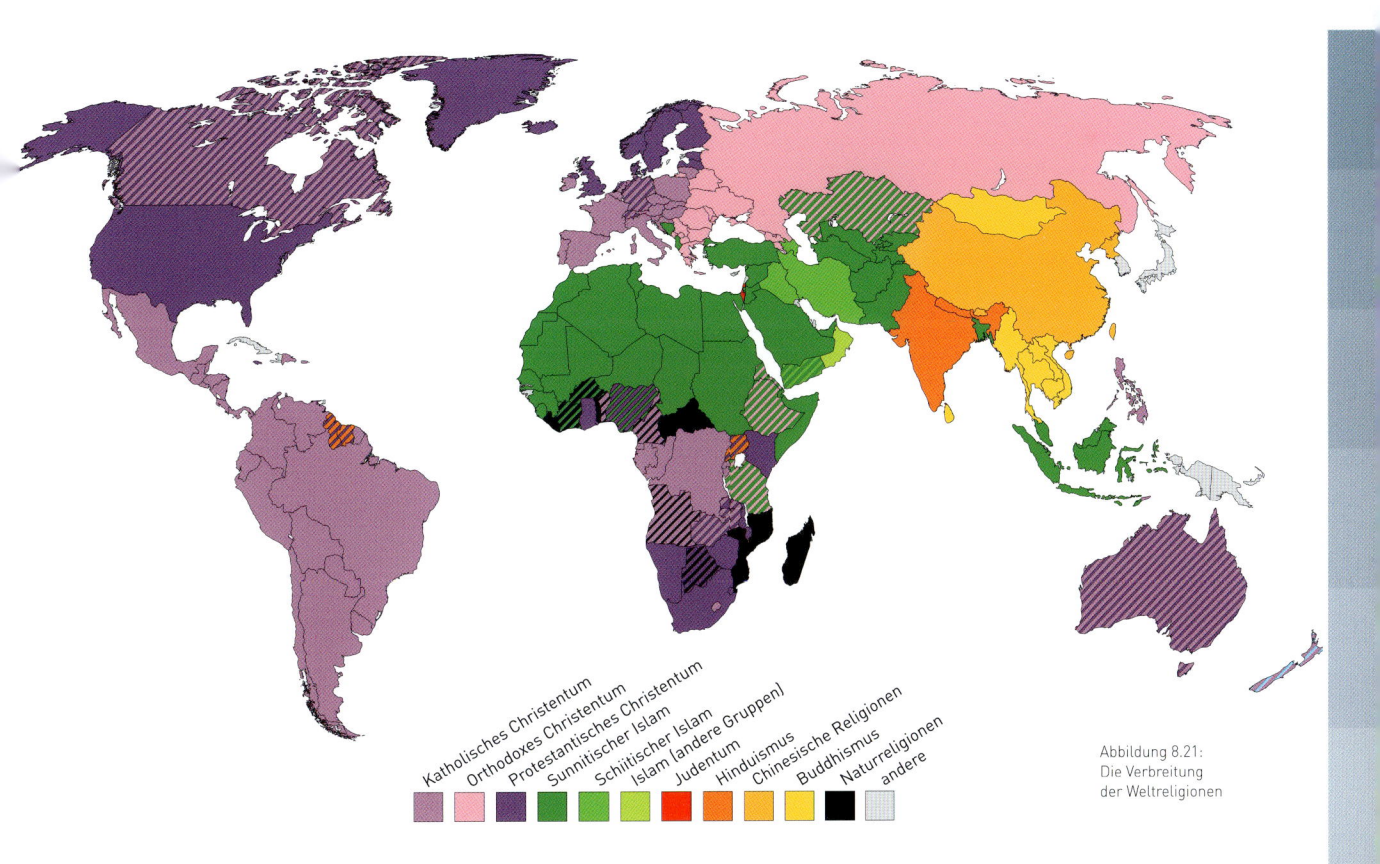

Abbildung 8.21: Die Verbreitung der Weltreligionen

Bevölkerung und Gesellschaft

8

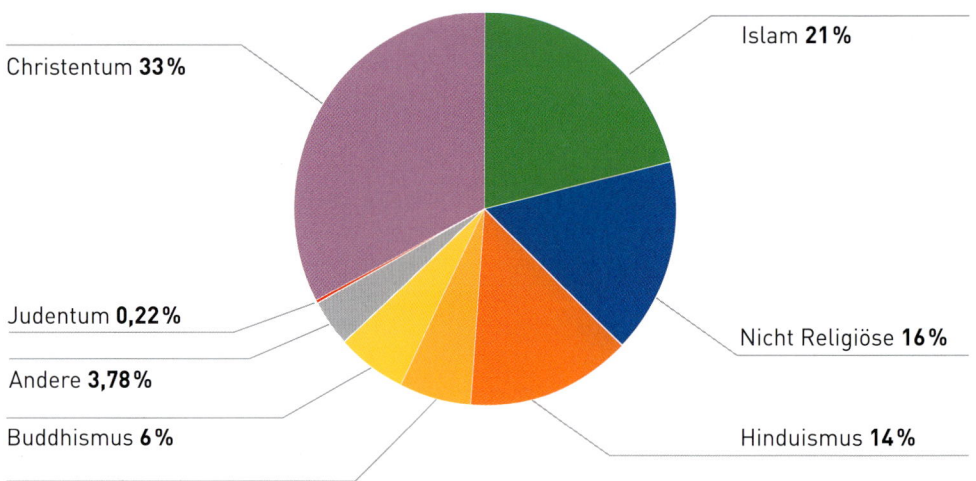

Abbildung 8.22:
Die geschätzten Anhängerzahlen der grossen Weltreligionen im Jahr 2000 (jeweiliger Anteil an der Weltbevölkerung von 6,1 Mia.)

- Christentum **33 %**
- Islam **21 %**
- Nicht Religiöse **16 %**
- Hinduismus **14 %**
- Chinesische Religionsphilosophien **6 %**
- Buddhismus **6 %**
- Andere **3,78 %**
- Judentum **0,22 %**

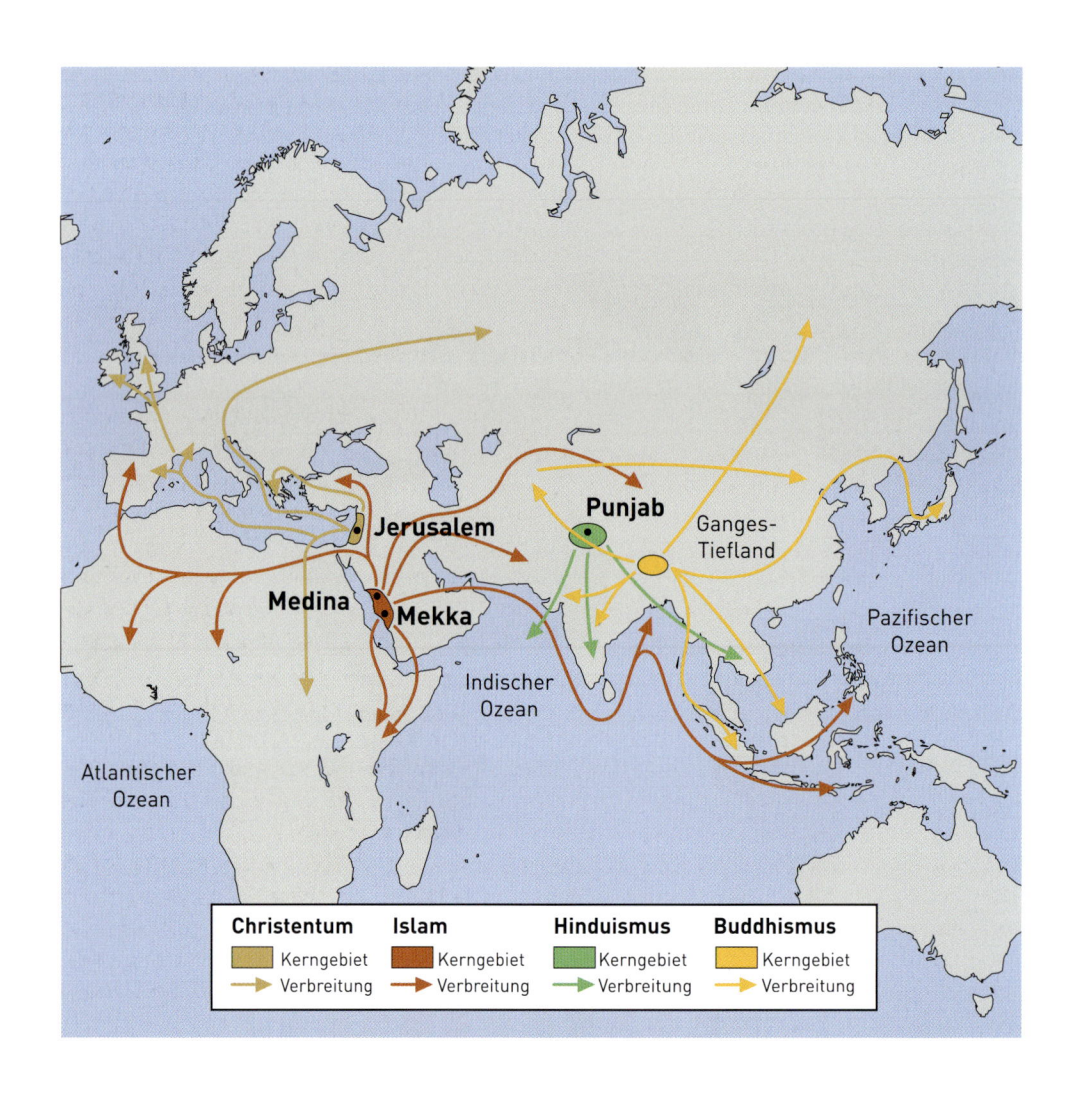

Abbildung 8.23:
Die Entstehung und Ausbreitung der vier Weltreligionen

Christentum — Kerngebiet, Verbreitung
Islam — Kerngebiet, Verbreitung
Hinduismus — Kerngebiet, Verbreitung
Buddhismus — Kerngebiet, Verbreitung

Geografie der Religionen

Die **Religionsgeografie** befasst sich mit den Beziehungen zwischen religiöser Grundhaltung und Raum. Dabei wird sichtbar, dass das Glaubensverständnis auch unterschiedliche Haltungen des Menschen gegenüber der Natur bedingt:

- Nach **jüdisch-christlicher Auffassung** schuf Gott zuerst die Natur (Schöpfungsgeschichte) und dann den Menschen. Der Mensch ist damit ein Geschöpf Gottes, den Gott «nach seinem Bilde» schuf. Der Mensch unterscheidet sich dadurch von der Natur, die auch die Tierwelt einschliesst. Die eher ältere Auffassung, der Mensch stehe über der Natur und müsse diese beherrschen, steht dabei im Widerspruch zu neueren christlichen Tendenzen, die die Achtung und die Bewahrung der Schöpfung Gottes betonen. Der Glaube an die Auferstehung und das ewige Leben und die bedingungslose Ausrichtung des Lebens auf das Jenseits lässt bei fundamental christlichen Kreisen allerdings Irdisch-Weltliches wie den Bezug zur Umwelt in den Hintergrund treten.
- Das **islamische Naturverständnis** schliesst sich der jüdisch-christlichen Schöpfungslehre an und betont im Koran, dass Himmel und Erde erschaffen wurden, damit dem Menschen das Leben ermöglicht werde. Der Mensch steht in der Schöpfungshierarchie an oberster Stelle, ist aber angehalten, mit der Natur verantwortungsvoll umzugehen und damit Allah Respekt und Achtung entgegenzubringen.
- Der **Buddhismus** vertritt die Auffassung, dass über allem ein absolutes Weltgesetz steht. Der Buddhismus übernimmt die hinduistische Vorstellung einer allumfassenden Ordnung (Dharma) und sieht Natur und Mensch als Teil dieser Ordnung. Die einzelnen Bestandteile bilden ein komplexes und dynamisches Gefüge, in dem dem Menschen eine besondere Aufgabe zukommt, ist er doch fähig, sich verantwortungsbewusst zu verhalten und sich bescheiden als Teil des Ganzen zu verstehen und einzufügen.
- Die **chinesischen Religionsphilosophien** wie der Taoismus gehen in ihrem Naturverständnis von der Auffassung aus, dass die Natur einen Selbstwert besitzt. Sie findet ihre Berechtigung nicht in der Inwertsetzung durch den Menschen. Der Mensch ist angehalten, eine umfassende Harmonie anzustreben und den Einklang mit den Lebenskräften der Natur zu suchen, was sich etwa in der geomantischen Lehre des Feng-Shui (chin. für Wind und Wasser) niederschlug.

Geografisch auffallend ist die Tatsache, dass gewisse Religionen, die heute in scharfer Konkurrenz zueinander auftreten, **gemeinsame Wurzeln** aufweisen: Das Christentum entstand im Nahen Osten aus dem Judentum, der Islam sieht sich als Fortführung des Juden- und Christentums. Dass sich im Buddhismus auch hinduistisches Gedankengut findet, kommt daher, dass Buddha aus Nordindien stammte und hinduistisch erzogen worden war.

Religionen unterscheiden sich zudem durch ihr Ausbreitungsverhalten: Grundsätzlich gibt es Religionen, die sich als **Universalreligionen** sehen. Sie sehen ihre Heilsbotschaft nicht an eine Kultur oder Nationalität gebunden, sondern streben die Zuwendung aller Menschen zum «richtigen» Glauben an. Eine mehr oder weniger intensive Missionstätigkeit ist das Merkmal der Universalreligionen. Das Christentum, der Islam und der Buddhismus werden, wenn auch mit unterschiedlichem Missionseifer, zu den Universalreligionen gezählt, in geringerem Umfang treten aber auch Schulen fernöstlicher Religionsphilosophien missionarisch auf. Als Gegenbeispiel wären etwa der japanische Shintoismus zu nennen, der sich eng an die japanische Kultur anlehnt, und das Judentum, das Teil der jüdischen kulturellen Identität ist.

Starke Bindungen zwischen Glaube und kultureller Identität fördern gesellschaftliche **Abgrenzungstendenzen**. Durch ein sichtbares Bekenntnis einer religiösen Haltung, ausgedrückt durch ein öffentliches Gebet, das Einhalten des Sabbats, das Meditieren, die Ausführung eines Gelübdes oder den Kirchgang, wird die Zugehörigkeit zu einer Religion zum Ausdruck gebracht. Die scharfe Trennung zwischen den Dazugehörenden und das Ausgrenzen der Andersgläubigen erzeugt religiöse Spannungen und Konflikte.

Bevölkerung und Gesellschaft

Ein historischer Rückblick zeigt auf, dass Religionen im Verlaufe ihrer Geschichte mehrfach instrumentalisiert wurden, um **Gebietsansprüche** geltend zu machen. Mit der Verknüpfung von Politik und Religion wird auch heute noch versucht, Machtpositionen religiös zu begründen und durchzusetzen. Begriffe wie «Gottesstaat» (Iran), Islamismus und Zionismus sind politisch besetzt, religiös untermauert und weisen auf räumliche Ambitionen hin.

7. Geografie der Sprachen

Sprache als kulturelle Identifikation

Die Sprache ist ein zentraler Bestandteil der kulturellen Identität. Über die Sprache werden Wertvorstellungen, Normen, aber auch Bräuche weitergegeben und Kultur wird täglich im sozialen Kontakt gelebt. Die Sprache ermöglicht die verbale **Kommunikation** und den kulturellen Austausch. Die Sprache wird denn auch häufig zur kulturellen Identifikation herangezogen: Ein Baske ist, wer baskisch spricht. Diese kulturelle Identifikation wiederum wird für die Definition einer staatlichen Identität benutzt: Ein slowakischer Staatsbürger ist, wer slowakisch spricht. Zu Staaten mit einer multikulturellen Bevölkerungszusammensetzung und einem föderativen Aufbau des Staatswesens wie der Schweiz, die die regionale kulturelle Eigenständigkeit betont, fühlen sich auch Minderheiten zugehörig. In der Slowakei hingegen wird die ungarische Minderheit als Fremdkörper betrachtet und dadurch als eigentlich nicht «echte Slowaken» oftmals ausgegrenzt. Die Türkei schränkte die Benutzung der kurdischen Sprache im öffentlichen Raum (Bildungswesen, Medien) stark ein und diskriminiert diese kulturelle Minderheit als «Bergtürken».

Standardsprache

Eine einheitliche Sprache, eine sogenannte **Standardsprache**, erleichtert die Durchsetzung von Gesetzen, Anordnungen und Massnahmen in zentralstaatlichen Herrschaftsformen. Während sich Frankreich über Jahrhunderte hinweg um die Durchsetzung eines einheitlichen Französisch bemühte und damit die regionalen Sprachen als Dialekte verdrängte, fördert die Regierung seit den 80er-Jahren des 20. Jahrhunderts die lokalen Sprachen als Ausdruck einer kulturellen Vielfalt. Gleichzeitig wird in Frankreich versucht, das Vorrücken des Englischen in den französischen Sprachbereich einzudämmen. In der Europäischen Union erschweren die vielen Landessprachen die gegenseitige Verständigung und die politische Entscheidungsfindung erheblich.

Sprachen verändern sich ständig und sind damit Ausdruck der Zeit und des gesellschaftlichen Wandels. So haben sich in der Schweiz Begriffe wie Quai, Perron, Tearoom schon lange durchgesetzt, während Begriffe wie Intercity, Homepage oder Handy als «Neudeutsch» bezeichnet werden, junge Menschen aber kaum mehr wissen, wozu eine Sichel zu gebrauchen und was eine «Sichlete» (Ernteabschlussfest) ist, da die Bindungen zur Landwirtschaft weitgehend verloren gegangen sind.

Sprachenvielfalt

Wenn Verbreitungsmuster interpretiert werden sollen, muss zwischen der **Muttersprache**, jener Sprache, in der ein Mensch denkt und im Familien- und vielleicht auch im Freundeskreis spricht, der Schrift- oder Standard- bzw. der Amtssprache, die in der Schule vermittelt wird, der **Landessprache**, in der der offizielle Schriftverkehr und die Publikationen von Verwaltungsmaterial wie Gesetzestexten, Verordnungen usw. erfolgt, und der **Verkehrssprache**, die der Kommunikation im öffentlichen Raum dient, unterschieden werden. So wird der Brienzer Dialekt im dörflichen und regionalen Rahmen im Dorf Brienz (BE) gesprochen, die deutsche Schriftsprache an der Brienzer Grundschule gelehrt und gelernt, und auch die Protokolle und Erlasse der Gemeindebehörden werden in der Schriftsprache verfasst. Im Touristen-Informationszentrum und in den bekannteren Hotels ist jedoch auch das Englische Kommunikations- und Verkehrssprache.

Die am häufigsten gesprochenen Sprachen in der Schweiz im Jahre 2000 sind: Deutsch, Französisch und Italienisch, gefolgt von Serbokroatisch und Albanisch. Die vierte offizielle Landessprache, das Rätoromanische, folgt dagegen erst auf Platz 10 (Volkszählung 2000).

Weltweit soll es zwischen 4200 und 5600 Sprachen geben, wobei es für die Abgrenzung zwischen Dialekt und Sprache keine klaren Kriterien gibt. Mit **Dialekt** wird eine regional abweichende Form innerhalb einer Sprachengemeinschaft bezeichnet. Sprachen, von denen man annimmt, dass sie einen gemeinsamen Ursprung haben, und in denen noch heute Sprachelemente ausgemacht werden können, die auf eine Verwandtschaft hindeuten, werden zu **Sprachfamilien** zusammengefasst. Sprachen können auch verschwinden: So führte etwa die europäische Kolonialisierung in Afrika, aber auch in Nord- und Südamerika sowie im australisch-ozeanischen Raum zum **Verschwinden von Sprachen**. In Australien gelten 90% der 250 Aboriginessprachen als vom Aussterben bedroht. Das Eyak in Alaska wird noch von zwei Personen gesprochen, und in der Iowasprache können sich noch fünf Personen unterhalten. Die Sprache (und Kultur) der tasmanischen Urbevölkerung existiert nicht mehr, der letzte Vertreter starb 1876. Etwa die Hälfte der Sprachen gilt heute als gefährdet, 20% der Sprachen werden nur noch von weniger als 20 Menschen gesprochen.

Millionen Sprechende

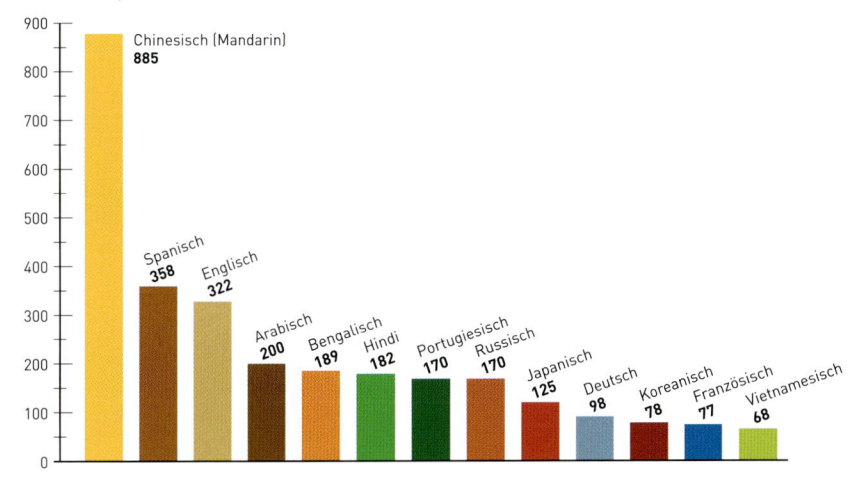

- Chinesisch (Mandarin) **885**
- Spanisch **358**
- Englisch **322**
- Arabisch **200**
- Bengalisch **189**
- Hindi **182**
- Portugiesisch **170**
- Russisch **170**
- Japanisch **125**
- Deutsch **98**
- Koreanisch **78**
- Französisch **77**
- Vietnamesisch **68**

Abbildung 8.24:
Die 13 meistgesprochenen Muttersprachen der Welt

8. Politische Geografie

Die Politische Geografie befasst sich mit den räumlichen Aspekten **politischer Entscheidungen**. Nicht nur Gemeindezusammenlegungen, Zonenplanänderungen und neue Verkehrswege finden ihren Niederschlag in den Landkarten, auch die Förderung und Subventionierung der Berglandwirtschaft oder die Vernachlässigung von Randgebieten zeigen sich in der sorgfältigen Pflege einer alpinen Kulturlandschaft oder in der Verbuschung von steilem Gelände.

Politik und Raum

Der Geograf Friedrich Ratzel (1844–1904) gilt als Begründer der Politischen Geografie in Deutschland. 1897 veröffentlichte er ein Werk zur Politischen Geografie. Über den Eigentums- und Ordnungsbegriff versuchte Ratzel, «natürliche» Grenzen für die Nationalstaaten Europas zu definieren. Dabei ging er geodeterministisch vor und postulierte einen Zusammenhang zwischen dem Naturpotenzial, der Kultur und damit den Grenzen eines Nationalstaates. Mit seiner These, dass ein wachsendes Volk das Recht habe, seinen Raum auszudehnen, schuf er die Grundlage für die geopolitische Argumentation der nationalsozialistischen Bewegung in Deutschland. 1905 führte der schwedische Staatsrechtler Rudolf Kjellén (1864–1922) den Begriff **Geopolitik** ein. Er untersuchte den Einfluss des geografischen Raumes auf die Politik.

Bevölkerung und Gesellschaft

8

Politische Geografie

Karl Haushofer (1869–1946) argumentierte, dass es einen Zusammenhang gebe zwischen der räumlichen Ausstattung einer Nation und dem «Volk». Durch die engen Kontakte mit Rudolf Hess, bis 1941 Stellvertreter Hitlers, galt Haushofer deshalb im **Nationalsozialismus** als Begründer deutscher Raumansprüche im Osten. Seit dem Zweiten Weltkrieg geht die deutsche Geografie mit dem Begriff Geopolitik deshalb zurückhaltend um und spricht lieber von Politischer Geografie.
In den letzten Jahren zeichnen sich zwei unterschiedliche Entwicklungen ab: Die klassische Geopolitik versucht, die räumlichen Auswirkungen politischer Entscheidungen zu erklären und wertneutral die politische Welt zu beschreiben. Doch die Einsicht, dass sich Politik auch auf geografische Grundlagen abstützt, und die kritische Aufarbeitung der geopolitischen Vergangenheit liessen ein neues Verständnis und einen problemorientierten Umgang mit geopolitischen Fragestellungen entstehen. In den letzten Jahren hat sich eine **«Critical Geopolitics»** etabliert, die das Verhältnis zwischen Geografie, Politik und Macht anspricht, die Hintergründe von politischen Vorstellungen und Weltbildern untersucht und danach fragt, wie sich diese geografisch niederschlagen. Dadurch wird die Geografie einerseits auch als politisch prägende Wissenschaft verstanden, andererseits sind es die politisch-gesellschaftlichen Entwicklungen, denen sich die Politische Geografie nicht entziehen kann.

Abbildung 8.25: Korruption und Rechtsstaatlichkeit (Quelle: Corruption Perceptions Index 2007 by Transparency International)

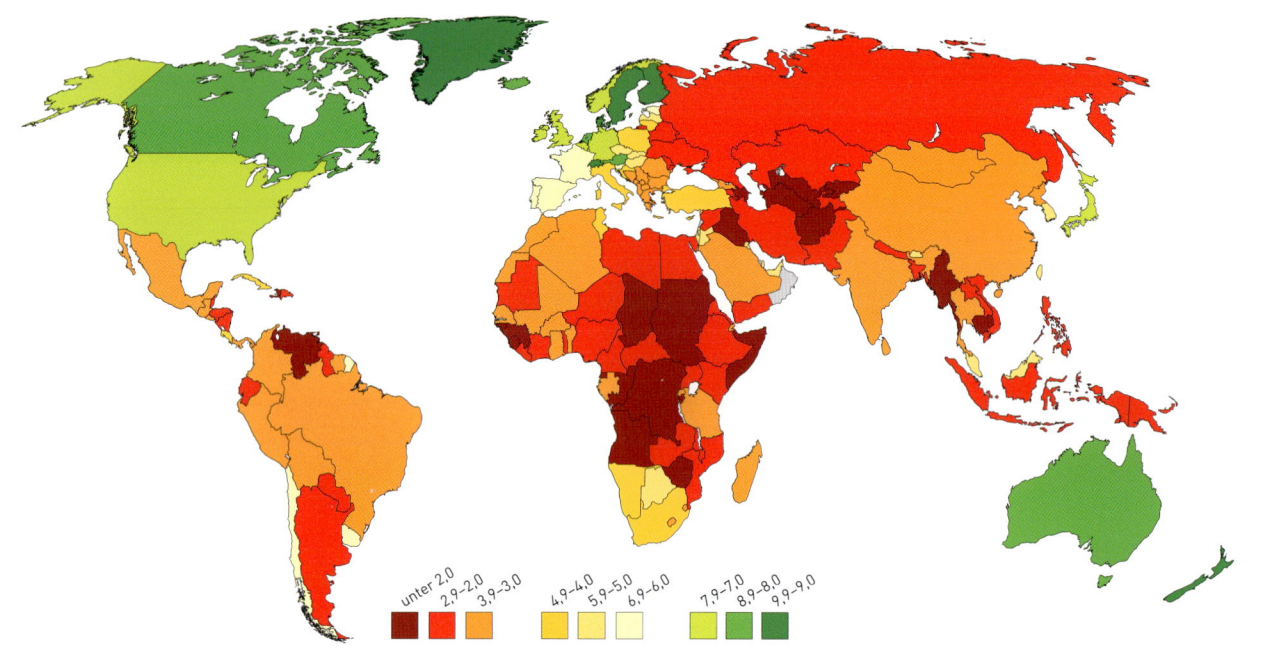

Die Eingruppierung der Länder auf der Punkteskala von 10 (keine Korruption) bis 0 (extreme Korruption) bezieht sich auf das von Geschäftsleuten und Länderanalysten wahrgenommene Ausmass der Korruption.

«Clash of Civilizations»

Bekannt wurden geopolitische Fragestellungen in einer breiten Öffentlichkeit 1993 durch Samuel Huntingtons Publikation «Clash of Civilizations» («Kampf der Kulturen», 1996 in deutscher Übersetzung). Er nahm eine Idee von Albert Kolb aus dem Jahre 1962 auf und versuchte, mit der Ausscheidung von acht **«Kulturkreisen»** eine alte geopolitische Konzeption neu zu fassen und mit diesem geografischen Weltbild die Entwicklung am Ende des 20. Jahrhunderts zu deuten. Huntington stellt bei seiner Gliederung die Religion in den Vordergrund, berücksichtigt aber auch Ethnie, Geschichte, Sprache und Tradition. Er unterscheidet folgende Kulturkreise:

– westlich-christlich,
– orthodox-christlich,
– konfuzianisch,
– islamisch,
– hinduistisch,
– japanisch,
– lateinamerikanisch,
– afrikanisch.

Die Grenzen seiner Kulturkreise bezeichnet er als **Bruchlinien** und spricht folgerichtig von Bruchlinienkriegen. Der Anschlag auf die beiden Türme des World Trade Center am 11. September 2001 in New York liess die Diskussion um die Theorie Huntingtons neu aufflammen.

Die Politische Geografie beschäftigt sich zudem mit den räumlichen Auswirkungen politischer Prozesse. Wertvorstellungen lassen sich auch in einer Karte ablesen. So wird zwischen «natürlichen» und «künstlichen» **Grenzen** unterschieden. Als natürliche Grenzen gelten Grenzziehungen, die sich an Naturlandschaftselementen orientieren, wie Wasserscheiden, Flussläufen, Meerengen usw., während künstliche Grenzen entlang von geografischen Breiten- oder Längengraden gezogen werden oder zwei Punkte in der Landschaft geradlinig miteinander verbinden.

«Natürliche» und «künstliche» Grenzen

Als Beispiel für kartografisch sichtbare Wertvorstellungen sei **das amerikanische Township-System** angeführt (Abb. 8.26): Ausgehend vom Land Act 1785 und vom Homestead Act 1862 wurde der Mittlere Westen in einem Quadratsystem vermessen. Die Norm, dass jeder Siedler einen Viertel Quadratmeile Land (1 Landmeile = 1,609 km) erhält, wurde gestützt durch die Absicht, dadurch eine gerechte Landverteilung zu erhalten, in der jeder Siedler seine Chance bekommt. Das System betonte die Familie und den Individualismus.

Da sich räumliche **Konflikte** oft an Grenzfragen entzünden, untersucht die Politische Geografie, nach welchen Kriterien sich Räume abgrenzen lassen, um dann in Fallstudien Hinweise auf die Hintergründe von räumlichen Auseinandersetzungen zu bekommen. Dabei sind vorhandene Ressourcen, kulturelle und historische Aspekte ebenso zu berücksichtigen wie die aktuelle weltpolitische Lage. Die Grenzziehung in Afrika ist ein Produkt europäischer Interessen im Zeitalter des Kolonialismus und berücksichtigt kaum die ethnischen Voraussetzungen und die afrikanische Geschichte. Damit werden Konflikte wie der Bürgerkrieg im Sudan verständlich. Die Unterdrückung von ethnischen und religiösen Minderheiten, Sezessionsbestrebungen, der Streit um die Ausbeutung wirtschaftlicher Ressourcen wie Erdöl und Wasser, aber auch terroristische Anschläge zeigen, wie sich Macht räumlich artikuliert und Konflikte auslösen kann.

Räumliche Konflikte

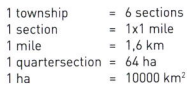

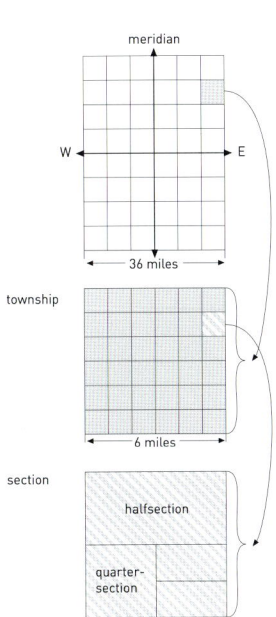

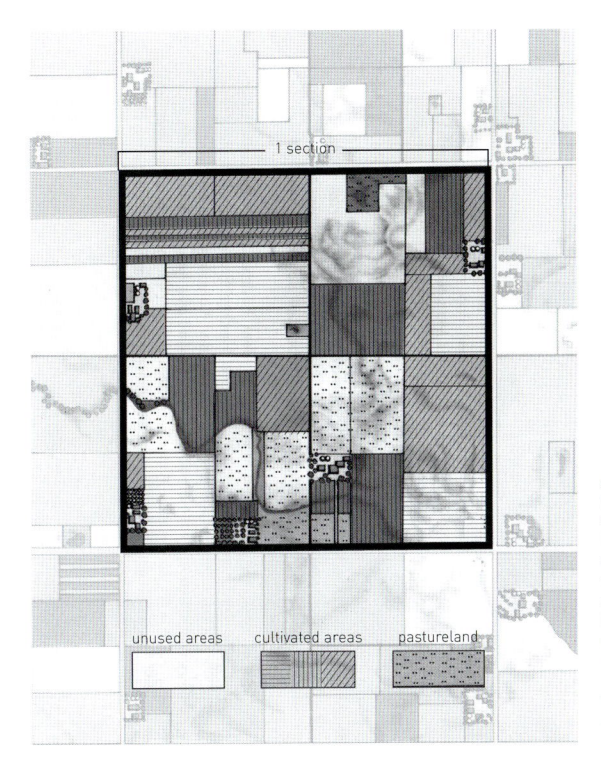

Abbildung 8.26:
Das amerikanische Township-System im Mittleren Westen. Das Land wurde zuerst in Quadrate von 6 Meilen Seitenlänge (= 1 Township) gegliedert und dann in sections (1 section = 1 Quadratmeile) unterteilt. Ein Siedler konnte nach dem Homestead Act von 1862 Anspruch auf eine Quartersection (1/4 Quadratmeile) erheben.

Bevölkerung und Gesellschaft

8

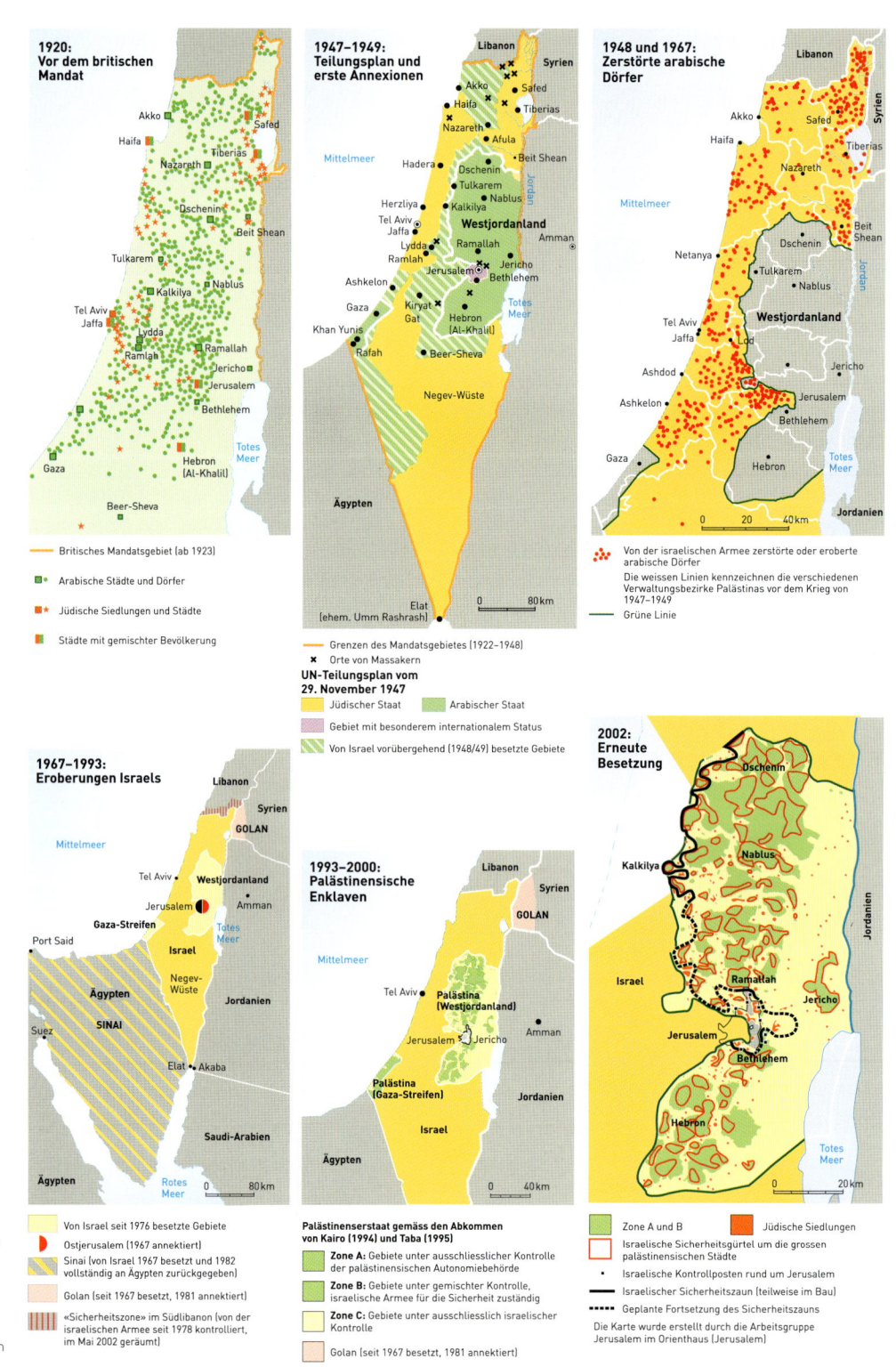

1920:
Vor dem britischen Mandat

- Britisches Mandatsgebiet (ab 1923)
- Arabische Städte und Dörfer
- Jüdische Siedlungen und Städte
- Städte mit gemischter Bevölkerung

1947–1949:
Teilungsplan und erste Annexionen

- Grenzen des Mandatsgebietes (1922–1948)
- × Orte von Massakern
- **UN-Teilungsplan vom 29. November 1947**
- Jüdischer Staat
- Arabischer Staat
- Gebiet mit besonderem internationalem Status
- Von Israel vorübergehend (1948/49) besetzte Gebiete

1948 und 1967:
Zerstörte arabische Dörfer

- Von der israelischen Armee zerstörte oder eroberte arabische Dörfer
- Die weissen Linien kennzeichnen die verschiedenen Verwaltungsbezirke Palästinas vor dem Krieg von 1947–1949
- Grüne Linie

1967–1993:
Eroberungen Israels

- Von Israel seit 1976 besetzte Gebiete
- Ostjerusalem (1967 annektiert)
- Sinai (von Israel 1967 besetzt und 1982 vollständig an Ägypten zurückgegeben)
- Golan (seit 1967 besetzt, 1981 annektiert)
- «Sicherheitszone» im Südlibanon (von der israelischen Armee seit 1978 kontrolliert, im Mai 2002 geräumt)

1993–2000:
Palästinensische Enklaven

Palästinenserstaat gemäss den Abkommen von Kairo (1994) und Taba (1995)

- **Zone A:** Gebiete unter ausschliesslicher Kontrolle der palästinensischen Autonomiebehörde
- **Zone B:** Gebiete unter gemischter Kontrolle, israelische Armee für die Sicherheit zuständig
- **Zone C:** Gebiete unter ausschliesslich israelischer Kontrolle
- Golan (seit 1967 besetzt, 1981 annektiert)

2002:
Erneute Besetzung

- Zone A und B
- Jüdische Siedlungen
- Israelische Sicherheitsgürtel um die grossen palästinensischen Städte
- Israelische Kontrollposten rund um Jerusalem
- Israelischer Sicherheitszaun (teilweise im Bau)
- Geplante Fortsetzung des Sicherheitszauns

Die Karte wurde erstellt durch die Arbeitsgruppe Jerusalem im Orienthaus (Jerusalem)

Abbildung 8.27:
Die territoriale Entwicklung in Palästina und Israel: 1948 wurde der Staat Israel gegründet. 1967 besetzte Israel im Sechstagekrieg das Westjordanland (Westbank), den Gazastreifen und die Golanhöhen. In der Folge förderte Israel die Gründung jüdischer Siedlungen in den besetzten Gebieten gegen den Widerstand der ansässigen arabischen Bevölkerung.

Quellen: History of Israel, Knopf 1979; Palestinian Academic Society for the Study of International Affairs (Passia); Before Their Diaspora, Institute for Palestine Studies, 1984; Vereinte Nationen, New York; Alain Gresh und Dominique Vidal, Les 100 Portes du Proche-Orient, Paris (Editions de l'Atelier) 1996; Orienthaus (Jerusalem)

Politische Geografie

Internationale Organisationen

Um gewaltsame Konflikte zu vermeiden oder einer friedlichen Lösung zuzuführen, wurde bereits nach dem Ersten Weltkrieg der **Völkerbund** mit Sitz in Genf gegründet. Nach dem Zweiten Weltkrieg wurde der Völkerbund durch die **Vereinten Nationen (Uno)** abgelöst. Bis 2010 traten **192** Staaten der Organisation bei, 2002 auch die Schweiz. Aus einer Vielzahl von Unterorganisationen und Programmen seien etwa die WMO (World Meteorological Organization), das UNHCR (U.N. High Commissioner for Refugees) und das WFP (World Food Programme) erwähnt.

Auch andere Organisationen fördern die **internationale Zusammenarbeit**. Für Europa erlangte die OSZE (Organisation für Sicherheit und Zusammenarbeit in Europa) eine gewisse Bedeutung. Als zentraler Faktor der politischen Stabilität in Europa prägt die aus der Europäischen Gemeinschaft für Kohle und Stahl (gegründet 1951) hervorgegangene **Europäische Union (EU)** das friedliche Zusammenleben und die wirtschaftliche Entwicklung in der vielfältigen europäischen Völkerwelt. Bei territorialen Streitigkeiten und offenen Grenzfragen sucht die Uno durch Vermittlung oder über den **Internationalen Gerichtshof** nach einer Lösung. So konnte im Falle des Grenzkrieges zwischen Eritrea und Äthiopien im Jahre 2000 ein Friedensabkommen erreicht werden. Der Streit zwischen Kamerun und Nigeria um die Bakassi-Inseln im Golf von Guinea wurde 2002 vom Internationalen Gerichtshof weitgehend zugunsten von Kamerun entschieden. Fragen von globalem Interesse werden in speziellen Verträgen und internationalen Abkommen behandelt. Beispielsweise soll der Antarktisvertrag die Forschung und wirtschaftliche Nutzung der südpolaren Gebiete regeln.

Internationales Seerecht

Das internationale **Seerecht** dient dazu, die Nutzung der Weltmeere für die Schifffahrt, die Fischerei und den Rohstoffabbau zu regeln. Nach jahrelangen Verhandlungen konnte 1982 das dritte Seerechtsabkommen (UNCLOS III) zur Unterschrift aufgelegt und 1994 in Kraft gesetzt werden. Das Abkommen umfasst 436 Artikel und wurde bis zum Herbst 2002 von 138 Staaten unterzeichnet. Das internationale Seerecht unterscheidet zwei Küstenbereiche mit unterschiedlicher staatlicher Souveränität (Abb. 8.28). Streitigkeiten werden am Internationalen Seegerichtshof in Hamburg verhandelt. Die Piraterie, die Überfischung, die Ausrottung von Meeressäugetieren (Walfang), die Bedrohung der Küsten (Korallenriffe) und die Verschmutzung der internationalen Gewässer vor allem durch Ölrückstände fordert die internationale Staatengemeinschaft allerdings weiter heraus.

Das 3. Seerechtsabkommen 1994

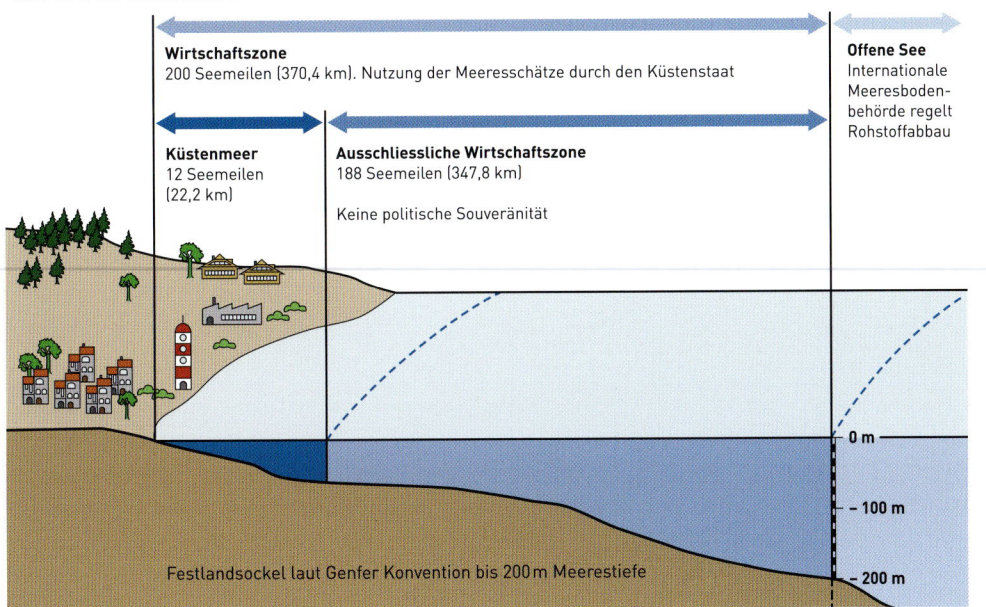

Abbildung 8.28: Das internationale Seerecht regelt die Souveränität in den Küstenzonen. Es wird eine 12-Seemeilen- und eine 200-Seemeilenzone definiert (1 Seemeile = 1,852 km).

Bevölkerung und Gesellschaft

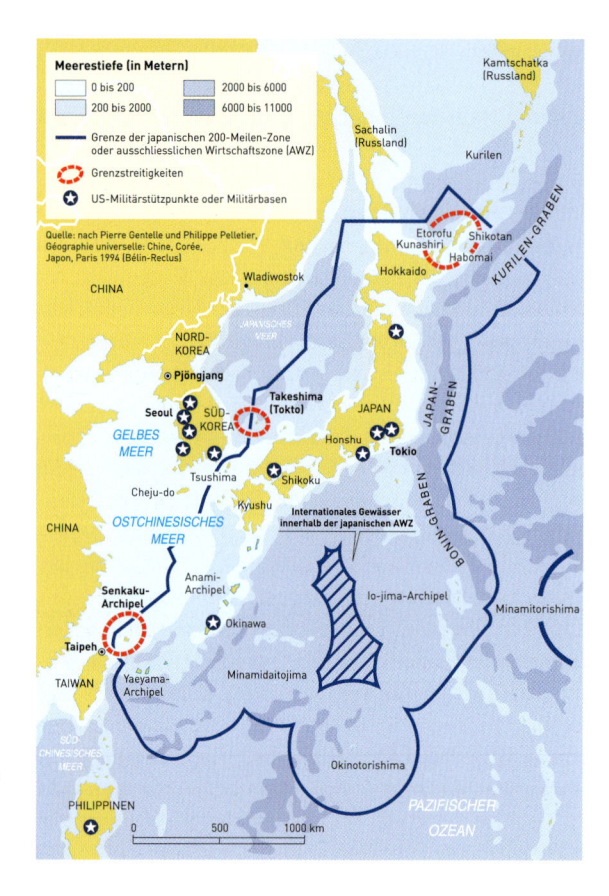

Abbildung 8.29:
Die Seerechtslage um Japan. Die Karte zeigt die grosse Bedeutung des Besitzes von kleinen Inseln wie derjenigen des Yaeyama-Archipels oder derjenigen von Okinotorishima.

Literaturhinweise

BAEHR J., 1992 (2. Auflage): Bevölkerungsgeographie. Verteilung und Dynamik der Bevölkerung in globaler, nationaler und regionaler Sicht. Stuttgart.

BOESLER, K. A., 1983: Politische Geographie. Teubner Studienbücher Geographie. Stuttgart.

BUNDESAMT FÜR STATISTIK: Statistisches Jahrbuch der Schweiz.

FISCHER WELTALMANACH 2010, 2009. Frankfurt am Main.

HAGETT P., 2004. Geographie – eine globale Synthese. Stuttgart.

KNOX P. L., MARSTON S. A., 2001: Humangeographie. Herausgegeben von Hans Gebhardt, Peter Meusburger, Doris Wastl-Walter. Heidelberg und Berlin.

KUSTER J., MEIER H.R., 2000: Siedlungsraum Schweiz, Struktur und räumliche Entwicklung. Bundesamt für Raumentwicklung (Hrsg.). Bern.

LAUBE P., ROSSE F., 2002: Anthropogeografie: Kulturen, Bevölkerung und Städte. Lerntext, Aufgaben mit Lösungen und Kurztheorie. Zürich.

LECLERC, G., 1973: Anthropologie und Kolonialismus. München.

LESER H. (Hrsg.), 1997: DIERCKE-Wörterbuch Allgemeine Geographie. München.

LEXIKON DER GEOGRAPHIE, 2002. Heidelberg.

SPEKTRUM DER WISSENSCHAFT, 1/2000: Die Evolution der Sprachen. Dossier. Heidelberg.

WEBER E., 2002: Malthus – Die Balance zwischen den Menschen und ihren Ressourcen in vorindustrieller Zeit. Unveröff. Hausarbeit am Höheren Lehramt der Universität Bern.

WOLKERSDORFER G., 2001: Politische Geographie und Geopolitik zwischen Moderne und Postmoderne. Heidelberger Geographische Arbeiten, Heft 111. Heidelberg.

Exkurs: Die Ausbreitung der Menschheit

Die Anthropologie (griech. «anthropos» = Mensch) ist die Wissenschaft, die sich mit der Entwicklung des Menschen und der Ausbreitung der Menschheit befasst. Die Anthropologie geht heute davon aus, dass sich Mensch und Menschenaffe auf einen gemeinsamen Stammbaum zurückführen lassen. Diese These stützt sich auf die Evolutionstheorie (lat. «evolutio» = Entwicklung, Entfaltung), die auf die Abstammungslehre von Charles Darwin (1809–1882) zurückgeht und die von christlich-religiösen Kreisen mit dem Hinweis auf die Schöpfung abgelehnt wird.

Die Anthropologie sieht im aufrechten Gang des Menschen die äussere Besonderheit, die ihn von anderen Lebewesen unterscheidet. Durch den aufrechten Gang konnte der Homo erectus (lat. «erectus» = aufgerichtet), der aufrecht gehende Mensch, seine Hände frei zum Pflücken gebrauchen, aber auch Werkzeuge herstellen und damit im Gegensatz zu den anderen Primaten den tropischen Regenwald und die Feuchtsavanne verlassen und weitere Lebensräume erobern.

Die Ausgrabungen der letzten Jahrzehnte zur Entschlüsselung der Herkunft und der Entwicklung des Menschen konzentrierten sich auf Ostafrika, wo sich die ersten Frühmenschen ausgebreitet haben sollen. 1974 wurde in Hadar (Äthiopien) ein etwa 3,1 Mio. Jahre altes Skelett gefunden und als «Lucy» benannt. Weitere ähnliche Funde in Ostafrika folgten. Am 19. Juli 2001 folgte ein weiterer überraschender Fund: Der französische Paläontologe Michel Brunet fand im Norden Tschads einen ca. 7 Mio. Jahre alten Schädel, der einem Frühmenschen gehört haben musste. Er gab ihm den Namen «Toumaï». Nach heutigen Erkenntnissen wurde damit der aufrechte Gang schon vor etwa 7 Mio. Jahren möglich, viel früher also als ursprünglich angenommen. Bisher ging die Anthropologie eher von einer «Out of Africa»-Theorie aus, durch den Fund von «Toumaï» erhält nun auch der multiregionale Ansatz mit mehreren Entwicklungsschwerpunkten wieder Auftrieb. Die Wissenschaft hofft nun, durch weitere Funde ein differenzierteres Bild von der Entwicklung der Menschheit zeichnen zu können.

Für die Besiedlung der Erde geht man mehrheitlich davon aus, dass sich der Homo erectus vor etwa 1,8 Mio. Jahren von Afrika aus in Richtung Osten nach Asien ausbreitete. In einer zweiten Welle vor etwa 100 000 Jahren folgte dann der Homo sapiens (lat. «sapiens» = wissend, weise), also der moderne Mensch, und erreichte über den Nahen Osten Eurasien, die südostasiatische Inselwelt und Australien und fand während der letzten Eiszeit über die Landbrücke zwischen Ostsibirien und Alaska (die heutige Beringstrasse) den Weg nach Amerika.

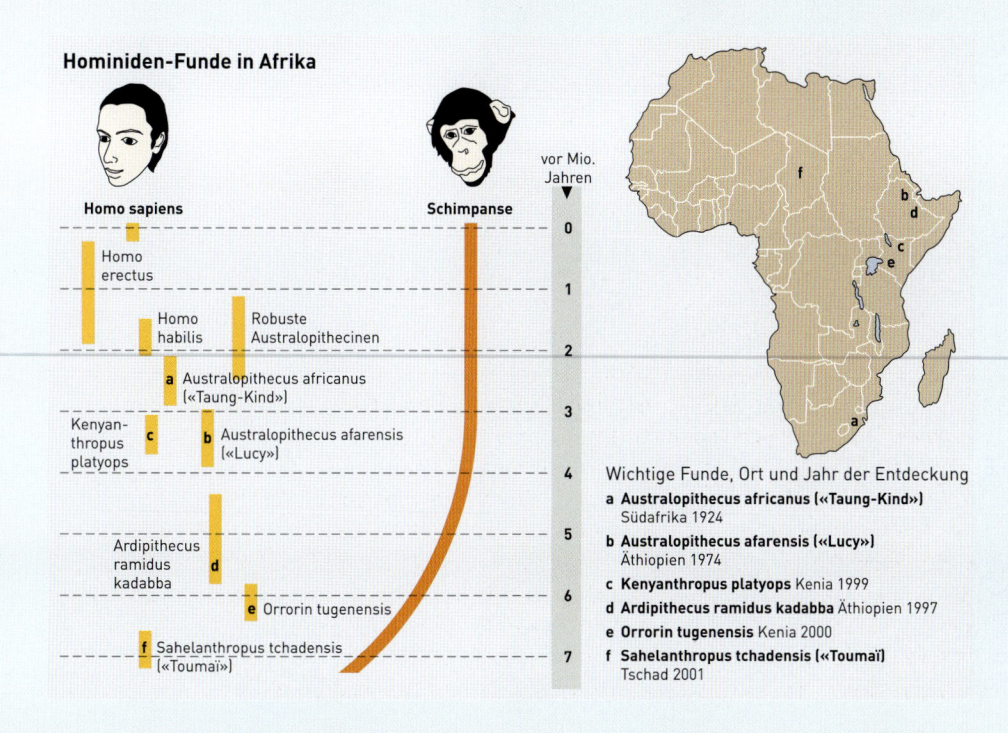

Hominiden-Funde in Afrika

Wichtige Funde, Ort und Jahr der Entdeckung

a **Australopithecus africanus («Taung-Kind»)** Südafrika 1924
b **Australopithecus afarensis («Lucy»)** Äthiopien 1974
c **Kenyanthropus platyops** Kenia 1999
d **Ardipithecus ramidus kadabba** Äthiopien 1997
e **Orrorin tugenensis** Kenia 2000
f **Sahelanthropus tchadensis («Toumaï»)** Tschad 2001

Die Stufen der Menschwerdung

8

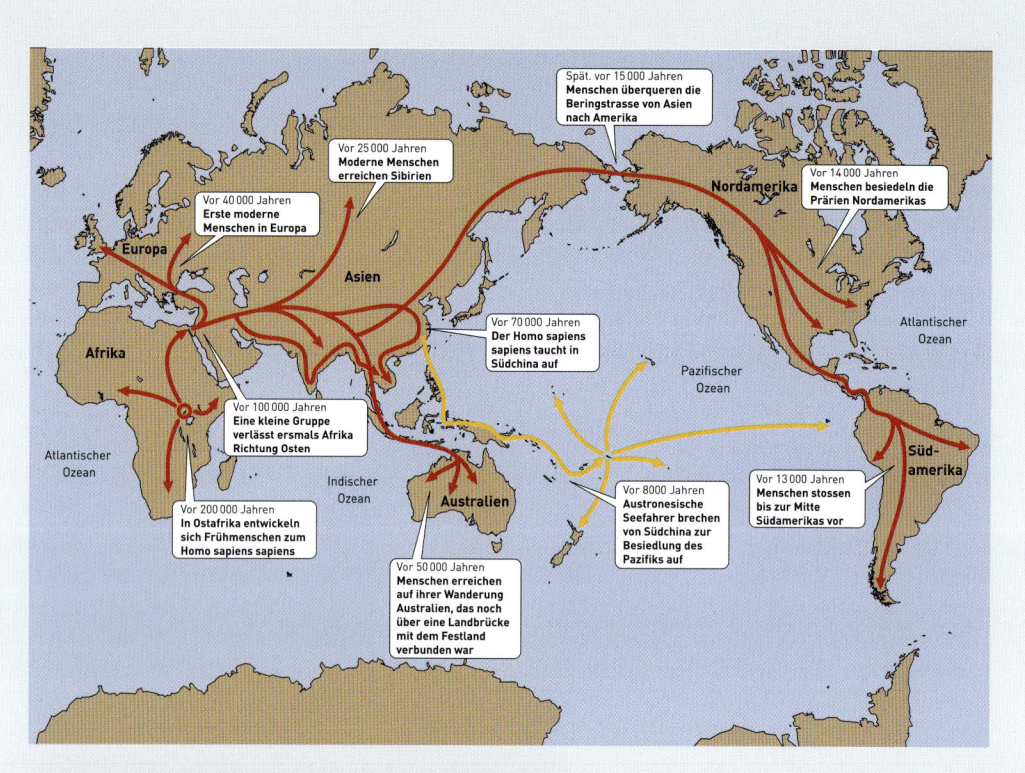

Die Ausbreitung der Menschheit

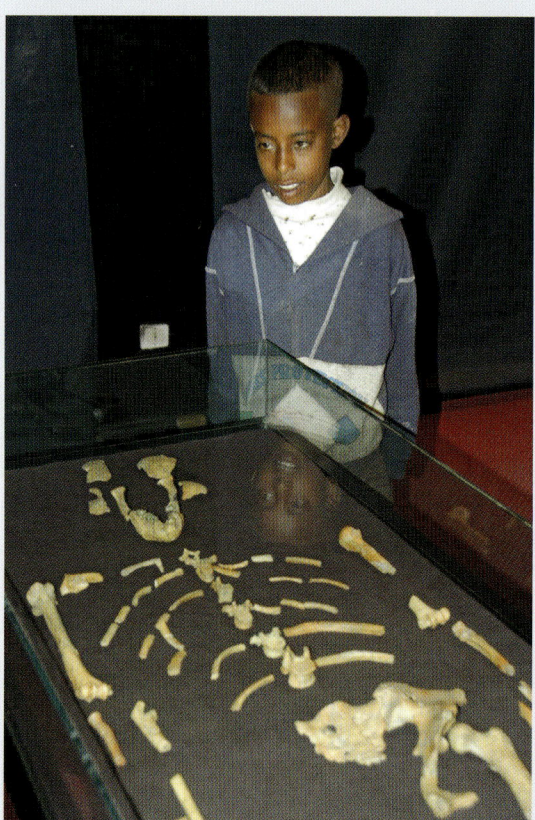

Skelett von Lucy im Nationalmuseum in Addis Abeba, Äthiopien

202   Exkurs: Die Ausbreitung der Menschheit

Exkurs: Nur noch Stehplätze auf der Erde?
Thomas Robert Malthus und seine Bevölkerungstheorie

Biografie

Thomas Robert Malthus wurde 1766 in Südengland geboren und bildete sich am «Jesus College» der Universität Cambridge zum Pfarrer aus, widmete sich aber in seiner Ausbildung schwerpunktmässig vor allem der Mathematik und der Naturphilosophie. Er arbeitete kurze Zeit als Hilfsgeistlicher in Südengland und publizierte 1798 die erste Ausgabe seines Essays unter dem Titel «An Essay on the Principle of Population». 1803 veröffentlichte er dann in seiner zweiten Ausgabe eine differenziertere Sichtweise seiner Kernaussagen. 1805 wurde er als Professor für politische Ökonomie auf den weltweit ersten Lehrstuhl in dieser Disziplin an das College der East India Company in Halebury berufen, wo er bis zu seinem Tode blieb. 1820 gab er unter dem Titel «The Principle of Political Economy Considered with a View to their Practical Application» sein Hauptwerk heraus. Malthus war verheiratet und hatte selbst drei Kinder. Er verstarb 1834.

Der «First Essay»

Malthus lebte am Ende des 18. Jahrhunderts in einem England, das noch geprägt war von der traditionellen Agrargesellschaft, aber herausgefordert wurde von einer wachsenden Bevölkerung; Armut und Hunger begannen in den grossen Städten rasch um sich zu greifen. Malthus begann sich deshalb kritisch mit den damaligen Ideen der Aufklärung und der Volkswirtschaft auseinanderzusetzen, wie sie u.a. von Jean-Jacques Rousseau, David Hume, Adam Smith und David Ricardo vertreten wurden, die der Ansicht waren, dass eine wachsende Bevölkerung für die Wirtschaft, die Wissenschaft und für den Krieg (!) positiv zu bewerten sei. Als Antwort auf diese damals in wissenschaftlichen Kreisen weitverbreitete Meinung verfasste Malthus seinen weltbekannt gewordenen «First Essay».

Malthus glaubte, eine allgemeingültige Gesetzmässigkeit entdeckt zu haben: Eine wachsende Bevölkerung bedeute auch, immer mehr Nahrungsmittel produzieren zu müssen.

Thomas R. Malthus 1766–1834

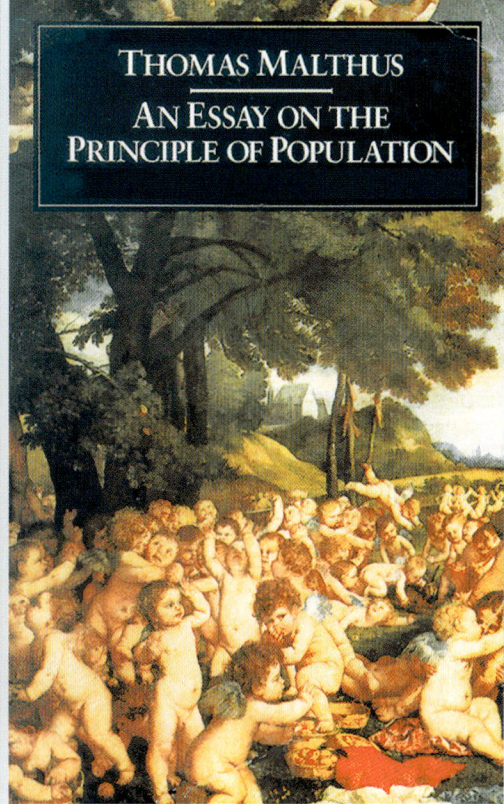

Titelbild der Ausgabe 1983, hrsg. von Antony G. Flew, Penguin Books

8

Da gleichzeitig die Nachfrage nach Nahrungsmitteln steige, erhöhten sich auch die Lebensmittelpreise, was zu einer verbreiteten Armut führen werde. Er vertrat die Ansicht, dass sich die Bevölkerung exponentiell vermehren werde, während die (Nahrungsmittel-)Ressourcen nur linear gesteigert werden könnten. Dies führe unweigerlich zu Seuchen und Hungersnöten bei der geschwächten Bevölkerung. Die Bevölkerung reduziere sich durch die erhöhte Sterberate, bis wieder genug Nahrungsmittel zur Verfügung stehen würden – was dann wieder zu steigenden Geburtenzahlen führen werde, womit der Zyklus wieder von vorne beginne. Malthus empfahl eine Geburtenkontrolle durch Enthaltsamkeit bei der armen Bevölkerung, damit der verhängnisvolle Kreislauf durchbrochen werden könne. Die Zeitgenossen warfen ihm denn auch vor, er wolle den Armen das Heiraten verbieten, was in der damaligen Zeit – auch in der Schweiz – allerdings durchaus praktiziert wurde.

Zur Aktualität des «First Essay»

Die Frage nach der **Tragfähigkeit der Erde** beschäftigt die Wissenschaft, seit das ungebremste Wachstum der Weltbevölkerung als Bedrohung für die Menschheit erkannt wurde. So schätzte der Geograf Albrecht Penck (1858–1945) bereits 1925 die grösstmögliche Einwohnerzahl der Erde auf 7689 Mio. Menschen. Entgegen optimistischen Schätzungen, wie z.B. derjenigen von W. Hollstein 1937, der für die Tragfähigkeit der Erde 13,3 Mia. Menschen annahm, warnte 1973 der erste Bericht des Club of Rome («Die Grenzen des Wachstums»), dass die Abnahme der Rohstoff- und Energievorräte die Nahrungsmittel- und die Industrieproduktion reduzieren und schliesslich zu Arbeitslosigkeit und Hunger und damit zur Reduktion der Bevölkerungszahl führen werde.

Angesichts der weiter wachsenden Weltbevölkerung – im Jahre 1999 wurde die 6-Milliarden-Grenze überschritten, scheinen deshalb die Gedanken von Malthus auch heute noch aktuell zu sein.

Allerdings gilt festzuhalten, dass Malthus die Auswirkungen der um 1800 einsetzenden Industrialisierung mit den damit verbundenen sozialen Umwälzungen in seiner Theorie nicht vorhersah, sein theoretischer Ansatz aber aus heutiger Sicht für das vorindustrielle Europa durchaus richtig war. Karl Marx lehnte die Theorie von Malthus ab, da nach seiner Auffassung die Armut ein Produkt der sozialen Ungerechtigkeit und nicht des Bevölkerungswachstums sei.

Die Hochkonjunkturphase in den Industrieländern nach dem Ende des Zweiten Weltkrieges brachte einen starken Anstieg der Einkommen. Trotzdem nahmen die Geburtenzahlen jedoch nur bis in die Sechzigerjahre zu und gingen dann stark zurück (sogenannter «Pillenknick»).

Doch muss auch erwähnt werden, dass Malthus durchaus richtig erkannte, dass der Schlüssel zur Reduktion der Geburtenrate in der Bildung der unteren Bevölkerungsschichten und vor allem der Mädchen und Frauen liegt. Neo-Malthusianer weisen denn auch darauf hin, dass eine wirksame Familienplanung der Schlüssel sei, um das Elend und die Armut zu überwinden und der Menschheit bei ausgeglichener Bevölkerungszahl einen nachhaltigen Wohlstand zu ermöglichen.

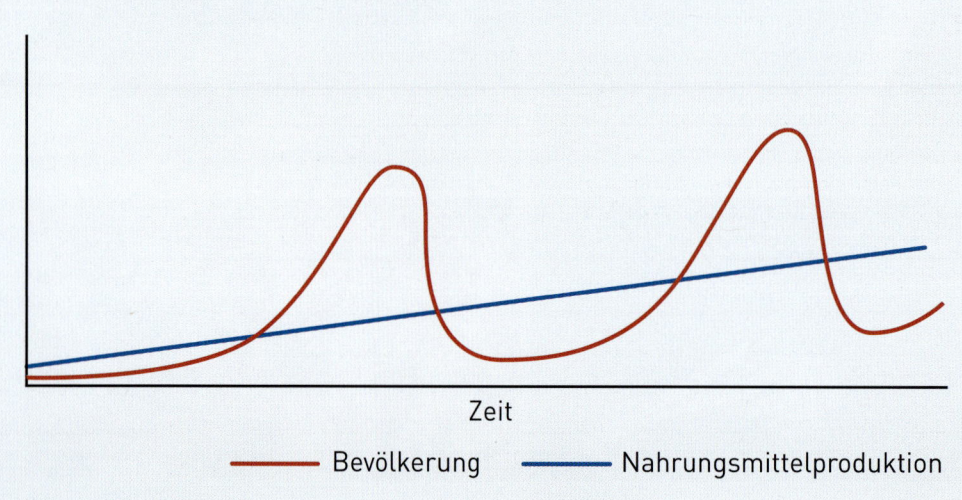

Nahrungsmittelproduktion und Bevölkerungsentwicklung nach den Vorstellungen von Malthus

Exkurs: Nur noch Stehplätze auf der Erde? – Thomas Robert Malthus

9
Wirtschaft und Raum

Silvan Aemisegger, Ernst Stauffer, Stefan Manser

Was wäre, wenn wir alle Güter des täglichen Gebrauchs selbst herstellen müssten? Zum Beispiel das spannende Buch, die Pfanne fürs Spaghettiwasser oder das Handy? Wie viele der konsumierten Güter könnten überhaupt selbstständig hergestellt werden? Bei einer ernsthaften Beantwortung dieser Frage wird schnell klar, dass die grosse Vielfalt alltäglicher Gebrauchsgegenstände nur dank einem hohen Spezialisierungsgrad produziert werden kann. Die zunehmende Spezialisierung und immer komplexere Arbeitsprozesse führen zu Veränderungen in der Produktionsweise. Dabei verändern sich auch die räumlichen Muster der ökonomischen Prozesse: Weltweit agierende und verflochtene Grosskonzerne treten als «Global Player», als Weltkonzerne auf.

1. Einführung

Menschliche Bedürfnisse bilden den Antrieb für die Wirtschaft. Zunächst sind dies überlebensnotwendige **Existenz- und Sicherheitsbedürfnisse**, wie Grundnahrungsmittel, Kleidung oder ein Dach über dem Kopf zu haben. Sind diese befriedigt, stellen sich weitere ein, zum Beispiel das Bedürfnis nach Gesundheit. Schliesslich gibt es Bedürfnisse nach luxuriösen Gütern oder Dienstleistungen, die sogenannten **Luxusbedürfnisse**. Die Wirtschaft versucht, diese menschlichen Anliegen zu befriedigen, und wird dabei vor zwei Probleme gestellt: Erstens: Die Bedürfnisse des Menschen sind unbegrenzt. Sobald ein Begehren befriedigt ist, entsteht ein neues. Zweitens: Die Ressourcen zur Herstellung der Güter und Dienstleistungen für die Bedürfnisbefriedigung sind knapp. Aus geografischer Perspektive interessiert vorrangig die Interaktion zwischen Wirtschaft und Raum. Dabei stehen folgende Fragen im Vordergrund: Welche räumlichen Muster entstehen durch spezifische ökonomische Aktivitäten? Welche Faktoren beeinflussen die Standorte von Unternehmen? Wie beeinflusst die natürliche Umwelt die Produktionsweise? Wie gestaltet sich der Umgang mit der Natur und insbesondere mit den natürlichen Ressourcen?

Ressourcen

Ressourcen sind die Grundlage für die Produktion von Gütern, welche der menschlichen Bedürfnisbefriedigung dienen. Man nennt sie deshalb auch **Produktionsfaktoren**. Neben den natürlichen Ressourcen gehören das für den Produktionsprozess eingesetzte Realkapital, das Wissen und die Arbeit dazu. Die unbegrenzten menschlichen Bedürfnisse und die nur beschränkt verfügbaren Ressourcen machen das zentrale Problem, mit dem sich die Wirtschaft beschäftigt, klar: die Knappheit. Gelöst wird dieses Problem, indem den verschiedenen Gütern ein bestimmter Wert zugeschrieben wird. **Ökonomische Güter** sind also nur Güter, die einen Wert haben. Falls ein Gut in so grosser Menge vorhanden ist, dass jeder Mensch so viel davon konsumieren kann, wie er will, wird es als **freies Gut** bezeichnet. Freie Güter sind begrenzt, aber nicht knapp. Nehmen wir das Beispiel Luft: Diese ist zwar begrenzt (es gibt nicht unendlich viel Luft), aber es ist genügend davon vorhanden, um alle Bedürfnisse zu decken (sie ist also nicht knapp und hat im Normalfall keinen Preis). Auch wenn dieser Umstand auf den ersten Blick positiv erscheint, so hat er doch einen gewichtigen Nachteil: Vielfach ist man sich der Begrenztheit dieser Güter nicht bewusst. Irrtümlicherweise wird «nicht knapp» mit «unbegrenzt» gleichgesetzt. Ein Autofahrer, der mit den Abgasen des Autos die Atemluft belastet, kommt für diese Kosten weder mit dem Kaufpreis des Autos, noch mit dem Preis, den er für den Treibstoff bezahlt, auf. Man spricht in diesem Zusammenhang von **externen Kosten**. Sie werden nicht vom Verursacher, sondern von einer anderen Person, Gruppe oder der Gesellschaft getragen. Neben den externen Kosten gibt es auch **externe Nutzen**, so zum Beispiel die neu renovierte Dorfkirche, welche durch ihre Attraktivität Touristen anlockt und den Gaststätten des Dorfes zusätzliche Gäste beschert. Diese beiden Phänomene werden als **externe Effekte** (oder **Externalitäten**) bezeichnet. Ökonomisch betrachtet, sind externe Effekte – ob Kosten oder Nutzen – nicht wünschenswert, denn jedes Gut soll einen bestimmten Wert haben. Unter dem Stichwort **«Kostenwahrheit»** wird versucht, diese Kosten dem Verursacher direkt zu belasten (**Verursacherprinzip**). Häufig besteht allerdings das Problem, dass die Verursacher und die Profiteure nicht eindeutig benannt werden können.

Mit der Globalisierung von Handel, Finanzen, Technologie, Politik, Kommunikation und Kultur werden die Beziehungen weltweit intensiviert. Als Triebkräfte gelten mächtige Akteure wie transnationale Unternehmen oder supranationale Organisationen. Globale Kommunikationsstrukturen, flexible Kapitalströme und international geteilte Produktionsformen verbinden die Regionen der Welt auf vielfältige und komplexe Weise. Mit der Globalisierung vergrössern sich die Märkte und damit die Möglichkeiten zu Investition und Produktion, andererseits steigen auch die Risiken, da die stark miteinander verflochtenen Volkswirtschaften sich gegenseitig in Krisensituationen hineinziehen können.

Die Welt ist als Folge der weltweiten Arbeitsteilung in immer stärkerem Masse vernetzt, die gegenseitigen Abhängigkeiten der Teilregionen werden sich künftig eher noch verstärken. Dennoch ist die Globalisierung nicht einfach ein Automatismus, der abseits jeglicher Steuerungsmöglichkeit abläuft. Die politischen Instanzen können innerhalb ihres Handlungsspielraums, zum Beispiel als Mitglieder der internationalen Organisationen, in vielfältiger Weise Einfluss nehmen.

Die Erwerbssektoren

Die meisten Produkte durchlaufen eine lange Produktionskette, bis sie in den Verkaufsregalen stehen und von den Konsumenten gekauft und ver- oder gebraucht werden. Dazu müssen zuerst die Rohstoffe gewonnen, verarbeitet und schliesslich zum Verbraucher gebracht werden. Dieser Logik folgend, wird die Wirtschaft traditionellerweise in drei Sektoren eingeteilt:

1. Der **Primärsektor** (Gütergewinnung, auch Urproduktion genannt): Er beinhaltet die Land- und Forstwirtschaft, die Fischerei und Fischzucht, in einer erweiterten Definition auch den Bergbau.
2. Der **Sekundärsektor** (Güterveredelung, auch industrieller Sektor genannt): Er umfasst das produzierende Gewerbe einer Volkswirtschaft, d. h. Industrie, Gewerbe, Handwerk, Baugewerbe.
3. Der **Tertiärsektor** (Güterverteilung und Dienstleistungen): Zum tertiären Sektor werden Dienstleistungen erbringende Branchen und Unternehmen gerechnet. Das sind v. a. Handel, Verkehr, Tourismus, Gesundheitswesen, öffentliche Administration, Banken und Versicherungen.

Erwerbssektoren

Aufgrund der zunehmenden Bedeutung von Informations- und Kommunikationstechnologien (IKT) und der Wiederverwertung von Abfällen wird manchmal noch ein weiterer Sektor ausgegliedert: Der **Quartärsektor** (Informationssektor): Dieser umfasst alle Unternehmen, welche sich mit der Beschaffung, Verarbeitung, Speicherung und dem Verkauf von Informationen befassen.

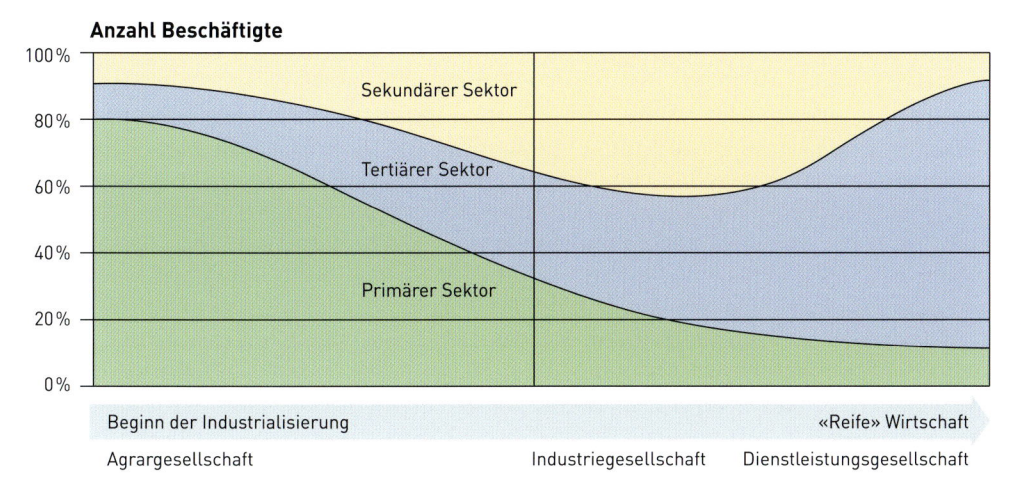

Abbildung 9.1: Modell des Strukturwandels der drei Sektoren nach Fourastié

Wirtschaft und Raum

9

Anzahl Beschäftigte

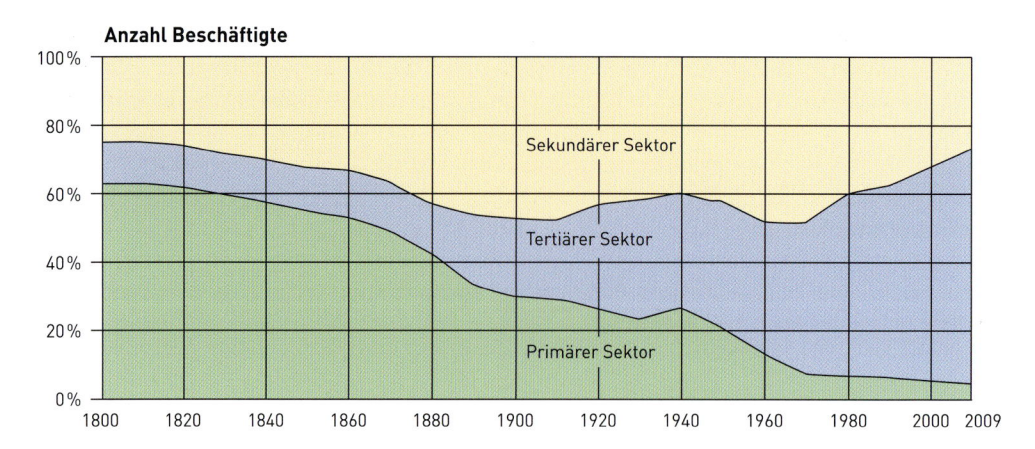

Abbildung 9.2: Entwicklung der Erwerbssektoren in der Schweiz von 1800 bis 2009

In der Schweiz waren bis ca. 1870 mehr als die Hälfte der Beschäftigten in der Landwirtschaft tätig. Mit der Industrialisierung im 19. Jahrhundert änderte sich dies, und bald arbeiteten mehr Leute im zweiten als im ersten Sektor. Ein vorläufig letzter Wechsel trat mit der Zunahme der Beschäftigten im dritten Sektor ein. Die gleichzeitige Abnahme der Beschäftigten in den beiden anderen Sektoren ist auf Produktivitätssteigerungen zurückzuführen (Abb. 9.2). In den 1930er-Jahren hat der französische Ökonom Jean Fourastié diesen Strukturwandel der Wirtschaft in einem Verlaufsmodell dargestellt (Abb. 9.1). Er postulierte die Entwicklung von einer Agrargesellschaft (überwiegende Anzahl der Beschäftigten im Primärsektor) über eine Industriegesellschaft (Sekundärsektor) zu einer Dienstleistungsgesellschaft (Tertiärsektor). Unter Berücksichtigung der steigenden Anzahl an Beschäftigten im Informationssektor wird heute bei hoch entwickelten Ländern häufig von der Informationsgesellschaft gesprochen. Fourastiés Modell müsste dementsprechend ergänzt werden.

2. Landwirtschaft

Der Anteil des Primärsektors an der Wertschöpfung der Schweizer Wirtschaft gehört mit 1,2 % im Jahre 2006 zu den weltweit schwächsten. Der Durchschnitt der EU-Länder (EU-25) liegt bei 1,8 %. Relativ hohe Anteile von über 10 % haben Rumänien, die Türkei und Bulgarien. Diese Wertschöpfung wird in der Schweiz von 3,7 % der Erwerbstätigen erbracht. Auch hier liegt die Schweiz unter dem weltweiten Durchschnitt: 2006 waren weltweit 36 % aller Arbeitskräfte in der Landwirtschaft tätig. Neben der Forstwirtschaft, der Fischerei und der Fischzucht ist die Landwirtschaft zwar nicht der einzige, jedoch der stärkste Bereich des Primärsektors in der Schweiz (95 % der Wertschöpfung). Die kontinuierliche Abnahme der Erwerbstätigen im Primärsektor ist auf Produktivitätssteigerungen zurückzuführen. Dabei wird die menschliche Arbeitskraft zunehmend ersetzt. Beispielsweise brauchten in der Mitte des 19. Jahrhunderts drei Personen mit einem Ochsengespann 100 bis 120 Stunden für das Pflügen eines Ackers von der Grösse eines Fussballfeldes (rund eine Hektare). Heute wird dieselbe Arbeit mit einem Traktor mit Dreischarpflug in zwei bis drei Stunden erledigt. Die körperliche Belastung der landwirtschaftlichen Arbeit hat durch die Mechanisierung merklich abgenommen. Durch die enorme Steigerung der Produktivität können immer grössere Flächen in kürzerer Zeit bewirtschaftet werden, die Betriebe werden immer grösser. Als Folge davon werden bei gleichbleibender oder steigender Leistungsfähigkeit immer weniger Arbeitskräfte benötigt. Was sich für die Konsumenten in sinkenden Preisen vorteilhaft auswirkt, wird für Beschäftigte in der Landwirtschaft zur Existenzfrage. Nur grosse, spezialisierte und mechanisierte Landwirtschaftsbetriebe können weiterexistieren.

Die geringe volkswirtschaftliche Bedeutung des ersten Sektors darf nicht generell mit geringer Bedeutung gleichgesetzt werden: Global gesehen, bildet die steigende Nachfrage nach Nahrungsmitteln eine grosse Herausforderung. Grundwasserbelastung, Desertifikation oder Überfischung sind nur drei Stichworte zu einer ganzen Reihe von weltweiten Problemen.

Die Aufgaben der Landwirtschaft in der Schweiz

Die vier Aufgaben der Landwirtschaft sind im Landwirtschaftsgesetz von 1988, das auf Artikel 104 der Bundesverfassung basiert, festgelegt. Sie bestimmen weitgehend die schweizerische Agrarpolitik:

Bundesgesetz über die Landwirtschaft (Landwirtschaftsgesetz, LwG)
vom 29. April 1998 (Stand am 1. Januar 2010)

Art. 1 Zweck
Der Bund sorgt dafür, dass die Landwirtschaft durch eine nachhaltige und auf den Markt ausgerichtete Produktion einen wesentlichen Beitrag leistet zur:

a. sicheren Versorgung der Bevölkerung;
b. Erhaltung der natürlichen Lebensgrundlagen;
c. Pflege der Kulturlandschaft;
d. dezentralen Besiedelung des Landes.

Vier Aufgaben der Landwirtschaft

Die sichere Versorgung der Bevölkerung

Die Versorgung der Bevölkerung mit qualitativ hochwertigen Nahrungsmitteln stellt das vorrangige Anliegen der Schweizer Landwirtschaft dar. Lange Zeit war es auch das einzige explizit genannte Ziel. Ab 1940 wurden durch Friedrich Traugott Wahlen der sogenannte «Plan Wahlen» umgesetzt, welcher in Anbetracht des Krieges die Selbstversorgung der Schweiz mit Nahrungsmitteln gewährleisten sollte. Der «Plan Wahlen» veranschaulicht den starken Einfluss der Politik auf den Agrarsektor. Die im Rahmen dieser Politik eingeführten Massnahmen zur Steigerung der landwirtschaftlichen Produktion werden unter dem Schlagwort «Anbauschlacht» zusammengefasst. Der Selbstversorgungsgrad stieg zwar von 52% bis zum Ende des Krieges auf 70%, und die Grundnahrungsmittel mussten nicht rationiert werden, was einzigartig war in Europa. Die Schweiz ist bei der Lebensmittelversorgung aber ein Importland, nur in wenigen Bereichen ist ein Exportüberschuss zu verzeichnen.

Abbildung 9.3:
Ein- und Ausfuhr von landwirtschaftlichen Produkten 2006

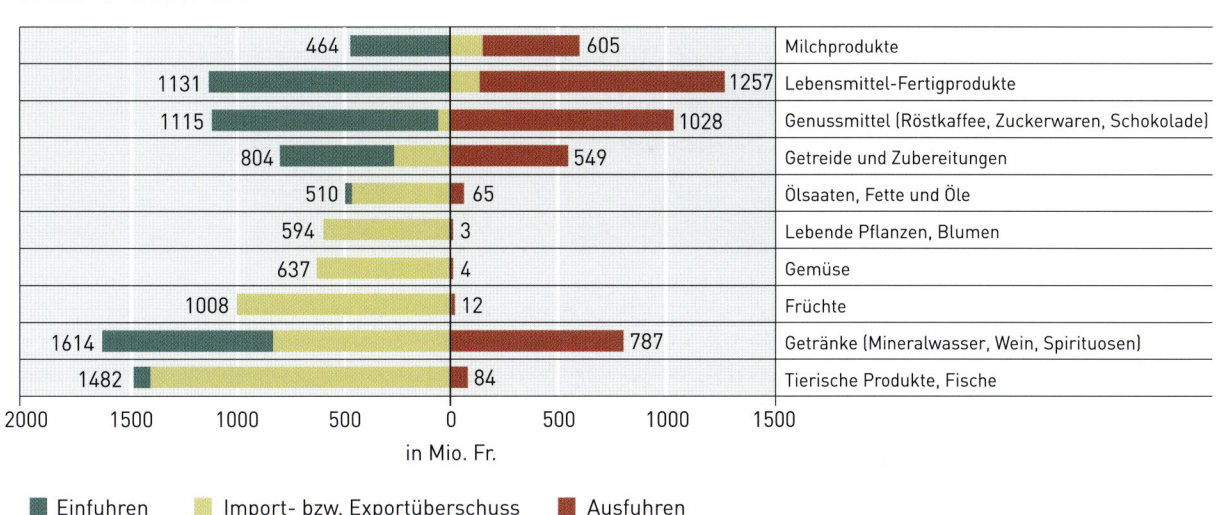

Einfuhren	Ausfuhren	Produkt
464	605	Milchprodukte
1131	1257	Lebensmittel-Fertigprodukte
1115	1028	Genussmittel (Röstkaffee, Zuckerwaren, Schokolade)
804	549	Getreide und Zubereitungen
510	65	Ölsaaten, Fette und Öle
594	3	Lebende Pflanzen, Blumen
637	4	Gemüse
1008	12	Früchte
1614	787	Getränke (Mineralwasser, Wein, Spirituosen)
1482	84	Tierische Produkte, Fische

in Mio. Fr.

■ Einfuhren   ■ Import- bzw. Exportüberschuss   ■ Ausfuhren

Wirtschaft und Raum

9

Nutztierhaltung

Die landwirtschaftlichen Erzeugnisse werden in zwei Bereiche zusammengefasst:
Nutztierhaltung: Rindviehhaltung, Geflügelhaltung, Schweinehaltung, Schafhaltung, Ziegenhaltung, Pferdehaltung und Bienenvölker. Da der Markt für Milch und für Rind- oder Schweinefleisch gesättigt ist, suchen viele Bauern nach anderen Produktionsnischen. Daher trifft man seit einiger Zeit auf Schweizer Bauernhöfen auch «Exoten» wie Strausse, Lamas, Damhirsche, Schottische Hochlandrinder und sogar Büffel.

Pflanzenbau

Pflanzenbau: Futterbau, Getreidebau, Zuckerrübenbau, Kartoffelbau, Rapsanbau, weitere Ackerfrüchte, Obstbau, Beerenbau, Rebbau, Gemüsebau und Waldwirtschaft.
Die Nutztierhaltung hat mit 55 % des landwirtschaftlichen Produktionswertes zwar eine leicht gewichtigere Bedeutung, doch auch Pflanzenbau mit Graswirtschaft (Futterbau), Ackerkulturen und Spezialkulturen sind nicht zu vernachlässigen.

Die Pflege der Kulturlandschaft

Die Art der landwirtschaftlichen Nutzung wird durch Relief, Klima und Bodenbeschaffenheit beeinflusst. Umgekehrt wird die Landschaft durch die Art der Nutzung geprägt. Rein visuell sind beispielsweise die charakteristischen Terrassen des Rebbaus klar von der traditionellen oder modernen Agrarlandschaft zu unterscheiden. Als **Kulturlandschaft** wird eine vom Menschen genutzte und durch ihn gestaltete Landschaft bezeichnet.

Abbildungen 9.4:
Weinbaulandschaft
Lavaux am Genfersee

Die eindrücklichen Rebbauterrassen von Epesses verdeutlichen exemplarisch die Problematik der Kulturlandschaften: Sie entstehen durch menschliche Arbeit und müssen gepflegt werden. Da kaum ein Einzelner bereit ist, für die Schönheit der Landschaft zu bezahlen (sie ist ein freies Gut), wird der Weinbauer für die Pflege dieser Landschaft nicht marktgerecht entschädigt. Eine abwechslungsreiche Landschaft macht jedoch ein Land für Bevölkerung und Touristen attraktiv und hat somit durchaus einen Wert. Durch Direktzahlungen wird unter anderem versucht, den Bauern diese Leistung zugunsten der Kulturlandschaft abzugelten.

Der Schutz der Umwelt: Landwirtschaft und Ökologie

Die Bedeutung der Umwelt wird in der Gesellschaft zunehmend bewusst und schlägt sich auch im Einkaufsverhalten nieder. Wissenschaft und Medienberichterstattung vermitteln klar, dass der weltweit steigende Ressourcenverbrauch ein akutes Problem darstellt. In dieser Diskussion spielt das Konzept der nachhaltigen Entwicklung eine wichtige Rolle. Das veränderte Umweltbewusstsein tangiert auch die Landwirtschaft: Die Konsumenten fordern vermehrt nach ökologischen und sozialen Kriterien produzierte Lebensmittel und Güter. Der im Jahr 1996 von der Bevölkerung angenommene Artikel 104 der Bundesverfassung ist Ausdruck dieser Entwicklung. Im Gegensatz zu diesen Forderungen steht der Wunsch nach tiefen Produktpreisen. Nur wenige Menschen sind bereit, für Grundnahrungsmittel einen höheren Preis zu bezahlen. Zwar wächst die Nachfrage nach Bioprodukten, doch die Problematik bleibt bestehen: Werden landwirtschaftliche Produkte nach einer extensiven Produktionsweise hergestellt, müssen die Regenerationszeiten der natürlichen Zyklen beachtet werden. Der Ertrag fällt tiefer aus, was sich in höheren Preisen niederschlägt. Einzig eine intensive Produktion mit hohem Energieeinsatz ermöglicht es, die hohe Nachfrage nach günstigen Produkten zu decken. Mit Direktzahlungen schafft der Staat Anreize für eine ökologisch orientierte Landwirtschaft. Damit werden die von der Gesellschaft geforderten Leistungen abgegolten. Unterschieden wird zwischen allgemeinen und ökologischen Direktzahlungen. Die allgemeinen Direktzahlungen haben das Ziel, eine flächendeckende Nutzung und Pflege der Landschaft sicherzustellen. Ökologische Direktzahlungen hingegen geben einen Anreiz für freiwillige Leistungen in den Bereichen Ökologie und Tierhaltung. Das können beispielsweise die Förderung der Artenvielfalt oder eine Reduktion des Einsatzes von Hilfsstoffen sein.

Da der Konsument die Einhaltung dieser Richtlinien und Massnahmen nicht persönlich überprüfen kann, werden **Labels** geschaffen. Sie informieren über im Produktionsprozess eingehaltene Richtlinien und setzen so Standards fest. Im landwirtschaftlichen Bereich versucht man dadurch folgende Ziele zu erreichen:

- Produktion von gesunden Nahrungsmitteln,
- schonender Umgang mit Boden,
- ausgeglichene Nährstoffkreisläufe,
- artgerechte Tierhaltung.

Integrierte Produktion (IP): Die integrierte Produktion garantiert eine umwelt- und tiergerechte Bewirtschaftung und qualitativ hochstehende Produkte. Der rein vorsorgliche Einsatz von chemisch-synthetischen Düngern und Pestiziden ist nicht erlaubt. Erst bei tatsächlicher Bedrohung der Anbaukulturen durch Schädlinge oder Krankheiten ist die situative Verwendung von Spritzmitteln zugelassen. Gänzlich verboten sind gentechnisch veränderte Produkte. 1999 ist die IP zum Standard der Schweizer Landwirtschaft erklärt worden, und heute werden ca. 85% der landwirtschaftlichen Nutzfläche nach diesem Standard bewirtschaftet. Beiträge und Direktzahlungen vom Staat werden nur noch entrichtet, wenn der landwirtschaftliche Betrieb mindestens die Richtlinien der integrierten Produktion befolgt.

Abbildung 9.5: IP-SUISSE: Das Label zeichnet Produkte aus, die nach den Richtlinien der integrierten Produktion angebaut wurden.

Biolandbau: Die biologische Landwirtschaft beruht auf dem Systemansatz natürlicher Kreisläufe und Prozesse und deren nachhaltiger Nutzung für die Produktion. Die Fruchtbarkeit des Bodens wird durch organischen Dünger, Kompost, Gründünger und durch eine vielseitige Fruchtfolge gefördert. Nutztiere werden artgerecht gehalten und gefüttert. Idealerweise

Abbildung 9.6: Bio-Knospe: Verbandslabel und Marke, die Schweizer Bioprodukte auszeichnet, die nach den privatrechtlichen Richtlinien von Bio Suisse hergestellt wurden.

bleiben dabei die Nährstoffkreisläufe geschlossen. In der Verarbeitung wird auf unnötige Zusatzstoffe wie künstliche Aroma- und Farbstoffe verzichtet. Die höheren Risiken und die arbeitsintensivere Produktion führen zu höheren Verkaufspreisen von Bioprodukten. Es zeigt sich jedoch, dass in der Schweiz immer mehr Konsumenten den Preis für die hohe Qualität zu zahlen bereit sind: Die biologisch bewirtschaftete landwirtschaftliche Nutzfläche stieg von unter 2% im Jahre 1993 auf heute gut 11%. Auch weisen die Bioprodukte einen beachtlichen Umsatzanteil im Lebensmittelsektor von 5,2% auf. Da die extensive Nutzung des Biolandbaus jedoch mehr Raum und Zeit benötigt, wird die hohe Nahrungsmittelnachfrage nur teilweise durch ihn gedeckt werden können. Einzelne Grossverteiler verfügen teilweise über eigene Biolabels.

Die dezentrale Besiedlung des Landes

In der Schweiz werden 37% der Gesamtfläche von der Landwirtschaft genutzt. Einen Grossteil der geernteten Fläche bilden Wiesen und Weiden. An zweiter Stelle steht das Ackerland. Dauerkulturen wie Obst-, Reb- und Gartenbau machen den kleinsten Anteil an der landwirtschaftlichen Nutzfläche aus. Genau diese sind es jedoch, welche die Landschaft der Schweiz ausgesprochen stark prägen, so zum Beispiel die Obst- und Gemüseanbaugebiete im Thurgau und im Seeland oder die Weinbaugebiete am Genfersee und im Wallis. Trotz des relativ hohen Anteils an unproduktiven Flächen trägt die Schweizer Landwirtschaft dazu bei, dass auch periphere Regionen besiedelt bleiben. Dabei sind gerade alpwirtschaftlich genutzte Flächen meist nur unter erschwerten Bedingungen (Hangneigung, karger Boden usw.) zu bewirtschaften. Zwischen 1985 und 2009 hat die Landwirtschaftsfläche um 4.5% abgenommen.

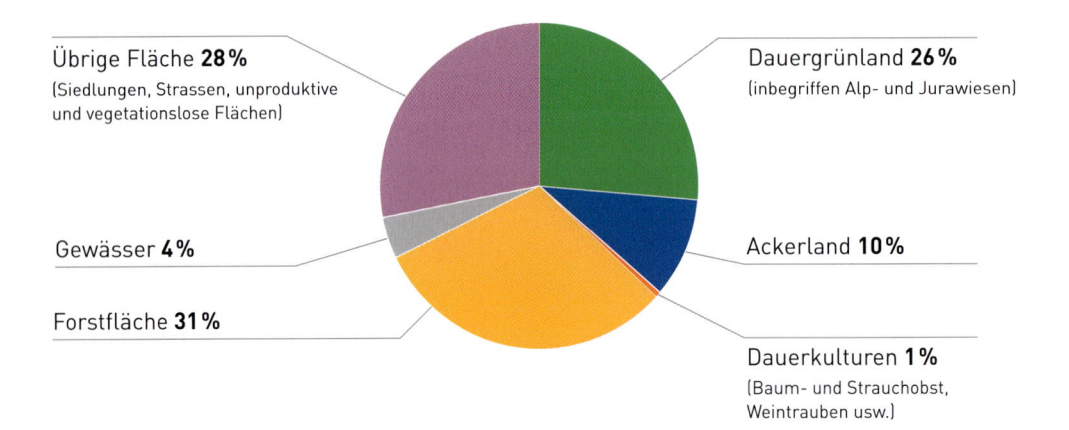

Abbildung 9.7:
Von der Landwirtschaft genutzte Fläche in der Schweiz

Übrige Fläche **28%**
(Siedlungen, Strassen, unproduktive und vegetationslose Flächen)

Gewässer **4%**

Forstfläche **31%**

Dauergrünland **26%**
(inbegriffen Alp- und Jurawiesen)

Ackerland **10%**

Dauerkulturen **1%**
(Baum- und Strauchobst, Weintrauben usw.)

Die Agrarpolitik der Schweiz

Die vier Aufgaben zeigen es: Die Schweizer Landwirtschaft soll **multifunktional** sein. Veränderungen in den letzten Jahren im In- und Ausland haben in der Schweizer Agrarpolitik einiges bewirkt. Es gab einen eigentlichen Systemwechsel: Im Landwirtschaftsgesetz von 1951 wurde einerseits die Schweizer Landwirtschaft mittels Einfuhrkontingentierungen und Zollzuschlägen vor Importen geschützt, anderseits konnten durch staatliche **Subventionen** landwirtschaftliche Produkte aus der Schweiz – im Gegensatz zu importierten Produkten – günstiger angeboten werden. Der Bund garantierte den Bauern den Absatz ihrer Produkte und bezahlte für gewisse Produkte Mindestpreise (Beispiel: Milch). Subventionen lassen sich durch die Idee eines **Paritätslohns** rechtfertigen:

Subventionen

Paritätslohn

Dieser entspricht einem durchschnittlichen Einkommen der Beschäftigten des zweiten und dritten Sektors und soll Bauern und Bäuerinnen ein angemessenes Einkommen garantieren. Die produktgebundenen Subventionen führten zu einer Überproduktion, hohen Preisen und Umweltbelastungen (Überdüngung). Durch die 1992 eingeführten **Direktzahlungen** wurde eine Trennung von Einkommens- und Preispolitik beabsichtigt. Neu werden nur noch ökologische oder gemeinwirtschaftliche Leistungen abgegolten. Landwirte müssen sich heute dem Markt stellen, Preis- und Absatzgarantien gehören der Vergangenheit an. Auch der Schutz vor der internationalen Konkurrenz wird geringer, und es ist für die Schweizer Landwirtschaft eine grosse Herausforderung, die Marktanteile zu halten. Bereits heute werden 40% der Nahrungsmittel importiert. Die Landwirtschaft muss ihre Position zwischen den weltweiten Forderungen nach Freihandel einerseits und protektionistischen Massnahmen anderseits ständig neu definieren.

Direktzahlungen

3. Industrie

Der zweite Sektor ist ausgesprochen heterogen. Vom Goldschmied bis zum Pharmakonzern umfasst er alle produzierenden und verarbeitenden Branchen. Dazu gehört der Bereich Industrie und Energie, welcher in der Schweiz ca. 80% der Wertschöpfung des zweiten Sektors ausmacht. Wichtige Anteile an der industriellen Wertschöpfung haben die chemische Industrie, die Mineralölverarbeitung, der Maschinenbau, die Herstellung von medizinischen und optischen Geräten und die Energie- und Wasserversorgung. Mit Nestlé, Novartis und Hoffmann-La Roche sind drei Schweizer Industrieunternehmen bei den 100 weltweit grössten vertreten. Da die grossen Stückzahlen der industriellen Produktion auf dem bescheidenen Schweizer Markt keine Abnehmer finden, ist die Schweizer Industrie exportorientiert. Die restlichen 20% der Wertschöpfung des zweiten Sektors werden vom zweiten Bereich, dem Baugewerbe erbracht.
Knapp 25% der Erwerbstätigen in der Schweiz sind im Sekundärsektor beschäftigt. Noch 1970 waren es ca. 45%. Wie im Primärsektor führten Veränderungen in den Produktionsabläufen in der zweiten Hälfte des 19. Jahrhunderts zu Produktivitätssteigerungen. Diese wiederum lösten tief greifende Strukturveränderungen aus. Bei der Einführung und Verbreitung industrieller Produktionsformen und der damit einhergehenden zunehmenden Bedeutung der Industrie in einer Volkswirtschaft spricht man von **Industrialisierung**.
Sie begann in der Schweiz bereits im 18. Jahrhundert: in der Ostschweiz mit der industriellen Heimarbeit im Textilbereich, im Jura mit der Herstellung von Uhren. In der folgenden Manufak-

Industrialisierung

Abbildung 9.8, links:
Moderne, vollautomatische Autoproduktion

Abbildung 9.9, rechts:
Massenprodukution bei Rivella in Rothrist (Kanton Aargau)

Wirtschaft und Raum

9

turphase produzierten die Arbeiter in Fabrikgebäuden, aber noch vorwiegend manuell oder mit einfachen Geräten, wobei jede Person einen spezialisierten Arbeitsschritt übernahm. Erst in der Phase der industriellen Produktion wurden zuerst Dampfmaschinen, später elektrische Motoren eingesetzt, die eine enorme Produktivitätssteigerung ermöglichten.

Der Amerikaner Frederick W. Taylor hat die Arbeitsteilung im ausgehenden 19. Jahrhundert zu perfektionieren versucht. Er war der Überzeugung, dass Arbeiter denselben Gesetzen wie Teile einer Maschine gehorchen und sich Betriebsabläufe durch «wissenschaftliche» Untersuchungen rationalisieren liessen. Später wurden die einzelnen Arbeitsschritte mehr und mehr durch Maschinen übernommen. Die Nutzbarmachung neuer Energiequellen wie Kohle und Erdöl ermöglichten in Kombination mit technischen Erfindungen wie der Dampfmaschine, dem Verbrennungsmotor oder dem Fliessband die Steigerung der Industrieproduktion. Güter konnten nun in Massen hergestellt werden. Bei der Massenproduktion sinken mit zunehmender Stückzahl die Kosten für ein produziertes Gut, da die Fixkosten (Maschinen, Löhne usw.) konstant bleiben.

Die Verbesserung der materiellen Verhältnisse und sinkende Sterberaten ging mit einer explosionsartigen Zunahme der Bevölkerung einher. Viele Menschen zogen vom Land in die Stadt (Landflucht) und fanden in den Fabriken Arbeit. Die technische Innovation führte daneben auch zu einer Intensivierung von Verkehr und Kommunikationswesen. Den Anfang machte die Eisenbahn, die später durch das Auto und Erfindungen der drahtlosen Nachrichtenübermittlung ergänzt wurde. Damit leitete die industrielle Revolution eine umwälzende Veränderung der menschlichen Lebensgewohnheiten und Lebensformen ein: Fast alle Güter werden heute nach industriellen Produktionsverfahren hergestellt.

Just-in-time-Production

Das auf den japanischen Automobilhersteller Toyota zurückgehende Konzept der «**Just-in-time-Production**» versucht zu erreichen, dass Güter so weit wie möglich erst hergestellt und geliefert werden, wenn der Markt nach ihnen verlangt. Das Just-in-time-Modell setzt eine sehr gut organisierte Materialverwaltung und eine exakte Zeitplanung des Produktionsprozesses voraus. Ein weiteres Modell aus Japan ist die «**Lean-Production**» (schlanke Produktion). Sie setzt die Schwerpunkte auf die Vermeidung von Verschwendung, das Arbeiten in Netzwerken und die Übertragung von Verantwortung an Mitarbeiter – ein Gegenentwurf also zu Taylors Bestreben, möglichst wenig Verantwortung an die Arbeitskräfte abzugeben.

Lean-Production

Weiter besteht beim klassischen Modell der Massenproduktion das Problem der fehlenden Flexibilität in der Produktion. Märkte verändern sich. Ein Unternehmen kann beispielsweise durch einen spezialisierten Maschinenpark nicht schnell genug auf diese Veränderungen reagieren. Mit hoch entwickelter und nicht zu stark spezialisierter Technologie, qualifiziertem Personal und einer Produktion, welche in innovative Klein- und Mittelbetriebe gegliedert ist, versucht die «**flexible Spezialisierung**» dieses Problem zu lösen. Ziel dieser Strategie ist die Balance zwischen Spezialisierung einerseits und grösstmöglicher Flexibilität andererseits zu finden. Eine weitere Möglichkeit bietet das «**Outsourcing**», das heisst die Auslagerung von bisher in einem Unternehmen selbst erbrachten Leistungen an externe Auftragnehmer.

Outsourcing

Die Bedeutung der industriellen Produktion ist längst nicht mehr auf ihr Ursprungsland England beschränkt. Sie hat sich im Laufe der letzten zwei Jahrhunderte in mehreren Phasen auf Europa, die USA und Japan ausgebreitet. Nordamerika, Europa und Ostasien haben heute eine so zentrale volkswirtschaftliche Bedeutung, dass man bei ihnen von der **Triade** (Dreizahl, Dreiheit) der Wirtschaft spricht. Weltweit verzeichnen sie die grössten Handels- und Kommunikationsströme untereinander.

Triade der Wirtschaft

Die Europäische Union (EU), die nordamerikanische Freihandelszone (Nafta) und Ostasien wickeln drei Viertel des Welthandelsvolumens ab und konnten ihre Stellung in den letzten zwei Jahrzehnten noch weiter ausbauen.

Abbildung 9.10:
Die Welthandelsströme: interregionale und internationale Handelsströme

Warenströme in Mia. US-Dollar
- 700
- 450
- 100
- 50
- 25
- weniger als 25

Warenexporte in Mia. US-Dollar
- 5000
- 2000
- 1000
- 500
- 300

Anteil des Aussenhandels ...
- innerhalb der Region
- mit anderen Regionen

Nordamerika 2049
GUS[1] 703
Asien/Pazifik 4355
Europa 6456
Lateinamerika 602
Mittlerer Osten 1047
Afrika 561

1. Zwölf Nachfolgestaaten der UdSSR ausser baltische Republiken

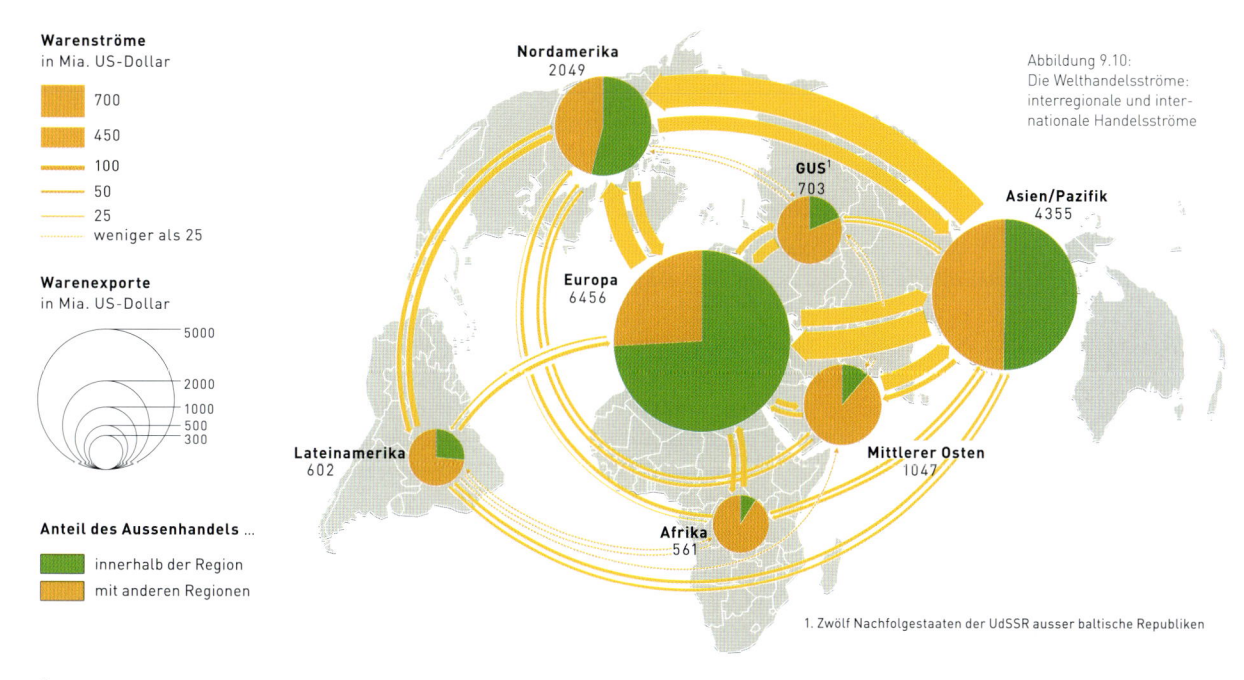

Ökonomische Globalisierung

Die heutige Wirtschaft basiert auf einer gut ausgebauten Verkehrsinfrastruktur, sowohl für materielle Güterflüsse als auch für immaterielle Informationsflüsse. Nur ausgesprochen tiefe Transportkosten und eine starke Vernetzung machen die hohe Material- und Informationsflexibilität möglich. Der Handlungsspielraum von Unternehmen bleibt dabei nicht mehr auf nationale politische Grenzen beschränkt. Der Prozess, in dessen Folge die transnationalen Akteure mit ihren Netzwerken, ihrer Macht und ihren Aktivitäten die Nationalstaaten und deren Souveränität unterlaufen, wird als ökonomische Globalisierung bezeichnet.

Globalisierung

Standortfaktoren

Auch in einer globalisierten Welt, in der politische und kulturelle Grenzen für die Wirtschaft keinen zentralen Einfluss haben, ist die Standortfrage für ein Unternehmen immer noch von Bedeutung. Faktoren, welche die Standortwahl beeinflussen, werden als Standortfaktoren bezeichnet. Man unterscheidet zwischen harten und weichen Standortfaktoren. Harte Standortfaktoren sind quantitativ messbar und kostenwirksam. Sie sind normalerweise von grosser Relevanz für die Standortwahl. Beispiele sind die Flächenverfügbarkeit, die vorhandene Infrastruktur (Verkehr, Energie, Transport, Versorgung und Entsorgung), die Steuern und die Abgaben oder die Verfügbarkeit qualifizierter Arbeitnehmer. Weiche Standortfaktoren hingegen sind subjektiv wahrgenommene Lebensbedingungen. Dazu gehören Einflüsse wie die Umweltqualität, das Bildungsangebot, kulturelle Angebote oder das Image des Standortes.

Standortfaktoren

4. Dienstleistungen (Tertiärsektor)

Handel, Gastgewerbe, Verkehr, Versicherungs- und Bankbranche, Immobiliengewerbe, Informatikdienste, Forschung und Entwicklung, öffentliche Dienstleistungen wie das Unterrichts-, Gesundheits- oder Sozialwesen, aber auch Dienstleistungen privater Haushalte und Abfallbeseitigung werden im Dienstleistungssektor zusammengefasst. Die grosse Heterogenität dieses Sektors führt dazu, dass vermehrt ein vierter Sektor ausgegliedert wird.

Wirtschaft und Raum

Deindustrialisierung

Produktivitätssteigerungen in der Industrie und die Verlagerung der gesamten Produktion oder einzelner Produktionsschritte in Niedriglohnländer führten in der Schweiz seit 1960 zu einer **Deindustrialisierung**. Für die Industrie gingen dadurch viele Arbeitsplätze verloren. Mittlerweile sind über 70% der Erwerbstätigen im dritten Sektor tätig (vgl. Abb. 9.2). Wenn die Anzahl der Arbeitsplätze im ersten und zweiten Sektor vom dritten Sektor übertroffen wird, spricht man von **Tertiarisierung**. Die Industriegesellschaft wird dann zu einer Dienstleistungsgesellschaft.

Räumliche Aspekte des Tertiärsektors

Räumliche Disparitäten

Trotz der Möglichkeit einer flächendeckenden Bedienung aller Regionen durch Telefon-, Mobilfunk- und Kabelnetze bestehen **räumliche Disparitäten** (Ungleichheiten, Verschiedenheiten). Dienstleistungsangebote konzentrieren sich in zentralen Orten, da sie sich nach der Nachfrage richten. In den meisten Fällen sind dies Städte. Damit verbunden ist eine Konzentration des öffentlichen und privaten Personenverkehrs auf die grossen Zentren. Die räumliche Konzentration von Ressourcen (Arbeit, Boden, Kapital) ist ein positiver **Agglomerationseffekt**, also ein Agglomerationsvorteil. Eine zu starke Verdichtung kann unter Umständen jedoch auch zu Agglomerationsnachteilen wie Bodenknappheit oder Umweltverschmutzung führen.

Agglomerationseffekt

Tourismus – bedeutender Bereich des Dienstleistungssektors

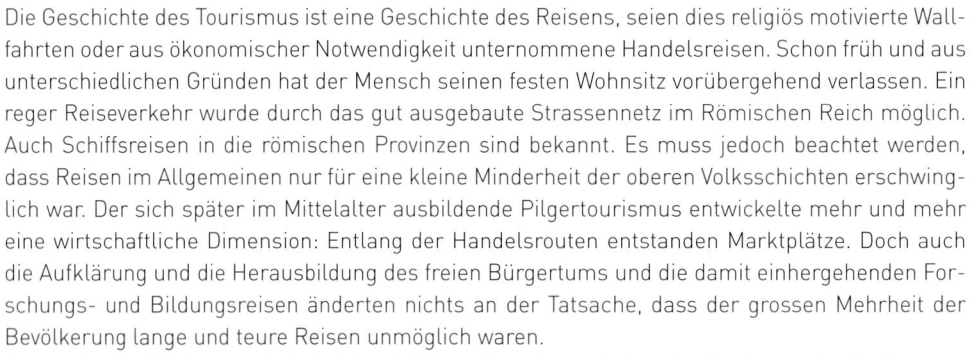

Die Geschichte des Tourismus ist eine Geschichte des Reisens, seien dies religiös motivierte Wallfahrten oder aus ökonomischer Notwendigkeit unternommene Handelsreisen. Schon früh und aus unterschiedlichen Gründen hat der Mensch seinen festen Wohnsitz vorübergehend verlassen. Ein reger Reiseverkehr wurde durch das gut ausgebaute Strassennetz im Römischen Reich möglich. Auch Schiffsreisen in die römischen Provinzen sind bekannt. Es muss jedoch beachtet werden, dass Reisen im Allgemeinen nur für eine kleine Minderheit der oberen Volksschichten erschwinglich war. Der sich später im Mittelalter ausbildende Pilgertourismus entwickelte mehr und mehr eine wirtschaftliche Dimension: Entlang der Handelsrouten entstanden Marktplätze. Doch auch die Aufklärung und die Herausbildung des freien Bürgertums und die damit einhergehenden Forschungs- und Bildungsreisen änderten nichts an der Tatsache, dass der grossen Mehrheit der Bevölkerung lange und teure Reisen unmöglich waren.

Der moderne Tourismus wird wie folgt definiert: Fremdenverkehr oder Tourismus ist die Gesamtheit der Beziehungen und Erscheinungen, die sich aus der Reise und dem Aufenthalt von Personen ergeben, für die der Aufenthaltsort weder hauptsächlicher und dauernder Wohn- noch Arbeitsort ist. Der neuzeitliche Tourismus in Europa nahm seinen Anfang im Alpinismus.

Ausgelöst durch Berichte von Forschern und Dichtern wie Albrecht von Haller und Jean-Jacques Rousseau, gewannen die Alpen für Reisende an Interesse. In Kombination mit einem Ausbau des Eisenbahn- und Strassennetzes und dem Bau von Bergbahnen wurden die Alpen sukzessive für den Sommer- und später für den Wintertourismus erschlossen. Eine Reihe von Faktoren führte mit der fortschreitenden Industrialisierung zur Herausbildung des Massentourismus, wie wir ihn heute kennen.

Abbildung 9.11:
Beginn des modernen Tourismus in den Alpen

Das Bedürfnis nach Erholung, Entspannung und Selbstverwirklichung ausserhalb des Arbeitsplatzes ist sicher nicht neu. Und das breite Spektrum an Wünschen und Absichten, welche die Touristen zu ihrer Reise motivieren, bringt eine Vielzahl an Erscheinungsformen des Tourismus hervor. Doch erst die allgemein gestiegene Lebenserwartung, die Zunahme der Freizeit, der gesetzlich verankerte Urlaubsanspruch und die Wohlstandssteigerung führten dazu, dass Ferienreisen in unserer Gesellschaft zur Selbstverständlichkeit wurden. Diese Entwicklung steht im Zusammenhang mit der allgemeinen Zunahme der Mobilität und der Veränderung des Konsumverhaltens.

Lebenserwartung
eines Einjährigen

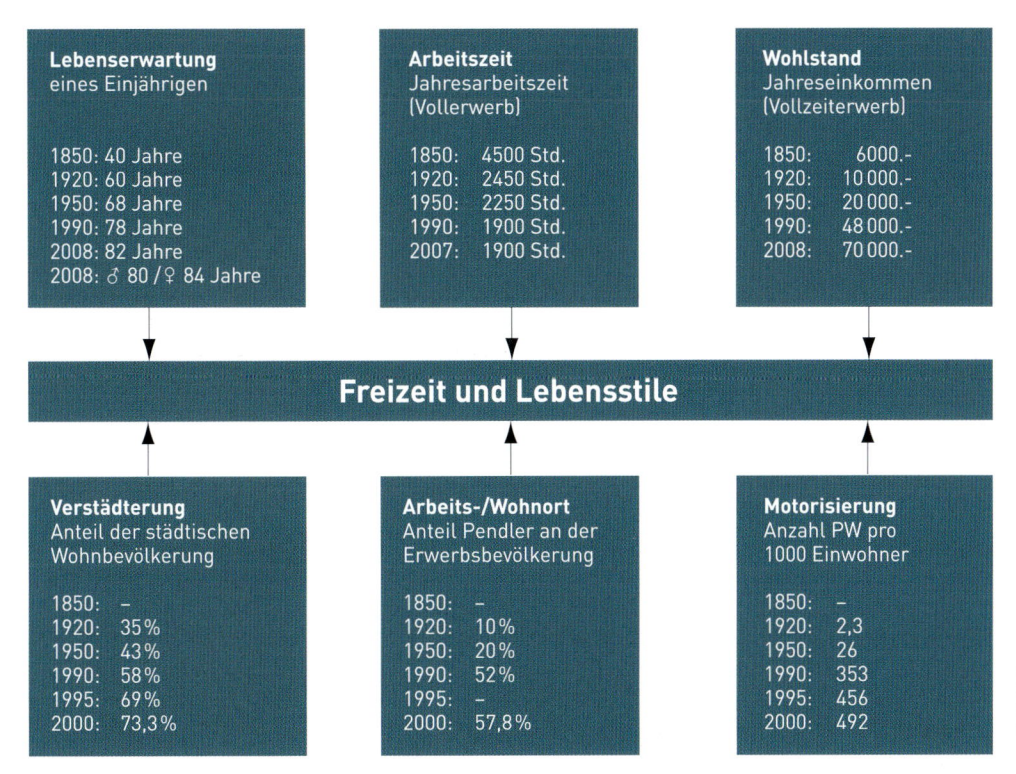

1850: 40 Jahre
1920: 60 Jahre
1950: 68 Jahre
1990: 78 Jahre
2008: 82 Jahre
2008: ♂ 80 / ♀ 84 Jahre

Arbeitszeit
Jahresarbeitszeit
(Vollerwerb)

1850: 4500 Std.
1920: 2450 Std.
1950: 2250 Std.
1990: 1900 Std.
2007: 1900 Std.

Wohlstand
Jahreseinkommen
(Vollzeiterwerb)

1850: 6000.-
1920: 10 000.-
1950: 20 000.-
1990: 48 000.-
2008: 70 000.-

Freizeit und Lebensstile

Verstädterung
Anteil der städtischen
Wohnbevölkerung

1850: –
1920: 35 %
1950: 43 %
1990: 58 %
1995: 69 %
2000: 73,3 %

Arbeits-/Wohnort
Anteil Pendler an der
Erwerbsbevölkerung

1850: –
1920: 10 %
1950: 20 %
1990: 52 %
1995: –
2000: 57,8 %

Motorisierung
Anzahl PW pro
1000 Einwohner

1850: –
1920: 2,3
1950: 26
1990: 353
1995: 456
2000: 492

Abbildung 9.12:
Entwicklung von Freizeitrahmenbedingungen in der Schweiz

Tourismus in den Schweizer Alpen – Fluch oder Segen?
Viele Randregionen der Schweiz haben mit ähnlichen Phänomenen zu kämpfen: fehlende Ausbildungsmöglichkeiten oder ungenügend ausgebaute Infrastruktur. Junge Menschen ziehen in die Städte, wo zahlreiche Ausbildungs- und Freizeitangebote vorhanden sind. Gleichzeitig wächst mit der zunehmenden Verstädterung die Nachfrage nach Erholung in der «intakten Natur». Dort erhofft man sich, dem Alltagsstress entfliehen zu können. Das Marketing der Tourismusanbieter und die Werbung verstärken diese Sehnsüchte zusätzlich. Die Präsenz von Touristen hat jedoch für die Reisedestination Auswirkungen in wirtschaftlichen, ökologischen und gesellschaftlichen Bereichen.

Tourismus und Wirtschaft
Für viele strukturschwache, meist periphere Gebiete stellt der Tourismus die einzige Möglichkeit dar, den Verlust von Arbeitsplätzen und Einkommen im primären Sektor zu kompensieren. Der durch die touristische Nachfrage ausgelöste Bedarf an Gütern oder Dienstleistungen führt zu einem wirtschaftlichen **Multiplikatoreffekt**. Das heisst, die durch den Tourismus ausgelöste Nachfragekette bekommt einen Wert, der weit grösser ist als die ursprünglichen Ausgaben der Reisenden. Beispielsweise bezahlt ein Tourist am Schluss seines Aufenthaltes (direkt) die Hotelrechnung. Indirekt ermöglicht er jedoch verschiedenen Branchen ein Einkommen, die das Hotel in irgendeiner Form beliefern (Getränkehandel, Lebensmittelhandel, Reinigungsfirmen, Baugewerbe usw.), und auch denjenigen, welche die Lieferanten beliefern (Getränkeproduzenten, Lebensmittelproduzenten, Rohstoffförderer usw.). Durch die Schaffung von Arbeitsplätzen werden zusätzliche Einkommen generiert. Dies stoppt die Abwanderung und ermöglicht einen Ausbau der örtlichen Infrastruktur, von der auch die einheimische Bevölkerung profitiert. Der Tourismus hat also eine direkte und eine indirekte Beschäftigungswirkung. Problematisch ist jedoch, dass ein Grossteil der Arbeitsplätze im Tourismus saison- und konjunkturabhängig ist. Politische Ereignisse oder eine schlechte Wirtschaftslage haben unmittelbare Folgen für die jeweilige Region,

Wirtschaft und Raum

nämlich das Ausbleiben der Touristen und damit des Einkommens. Insbesondere etablierte, grosse Reisedestinationen mit einseitiger Wirtschaftsstruktur sind zusätzlich für langfristige Strukturveränderungen anfällig. Nachhaltig Abhilfe schafft eine Diversifizierung des Angebots.

Tourismus und Ökologie

Indem der Tourismus den landwirtschaftlichen Betrieben ein Nebeneinkommen ermöglicht, trägt er indirekt zur Landschaftspflege und zum Naturschutz bei. Dennoch sind die negativen Auswirkungen auf die Umwelt gravierend. Die aufgrund touristischer Nachfrage erstellte Infrastruktur, wie beispielsweise Parkplätze, Hotels, Ferienwohnungen oder Freizeiteinrichtungen, hat einschneidende Folgen für das Ökosystem. Der enorme Bodenverschleiss touristischer Infrastruktur konkurriert mit der bodenerhaltenden Nutzung der Landwirtschaft und den freien Naturflächen. Bezeichnenderweise bilden gerade diese Naturflächen das eigentliche Kapital einer Tourismusregion. Ein Grossteil des Bodenverbrauchs wird durch Ferien- und Zweitwohnungen verursacht, welche zur **Parahotellerie** gerechnet werden. Dazu gehören auch Campingplätze, Jugendherbergen, Gruppenunterkünfte und die Vermietung von Privatzimmern, zum Beispiel in Bauernhöfen. Der Flächenbedarf pro Bett übersteigt für Ferien- und Zweitwohnungen denjenigen eines Hotelbettes um das Fünfeinhalbfache. Die meist nur wenige Wochen im Jahr ausgelasteten Zweitwohnungen müssen, auch wenn sie leer stehen, unterhalten, insbesondere geheizt werden. Ökologische Nachhaltigkeit kann hier durch optimal ausgelastete Betten angestrebt werden.

Weitere ökologische Beeinträchtigungen entstehen durch das Planieren der Skipisten. Der maschinell erzeugte und verdichtete Schnee schmilzt im Frühling später, sodass die Vegetationszeit verkürzt wird. Die Folgen sind eine kürzere Wachstumsperiode und eine Abnahme der Artenvielfalt. Zur Bodenbelastung kommt die Verkehrsbelastung. Um dem hohen Verkehrsaufkommen und der «ungesunden Stadtluft» zu entkommen, fahren Erholungssuchende mit dem Auto in die «Natur» und bringen so den Verkehr und damit Umweltbelastung und Lärm mit. Das eigentliche Kapital – die unberührte Natur – wird dadurch schrittweise abgebaut.

Tourismus und Gesellschaft

Wohl am gegensätzlichsten sind die Konsequenzen des Tourismus im sozialen Bereich in den Entwicklungsländern. Die Konfrontation der einheimischen Bevölkerung mit den Touristen, aber auch mit den Saisonarbeitskräften und Zuzügern aus anderen Regionen oder Kulturen kann einerseits zu einer Verstärkung des Selbstbewusstseins und einem wachsenden Zugehörigkeitsgefühl unter den Einheimischen führen. Andererseits steigt die Fremdbestimmung, und die Eigenart der einheimischen Kultur wird untergraben. Beides kann zu sozialen und politischen Spannungen führen. Ebenso verändert sich die «Atmosphäre» der oft kleinen Dörfer. In der Hochsaison werden alle Angebote aufrechterhalten, während in der Zwischensaison viele Geschäfte geschlossen bleiben und zahlreiche Häuser mit geschlossenen Fensterläden vorzufinden sind.

In Tourismusgebieten entsteht durch den Kontakt zwischen Besuchern und der einheimischen Bevölkerung eine kulturelle Interaktion. Die in der Zielregion aufeinandertreffenden Kulturen sind nur in seltenen Fällen die alltäglichen, eigenen Kulturen. Während die Einheimischen des Zielgebietes eine Dienstleistungskultur annehmen, verhalten sich Touristen auf Reisen nicht wie zu Hause, sondern nehmen eine Ferienkultur an. So verändert beispielsweise die Anonymität beim Reisen das Verhalten.

Nachhaltiger Tourismus

Analog zur nachhaltigen Entwicklung (vgl. dazu S. 333f.) wird der Begriff «umweltverträglicher und sozialverantwortlicher Tourismus» verwendet, oft auch als «sanfter Tourismus» bezeichnet. Die drei oben beschriebenen Nachhaltigkeitsdimensionen – Wirtschaft, Ökologie und Gesellschaft – müssen dabei gleichwertig berücksichtigt werden.

Abbildung 9.13:
Der Tourismus prägt das Dorfbild von Celerina (Kanton Graubünden): Zweitwohnungen mit geschlossenen Fensterläden. Im Hintergrund ein markantes Hotel.

Ein umwelt- und sozialverträglicher Tourismus bildet die Basis für langfristiges Wirtschaftswachstum. Gerade weil Landschaft und Natur das eigentliche Kapital vieler Formen des Tourismus darstellen, ist das Konzept der Nachhaltigkeit so zentral.

Der Travelife Award z.B. ist eine Auszeichnung für Hotels, die Verantwortung für Nachhaltigkeit im Tourismus übernehmen. Rund 100 Kriterien werden bei der Beurteilung eines Hotels unter die Lupe genommen. Eine schonende Nutzung der Ressourcen Energie und Wasser, die Reduktion von Abfällen sowie der Bezug von Waren durch lokale Produzenten sind zentrale Kriterien. Ebenso wichtig sind die faire Behandlung der Mitarbeitenden und der intensive Austausch mit der Bevölkerung. Die Anforderungen an das Hotel nehmen vom Travelife-Bronze- über den Silber- bis zum Gold-Award stetig zu.

5. Energie

Keiner der drei Wirtschaftssektoren kommt ohne Energie aus. Der Energieverbrauch hat eine noch nie da gewesene Grösse erreicht. Die verbrauchte Energie nahm in den letzten 200 Jahren um 2% pro Jahr zu, was einer durchschnittlichen Verdoppelung des Energieverbrauchs alle 30 Jahre entspricht. Gründe dafür sind einerseits die wachsende Weltbevölkerung, andererseits der zunehmende Wohlstand und ein damit verbundener Anstieg des Konsums von energieaufwendigen Gütern.

Energieformen

Die Natur bietet verschiedene Energieformen. So können beispielsweise die Gezeiten oder die Sonne zur Energieproduktion genutzt werden. **Primärenergie** umfasst alle der Natur entnommenen Energieressourcen. Die gängigste Einteilung trennt diese in erneuerbare und nicht erneuerbare Energieformen. Zu den erneuerbaren Energieformen (auch regenerierbare oder nichterschöpfliche Energieformen genannt) werden diverse Formen der Bioenergie, der Geothermie, der Solarenergie, der Wasserkraft und der Windenergie gezählt. Nicht erneuerbare Energierohstoffe sind Kohle, Erdöl und Erdgas, aber auch Kernenergie. Die Bezeichnung «nicht erneuerbar» bezieht sich dabei auf menschliche Zeitmassstäbe. Erneuerbare Energiequellen werden genutzt, nicht erneuerbare Energiequellen werden verbraucht. Die Primärenergie kann nur in seltenen

Primärenergie

Wirtschaft und Raum

Sekundärenergie

Nutzenergie

Fällen direkt genutzt werden. In den meisten Fällen muss sie umgewandelt werden. Nach der Umwandlung spricht man von **Sekundärenergie**. Elektrischer Strom beispielsweise ist eine Sekundärenergie, da er aus der Umwandlung von Primärenergien wie Wasserkraft oder Windenergie hervorgeht. Durch Transport und Verteilung wird erneut ein Teil der Energie gebraucht. Es bleibt die vom Verbraucher bezogene Endenergie – das Heizöl im Tank oder der Strom aus der Steckdose. Infolge von Umwandlungsverlusten entfällt auch hier wieder ein Teil der Energie. Die tatsächlich für eine bestimmte Energiedienstleistung zur Verfügung stehende Energie nennt man **Nutzenergie**. Bei der konventionellen Glühbirne beispielsweise beträgt die Nutzenergie lediglich 5% der Endenergie, 95% der aus der Steckdose kommenden Energie wird in Wärmenergie umgewandelt und nur 5% in Licht, der eigentlich erwünschten **Energiedienstleistung**. Nur ein Bruchteil der ursprünglich ins Energiesystem eingespiesenen Energie dient am Ende der effektiven Nutzung (Abb. 9.14). Dieses Verhältnis – die genutzte Energie gemessen an der total eingeführten Energie – wird als Energieeffizienz bezeichnet.

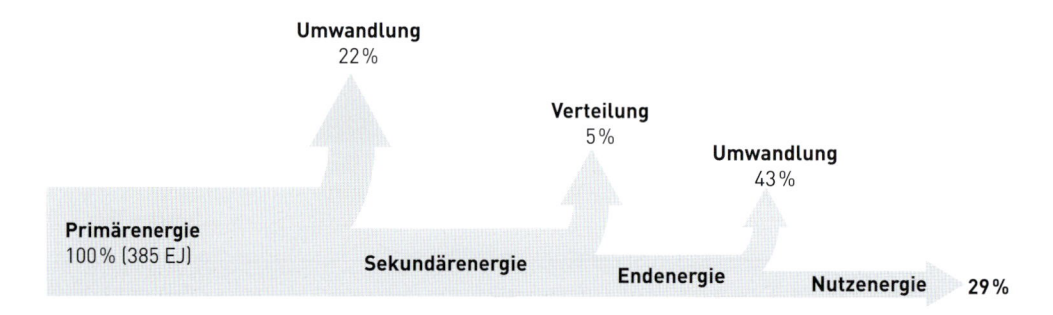

Energieeffizienz

Abbildung 9.14:
Globaler Energiefluss:
von der Primärenergie zur Energiedienstleistung

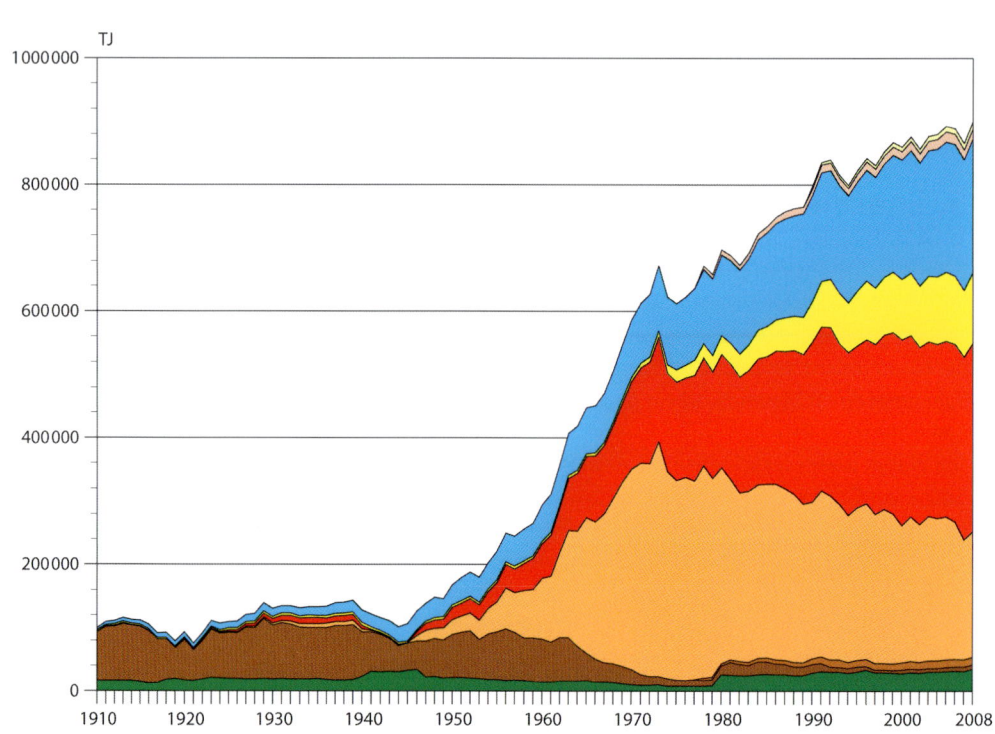

Abbildung 9.15:
Energieverbrauch der Schweiz nach Energieträgern

Energieverbrauch in der Schweiz

Abbildung 9.15 zeigt die Entwicklung des Gesamtenergieverbrauchs in der Schweiz. Die Verhältnisse stehen jedoch auch exemplarisch für die Mehrheit der industrialisierten Staaten. Erstens wurde die Kohle als **Hauptenergieträger** zwischen 1950 und 1960 vom Erdöl abgelöst. Zweitens ist seit den 1950er-Jahren ein sprunghafter Anstieg des Energieverbrauches zu beobachten. Dies gilt insbesondere für fossile Energieträger. Rund 80% der in der Schweiz verbrauchten Energie wird importiert, vor allem in Form von Erdöl und Erdgas. Der starke Anstieg des Energieverbrauches hängt mit der Zunahme der Mobilität – hauptsächlich im Bereich des Privat- und Flugverkehrs – und dem stark gestiegenen Heizbedarf zusammen. In der Folge stiegen dementsprechend die Schadstoffemissionen und die Abfallmenge stark an. Ereignisse wie die Ölkrise im Jahre 1973 vermochten den Erdölverbrauch nur vorübergehend zu verringern. Auch technische Fortschritte, welche eine erhöhte Energieeffizienz mit sich brachten, wurden durch vermehrte Nutzung und Konsum nach kurzer Zeit überkompensiert (**Rebound-Effekt**). Abbildung 9.16 zeigt die Verhältnisse zur Bereitstellung und zum Verbrauch von Energie in der Schweiz auf. Die von Kraftwerken (hauptsächlich Wasser- und Kernkraftwerke) umgewandelte Primärenergie wird als Sekundärenergie transportiert und als Endenergie an unterschiedliche Nachfrager (Haushalte, Industrie usw.) im In- und Ausland geliefert.

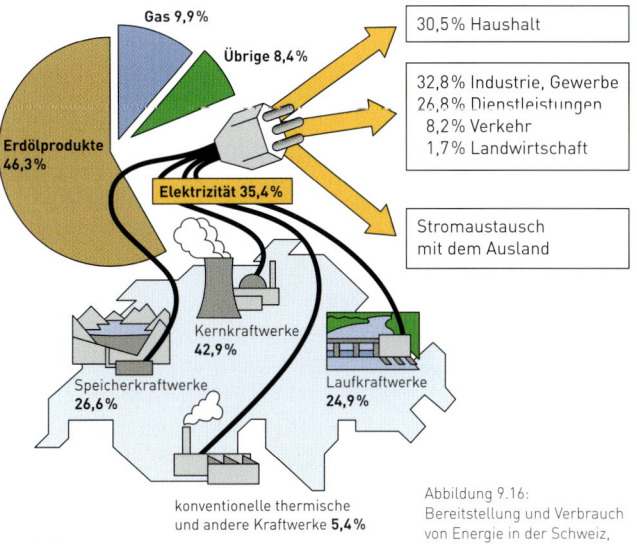

Abbildung 9.16: Bereitstellung und Verbrauch von Energie in der Schweiz, 2008

Schweizerische Energiepolitik

Die neusten Energieperspektiven zeigen, dass der Energieverbrauch der Schweiz vor allem im Elektrizitätsbereich, bei den Treibstoffen sowie bei den industriellen Prozessen weiter ansteigen wird. Deshalb wurde im Jahr 2001 das Programm **«EnergieSchweiz»** lanciert, welches drei Ziele verfolgt:

EnergieSchweiz

- Klima: Senkung der CO_2-Emissionen bis 2010 um 10% (gegenüber dem Stand von 1990) gemäss CO_2-Gesetzgebung.
- Elektrizität: Beschränkung des Mehrkonsums von Elektrizität auf maximal 5% gegenüber dem Jahr 2000.
- Erneuerbare Energien: Erhöhung des Anteils der erneuerbaren Energien in der Strom- und Wärmeproduktion.

Die Schweiz hat sich mit der Ratifizierung des Kyoto-Protokolls verpflichtet, das CO_2-Emissionsziel zu erreichen. Dazu werden Massnahmen ergriffen wie beispielsweise eine CO_2-Lenkungsabgabe auf fossile Brennstoffe. Die Einnahmen fliessen in den Emissionshandel und in Klimaschutzprojekte.

Fossile Energieträger

Die heute genutzten fossilen Energieträger Erdöl, Erdgas, Kohle, Ölsande und Ölschiefer sind Gemische von Kohlenwasserstoffen, die sich durch geologische Umwandlungsprozesse aus abgestorbenem, organischem Material gebildet haben. Solche Umwandlungsprozesse dauern mehrere

Wirtschaft und Raum

Millionen Jahre. In den für uns Menschen relevanten Zeiträumen können keine neuen fossilen Energieträger mehr entstehen. Deshalb werden die fossilen Energiereserven als nicht erneuerbare Energien bezeichnet. Brennstoffe dienen zur Gewinnung von Wärme, während Treibstoffe für den Antrieb von Motoren, Triebwerken usw. verwendet werden. Die mengenmässig wichtigsten fossilen Energieträger sind Erdöl und Kohle. Vier Haupteigenschaften zeichnen Erdöl als Energieträger aus: Es ist energetisch, strategisch, verschmutzend und knapp. Energetisch, da es im Vergleich zu anderen Energieträgern einen hohen **Heizwert** (das Mass für die nutzbare Energie, bezogen auf die Masse) hat und billig ist. Seine strategische Bedeutung liegt in seiner grossen Wichtigkeit für industrialisierte Volkswirtschaften (und deren Abhängigkeit von diesem Energieträger). Verschmutzend, da durch seine Verbrennung grosse Mengen an Kohlendioxid (CO_2) freigesetzt werden. Auch wird in vielen Fällen bei der Förderung darüberliegendes Erdgas verbrannt, um an das Erdöl heranzukommen, was zusätzlich CO_2 erzeugt. Zudem verursachen Unfälle und Lecks bei der Förderung (Ölplattformen) und beim Transport von Erdöl in Pipelines oder Öltankern immer wieder ökologische Katastrophen. Über die Begrenztheit von Erdöl besteht kein Zweifel, konkrete Prognosen sind jedoch ausgesprochen schwer. Experten rechnen damit, dass das Fördermaximum beim Erdöl (**Peak Oil**) zwischen 2010 und 2030 erreicht sein wird. Von diesem Zeitpunkt an wird Erdöl knapper und teurer, da die Erdölnachfrage grösser sein wird als die Erdölfördermenge. Bei gleichbleibendem Verbrauch wären unter diesen Voraussetzungen die wirtschaftlich erschliessbaren Erdölreserven in rund 40 Jahren erschöpft (Erdgas 70 Jahre, Kohle 200 Jahre).

Die Kohlereserven sind zwar bedeutend grösser als die Reserven von Erdöl und Erdgas, doch Kohle weist einen tieferen Heizwert auf, verursacht mehr schädliche Abgase und Schmutzpartikel als Erdöl und bringt, wenn es im Tagebau gewonnen wird, erhebliche Veränderungen der Landschaft mit sich.

Kernenergie

Weltweit werden etwa 17% der gesamten Elektrizität von rund 440 Kernkraftwerken produziert. In der Schweiz machen 5 Kernkraftwerke (Beznau I und II, Mühleberg, Gösgen und Leibstadt) ca. 40% der Stromproduktion aus.

Kernkraftwerke sind in der Lage, sehr viel Strom an einem Ort herzustellen. Die Produktion kann jedoch kurzfristig schlecht reguliert werden, weshalb Kernkraftwerke rund um die Uhr etwa gleich viel Strom, sogenannte **Bandenergie** (auch **Grundlast** genannt) produzieren. Im Gegensatz dazu spricht man von **Spitzenenergie** (**Spitzenlast**), wenn ein Kraftwerk für die im Tagesablauf kurzfristig auftretende Stromnachfrage produziert. In der Schweiz übernehmen die Speicherkraftwerke diese Funktion.

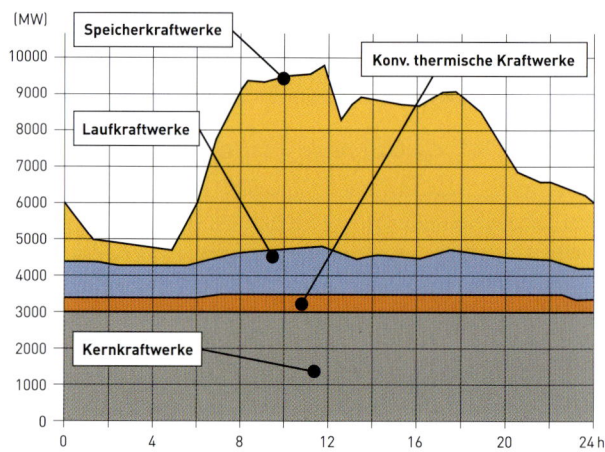

Peak Oil

Bandenenergie

Spitzenenergie

Abbildung 9.17, links: Kernkraftwerk Gösgen-Däniken im Kanton Solothurn

Abbildung 9.18, rechts: Stromproduktion im Tagesverlauf

Trotz Vorteilen birgt auch die Kernenergie Gefahren und gewichtige Nachteile: Während bei Normalbetrieb nur sehr kleine Mengen radioaktiven Materials aus dem Kernreaktor entweichen, kann das Versagen der Notkühlung zu einer Kernschmelze und im Extremfall zum Entweichen grosser Mengen radioaktiven Materials führen. Im Falle einer unkontrollierten Ausbreitung von radioaktivem Material spricht man von einem Super-GAU (grösster anzunehmender Unfall). Die freigesetzte Strahlung führt bei Lebewesen zu einer strahleninduzierten Mutation des Erbmaterials. Das Problem der Endlagerung der Spaltprodukte ist nicht gelöst. Die ausgebrannten Brennstäbe bleiben radioaktiv und müssen – sofern nicht wiederaufbereitbar – endgelagert werden. Sie sollen so entsorgt werden, dass der dauernde Schutz von Mensch und Umwelt gewährleistet ist. Die Einlagerung in geologische Gesteinsschichten ist diesbezüglich nach heutigem Kenntnisstand die sicherste Lösung. Das Kernenergiegesetz der Schweiz schreibt deshalb als Entsorgungsweg die geologische Tiefenlagerung vor. Die Nationale Genossenschaft für die Lagerung radioaktiver Abfälle (Nagra) hat die Aufgabe, geeignete Standorte für mögliche Endlager zu ermitteln. Vorläufig werden die Abfälle in Würenlingen (AG) zwischengelagert oder exportiert.

Abbildung 9.19, oben links: Funktionsweise eines Hochdruck- oder Speicherkraftwerks

Hydroenergie

Die Wasserkraft ist die bedeutendste erneuerbare Energieform für die Schweiz. Sie macht 52% der inländischen Stromproduktion aus. In der Schweiz finden sich drei Kraftwerktypen:

Speicherkraftwerke wandeln die Lageenergie des Wassers in Bewegungsenergie um und treiben damit eine Turbine an, die über einen Generator Strom produziert. Das Wasser erzeugt einen hohen Druck auf die Turbine, man spricht deshalb auch von **Hochdruckkraftwerken**. Die grösseren Niederschlagsmengen und die Schneeschmelze füllen den Speichersee im Sommer und ermög-

Abbildung 9.20, oben rechts: Kraftwerk Grande Dixence (Kanton Wallis)

Abbildung 9.21, unten links: Funktionsweise eines Pumpspeicherkraftwerks

Abbildung 9.22, unten rechts: Funktionsweise eines Niederdruck- oder Laufkraftwerks

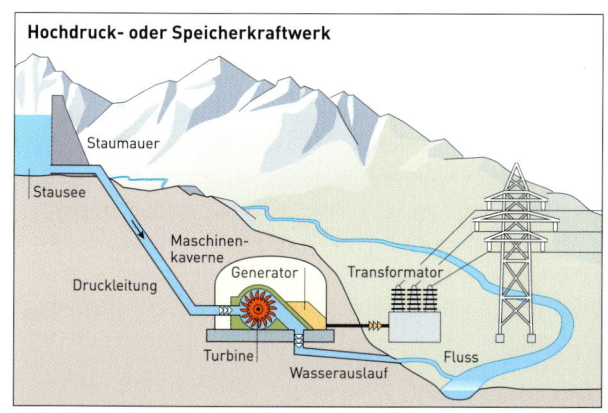

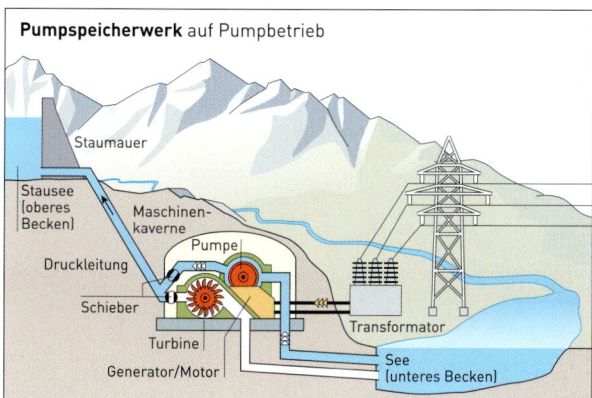

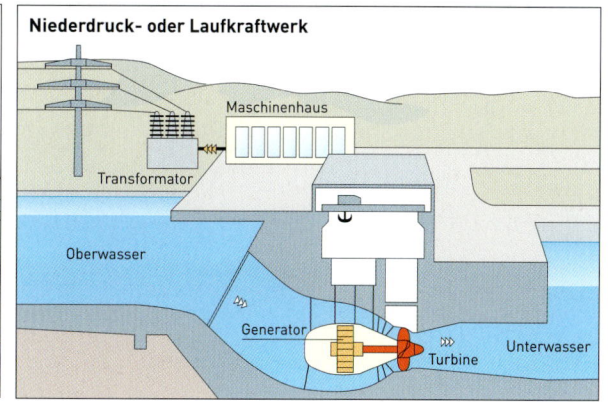

Wirtschaft und Raum

9

lichen im Winter – wenn der Stromverbrauch am höchsten ist – eine zeitlich versetzte Stromproduktion. Da Speicherkraftwerke sehr schnell an- und abgeschaltet werden können, werden sie hauptsächlich über Mittag und am Abend eingesetzt. Eine spezielle Form von Speicherkraftwerken bilden die **Pumpspeicherkraftwerke**. Tagsüber wird Spitzenenergie produziert. Nachts und an Wochenenden, wenn die Stromnachfrage geringer ist und damit die Strompreise tiefer sind, wird aus einem Reservoir Wasser ins obere Staubecken gepumpt. Damit wird am nächsten Tag wieder teurer Strom produziert. Der Pumpvorgang benötigt zwar ca. 30% mehr Energie, als mit dem gepumpten Wasser schliesslich wieder erzeugt werden kann, dennoch ist diese Methode für das Elektrizitätswerk infolge des billigen Nacht- und Wochenendstroms finanziell rentabel.

Mit viel Wasser, aber wenig Druck, dem Staudruck, erzeugen **Niederdruck**- oder **Laufkraftwerke** Strom. Sie stauen den Fluss um einige Meter und nutzen die Energie des ständig fliessenden Wassers. Je nach Wasserführung des Flusses variiert die Stromproduktion.

Weitere alternative Energieformen

Sollen eine Gesellschaft und ihre Wirtschaft nachhaltig wachsen, müssen sie den Verbrauch nicht erneuerbarer Energien reduzieren und vermehrt erneuerbare Energieformen nutzen. Ökonomisch betrachtet, ist davon auszugehen, dass dieser Wechsel durch einen Preismechanismus gesteuert wird. Eine Verknappung fossiler Brennstoffe wird unweigerlich zum Ansteigen der Preise führen, was zu einer abnehmenden Nachfrage und zur Verlagerung auf andere – jedoch nicht gezwungenermassen erneuerbare – Ressourcen führt. Alternative Energien sind kurzfristig als Ergänzung und erst längerfristig als Ersatz für fossile Energieträger zu betrachten. Dabei gibt es mehrere Möglichkeiten:

– Die Sonne als direkte Energiequelle nutzen: Die der Erde durch Sonneneinstrahlung zugeführte Energie pro Jahr ist zehntausendmal grösser als der globale jährliche Primärenergieverbrauch. Doch bestehen die technischen und wirtschaftlichen Mittel noch nicht, diese Energiequelle systematisch anstelle fossiler Energien zu nutzen. Für mittlere und kleine Einheiten wie Wohnhäuser oder einzelne Fabrikgebäude hingegen liefert die Sonnenenergie bis zur Hälfte des Energieverbrauchs. Bei den thermischen **Sonnenkollektoren** wird das Sonnenlicht von einer schwarzen Fläche absorbiert und in Wärmeenergie umgewandelt. Wasser oder Luft transportiert diese Wärme an den gewünschten Ort im Gebäude (z. B. den Boiler). Es ist auch möglich, die Sonnenstrahlen im Brennpunkt eines Parabolspiegels oder -bandes zu bündeln und die dort konzentrierte Energie zu nutzen (**Sonnenwärmekraftwerk**). Eine andere Funktionsweise besitzen die **fotovoltaischen Zellen** (Solarzellen, Solarpanels). In der Solarzelle wandelt Sili-

Pumpspeicherkraftwerke

Niederdruck- oder Laufkraftwerke

Die Sonne als Energiequelle

Abbildung 9.23, links: Mont Soleil (Kanton Bern): grösstes Fotovoltaik-Kraftwerk der Schweiz

Abbildung 9.24, rechts: Windfarm in Palm Springs, Kalifornien

Energie

zium das ankommende Licht in elektrischen Strom um. Die elektrische Energie kann dann in einer Batterie gespeichert werden.
- Die Sonne als indirekte Energiequelle nutzen: **Windenergie** und **Thermikkraftwerke** nutzen die mechanische Energie des Windes zur Erzeugung von elektrischem Strom. Windfarmen sind jedoch auf entsprechende klimatische Bedingungen angewiesen. Die grössten Windfarmen der Welt stehen in Kalifornien.
- Ähnlich wie Windenergiekraftwerke funktionieren Kraftwerke, welche die mechanische Energie des Wassers nutzen. Als Beispiel sind **Gezeitenkraftwerke**, **Meeresströmungskraftwerke** oder **Wellenkraftwerke** zu nennen, die zurzeit aber noch wenig effizient und teuer sind.
- Die Erde als Energiequelle nutzen: Erdwärme (**Geothermie**) entsteht durch radioaktive Zerfallsprozesse im Innern der Erde. Diese Wärme steigt mit zunehmender Tiefe und kann sowohl für Kraftwerksanlagen als auch für einzelne Gebäude auf verschiedene Weise genutzt werden.
- **Biomasse** als Energiequelle nutzen: Die durch die Fotosynthese in Pflanzen, Bioabfällen oder Exkrementen gespeicherte Energie kann durch Verbrennung oder Gärung zu Brenn- oder Treibstoff umgewandelt werden.

Windenergie

Gezeitenkraftwerke

Geothermie

Biogas

Auch die regenerierbaren Energieformen weisen Nachteile auf, zum Beispiel hohe Herstellungskosten, tiefer Wirkungsgrad, eventuell verwendete Schwermetalle in der Infrastruktur oder starke Eingriffe in die Landschaft.

Literaturhinweise
ARNDT O., 2006: Malediven – Geographie eines Inselstaates. Lit-Verlag, Hamburg.
BARSCH H., 1996: Naturressourcen der Erde und ihre Nutzung. Justus Perthes Verlag, Gotha.
BAUER J. et al., 2004: Wirtschaftsgeographie. Schroedel, Braunschweig.
BECK U., 1997: Was ist Globalisierung? Suhrkamp, Frankfurt am Main.
BIEGER T., 2010: Tourismuslehre – ein Grundriss. Haupt, Bern.
BRUNETTI A., 2010 Volkswirtschaftslehre. Lehrmittel für die Sekundarstufe II und die Weiterbildung. hep verlag, Bern.
BUNDESAMT FÜR LANDWIRTSCHAFT (BFL), 2004: Die Schweizer Agrarpolitik. Ziele, Instrumente, Perspektiven. BFL, Bern.
BUNDESAMT FÜR STATISTIK (BFS), 2001: Bodennutzung im Wandel. Arealstatistik Schweiz. BFS, Neuenburg.
EISENHUT P., 1998: Aktuelle Volkswirtschaftslehre. Rüegger, Chur.
ERZNER F., 2002: Innovationsraum Ruhrgebiet. Cornelsen, Berlin.
GRESH A. et al., 2006: Atlas der Globalisierung. Die neuen Daten und Fakten zur Lage der Welt. Le Monde diplomatique, Berlin.
MUNDT J. W., 1998: Einführung in den Tourismus. Oldenbourg, München.
MÜLLER H., 2008: Freizeit und Tourismus. Eine Einführung in Theorie und Politik. Forschungsinstitut für Freizeit und Tourismus der Universität Bern, Bern.

9

Exkurs: Die Betriebsgemeinschaft 3000 in Allmendingen bei Bern

Allmendingen bei Bern ist ein kleines Dorf im Aaretal in unmittelbarer Nähe der Stadt Bern mit 11 Bauernhöfen (seit 2002 sind 3 Bauernhöfe aufgegeben worden). Einer dieser Landwirtschaftsbetriebe nennt sich BG 3000.

Betriebsspiegel BG 3000 im Jahre 2008

Arbeitskräfte	Herr und Frau Hänni, Frau Winzenried, Lehrling
Höhe über Meer	580 m ü. M.
Gebäude	1 Berner Bauernhaus, Maschineneinstellraum, 1 Herrschaftsbauernhaus mit angebauter Scheune, Garagen
Landwirtschaftliche Nutzfläche	34,8 ha, davon 3,2 ha Pachtland, 10,8 ha Wald
Bodennutzung	4,82 ha ökologische Ausgleichsfläche 7,29 ha Kunstwiese 3,32 ha Naturwiese 5,54 ha Weizen 4,36 ha Mais 1,75 ha Zuckerrüben 3,60 ha Kartoffeln 2,20 ha Hafer 1,52 ha Raps
Tierhaltung	Rasse: Fleckvieh Bestand: 35 Milchkühe, 16 Stück Aufzuchtvieh, 12 Kälber Milchkontingent: 181 708 kg pro Jahr
Maschinenpark	3 Traktoren, Dreischarpflug, Kreiselegge, Sähmaschine, Düngerstreuer, Pflanzenschutzspritze, Kreiselheuer, Strohpresse, 2 Ladewagen, Kartoffelvollernter, Maishäcksler, Heugebläse, Heubelüfter, Absaugmelkmaschine
Produktion	Fleisch, Kartoffeln, Getreide, Zuckerrüben, Raps, Mais
Produziert nach	Integrierter Produktion (IP) (vgl. auch S. 211)

Entstehung der BG 3000

Anfang der 1990er-Jahre zeichneten sich Strukturreformen in der Landwirtschaft schweizweit und weltweit ab. Das veranlasste Herrn Wüthrich, eine Stelle ausserhalb der Landwirtschaft anzutreten und seinen Hof mit einem Angestellten weiterzuführen. Dadurch wurde eine gedankliche Weiterentwicklung sowohl bei Herrn Wüthrich als auch bei Herrn Hänni (einem Nachbarn von Herrn Wüthrich) in Gang gesetzt. Gleichzeitig wurde die Gesetzgebung den neuen Bedürfnissen der Landwirtschaft angepasst.

Das führte zur Zusammenlegung der Betriebe Wüthrich/Winzenried und Hänni. Am 1. Januar 1996 wurde aus den Betrieben Wüthrich/Winzenried (Fläche 20,2 ha, Milchkontingent 87 266 kg, Zuckerrübenkontingent 50 t und Inventar, d. h. Tiere und Maschinen) und Hänni (Fläche 14,6 ha, davon 4,2 ha Pachtland, Milchkontingent 59 442 kg und Inventar) die Betriebsgemeinschaft 3000 (BG 3000) gegründet. Die oben

Bauernhaus des Betriebes Hänni in Allmendingen bei Bern

Betrieb Wüthrich/Winzenried

genannten Partner gründeten eine einfache Gesellschaft im Sinne von Art. 530f. OR. Die Gesellschaft bezweckt die gemeinsame Bewirtschaftung der Landwirtschaftsbetriebe der beiden Partner samt Inventar und dazugehörigem Pachtland. Ziel der BG 3000 ist es, ohne grosse zusätzliche Investitionen die bestehende Infrastruktur optimal zu nutzen. Das führte bei der Tierhaltung zur folgenden Lösung: Die Milchgewinnung wurde im Hof der Familie Hänni konzentriert, während Galtkühe, Aufzuchtvieh und Kälber im Hof der Familie Wüthrich/Winzenried gehalten werden.

BG 3000 Betriebsrechnung 2008

Aufwand (in Franken)

Aufwand Pflanzenbau	40 852
Aufwand Tierhaltung	68 686
Arbeitsleistung durch Dritte	25 234
Übriger Betriebsaufwand	77 711
Personalkosten	19 444
Schuld- und Pachtzinse	21 788
Abschreibungen	19 405
Total Fremdkosten	273 120

Ertrag

Ertrag Pflanzenbau	84 968
Ertrag Tierhaltung	191 774
Ertrag Lohnarbeiten und Gerätevermietung	13 215

Öffentliche Beiträge

Allgemeine Direktzahlungen	57 589
Ökologischer Ausgleich	13 681
Regelmässiger Auslauf ins Freie (Tiere)	6 210
Gemeindebeiträge	2 323
Total Einnahmen	**369 760**
Landwirtschaftliche Einkommen BG 3000	**96 640**
Total Produkteerträge	89 958
Total Fremdkosten	73 123
Betriebsgewinn ohne Direktzahlungen	**16 835**

Aus dieser Betriebsrechnung wird ersichtlich, dass die BG 3000 ihre landwirtschaftlichen Produkte knapp kostendeckend produzieren kann (Differenz Aufwand und Ertrag 16 835 Franken). Unter der Rubrik «Öffentliche Beiträge» werden die verschiedenen Direktzahlungen geführt. Dank dieser Beiträge wird in der Betriebsrechnung ein positives landwirtschaftliches Einkommen von 96 640 Franken erzielt. Die Gebäude sind nach wie vor privater Besitz der Partner und nicht Bestandteil der BG 3000. Die Gebäudekosten werden von den Besitzern getragen.

Zukunft BG 3000

Die Zukunft der BG 3000 wird stark von der zukünftigen Landwirtschaftspolitik geprägt werden. Direktzahlungen, die von den öffentlichen Finanzen abhängen, und die zunehmende Öffnung des Marktes, die zu einer Anpassung des landwirtschaftlichen Preisniveaus an den Weltmarkt führen dürfte, werden die Zukunft bestimmen. Freihandelsabkommen zwischen der Schweiz und der EU und die Liberalisierung des Welthandels (WTO-Verhandlungen) könnten einschneidende Auswirkungen auf die schweizerische Landwirtschaft haben. In diesem Zusammenhang geht der Bundesrat davon aus, dass der Preis für die schweizerische Landwirtschaft sehr hoch wäre. Gemäss Berechnungen des Bundesamtes für Landwirtschaft wäre rund ein Drittel der Betriebe durch einen WTO-Abschluss gefährdet.

Exkurs: Die Betriebsgemeinschaft 3000 in Allmendingen bei Bern

9

Exkurs: Ruhrgebiet

Das Ruhrgebiet war das bedeutendste Industriegebiet Deutschlands. Es liegt in einem Wirtschaftskorridor zwischen England und Oberitalien, welcher als «Blaue Banane» bezeichnet wird. Ein Grossteil der Verkehrsströme Europas – sowohl von Personen als auch von Gütern und Informationen – konzentriert sich auf diesen Industrie- und Dienstleistungsgrossraum. Elf Grossstädte, darunter Dortmund, Bochum, Essen und Duisburg, liegen auf engstem Raum so nahe beieinander, dass ein polyzentrisches Städtesystem entstanden ist.

Die zentrale Bedeutung des Ruhrgebietes ist verknüpft mit der Geschichte der Industrialisierung. Noch um 1850 war das Ruhrgebiet eine ländliche Gegend. Zu dieser Zeit hatten sich in umliegenden Gebieten schon kleinere Industrie- und Wirtschaftszentren gebildet. Diese benötigten Brennmaterial, welches die dezimierten Wälder auf die Dauer nicht mehr liefern konnten. Die im Ruhrtal bisher in bescheidenem Rahmen abgebaute Steinkohle wurde zum hochwertigen Energielieferanten für die neu entstehenden Industriebetriebe. Sie eignete sich ausgezeichnet für Verhüttungs- und Schmiedeprozesse. Die Schiffbarmachung der Ruhr vereinfachte den Transport, sodass diese zeitweise zum meistbefahrenen Fluss Deutschlands wurde. Das Gebiet zog viele Menschen an, welche in den Zechen – den Bergwerken – Arbeit fanden. Der Bergbau blühte auf, es entstanden verschiedene Technologien zur Eisenerzerzeugung, und die Bevölkerung stieg explosionsartig an. Das Ruhrgebiet war ein wichtiger Rohstofflieferant für die Industrialisierung Deutschlands und wuchs zum grössten industriellen Ballungszentrum Europas an. Die vorhandenen Kohleressourcen, qualifizierte Bergwerksarbeiter, gut ausgebaute Transportwege und Infrastruktur waren lange Zeit wichtige Standortvorteile des Ruhrgebietes.

Die schwindende Nachfrage nach Kohle infolge des Bedeutungsgewinns von Erdöl führte ab 1957 zur sogenannten Kohlekrise im Ruhrgebiet. Der hohe Energiebedarf wird nun hauptsächlich aus dem Ausland befriedigt. Auch die Bedeutung des zweiten wichtigen Rohstoffes aus dem Ruhrgebiet, des Eisenerzes, fällt der Stahlkrise und dem ab 1974 einsetzenden Strukturwandel zum Opfer. Viele Länder der Dritten Welt stellten ihre eigenen Stahlprodukte her und verdrängten zudem in Deutschland selbst die teuren einheimischen Stahlprodukte. Ebenso ersetzten andere Materialien wie Kunststoffe, Keramik und Aluminium den Stahl als Rohstoff. In der Folge waren viele Betriebe zur Schliessung gezwungen. Abwanderung und Arbeitslosigkeit stellen für die Region noch heute gravierende Probleme dar. Die strukturellen Veränderungen führten zu einer Neuorientierung der regionalen Wirtschaft: Die verlorenen Arbeitsplätze können teilweise durch neue Industrien wie Fahrzeugbau, Biotechnologie- und Hightechunternehmen oder durch Dienstleistungsfirmen ersetzt werden. Es findet ein Wechsel vom sekundären zum tertiären Sektor statt. Einkaufszentren, Bildungs- und Forschungseinrichtungen, Freizeitparks oder Messegelände prägen neben dem industriellen Vermächtnis das neue Erscheinungsbild des Ruhrgebietes. Auch in Zukunft wird sich das Ruhrgebiet weiteren Strukturveränderungen stellen müssen.

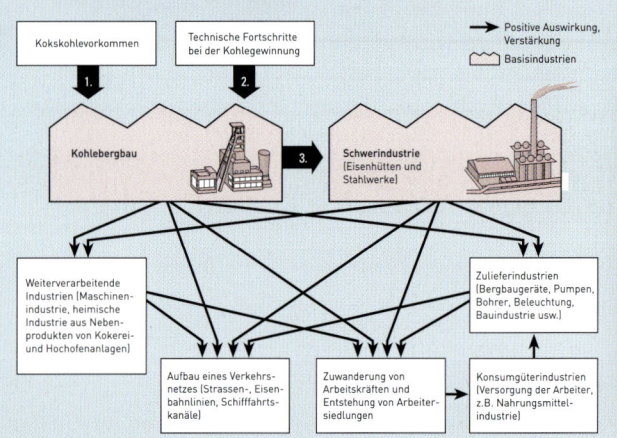

Faktoren und Auswirkungen des industriellen Aufschwungs des Ruhrgebiets im 19. Jahrhundert

Das Bergwerk Prosper-Haniel in Bottrop ist eine der letzten Anlagen im Ruhrgebiet, die heute noch in Betrieb sind.

Exkurs: Malediven und Massentourismus

Traumstrände, Kokospalmen und wunderschöne Korallenriffe, so präsentieren sich die Malediven in den Ferienkatalogen. Malediven – das sind 1192 Inseln, jede maximal 2 m ü. M., gruppiert in 26 Atollen auf dem maledivischen Rücken. Motive, die entsprechend viele Touristen anziehen. Obwohl viele Touristeninseln durch die Tsunami-Flutkatastrophe im Jahr 2005 beschädigt wurden, machen jährlich über 600 000 Reisende auf den Malediven Ferien. Einzigartige Korallenriffe, welche sich in den letzten 15 000 Jahren gebildet haben, bieten eine unvergleichliche Unterwasserwelt. Das feucht-tropische, ozeanische Klima garantiert eine Sonnenscheindauer von 2700 Stunden im Jahr (Schweizer Mittelland: 1600 Stunden). Die Einnahmen aus dem Tourismussektor leisten heute den grössten Beitrag an das Bruttoinlandprodukt. 600 000 Touristen jährlich stehen knapp 300 000 Einheimischen gegenüber. Diese Situation bringt neben Chancen auch Probleme für das Land. Aus Gründen der Wahrung der kulturellen Eigenheit stehen 220 Inseln nur der einheimischen Bevölkerung und lediglich 87 der touristischen Nutzung zur Verfügung. Mit dem Reiseboom auf den Malediven wurde die Zahl der Touristeninseln allerdings schrittweise erhöht. Einheimische haben nur als Personal Zugang zu diesen Inseln, Touristen zu Einheimischen-Inseln nur im Rahmen geführter Touren. Armut, Unterernährung und Drogenprobleme – die Malediven gehören zu den ärmsten Ländern der Welt – stehen einer konstruierten Traumwelt mit einigen der weltweit besten Hotels gegenüber. Die auf den Touristeninseln erarbeitete Wertschöpfung wird in den meisten Fällen von ausländischen Investoren abgeführt, die Arbeitsplätze im Tourismus durch ausländische Fachkräfte besetzt.

Die zahlreichen Touristen fordern ein hohes Niveau an materiellen Ressourcen: Das Süsswasser wird meist durch Meerwasserentsalzung gewonnen, die elektrische Energie wird durch Dieselgeneratoren erzeugt und produziert enorme Mengen an Abgasen und Lärm. Nahrungsmittel müssen fast zu 100% importiert, d.h. eingeflogen werden. Der Abfall wird auf einer separaten Abfallinsel (Thilafushi) gesammelt, verbrannt oder vergraben oder auch systematisch im Meer entsorgt. Ins Meer geleitete Abwässer, der Abbau von Korallensteinen für den Hausbau und die Hochwasserschutzdämme sowie die durch den warmen Meeresstrom El Niño ausgelöste Korallenbleiche beeinträchtigen die fragile Umwelt der Malediven und gefährden damit auch das touristische Kapital.

Abgestorbene Korallen – Folgen der Gewässerverschmutzung

Die Insel Thudufushi

10
Stadt und Verkehr
Hans-Rudolf Egli

Siedlungen und Verkehrswege sind die von Menschen am stärksten geprägten Landschaftselemente, ihre Entwicklung ist eng miteinander verknüpft. Zum besseren Verständnis sind die beiden Elemente jedoch getrennt beschrieben, wobei dieses Kapitel nur die städtischen Siedlungen enthält, die ländlichen Siedlungen sind im Kapitel zur Raumplanung dargestellt, da sie heute vor allem im Rahmen der Regionalentwicklung analysiert und gefördert werden. Für die Städte werden die Entwicklungsfaktoren der einzelnen Siedlung und der Siedlungssysteme erklärt, beim Verkehr wird zwischen den Land-, Wasser- und Luftverkehrswegen und -mitteln unterschieden. Die rasante technische Entwicklung und die Globalisierung sind gleichzeitig Ursache und Folge der zunehmenden Bedeutung von miteinander verbundenen Siedlungs- und Verkehrssystemen.

10

1. Stadt

Städte sind die vielfältigsten Raumgefüge, die Menschen geschaffen haben. Der Begriff «Stadt» wird sowohl umgangssprachlich als auch wissenschaftlich verwendet. «Wir gehen in die Stadt» bedeutet in der Umgangssprache meistens, dass wir die Innenstadt besuchen, oder wer «bei der Stadt arbeitet» hat seinen Arbeitsplatz in der Stadtverwaltung. Auch wissenschaftlich lässt sich «die Stadt» weder im Rahmen der Stadtgeografie noch anderer Fachdisziplinen und erst recht nicht international oder global eindeutig definieren. Die regionalen Unterschiede sind gross und die Übergänge zwischen städtischen und ländlichen Siedlungen vielerorts fliessend. Allerdings können wir Städte nach vier verschieden Gesichtspunkten beschreiben, nämlich nach historischen, statistischen, nach formalen und nach funktionalen Merkmalen.

Abbildung 10.1:
Im Luftbild von Solothurn ist der mittelalterliche Stadtkern beidseits der Aare noch deutlich zu erkennen.

Stadtbegriffe

Historischer Stadtbegriff

Historisch ist eine Stadt durch Sonderrechte gegenüber der Landschaft definiert. Die Bürger einer Stadt genossen gegenüber der Landbevölkerung besondere Rechte, wie das geflügelte Wort «Stadtluft macht frei» bezeugt. So wurde z. B. die Leibeigenschaft in den Städten schon früh aufgehoben. Die wichtigsten Sonderrechte der Städte waren das Markt- und das Befestigungsrecht. Zudem wurden Stadtrechtsurkunden von Königen oder anderen Feudalherren verfasst, die den Städten gegenüber lokalen Grundherren Unabhängigkeit sowie den Bürgern Rechte zusicherten. Weitere Merkmale der alten Städte sind die geschlossene Bauweise, der geplante und deshalb regelmässige Stadtgrundriss, die Konzentration von Gewerbe und Handel und die günstige Verkehrslage. Die Einwohnerzahl spielt beim historischen Stadtbegriff keine Rolle; es gab Städte mit weniger als 100 Einwohnern.

Die meisten historischen Städte in Mitteleuropa wurden im 13. oder 14. Jahrhundert gegründet (siehe Abb. 10.10). In vielen Städten ist die räumliche Stadtanlage aus der Gründungszeit auch heute noch im Stadtplan ersichtlich.

Wirtschaftsstruktur
Markt, Gewerbe, Handel

W

Sozialstruktur
Handwerker, Kaufleute,
Geistlichkeit, Patriziat

S

V

Verkehrslage
Land- und Wasserstrassen,
Brücken, Rastort, Umschlagplatz

Politische Vitalität
Ort der politischen Institutionen

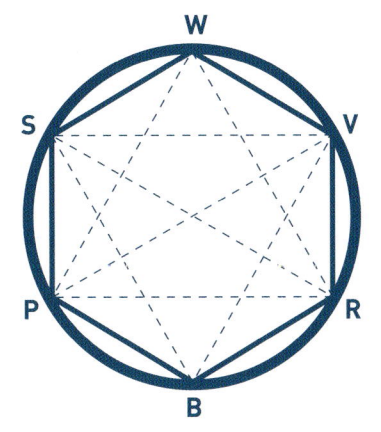

P

R

Rechtspersönlichkeit
Kommunalverfassung, Organe,
Rechtskreis

B

Bauliche Gestalt
Stadtplan, Gassennetz,
öffentliche Gebäude, Stadtbefestigung

Abbildung 10.2:
Die sechs Merkmalsbereiche der historischen Stadt: In vielen Städten waren nicht alle Merkmale ausgeprägt, wichtig war das Zusammenspiel der verschiedenen Bereiche.

Statistischer Stadtbegriff

In der schweizerischen Statistik wird eine Gemeinde mit 10 000 oder mehr Einwohnern als Stadt bezeichnet. In Deutschland liegt die Grenze bei 2000 Einwohnern, in Japan bei 50 000. Dabei wird angenommen, dass ab einer bestimmten Einwohnerzahl auch die entsprechenden zentralen Einrichtungen sowie Industrie- und Dienstleistungsbetriebe vorhanden sind. Das muss aber nicht unbedingt so sein: Insbesondere Vororte grosser Städte zählen häufig viele Einwohner, sind aber weitgehend auf die Kernstadt ausgerichtet.

Formaler Stadtbegriff

Formal zeichnen sich Städte durch eine hohe Gebäude- und Strassendichte sowie eine grosse Flächenausdehnung aus. Grund- und Aufrissgestalt prägen sowohl historische als auch moderne Städte in starkem Masse. Viele Städte sind durch ihre einmalige Silhouette und durch ihre Grundrissgestalt eindeutig zu erkennen. Beide Merkmale sind Ausdruck vielfältiger Stadtgeschichten.

Funktionaler Stadtbegriff

Da in der Stadt nicht nur Güter und Dienstleistungen für die eigene Bevölkerung, sondern auch für das Umland angeboten werden, kann sie auch über ihre funktionale Bedeutung definiert werden. Man bezeichnet dies als Zentralität der Stadt, wobei zwischen wirtschaftlichen, sozialen, kulturellen und politischen Funktionen einer Stadt zu unterscheiden ist. Es gibt Städte, die in allen Funktionen von grosser Bedeutung sind, und andere, die beispielsweise nur Regierungs- und Verwaltungsstadt, Industriestadt, Bildungs- und Kulturstadt oder Finanzplatz sind.

Merkmale der Stadt

Keiner dieser vier Stadtbegriffe genügt jedoch, um die ausserordentliche Vielfalt und Komplexität der heutigen Städte eindeutig zu definieren. Man versucht deshalb, die Städte aufgrund ausgewählter Merkmale zu beschreiben, und grenzt sie damit gegenüber nicht städtischen Siedlungen ab. Diese Merkmale sind:

Typisierungs-kriterien Städtebau-epoche	Grundriss	Siedlungs-mittelpunkt	Verkehrswege	Wohnungen und Arbeitsstätten	Sonstige Bestim-mungsmerkmale
Mittelalter 10.–15. Jahr-hundert	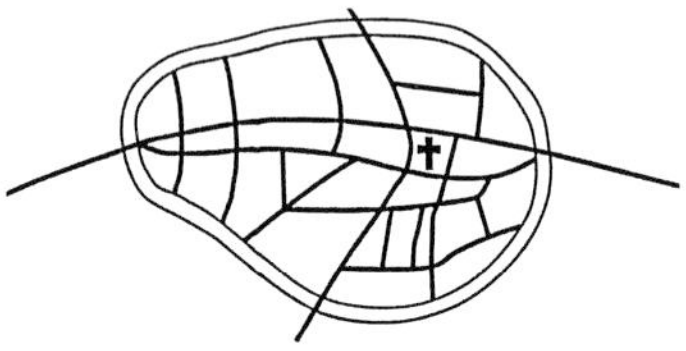	Pfarrkirche, Marktplatz, Rathaus	Handelsstrassen für Fuhrwerke Gassen für Trag-tiere oder Karren	Wohnung und Arbeitsplatz unter einem Dach	Mauer und Graben
Absolutismus, Barock 16.–18. Jahr-hundert		Schloss	Alleen für Pferde-kutschen	Wohnung und Arbeitsplatz auf einem Grundstück Manufakturen	Festungsanlagen Schlosspark
Kapitalismus 19. Jahrhundert	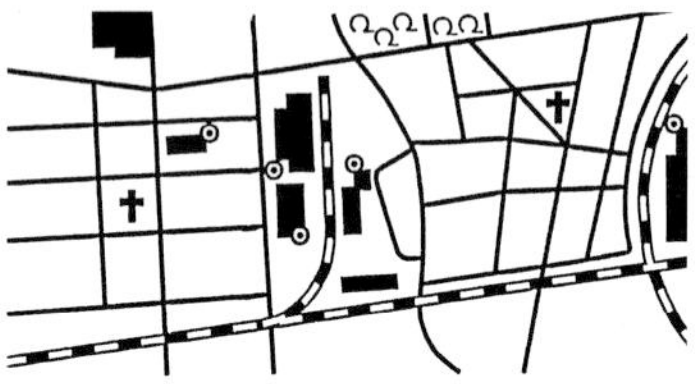	Fabrik (Gründerzeit ab 1871)	Eisenbahn (ab 1830)	Fabriken (mit Schornsteinen) und Mietskasernen innerhalb eines Strassenblocks, Villengebiete, Blockbebauung	Enge räumliche Verflechtung von Verkehrswegen, Wohnungen und Fabriken Stadtpark
20. Jahrhundert	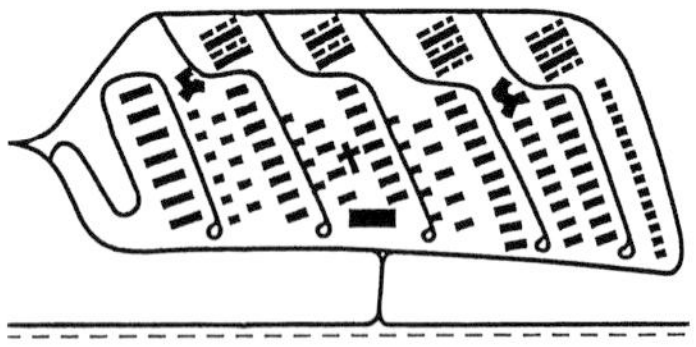	Einkaufszentrum	Gestuftes Strassennetz: Wohnstrassen und Schnellstrassen für Automobile	Wohnungen und Arbeitsstätten räumlich klar getrennt (Pendler-verkehr)	Nachbarschaften Grünflächen im Wohngebiet

Abbildung 10.3: Stadtgrundrisse und Städtebauperioden (Quelle: Paesler, 2008)

- grössere Siedlung, zum Beispiel nach der Einwohnerzahl,
- kompakter Siedlungskörper (geschlossene Bauweise, überwiegend mehrgeschossige Häuser, vor allem im Stadtkern),
- hohe Bevölkerungs- und Arbeitsplatzdichte,
- deutliche funktionale innere Gliederung: Geschäftszentrum, Wohnquartiere, Industrieareale, Verkehrsareale u. a.,
- differenzierte sozialräumliche Gliederung,
- die Erwerbstätigen arbeiten fast ausschliesslich im zweiten und dritten Sektor (Gewerbe, Industrie und Dienstleistungen),
- viele in der Stadt Beschäftigte wohnen im Umland und pendeln täglich in die Stadt zur Arbeit,
- die Versorgungs- und Dienstleistungsfunktion der Stadt reicht weit über das Stadtgebiet hinaus,
- starke Umweltbelastung (u. a. durch Heizungen, Industrie und Verkehr), wodurch die Lebens-qualität vielfach eingeschränkt ist.

Zusammenfassend kann festgehalten werden, dass es trotz der unendlichen Vielfalt der Städte grundlegende Merkmale gibt, die sie weltweit von ländlichen Siedlungen unterscheiden.

Viertelbildung und innere Gliederung

Ein wichtiges Merkmal der meisten Städte ist ihre innere Differenzierung; auch die sehr geschlossen wirkenden mittelalterlichen Städte waren bereits in Quartiere aufgeteilt. Es handelte sich dabei um politisch-administrative Einheiten, in denen die wehrfähigen Männer im Falle von kriegerischen Ereignissen je für die Verteidigung eines Viertels der Stadtmauer verantwortlich waren. Deshalb musste auch die Bevölkerung nach Vierteln registriert werden. Daraus wurde der Begriff **«Quartier»** als Stadtteil abgeleitet. Der Viertelbegriff geht allerdings schon auf die Antike zurück und erscheint erstmals in der ägyptischen Hieroglyphe für «Stadt», die entweder als Kreuz in einem Kreis oder in einem Rechteck dargestellt ist und die Gliederung der Stadt in vier Teile symbolisiert.

Abbildung 10.4:
Ägyptisches Symbol für «Stadt»
(Quelle: Lichtenberger, 2002)

Funktionale Stadtgliederung

Die Flächen- und Gebäudenutzung zählt zu den wichtigsten Merkmalen der inneren Differenzierung von Städten. Stadtgliederungen nach den jeweils vorherrschenden Nutzungen wie Wohnen, Gewerbe, Industrie, Geschäftsviertel, Parkanlagen, Verkehrsflächen usw. werden als funktionale Stadtgliederung bezeichnet.

Die Nutzungsart hängt einerseits eng mit der Stadtentwicklung zusammen, andererseits ist sie stark von der Erreichbarkeit der Standorte abhängig. So sind beispielsweise in der Nähe der Güterbahnhöfe die Industrie und um die Hauptbahnhöfe herum die Geschäftsviertel angesiedelt, während sich die Wohnquartiere vorwiegend in den Aussenquartieren befinden.

Flächen- und Gebäudenutzung

Im **Bodenrentenmodell** wird der Zusammenhang zwischen der besten Erreichbarkeit im Stadtzentrum und der Höhe der Bodenpreise und -mieten grafisch dargestellt. Da Firmen und Haushalte unterschiedlich auf eine gute Erreichbarkeit angewiesen sind, trifft man nur diejenigen im Stadtzentrum an, die die höchsten Bodenpreise oder Mieten bezahlen können. Dies führt zu einer ringförmigen Anordnung der Nutzungen: Im Zentrum finden wir den Einzelhandel, dann folgen gegen aussen die kommerzielle Büronutzung und die Wohnnutzung, gefolgt von der Industrie und der Landwirtschaft.

Bodenpreis

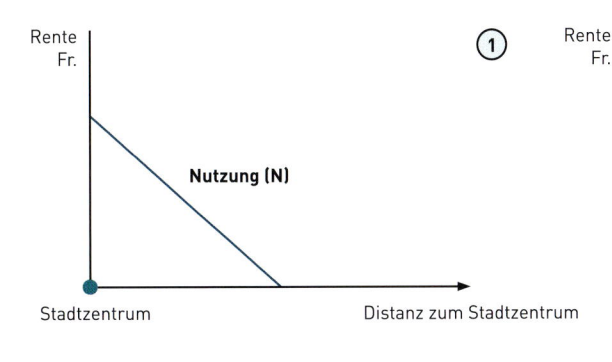

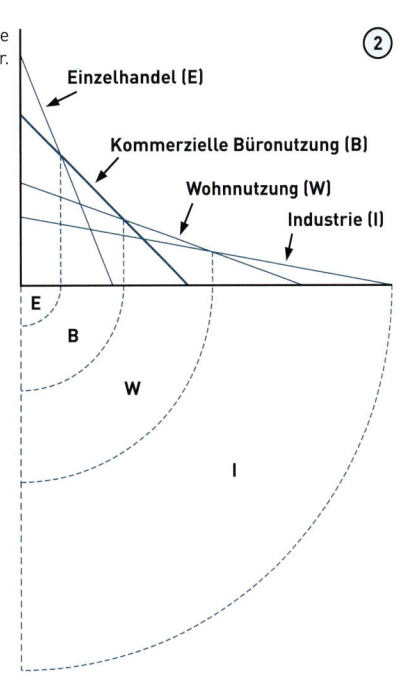

Abbildung 10.5:
Bodenrentenmodell

Stadt und Verkehr

10

Abbildung 10.6:
Bodenpreiskarte Genf
in Franken

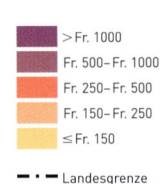

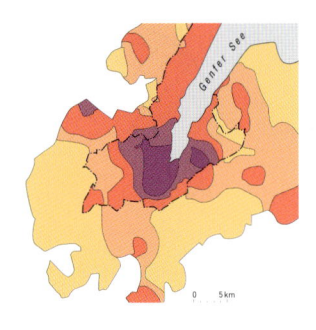

- ■ >Fr. 1000
- ■ Fr. 500–Fr. 1000
- ■ Fr. 250–Fr. 500
- ■ Fr. 150–Fr. 250
- ■ ≤Fr. 150
- – · – Landesgrenze

Aus der Bodenpreiskarte von Genf wird deutlich, dass die Bodenpreise sehr stark vom Zentrum gegen den Stadtrand hin abnehmen. Es gibt aber auch Quartierzentren mit höheren Preisen, wo sich um wichtige Plätze Nebengeschäftszentren entwickelt haben. Kleinräumige Nutzungsunterschiede können bei einem Stadtrundgang sehr gut beobachtet werden: Die teuren Geschäfte mit Luxusgütern sind auf eine einzige oder auf einige wenige Strassen konzentriert, das Geschäftszentrum liegt in der Regel in unmittelbarer Nähe des Hauptbahnhofs, insbesondere wenn dort auch alle Bus- und Tramlinien zusammenlaufen. Meistens sind bereits wenige Strassenzüge vom Zentrum entfernt nur noch kleine Geschäfte, Büros und Praxen zu finden, in den oberen Geschossen der Gebäude häufig auch Wohnungen. Die räumliche Trennung der Grunddaseinsfunktionen «wohnen», «arbeiten», «sich versorgen», «sich bilden» und «sich erholen» führt zu hoher Verkehrsbelastung.

Sozialräumliche Stadtgliederung

Segregation

Die sehr unterschiedlichen Wohnlagen und Erreichbarkeiten innerhalb einer Stadt haben auch eine sozialräumliche Gliederung zur Folge. Das Ausmass der ungleichen Verteilung der Bevölkerungsgruppen wird Segregation genannt, wobei zwischen drei Formen unterschieden wird: der sozialen, der demografischen und der ethnischen Segregation.

Zählungen und Beobachtungen zeigen, dass die **sozialen Gruppen** in vielen Städten räumlich konzentriert in Sektoren vom Zentrum gegen den Stadtrand hin wohnen. Die Arbeiterwohnquartiere liegen oft in der Nähe der Industriezonen, und diese befinden sich wiederum entlang der Eisenbahnlinien. Entlang der lärmbelasteten Einfallsstrassen sind die Wohnungsmieten tiefer, was zur Folge hat, dass sie mehrheitlich von finanziell schwächeren Bevölkerungsschichten bewohnt werden. Umgekehrt meiden die wohlhabenderen Schichten die Industrie- und Arbeiterwohnsektoren und siedeln sich in den dazwischenliegenden Quartieren an.

Abbildung 10.7:
Segregationsarten und Raummuster

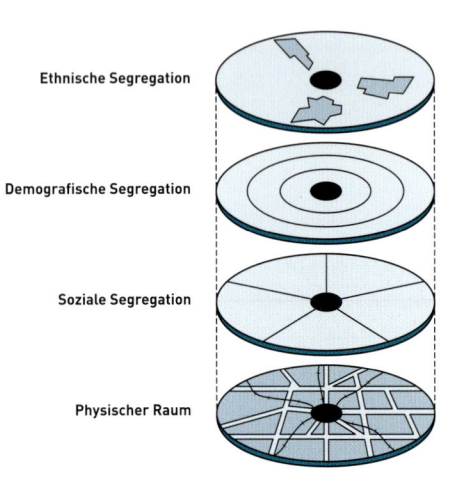

Ethnische Segregation

Demografische Segregation

Soziale Segregation

Physischer Raum

Die **demografische Segregation**, d.h. die Entmischung nach Altersgruppen, erfolgt eher ringförmig um das Stadtzentrum herum und hängt vor allem vom Wohnungsangebot und vom unmittelbaren Wohnumfeld ab. Im Zentrum wohnen vorwiegend jüngere Leute in Ein- oder Zweipersonenhaushalten, in den traditionellen Stadtquartieren zunehmend ältere Menschen. Familien mit Kindern ziehen wenn möglich an den Stadtrand oder in die Umlandgemeinden. Die räumliche Entmischung von **ethnischen Gruppen**, die sich oft auch sprachlich oder konfessionell von der ursprünglichen Stadtbevölkerung unterscheiden, weist häufig ein Mehrkernemuster auf. Die Ursache liegt unter anderem darin, dass einwandernde Menschen in die Nähe von Verwandten oder Bekannten ziehen und dass eigene Dienstleistungszentren mit Schulen und Kirchen aufgebaut und eigene Geschäfte gegründet werden.

In den europäischen Städten wird mit politischen, rechtlichen und finanziellen Massnahmen versucht, der sozialen, demografischen und ethnischen Segregation entgegenzuwirken.

Wahrnehmungsräume städtischer Strukturen

Individuelle Wahrnehmung

Jeder Mensch nimmt die räumliche Umwelt subjektiv wahr und bewegt sich unterschiedlich im Raum. Daraus entstehen für jeden Menschen eigene Raumbilder. Diese hängen einerseits von den persönlichen Bedürfnissen und Bedeutungen ab. So kennen zum Beispiel Kinder das eigene Wohnquartier, die Schulumgebung und das Gebiet entlang des Schulweges besonders gut,

Erwerbstätige dagegen nehmen den Wohn- und den Arbeitsort, den Arbeitsweg sowie die Einkaufs- und Freizeitorte intensiv wahr. Andererseits hängen die **Wahrnehmungsräume** aber auch von den finanziellen Möglichkeiten und der Mobilität ab. Wer sich keine teuren Güter leisten kann, kennt wahrscheinlich die Strassen mit den Luxusgeschäften nicht, und wer über kein Auto verfügt, kennt vorwiegend die zu Fuss, mit dem Fahrrad oder mit öffentlichen Verkehrsmitteln erreichbaren Standorte und Quartiere. Einzelne randständige Gruppen halten sich allerdings auch in der Nähe der Luxusgeschäfte auf.

Stadtgründung – Stadterweiterung – Stadterneuerung – Stadtverfall

Neben der Gründung einer Stadt sind die Erweiterung, der Umbau und der Verfall wichtige Prozesse der Stadtentwicklung. Die drei Teilprozesse sind einerseits abhängig von der wirtschaftlichen und soziodemografischen Entwicklung, andererseits von den technischen Möglichkeiten und der bestehenden Bausubstanz, die der Erneuerung und dem Verfall mehr oder weniger Widerstand entgegensetzt. Stadterweiterung, Stadtverfall und Stadterneuerung sind drei Prozesse, die eng miteinander verbunden sind. Die grossflächige Erweiterung einer Stadt hat vielfach gleichzeitig die Vernachlässigung der älteren Quartiere zur Folge. Wenn die Stadterweiterung nicht mehr möglich oder nicht mehr erwünscht ist, aber weiterhin Bedarf nach neuen Gebäuden und Infrastruktureinrichtungen besteht, findet die Entwicklung nach innen und damit eine Erneuerung statt.

Teilprozesse der Stadtentwicklung

Stadtgründungen und Gründungsstädte

Seit der Antike werden neue Städte aus politischen, gesellschaftlichen, wirtschaftlichen oder kulturellen Gründen geplant und gebaut. In der Grundrissform, in den Gebäuden und in der räumlichen Organisation der Funktionen steckt vielfach eine hohe Symbolik, die noch heute im Stadtbild abgelesen werden kann und bei uns Erstaunen und Bewunderung hervorzurufen vermag.

Die römischen Städte ihrerseits haben ihren Ursprung in der griechischen Polis. Im 5. Jahrhundert v. Chr. hatte Hippodamos die Stadt Milet mit einem regelmässigen Rastergrundriss und der Zuweisung von Handel, öffentlichen Gebäuden und religiösen Einrichtungen zu bestimmten Bereichen geplant. Die Stadt war von einer Mauer umgeben. Eine Vielzahl von Städten des Römischen Reiches wurden bis ins 4. Jahrhundert n. Chr. mit einem orthogonalen Grundriss erbaut, wie in Aventicum/Avenches mit einer von Nordost nach Südwest verlaufenden Hauptachse, dem Cardo maximus, und einer von Nordwest nach Südost verlaufenden Hauptachse, dem Decumanus maximus.

Antike Städte

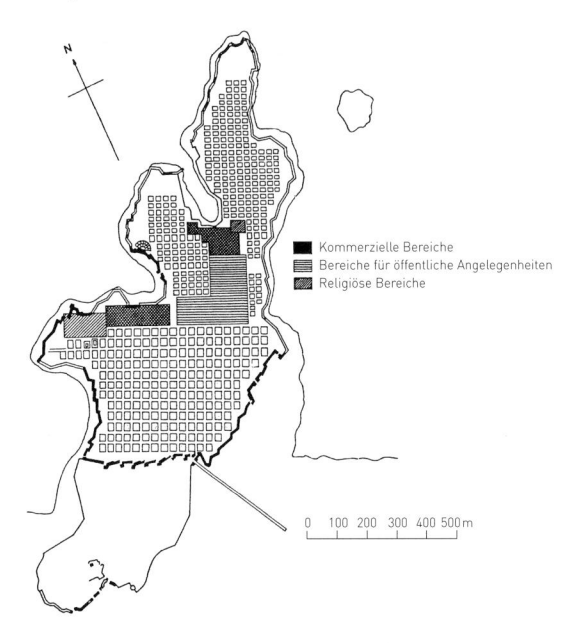

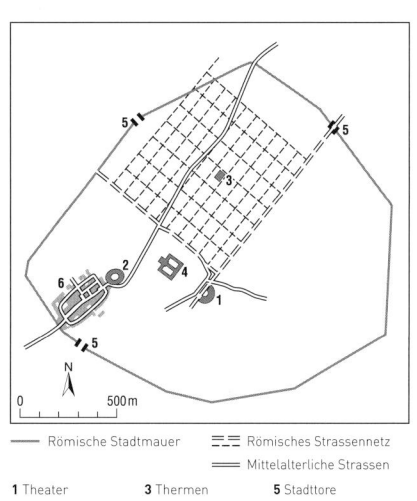

Abbildung 10.8, links: Plan von Milet aus dem 5. Jahrhundert v. Chr. (Quelle: Lichtenberger, 2002)

Abbildung 10.9, rechts: Grundriss der römischen Stadt Aventicum (geometrisches Strassenraster) und der mittelalterlichen Stadt Avenches.

Stadt und Verkehr

10

Mittelalterliche Stadtgründungsphase

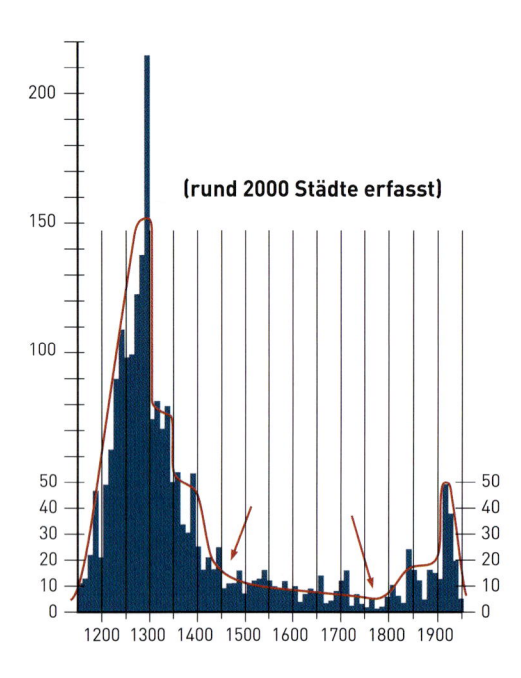

(rund 2000 Städte erfasst)

Abbildung 10.10: Stadtgründungsphasen in Mitteleuropa

Das Mittelalter ist in Europa eine eigentliche **Stadtgründungsperiode**. Die Neubildung der europäischen Stadt vollzog sich auf der Grundlage des Feudalsystems: Aus dem Zusammenschluss von politisch-herrschaftlicher Funktion und der Marktfunktion entstanden vom 12. bis ins 14. Jahrhundert die meisten der heute noch existierenden historischen Städte. Sie wurden in Anlehnung an eine bestehende Burg, unabhängig bestehender Siedlungskerne oder durch die Verleihung des Stadtrechts an eine ländliche Siedlung gegründet. Die meisten Planstädte weisen ein orthogonales Strassennetz, häufig mit einem oder mehreren zentralen Plätzen auf, an denen die Kirchenbauten dominierten.

Sehr wichtig für die Menschen und das Gewerbe in der Stadt waren die Wasserversorgung und die Abwasserentsorgung. Die Städte wurden in geschützter Lage – auf einem Hügel, in einer Flussschleife oder in einer Flussgabelung – und oft in der Nähe von wichtigen Verkehrswegen gebaut.

Seit dem 16. Jahrhundert wurden **Festungsstädte** mit idealen Grundrissen und grossflächigen Bastionen gebaut. Noch weitgehend erhaltene Festungsstädte sind zum Beispiel Neuf-Brisach (1699) im Elsass, Palmanova (1593) in Oberitalien und Naarden (1675) in den Niederlanden.

Mit dem neuen politischen System des Absolutismus, mit dem die Fürsten und Könige in Europa die Macht des Staates verstärkten und zentralisierten, wurden im 17. und 18. Jahrhundert neue **Residenzstädte** als Manifestation der politischen und militärischen Zentralmacht gegründet. Im Zentrum stand nun die Residenz, das Schloss. Beispiele solcher Stadtgründungen sind Karlsruhe (1715), Versailles in Frankreich (Königsschloss ab 1661) und Sankt-Petersburg in Russland (1703). In der Schweiz wurden seit dem 17. Jahrhundert viele Städte mit Festungsanlagen ergänzt, es wurden jedoch keine neuen Städte gegründet.

Abbildung 10.11, links: Die mittelalterliche Gründungsstadt Liestal (Kanton Basel-Land) (Quelle: Atlas der Schweiz, 1970)

Abbildung 10.12, rechts: Luftbild der Festungsstadt Palmanova, gegründet 1593

- Altstadt, heutige Gebäude auf Arealen, die schon um 1500 überbaut waren
- Heutige Gebäude ausserhalb der Altstadt
- Kirche
- Gärten, Äcker, Wiesen
- Wichtigere öffentl. Gebäude
- Parkanlagen, Obstbäume

Stadt

Als Reaktion auf das chaotische Wachstum vieler Industriestädte, das vielerorts zu katastrophalen Wohnverhältnissen führte, entwickelte der Engländer Ebenezer Howard am Ende des 19. Jahrhunderts die Idee der **Gartenstadt**. Mit einer Zentralstadt für 58 000 Einwohner und sechs Gartenstädten für je 32 000 Einwohner wollte er menschliche, überschaubare und geordnete Städte entwickeln, um damit die Vorteile der Stadt mit den Vorteilen des ländlichen Raumes zu verbinden. In jeder Gartenstadt sollten genügend Arbeitsplätze, Geschäfte, Schulen und Freizeiteinrichtungen vorhanden sein, sodass sie unabhängig von übergeordneten Zentren funktionieren konnte. Realisiert wurden jedoch nur die beiden Städte Letchworth und Welwyn Garden City in England. In vielen Städten Europas entstanden jedoch Gartenstadtquartiere, in denen die Ideen Howards aufgenommen wurden. Es sind aber fast ausschliesslich Wohnquartiere.

Zur Entlastung der im 20. Jahrhundert kaum mehr planbaren und steuerbaren Millionenstadt London wurde nach dem Zweiten Weltkrieg das Konzept der New Towns entwickelt. In der äusseren Zone der Metropolitanregion wurden neun Städte mit je mindestens 70 000 Einwohnern gebaut, in denen alle Grunddaseinsfunktionen vorhanden sind, damit die Leute weder zur Arbeit noch zum Einkaufen oder in der Freizeit nach London fahren müssen. Insgesamt wurden ab 1946 in Grossbritannien 28 New Towns gegründet, in denen heute insgesamt rund 2,2 Mio. Menschen wohnen. Frankreich nahm dieses Konzept ebenfalls auf und gründete neun Villes nouvelles, fünf davon im Grossraum Paris. In den Niederlanden wurde 1967 Lelystad als neue Provinzstadt im südlichen Flevolandpolder gegründet. Erfolgreicher entwickelte sich jedoch die ab 1969 erbaute Stadt Almere, rund 20 km östlich von Amsterdam gelegen. Almere zählt in den sechs Stadtkernen zusammen rund 186 000 Einwohner (vgl. Exkurs S. 260).

Neue Städte – New Towns

Stadterweiterung

In der Entwicklung der einzelnen Stadt können Wachstums-, Stagnations- und Rückbildungsphasen unterschieden werden. Wirtschaftliche, soziodemografische, politische oder kulturelle Ursachen stehen häufig am Anfang einer neuen Phase, vielfach sind es auch grundlegende technische Entwicklungen, wie beispielsweise der Bau der Eisenbahnen, die Entwicklung des Stahlskelettbaus als Voraussetzung für den Bau von Hochhäusern oder die Entwicklung des Automobils.

Ursachen der Stadtentwicklung

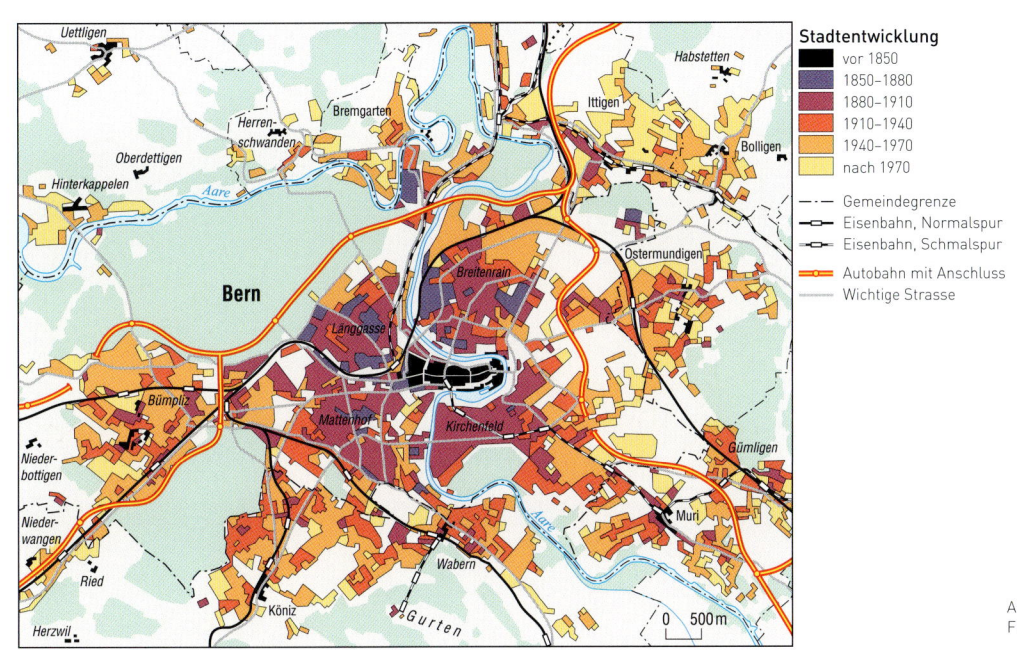

Abbildung 10.13:
Flächenwachstum Stadt Bern

Stadt und Verkehr

10

Bis zur Aufhebung der Sonderrechte der Städte zu Beginn des 19. Jahrhunderts konnten diese nur sehr beschränkt wachsen. Stadterweiterungen mussten von der Herrschaft bewilligt werden. Bereits im Mittelalter wurden einzelne Gebäude wie Siechenhäuser, stinkende Gerbereien oder feuergefährliche Schmieden nur ausserhalb der Stadtmauern bewilligt, flächenhafte Erweiterungen erfolgten nach dem gleichen Strassenraster wie dem der Gründungsstadt.

Zur Zeit des Absolutismus wurden zahlreiche Städte mit grossen Festungsanlagen ergänzt, da die mittelalterlichen Stadtmauern nur noch ungenügenden Schutz boten. Die neuen Schanzenanlagen schränkten jedoch die bauliche Stadterweiterung bis ins 19. Jahrhundert stark ein. Mit der Aufhebung der Rechtsunterschiede zwischen Stadt und Land zu Beginn des 19. Jahrhunderts wurde die wichtigste Voraussetzung für die grösste Stadterweiterungsphase geschaffen. Mit der Industrialisierung wurden dann die Arbeitsplätze in den Städten konzentriert, die Arbeitskräfte – und damit ein Grossteil der Bevölkerung – mussten ebenfalls in die Städte oder die unmittelbare Umgebung ziehen. Die Eisenbahn förderte ab etwa 1850 den Verstädterungsprozess sehr stark, der Bau der Tram- und der Buslinien ermöglichte und förderte ab etwa 1890 die Stadterweiterungen. Mit der rasanten Verbreitung des Autos dezentralisierte sich nach dem Zweiten Weltkrieg zuerst die Wohnbevölkerung ins Umland (Bevölkerungssuburbanisierung), dann folgte ein Teil der Industriebetriebe und schliesslich verlagerten sich auch Teile des Dienstleistungssektors wie zum Beispiel Einkaufszentren, Lager- und Verteilzentren, Fachmärkte und Freizeitanlagen, die häufig in der Nähe der Autobahnausfahrten gebaut wurden.

Stadtverfall

Ruinenstädte

Zur Stadtentwicklung gehört auch der **Stadtverfall**. Ruinenstädte kennen wir vor allem aus der Antike. So bewundern wir von Ephesus an der Westküste der heutigen Türkei, einer der bedeutendsten Städte des Römischen Reiches mit weit über 100 000 Einwohnern, heute nur noch Relikte einst grossartiger Bauwerke. Auch die Städte der mittelamerikanischen Hochkulturen mit teilweise über 10 000 Einwohnern sind nur noch Ruinen im tropischen Regenwald. In Mitteleuropa wurden keine grossen Städte aufgelassen, zahlreiche nicht überlebensfähige Kleinststädte verloren jedoch ihre Stadtfunktion wieder oder verschwanden vollständig.

Abbildung 10.14:
Ruinenstadt Mystras bei Sparta, Griechenland

Der Verfall von Gebäuden, einzelnen Quartieren oder ganzen Stadtteilen ist allerdings auch in Europa ein weitverbreitetes Phänomen. Im Unterschied zu historischen Stadtzerfallsphasen ist der Zerfall von Innenstädten nicht nur eine Folge der Auflösung politischer Systeme oder von Wirtschaftskrisen, sondern mehr noch eine Folge politischer Stabilität und wirtschaftlicher Prosperität breiter Bevölkerungsschichten, indem es sich die grösstenteils wirtschaftskräftigere und verkehrsmässig mobilere Gesellschaft leisten kann, sich von historischen Besitzstrukturen zu lösen, historische Leitbilder aufzugeben und schliesslich die Stadt sogar zu verlassen.

Die «Unüberschaubarkeit» und «Unwirtlichkeit» der grossen Städte hat zudem selbst bei Politikern häufig den Rückzug auf eine «antiurbane Haltung» ausgelöst. Zudem stand bis vor wenigen Jahren «das Land», d. h. die nationalen Peripherien, als Problemregion im Vordergrund, von den innerstädtischen Peripherien – und städtische Zerfallsquartiere sind dies zweifellos – sprach kaum niemand.

Ursachen des Stadtverfalls

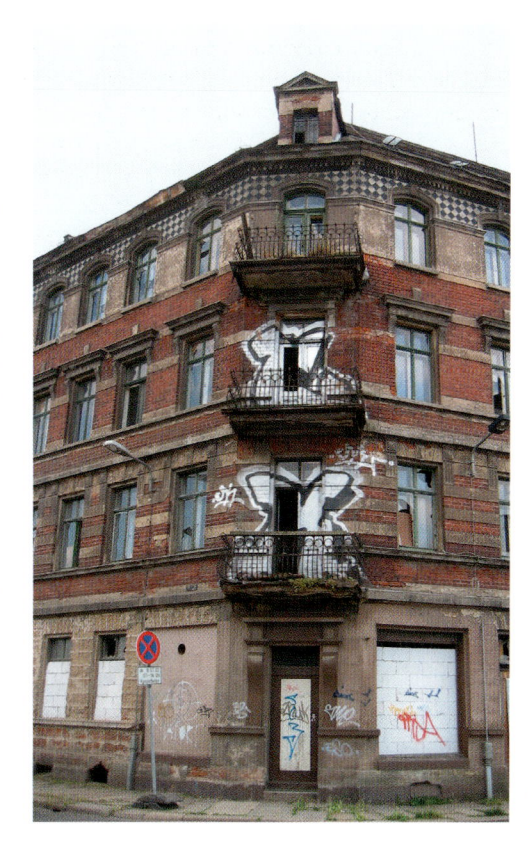

Abbildung 10.15: Stadtverfall in Leipzig-Südstadt

Wenn wir uns mit dem Verfall von Quartieren beschäftigen, dann wird der Begriff «urban blight» verwendet, was ursprünglich Pilzbefall bedeutete und sich auf einzelne Objekte, Wohnbauten, Industriebauten usw. beschränkte. Die Blight-Phänomene wurden als Folge des «natürlichen Alterungsprozesses» der Bauten und Anlagen, als wirtschaftliche Folge der abnehmenden Nachfrage nach bestimmten Gebäudetypen, als Folge von Umweltbelastungen oder als soziale Erscheinung erklärt, indem diskriminierte oder einkommensschwache Bevölkerungsgruppen in zerfallende Gebäude einziehen. Blight-Phänomene können aber auch die Folge aktiver Zerstörung durch Kriege oder eines politischen Programms sein, das bestimmte Bauten oder sogar ganze Stadtteile bewusst zerfallen lässt.

urban blight

Stadterneuerung

Historisch sind **Stadterneuerungen** fast gleich alt wie die Städte selbst, weil sich Städte immer im Wandel befanden und deshalb Gebäude, Plätze, Strassen usw. verändert oder ersetzt werden mussten. Dazu kamen Brandkatastrophen oder Kriegsereignisse. Andere Ursachen grundlegender Stadtumbauten oder -erneuerungen waren repräsentative Bauten, Plätze, Strassen oder neue militärische Funktionen sowie politisch-wirtschaftliche Gründe, die zu neuen Verkehrsanlagen, Wirtschaftsarealen oder bestimmten Wohnquartiertypen führten.

Das enorme Städtewachstum im 19. Jahrhundert hatte einen grundlegenden Funktionswandel der historischen Innenstädte zur Folge: sie wurden zu Dienstleistungszentren umgebaut. Die Altstadtgebäude wurden durch Geschäftshäuser ersetzt: Warenhäuser, Banken, Versicherungen usw. Das grossartigste Beispiel einer Stadterneuerung realisierte Georges-Eugène Haussmann als Präfekt in Paris. Von 1853 bis 1870 legte er ein rund 100 Kilometer langes Netz breiter Boulevards über die Stadt. Dazu mussten selbst im historischen Stadtkern flächenhafte Abbrüche

Umbau der Innenstädte

Stadt und Verkehr

10

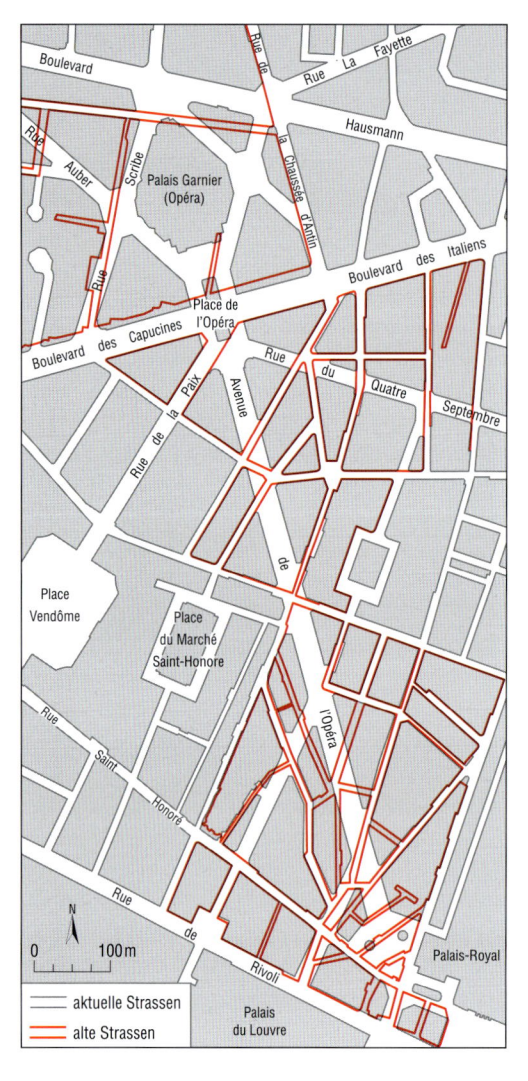

Abbildung 10.16:
Abbrüche und Neubau der Avenue de l'Opéra in Paris im Rahmen der Stadterneuerung von Haussmann, 1853–1870

vorgenommen werden. Mit diesen Boulevards, die noch heute die Stadt Paris prägen, wurden die Verkehrsverhältnisse verbessert, Wasser-, Abwasser- und Gasleitungen neu verlegt, Slumgebiete beseitigt und längs der Boulevards die Nobelbauten der Bourgeoisie angelegt. Die breiten, geraden Strassen ermöglichten auch rasche Truppenbewegungen. Ohne es voraussahen zu können, hat Haussmann damit einen Strassentyp geschaffen, der als einziger dem Fussgänger eine Gleichberechtigung neben dem Autofahrer einräumt.

Mit dem Ersten Weltkrieg ging die Epoche der grossflächigen Stadterneuerung in Europa zu Ende. Nach dem Zweiten Weltkrieg wurden zwar noch einzelne Wohnquartiere abgebrochen und durch Neubauten ersetzt, die Städte wuchsen aber wieder hauptsächlich flächenhaft, weitgehend ungeplant ins Umland hinaus (Stadterweiterung).

Determinanten der Stadtentwicklung

Warum entwickeln sich Städte? Welches sind die wichtigsten Einflussfaktoren? Warum entwickeln sich Städte in unterschiedlichen Regionen und zu verschiedenen Zeiten anders oder gleich? Die **Einflussfaktoren der Stadtentwicklung**, von der Gründung bis zum Verfall, sind ausserordentlich vielfältig. Die einzelnen Faktoren spielen im Laufe der

Naturräumliche Determinanten
Topografie und Relief, Wasserverfügbarkeit, Baugrund/Baumaterial, Klima

Politisch-administrative Determinanten
Politisches System, administrative Gliederung

Ökonomische Determinanten
Bodenpreistheorie, innerstädtische Zentralität, Suburbanisierung des zweiten und dritten Sektors

Segregationsprozesse
Soziale Segregation, ethnische Segregation, Alterssegregation, vertikale Segregation

Determinanten der Stadtentwicklung

Normative Determinanten
Leitbild, Stadtplanung/Städtebau, Urbanismus – antiurbane Haltung, Bauordnung und Zonenplan

Technologische Determinanten
Bautechnik, technische Infrastruktur, Verkehrstechnologie

Abbildung 10.17:
Die wichtigsten Einflussfaktoren der Stadtentwicklung

Stadt

Zeit eine unterschiedlich wichtige Rolle. Meistens beeinflussen mehrere Faktoren gleichzeitig die Entwicklung, die Bedeutung der einzelnen Determinanten kann nur annähernd bestimmt werden. Die einen Faktoren werden vor allem durch die Akteure in der Stadt selbst beeinflusst (Bewohner, Behörden, ansässige Betriebe usw.), andere Faktoren sind überregional bis global wie zum Beispiel die Klimaveränderungen oder die Globalisierung der Wirtschaft.

Die **naturräumlichen Voraussetzungen** spielten bei der Gründung eine wichtige Rolle: Bauen am Wasser im Zusammenhang mit der Verkehrslage, das Quellwasser zur Versorgung der Bevölkerung mit Trinkwasser, Bäche oder Flüsse zur Versorgung des Gewerbes mit Brauchwasser, später zum Antrieb der Mühlen und Maschinen. Die mittelalterlichen Städte wurden zur besseren Verteidigung auf Hügeln erbaut, die Neustädte der Barockzeit entstanden jedoch in den Ebenen, um freie Schussbahn für die Kanonen in den Festungsanlagen zu haben. Die Entwicklung seit dem 19. Jahrhundert ist sehr stark vom Relief und vom Baugrund beeinflusst: Industriestandorte, günstige Wohnlagen und Verkehrskorridore. Und das Klima spielt eine grosse Rolle für die Lebensqualität der Bewohner und Bewohnerinnen, besonders auch im Zusammenhang mit der Luftqualität.

Die wichtigste **politisch-administrative Determinante** ist die räumliche Abgrenzung der Kernstadt und der Umlandgemeinden. Wo die historischen Gemeinden in Verdichtungsräumen kleinflächig erhalten geblieben sind, ist die Lösung regionaler Probleme viel schwieriger als dort, wo grossflächig eingemeindet wurde. Die Wohn- und Gewerbepolitik, der Bau und Betrieb der öffentlichen Einrichtungen (öffentlicher Verkehr, Wasser- und Elektrizitätsversorgung, Strassen usw.) sind weitere wichtige Rahmenbedingungen für die Stadtentwicklung.

Der **Markt als Wirtschaftsfaktor** war bereits bei der Gründung vieler Städte enorm wichtig. Mit der Industrialisierung rückte die ökonomische Entwicklung wieder ins Zentrum. Die überregionalen bis globalen Entwicklungen wurden dabei immer wichtiger. Für die innerstädtische Lokalisierung der Betriebe spielen die unterschiedliche Erreichbarkeit und die Bodenpreise eine wichtige Rolle. Die Dienstleistungsbetriebe konzentrierten sich im 20. Jahrhundert immer mehr in den Stadtzentren, die Industriebetriebe wanderten ins Umland ab oder wurden sogar ins Ausland verlegt oder aufgegeben. Einkaufs- und Freizeitzentren, Fachmärkte sowie Lagerhäuser entstanden als Teil des Dienstleistungssektors vielfach an den Stadträndern oder sogar im ländlichen Raum, meistens in der Nähe der Autobahnanschlusswerke.

Eine weitere Gruppe von wichtigen Einflussfaktoren der Stadtentwicklung bilden die **demografischen und gesellschaftlichen Determinanten**. Die Bevölkerungsentwicklung, besonders die Zu- und Abwanderung, gehört zu den wichtigsten Faktoren. Im Weiteren spielen die Altersgruppen eine wichtige Rolle: Alte Menschen haben andere Bedürfnisse als Kinder. Die verschiedenen sozialen Schichten und ethnischen Gruppen beeinflussen die Entwicklung der Städte ebenfalls stark: direkt als Folge der unterschiedlichen Raumbedürfnisse, indirekt als Folge des wirtschaftlichen Verhaltens oder politischer Massnahmen.

Seit dem 19. Jahrhundert sind die **technologischen Innovationen** immer wichtiger geworden. Mit der Entwicklung der Bautechnik konnten immer höhere Gebäude konstruiert werden, wodurch u. a. die innerstädtische Nutzungsdichte stark erhöht werden konnte («Wolkenkratzer»). Die Entwicklung der Verkehrsmittel von der Pferdebahn über die Untergrundbahn bis zur innerstädtischen Autobahn hat die Städte ausserordentlich stark geprägt, einzelne Standorte wurden aufgewertet, andere gerieten ins Abseits. Und schliesslich spielt auch der «unterirdische Städtebau» eine sehr wichtige Rolle, indem die Wasser-, Abwasser-, Elektrizitäts- und Glasfasernetze wichtige Voraussetzungen zur baulichen Entwicklung bilden.

Eine weitere wichtige Determinante sind die **Leitbilder** der Stadtentwicklung. Die Idealvorstellungen von Städten spielten bei der Gründung für die bauliche Entwicklung und die räumliche Anordnung der Funktionen eine zentrale Rolle. Besonders wichtig für die Stadterweiterung und die Stadterneuerung wurden Leitbilder aber erst im 20. Jahrhundert. Mit 95 Thesen forderten 1933 führende Städteplaner auf einem Kongress in Griechenland die konsequente räumliche Trennung der Funktionen Wohnen, Arbeiten, Freizeit und Verkehr. Dieses als «**Charta von Athen**» bekannte, vor allem vom Architekten und Städteplaner Le Corbusier verbreitete Leitbild hat die Stadtentwicklung in den Industrieländern während Jahrzehnten, zum Teil bis heute geprägt. Nach dem Zweiten Weltkrieg orientierten sich viele Städte als Folge der starken Zunahme des motorisierten Individualverkehrs am Leitbild der «**autogerechten Stadt**»: Auf Expressstrassen und Autobahnen sollte das Stadtzentrum erreicht werden, ober- und unterirdische Parkplätze wurden für den ruhenden Verkehr geplant. Seit den 1980er-Jahren gewinnt das Leitbild «**ökologischer Städtebau**» zunehmend an Bedeutung. Elemente dieser Idee sind Revitalisierung der Innenstädte, die Entwicklung nach innen anstelle der zunehmenden Zersiedlung, die Bedeutungszunahme des Wohnens in den Städten, die Förderung des Fussgänger- und Veloverkehrs sowie der Ausbau des öffentlichen Verkehrs, um die Umweltbelastungen zu reduzieren und die Städte nachhaltiger zu entwickeln.

Stadtmodelle

Kulturgenetisches Konzept

Stadtmodelle sind vereinfachte, abstrakte Abbilder der Realität. Dabei sind nur die als wichtig angesehenen Eigenschaften der realen Städte berücksichtigt. Dem kulturgenetischen Konzept zur Definition von Stadtmodellen liegt die Auffassung zugrunde, dass in den verschiedenen Kulturräumen der Erde unterschiedliche Voraussetzungen auch in Zukunft zur Folge haben, dass sich einzelne Merkmale grundsätzlich verschieden entwickeln, weil die Stadtbehörden, die Bewohner und die Wirtschaftsakteure aufgrund der unterschiedlichen Erfahrungen auch heute und in Zukunft verschieden reagieren und ähnliche Probleme unterschiedlich lösen. Daneben gibt es zweifellos einzelne Entwicklungen, die weltweit zu ähnlichen Strukturen führen. Beispielsweise die Entwicklung der Verkehrsmittel wie Strassen- und Untergrundbahnen oder der Bau von Fabriken. Der Stadtgeograf Burkhard Hofmeister hat für den europäischen, russischen, chinesischen, orientalischen, indischen, südostasiatischen, tropisch-afrikanischen, lateinamerikanischen, angloamerikanischen, südafrikanischen, australisch-neuseeländischen und den japanischen Kulturraum je ein Stadtmodell beschrieben. Im Folgenden werden Modelle der europäischen, der angloamerikanischen und der orientalischen Stadt vorgestellt.

Modell der europäischen Stadt

Grundrissstruktur und Gebäudetypen

Die Kleinkammerung des europäischen Raumes, seine hohe Besiedlungsdichte und die historische Vielschichtigkeit haben eine solche Formenvielfalt in Europa hervorgebracht, dass es schwierig ist, gemeinsame Merkmale in einem Modell zusammenzufassen.

Im hier vorgestellten **Modell der europäischen Stadt** sind die Grunddaseinsfunktionen und die Gebäudetypen als wichtigste Merkmale dargestellt. Die Grundrissstruktur, insbesondere das Strassennetz, reicht vielerorts bis in die mittelalterliche Gründungsphase zurück. Die Gebäude zeigen die historische Schichtung mindestens seit der frühen Neuzeit. Und in den Gebäudetypen sind weitgehend auch die Funktionsräume abgebildet.

Wenn wir eine Stadt erstmals besuchen, orientieren wir uns meistens an der Altstadt, die vielerorts seit dem 19. Jahrhundert das Geschäftszentrum bildet, sowie am Bahnhof. Nach aussen folgt die konventionelle Stadtkernbebauung mit sehr hoher Dichte aus der Zeit der Industrialisierung im 19. Jahrhundert. Diese Quartiere entstanden nach der Eröffnung der Eisenbahnlinien in unmittelbarer Umgebung des Bahnhofs. Die neue Bahnhofstrasse entwickelte sich zu einer wichtigen Geschäftsstrasse. Für die rasch wachsende Bevölkerung entstanden die ebenfalls sehr dichten Quartiere mit Blockrandbebauungen. Die 3- bis 5-geschossigen, zusammengebauten Häuser stehen dicht am Trottoir, weisen jedoch einen mehr oder weniger grossen Innenhof auf.

Entlang der Ausfallstrassen, die zusammen mit den Eisenbahnlinien und den Ringstrassen der neuesten Zeit die wichtigsten Linienelemente bilden, entstanden bereits im 19. Jahrhundert einzelne Wohn- und Gewerbegebäude. Ebenfalls im 19. Jahrhundert entstanden in den bevorzugten

Lagen Villenquartiere, als Einfamilien- oder als Doppelhäuser. Ihre Gärten weisen heute oft mächtige Bäume auf, die Quartierstrassen sind nur schmal, da sie noch nicht für den Autoverkehr gebaut wurden. Viele dieser alten Villen werden heute von Dienstleistungsbetrieben genutzt (Anwaltskanzleien, Arztpraxen, Architekturbüros, Beratungsunternehmen).

Nach dem Ersten Weltkrieg wurden am damaligen Stadtrand ganze Quartiere mit Reiheneinfamilienhäusern oder mit Mehrfamilienhäusern gebaut. Beide Quartiertypen weisen eine niedrige bis mittlere Dichte auf, viele entstanden als Genossenschaftssiedlungen.

Und schliesslich bilden die Industriequartiere entlang der Eisenbahnlinien typische Elemente vieler europäischer Städte. Diese Areale sind heute wichtige Flächen für die Stadterneuerung. Ab 1950 wurden als Folge der starken Bevölkerungszunahme zahlreiche Wohnquartiere in differenzierter Bauweise mit Hoch- und Scheibenhäusern erbaut. Ab etwa 1965 wurden an südexponierten Hanglagen Terrassensiedlungen erbaut, die eine Mittelstellung zwischen Reiheneinfamilienhaus und mehrgeschossigem Haus einnehmen und eine recht hohe Bebauungsdichte aufweisen.

Für die Lebensqualität besonders wichtig sind die innerstädtischen Grünanlagen (Stadtparks, Friedhofsanlagen) und die nahen Stadtwälder, ohne die eine Stadt nicht existieren und sich entwickeln kann.

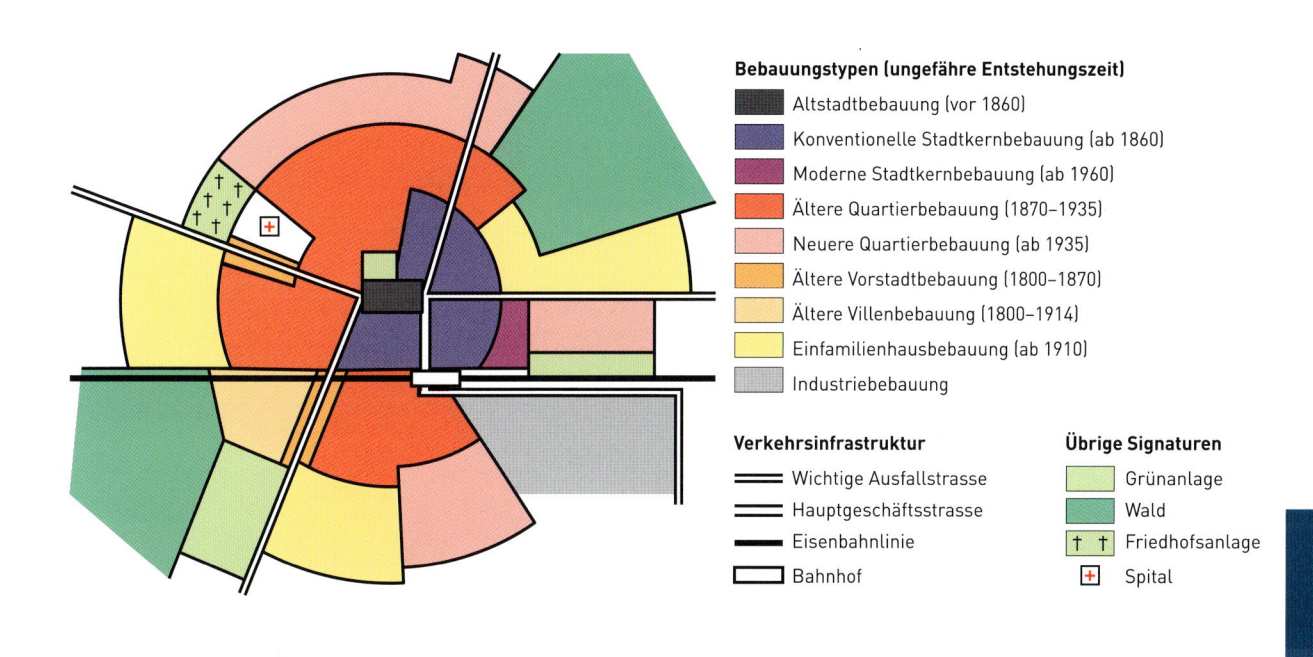

Abbildung 10.18:
Modell der europäischen Stadt

Stadt und Verkehr

Suburbanisierung der Wohnbevölkerung

Modell der angloamerikanischen Stadt

Für den angloamerikanischen Raum wurden mehrere Modelle entwickelt. Das hier vorgestellte bezieht sich vor allem auf die Suburbanisierung der Wohnbevölkerung. Dieser Prozess hat nach dem Zweiten Weltkrieg zu einer tief greifenden Veränderung der Stadtlandschaften in den USA geführt. Die Ursachen sind in erster Linie das starke Wirtschaftswachstum, der verbreitete Wunsch nach einem eigenen Wohnhaus, die hohe Wohnsitzmobilität und die enorme Verbreitung des Automobils. Neben dem früher dominanten Central Business District (CBD) der Kernstadt entstand eine Vielzahl von Aussenstadtzentren, die Shoppingcenters (shopping malls), Industrie- und Gewerbeparks umfassen. In unmittelbarer Nähe wurden auch gemischte Wohn- und Büroviertel erbaut, in denen grosse Dienstleistungsunternehmen die Mehrzahl der Arbeitsplätze ihrer Mitarbeitenden, die nicht direkte Kundenkontakte pflegen, konzentrierten. Zum Teil wurden auch die Hauptsitze der Unternehmen in die modernen Geschäftsviertel verlegt. Das dichte Autobahnnetz innerhalb des Stadtgebietes zeigt, dass die grossflächige Siedlungserweiterung praktisch ausschliesslich auf das Auto ausgerichtet ist. Die dezentrale Siedlungsentwicklung ist aber auch nur mit der Autobahnerschliessung möglich. Die geringe Wohndichte der Aussenquartiere steht ebenfalls im Zusammenhang mit der hohen individuellen Automobilität. Die im Modell dargestellten Verkehrsströme zeigen, dass die Wechselpendler zwischen Vorort und Vorort – in der Regel zwischen Wohnort, Arbeitsplatz und Einkaufs- und Freizeitzentrum in je einem andern Vorort – am häufigsten sind. Die Pendlerströme in den Innenstadtbereich sind dagegen gar nicht mehr dargestellt, weil die zentralen Industrie- und Gewerbegebiete weitgehend aufgelassen sind. Die Flughäfen befinden sich heute zum Teil innerhalb des Stadtgebietes.

In diesem Modell nicht dargestellt, aber für die US-amerikanischen Städte ebenfalls typisch ist die ausgeprägte soziale, ethnische und demografische Segregation. Diese findet kleinräumig innerhalb der einzelnen Wohngebiete statt. Einzig die Konzentration der schwarzen Bevölkerung in der Innenstadt ist grossflächig und deshalb eingezeichnet.

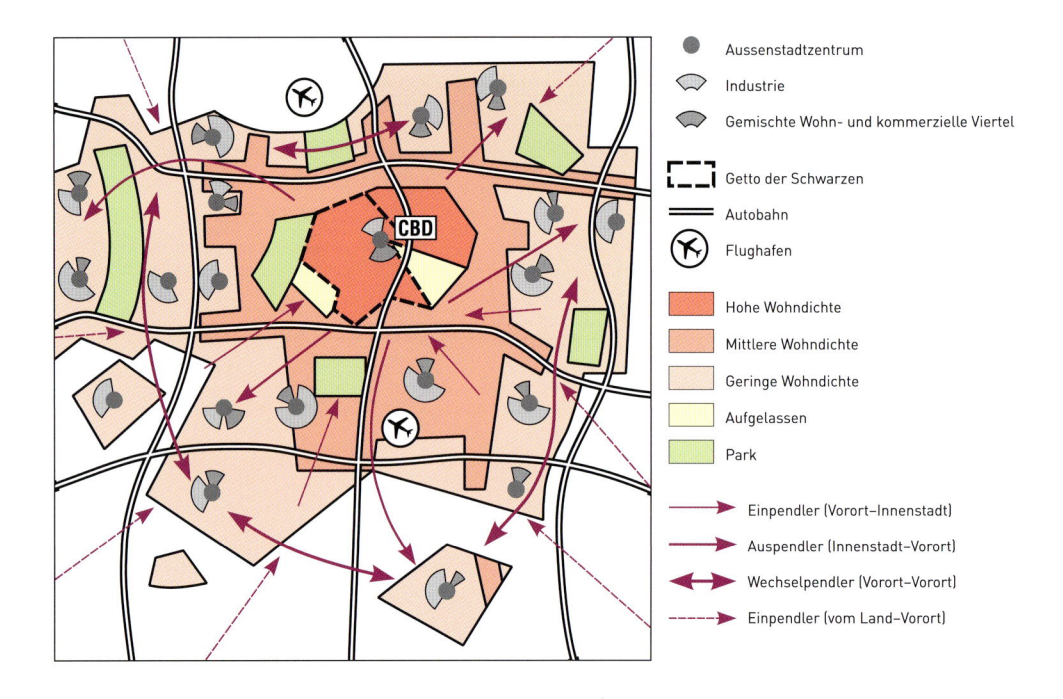

Abbildung 10.19:
Modell der angloamerikanischen Stadt
(Quelle: Heineberg, 2006)

Modell der orientalischen Stadt

Kulturgeschichtlich ist der Orient zwar das geschlossene Hauptverbreitungsgebiet des Islam, da die meisten Merkmale dieses kulturgeschichtlichen Stadttyps jedoch vorislamisch sind, bezeichnen wir ihn als orientalisch. Einzig der Basar, das Zentrum von Handel und Gewerbe, ist eine eigenständige Kulturleistung des islamischen Mittelalters. Aber gerade der Basar hat mit dem Islam als Religion wenig gemeinsam. Die Wohnfunktion wurde aus dem Basar verdrängt, da häufig der Wunsch bestand, ihn nachts und an Feiertagen ganz oder teilweise abzuschliessen. Seinen verschiedenen gewerblichen Funktionen entsprechend, weist er offene oder überdachte Basargassen für Einzelhandel und Handwerk sowie einen absperrbaren Gebäudekomplex für den Grosshandel auf. Im Zentrum des Basars steht die Freitagsmoschee als religiöser und gesellschaftlicher Mittelpunkt.

Zu den wichtigsten Merkmalen der orientalischen Stadt gehört das baumartig verzweigte System von Sackgassen, Knickgassen und überwölbten Tunnelgassen. Die Sackgassen sind Ausdruck des Bestrebens nach Sicherung und Ausdehnung der Privatsphäre der Bewohner. Das Prinzip der Absonderung ist auch im Innenhofhaus verwirklicht. Neben den Sackgassen existieren seit jeher aber auch breitere, gerade verlaufende Durchgangsstrassen.

Rund um den Basar schliessen die nach Ethnien und Religionen getrennten Wohnquartiere mit eigenen Gotteshäusern und Geschäftssubzentren an. Die die alte Stadt umschliessende Mauer und der Palast sind Ausdruck der politischen Macht. Ausserhalb der Stadtmauer liegen die Friedhöfe der einzelnen Wohnquartiere.

Viele orientalische Städte wurden in der Kolonialzeit mit einem modernen Europäerviertel ergänzt oder sogar zu einer orientalisch-europäischen Doppelstadt erweitert.

Grundriss und funktionale Gliederung

Zweipolige Stadt

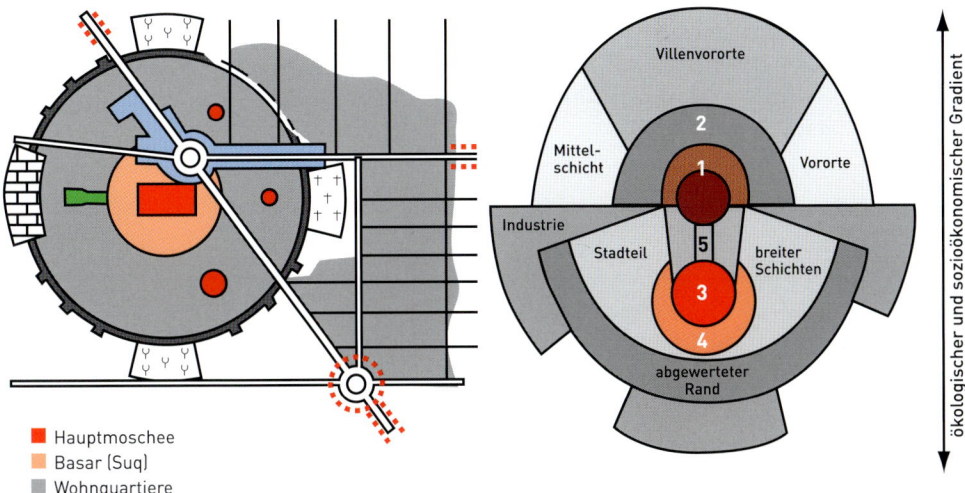

- Hauptmoschee
- Basar (Suq)
- Wohnquartiere
- Zitadelle
- Muslimischer / christlicher Friedhof
- Subzentrum mit Moschee, lokalem Basar, öffentlichem Bad u. a.
- Stadtmauer
- Reparaturläden, Tankstellen, Garagen
- Einkaufs- und Geschäftsstrassen mit westlichem Warenangebot

1 Westlicher CBD mit Kern und Mantel
2 Appartementbebauung
3 Basar
4 Altstadt
5 Ältere Geschäftsstrassen und überrollter vormaliger Villenbereich

Abbildung 10.20, links: Modell der Stadt im islamischen Orient

Abbildung 10.21, rechts: Die Erweiterung der islamisch-orientalischen Stadt mit einem westlich-modernen Teil zu einer zweipoligen Stadt

Stadt und Verkehr

10

Von der Stadt zur Agglomeration

Mit der starken Bevölkerungs- und Arbeitsplatzzunahme wuchsen im 20. Jahrhundert viele Städte über ihre Stadtgrenzen hinaus ins Umland. Die Städte wurden zu Agglomerationen (**Agglomeration** = Zusammenballung, Anhäufung, wirrer Haufen). Agglomerationen bilden baulich zusammenhängende Siedlungsflächen mit einem dichten Beziehungsnetz, insbesondere durch die Arbeitspendler, aber auch durch die Versorgung der Bevölkerung.

Durch das Wachstum der Städte gehören immer mehr Gemeinden zur Agglomeration. Diese wird also flächen- und bevölkerungsmässig immer grösser.

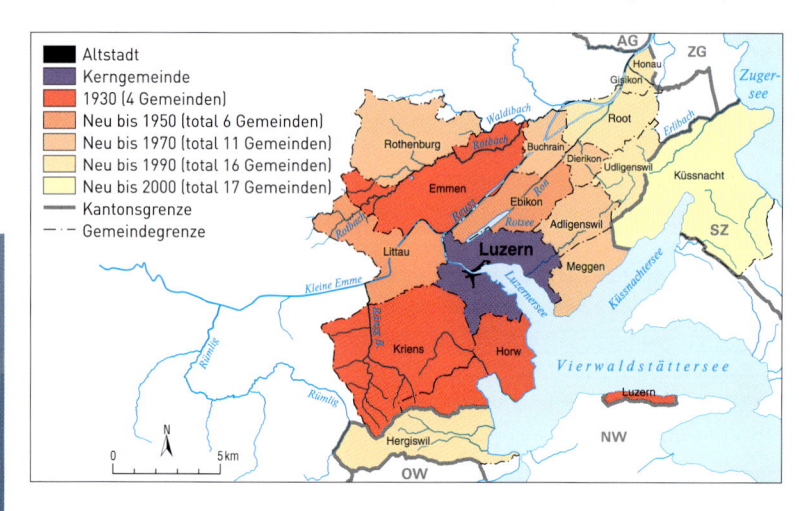

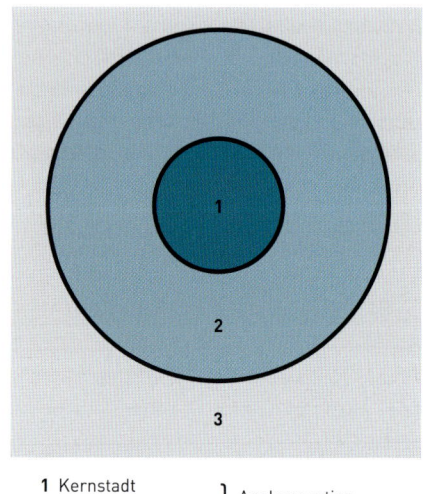

Abbildung 10.22, links:
Agglomerationsentwicklung Luzern 1930–2000

Abbildung 10.23, rechts:
Kerngemeinde, Umlandgemeinden, ländlicher Raum

1 Kernstadt
2 Umlandgemeinden } Agglomeration
3 Ländlicher Raum

Stadtentwicklungsphasen

Aus dem unterschiedlichen Bevölkerungswachstum in der Kernstadt und in den Umlandgemeinden werden vier **Stadtentwicklungsphasen** unterschieden, die weltweit in den meisten Städten beobachtet werden können.

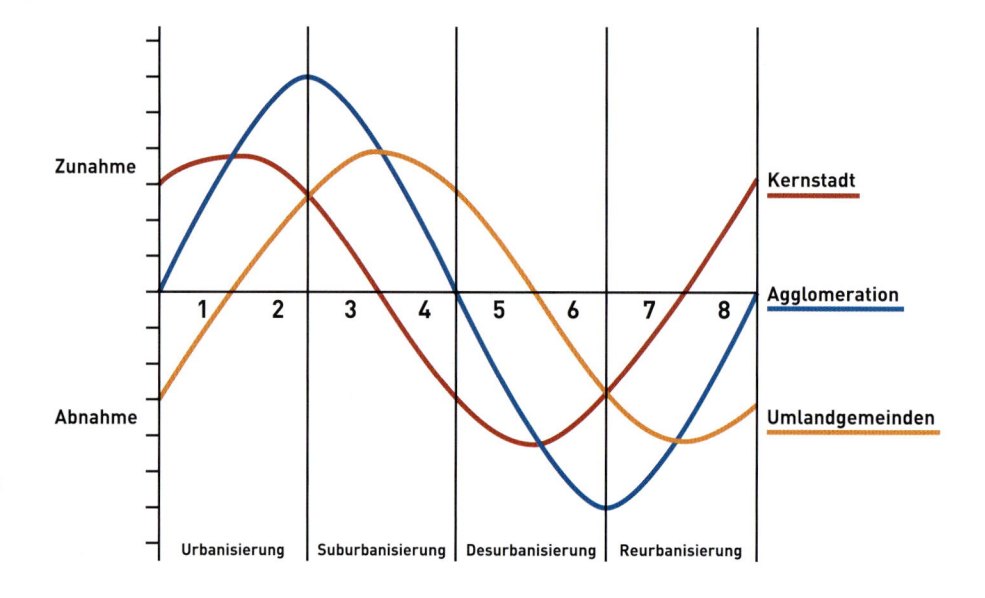

Abbildung 10.24:
Die vier Stadtentwicklungsphasen und die Bevölkerungsentwicklung in der Kernstadt und den Umlandgemeinden

Urbanisierung | Suburbanisierung | Desurbanisierung | Reurbanisierung

248 Stadt

In der **Urbanisierungsphase** wächst die Bevölkerung in der Kernstadt durch Zuwanderung aus den Umlandgemeinden und aus dem ländlichen Raum sehr stark an. Man spricht von Landflucht.

In der **Suburbanisierungsphase** wächst die Bevölkerung in den Umlandgemeinden stärker als in der Kernstadt, weil Stadtbewohner die Stadt verlassen (Stadtflucht) und weil sich Zuwanderer aus dem ländlichen Raum direkt in den Vororten niederlassen. Vor allem Familien mit Kindern ziehen aus der Kernstadt ins «Grüne», viele davon in ein Einfamilienhaus.

Bevölkerungs-
suburbanisierung

Auch die Industrie verlagert sich aus der Kernstadt ins Umland, sodass von einer Industriesuburbanisierung gesprochen werden kann. Mit der Internationalisierung und Globalisierung der Produktion nehmen die innerregionalen Verlagerungen jedoch ab, die Fabriken werden in den Industrieländern stillgelegt und die Halb- oder Fertigprodukte aus dem Ausland importiert.

Industrie-
suburbanisierung

Ein Teil der Betriebe des Dienstleistungssektors wird ebenfalls ins Umland verlagert oder dort neu angesiedelt (Suburbanisierung des tertiären Sektors), insbesondere Lagerhäuser, Einkaufszentren und Fachmärkte, die einen hohen Flächenbedarf aufweisen und auf der Strasse sehr gut erreichbar sein müssen. Zunehmend werden auch ganze Bürokomplexe im Umland angesiedelt, wenn möglich an Standorten mit guten Anschlüssen ans öffentliche Verkehrsnetz, damit die Angestellten nicht mit dem Auto zur Arbeit fahren müssen.

Suburbanisierung
des Dienstleistungssektors

In der **Desurbanisierungsphase** vermag die Bevölkerungszunahme in den Umlandgemeinden die Bevölkerungsabnahme in der Kernstadt nicht mehr auszugleichen, sodass die ganze Agglomeration Einwohner verliert. Dies ist vor allem eine Folge der Abwanderung in den ländlichen Raum, wobei vielfach der Arbeitsplatz innerhalb der Agglomeration beibehalten wird, sodass längere Arbeitswege die Folge sind und damit mehr Verkehr verursacht wird. Diese Entwicklung setzt deshalb gute Verkehrswege voraus, insbesondere Autobahnen und gute Hauptstrassen. Nur ein kleiner Anteil des Verkehrsaufkommens lässt sich mit den öffentlichen Verkehrsmitteln bewältigen, weil das Netz ausserhalb der Agglomerationen zu wenig dicht ist. Unter **Reurbanisierung** wird eine erneute Konzentration der Bevölkerung in der Kernstadt verstanden, was meistens eine Folge von politischen und planerischen Massnahmen ist, indem die Stadterneuerung gefördert, mehr Wohnraum zur Verfügung gestellt und das Wohnumfeld innerhalb der Stadt verbessert wird.

Probleme des Städtewachstums

Die städtischen Gebiete sind die Motoren der wirtschaftlichen Entwicklung. In den Städten sind nebst den Arbeitsplätzen auch die Einkaufsmöglichkeiten, die Schulen sowie die Kultur- und Freizeitangebote konzentriert. Deshalb üben die Städte eine grosse Anziehung auf die Bevölkerung aus. Dank dem hohen Motorisierungsgrad in den Industrieländern und der guten Erschliessung der Stadtregionen mit öffentlichen Verkehrsmitteln sind die meisten Leute jedoch nicht darauf angewiesen, in der Kernstadt zu wohnen. Im Gegenteil: Der Wunsch, im «Grünen» zu leben und trotzdem von allen Vorteilen der Stadt zu profitieren, ist dank des Wohlstandes für viele Leute möglich. Diese Entwicklung hat jedoch die unten dargestellten vier Problemkreise zur Folge.

Teufelskreise der
Stadtentwicklung

1. **Verkehrsprobleme**: Viele Erwerbstätige, die in eine Umlandgemeinde ziehen, behalten ihren Arbeitsplatz in der Kernstadt. Dadurch nimmt die Länge des Arbeitsweges zu. Wenn der Arbeitsplatz aber auch an den Stadtrand verlegt wird, wird der Arbeitsweg meistens noch länger und ist noch schlechter mit einem öffentlichen Verkehrsmittel möglich. Ein Grossteil der Arbeitnehmer, die früher zu Fuss, mit dem Fahrrad, dem Tram oder dem Bus zur Arbeit gingen, nimmt nun das Auto. Das Volumen des Strassenverkehrs steigt, es kommt zu Staus, es werden breitere oder neue Strassen gebaut, die wiederum mehr Autoverkehr anziehen und zu neuen Verkehrsproblemen führen.

2. **Umweltprobleme**: Die Zunahme des Verkehrs hat negative Folgen für die Umwelt. Anwohner von Hauptverkehrsachsen und Bewohner von Quartieren mit Durchgangsstrassen leiden unter Lärm und Abgasen am meisten. Diese Strassen sind für Velofahrer und Fussgänger gefährlich. Wer kann, zieht in eine Vorortsgemeinde. Gemeinden, die unter Umweltbelastun-

Stadt und Verkehr

10

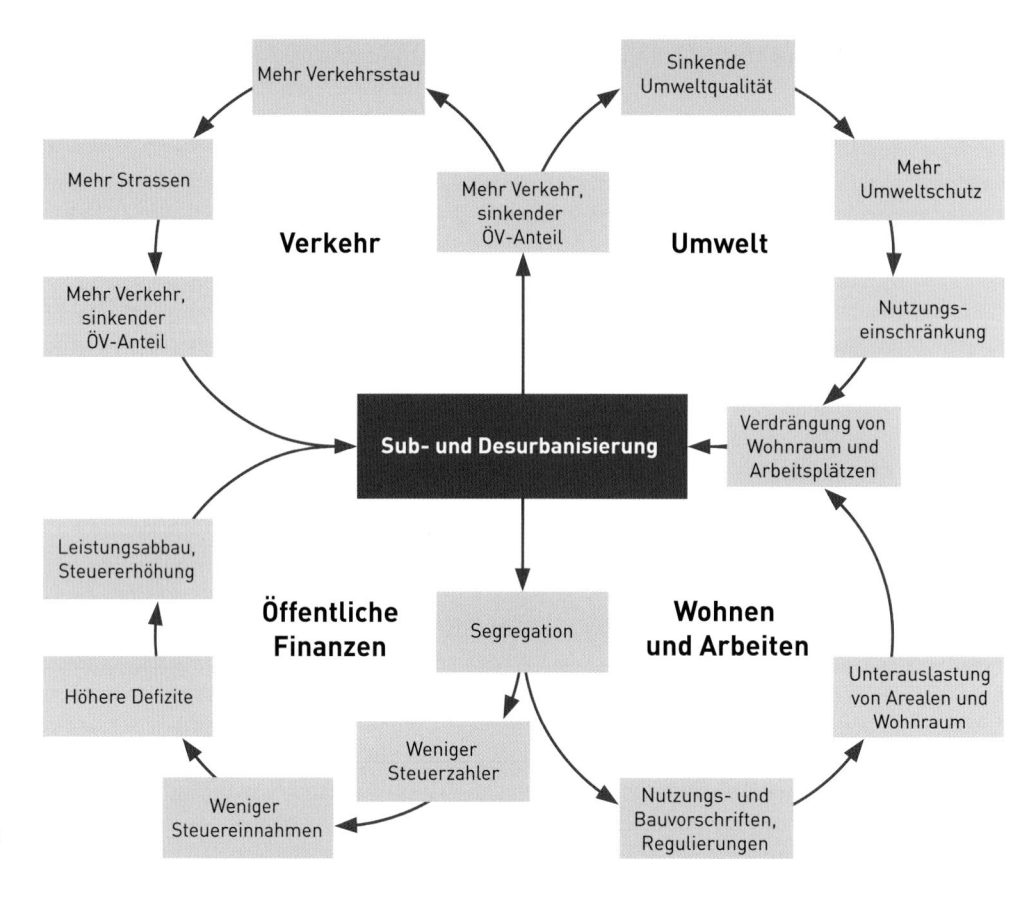

Abbildung 10.25:
Vier Problemkreise der Sub- und Desurbanisierung

gen leiden, können gut erschlossene Parzellen nicht als Wohngebiete einzonen. Es fehlt an Wohnraum für Zuzugswillige.
3. **Wohnungsmangel und Abbau von Arbeitsplätzen**: Die Bevölkerung der Kernstadt wird immer einseitiger, weil nicht alle Gruppen die Möglichkeit haben, sich in den Umlandgemeinden niederzulassen. In der Kernstadt bleiben Arme, Alleinstehende, Alleinerziehende, Abhängige, Auszubildende, Arbeitslose, Ausländer und Aussteiger zurück. Man spricht von einer A-Stadt. Der Wegzug von Familien hat eine Abnahme der Bevölkerungszahl und eine Überalterung in der Kernstadt zur Folge: Die sozialen Probleme und die sozialen Kosten häufen sich.
4. **Öffentliche Finanzen**: Die Entmischung der Bevölkerung hat zur Folge, dass die Steuererträge in der Kernstadt unterdurchschnittlich, in den Umlandgemeinden jedoch überdurchschnittlich wachsen. Allerdings nehmen in den Umlandgemeinden auch die Kosten für neue öffentliche Einrichtungen wie Schulen, Versorgungs- und Entsorgungseinrichtungen usw. stark zu, sodass finanziell nicht alle Umlandgemeinden vom Agglomerationsprozess gleichermassen profitieren.

Die Probleme der Agglomerationen lassen sich heute nicht mehr allein in einzelnen Gemeinden lösen. Eine engere Zusammenarbeit einer Stadtregion drängt sich auf. Im Ausland haben sich einzelne Stadtregionen zu neuen politisch-administrativen Institutionen zusammengeschlossen. In der Schweiz engagiert sich der Bund im Rahmen der neuen Agglomerationspolitik vermehrt, vor allem mit finanzieller Unterstützung.

Städteverbindungen und Städtenetze

Städte stehen nicht nur mit ihrem Umland in enger Verbindung, sondern fast ausnahmslos auch mit anderen Städten. Bereits im Mittelalter haben sich Handelsstädte zusammengeschlossen und sich gegenseitig Privilegien und Sicherheiten gewährt, von denen die Handelsleute profitieren konnten. Eine solche Verbindung war beispielsweise die Hanse, ein Zusammenschluss von über 100 Städten im Nord- und Ostseeraum vom 13. bis ins 17. Jahrhundert.

Heute werden in der Regel die Städte einer Region oder eines Staates als **Städtesystem** bezeichnet. Zur Beschreibung und Erklärung von Städtesystemen sind verschiedene Ansätze entwickelt worden. Die bekanntesten sind die Rang-Grössen-Regel und das Modell der zentralen Orte.

Mit der **Rang-Grössen-Regel** wird eine Beziehung zwischen den Einwohnergrössen und den Rangplätzen der Städte innerhalb einer Region dargestellt. Für ein ausgewogenes Städtesystem, z.B. dasjenige der Schweiz, erhält man annähernd eine Gerade mit der Steigung –1. Bei der Dominanz einer einwohnermässig absolut führenden Haupt- oder Grossstadt, einer sogenannten Primatstadt, ergibt sich eine herausragende Spitze im Kurvenverlauf, wie beispielsweise für Argentinien. Wenn die Kurven einer bestimmten Region für verschiedene Zeitpunkte dargestellt werden, kann festgestellt werden, ob sich das Städtesystem der idealtypischen Kurve nähert oder sich immer weiter davon entfernt.

Da die Rang-Grössen-Regel einzig und allein auf der Bevölkerungszahl basiert, kann damit nur beschränkt etwas über die Bedeutung der Städte ausgesagt werden. Zudem lässt sich nichts über die räumliche Verteilung innerhalb der dargestellten Region eruieren. Vergleiche zwischen verschiedenen Staaten sind ebenfalls nur eingeschränkt möglich. Ein räumlicher Ansatz zur Beschreibung und Analyse von Städtesystemen basiert auf dem **Modell der zentralen Orte**. Dieses geht von der Beobachtung aus, dass die verschiedenen zentralen Dienste einer Stadt unterschiedliche Reichweiten bzw. Einzugsgebiete über die Stadt hinaus aufweisen.

Mit der Mobilitätszunahme der Bevölkerung werden heute Güter und Dienstleistungen vielfach nicht mehr vom nächstgelegenen Standort bezogen. Deshalb überlagern sich die Einzugsgebiete vielfach. Zudem spezialisieren sich auch die Angebotsstandorte und selbst ganze Städte immer mehr, sodass unter Umständen am einen Ort die Versorgungsdienstleistungen, am andern Ort die Gesundheitsdienstleistungen und am dritten Ort die Freizeitdienstleistungen dominieren. Zudem entwickeln sich in den grossen Ballungsräumen mehrere zentrale Orte, während in den Randregionen die Städte insgesamt an Bedeutung verlieren oder sogar verschwinden.

Rang-Grössen-Regel

Abbildung 10.26:
Die Rang-Grössen-Klassierung von Städten (a) am Beispiel der Schweiz (1850, 1900, 1950, 2007) (b) und Argentiniens (1970) (c)

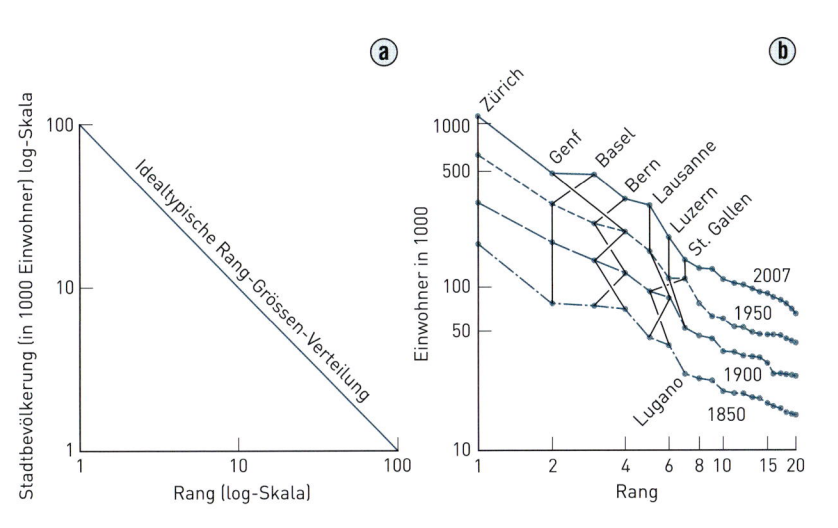

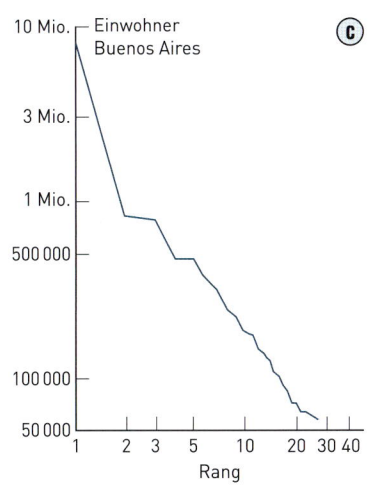

Stadt und Verkehr

10

Städtesystem der Schweiz

Städtenetze als Leitbilder für die Raumordnung

In vielen Staaten und Regionen werden Städte und Agglomerationen nicht nur als Einzelsiedlungen gefördert, sondern als Elemente eines Städtenetzes. Seit Anfang der 1990er-Jahre versucht die Europäische Union, auch das europäische Städtesystem im Rahmen der Regionalpolitik zu stärken.

Mit den «Grundzügen der Raumordnung» von 1996 wird in der Schweiz versucht, mit einem **vernetzten Städtesystem** die spezifischen Standorteigenschaften der einzelnen Städte im bestehenden dezentralen Städtesystem zu festigen und weiterzuentwickeln.

Mit einem leistungsfähigen Verkehrssystem sollen die Städte gut miteinander verbunden werden, damit die verschiedenen Zentren besser voneinander profitieren können. Ziel ist es, das Städtesystem Schweiz gesamthaft gegenüber den europäischen Grossstädten (z. B. Mailand, Paris oder Frankfurt) konkurrenzfähig zu machen. Der Grossraum Zürich spielt als bedeutendes Wirtschaftszentrum eine herausragende Rolle, das mit Basel und dem Verdichtungsraum Genf-Lausanne zusammen ein Dreieck über den zentralen Bevölkerungs- und Wirtschaftsraum der Schweiz aufspannt. Mit der dezentralen Stadtentwicklung soll das überdurchschnittliche Wachstum der grossen Städte vermieden und damit die Landschaft geschont sowie die Lebensqualität erhalten werden. Gleichzeitig will man Ballungskosten vermeiden, die durch Verkehrsstaus, Umweltbelastungen und soziale Probleme entstehen.

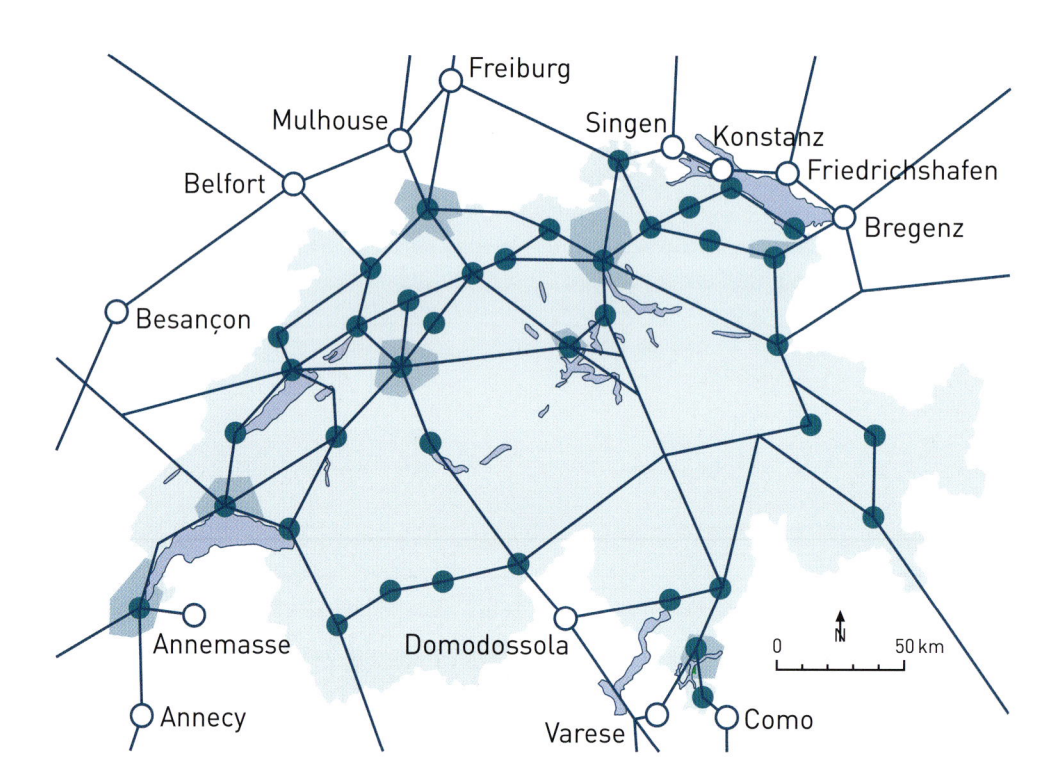

Abbildung 10.27:
Die Schweizer Städte als vernetztes System

Megastädte und Global Cities

Städte mit mehr als 10 Millionen Einwohnern werden als **Megastädte** bezeichnet, einige Autoren setzen die Grenze bereits bei 5 Millionen, die UN-Statistik bei 8 Millionen. 1950 gab es mit New York eine einzige Stadt dieser Grösse, 1975 waren es bereits fünf, und bis ins Jahr 2000 existierten 19. Bis 2015 dürfte die Zahl auf 23 angestiegen sein, die Mehrzahl liegt bereits heute in Entwicklungs- oder Schwellenländern.

Die Einwohnerzahl ist allerdings nicht das einzige Merkmal. Es wird aber verwendet, weil es für die meisten Städte mehr oder weniger genau bekannt ist. Als weiteres Merkmal wird etwa die Bevölkerungsdichte verwendet, die für die Megastädte bei 2000 E/km^2 als untere Grenze angesetzt wird. Ein Problem für den weltweiten Vergleich ist die ganz unterschiedliche administrative Abgrenzung der Stadtgebiete. Wo der ganze suburbane Raum ebenfalls zur Stadt zählt, ist die Bevölkerungszahl um ein Mehrfaches grösser als bei kleinräumigen Abgrenzungen. In vielen Entwicklungs- und Schwellenländern sind die Megastädte auch **Primatstädte**, in denen die administrativ-politischen, wirtschaftlichen, sozialen und kulturellen Funktionen des Landes in überproportionellem Masse konzentriert sind. Es sind aber auch die kaum messbaren sozialen, wirtschaftlichen und ökologischen Probleme, die in den Megastädten konzentriert sind.

Streng genommen, sind Megastädte keine Erscheinung des 20. Jahrhunderts. Im Verhältnis zur Gesamtbevölkerung des Landes hat es bereits in der Antike und im Mittelalter sehr grosse Städte gegeben: In Rom lebten im ersten und zweiten nachchristlichen Jahrhundert schätzungsweise 650 000 Menschen. London zählte zu Beginn des 19. Jahrhunderts rund 1 Mio. Einwohner. Die Arbeitsplatzkonzentration der industriellen Entwicklung sowie die technologischen Innovationen wie Dampfschiff, Eisenbahn, Elektrizität und Telegraf waren die wichtigsten Voraussetzungen der ersten modernen Megastädte. Während in Wien (seit 1914), in London (seit 1914) und in New York (seit 1970) die Bevölkerungszahlen der Kernstädte bereits wieder abnahmen, wuchs die Zahl der Megastädte in den Entwicklungsländern rapid an. Ursache ist vor allem die Zuwanderung vom Land, wichtigster Pull-Faktor ist das vielfältige Angebot an Arbeitsplätzen, insbesondere in Industrie, Bauwirtschaft und im informellen Sektor, d. h. in Tätigkeitsfeldern in Bereichen ausserhalb von staatlichen Regulationen. In Entwicklungsländern ist es allerdings vielfach nur die Hoffnung auf einen Arbeitsplatz, nicht aber das effektive Angebot.

Abbildung 10.28: Megastädte 1979, 2000 und 2015

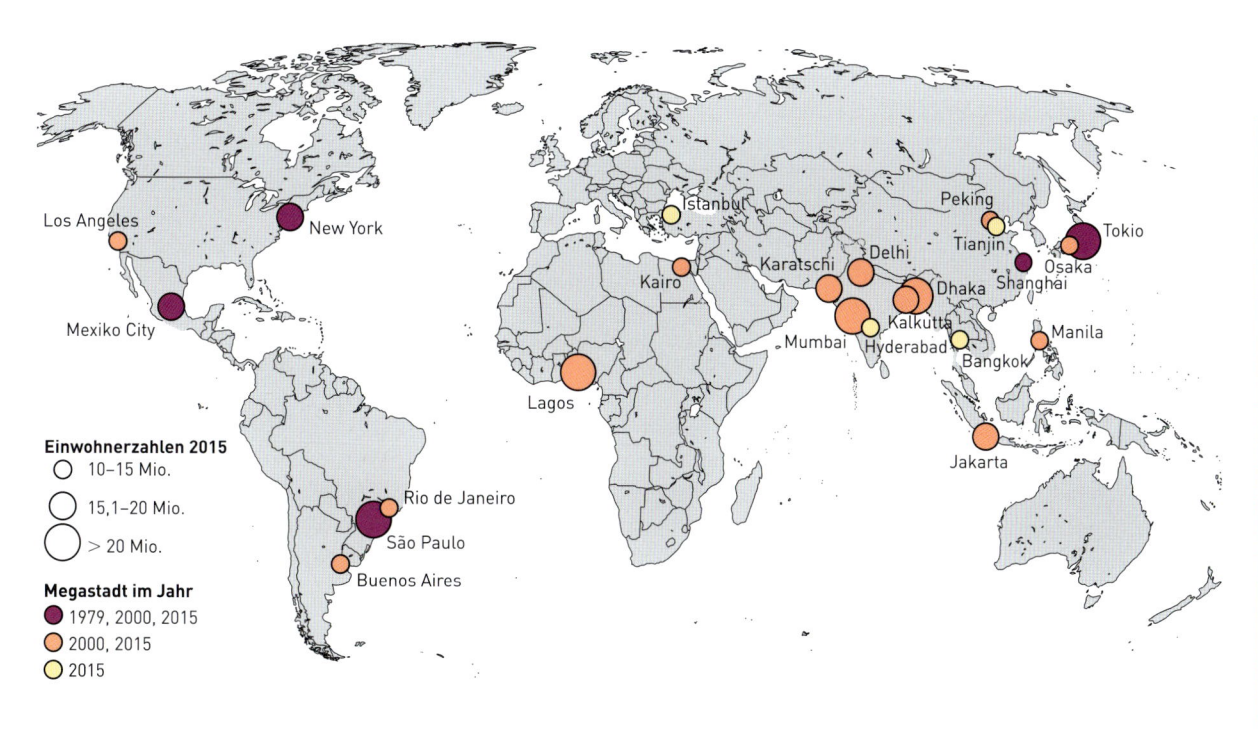

Stadt und Verkehr

10

Aktuelle Entwicklungsprobleme

Die Megastädte in den Entwicklungsländern können den enormen Bevölkerungszuwachs kaum verkraften. Wohnungsbau, Arbeitsplatzbeschaffung, der Ausbau der Infrastruktur (Verkehr, Versorgung, Entsorgung), das Bildungs- und Gesundheitswesen konnten nicht entsprechend ausgebaut werden. In vielen Megastädten wurde die Luftverschmutzung zu einem gesundheitsschädigenden Belastungsfaktor. Ein weiteres Problem ist die Abfallentsorgung, die aber gleichzeitig eine wichtige Erwerbsquelle für Teile der armen Bevölkerung darstellt. So sind beispielsweise in Kairo schätzungsweise 100 000 Menschen am Abfallrecycling beteiligt. Der knappe, für viele Zuwanderer nicht bezahlbare Wohnraum führt zur Bildung von **Slums**. Bereits im Jahr 1990 lebten in den Megastädten Kalkutta, Chennai (Madras), Mumbai (Bombay) und Delhi schätzungsweise 50 % der Bevölkerung in Slums. In Mexiko City dürften es nahezu zwei Drittel sein, in Lima etwa 70 %. In diesen **Marginalsiedlungen**, die regional unterschiedlich bezeichnet werden, ist die Bevölkerungsdichte ausserordentlich hoch: Für die 2 km^2 grosse Hüttensiedlung Dharavi im Norden von Mumbai, dem grössten Slum in Asien, wurde eine Bevölkerungsdichte von 250 000 E/km^2 berechnet.

Ein weiteres typisches Merkmal der Megastädte sind die grossen **sozialen Disparitäten**. Vielerorts stehen in unmittelbarer Nachbarschaft abgeschottete und streng bewachte Villenviertel oder Hochhäuser mit Luxuswohnungen, in denen Multimillionäre wohnen, und Slumsiedlungen. Dieses kleinräumige Muster wird etwa als «Inseln der Reichen» im «Meer der Armen» bezeichnet.

Global Cities

Als **Global City** oder **Weltstadt** werden diejenigen Megastädte bezeichnet, die Organisations- und Kontrollfunktionen der global verflochtenen Wirtschaft bündeln. Von diesen Zentren aus erfolgt die Steuerung der Kapital- und Informationsströme, es sind die Knotenpunkte des weltweiten Handels. Zugleich sind es kulturelle und geistige Vermittler zwischen den Kontinenten mit einer entsprechenden Lebensqualität für Fachleute, Manager, Verwaltungsspezialisten und Diplomaten, die weltweit mobil sind. Zur Kategorie der Weltstädte gehören sicher New York, London, Tokio, Paris, Hongkong und Singapur.

2. Verkehr

Verkehr ist die räumliche Mobilität von Personen, Gütern und Nachrichten. Verkehr kann als Erscheinung der Nachfrage und als Erscheinung des Angebots untersucht werden. Verkehr als Erscheinung der Nachfrage ist Ausdruck des Bedürfnisses des Menschen nach Ortsveränderung und Ausdruck der Notwendigkeit, Güter und Nachrichten vom Produktions- zum Verbrauchsort zu befördern. Diese Bedürfnisse entstehen

Verkehrsbedürfnisse

- durch die ungleiche Verteilung der natürlichen Ressourcen (Erze, Erdöl usw.);
- durch die Spezialisierung der Produktion, sodass einzelne Güter weltweit nur noch an wenigen Standorten produziert werden;
- durch die Massenproduktion, die zu immer grösseren Absatzgebieten führt;
- durch politische und militärische Gründe, indem ein Territorium nur beherrscht werden kann, wenn es erschlossen und erreichbar ist;
- durch den Wunsch oder die Notwendigkeit, soziale Beziehungen zu pflegen;
- durch die Nachfrage nach kulturellen und sportlichen Tätigkeiten, als aktiver Teilnehmer oder als passiver Konsument;
- durch die unterschiedliche Verteilung der Bevölkerung, kleinräumig durch die Trennung von Wohn- und Arbeitsplatz, grossräumig durch die unterschiedliche Tragfähigkeit der Lebensräume;
- durch das menschliche Verlangen nach Bewegung als Selbstzweck, das sich z. B. durch Lust am Wandern, Motorradfahren oder Fliegen ausdrücken kann.

10

Die kurz- und langfristigen Mobilitätsbedürfnisse der Menschen werden im Rahmen der Sozialgeografie untersucht und dargestellt, der Gütertransport ist Teil der Wirtschaftgeografie. Im Folgenden wird auf den Verkehr als Erscheinung des Angebotes eingegangen. Dieses besteht aus der materiellen Infrastruktur, nämlich den Verkehrswegen und den Verkehrsmitteln, sowie der institutionellen und personellen Infrastruktur, d.h. den öffentlichen und privaten Transportunternehmungen und -organisationen.

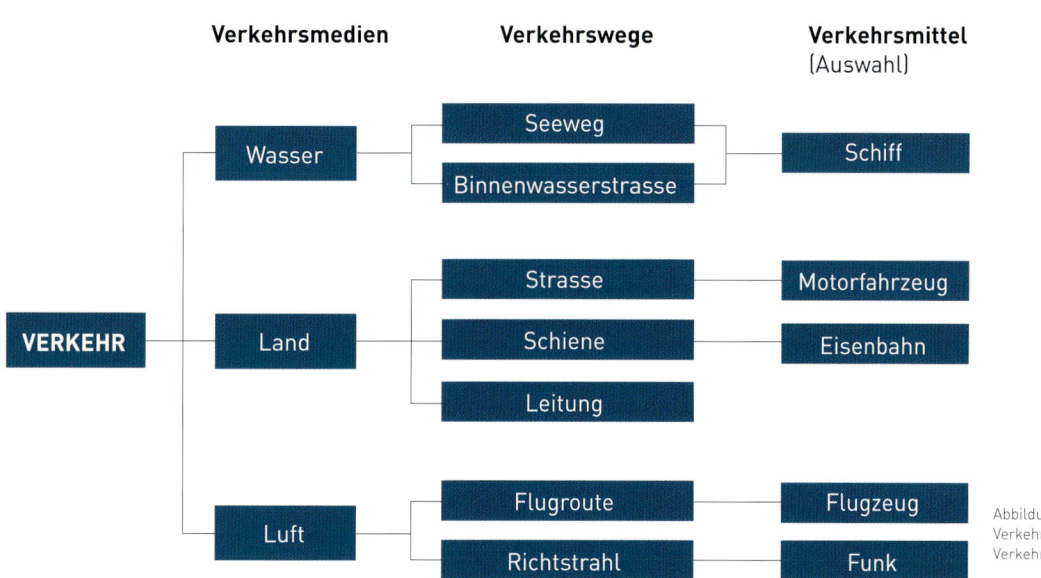

Abbildung 10.29: Verkehrswege und Verkehrsmittel

Verkehrswege zu Land

Landverkehr ist die älteste Verkehrsform und die Füsse das ursprünglichste Verkehrsmittel. Zu Fuss ist das Land flächendeckend erschlossen. Während Jahrtausenden waren «Strassen» nur aus **Trampelpfaden** entstanden. In Europa waren die meisten Strassen bis ins 18. Jahrhundert ohne festen Belag und kaum mit Wagen zu befahren. Dann wurden sogenannte «**Kunststrassen**» (Chausseen) nach dem Vorbild der längst verfallenen römischen Strassen gebaut. Damit waren die Voraussetzungen geschaffen, Menschen mit Kutschen und Güter mit Wagen über längere Distanzen transportieren zu können. Nach den Holz- und Steinbrücken wurden seit dem 19. Jahrhundert Eisen- und im 20. Jahrhundert Betonbrücken zur Überwindung immer grösserer Hindernisse gebaut. Heute misst allein das befahrbare Strassennetz in der Schweiz rund 120 000 km; jährlich kommen noch etwa 100 km dazu. Praktisch jedes ganzjährig genutzte Gebäude der Schweiz ist heute mit einer Fahrstrasse erschlossen. Erst nach dem Zweiten Weltkrieg wurden in der Schweiz **Autobahnen** geplant, nachdem in den meisten europäischen Ländern solche bereits in der Zwischenkriegszeit erbaut worden waren. Die Zahl der Autos hat seit 1950 von 188 000 auf 4,0 Mio. (2008) zugenommen. Die Verkehrsleistungen werden in **Personenkilometer** und in **Tonnenkilometer** erfasst. Ein Personenkilometer ist der Transport einer Person über einen Kilometer, unabhängig vom Transportmittel. In der Schweiz wurden im Jahr 2007 rund 74 % der Personenkilometer im privaten Auto (Bahn 15 %) und 53 % der Tonnenkilometer mit Lastwagen geleistet.

Stadt und Verkehr

10

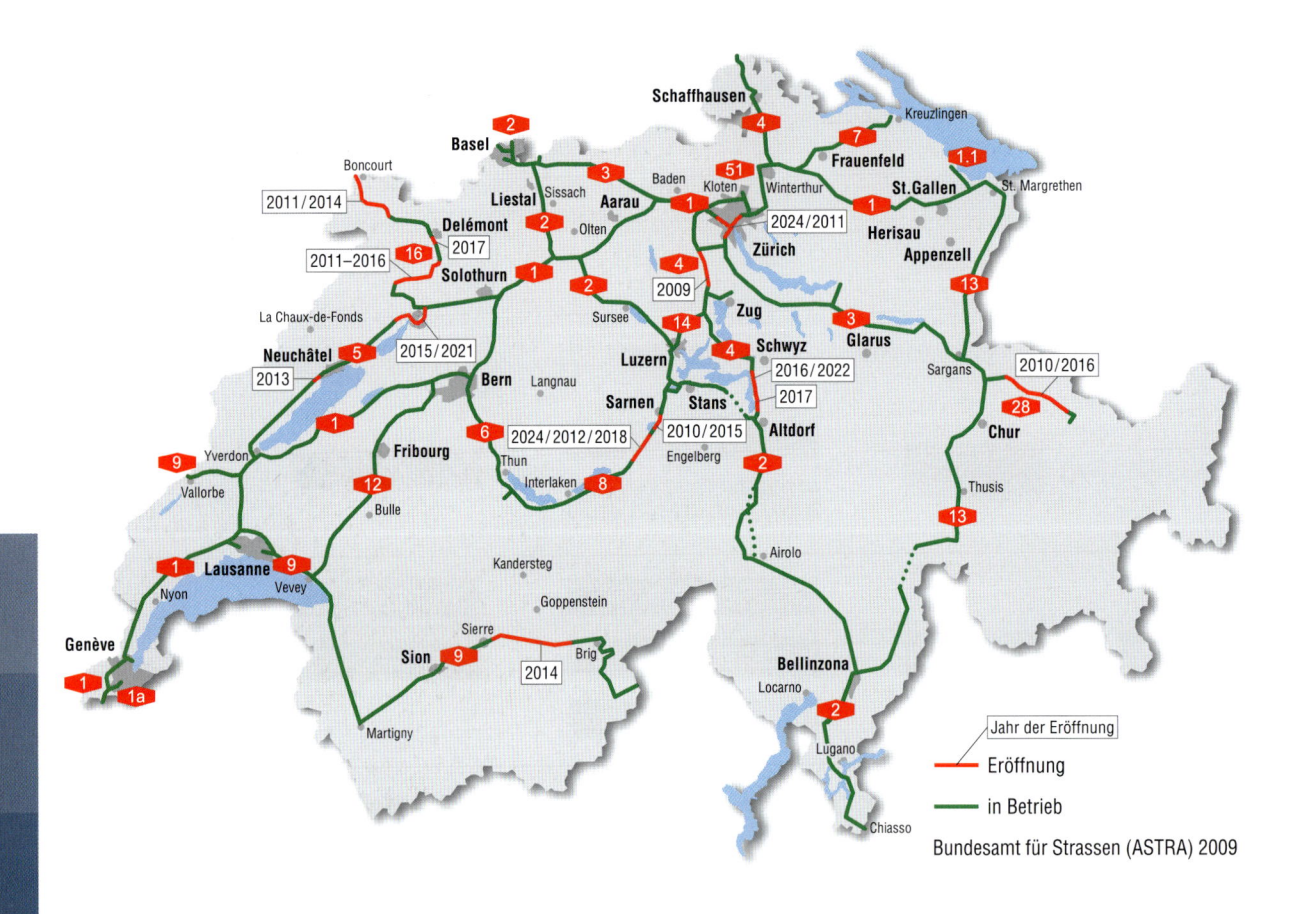

Abbildung 10.30:
Das schweizerische Nationalstrassennetz: Stand der Bauarbeiten Ende 2008

Mit den **Nationalstrassen** erster Klasse (= Autobahnen) wurde ein 1300 km langes Hochleistungsnetz neu geplant. Davon sind bis heute 1200 km gebaut und in Betrieb. Bisher wurden rund 59 Mia. Franken ins gesamte Nationalstrassennetz investiert. Grundidee ist eine West-Ost-Hauptachse von Genf an den Bodensee und eine Nord-Süd-Hauptachse von Basel durch den Gotthard nach Chiasso. Zusammen mit weiteren Autobahnen und Autostrassen werden alle grösseren Städte des Landes erschlossen. Die ersten Projekte sahen vor, die Autobahnen möglichst nahe am Stadtzentrum vorbeizuführen, um auch die Innenstädte direkt für das Auto zu erschliessen. Dort, wo es möglich war, wurden dann aber Umfahrungsautobahnen gebaut, da der zunehmende Pendlerverkehr in die Kernstädte und der Güterverkehr das Autobahnnetz so stark belasten, dass es in den Agglomerationsräumen fast täglich zu Staus kommt.

Eisenbahn

Eisenbahninfrastruktur

Mit der **Eisenbahn** wurde im 19. Jahrhundert ein grundlegend neues Verkehrsmittel eingeführt. Wegen der hohen Baukosten ist das Eisenbahnnetz viel weniger dicht als das Strassennetz. Da auch die Kosten für die Bahnhöfe sehr hoch sind, werden nur ausgewählte Standorte erschlossen. Die Bahn eignet sich vor allem für grosse Transportmengen, die zeitliche und räumliche Flexibilität ist jedoch wesentlich geringer als beim Strassenverkehr. Bereits im 8. Jahrhundert v. Chr. bauten die Assyrer steinerne Spurrillen, wie sie auch in römischen Strassen heute noch gesehen werden können. Im 16. Jahrhundert wurden im Bergbau hölzerne Spurbahnen gebaut, seit 1767 wurde dazu Eisen verwendet. Die Wagen wurden aber vorerst noch von Pferden oder Menschen gezogen. 1825 fuhr die erste dampfbetriebene Eisenbahn in England, 1847 die erste in der Schweiz.

Die Eisenbahn wurde in der Schweiz vorerst von fünf privaten Gesellschaften erbaut und finanziert, jedoch mit finanzieller Beteiligung von Gemeinden und Kantonen. 1901 wurden die Bahngesellschaften zur Schweizerischen Bundesbahn (SBB) zusammengeschlossen. Bereits 1882 war die Gotthardbahn als dritte alpenquerende Eisenbahn mit dem 15 km langen Tunnel eröffnet worden, 1906 wurde der Lötschberg- und 1913 der Simplontunnel dem Betrieb übergeben. Damit war das rund 5000 km messende Eisenbahnnetz der Schweiz weitgehend abgeschlossen. Erst in jüngster Zeit wird es mit der «Bahn 2000» und den neuen Basistunneln am Lötschberg und am Gotthard erweitert. Die Schweiz hat das dichteste Eisenbahnnetz der Welt.

Abbildung 10.31:
Die Entwicklung des schweizerischen Eisenbahnnetzes

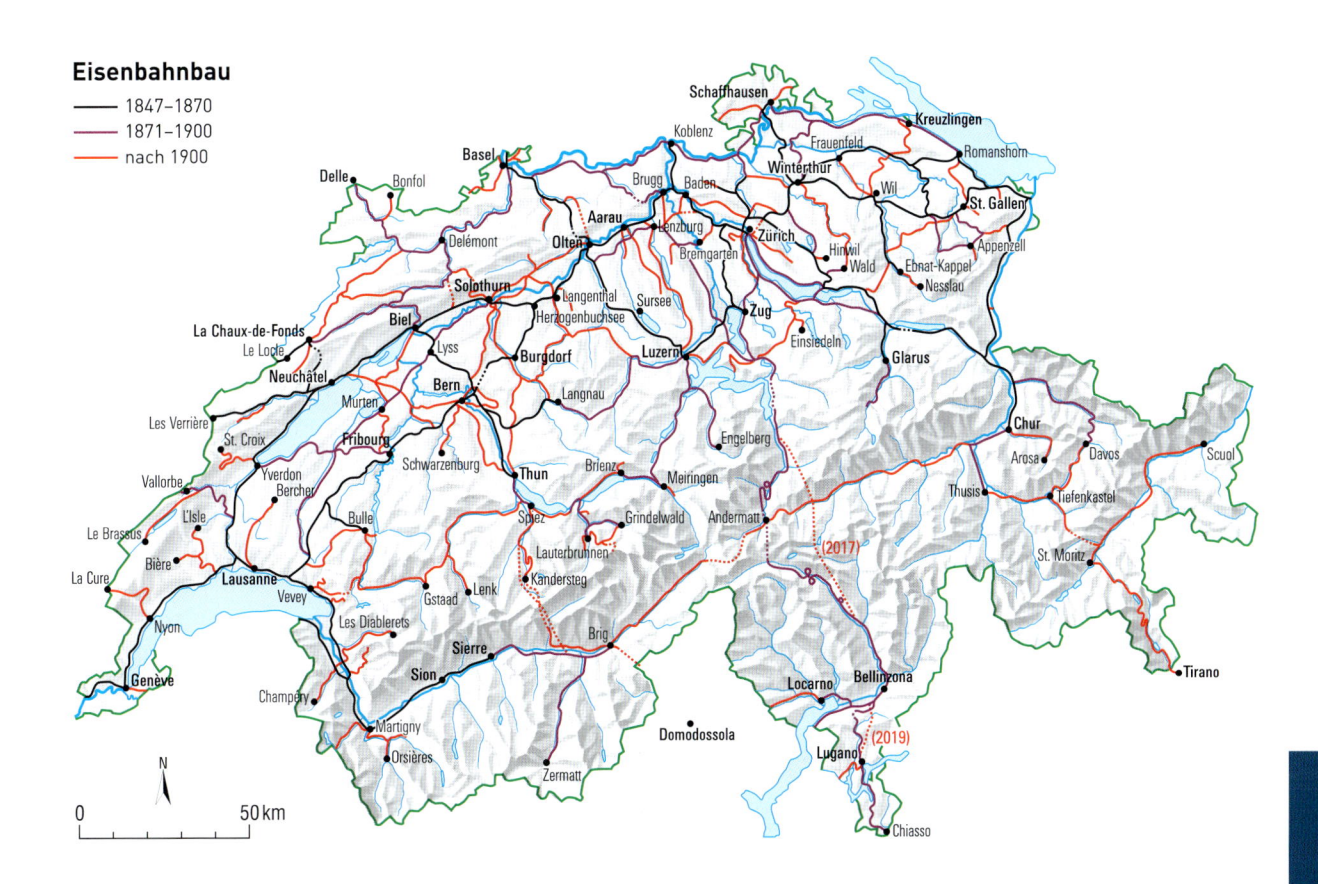

Leitungen

Auch die **Leitungen** gehören zu den Landverkehrsmitteln. Sie dienen dem Transport ganz spezieller Güter, die über eine stets gleichbleibende Konsistenz verfügen und zwischen wenigen, von vornherein fixierten Punkten transportiert werden. Am meisten verbreitet sind Wasser- und Abwasserleitungen sowie Elektrizitätsleitungen und Kabelnetze für Fernsehen und Radio sowie Datentransfers. Über grössere Strecken werden vor allem Erdöl und Erdgas transportiert, wobei das Erdgas in den Städten auch feinverteilt wird. Vor allem die Strassennetze innerhalb der Siedlungen sind heute durch die im Boden verlegten Leitungsnetze praktisch nicht mehr zu verändern.

Stadt und Verkehr

10

Verkehrswege zu Wasser

Bei den Verkehrswegen zu Wasser werden Seeverkehrswege und Binnenwasserwege unterschieden. **Seeverkehrswege** sind die kürzestmöglichen Verbindungen zwischen zwei Häfen unter Berücksichtigung der natürlichen, technischen und politischen Verhältnisse. Mit Ausnahme der Seeschifffahrtskanäle (Sueskanal, Panamakanal u. a.) und ausgebaggerten Fahrrinnen der Hafenzufahrten sind die Seeverkehrswege ungebahnt. Hafenstandorte haben sich vor allem in den Industrieländern zu grossen Industriestandorten entwickelt.

Container-Revolution

Mit der Einführung der **Container** ab 1956 wurde der Seegüterverkehr und in der Folge auch der Binnenschifffahrtsverkehr und der Landgüterverkehr (Eisenbahn und Strasse) revolutioniert. Mit den heute normierten Containern wird heterogenes Stückgut in homogenes Massengut umfunktioniert. Dadurch konnte der Transport und vor allem der Umladevorgang stark rationalisiert werden. Dazu mussten allerdings die Häfen weitgehend umgebaut oder sogar verlegt werden: Man brauchte neue Umladestationen für Bahn und Lastwagen. Zehntausende von Hafenarbeitern verloren bei diesem Prozess ihre Arbeit.

Für den **Personenverkehr** sind heute nur noch der Fährverkehr über Meerengen und Binnenseen, der Inselverkehr und die touristischen Kreuzfahrten von Bedeutung. Der interkontinentale Personenverkehr wurde weitgehend vom Flugzeug übernommen. Auch auf den historischen Binnenkanälen, die vom 18. Jahrhundert bis ins Eisenbahnzeitalter für den Güterverkehr von zentraler Bedeutung waren, verkehren heute vorwiegend Freizeitkapitäne mit in der Regel gemieteten Hausbooten.

Abbildung 10.32:
Containerhafen Hamburg,
2002

Luftverkehr

Auf den ersten Blick scheint der Luftverkehr am wenigsten «wegehaft» festgelegt zu sein. Dieser Eindruck trügt allerdings: Auch die Luftverkehrswege sind aus Sicherheitsgründen als Luftkorridore festgelegt.

Die **Flughäfen** sind in Bau und Betrieb wie die Seehäfen ausserordentlich kosten- und flächenintensiv. Eine Verlegung ist in dicht besiedelten Ländern wie der Schweiz kaum mehr möglich. Ein weiterer Grund für die Standortpersistenz sind zudem die zahlreichen Transport-, Gewerbe- und Dienstleistungsunternehmen, die sich in unmittelbarer Umgebung der Flughäfen angesiedelt haben und auf die Nähe des Flughafens angewiesen sind.

Abbildung 10.33:
Der Flughafen Zürich-Kloten wird zunehmend von Wohn- und Gewerbequartieren umgeben.

Verkehrsplanung und Verkehrsorganisation
Das Verkehrsangebot lässt sich heute nicht mehr nach den verschiedenen Verkehrsmitteln getrennt entwickeln, sondern muss im Rahmen von **Gesamtverkehrskonzeptionen** geplant und organisiert werden. Dies ist allerdings schwierig, weil ganz unterschiedliche öffentliche und private Institutionen zusammenarbeiten müssen und weil der Verkehr über die Landesgrenzen hinweg organisiert werden muss.

Literaturhinweise
ATLAS DER SCHWEIZ, 1965 ff. Wabern-Bern.
BENEVOLO L., 1983: Die Geschichte der Stadt. Frankfurt am Main.
BOESCH H., HOFER P., 1963: Flugbild der Schweizer Stadt. Bern.
BRONGER D., 2004: Metropolen, Megastädte, Global Cities, Darmstadt.
GAEBE W., 2004: Urbane Räume. Stuttgart.
HEINEBERG H., 2006: Stadtgeographie. Paderborn.
HOFMEISTER B., 1991: Die Stadtstruktur. Darmstadt.
HOFMEISTER B., 1994: Stadtgeographie. Braunschweig.
LICHTENBERGER E., 2002: Die Stadt. Von der Polis zur Metropolis. Darmstadt.
NUHN H.; HESSE, M., 2006: Verkehrsgeographie. Paderborn/München/Wien/Zürich.
PAESLER R., 2008: Stadtgeographie. Darmstadt.
ZEHNER K., 2001: Stadtgeographie. Gotha/Stuttgart.

10

Exkurs: Die neue Stadt Almere in den Niederlanden

Da, wo heute die Stadt Almere liegt, rund 25 km östlich von Amsterdam, war vor 50 Jahren noch Meer. Erst mit der Trockenlegung des Süd-Flevoland-Polders in der Zuidersee war der Standort für die «neue Stadt» geschaffen worden, die heute bereits 186 000 Einwohner zählt und bis auf etwa 250 000 Einwohner anwachsen soll.

Nachdem bereits ab 1946 rund um London 20 neue Städte gegründet worden waren, um die Metropole vom Bevölkerungs- und Wirtschaftsdruck zu entlasten, wurde 1961 Almere als Entlastungsstadt für Amsterdam im zukünftigen Polder geplant. Da genügend Land zur Verfügung stand, wurde Almere dezentral mit mehreren Stadtkernen gebaut: Almere-Stad, Almere-Haven, Almere-Buiten, Almere-Hout und Almere-Poort, das sich noch im Bau befindet. Für den sechsten Stadtteil, Almere-Pampus, bestehen erst Entwürfe. Jeder dieser Stadtteile hat seinen eigenen Charakter. Mit Ausnahme des Zentrums in Almere-Stad besteht die Siedlung vorwiegend aus ein- bis viergeschossigen Häusern mit Gärten, 90 % aller Gebäude sind zweigeschossige Einfamilienhäuser. Auch die Verkehrsflächen sind sehr grosszügig, da für den öffentlichen Verkehr, für den privaten Autoverkehr und für die Fahrräder je eigene Strassen realisiert wurden. Die ganze Stadt ist vom Ijsselmeer umgeben. Zwischen den Stadtteilen liegt ein künstlicher See.

Da die Stadt als selbstständige Siedlung und nicht als Vorort von Amsterdam konzipiert wurde, verfügt sie über Geschäfte, Schulen, Freizeit- und Erholungseinrichtungen sowie über grosse Industrie- und Gewerbeflächen am Stadtrand. Es stehen in Almere folglich auch Arbeitsplätze zur Verfügung. Im Jahr 2009 waren es etwa 80 000, was noch nicht für alle Erwerbstätigen genügte, sodass rund 50 % ausserhalb von Almere arbeiteten. Um diese Situation nachhaltig zu verbessern, sollen in Almere-Poort nach der Fertigstellung mehr Menschen arbeiten als wohnen. Neben den ausgezeichneten Freizeit- und Erholungsgebieten innerhalb und ausserhalb der Stadt gibt es auch Theater, Konzerte, Kinos, Discos usw. Allerdings ist Amsterdam so gut erreichbar, dass trotzdem viele Almere-Bewohner in der Freizeit in die Hauptstadt fahren.

Almere ist eine ausserordentliche Chance, eine Stadt für die heutigen Bedürfnisse zu planen und zu bauen, ohne auf bestehende Strukturen Rücksicht nehmen zu müssen. Allerdings entsprechen die heutigen Bedürfnisse bereits vielfach nicht mehr denjenigen der ersten Planungszeit in den 1960er-Jahren. Da aber die heutigen Bedürfnisse auch denjenigen in 20 oder 30 Jahren nicht mehr entsprechen werden, muss flexibel geplant werden: Die Stadt kann nicht als ideales, fertiges Bauwerk errichtet werden, wie das ursprünglich die Auffassung der Planer war.

Entscheidend für die weitere Entwicklung dieser Stadt wird sein, ob Almere sich als selbstständige Stadt wird behaupten können oder ob sie sich immer mehr zur Satellitenstadt von Amsterdam entwickeln und damit immer stärker von dieser abhängig werden wird. Almere wäre dann eine grosse Schlafstadt mit ausgezeichnetem Wohnumfeld inmitten schöner Erholungsgebiete.

Die «neue Stadt» ist ein Experiment, das noch lange nicht abgeschlossen ist!

Stadtteile und funktionale Gliederung der neuen Stadt Almere im Jahr 2008

Exkurs: NEAT – Gotthard-Basistunnel

Die Schweiz ist das Bahnland von Europa: Im weltweiten Vergleich erzielen die Schweizer Bahnen im Güter- und im Personenverkehr absolute Spitzenwerte. Das Schienennetz ist jedoch seit 1913 kaum mehr erweitert worden: Ende der 1950er-Jahre sanken die Investitionen in die Schieneninfrastruktur praktisch auf null. Die öffentlichen Gelder für die Verkehrsinfrastruktur flossen zunehmend in den Strassenbau. Anfang der 1970er-Jahre machten sich die ersten Verkehrsengpässe bemerkbar: Der wirtschaftliche Aufschwung liess den Verkehr sprunghaft anschwellen, der Schienentransit durch die Schweizer Alpen war hoffnungslos überlastet. Auch die Verbindungen im dicht besiedelten Mittelland stiessen an ihre Grenzen.

Ein Schnellbahnprojekt sollte die Engpässe im Nord-Süd- und Ost-West-Verkehr beseitigen. Bei der Mehrheit der Kantone fanden diese Eisenbahnpläne jedoch keine Zustimmung, weil die meisten Regionen davon nicht profitiert hätten.

In den 1980er-Jahren fand dann aber eine grundlegende Wende zugunsten der Bahn statt, nachdem festgestellt worden war, dass die Strasse nicht alle Probleme lösen kann und vor allem zahlreiche neue verursacht.

In drei Volksabstimmungen wurden die beiden Grossprojekte «Bahn 2000» (1987) und «neue Eisenbahn-Alpentransversale NEAT» (1992) sowie die Finanzierung für die Bahnmodernisierung (1998) angenommen.

Zum Projekt der NEAT zählen die Basistunnel am Gotthard, Lötschberg und Ceneri. Der 35 km lange Lötschberg-Basistunnel konnte am 9. Dezember 2007 seinen Vollbetrieb aufnehmen. Seit der Inbetriebnahme rollen täglich 40 Personen- und 70 Güterzüge auf der Flachbahn durch den Lötschbergtunnel. Die Reisezeit durch die Alpen hat sich damit um eine Stunde verkürzt.

Gotthard-Basistunnel

Der 57 km lange Gotthard-Basistunnel (dereinst längster Eisenbahntunnel der Welt) stellt das Kernstück der Alp-Transit dar. AlpTransit dient vor allem der Verlagerung des Schwerverkehrs auf die Schiene. Der neue Basistunnel bringt aber auch rasche Zugverbindungen zwischen der Nord- und der Südschweiz. Mit den Hochgeschwindigkeitszügen werden Geschwindigkeiten von 200 bis 250 km/h erreicht. Damit verkürzt sich die Reisezeit von Zürich nach Milano von heute 3 h 40 auf neu 2 h 40! Ebenso wird durch den Bau des Gotthard-Basistunnels die Kapazität auf 200 bis 220 Züge täglich erhöht. Dies entspricht ungefähr einem Volumen von 40 Mio. t Gütern pro Jahr und damit einer Verdoppelung der heute 20 Mio. t.

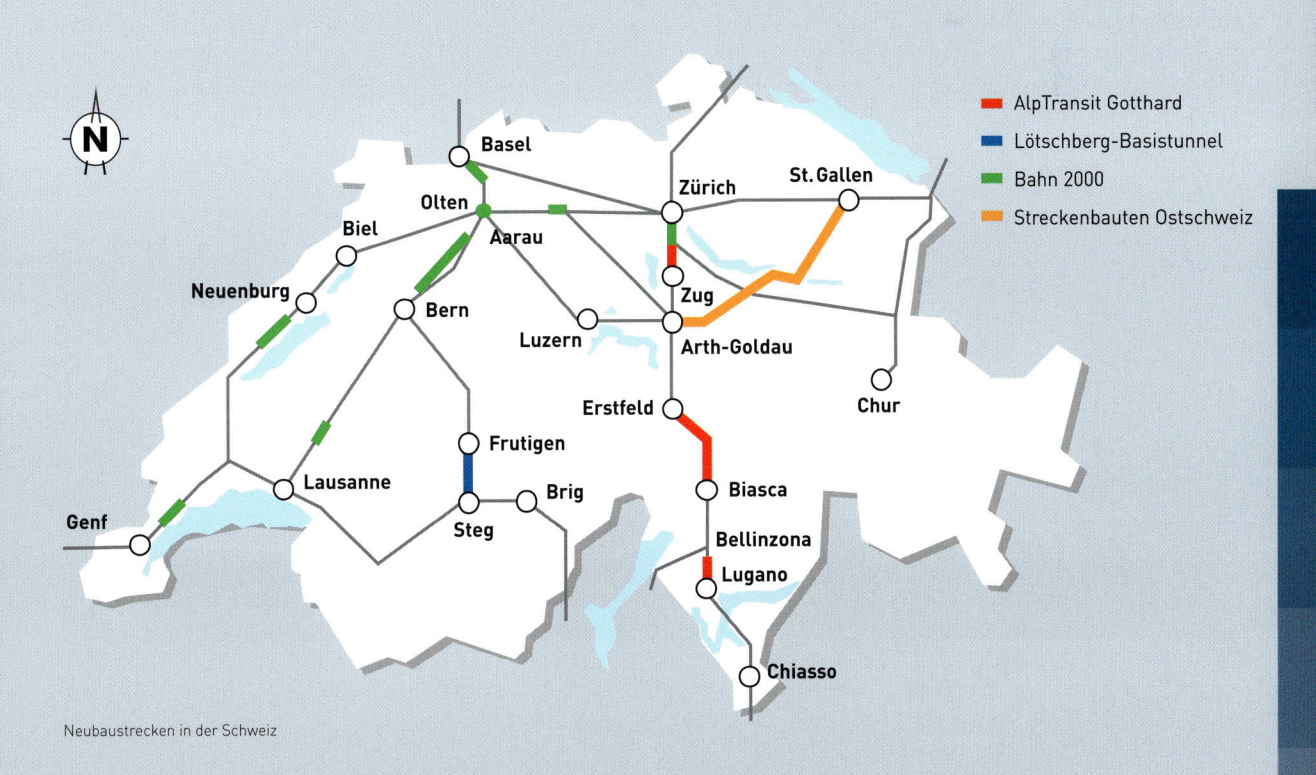

Neubaustrecken in der Schweiz

10

Der Gotthard-Basistunnel besteht aus zwei einspurigen Tunnelröhren, welche durch Querschläge zirka alle 325 m miteinander verbunden sind. Die Linienführung durch den Berg ist nicht einfach, da die Geologie kompliziert ist und Sondierbohrungen nur eine gewisse Sicherheit geben können. Die Bauzeit des Gotthard-Basistunnels kann durch die zusätzlichen Tunnelzugänge (sogenannte Zwischenangriffe) von oben und von der Seite halbiert werden. Die drei Zwischenangriffe in Amsteg, Sedrun und Faido unterteilen den Tunnel in fünf Teilabschnitte, bei welchen ein gleichzeitiger Vortrieb vorgesehen ist. Bis 2009 sind 87 % des Tunnelsystems am Gotthard ausgebrochen. Der Hauptdurchschlag zwischen Sedrun und Faido soll gemäss Bauprogramm Anfang 2011 erfolgen. Der Tunnel kann ab 2017 dem Güter- und Personenverkehr auf der Nord-Süd-Achse dienen.

Als logische Fortsetzung des Gotthard-Basistunnels gilt der Ceneri-Basistunnel. Dieser bildet die südliche Ergänzung der Gotthardstrecke und vervollständigt die gesamte Achse zu einer Flachbahn. Die ersten Arbeiten für den Bau der beiden 11,5 km langen Röhren sind bereits im Gang. Neben der massiven Verbesserung des Tessiner Regionalverkehrs wird damit erreicht, dass Güterzüge von mehr als 2000 t Anhängelast ohne Halt und ohne Zwischen- und Schiebeloks durch die Schweiz geführt werden können. Die kommerzielle Inbetriebnahme ist auf Ende 2019 geplant.

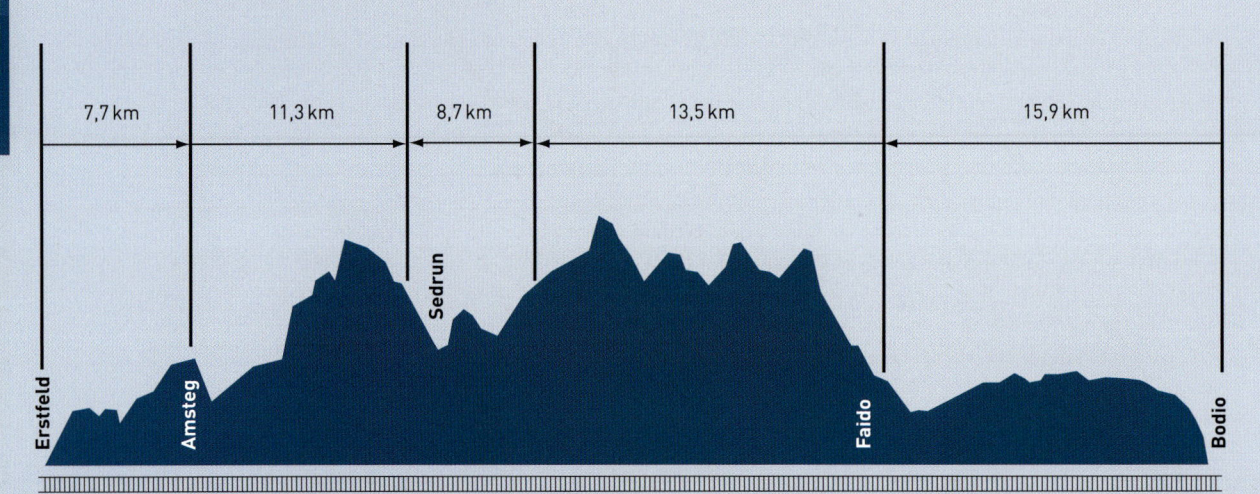

Schematische Darstellung des Gotthard-Basistunnels, der mit 57 km zum längsten Eisenbahntunnel der Welt wird und das Kernstück der neuen Eisenbahn-Alpentransversale (NEAT) bildet

Exkurs: NEAT – Gotthard-Basistunnel

11
Landschaftswandel und Raumplanung

Stefan Manser, Ernst Stauffer, Hans-Rudolf Egli

Durch das Wirtschaftswachstum und den Strukturwandel in Wirtschaft und Gesellschaft steigen die Ansprüche an die Landschaft als Lebensgrundlage des Menschen stetig an.
Da der Boden nicht vermehrt werden kann – Boden ist eine endliche Ressource –, wird er zum knappen Gut. Ziel der Raumordnungspolitik ist es nun, die unterschiedlichen Ansprüche und Interessen so aufeinander abzustimmen, dass mit einem haushälterischen Umgang mit der Landschaft der Lebensraum auch für zukünftige Generationen nachhaltig gesichert werden kann.
Die Kulturlandschaft mit den ländlichen und städtischen Siedlungen ist nicht nur das Ergebnis der Wirtschafts- und Gesellschaftsentwicklung, sie bietet auch Ressourcen für heutige und zukünftige Tätigkeiten. Die Siedlungen sind Wohnraum für einen grossen Teil der nichtlandwirtschaftlichen Bevölkerung, die Fluren sind gleichzeitig Erholungsraum, und die Landschaft ist besonders im Gebirge eine ausserordentlich wichtige Grundlage für den Tourismus. Siedlungen, Fluren und Landschaft müssen deshalb geschützt, gepflegt und weiterentwickelt werden.

11

1. Landschaftswandel und Landnutzung in der Schweiz

Die Raumplanung in der Schweiz hat die Aufgabe, durch haushälterische Bodennutzung und geordnete Besiedlung des Landes langfristig eine Vielfalt von Nutzungen sicherzustellen.

Solange man Entfernungen nur zu Fuss, per Fahrrad oder mit öffentlichen Verkehrsmitteln überwinden konnte, blieben der Zersiedlung der Landschaft Grenzen gesetzt. Erst nach dem Zweiten Weltkrieg setzte eine starke Siedlungsentwicklung ein. Mit der Zunahme des motorisierten Individualverkehrs wuchs die Mobilität, das tägliche Überwinden grösserer Distanzen wurde möglich. Der Wohnort musste nicht mehr in unmittelbarer Nähe des Arbeitsortes sein. Damit wurde auch die Art der Nutzungsansprüche an den Boden vielfältiger, beispielsweise für Wohn-, Verkehrs-, Industrie- und Erholungsflächen. Es wurde nötig, eine gesetzliche Grundlage zu schaffen, die zum Ziel hat, die Raumentwicklung in die gewünschten Bahnen zu lenken. Durch die klare Abgrenzung von Siedlungs- und Nicht-Siedlungsgebiet versuchte man einerseits, der Landschaftszerstörung durch Zersiedlung einen Riegel zu schieben und andererseits genügend grosse und geeignete Flächen für die Landwirtschaft zu erhalten. Die Hauptanstrengungen der Raumplanung galten zuerst aber vorwiegend dem Baugebiet.

Die Landschaft hat sich im Laufe der Zeit stetig gewandelt. Die Entwicklung führte in den meisten Fällen über mehrere Stufen hinweg von der ursprünglichen Naturlandschaft zur vom Menschen geschaffenen Kulturlandschaft.

Unter **Naturlandschaft** versteht man Gebiete, die sich ohne Einflüsse des Menschen entwickelt haben, die vom Menschen kaum betreten und insbesondere nicht bewirtschaftet werden. Solche Gebiete findet man in der Schweiz nur noch selten, am ehesten noch im Alpenraum. Als Reste der Naturlandschaft kann man beispielsweise vergletscherte Gebiete, Felsregionen, Moore oder Schuttkegel bezeichnen.

Als **naturnahe Landschaften** bezeichnet man Gebiete, die vom Menschen kaum oder nur marginal bewirtschaftet werden. Die Landschaft ist vom Menschen wenig beeinflusst, die naturlandschaftlichen Elemente, z. B. Wald oder natürliche Bachläufe, prägen das Landschaftsbild.

Abbildung 11.1, links: Naturlandschaft Rhonegletscher

Abbildung 11.2, rechts: Traditionelle Agrarlandschaft im Napfgebiet (hinter Schwarzenegg, Kanton Bern)

11

Kulturlandschaft

Die **Kulturlandschaft** ist durch den Menschen geschaffen worden. Sie ist der von Menschen bewusst oder unbewusst beeinflusste Teil unseres Lebensraumes. In der Kulturlandschaft sind zahllose Spuren gesellschaftlicher, wirtschaftlicher und kultureller Handlungen gespeichert. Sie ist deshalb ein wichtiges Archiv menschlicher Tätigkeiten. Die Spuren sind teilweise jahrhunderte- oder sogar jahrtausendealt. Die Kulturlandschaft ausserhalb der Städte ist neben der räumlichen Verteilung des Waldes und der ländlichen Siedlungen vor allem durch die Fluren geprägt. Als Flur wird die parzellierte, von den einzelnen Landwirtschaftsbetrieben bewirtschaftete Nutzfläche einer Siedlung bezeichnet.

Durch die ganz unterschiedlichen Grössen und Formen der Besitzparzellen können verschiedene Flurformen unterschieden werden, die Hinweise auf die Bewirtschaftungsart und das Sozialgefüge einer Region geben.

Unregelmässige Parzellengefüge sind das Ergebnis einer individuellen und spontanen Besiedlung. Der einzelne Bauer entschied selbstständig, wo er seinen Hof bauen und wie er sein Land aufteilen und nutzen wollte. Regelmässige Flurformen weisen auf einen geplanten Gründungsvorgang hin, bei dem jeder beteiligte Bauer ein gleich grosses Stück Land zugewiesen erhielt. Solche Planfluren sind seit der römischen Zeit bis in die Gegenwart immer wieder entstanden. Wie bei den Plansiedlungen wurden diese Fluren durch öffentliche oder private Grossgrundbesitzer angeregt oder verordnet.

Neben der Regelmässigkeit sind die Besitzstreuung und die Parzellengrösse wichtige Flurmerkmale. Sie hängen meistens eng mit der Wirtschaftsweise zusammen. In Einödfluren besitzt jeder Bauer ein einziges Stück Land, auf dem auch der Hof steht. Bei Gemengefluren besitzt jeder Bauer mehrere, bisweilen Hunderte von meist kleinen Parzellen.

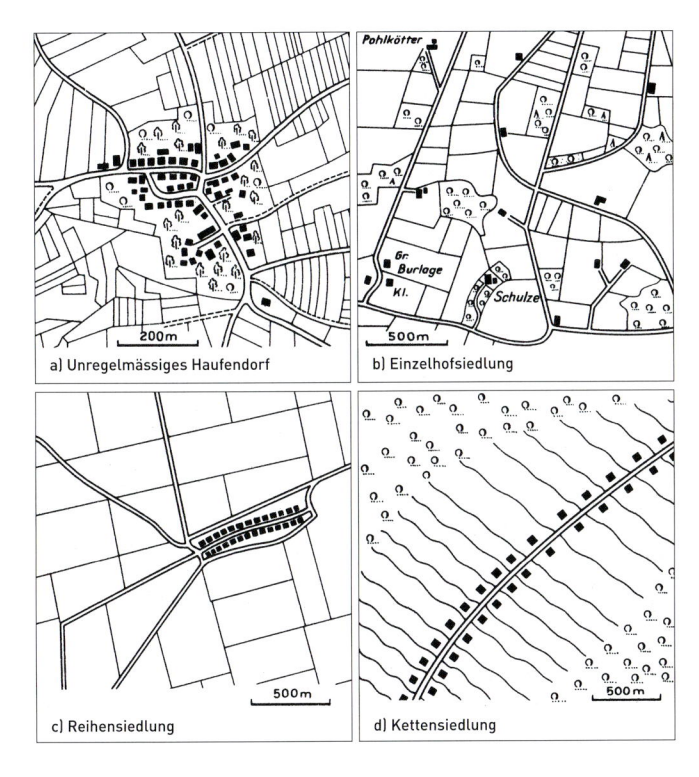

Abbildung 11.3:
Die häufigsten Siedlungs- und Flurformen der Schweiz

Landschaftswandel und Raumplanung

11

Traditionelle Agrarlandschaft

In der **traditionellen Agrarlandschaft** sind die landwirtschaftlichen Nutzflächen und die Wälder unregelmässig parzelliert. Das natürliche Relief mit Mulden, Böschungen und Gräben ist kaum verändert. Die Landschaft ist vielfältig, umfasst viele landschaftliche Elemente wie Äcker, Wiesen, Weiden oder Hecken und bietet damit Lebensraum für verschiedene Pflanzen und Tiere. Ebenso vielfältig wie die Nutzungs- und Flurformen sind die traditionellen Siedlungen: Einzelhöfe, Weiler und Dörfer, die meistens unregelmässig und mehr oder weniger dicht bebaut sind.

Die **ländlichen Siedlungen** als Knotenpunkte der menschlichen Aktivitäten, des Wirtschaftens und Handelns, spielen für die Entwicklung des ländlichen Raumes eine entscheidende Rolle. In ihnen sind die Einrichtungen konzentriert, die der Erfüllung der Grunddaseinsfunktionen «wohnen», «arbeiten», «sich versorgen», «sich bilden», «sich erholen» und «in Gemeinschaft leben» dienen. Zu den ländlichen Siedlungen werden traditionelle Bauerndörfer, isolierte Einfamilienhaussiedlungen und Ferienhaussiedlungen ebenso wie Industriesiedlungen ausserhalb der Städte gezählt. Die Siedlungen werden nach einzelnen Merkmalen wie Lage, Grösse, Grundrissform, Bebauungsdichte, Funktion oder Sozialstruktur unterschieden. Mit der Unterscheidung von Dorf, Weiler oder Einzelhof entstehen Typbegriffe, die eine spezifische Merkmalskombination umfassen.

Die **Siedlungsgrösse** kann mit der Einwohnerzahl, dem Umfang der überbauten Fläche, der Anzahl Gebäude oder der Anzahl der landwirtschaftlichen Betriebe beschrieben werden. Die Einwohnerzahl ist grundsätzlich ein sehr gut geeignetes Merkmal, zu dem aber meist nur für die gesamte Gemeinde, nicht aber für die einzelne Siedlung Daten vorliegen. Da innerhalb einer Gemeinde häufig ganz unterschiedliche Siedlungstypen vorkommen, sagt die Einwohnerzahl für die einzelne Siedlung wenig aus.

Die überbauten Flächen einer Gemeinde können der topografischen Karte leicht entnommen werden. Sie müssen aber zusammen mit der Gebäudedichte beurteilt werden, da es sowohl dichte als auch sehr locker überbaute Siedlungen gibt. Die Zahl der Gebäude, die ebenfalls einfach den topografischen Karten entnommen werden kann, eignet sich nur bedingt dazu, Aussagen über die Siedlungsgrösse zu machen, weil es einerseits Bauernhöfe gibt, die nur ein einziges grosses

Abbildung 11.4: Moderne Agrarlandschaft im Seeland (Treiten, Kanton Bern)

Gebäude umfassen, und andererseits solche mit mehreren Spezialgebäuden (Wohnhaus, Stall, Scheune, Stöckli, Speicher, Hühnerhaus u.a.). Bei den Wohnhäusern sind die Unterschiede zwischen einem Einfamilienhaus und einem Mehrfamilienhaus oder sogar einem Hochhaus in der Karte kaum zu erkennen.

Die **Grundrissform** umfasst die Anordnung der Gebäude und die Bebauungsdichte einer Siedlung. Der Siedlungsgrundriss ergibt sich aus der Verkehrsfläche, der bebauten Fläche und den Freiflächen. Er beinhaltet das Liniengefüge von Strassen, Plätzen, Häusern und Gärten in ihrem Verlauf und ihrer Zuordnung. Wichtige Merkmale der Siedlungsgrundrisse sind die Regelmässigkeit, Form und Dichte. Regelmässige Siedlungen wurden ursprünglich von einem Grundherrn oder von einer privaten Institution, beispielsweise einem Kloster, einem Unternehmen oder einer Privatperson, erbaut. In geplanten Siedlungen sind die Gebäude linear, rechteckig oder radial angeordnet. Die Grundrissdichte hängt von der Hofform, der Wirtschaftsweise und dem verfügbaren Platz ab. Man unterscheidet zwischen dichten und lockeren Grundrissen. Die wichtigsten Grundrissformen in der Schweiz sind die unregelmässigen Haufendörfer, die Strassendörfer und die Zeilendörfer.

Dorf, Weiler, Hofgruppe und Einzelhof sind Begriffe, die sowohl formale und funktionale als auch soziodemografische Merkmale umfassen.

Als **Dorf** wird allgemein eine ländliche Siedlung ab einer Grösse von etwa 100 Einwohnern bezeichnet. Entsprechend zählt das Bauerndorf mindestens zehn Landwirtschaftsbetriebe, da ursprünglich drei Generationen und mehrere Mägde und Knechte auf jedem Hof wohnten. Zum Dorf gehören auch ländliche Gewerbebetriebe (z.B. Schreinerei, Schmiede, Landmaschinenwerkstatt und Betriebe des Baugewerbes) sowie private und öffentliche Dienstleistungsbetriebe (z.B. Wirtshaus, Käserei, Gemeindeverwaltung, Kirche und Schule). Das Leben im Dorf ist geprägt durch die engen Beziehungen der Bewohner untereinander und durch ein reges Vereinsleben. In der Umgebung der Städte wurden viele Dörfer durch neue Einfamilienhausquartiere erweitert und durch die zahlreichen Zuzüger sozial stark verändert. Dieser Prozess wird als Periurbanisierung (Verstädterung des Landes) bezeichnet.

Abbildung 11.5: Langnau im Emmental als zentraler Ort im ländlichen Raum

Landschaftswandel und Raumplanung

11

Kleine Gruppensiedlungen mit ursprünglich vier bis zehn landwirtschaftlichen Betrieben werden als **Weiler** bezeichnet. Sie verfügen auch über einzelne Dienstleistungseinrichtungen wie eine Käserei oder ein Wirtshaus. Weiler sind häufig aus der Teilung von Einzelhöfen entstanden. Nur ausnahmsweise gibt es in einem Weiler auch eine öffentliche Dienstleistung, zum Beispiel ein Schulhaus.

Eine **Hofgruppe** besteht aus zwei bis drei Bauernhöfen und besitzt keine zentralen Einrichtungen. Die unregelmässigen Hofgruppen sind häufig aus der Teilung eines Einzelhofes entstanden. Bei Neusiedlungen werden Hofgruppen zur Erleichterung sozialer Kontakte oft planmässig angelegt.

Der **Einzelhof** besteht aus einer einzigen, meist landwirtschaftlichen Wohn- und Arbeitsstätte und wird in der Regel von einer einzigen Familie bewohnt. Er kann aus einem einzigen Mehrzweckgebäude oder aus mehreren Gebäuden als Gruppenhof bestehen. Einzelhöfe stehen fast immer innerhalb des dazugehörigen Wirtschaftsareals. Ein Gebiet mit vorwiegend Einzelhöfen wird als Einzelhofsiedlung bezeichnet. Typische Einzelhofsiedlungen sind das Hügelgebiet des Emmentals oder das Streusiedlungsgebiet im nördlichen Alpenraum und im Appenzellerland.

Die Bewirtschaftung durch den Menschen war lange Zeit auf die Selbstversorgung ausgerichtet. Der Mensch passte sich den natürlichen Verhältnissen an. In vielen Gebieten entspricht die traditionelle Agrarlandschaft dem Zustand der Landschaft vor der verkehrsmässigen Erschliessung.

Abbildung 11.6:
Flur von Ins vor und nach der Güterzusammenlegung, 1974 (links) und 1981 (rechts)

Moderne Agrarlandschaft

Abbildung 11.7:
Moderner Aussiedlerhof in der St. Galler Rheinebene

Die **moderne Agrarlandschaft** ist geprägt durch Merkmale wie Begradigung von Fluss- und Bachläufen, den Ausbau von Flurwegen, das Verschwinden von naturnahen Elementen wie Hecken und Einzelbäumen und das Auftreten von plantageartigen Kulturen. Die landwirtschaftliche Nutzung ist gekennzeichnet durch einen hohen Grad an Mechanisierung. Durch Meliorationen (Bodenverbesserungen, z.B. Drainage) und Güterzusammenlegungen wurden viele kleinparzellierte Fluren zu grossflächigen Blockfluren mit grossen und geometrischen Parzellen umgestaltet, die mit Maschinen rationell bewirtschaftet werden können.

Landschaftswandel und Landnutzung in der Schweiz

Meistens entstand dabei auch ein völlig neues, geometrisch angelegtes Wegnetz. Im Rahmen der Güterzusammenlegungen wurden oft auch einzelne Landwirtschaftsbetriebe aus den Dörfern in die Fluren verlegt. Es entstanden sogenannte Siedelhöfe, moderne Einzelhöfe.

Als **Stadtlandschaft** bezeichnet man ein grösseres Gebiet, in dem im Landschaftsbild die dichte Bebauung, das dichte Strassennetz sowie die städtischen Gebäudetypen im Zusammenhang mit der städtischen Bevölkerungs- und Wirtschaftsstruktur dominieren (vgl. Kapitel 10).

Stadtlandschaft

Der ländliche Raum hat wichtige Funktionen für die gesamte Gesellschaft und Wirtschaft übernommen, beispielsweise als Wohn- und Lebensraum für die nichtlandwirtschaftliche Bevölkerung, als Erholungsraum, zur Erhaltung bzw. Schaffung des ökologischen Gleichgewichts und gesunder Umweltbedingungen. Der ländliche Raum ist aber auch Standort zahlreicher Gewerbe- und Industriebetriebe sowie Standort von Verkehrs-, Versorgungs- und Entsorgungsanlagen. Nachdem lange Zeit in den Industrieländern die ländlichen Räume politisch und planerisch vernachlässigt wurden, werden sie heute gleichwertig mit den städtischen Räumen als eigenständige Gebiete behandelt. Eine nachhaltige Entwicklung grosser Regionen der Erde ist ohne Einbezug der ländlichen Räume nicht möglich.

Zunehmend gewinnt auch die **Freizeit- und Tourismuslandschaft** an Bedeutung. Touristisch geprägte Gebiete mit entsprechender Infrastruktur wie Hotellerie, Parahotellerie, touristischen Spezialverkehrsmitteln finden sich in der Schweiz vor allem im Alpenraum und an den grösseren Seen. Touristen dringen durch Tätigkeiten wie Klettern, Canyoning und Gleitschirmfliegen immer stärker in ehemals naturnahe Landschaften oder sogar in Naturlandschaften vor.

Freizeit- und Tourismuslandschaft

In den 12 Jahren von 1984 bis 1995 wurden rund 0.6 m^2 pro Sekunde für neue Siedlungsflächen beansprucht. Von 1972 bis 1995 wurde etwa die Fläche des Genfersees für zusätzliche Siedlungen, Bauten und Anlagen sowie für Strassen und Wege beansprucht (74 km^2). Im gleichen Zeitraum nahm die Waldfläche um insgesamt rund 34 km^2 zu, vorwiegend im Berggebiet.

Abbildung 11.8:
Tourismuslandschaft
Crans-Montana sur Sierre

Zustand 1992/97

- 31% Wald, Gehölz
- 24% Landwirtschaftliche Nutzfläche
- 13% Alpwirtschaft
- 5% Siedlungsfläche
- 2% Verkehrsfläche
- 4% Gewässer
- 21% Andere unproduktive Flächen

Entwicklung 1979/85 – 1992/97

Bodennutzung	km^2	%
Wald, Gehölz	12716	30.8
Landwirtschaftliche Nutzfläche	9873	23.9
Alpwirtschaft	5378	13.0
Siedlungsfläche	1897	4.6
Verkehrsfläche	893	2.2
Gewässer	1739	4.2
Andere unproduktive Flächen	8786	21.3
Total	41282	100.0

Abbildung 11.9:
Zustand und Entwicklung der Bodennutzung in der Schweiz
(bei Gewässern und unproduktiven Flächen nur minimale Veränderungen)
(Quelle: Bundesamt für Statistik)

Landschaftswandel und Raumplanung

11

Abbildung 11.10: Nutzungskonflikte in Niederwangen im Westen der Stadt Bern: Suburbanisierung zwischen 1946 und 2000

Nutzungskonflikte werden häufiger

Alle menschlichen Tätigkeiten, alle Daseinsgrundfunktionen wie das Wohnen, Arbeiten, die Erholung, die Versorgung, die Bildung, die Verkehrsteilnahme, das Gemeinschaftsleben usw. beanspruchen Raum. Verschiedene Nutzungen oder Nutzungsinteressen, die sich auf den gleichen Raum ausrichten, sich aber gegenseitig stören oder sogar ausschliessen, können daher zu Nutzungskonflikten führen. Die zukünftige Raumgestaltung kann auf der Grundlage von übergeordneten Zielsetzungen, zum Beispiel mit einem Leitbild, definiert werden. Nutzungskonflikte müssen dabei rechtzeitig erkannt und gelöst werden.

Die Schweiz weist von ihren natürlichen Grundlagen her mit 26 % einen hohen Flächenanteil an «unproduktivem» Land auf. Somit verschärft sich der «Wettkampf um den Boden» auf den verbleibenden Flächen noch zusätzlich. Dies manifestiert sich in der Abbildung 11.10 (Bern-Bümpliz). Zwischen 1946 und 2000 hat sich dieses Gebiet grundlegend verändert. Waren grosse Bereiche 1946 noch landwirtschaftlich genutzt, hat sich als Folge der guten Verkehrslage und der Nähe zur Stadt die Siedlung auf Kosten der Landwirtschaftsfläche stark ausgedehnt (Stichwort Suburbanisierung, vgl. Kapitel 10).

2. Raumplanung in der Schweiz

Entwicklung der Raumplanung

Seit dem 19. Jahrhundert wird der Raum als Folge der technischen Entwicklung viel stärker umgestaltet als in den vorangehenden Jahrhunderten, um den Bedürfnissen des Menschen gerecht zu werden. Dazu zählen beispielsweise die Gewässerkorrektionen, der Eisenbahnbau oder die Nutzbarmachung von ehemaligen Sumpfebenen als Landwirtschaftsflächen. Die ersten Bauplanungen erfolgten an der Wende zum 20. Jahrhundert mit dem 1893 erlassenen Baugesetz des Kantons Zürich. Als erste Gemeinde gab sich im Jahre 1926 Winterthur einen Nutzungszonenplan. Darin wurde den einzelnen Parzellen bereits eine klare Nutzung zugewiesen. Die Massenmotorisierung und der Bauboom der Nachkriegsjahre erforderten schliesslich eine national ausgerichtete Raumplanung. 1969 wurden im Bodenrechtsartikel (Art. 75 der neuen Bundesverfassung) die Anliegen der Raumplanung in der Bundesverfassung verankert und 1980 im **Bundesgesetz über die Raumplanung** (Raumplanungsgesetz, RPG) auf Gesetzesebene festgelegt.

Bundesgesetz über die Raumplanung

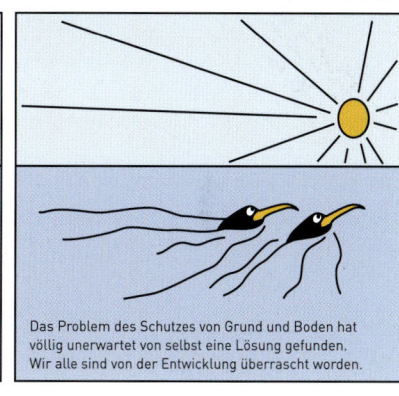

Grund und Boden schmelzen dahin. Man müsste Massnahmen dagegen ergreifen, wirksame Massnahmen.

Die Lage erfordert jedoch erst umfassende Abklärungen. Für konkrete Schritte ist die Zeit noch nicht reif.

Grundsätzliche, rechtliche und politische Erwägungen verlangen gebieterisch eingehendes Studium, indessen scheint die Zeit für Entschlüsse langsam heranzureifen.

Eine gewisse Beschleunigung der Vorkehrungen zum Schutze von Grund und Boden beginnt allmählich in den Bereich unabweisbarer Dringlichkeit zu rücken.

Die Reife der Zeit für energetische Massnahmen kann als erwiesen betrachtet werden. Übereilte Entschlüsse jedoch könnten das grosse Werk nur kompromittieren.

Das Problem des Schutzes von Grund und Boden hat völlig unerwartet von selbst eine Lösung gefunden. Wir alle sind von der Entwicklung überrascht worden.

Abbildung 11.11:
Die Entwicklung
des Bodenrechts

Bundesgesetz über die Raumplanung vom 22. Juni 1979

Art. 1: Ziele
Bund, Kantone und Gemeinden sorgen dafür, dass der Boden haushälterisch genutzt wird. Sie stimmen ihre raumwirksamen Tätigkeiten aufeinander ab und verwirklichen eine auf die erwünschte Entwicklung des Landes ausgerichtete Ordnung der Besiedlung. Sie achten dabei auf die natürlichen Gegebenheiten sowie auf die Bedürfnisse von Bevölkerung und Wirtschaft. Sie unterstützen mit Massnahmen der Raumplanung insbesondere die Bestrebungen,
a) die natürlichen Lebensgrundlagen wie Boden, Luft, Wasser, Wald und die Landschaft zu schützen;
b) wohnliche Siedlungen und die räumlichen Voraussetzungen für die Wirtschaft zu schaffen und zu erhalten;
c) das soziale, wirtschaftliche und kulturelle Leben in den einzelnen Landesteilen zu fördern und auf eine angemessene Dezentralisation der Besiedlung und der Wirtschaft hinzuwirken;
d) die ausreichende Versorgungsbasis des Landes zu sichern;
e) die Gesamtverteidigung zu gewährleisten.

Ziele und Herausforderungen der Raumplanung in der Schweiz

Im Raumentwicklungsbericht aus dem Jahr 2005 werden die wichtigsten raumplanerischen Herausforderungen der Zukunft näher umschrieben.

Ziele der Raumplanung

Rund 75 % der Schweizer Bevölkerung leben in den Städten und Agglomerationen. Der Urbanisierungsprozess übt einen wachsenden Druck auf die städtischen Gebiete aus und bringt verschiedene Nachteile mit sich (vgl. Kapitel 10). Diese Probleme beeinträchtigen die wirtschaftliche

Attraktivität der Städte und die Lebensqualität ihrer Bevölkerung. Die Städte können nicht alle Schwierigkeiten im Alleingang lösen. Die Herausforderungen überschreiten oft ihre Möglichkeiten und Kompetenzen. Seit den 1980er-Jahren sind die Agglomerationen mit einer Reihe von Problemen der Sub- und Desurbanisierung – d. h. der Ausbreitung von Siedlungen in die Fläche – konfrontiert. Die Wohnbevölkerung sinkt in den Kernstädten und steigt in den Umlandgemeinden. Dadurch vergrössern sich die Agglomerationen, die herkömmlichen Ortsgrenzen werden gesprengt. Hauptziel der Agglomerationspolitik ist die Erhaltung der Wettbewerbsfähigkeit der Agglomerationen. Gleichzeitig soll die Lebensqualität in den Agglomerationen bewahrt und verbessert werden. Auf der Basis der Grundzüge der Raumordnung Schweiz (1996), der Neuorientierung der Regionalpolitik (1996) und des Berichts über die Kernstädte (1999) verfolgt die Politik des Bundes drei Hauptziele:
– wirtschaftliche Attraktivität und hohe Lebensqualität,
– polyzentrische Stadt- und Agglomerationsentwicklung,
– Siedlungsentwicklung nach innen und Strukturierung der städtischen Gebiete.

Raumentwicklungsbericht 2005

Im **Raumentwicklungsbericht** (2005) werden dazu Rahmenstrategien, Strategien für den städtischen Raum und Strategien für den ländlichen Raum definiert

Ausgewählte Strategien des Raumkonzeptes Schweiz

Rahmenstrategien	Beispiele von Stossrichtungen
Räumliche Einbindung in Europa	Anschluss an das europäische Hochgeschwindigkeitsnetz der Bahn
Haushälterische Bodennutzung	Wohnungsbau: Anreize für verdichtete Wohnsiedlungen als Alternative zum Einfamilienhaus
	Verdichtung von Industrie- und Geschäftsbauten
	Regulierung des Zweitwohnungsbaus
Verbesserte Koordination von Siedlungs- und Verkehrsentwicklung	Siedlungsentwicklung vorrangig in Gebieten mit guter Erschliessung durch den öffentlichen Verkehr: – Verdichtung der bahnhofnahen Quartiere – angemessenes Parkplatzmanagement in den Städten – Förderung des Langsamverkehrs
Schutz vor Naturgefahren	Die Raumplanung muss gewährleisten, dass in Gefahrengebieten das Schadenpotenzial langfristig vermindert wird
Strategien für städtische Räume	**Beispiele von Stossrichtungen**
Agglomerationsprogramme	Entwicklung einer demokratischen und verbindlichen Form der Zusammenarbeit in den Agglomerationen, Weiterentwicklung und Umsetzung der Agglomerationsprogramme; Ausweitung auf weitere Sachbereiche (neben Siedlung und Verkehr)
Städtebauliche Projekte	Entwicklung städtebaulicher Projekte in Entwicklungsschwerpunkten
Bildung strategischer Städtenetze	Städtenetz Rheintal: Buchs–Vaduz, Städtenetz Wallis: Martigny, Sitten, Siders, Brig-Visp usw.
Strategien für ländliche Räume	**Beispiele von Stossrichtungen**
Beschränkung der Siedlungsausdehnung	Stoppen der Zersiedlung zwischen den Ortschaften
Erhaltung und Schutz der Landschaft	Erhaltung der unbebauten Landschaft und deren Multifunktionalität (Landwirtschaft, Freizeit/Erholung, ökologischer Ausgleich)

Alpine Tourismuszentren: Festigung der internationalen Wettbewerbsfähigkeit und langfristige Erhaltung des Kapitals «Landschaft»	Klare Marktpositionierung; koordinierte Marketingaktivitäten; Erhaltung von kulturellen und landschaftlichen Eigenheiten
	Verbesserung der Umweltqualität; Infrastrukturerweiterungen, vorrangig in bereits erschlossenen Gebieten
Periphere ländliche Räume: Konsolidierung der peripheren ländlichen Zentren, Zusammenarbeit der Gemeinden	Optimierung und Regionalisierung bestehender Infrastrukturen; Zusammenarbeit/Fusion von Gemeinden mit sehr geringer Bevölkerungszahl

Planungsebenen, Planungsinstrumente und Planungsablauf

Konkrete Raumplanung in der Schweiz erfolgt im Wesentlichen auf drei Stufen: Der Bund, die Kantone und die Gemeinden haben bestimmte Aufgaben und Kompetenzen. Das hierarchische System mit klaren Vorgaben der nächsthöheren Stufe bringt den Vorteil mit sich, dass nicht jeder Kanton respektive jede Gemeinde ihre eigene Raumordnungspolitik verfolgen kann.

Die wichtigste Planungsebene in der Raumplanung sind die Kantone, weil sie sowohl auf der konzeptionellen als auch auf der ausführenden Ebene tätig sind.

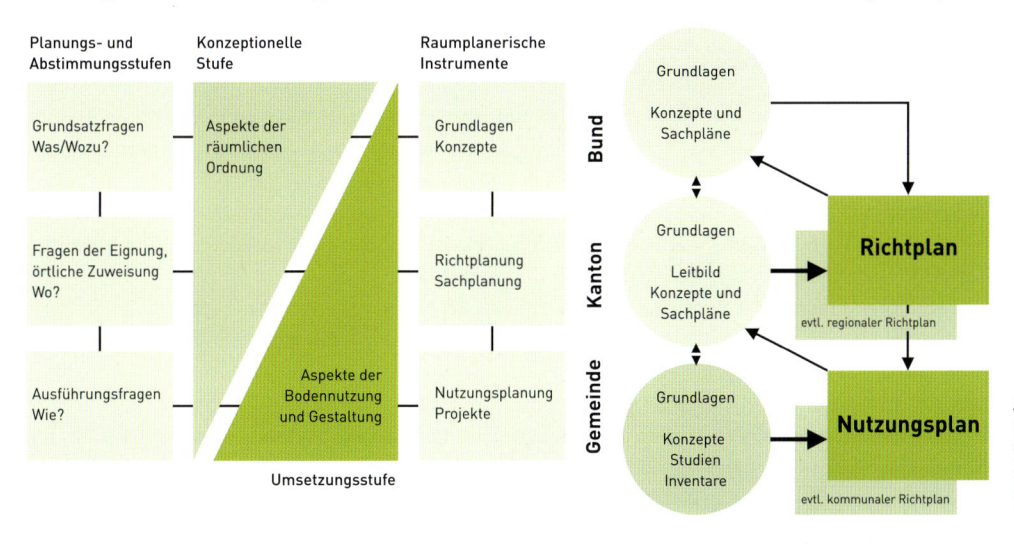

Abbildung 11.12: Planungsmittel, Planungsstufen und Instrumente der Raumplanung (Quelle: Bundesamt für Raumplanung (BRP))

Der Bund hat vor allem die Aufgabe, die kantonalen Richtpläne zu prüfen und zu koordinieren sowie Richtlinien und Konzepte zur Raumplanung zu erlassen und Sachpläne für spezielle Bereiche wie beispielsweise die Eisenbahn oder militärische Anlagen zu erstellen.

Im Rahmen der Richtplanung werden die Aufgaben von Bund, Kantonen, Regionen und Gemeinden in den Bereichen Siedlung, Infrastruktur, öffentliche Bauten und Anlagen, Landwirtschaft, Umwelt und Landschaft aufeinander abgestimmt und wird eine anzustrebende räumliche Entwicklung festgelegt.

Die Kantone legen in ihrem Richtplan die Grundzüge der Raumplanung fest und koordinieren die Interessen der Gemeinden. Dieses zentrale Mittel liegt deshalb in den Händen der Kantone, weil ihnen die Verfassung die Hauptverantwortung in der Raumplanung übertragen hat.

Der Richtplan ist für die Behörden (Kantonsregierung, Gemeinderat) verbindlich, nicht aber für den privaten Grundeigentümer.

Landschaftswandel und Raumplanung

Die eigentliche Umsetzung der Planung erfolgt auf der Stufe der Gemeinden. Hier wird im Nutzungsplan die zulässige Nutzung parzellengenau und grundeigentümerverbindlich geregelt, d.h., jeder einzelnen Parzelle wird eine klar umschriebene Nutzung und die Art der möglichen Bebauung, beispielsweise eine dreigeschossige Wohnzone, zugewiesen. Dies wird in den Baureglementen und Bauzonenplänen der Gemeinden näher festgelegt. In den Nutzungsplänen wird gemäss Raumplanungsgesetz (Art. 14–18) geregelt, welche Gebiete als Bauzonen, welche als Landwirtschaftszonen und welche überlagernd als Schutzzonen zu behandeln sind. Sowohl die Richt- als auch die Nutzungsplanungen sind immer wieder den neuen Gegebenheiten und Entwicklungen anzupassen. Richt- und Nutzungsplanung sind daher eine immerwährende Aufgabe.

Planungsinstrumente

Das **Konzept** fasst Ziele und Massnahmen zu einer einheitlichen Aussage zusammen. Es ist normativ abgefasst. Als raumplanerisches Konzept fasst es die vorgesehenen und die zu erfassenden Ziele sowie die abgestimmten Massnahmen zu einer Grundlage raumplanerischen Handelns zusammen, welche die räumlichen Wirkungszusammenhänge nachvollziehbar macht und die Massnahmen in die Relation zur angestrebten Wirkung setzt.

Der **Sachplan** regelt die Planung eines begrenzten Sachgebietes (z. B. Verkehr, Energie). Die Sachplanung wird auch als Bereichsplanung angesprochen, und das im Gegensatz zur Ressortplanung einer Amtsaufgabe oder zur Objektplanung eines konkreten Gegenstandes.

Das **Leitbild** beschreibt einen anzustrebenden Zustand (Raumordnung). Es ist normativ und ziellastig angelegt. In der Praxis sind mit den Leitbildern meistens generelle Massnahmenprogramme gemeint. In der Regel werden raumplanerische Leitbilder inhaltlich nach den raumrelevanten Strukturen der Siedlung, der Landschaft und des Transportes respektive der Versorgung gegliedert. Denkbar ist eine ganzheitliche materielle Ausrichtung raumplanerischer Teilprobleme auf Staat, Wirtschaft, Gesellschaft und die natürlichen Lebensvoraussetzungen.

Der **Richtplan** ist der behördenverbindliche Plan mit der Funktion der konzeptionellen Umschreibung von Zielen und Massnahmen sowie der Programmierung der erforderlichen raumwirksamen Tätigkeiten unter Beachtung der zu erwartenden Wirkungen.

Der **Nutzungsplan** überträgt die gesetzlich zulässigen Nutzungsarten (als Eigentumsbeschränkungen) durch das Instrument des Plans parzellenscharf und grundeigentumsverbindlich auf den Raum. In diesem Sinne lokalisiert und dimensioniert er die zulässigen Nutzungsarten und differenziert sie – soweit erforderlich – nach der Nutzungsintensität. Der Nutzungsplan besteht aus einer Karte und dazugehörenden Vorschriften. Der Rahmennutzungsplan (Zonenplan) gilt für das Gemeindegebiet, während die Sondernutzungspläne (Baulinien-, Überbauungs-, Gestaltungsplan usw.) besondere Nutzungsanweisungen für Teilräume enthalten.

In den **Baureglementen** werden auf Gemeindeebene die Nutzungsarten und Nutzungsintensitäten parzellengenau definiert. Ebenso können in den Baureglementen Hinweise auf zulässige Bebauungsarten (z. B. Flachdachzone oder eingeschossige Einfamilienhauszone) oder auf die Ausnützungsziffer (Verhältnis zwischen Bruttogeschossfläche und Parzellengrösse) gemacht werden.

Bundesgesetz über die Raumplanung vom 22. Juni 1979,
Bauzonen, Landwirtschaftszonen, Schutzzonen

Art. 14 Begriff
1 Nutzungspläne ordnen die zulässige Nutzung des Bodens.
2 Sie unterscheiden vorab Bau-, Landwirtschafts- und Schutzzonen.

Art. 15 Bauzonen
Bauzonen umfassen Land, das sich für die Überbauung eignet und
a. weitgehend überbaut ist oder
b. voraussichtlich innert 15 Jahren benötigt und erschlossen wird.

Art. 16 Landwirtschaftszonen
1 Landwirtschaftszonen dienen der langfristigen Sicherung der Ernährungsbasis des Landes, der Erhaltung der Landschaft und des Erholungsraums oder dem ökologischen Ausgleich und sollen entsprechend ihren verschiedenen Funktionen von Überbauungen weitgehend freigehalten werden. Sie umfassen Land, das:
   a. sich für die landwirtschaftliche Bewirtschaftung oder den produzierenden Gartenbau eignet und zur Erfüllung der verschiedenen Aufgaben der Landwirtschaft benötigt wird; oder
   b. im Gesamtinteresse landwirtschaftlich bewirtschaftet werden soll.
2 Soweit möglich werden grössere zusammenhängende Flächen ausgeschieden.
3 Die Kantone tragen in ihren Planungen den verschiedenen Funktionen der Landwirtschaftszone angemessen Rechnung.

Art. 16a Zonenkonforme Bauten und Anlagen in der Landwirtschaftszone
1 Zonenkonform sind Bauten und Anlagen, die zur landwirtschaftlichen Bewirtschaftung oder für den produzierenden Gartenbau nötig sind. Vorbehalten bleibt eine engere Umschreibung der Zonenkonformität im Rahmen von Artikel 16 Absatz 3.
2 Bauten und Anlagen, die der inneren Aufstockung eines landwirtschaftlichen oder eines dem produzierenden Gartenbau zugehörigen Betriebs dienen, bleiben in jedem Fall zonenkonform.
3 Bauten und Anlagen, die über eine innere Aufstockung hinausgehen, können als zonenkonform bewilligt werden, wenn sie in einem Gebiet der Landwirtschaftszone erstellt werden sollen, das vom Kanton in einem Planungsverfahren dafür freigegeben wird.

Herausforderung der Raumplanung

Die Raumentwicklung steht heute auf allen Ebenen vor zahlreichen Herausforderungen. Lange Zeit wurden die Auswirkungen der Verkehrsplanung auf die räumliche Entwicklung vernachlässigt. Hier gilt es künftig, Infrastrukturvorhaben besser auf die angestrebten Raumstrukturen abzustimmen.

Die **urbanen Räume** verlangen besondere Aufmerksamkeit. Beispielsweise sind Lösungen von Verkehrsproblemen nur in Zusammenarbeit aller Planungsebenen möglich. Der Bund ist bestrebt, mit seiner Agglomerationspolitik zur Lösung der Probleme beizutragen. So ist beispielsweise vorgesehen, Beiträge an Verkehrsinfrastrukturen zu leisten. Voraussetzung dafür ist, dass die Agglomerationen im Rahmen von Agglomerationsprogrammen eine Situationsanalyse machen und Handlungsmöglichkeiten aufzeigen.

Urbane Räume

Auch der **ländliche Raum**, nicht zuletzt die Alpen, befindet sich im Umbruch. Eine ungewisse Entwicklung im Tourismusbereich und das massive Verschwinden von Landwirtschaftsbetrieben stellen die Regionalpolitik und die Raumplanung vor grosse Herausforderungen. Was geschieht mit nicht mehr genutzten Gebäuden und dem dazugehörigen Landwirtschaftsland? Welche wirtschaftlichen und sozialen Strukturen sind noch überlebensfähig und sollen gezielt unterstützt werden? Solche und ähnliche Fragen stellen sich angesichts der weitreichenden Veränderungen. Im Bereich der Verkehrsentwicklung gilt es vermehrt, die einzelnen Verkehrsträger und -mittel aufeinander abzustimmen. Zu einer nachhaltigen Verkehrspolitik gehören die Förderung des Langsamverkehrs (Fussgänger, Velo), die Verlagerung des Güterverkehrs von der Strasse auf die Schiene und längerfristig die Kostenverteilung nach dem Verursacherprinzip. Schliesslich gilt es, dem Freizeitverkehr – dem wichtigsten und am stärksten wachsenden Verkehrssegment – vermehrt Rechnung zu tragen.

Ländliche Räume

11

Exkurs: Landschaftswandel

Härkingen – Egerkingen 1941

Die Luftaufnahme von 1941 zeigt die Region Härkingen – Egerkingen in der Ebene der Dünnern, aufgenommen von Osten. Im Norden (rechts im Bild) wird sie begrenzt durch die bewaldete Flanke der ersten Jurakette, im Süden durch die Aare. Der Landschaftsausschnitt gehört zum solothurnischen Gäu, das sich zwischen Oensingen und Olten erstreckt. Die Ebene wird durch das Gewässer der Dünnern geteilt. Egerkingen liegt nördlich am Jurasüdfuss leicht erhöht. Südlich liegen die Dörfer Gunzgen, Härkingen und Neuendorf. Die alten Kerne dieser Dörfer liegen leicht erhöht, geschützt vor den früher häufigen Überschwemmungen. Die Dünnern ist auf der Aufnahme von 1941 weitgehend kanalisiert, das Kulturland in der Ebene bereits melioriert. Es dient der intensiven Landwirtschaft. Nur die Bahnstation Egerkingen liegt in der eigentlichen Ebene.

Härkingen – Egerkingen 2000

Die Luftaufnahme von 2000 zeigt den gleichen Bildausschnitt. Die meliorierte Ebene ist durch Flurwege geometrisch in grosse Blöcke aufgeteilt. Die Dünnern verläuft in einem schmalen Kanal und hebt sich in der Flugaufnahme nur durch die Buschstreifen entlang ihrer Ufer von den parallel verlaufenden Strassen und Wegen ab. Die grossflächig aufgeteilte Flur wird nach wie vor intensiv landwirtschaftlich genutzt. Die alten Kerne der Siedlungen heben sich durch die unregelmässig angeordneten, grossen Bauten mehr oder weniger deutlich von den neueren Quartieren ab. Die A1 verläuft mitten durch die Ebene und verzweigt sich im Raum Egerkingen-Härkingen mit der Belchenrampe der A2. Rund um diese Autobahnverzweigung A1/A2 ist die Landwirtschaft durch grossflächige Bauten von Industrie- und vor allem von grossen Verteilzentren und Transportunternehmen verdrängt worden, wie beispielsweise: Paketverteilzentrum Post, Usego (Verteiler), Planzer-Transporte.

Umgestaltung des Gäus unter dem Einfluss der Autobahn

Vor der Korrektion der Dünnern wurde die Gäuebene immer wieder von Hochwassern überflutet.
Wegen der Überschwemmungsgefahr wurden die Siedlungen randlich, in erhöhter Lage aufgebaut. Als erster Verkehrsträger wurde 1876 die Gäubahn mitten durch die Ebene geführt. Der Bahnhof Egerkingen war damit hier lange Zeit das einzige Gebäude.
Einen grösseren Eingriff in das Landschaftsbild brachte die Dünnernkorrektion 1933–1943. Damit wurde auch die Ebene entsumpft, und aus den bisher extensiv genutzten Wiesen entwickelte sich ein Agrargebiet von nationaler Bedeutung. Mit dem Bau der Autobahn mitten durch die Dünnerebene wurde das wertvolle Ackerland reduziert. 1967 konnte die A1 im Abschnitt zwischen Oensingen und Rothrist, 1970 der Basler Ast der A2 eröffnet werden. Diese Autobahnverzweigung in der breiten Ebene der Dünnern erwies sich in der Folge, wie dies die Autobahnplaner auch beabsichtigt hatten, als attraktiver Standort für die Ansiedlung neuer Industrie- und Gewerbebetriebe sowie für Verteilzentren. Heute gehören vor allem auch Einkaufszentren (Gäupark) mit sehr grossen Verkaufsflächen zum Landschaftsbild. Dadurch wurde die Landwirtschaftsfläche erneut geschmälert.

Quellen und Materialien

PFISTER Chr., 1977: Autobahnen verändern eine Landschaft. Geographisches Institut Universität Bern, Heft S2, Bern.
Landeskarte 1:50 000 Blatt 224
Landeskarte 1:25 000 Blatt 1108

Die Ebene von Härkingen-Egerkingen im Jahr 1941

Die Ebene von Härkingen-Egerkingen im Jahr 2000

Exkurs: Nutzungszonenplan der Solothurner Gemeinde Feldbrunnen-St. Niklaus

Nach Art. 14 des Bundesgesetzes über die Raumplanung (RPG) ordnen Nutzungszonenpläne die zulässige Nutzung des Bodens. Sie unterscheiden vorab Bau-, Landwirtschafts- und Schutzzonen.

Anhand der Solothurner Gemeinde Feldbrunnen wird aufgezeigt, wie ein konkreter Nutzungszonenplan aufgebaut ist, welche Zonen wo zu finden sind.

Feldbrunnen-St. Niklaus ist eine kleine Vorortsgemeinde der Stadt Solothurn. Sie umfasst insgesamt eine Fläche von 247 Hektaren, wovon 109 Hektaren Wald sind. Die Bauzone umfasst 23 Hektaren, davon sind 19,5 Hektaren überbaut. Das Dorf ist in den letzten Jahren stark gewachsen. Markantestes Kulturobjekt ist das Schloss Waldegg, erbaut als Sommersitz zur Zeit der Ambassadoren 1682 bis 1686 durch Johann Victor Besenval, der damals in Solothurn residierte. Es dient heute als Museum, als Zentrum der Begegnung zwischen den Sprachregionen der Schweiz und als Kulturzentrum.

Bevölkerungsentwicklung 1900–2010

1900 = 275 Einwohner
1950 = 404 Einwohner
1980 = 701 Einwohner
1990 = 640 Einwohner
2000 = 756 Einwohner
2010 = 922 Einwohner (450 Haushalte)

Der Zonenplan zeigt vorab die zulässige Nutzung, unterteilt in Bauzone, Landwirtschaftszone und Schutzzone. Dabei werden verschiedene Zonen näher umschrieben. Um Feldbrunnens Kernzone (rosa) mit der höchsten Ausnutzungsziffer gruppieren sich die Gewerbezone (pink), Parzellen für öffentliche Anlagen und Bauten wie Kindergarten und Primarschule, der Sportplatz und der Dorfplatz (grau), daran anschliessend finden sich die 2- bis 3-geschossige Wohnzone (gelb und orange), teils mit Gestaltungsplanpflicht wie beispielsweise in der «unteren Matte West» oder in

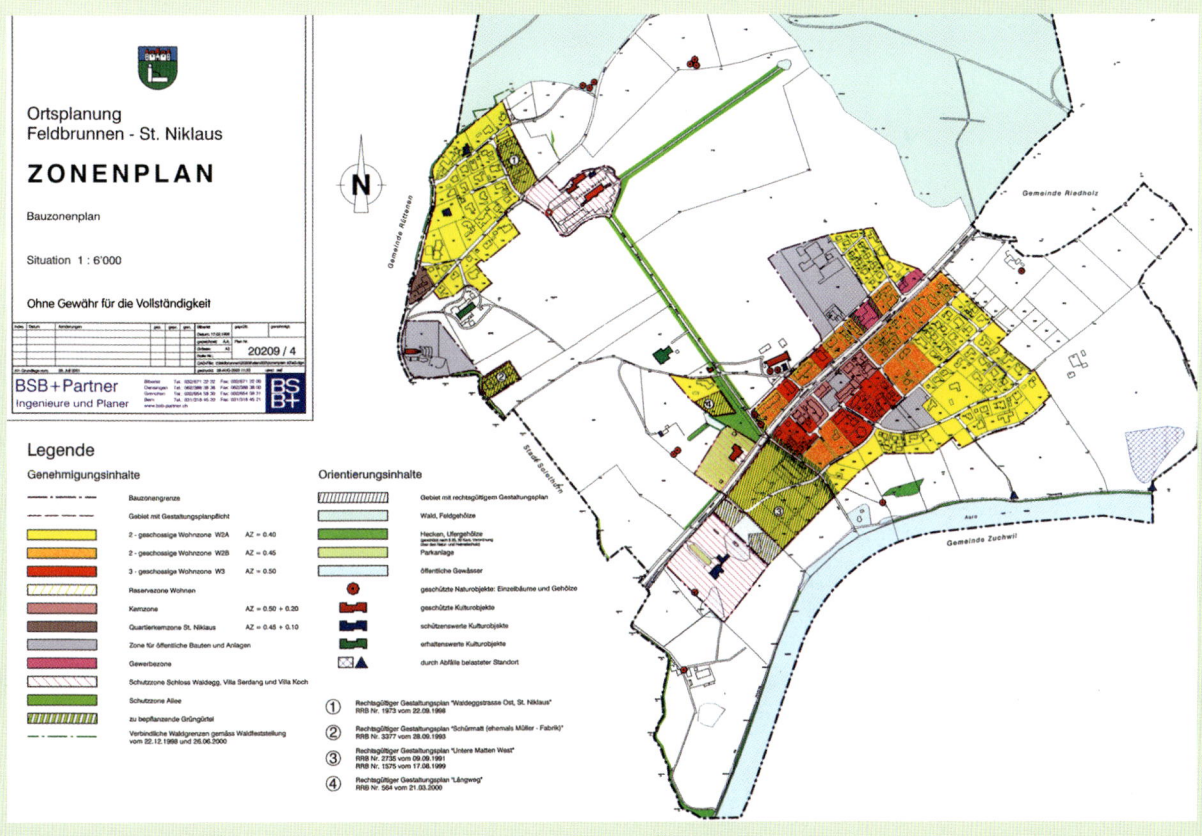

Zonenplan Feldbrunnen-St. Niklaus

11

der «Schürmatt» (gelb, schraffiert). Damit ergibt sich ein gemäss raumplanerischen Grundsätzen recht geschlossenes Dorfbild nördlich und südlich der Baselstrasse und der Bahnlinie der «Aare-Seeland Mobil». Der andere kleinere Dorfteil (St. Niklaus) umfasst vor allem Wohngebiete. Eine kleinere Quartierkernzone findet sich bei einem Restaurant in der Nähe der Kirche. Als Schutzzonen finden sich schützenswerte Kulturobjekte wie das Schloss Waldegg, die Villa Serdang oder die Kirche St. Niklaus und einzelne geschützte Naturobjekte wie spezielle Baumgruppen und Alleen. Die übrige Fläche dient landwirtschaftlichen Zwecken.

Von sieben Bauernbetrieben in den 1970er-Jahren sind heute nur noch deren zwei als Vollerwerbsbetriebe übrig geblieben.

Porträt der Gemeinde Feldbrunnen im Internet
http://www.feldbrunnen.ch/Portraet.html

Amt für Raumplanung des Kantons Solothurn (u. a. interaktiver Richtplan [Karte und Text])
http://www.so.ch/departemente/bau-und-justiz/amt-fuer-raumplanung.html

Feldbrunnen 1954

Feldbrunnen 2008

278 Exkurs: Nutzungszonenplan der Solothurner Gemeinde Feldbrunnen-St. Niklaus

12
Entwicklung und Umwelt

Sabin Bieri, Franz Xaver Troxler

«Make poverty history»! – mit diesem Slogan nahm sich die internationale Staatengemeinschaft im Jahre 1990 vor, die Armut in der Welt zu bekämpfen. Konkret formulierte die Uno das Ziel, die Zahl der Menschen, die in extremer Armut leben, bis im Jahr 2015 zu halbieren. Wie sieht es heute aus? Sind wir auf dem Weg, dieses Ziel zu erreichen?

Tatsächlich gelang es, den Anteil an Menschen, die mit weniger als 1,25 Dollar pro Tag auskommen müssen, um 25 % zu senken. Da aber die Weltbevölkerung gewachsen ist, ist die absolute Zahl der Ärmsten sogar noch gestiegen: Sie beträgt geschätzte 1,4 Milliarden Menschen. Mit anderen Worten, jede fünfte Person lebt in extremer Armut. Dass der relative Anteil der Ärmsten heute kleiner ist, ist zwar ein Hoffnungsschimmer. Ein genauer Blick auf die Verhältnisse zeigt jedoch, dass auch dieser Erfolg sehr ungewiss ist. Die jüngste Nahrungsmittelkrise mit den steigenden Preisen für Grundnahrungsmittel bedroht die Existenz von 100 Millionen Menschen. Reis kostet heute dreimal so viel, Mais und Weizen doppelt so viel wie im Jahr 2003. Kriege, Epidemien und Naturkatastrophen verschärfen die schwierige Situation für die Ärmsten dramatisch. Die Weltgemeinschaft ist mehr denn je gefordert, Wege aufzuzeigen, wie die von extremer Armut betroffenen Menschen aus ihrer Situation herausfinden. Armut ist also noch längst nicht Geschichte.

12

1. Wege aus der Armut

Seit der Jahrtausendwende ist die Wirtschaft weltweit gewachsen, und namentlich die Länder des globalen Südens erzielten teilweise traumhafte Wachstumsraten von durchschnittlich 7%. Die Schweiz verzeichnete in derselben Zeitspanne ein Wirtschaftswachstum von 2,6%. Wenn also Wachstum mit Entwicklung gleichgesetzt würde, so wären diese Zahlen ein Hinweis auf erfolgreiche Entwicklungspolitik. Diese Interpretation greift aber zu kurz. Zum einen sind die Wachstumsraten innerhalb der Gruppe der sogenannten «Entwicklungsländer» sehr unterschiedlich. Zum andern widerspiegeln diese Zahlen die Unterschiede, die innerhalb eines Landes anfallen, nicht. So hat beispielsweise Indien mit Wachstumsraten von über 9% in den letzten Jahren zwar einen Sprung nach vorne gemacht. Die Armutsrate fiel von über 50% im Jahre 1990 auf 42% im Jahre 2005. Trotzdem beherbergt das Land mit ungefähr 250 Millionen Menschen – das entspricht einem Viertel seiner Bevölkerung – den grössten Teil der Armutsbetroffenen weltweit. Dies zeigt: Wachstum bringt nicht automatisch eine **Verbesserung der Lebensverhältnisse für alle**. Häufig profitieren nur wenige von den neuen Einkommensquellen, während der Grossteil der Gesellschaft weiterhin unter schlechten oder sogar sehr schlechten Bedingungen lebt. Wachstum allein bringt das Land in internationalen Vergleichen möglicherweise um ein paar Ränge weiter nach vorne. Dies bedeutet aber noch lange nicht, dass sich das Leben der Durchschnittsbevölkerung wirklich verbessert hat.

In den beiden Grafiken (Abb. 12.1) sind diese Überlegungen illustriert. Das Verhältnis des Pro-Kopf-Einkommens – ein Mass für die wirtschaftliche Leistungsfähigkeit eines Landes – zu der Anzahl von Armutsbetroffenen ist hier für die Jahre 1990 und 2004 dargestellt. Der Befund ist deutlich: Die meisten Kreise bewegen sich in dieser Zeitspanne zwar etwas nach rechts: Das Pro-Kopf-Einkommen steigt. Die Bewegung nach unten – die Reduktion der absoluten Zahl der von extremer Armut betroffenen Menschen – ist dagegen minimal. Besonders eine Region scheint kaum vom Fleck zu kommen: das südliche Afrika. Ausgerechnet jene Region, wohin besonders viele Entwicklungsgelder geflossen sind, verändert ihre Position sogar negativ: Die Zahl der Menschen, die mit weniger als 1,25 US-$ pro Tag auskommen müssen, hat zugenommen.

Eine positive Ausnahme sticht sofort ins Auge: China verzeichnet nicht nur eine massive Erhöhung seines Pro-Kopf-Einkommens, sondern auch eine dramatische Reduktion seiner Armutsziffern. Es ist dem Land gelungen, den Anteil an Ärmsten innerhalb von 15 Jahren von 60 auf unter 16% zu drücken. Von 634 Millionen Armutsbetroffenen im Jahre 1981 bleiben noch 128 Millionen im Jahr 2004. Das entspricht ziemlich genau der Zahl der weltweiten Reduktion im selben Zeitraum. Das von den Vereinten Nationen gesetzte Ziel der Halbierung der Armut wird, wenn überhaupt, nur dank der rasch wachsenden Wirtschaft Chinas erreicht. Überspitzt formuliert könnte man sagen, dass jede Person, die in den letzten 25 Jahren den Sprung aus der Armut geschafft hat, eine Chinesin oder ein Chinese ist.

Abbildung 12.1:
Veränderung der Armut in den grossen Weltregionen 1990–2004

LAC
Lateinamerika und Karibik
ECA
Osteuropa und Zentralasien
SSA
Afrika südlich der Sahara
SAS
Südasien
MNA
Mittlerer Osten und Nordafrika
EAP
Ostasien und Pazifik
SAS/India
Südasien ohne Indien
EAP/China
Ostasien und Pazifik ohne China

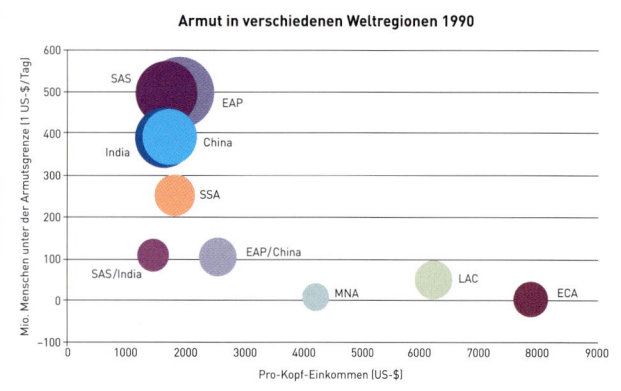

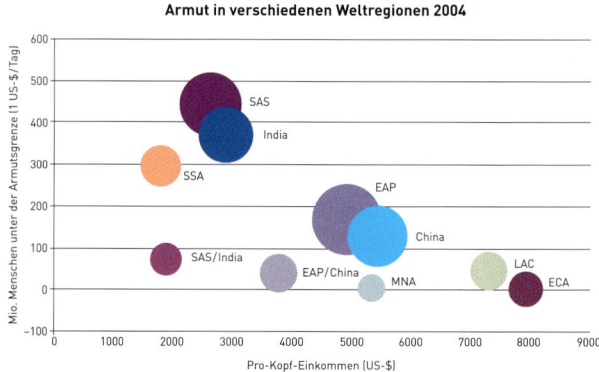

12

Wachstum der Weltwirtschaft – Reduktion der Anzahl Armutsbetroffener Welt/China

Wachstum	1981	1990	1999	2004
BNE Welt (in Bia. US-$)	24	33	43	52
BNE pro Kopf (in US-$)	5408	6292	7231	8198
Armut				
Armutsbetroffene Welt in Mio.	1470	1247	1109	969
Armutsbetroffene China in Mio.	634	374	223	128
Differenz	**836**	**873**	**886**	**841**

Ziel dieses Kapitels ist es, die Ursachen und Folgen globaler Ungleichheit zu verstehen und Lösungsansätze zu diskutieren. Die einleitende Darstellung verdeutlicht, dass ein oberflächlicher Blick auf Ländervergleiche nicht ausreicht, um die komplexen Zusammenhänge der Entstehung globaler Ungleichheit zu erfassen. Die Bekämpfung der Armut kann offenbar nicht allein durch wirtschaftliches Wachstum erreicht werden. Wo sie, wie in China, gelingt, müssen die spezifischen Voraussetzungen berücksichtigt werden. Es ist unbestritten, das China nicht für alle das geeignete Modell darstellt. Die Geografie hat es sich traditionell zur Aufgabe gemacht, genau hinzuschauen und die Prozesse in den einzelnen Ländern empirisch auf der **Mikro-, Meso- und Makroebene** zu untersuchen. Ziel geografischer Entwicklungsforschung ist es, an der Schnittstelle von Politik, Ökonomie, Kultur und Raum problembezogen zu forschen und gemeinsam mit den Betroffenen Lösungen zu erarbeiten, wie Entwicklung erreicht werden kann – eine Entwicklung, dank der möglichst viele Menschen eine nachhaltige Verbesserung ihrer Lebensumstände herbeiführen können. Vorher muss man sich allerdings darüber klar sein, was Entwicklung überhaupt bedeutet.

2. Was ist Entwicklung?

Abbildung 12.2:
Bolivianische Bäuerin beim Weben. Im Hintergrund der Geländewagen einer lokalen Entwicklungsagentur

Entwicklung und Umwelt

12

«The objective of development is to create an enabling environment for people to enjoy long, healthy and creative lives.»
(Mahbub ul-Haq, ehemaliger Direktor Human Development Reports)

Auf den ersten Blick erscheint das, was Mahbub ul-Haq als Ziel von Entwicklung fordert, trivial zu sein. Schaut man sich einige Zahlen an, wird jedoch klar, wie radikal die Forderung ist:
- Weltweit hungern über 850 Millionen Menschen, in den Ländern südlich der Sahara ist es ein Drittel der Bevölkerung. Die Betroffenen sind anfällig für Krankheiten, sie sind müde und unkonzentriert, und damit fehlt ihnen die Kraft, sich selbstständig aus ihrer Situation zu befreien. Das ambitiöse Ziel der Uno, die Zahl der Hungernden bis 2015 auf unter 600 Millionen zu drücken, wird kaum erreicht werden.
- In Harare teilen sich bis zu 1300 Menschen eine einzige kommunale Toilettenanlage mit sechs Plumpsklos. In Mombasa gibt es für die Bewohnerinnen und Bewohner von Armenvierteln durchschnittlich nur drei Stunden täglich Wasser. 2,6 Milliarden Menschen leben ohne sanitäre Einrichtungen. Sie verrichten ihre Notdurft im Freien oder in Plastiktüten, für die es keine richtige Entsorgungsmöglichkeit gibt. Hunderte von Millionen Menschen sind gefährdet, weil ihr Wasser zum Trinken und Waschen aus Flüssen und Seen mit Fäkalien verseucht ist. Besonders Kinder sind betroffen: Fast vier Millionen Babys sterben kurz nach der Geburt, weitere sieben Millionen erleben ihren fünften Geburtstag nicht. Zu den häufigsten Ursachen gehören Infektionskrankheiten, die einfach zu behandeln wären, doch der Zugang zu Medikamenten und Spitälern fehlt.
- Über eine Milliarde Menschen wohnen in unwürdigen Behausungen in Slums. Giftige Umweltabfälle belasten ihre Umgebung, Krankheiten sind die Folge. Für Trinkwasser geben sie bis zu einem Fünftel ihres Einkommens aus. Der Traum von besseren Chancen auf Arbeit und Bildung für ihre Kinder erfüllt sich selten: Es gibt zu wenige Schulen, und das Geld reicht weder für Transport oder Schulbücher noch Schulkleidung.
- Während die Lebenserwartung in den letzten Jahrzehnten auch in Afrika gestiegen ist – sie lag 1985 bei 61 Jahren –, verzeichnet der Kontinent heute einen Wert von 43 Jahren und liegt damit sogar unter dem Messwert von 1950 (45 Jahre). Schuld daran ist HIV/Aids (vgl. Exkurs, S. 329). Jährlich sterben in Afrika über zwei Millionen Kinder und Erwachsene an der Immunschwächekrankheit. Weltweit sind stündlich 350 Neuinfektionen und 240 Todesfälle zu verzeichnen, 340 Kinder werden zu Waisen, 100 verlieren ihre Lehrerin oder ihren Lehrer.

Die Liste könnte fast beliebig verlängert werden. Sie zeigt, dass die Mehrheit der Weltbevölkerung weit davon entfernt ist, Bedingungen vorzufinden oder sich solche zu schaffen, die ihr Lebensumstände ermöglicht, wie sie im Eingangszitat gefordert werden.

Entwicklung bedeutet zuallererst Veränderung. Das Ziel ist es, einen gesellschaftlichen Prozess in Gang zu setzen, der es einer möglichst grossen Anzahl Menschen erlaubt, ihre Lebensbedingungen entscheidend zu verbessern. Der Begriff «Entwicklung» geht von bestimmten Zielvorstellungen aus, und diese müssen geklärt werden, bevor man daran zu arbeiten beginnt. Welche Veränderung angestrebt werden soll, lässt sich nicht aus einem Naturgesetz ableiten, sondern orientiert sich an gesellschaftlichen und kulturellen Werten. «Entwicklung» ist demnach ein normativer Begriff: Er beschreibt einen **Soll-Zustand**, der aus spezifischen, von einer bestimmten Gesellschaft für erstrebenswert gehaltenen Komponenten besteht. Was mit «Entwicklung» angesprochen wird, verändert sich je nach gesellschaftlichem und historischem Kontext. Welche Entwicklung wollen wir? – So müsste die zentrale Frage lauten. Die Ziele von Entwicklung können nur erreicht werden, wenn die jeweils betroffene Bevölkerung die Entscheide mitträgt und von Anfang an in die politische Aushandlung mit einbezogen wird.

Zielvorstellungen von Entwicklung

12

Die Ursachen von «Unterentwicklung»: Zwei Erklärungsmodelle

Wie sind die globalen Disparitäten entstanden? Warum scheinen einige Regionen einfach nicht vom Fleck zu kommen? Oft ist es schwierig, Ursachen und Folgen der «Unterentwicklung» klar zu unterscheiden. Theoretische Erklärungsansätze verwenden unterschiedliche Modelle, um zu zeigen, unter welchen Bedingungen Entwicklung stattfindet und welche Faktoren Entwicklung bremsen oder verhindern.

Grundsätzlich unterscheiden sich die Konzepte dadurch, dass sie «Unterentwicklung» entweder als endogen verursachtes oder als exogen hervorgerufenes Phänomen begreifen. Sind die Ursachen der «Unterentwicklung» hausgemacht? Hat der Kolonialismus die Disparitäten zwischen Süden und Norden hervorgebracht? Sind kulturelle Gründe für die düsteren Zukunftsperspektiven grosser Teile Afrikas, Lateinamerikas und Asiens verantwortlich? Ist es eine Frage des Breitengrades? Oder liegt es daran, dass die Gesetze des freien Handels und der liberalen Marktwirtschaft zu wenig radikal umgesetzt werden?

Zwei der einflussreichsten Erklärungsansätze werden im Folgenden skizziert:
1. Modernisierungstheorie (endogene Ursachen),
2. Dependenztheorie (exogene Ursachen).

Das Kapitel zeigt zudem, dass es auch vom ideologischen Standpunkt der Betrachterin oder des Betrachters abhängt, wie «Unterentwicklung» erklärt und verstanden wird.

Die Modernisierungstheorie

Die Modernisierungstheorie wurzelt im Willen der Siegermächte des Zweiten Weltkriegs, die Welt neu zu ordnen. Wegweisend waren dabei technisch-industrielle Massstäbe. Aus der Perspektive der Modernisierungstheoretiker erscheint die Welt zweigeteilt in «traditionelle» und «moderne» Staaten. Wirtschaftliche Entwicklung nach westlichem Vorbild, so die optimistische Annahme, transportiere die entsprechenden Werte und Normen und übertrage diese automatisch auf die sich entwickelnde Gesellschaft (**«trickle-down»-Effekt**). Teil dieser Werte ist das Prinzip der Nutzenmaximierung, wonach die Natur erschlossen und ihre Bewirtschaftung technisch perfektioniert wird und damit einen höheren Ertrag abwerfen soll. Mit andern Worten: Die Vertreter der Modernisierungstheorie orientierten sich an einem Modell, das für die bereits industrialisierten Staaten funktioniert hat, dessen Übertragbarkeit auf die Länder des globalen Südens aber keineswegs erwiesen ist. Insbesondere ist unklar, inwiefern das Modell für die subsistenzorientierten Gesellschaften gültig ist.

Subsistenz meint eine Wirtschaftsform, bei der die Produktionsgemeinschaft (meistens eine Familie, die aus mehr als zwei Generationen besteht) sich selbstständig versorgt. Die Subsistenzwirtschaft orientiert sich am tatsächlichen Bedarf der Mitglieder der Produktionsgemeinschaft, sie ist auf Sicherheit ausgerichtet und strebt daher keine Überschussproduktion an. Um die Ernährungsgrundlage für die Familie sicherzustellen, werden verschiedene Strategien verfolgt. Die Diversifizierung der Anbauprodukte, Viehwirtschaft, Geflügel- oder Kleintierzucht sowie die Herstellung und der Verkauf von Produkten auf lokalen Märkten verteilen das Risiko auf mehrere Produktionszweige. Bei Ernteausfällen können die entstehenden Lücken durch den Ertrag aus anderen Produktionszweigen aufgefangen werden. Reine Subsistenzwirtschaften existieren fast nur noch in der Theorie – die meisten Gesellschaften sind in irgendeiner Form in lokale Märkte integriert und stossen einen Teil ihrer Produktion ab. Jenen Teil der Ernte, der Bargeld einbringt, nennt man **Cash Crop**. Mit dem Geld bestreitet die Familie die anfallenden Ausgaben: das Schulmaterial (Bücher und Uniform) für die Kinder, die Reparatur des Wassertanks, der Einbau einer geeigneten Toilette oder die Anschaffung eines Mobiltelefons.

Selbstversorgung

Cash Crop

Entwicklung und Umwelt

Modernisierungstheoretische Ansätze orten die Ursache für Entwicklungsrückstände in den betroffenen Regionen selbst. Für das Entwicklungsdefizit wird die lokale Bevölkerung verantwortlich gemacht, der es unter anderem an der notwendigen Arbeitsmoral mangle. Schuld sei, so die Modernisierungstheoretiker, auch die naturräumliche Ausstattung dieser Gebiete. Solche Erklärungsansätze wurzeln in geodeterministischen Überlegungen, die ebenfalls Eingang gefunden haben in den modernisierungstheoretischen Diskurs.

Geodeterminismus

Geodeterminismus bezeichnet eine Lehre, die davon ausgeht, dass die Natur die menschliche Existenz sowie die Eigenschaften eines Volkes weitgehend bestimmt. Schon die griechische Philosophie kannte geodeterministische Gesellschaftsmodelle. So unterschied Aristoteles Klimazonen und verknüpfte diese modellhaft mit der Bevölkerungsverteilung. Geodeterministische Ideen hielten sich auch im Mittelalter und in der Renaissance. Besonders einflussreich war jedoch das Werk des Aufklärers Montesquieu im 18. Jahrhundert, worin er klimatische Bedingungen für das Erstarken und den Zerfall bestimmter Kulturen verantwortlich machte («De l'esprit des lois», 1748). Gemäss Montesquieus Theorie sind sämtliche Aspekte menschlichen Lebens – von der Physiognomie über die Religion bis hin zu moralischen Werten abhängig von der Geografie: **Die Natur bestimmt die Kultur**. Im 19. Jahrhundert wurden auch Rassenunterschiede als eine Folge räumlicher Differenz thematisiert, und geodeterministische Ideen spielten bei Darwin und seinen Schülerinnen und Schülern eine wichtige Rolle. Mit seinem Konzept des «Lebensraums» knüpfte einer der Gründerväter der modernen Geografie, Friedrich Ratzel, an geodeterministische Ideen an. Als ausgebildeter Zoologe vertrat er das Konzept eines organisch wachsenden Staates, dessen Veränderung und Wachstum «natürliche» Erscheinungen seien, denen die Politik Rechnung tragen müsse. Die Völker befänden sich in innerer Bewegung, und die logische Folge davon sei ihre Ausbreitung und Landnahme. Nur wenn er stetig wachse, sei ein Staat gesund und überlebensfähig.

Abbildung 12.3:
Ausgewogene Mischung zwischen Subsistenzwirtschaft und Cash Crop. Frau aus Kyeeri, am Fuss des Kilimandscharos (1600 m ü. M.)

Die darwinistische Interpretation ist unschwer zu erkennen: Nur starke Staaten setzen sich durch, während die kleineren Staaten schrumpfen und schliesslich von der Landkarte verschwinden. Ausschlaggebend für Stärke und Schwäche des Staates sind die Kulturstufe des jeweiligen Volkes sowie das natürliche Potenzial des von ihm beherrschten Territoriums. Von solchen Überlegungen ist es nicht mehr weit zu Hitlers Ostpolitik. Die spätere Lebensraumideologie des Dritten Reiches basierte wesentlich auf Ratzels Modell (vgl. S. 195).

Erstaunlich ist, dass geodeterministische Ideen in jüngster Zeit wieder Auftrieb erhalten. Jeffrey Sachs, einer der führenden Ökonomen und Sonderbeauftragter der Uno für die Millenniumsziele, unterstreicht die Rolle der Geografie für die Entwicklung eines Landes. Sachs korreliert beispielsweise das Bruttonationaleinkommen mit Klimazonen, oder er vergleicht die Wirtschaftsleistung von Ländern mit Meeranschluss mit jener von Binnenökonomien. Afrika ist von allen geografischen Faktoren, die sich gemäss Sachs' Regressionsanalysen negativ auf das Wirtschaftswachstum auswirken, besonders betroffen. In Malariagebieten ist die Wirtschaftsleistung vergleichsweise tief, und Sachs kommt zum Schluss, dass die «bad geography» Afrikas mit entsprechend höheren Hilfsleistungen der internationalen Gemeinschaft kompensiert werden müsse, schon nur, um «Massenemigration» aus dem schwarzen Kontinent zu verhindern.

Die Modernisierungstheorie erklärt Unterentwicklung überwiegend durch **endogene Faktoren** wie traditionell bestimmte Verhaltensweisen, Haltungen, kulturelle Werte oder naturräumliche Bedingungen. Um diese zu überwinden, müssten sich die Menschen des Südens in ihrer Denk- und Handlungsweise dem Norden anpassen. Erst nach dieser Transformation könne auch der globale Süden vom «Geist des Kapitalismus» durchdrungen werden und seinen Entwicklungsrückstand aufholen. Trotz teilweise fragwürdiger Argumente und Kausalverknüpfungen enthält die Modernisierungstheorie einige wichtige Kerngedanken:

Transformation von Agrargesellschaften

- Die Transformation von Agrargesellschaften zu Industriegesellschaften ist grundsätzlich möglich. Sie muss von einem umfassenden Wandel der Arbeitsstrukturen und somit auch der gesellschaftlichen Ordnung begleitet werden, um den industriellen «**Take-off**» erfolgreich zu bewältigen.
- Industrielle Produktion verlangt eine Rationalisierung von Arbeit und Zeit sowie den Transfer von technischem Know-how.
- Korruption und Kapitalflucht blockieren die Entwicklungsfähigkeit.
- Die Politik schafft Rahmenbedingungen, um den Entwicklungsprozess zu fördern und zu steuern.

Die Kritik an der Modernisierungstheorie macht geltend, dass zahlreiche reale Beispiele der Theorie widersprechen. So erzielen z. B. Länder mit einer starken konfuzianischen Tradition wie China oder die sogenannten «asiatischen Tiger» sehr hohe Wachstumsziffern. Die von der dortigen Tradition geforderten Tugenden wie Fleiss, Disziplin und Leistungswillen förderten den Entwicklungsschub. Indien, ein Land mit tief verwurzelten religiösen Kulturen und einer hierarchischen Gesellschaftsstruktur, hat sich zu einem der weltweit führenden Software-Herstellerländer entwickelt. Diese Länder machen vor, dass auch vom westlichen Modell abweichende Wege zum Erfolg führen können.

Die Dependenztheorie

Initiiert durch lateinamerikanische Wirtschafts- und Sozialwissenschaftler, setzte sich in den 1970er-Jahren eine imperialismuskritische Diskussion durch, die unter dem Sammelbegriff «Dependenztheorie» (span. «dependencia» = Abhängigkeit) zum wichtigsten Gegenentwurf der Modernisierungstheorie wurde. Im Unterschied zur Modernisierungstheorie macht die Dependenztheorie vor allem **exogene Faktoren** für das Gefälle zwischen dem globalen Norden und dem

Süden verantwortlich. Um «Unterentwicklung» zu verstehen, müsse der Süden als Teil eines internationalen Systems betrachtet werden. Zentrale Positionen der Dependenztheorie sind folgende:
- Unterentwicklung kann nicht durch hausgemachte (endogene) Faktoren erklärt werden.
- Die Entwicklungsländer befinden sich als ehemalige Kolonien in einem wirtschaftlichen Abhängigkeitsverhältnis.
- Lösungsansatz: Die Alternative heisst Abkoppelung und eine selbstständige, auf den Süden konzentrierte Entwicklung.

Klassische dependenztheoretische Modelle erklären die systematische Benachteiligung der Volkswirtschaften Afrikas, Lateinamerikas und Asiens durch die **historisch produzierte Abhängigkeit**. In ihrer Ausrichtung auf den Profit des Mutterlandes wurden die kolonialen Wirtschaften auf die Rohstoffproduktion und wenige Exportgüter mit tiefer Mehrwertschöpfung beschränkt. Das ausländische Kapital steckte in Plantagen, dem Bergbau und dem Aussenhandel, und während der dynamische Exportsektor in den Weltmarkt integriert wurde, erstellten die Mutterländer Handelsschranken zum Schutz der einheimischen Produktion. Die vollkommen ferngesteuerte Entwicklung der kolonialen Wirtschaft zog kaum Beschäftigungseffekte nach sich, die Folge war die Marginalisierung ganzer Bevölkerungsschichten. Zugespitzt wurde die Situation dadurch, dass der Erlös aus dem Export von Rohstoffen wie Edelmetalle, Kaffee, Tee, Kakao und Baumwolle für den Import von Luxusgütern für eine schmale Elite eingesetzt wurde. Die übrigen Geldmittel wurden von den Schuldzinsen aufgefressen, die für die Kredite aus dem Norden entrichtet werden mussten.

Die Dependenztheorie legt den Schwerpunkt also auf exogene Faktoren. Sie untersucht Entwicklungsländer als Teil des globalen Systems und fragt nach den historischen, politischen und wirtschaftlichen Bedingungen, die deren Entwicklung begünstigen oder behindern. Mit ihrer Gewichtung der exogenen Faktoren hat die Dependenztheorie trotz erkannter Einseitigkeit viel zum Verständnis der Disparitäten zwischen Erster und Dritter Welt beigetragen.

Koloniale Wirtschaftssysteme

Die entscheidende Schwäche dieses Ansatzes liegt in seiner Unfähigkeit, den subjektiven Faktor, also das Denken und die Handlungsspielräume der Menschen, mit einzubeziehen. Die klassische Dependenztheorie kann beispielsweise nicht erklären, warum unter den «weissen Kolonien» Staaten wie Kanada, Südafrika oder Australien trotz ihrer Einbindung in ein koloniales System eine industrielle Entwicklung durchlaufen haben, während dies beispielsweise bei Argentinien nicht der Fall ist. Die Klassenunterschiede und Machtverhältnisse innerhalb eines Landes werden im Rahmen der Dependenztheorie ausgeblendet.

Jüngere Theorien bevorzugen eine Verknüpfung von exogenen und endogenen Faktoren. Die Kategorie «Entwicklungsländer» ist zunehmend heterogen und die Grenze zwischen den Schwellen- und Industrieländern fliessend geworden. Neuere Ansätze tragen dem Rechnung, indem sie auf der Idee der fragmentierten Entwicklung aufbauen oder Zentrum-Peripherie-Modelle entwerfen, die nicht an die Grenzen von Nationalstaaten gebunden sind. Diese Globalisierungstheorien liefern teilweise angemessenere Beschreibungen der gegenwärtigen Prozesse.

3. Was sind Entwicklungsländer?

Begriffe und Bezeichnungen

«Dritte Welt», «Entwicklungsländer», der «globale Süden» – all diese Begriffe werden in der Entwicklungsdebatte verwendet. Was genau bedeuten sie, und wie grenzen sie sich voneinander ab? Die traditionelle Bezeichnung «Entwicklungsländer» weist die betreffenden Regionen als «unterentwickelt» (underdeveloped), «rückständig» (backward) oder «nicht entwickelt» (undeveloped) aus. In der unpräzisen Umschreibung klingt ein abwertender Unterton mit. Sie unterstellt nicht nur ein Defizit an «Entwicklung», sondern suggeriert gleichzeitig ein bestimmtes, für alle geltendes Modell, wie Entwicklung aussehen soll. Im englischen Sprachgebrauch weicht man behelfsmässig auf die Bezeichnung **«Less Developed Countries»** (LDC – weniger entwickelte Länder) oder **«Least Developed Countries»** (LLDC – am wenigsten entwickelte Länder) aus. Letzteren kommt im Rahmen von Hilfsprogrammen spezielle Aufmerksamkeit zu. Die in diesem Zusammenhang auftauchende Zuschreibung «Industrieländer» ist im Übrigen genauso unzureichend, handelt es sich doch mehrheitlich um postindustrielle bzw. um Dienstleistungsgesellschaften.

Auch die Begriffe «Dritte Welt» und «der globale Süden» sind mit Unzulänglichkeiten behaftet. Der überholte Begriff «Dritte Welt» entspringt einem Diskurs aus der Zeit des Ost-West-Konflikts. Mit der Auflösung der Kolonialreiche in den 1950er- und 1960er-Jahren entstanden selbstständige Staaten, die sich weder der «Ersten Welt» des kapitalistischen Westens noch der «Zweiten Welt» der sozialistischen Ostblockstaaten zuordnen liessen, jedoch von beiden Seiten heftig umworben wurden. Gemeint ist also nicht etwa eine Rangierung, sondern eine geopolitische Zuordnung. Mit dem Zerfall der kommunistischen Systeme verliert die Bezeichnung ihren Sinn. Dennoch lebt die Klassifizierung weiter, so taucht in der Literatur gelegentlich der Begriff der «Vierten Welt» für die ärmsten Länder (LLDCs) auf.

Abbildung 12.4:
40% der Weltbevölkerung, also 2,6 Millionen Menschen, sind Kleinbauern wie dieses Paar im tropischen Tiefland Boliviens.

Entwicklung und Umwelt

12

Die Zuordnung zum «Süden» ist unscharf, da sich auch wohlhabende Staaten wie Neuseeland und Australien auf der Südhalbkugel befinden. Neben dem bereits diskutierten Problem einer scheinbar gemeinsamen Interessenlage suggeriert diese geografische Zuordnung eine Art ursächlichen Zusammenhang, wonach Länder allein ihres Breitengrades wegen in eine bestimmte Kategorie fallen würden.

Schwellenländer

Die Bezeichnung «Newly Industrialising Countries» bezieht sich auf die sogenannten **Schwellenländer** mit rasch wachsender Wirtschaft sowie einem fortschreitenden Industrialisierungsgrad. China, Indien, Brasilien, Russland und Südafrika werden unter dieser Kategorie erfasst. Die gleichzeitige Zuordnung zu den Entwicklungsländern nach OECD-Standards kann man dennoch rechtfertigen, indem man statt von Ländern von den Menschen, die dort leben, spricht: In Indien beispielsweise müssen trotz der beeindruckenden Entwicklung insgesamt immer noch mehr Menschen mit dem absoluten Existenzminimum auskommen als in ganz Schwarzafrika.

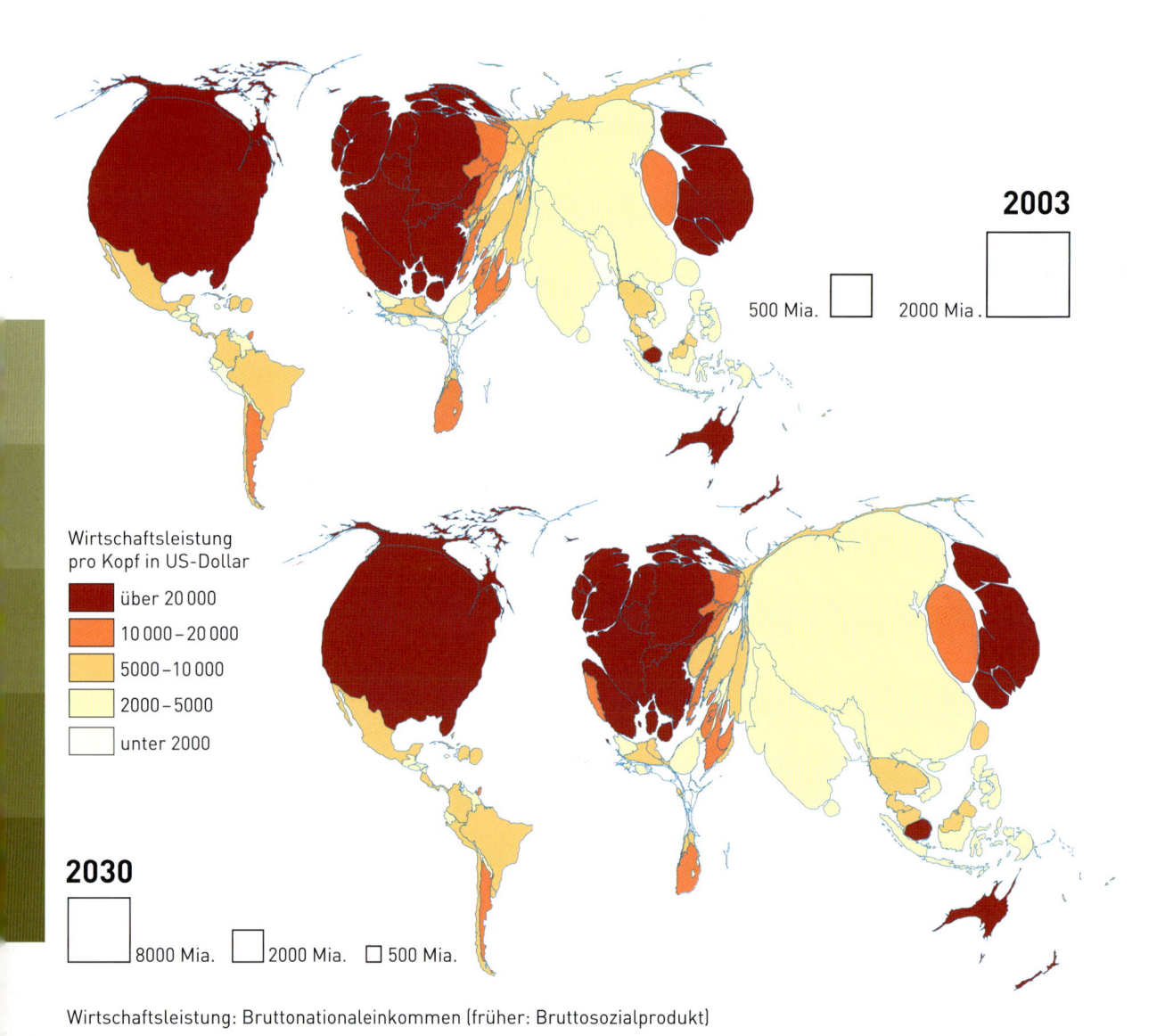

Abbildung 12.5:
Wirtschaftsleistung als Fläche dargestellt

2003

500 Mia.   2000 Mia.

Wirtschaftsleistung pro Kopf in US-Dollar
- über 20 000
- 10 000 – 20 000
- 5000 – 10 000
- 2000 – 5000
- unter 2000

2030

8000 Mia.   2000 Mia.   500 Mia.

Wirtschaftsleistung: Bruttonationaleinkommen (früher: Bruttosozialprodukt)

Was sind Entwicklungsländer?

12

Seit den 90er-Jahren setzen sich unter dem Eindruck der Globalisierung Begrifflichkeiten durch, welche mit Blick auf die gegenseitige Verflechtung zwischen den Regionen der Welt ein **Zentrum-Peripherie-Modell** skizzieren. Kulturelle Vereinheitlichung und globale Kommunikationsnetzwerke einerseits, internationale Arbeitsteilung, Macht-, Wissens- und Qualifikationsgefälle andererseits verdeutlichen, dass wir es auch in Zukunft mit unterschiedlichen Geografien zu tun haben werden: Die Kernregionen stehen als «beschleunigte Welt» mit einem Anteil von rund 15 % der Weltbevölkerung den peripheren, langsameren Regionen gegenüber. Die Hoffnung schwindet, dass mit der **Globalisierung** die Zentrum-Peripherie-Gegensätze an Bedeutung verlieren und die Welt zu einem demokratischeren, egalitäreren «Global Village» schrumpfen würde. Im Gegenteil, man geht davon aus, dass die **fragmentierende Entwicklung** eine beschränkte Anzahl globaler Orte hervorbringt, in denen sich der Reichtum und damit Arbeitsplätze, Innovationsräume, Bildungschancen und kulturelle Einrichtungen konzentrieren. Dem gegenüber steht eine zunehmend ausgegrenzte «Restwelt», die Peripherie, in der die Mehrheit der Menschheit leben wird. Die aktive Teilhabe an der globalisierten Welt ist den Männern und Frauen dieser Regionen verwehrt. Als Ergebnis öffnet sich eine gefährliche Kluft zwischen ausschweifender Reichtumsanhäufung und verzweifelten Strategien zur Sicherung der elementarsten Bedürfnisse.

Vor dem Hintergrund dieser Erläuterungen wird in diesem Buch alternierend von «Entwicklungsländern», der «Dritten Welt» oder dem «globalen Süden» gesprochen. Die Begriffe werden mangels einer überzeugenden Alternative weiterhin verwendet, wobei deren Unschärfen und dem historischen Kontext Rechnung zu tragen ist.

Globalisierung

Merkmale von Entwicklungsländern

Moçambique und Bolivien, Bosnien-Herzegowina, Indien und Afghanistan: Was ist diesen Staaten gemeinsam? Sie alle erscheinen auf der 146 Länder umfassenden Liste der OECD, die die sogenannten «Entwicklungsländer» ausweist. Ein Blick auf die Strukturdaten der genannten Staaten macht deutlich, dass es problematisch ist, so unterschiedliche Länder mit einem Begriff zusammenzufassen. Politisch kann es durchaus im Interesse eines Staates sein, auf der OECD-Liste zu erscheinen, denn die betreffenden Länder haben damit Anrecht auf internationale Entwicklungsgelder.

Die gebräuchlichsten Merkmale, die die Kandidaten als Entwicklungsländer ausweisen, werden in demografische, ökonomische, soziale und politische sowie ökologische Kategorien unterteilt. Zu den **demografischen Merkmalen** zählen eine niedrige Lebenserwartung, hohe Säuglings- und Kindersterblichkeit sowie eine rasche Bevölkerungszunahme. Unter **ökonomischen Merkmalen** werden unter anderem ein geringes Pro-Kopf-Einkommen, Mangel an qualifizierten Arbeitskräften (Braindrain), unzureichende Infrastruktur, geringer Industrialisierungsgrad, Abhängigkeit von der Ausfuhr weniger Rohstoffe sowie eine hohe Auslandverschuldung gerechnet. Unzureichende medizinische und sanitäre Versorgung, Unter- und Mangelernährung, eine hohe Analphabetenquote, starke Urbanisierung mit Slumbildung sowie häufig unzureichende demokratische Legitimität und politische Instabilität («failing states») gehören zu den wichtigsten **sozialen und politischen Merkmalen**. **Ökologische Merkmale** sind die durch Erosion, Desertifikation und Wasserknappheit gefährdeten Ökosysteme. Der Druck auf die Landschaft erhöht sich durch Abholzung, durch die intensivierte Landwirtschaft für agroindustrielle Produktion von Lebensmitteln und Agrotreibstoffen sowie die Verstädterung.

Indikatoren der Unterentwicklung

In der Gruppe der Entwicklungsländer befinden sich Staaten, deren Eigenschaften mit den gängigen Merkmalen übereinstimmen, zum Teil aber in hohem Masse davon abweichen. Um die Klassifizierung zu vereinheitlichen und nicht zuletzt um Entwicklung besser messbar zu machen und damit Hilfsmassnahmen zielgenauer einsetzen zu können, greifen internationale Entwicklungsagenturen vermehrt auf Indikatoren zurück.

Entwicklung und Umwelt

12

Abbildung 12.6:
Bildung ist ein entscheidender Entwicklungsfaktor. Kinder vor ihrem Schulhaus im bolivianischen Hochland

Wie wird Entwicklung gemessen?

Die Kategorie «Entwicklungsland» ist, wie oben dargestellt, problematisch geworden, da sie ein Spektrum von sehr unterschiedlichen Ländern umfasst. Was die Klassifikationsversuche zusätzlich problematisch macht, ist der Umstand, dass Entwicklungsländer über ihre Defizite und Mangelerscheinungen in Bezug auf die Industrieländer definiert werden. Als zentrales Kriterium hierbei gilt **Armut**. Der Grund, weshalb eine Einteilung so schwierig ist, liegt in der Frage der Messbarkeit: Wie wird Armut definiert, und wie wird sie gemessen?

Die Aussagekraft einzelner Zahlen ist limitiert, und nicht alle Indikatoren sind geeignet, die Situation eines Landes und seiner Bevölkerung einzuschätzen. Zudem tendieren Klassifikationssysteme zu einer einseitigen Ausrichtung auf wirtschaftliche Kriterien. Schliesslich fehlt es an der politischen Akzeptanz gewisser Indikatoren. So ist beispielsweise die Bedeutung der politischen Freiheiten umstritten. Einzelne Staaten wägen zwischen Prestige und materiellen Entscheiden ab, um für oder gegen ihre Zugehörigkeit zur Gruppe der Entwicklungsländer zu lobbyieren: Als Entwicklungsland haben sie vermehrt Anspruch auf Hilfsleistungen. Der Nutzen und die Schwierigkeiten von Klassifikationen werden im Folgenden am Beispiel des Bruttonationaleinkommens BNE sowie des Human Development Index HDI verdeutlicht.

Das Bruttonationaleinkommen (BNE)

Um Länder miteinander zu vergleichen, werden häufig wirtschaftliche Parameter beigezogen. Die Weltbank erstellt jährlich eine Rangliste nach dem Bruttonationaleinkommen oder Bruttonationaleinkommen pro Kopf (Gross National Income per Capita). Im BNE werden sämtliche Güter und Dienstleistungen, die von Angehörigen eines Staates während eines Jahres produziert werden, erfasst. Es ist also ein Mass, welches die **wirtschaftliche Leistungsfähigkeit** eines Staates ausdrückt. Allerdings ist die Aussagekraft limitiert, denn es fliessen nur diejenigen wirtschaftlichen Aktivitäten in die Rechnung ein, welche in Marktpreisen verrechnet werden. Der Ökonom und Nobelpreisträger Amartya Sen ist der Meinung, dass ökonomisches Wachstum ein ungenügendes

Abbildung 12.7:
Wege aus der Armut: 80 bis 130 km radeln diese Holzkohlehändler aus Tansania, um die meist aus illegalem Holzschlag erworbene Kohle in Mbeya, der nächstgrösseren Stadt, mit gutem Profit zu verkaufen.

Kriterium sei, um den Fortschritt zu messen, weil es nur ein Faktor unter vielen ist: «The process of economic growth is a rather poor basis for judging the progress of a country; it is not, of course, irrelevant but it is only one factor among many» (Sen 2007). Soziale, politische und kulturelle Dimensionen sind im BNE also nur dann enthalten, wenn sie einen Preis haben. Weitere Schwierigkeiten sind in der nachfolgenden Liste aufgeführt:
– Unbezahlte Arbeit (zum Beispiel Hausarbeit oder Kindererziehung) wird statistisch nicht erfasst.
– Der informelle Sektor und die Selbstversorgung werden nicht registriert.
– Die Angabe des Pro-Kopf-Einkommens sagt nichts über die Kaufkraft aus.
– Angaben als Durchschnittswerte verdecken Einkommensunterschiede.
– Ökologische und humane Kosten sind im BNE nicht ausgewiesen.
– Politische und soziale Rechte werden nicht erfasst.

Ungeachtet dessen bleibt das BNE die dominierende Grösse für die Messung wirtschaftlicher Leistungsfähigkeit und den Vergleich mit andern Staaten. Allerdings gibt es Bestrebungen, weitere Faktoren einzubeziehen, um zu einer differenzierteren und damit realitätsnäheren Betrachtung zu kommen.

Wirtschaftliche Leistungsfähigkeit

Der Human Development Index HDI
Einen erweiterten Ansatz wählt das Entwicklungsprogramm der Vereinten Nationen (UNDP) mit dem sogenannten HDI, dem Human Development Index. Der HDI kombiniert drei Faktoren:
1. Lebenserwartung bei Geburt;
2. Alphabetisierungsrate der Erwachsenen (fliesst zu $^2/_3$ in die Berechnung ein) in Kombination mit der Einschulungsrate auf Primar-, Sekundar- und tertiärer Bildungsstufe (wird zu $^1/_3$ gewichtet);
3. das Pro-Kopf-Einkommen, gemessen an der Kaufkraft; dies ergibt eine realistischere Einschätzung des Einkommens und führt in der Rangordnung dazu, dass gewisse einkommensschwache Länder näher zu den reichen Ländern aufschliessen.

Entwicklung und Umwelt

12

Die Lebenserwartung ist eine Annäherung für Ernährung, Hygiene und Gesundheitsfürsorge, während die Alphabetisierungsrate etwas über das Bildungssystem und die Chancengleichheit aussagt. Damit ist dieser Faktor auch eine Annäherung an das Ausmass der politischen Teilhabe und damit an die Möglichkeit der Bevölkerung, ihre eigene Lebenssituation zu beeinflussen. Auch die Aussagekraft der HDI-Klassifikation ist limitiert. Kriterien wie politische Rechte, Umweltbelastung oder soziale Ungleichheit sind nicht darin enthalten. Allerdings gibt es unterdessen Berechnungen, die den HDI nach Regionen oder Einkommensstufen innerhalb eines Landes aufschlüsseln. Dies sind stichhaltige Informationen zu den Disparitäten innerhalb eines Landes.

Der HDI ist ein Indexwert und wird berechnet, indem von einem bestimmten Indikator – beispielsweise der Lebenserwartung – der höchste Wert mit 1, der niedrigste mit 0 gesetzt wird. Alle Staaten werden mit einem Indexwert zwischen 0 und 1 klassifiziert. Länder mit hohem HDI (über 0,8) positionieren sich auf den vorderen Rängen gegenüber Ländern mit mittlerem (0,5–0,8) oder niedrigem HDI (unter 0,5).

Für die Lebenserwartung ergäbe dies beispielsweise für Moçambique folgenden Wert:

$$\text{Index} = \frac{\text{aktueller Wert} - \text{Minimalwert}}{\text{Maximalwert} - \text{Minimalwert}} = \frac{42{,}8 - 25}{85 - 25} = 0{,}296.$$

Die Indexzahlen für den Bildungsstand (0,433) sowie für das Pro-Kopf-Einkommen (0,421) werden analog berechnet. Der HDI von 0,383 ergibt sich aus dem Durchschnittswert der drei Indizes. Moçambique platziert sich damit auf Rang 172 von 182 Ländern.

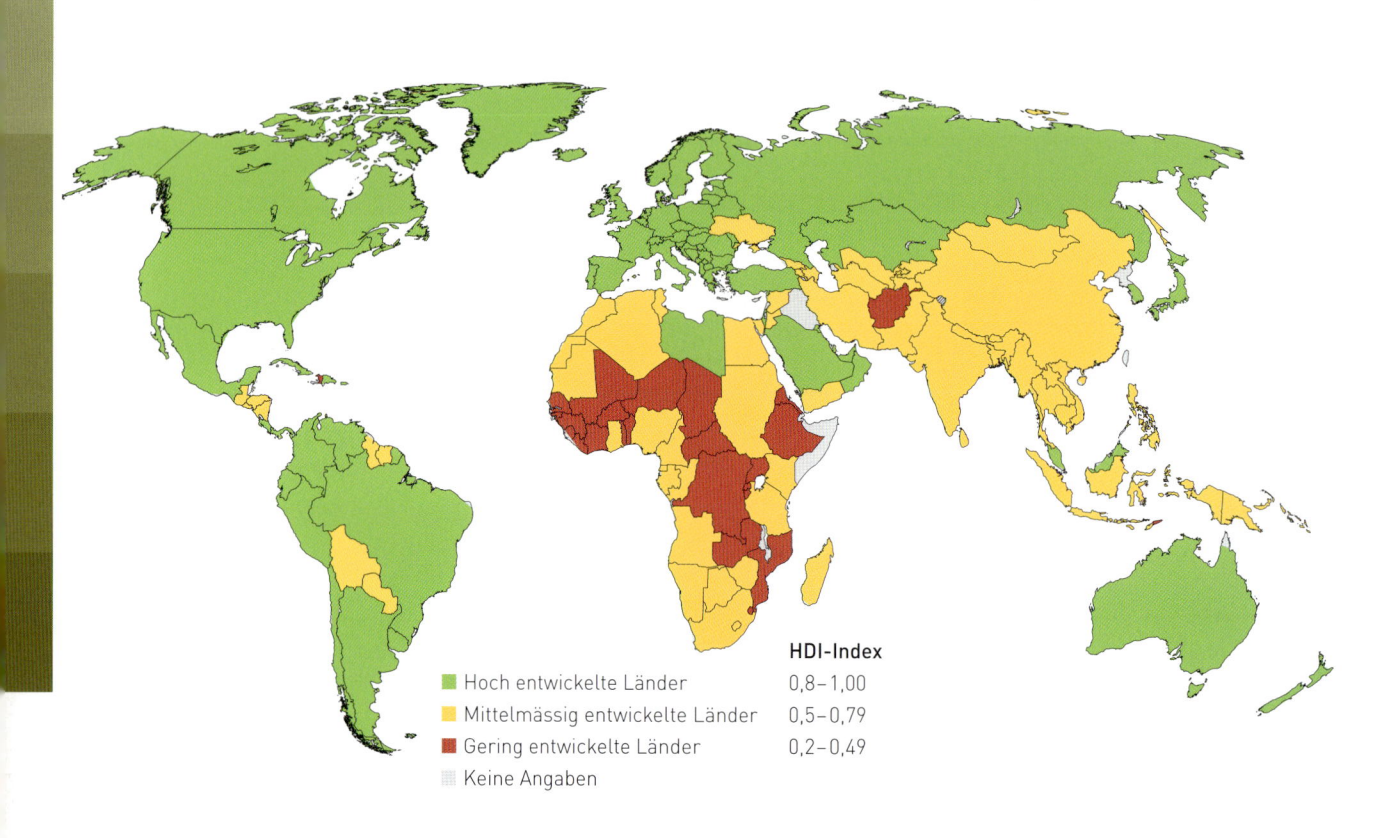

Abbildung 12.8:
Der Stand menschlicher Entwicklung gemäss dem HDI der Vereinten Nationen (Datenbasis 2007)

HDI-Index
- Hoch entwickelte Länder 0,8–1,00
- Mittelmässig entwickelte Länder 0,5–0,79
- Gering entwickelte Länder 0,2–0,49
- Keine Angaben

12

Die westlichen Industrieländer stehen, gemessen am HDI, an der Spitze. Einige Staaten, die gemäss der BNE-Rangierung Plätze in den vorderen Positionen eingenommen haben, liegen allerdings bei der differenzierteren Beurteilung nach HDI etwas zurück, so beispielsweise die Vereinigten Arabischen Emirate.

Die sieben Staaten an der Spitze gemäss HDI verglichen mit der Rangierung nach BNE (2009) – und die Schweiz:

Land	HDI	Rang	2006	BNE/Kopf	Rang
Norwegen	0,971	1	1	58714	3
Australien	0,970	2	3	38784	9
Island	0,969	3	2	36902	12
Kanada	0,966	4	6	39078	8
Irland	0,965	5	4	41850	6
Niederlande	0,964	6	10	40961	7
Schweden	0,963	7	5	36961	11
Schweiz	0,960	9	9	42415	5

Die sieben Staaten am Schluss der Rangliste (2009)

Land	HDI	Rang	2006	BNE/Kopf	Rang
(Demokratische Republik) Kongo	0,389	176	171	314	182
Burkina Faso	0,389	177	174	1160	158
Mali	0,371	178	175	1129	163
Zentralafrikanische Republik	0,369	179	172	741	175
Sierra Leone	0,365	180	176	759	174
Afghanistan	0,352	181	k.A.	935	169
Niger	0,340	182	177	683	176

Es ist eine der grossen Herausforderungen für die Entwicklungspolitik, der Frage auf die Spur zu kommen, warum ausgerechnet der Kontinent, in den mit Abstand am meisten Entwicklungsgelder geflossen sind (Schätzungen gehen von mindestens 750 Milliarden Franken in den letzten 60 Jahren aus), hartnäckig auf den hintersten Rängen verharrt. Während die einen dem südlichen Afrika mehr Kapitalismus verordnen, glauben die andern, gerade die kapitalistische Marktwirtschaft sei an der schleppenden Entwicklung schuld. Wieder andere – darunter auch Wissenschaftlerinnen und Wissenschaftler afrikanischer Herkunft – fordern einen radikalen Stopp der Entwicklungsgelder für Afrika: Nur dadurch würden die korrupten Systeme zusammenbrechen, und Afrika erhielte eine echte Chance auf eine demokratische Entwicklung. Wieder andere verlangen mehr und koordiniertes Handeln der Industriestaaten: Mit Moskitonetzen, Dünger und Medizin könne Afrika in zehn Jahren seinen Rückstand gegenüber Asien und Lateinamerika aufgeholt haben. Möglicherweise könnten die grossen Aufsteiger der letzten drei Jahrzehnte für Afrika zum Vorbild werden.

Entwicklungsgelder für Afrika

Die grössten Aufsteiger seit 1980:

Land	HDI aktuell	HDI 1980	Rang	BNE/Kopf aktuell	Rang aktuell
China	0,777	0,559	92	6000 PPP	133
Ägypten	0,708	0,482	123	5800 PPP	134

PPP: Purchasing Power Parity = Kaufkraftbereinigte Währung in US-$.

Entwicklung und Umwelt

UNDP-Bericht zur menschlichen Entwicklung

Die beiden Aufsteiger verdanken ihre Verbesserung unterschiedlichen Strategien: Ägypten hat sein Gesundheitswesen und das Bildungssystem ausgebaut. Bei China trägt das ausgeprägte Wirtschaftswachstum überproportional zu der guten Positionierung bei. In der Gesundheitsversorgung besteht jedoch gemäss UNDP grosser Handlungsbedarf. Zudem ist zu bedenken, dass immer noch fast die Hälfte der Bevölkerung, nämlich die 600 Millionen Menschen, die sich mit weniger als zwei US-Dollar pro Tag durchschlagen müssen, vom chinesischen Wirtschaftswunder ausgeschlossen bleiben.

Die unsichere **Lage** in bestimmten Ländern führt dazu, dass nicht für alle Regionen zuverlässige Daten erhoben werden können – das gilt für kriegsversehrte Staaten wie Afghanistan oder Sudan. Schliesslich wäre es interessant, die Entwicklung der Zahlen über die letzten 25 Jahre zu vergleichen, um eine Aussage über die Veränderung eines Landes machen zu können. Der jährliche Bericht des UNDP leistet diese Analyse so weit wie möglich auf der zum Teil unvollständigen Datenbasis.

Die hier vorgestellten Indikatoren sind nicht die einzigen Grössen, die im Zusammenhang mit Entwicklung verwendet werden. Wichtige und häufig gebrauchte Indizes sind der Human Poverty Index zur differenzierten Messung von Armut, der Gini-Koeffizient, der die Einkommensunterschiede innerhalb einer Region darstellt (vgl. Abb. 12.13), oder der Gender-related Development Index GDI, der die Ungleichheiten zwischen den Geschlechtern sichtbar macht. All diese Indikatoren dienen dazu, die Entwicklungszusammenarbeit zu steuern.

Die vier entwicklungspolitischen Dekaden

Was die Schwerpunkte, Methoden und die Ausrichtung der internationalen Zusammenarbeit angeht, lassen sich mittlerweile vier entwicklungspolitische Dekaden unterscheiden.

1960er-Jahre: Entwicklungshilfe als Geopolitik

Die 1960er-Jahre sind die Geburtsdekade der «Entwicklungshilfe». Harry S. Truman, der erste US-Präsident der Nachkriegszeit, gilt als der «Erfinder» der Entwicklungszusammenarbeit: «Wir müssen ein neues, kühnes Programm aufstellen, um die Segnungen unserer Wissenschaft und Technik für die Erschliessung der unterentwickelten Weltgegenden zu verwenden», forderte er. Der Kalte Krieg spaltete die Welt in zwei geopolitische Blöcke. Zahlreiche junge Staaten in Afrika und Asien liessen sich nach der Dekolonisierung keinem der beiden Blöcke zuordnen. Umso heftiger wurden sie umworben, sie bildeten die sogenannte «**Dritte Welt**».

Die Strategien der damaligen Entwicklungshilfe beruhten auf einem wachstumsorientierten Entwicklungsverständnis. Die Ansätze diagnostizierten fehlendes technisch-wissenschaftliches Know-how als Ursache für den Rückstand der betroffenen Länder. Die Bereitstellung von Kapital, Gütern und Dienstleistungen sowie die Einbindung in den globalen Handel sollten den Nachholbedarf der «unterentwickelten» Staaten decken. Ausserdem ging man von der Annahme aus, dass «Entwicklung» bei weltweitem Wirtschaftswachstum früher oder später irgendwie «durchsickern» würde. Es galt, die Länder des Südens für Rohstofflieferungen sowie als Abnehmer für westliche Erzeugnisse fit zu machen.

Die Ergebnisse der so angelegten Entwicklungshilfe waren unbefriedigend. Die Wachstumsstrategie führte zu einer höchst ungleichen Verteilung der Ressourcen, längst nicht alle Staaten, geschweige denn ganze Bevölkerungen, profitierten. Zudem hatte das aussenpolitische Kalkül zur Folge, dass bei der Vergabe von Geldern korrupte und reformunwillige Regimes profitierten. So verkamen Teile der Entwicklungshilfe trotz hehrer Ziele zu einer dauerhaften Subventionierung von mehr als zweifelhaften Machthabern.

1970er-Jahre: Grundbedürfnisstrategie

Die Auswertung der bisherigen Bemühungen hatte gezeigt, dass das schnelle Wachstum die Ungleichheiten innerhalb von Entwicklungsländern verstärkte, während nur die reichsten 40% der Bevölkerung von den Hilfeleistungen profitiert hatten. Um dies zu korrigieren, wurde die **Armutsbekämpfung** zum obersten Ziel der Entwicklungshilfe deklariert. Wachstum, so die Erkenntnis, könne nicht unabhängig von der Verteilung betrachtet werden. Als primäre Zielgruppe der neuen Bemühungen galten die Ärmsten der Armen, die mit der sogenannten «Grundbedürfnisstrategie» dabei unterstützt werden sollten, ihre Lebensbedingungen zu verbessern.

Abbildung 12.9:
Paradigma der 1970er-Jahre: Entwicklungshilfe für die von Armut am stärksten betroffenen Menschen (Bild: Kathmandu)

Entwicklung und Umwelt

1980er-Jahre: Das verlorene Jahrzehnt

Um die Einbindung der Entwicklungsländer in den Weltmarkt voranzutreiben, wurden die Entwicklungsländer umfassend mit Krediten versorgt. Durch einen massiven Zinsanstieg gerieten die Kreditnehmerinnen und -nehmer in eine fatale Schuldenspirale. Die Zinsen überstiegen ihre wirtschaftliche Leistungsfähigkeit. Zusammen mit den fallenden Rohstoffpreisen warf die **Überschuldungskrise** die bisherigen Entwicklungsanstrengungen heftig zurück. Um die weltweite Ausdehnung der vor allem Lateinamerika betreffenden Schuldenkrise und die damit verbundenen negativen Auswirkungen auf die Weltwirtschaft einzudämmen, stellten die Weltbank und der Internationale Währungsfonds den betroffenen Ländern neue Kredite aus, die jedoch an einschneidende Restrukturierungsprogramme gebunden waren. Staaten wie Brasilien oder Mexiko verpflichteten sich zu umfassenden und folgenschweren Deregulierungs- und Privatisierungsmassnahmen, ohne Rücksicht auf die massive Verschlechterung des Lebensstandards jener Bevölkerungsschichten, denen besondere Aufmerksamkeit gegolten hatte: den Ärmsten unter den Armen. Die magere entwicklungspolitische Bilanz liessen die 80er-Jahre im Rückblick als «verlorenes Jahrzehnt» erscheinen.

Schuldenkrise

1990er-Jahre: Hoffnungsdekade durch nachhaltige Entwicklung

Die Entwicklungspolitik der 90er-Jahre stand im Zeichen der Hoffnung. Mit dem Ansatz einer «nachhaltigen Entwicklung» (Sustainable Development) setzte sich in einer beispielhaften Erfolgsstory ein neues Paradigma durch, welches die Umwelt- und Sozialverträglichkeit von Entwicklungsmassnahmen ins Zentrum stellt. Eine zukunftsfähige, dauerhafte Entwicklung sollte es gegenwärtig lebenden Menschen ebenso wie den nachfolgenden Generationen ermöglichen, ihre Vorstellungen von einem guten Leben zu verwirklichen.

An der Uno-Umweltkonferenz von 1992 in Rio de Janeiro fanden die Prinzipien der nachhaltigen Entwicklung Eingang in die 40 Kapitel umfassende **Agenda 21** sowie in zahlreiche Konventionen, die die Grundlage für eine weltweite Zusammenarbeit zur Bekämpfung von Umweltproblemen bilden. Die damaligen Zielsetzungen werden derzeit umgesetzt. Wie am Beispiel der Klimakonvention deutlich wurde, gilt es, zahlreiche Widerstände einzelner Staaten zu überwinden.

Die Agenda 21 ist das globale Aktionsprogramm, das am «Erdgipfel» in Rio de Janeiro 1992 verhandelt wurde. Darin sind beispielsweise Konventionen zum Klimaschutz, zur Erhaltung der Biodiversität, zur Bekämpfung der Desertifikation oder zum Schutz von Gebirgsräumen festgelegt.

Die Wahlmöglichkeiten der Menschen erweitern und ihre Fähigkeiten stärken – das ist gemäss dem Uno-Bericht zur menschlichen Entwicklung das Ziel. Der Ansatz zeigt, dass sich die Problematik der Unterentwicklung nicht auf ökonomische Fragen reduzieren lässt. Der Zugang zu und die Kontrolle über Ressourcen, die Bekämpfung von Hunger und Krankheiten, verbesserte Bildungsmöglichkeiten oder der Schutz der Umwelt gehören ebenso dazu wie die Mitbestimmung von Männern und Frauen aus verschiedenen Bevölkerungsgruppen, die Aushandlung von unterschiedlichen Interessen und der Aufbau von gemeinschaftlichen Strukturen. Entwicklung hat mit Macht zu tun und ist daher immer auch Politik.

Die Bilanz von vier entwicklungspolitischen Dekaden ist durchzogen. Trotz Rückschlägen wächst aber die Überzeugung, dass eine bessere Welt möglich ist und die Verteilung der Ressourcen, der Zugang zu Bildung und Gesundheit weltweit gerechter werden kann und muss. Welches aber ist der Weg, um eine bessere Welt zu bauen?

4. Die Entwicklungsziele des 21. Jahrhunderts: Millennium Development Goals MDG

Im September 2000 wurde die **United Nations Millennium Declaration** von den Regierungen der Uno-Mitglieder unterschrieben und in Kraft gesetzt. Diese gemeinsame Erklärung ist der Beginn einer weltweiten Partnerschaft gegen extreme Armut. Sie markiert einen Meilenstein in der Geschichte des internationalen Engagements für Entwicklung, weil sie messbare Ziele formulierte und sich eine konkrete Zeitlimite gab, um diese Ziele zu erreichen. Ban Ki-moon, der Generalsekretär der Vereinten Nationen, umschreibt die Millenniumsziele wie folgt:

«The Millennium Development Goals set timebound targets, by which progress in reducing income poverty, hunger, disease, lack of adequate shelter and exclusion – while promoting gender equality, health, education and environmental sustainability – can be measured. They also embody basic human rights – the rights of each person on the planet to health, education, shelter and security. The Goals are ambitious but feasible [...].»

Ziel 1: Bekämpfung von extremer Armut und Hunger
Wann ist ein Mensch extrem arm? Wer die Armut bekämpfen will, muss wissen, wogegen er antritt. Durch neue Daten über die Preisentwicklung in den Entwicklungsländern hat die Weltbank die Armutsgrenze vergangenes Jahr angehoben. Als extrem arm gilt jetzt, wer weniger als den Gegenwert von 1,25 US-Dollar pro Tag zum (Über-)Leben zur Verfügung hat. Bisher war es ein Dollar. Durch den neuen Wert ist die Zahl der Armen noch höher als zuvor.

Ziel 2: Primarschulbildung für alle
Bildung ist ein Schlüssel für eine gerechtere Welt. Wer Wissen hat, wer lesen, schreiben und rechnen kann, wer sich informieren kann, ist weniger auf andere angewiesen, weniger anfällig für Ausbeutung und kann Gelegenheiten nutzen, sich selbst aus der Armut zu befreien.

Ziel 3: Gleichstellung der Geschlechter / Stärkung der Rolle der Frauen
Für Frauen ist Bildung besonders wichtig. Denn Bildung macht selbstbewusst. Und selbstbewusste Frauen bilden leichter Netzwerke und begehren schneller gegen ungerechte Situationen auf.

Abbildung 12.10: Armutsbekämpfung, Bildung, Chancengleichheit, Gesundheitsförderung und Umweltschutz: Die Millennium-Entwicklungsziele der Vereinten Nationen

Entwicklung und Umwelt

12

Ziel 4: Senkung der Kindersterblichkeit
Tick, tack, tot. Tick, tack, tot. Tick, tack, tot: Alle drei Sekunden stirbt ein Kind. Die Todesursache ist oft eine vermeidbare Krankheit, die durch mangelhaften Impfschutz, verschmutztes Wasser oder unhygienische Lebensbedingungen hervorgerufen wird.

Ziel 5: Verbesserung der Gesundheitsversorgung der Mütter
In den Entwicklungsländern stirbt eine von 48 Frauen bei der Entbindung. Die schockierende Quote hängt auch damit zusammen, dass Frauen dort oft viel zu früh – etwa im Alter von 12 bis 14 Jahren – verheiratet werden.

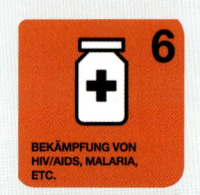

Ziel 6: Bekämpfung von HIV/Aids, Malaria und anderen schweren Krankheiten
Allein Malaria tötet in Subsahara-Afrika alle 30 Sekunden ein Kind. Nimmt man weitere Krankheiten hinzu, wird die Statistik noch schockierender.

Ziel 7: Ökologische Nachhaltigkeit
Im Kampf ums Überleben und beim Aufbau einer blühenden Wirtschaft ist die Umwelt scheinbar nur im Weg. Ein fataler Trugschluss.

Ziel 8: Aufbau einer globalen Partnerschaft für Entwicklung
Was ist Entwicklungshilfe: milde Gabe, Schaffung neuer Absatzmärkte oder Mittel zur Armutsbekämpfung? Ziel 8 überträgt den Industrie- und Entwicklungsländern die gemeinsame Verantwortung für den «global deal» der Armutsbekämpfung.

Millenniumskampagne, 2009

Im Folgenden soll vorgestellt werden, wie die Uno diese Ziele umsetzen will:

1. Extreme Armut und Hunger sollen reduziert werden
Das Ziel gilt als erreicht, wenn bis im Jahr 2015 der Anteil der Menschen, die mit weniger als einem Dollar pro Tag leben müssen, halbiert wird. In der gleichen Zeit soll der Anteil der Menschen, die Hunger leiden, halbiert werden.

2. Verwirklichung der allgemeinen Primarschulbildung
Alle Kinder in der ganzen Welt, Jungen wie Mädchen, sollen bis 2015 die Grundschule vollständig abschliessen können.

3. Förderung der Gleichstellung der Geschlechter und stärkere Beteiligung der Frauen
Dies soll erreicht werden, indem bis im Jahr 2015 gleich viele Mädchen wie Jungen eine Primar- und Sekundarschulbildung erhalten.

4. Senkung der Kindersterblichkeit
Bis im Jahr 2015 soll die Sterblichkeitsrate von Kindern unter fünf Jahren um zwei Drittel sinken.

5. Verbesserung der Gesundheit von Müttern
Bis im Jahr 2015 soll die Sterblichkeitsrate von Müttern um drei Viertel reduziert werden.

6. Bekämpfung von HIV/Aids, Malaria und anderen Krankheiten
Die Zahl der Neuinfektionen soll sich bis 2015 nicht erhöhen, und der Trend soll schliesslich umgekehrt werden.

7. Ein nachhaltiger Umgang mit der Umwelt soll gefördert werden
Vier Massnahmen stehen hier im Vordergrund:
- bis 2015 den Anteil der Menschen, die keinen Zugang zu sauberem Trinkwasser haben, um die Hälfte senken;
- bis 2020 eine erhebliche Verbesserung der Lebensbedingungen von mindestens 100 Millionen Slumbewohnerinnen und -bewohner herbeiführen;
- den Verlust von natürlichen Ressourcen bremsen;
- die Grundsätze nachhaltiger Entwicklung sollen Teil der Politik und Programme der Staaten werden.

8. Aufbau einer weltweiten Entwicklungspartnerschaft
Dies wird umgesetzt mittels:
- eines offenen, regelgestützten, berechenbaren, transparenten und nicht diskriminierenden Handels- und Finanzsystems;
- Schuldenerlass und die Erhöhung der nationalen Budgets für die Entwicklungszusammenarbeit.

Die nationalen Regierungen haben sich mit der Unterzeichnung verpflichtet, die ersten sieben MDGs in ihre nationalen Entwicklungs- und Armutsbekämpfungsprogramme aufzunehmen, und viele Länder haben mit der Umsetzung begonnen. Heute setzen die MDGs den klaren Orientierungsrahmen für die internationale Entwicklungszusammenarbeit – auch die Schweiz richtet ihre Programme nach den darin vorgegebenen Prioritäten aus.

Entwicklung und Umwelt

12

Jeffrey Sachs, der «Erfinder» der Millenniumsziele, ist zuversichtlich, dass die MDGs erreicht werden können. Er kommentiert das Engagement der nationalen Regierungen mit Blick auf die USA wie folgt:

> «Nun, ich bin ein hoffnungsfroher Mensch. Ein grosses Problem allerdings sind die USA. Gemessen an der absoluten Summe, sind sie der grösste Geber. Gemessen am Anteil der Wirtschaftsleistung jedoch, geben sie am wenigsten Entwicklungshilfe – lediglich 0,17 % ihres Bruttoinlandprodukts. An einem einzigen Tag geben die USA 1,5 Milliarden Dollar für Verteidigung aus. Damit könnten alle Betten in Afrika mit imprägnierten Netzen ausgestattet werden. Das würde die Ansteckung mit Malaria um zwei Drittel senken»

(Jeffrey Sachs in einem Interview mit der «Berliner Zeitung» vom 2. Juni 2007).

Verdoppelung der Mittel zur Halbierung der Armut: gemischte Bilanz

Für die Verwirklichung der MDGs hatten sich die Vereinten Nationen 15 Jahre Zeit gegeben. Im Jahr 2007, nach der Hälfte der Laufzeit, zogen Expertinnen und Experten Bilanz: Ist die internationale Gemeinschaft auf gutem Weg, die Ziele fristgerecht zu erreichen? Wo besteht Handlungsbedarf?

Absolute und relative Armut

Zu den Erfolgsgeschichten gehört, dass der Anteil der in extremer Armut lebenden Menschen zwischen 1990 und 2004 von beinahe einem Drittel auf ein Fünftel zurückgegangen ist. Setzt sich der Trend fort, so wird das Millenniumsziel der **Armutsminderung** für die Welt insgesamt sowie für die meisten Regionen erreicht werden.

Abbildung 12.11:
Welche Regionen erfüllen den MDG-Fahrplan?
(Quelle: Weltbank)

Anteil Länder, die den Fahrplan zur Armutsreduktion einhalten

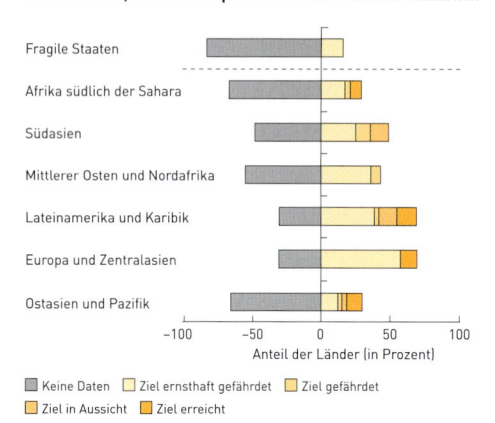

- Fragile Staaten
- Afrika südlich der Sahara
- Südasien
- Mittlerer Osten und Nordafrika
- Lateinamerika und Karibik
- Europa und Zentralasien
- Ostasien und Pazifik

Anteil der Länder (in Prozent)

■ Keine Daten ■ Ziel ernsthaft gefährdet ■ Ziel gefährdet
■ Ziel in Aussicht ■ Ziel erreicht

Fragile Staaten sind Staaten, die über keine legitime Regierung verfügen. Sie können ihre Bürgerinnen und Bürger nicht vor Gewalt schützen.

Allerdings bedeutet die Reduktion des Anteils armer Menschen nicht, dass auch die absolute Zahl Armutsbetroffener zurückgegangen ist, denn die Gesamtbevölkerung ist gewachsen. Ausserdem sind die Fortschritte zu wenig deutlich: In Afrika südlich der Sahara hat sich die Zahl der in extremer Armut lebenden Menschen stabilisiert, und die Armutsquote ist seit 2000 um beinahe 6 % gesunken. Dennoch wird die Region das Ziel, die Armut bis 2015 zu halbieren, unter den gegebenen Voraussetzungen nicht erreichen.

Erfreuliches gibt es zum Bildungsbereich zu berichten. Bei der Erhöhung der Schulbesuchsquote in den Entwicklungsländern wurden Fortschritte erzielt. In den Grundschulen stieg diese Quote von 80 % im Jahr 1991 auf 88 % im Jahr 2005.

Langsam, aber stetig hat die politische Teilhabe der Frauen zugenommen. Selbst in Ländern, in denen zuvor nur Männer zu Wahlämtern zugelassen waren, sind jetzt auch Frauen in den Parlamenten vertreten.

Die Kindersterblichkeit ist weltweit zurückgegangen. Die Massnahmen, die ergriffen wurden, um die Zahl der Sterbefälle aufgrund von Krankheiten wie etwa Durchfallerkrankungen oder Atemwegsinfekten zu senken, scheinen zu wirken, ebenso die Ausweitung der Malariabekämpfung. Auch hinsichtlich Tuberkulosebekämpfung sind Erfolge zu verzeichnen. Diese sind allerdings zu klein, um die Sterblichkeitsraten bis im Jahr 2015 zu halbieren.

12

Die bisherigen Ergebnisse zeigen, dass noch sehr viel zu tun bleibt. Um die ehrgeizigen Ziele zu erreichen, braucht es eine wesentliche Erhöhung der Mittel: Expertinnen und Experten sprechen von der Verdoppelung der Hilfe zur Halbierung der Armut. Mehr und schnellere Fortschritte könnten erreicht werden, wenn alle Beteiligten die von ihnen eingegangenen Verpflichtungen vollständig erfüllten. Nur eine der acht Regionalgruppen ist auf dem besten Weg zur Verwirklichung aller Millenniums-Entwicklungsziele. Im Gegensatz dazu sind die Länder Afrikas südlich der Sahara den Schätzungen zufolge am weitesten davon entfernt. Zu den grössten Hindernissen gehören der Mangel an Beschäftigungsmöglichkeiten für junge Menschen, die Ungleichstellung der Geschlechter, die rasche und planlose Verstädterung, die Entwaldung, die zunehmende Wasserknappheit und die hohe HIV-Infektionsrate. Darüber hinaus werden langfristige Entwicklungsanstrengungen durch Unsicherheit und Instabilität in Konflikt- und Postkonfliktländern extrem erschwert.

Zu den wichtigsten Herausforderungen, die die Staatengemeinschaft in der zweiten Hälfte für die Zielerreichung zu bewältigen haben wird, gehören folgende:

– Jedes Jahr stirbt mehr als eine halbe Million Frauen an vermeidbaren Komplikationen bei Schwangerschaft und Geburt. In Afrika südlich der Sahara liegt das Risiko einer Frau, im Lauf ihres Lebens an derartigen Komplikationen zu sterben, bei 1:16, in den entwickelten Ländern bei 1:3800.

Müttersterblichkeit

Abbildung 12.12:
Jede Minute stirbt eine Frau an den Folgen von Schwangerschaft oder Geburt:
529 000 Frauen pro Jahr.
(Quelle: Seager, 2007)

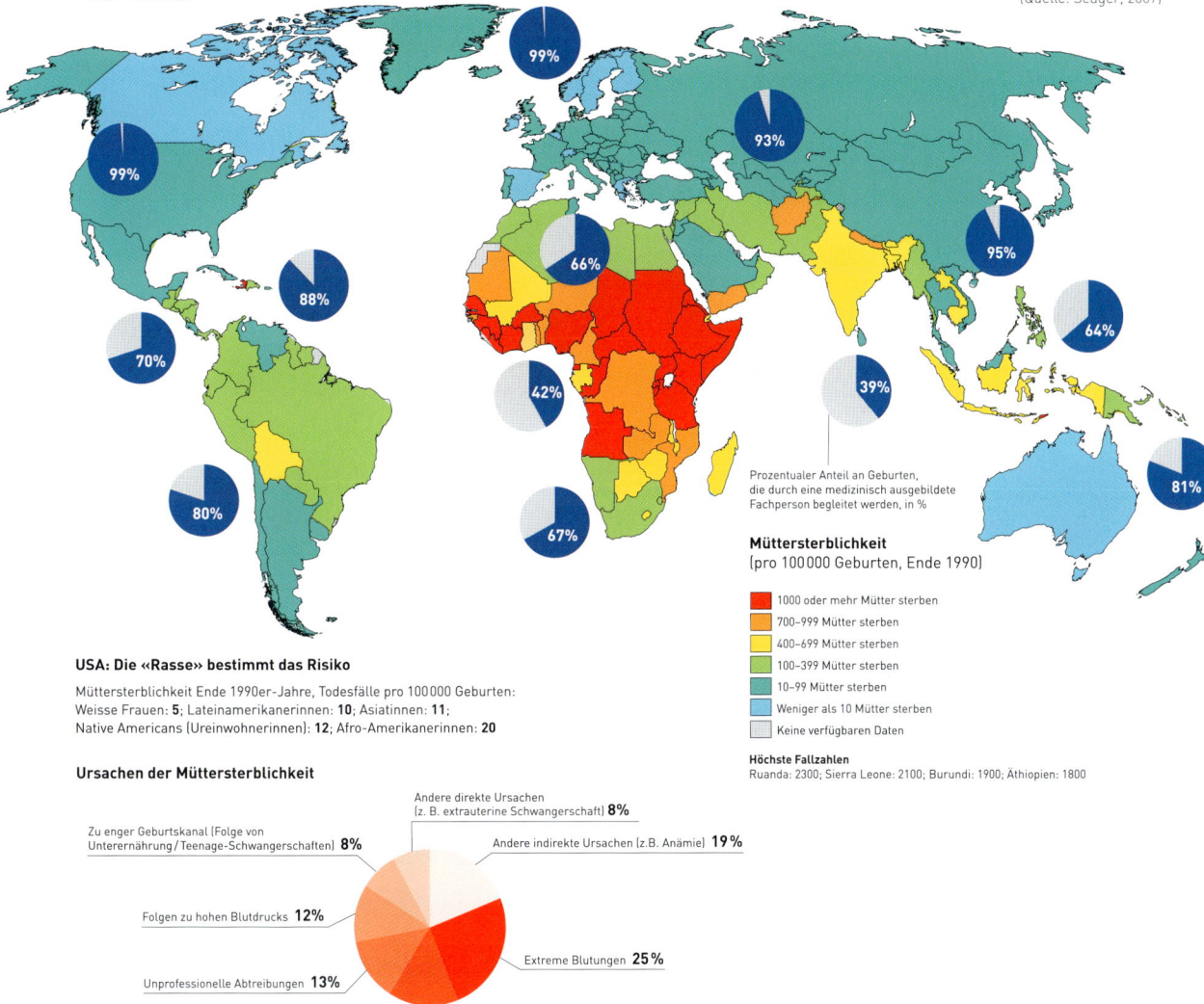

Prozentualer Anteil an Geburten, die durch eine medizinisch ausgebildete Fachperson begleitet werden, in %

Müttersterblichkeit
(pro 100 000 Geburten, Ende 1990)

- 1000 oder mehr Mütter sterben
- 700–999 Mütter sterben
- 400–699 Mütter sterben
- 100–399 Mütter sterben
- 10–99 Mütter sterben
- Weniger als 10 Mütter sterben
- Keine verfügbaren Daten

Höchste Fallzahlen
Ruanda: 2300; Sierra Leone: 2100; Burundi: 1900; Äthiopien: 1800

USA: Die «Rasse» bestimmt das Risiko

Müttersterblichkeit Ende 1990er-Jahre, Todesfälle pro 100 000 Geburten:
Weisse Frauen: **5**; Lateinamerikanerinnen: **10**; Asiatinnen: **11**;
Native Americans (Ureinwohnerinnen): **12**; Afro-Amerikanerinnen: **20**

Ursachen der Müttersterblichkeit

- Andere direkte Ursachen (z. B. extrauterine Schwangerschaft) **8 %**
- Zu enger Geburtskanal (Folge von Unterernährung / Teenage-Schwangerschaften) **8 %**
- Andere indirekte Ursachen (z.B. Anämie) **19 %**
- Folgen zu hohen Blutdrucks **12 %**
- Extreme Blutungen **25 %**
- Unprofessionelle Abtreibungen **13 %**
- Infektionen **15 %**

Entwicklung und Umwelt

12

Soziale Ungleichheit

- Im Jahr 2005 waren 15 Millionen Kinder durch Aids zu Waisen oder Halbwaisen geworden. Die Präventivmassnahmen können mit der Ausbreitung der Epidemie nicht Schritt halten.
- Die Hälfte der Bevölkerung der Entwicklungsländer verfügt über keine grundlegende Sanitärversorgung. Auch hier verlaufen die Fortschritte schleppend: Bei Fortsetzung des seit 1990 bestehenden Trends wird das Ziel um fast 600 Millionen Menschen verfehlt werden.
- Den meisten Volkswirtschaften ist es nicht gelungen, Beschäftigungschancen für ihre jungen Menschen zu schaffen. Die Jugendarbeitslosigkeit ist bis zu dreimal so hoch wie die Erwachsenenarbeitslosigkeit.
- Der Klimawandel wird schwerwiegende wirtschaftliche und soziale Auswirkungen haben. Die Kohlendioxidemissionen stiegen zwischen 1990 und 2004 von 23 Milliarden Tonnen auf 29 Milliarden Tonnen an.
- Als besonders beunruhigend wertet der Uno-Bericht die wachsenden Ungleichheiten innerhalb von Ländern. Oft sind Bewohnerinnen und Bewohner ländlicher Gebiete benachteiligt. Es müssen dringend Ressourcen freigestellt werden, um zu verhindern, dass sich die Schere zwischen den ärmsten und den bessergestellten Bevölkerungsgruppen weiter öffnet.

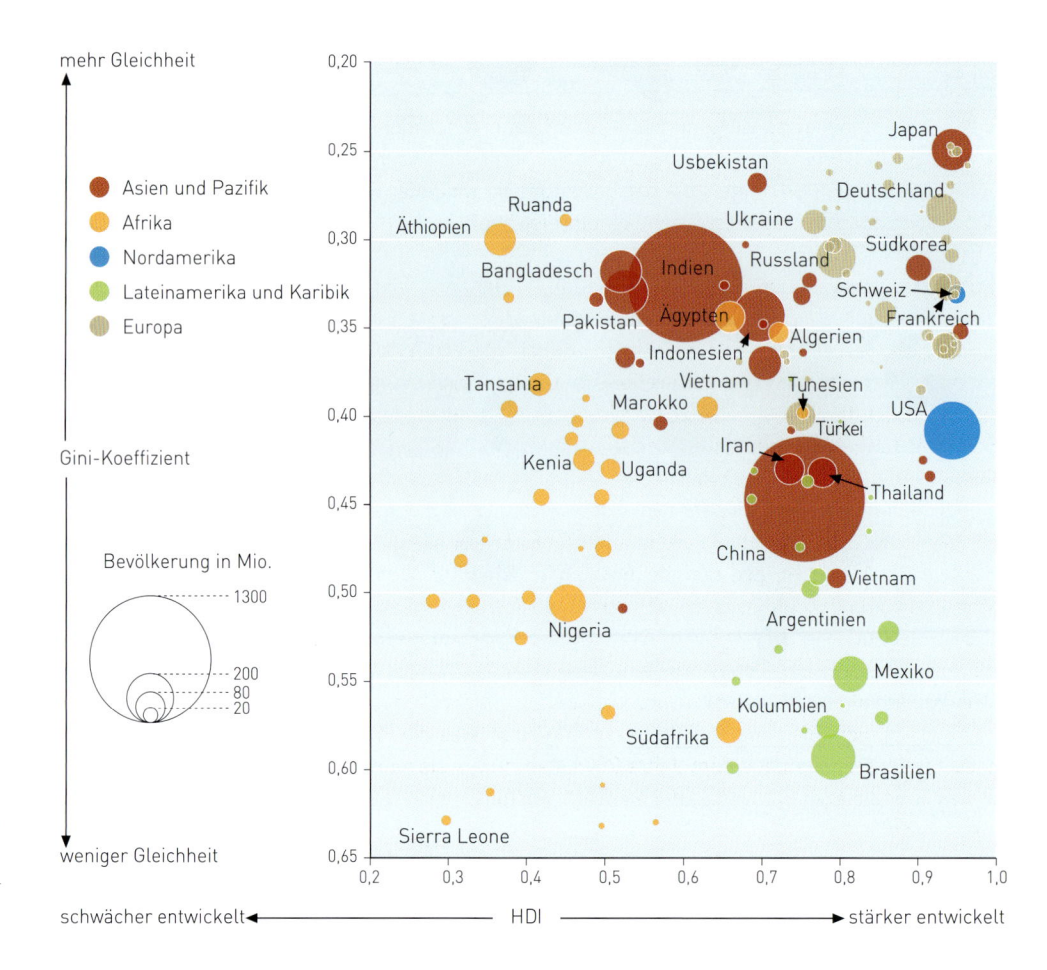

Abbildung 12.13:
Der Gini-Koeffizient misst die Ungleichverteilung von Einkommen innerhalb eines Landes: Je näher die Zahl bei 0 liegt, desto egalitärer ist das Geld verteilt. Der HDI misst den Entwicklungsstand eines Landes anhand wirtschaftlicher und sozialer Faktoren.

Die Entwicklungsziele des 21. Jahrhunderts: Millennium Development Goals MDG

5. Ausgewählte Problemfelder

Die bisherigen Kapitel machen deutlich, dass es eine differenzierte Analyse braucht, um die Ursachen von Entwicklungsdefiziten festzustellen und die komplexen Zusammenhänge, welche die Fortschritte hemmen, zu verstehen. Punktuelle Interventionen führen möglicherweise zu Verbesserungen, oft sind diese aber nicht nachhaltig. In den nächsten Abschnitten werden einige der grössten Herausforderungen, welche die internationale Zusammenarbeit künftig zu bewältigen haben wird, vorgestellt. Die diskutierten Bereiche sind Armut, Hunger und Ernährung, Umwelt am Beispiel des Klimawandels sowie Geschlecht und Entwicklung.

Armut

Problemdarstellung: Was ist Armut?

Armut besitzt viele Facetten. Armut ist Hunger, Armut ist, keine Behausung zu haben, Armut ist Krankheit und die fehlende Möglichkeit einer ärztlichen Behandlung. Armut ist, nicht lesen zu können, keinen Zugang zu einer Ausbildung oder einer Berufslehre zu haben. Armut ist, ein Kind zu verlieren, weil es kein sauberes Wasser gibt. Armut ist Machtlosigkeit, der Mangel an Mitbestimmung und Wahlfreiheit. Armen Menschen fehlen die Mittel zur eigenständigen Veränderung ihrer Situation.

Die einleitenden Umschreibungen illustrieren neuere Herangehensweisen an das Phänomen der Armut. So gesehen, wird Armut nicht anhand von Geld und Konsumgütern gemessen, sondern anhand der Einschränkungen, die der Entfaltung individueller Fähigkeiten im Wege stehen. Diese Konzeption von Armut geht auf den Nobelpreisträger für Wirtschaft von 1998, den Inder Amartya Sen, zurück.

Armut bezeichnet gemäss Sen die Situation, in denen es den Menschen nicht gelingt, aus eigener Kraft für die Befriedigung ihrer Grundbedürfnisse zu sorgen. Der Vorteil dieser Begrifflichkeit liegt darin, dass sich die Verschiedenartigkeit, mit der sich Armut in unterschiedlichen geografischen Räumen und kulturellen Kontexten artikuliert, damit darstellen lässt: Während in einer Subsistenzgesellschaft das unmittelbarste Bedürfnis Nahrung und die einschneidendsten Beschränkungen Grösse des verfügbaren Bodens und der eingeschränkte Zugang zu Boden sind, liegt die Situation in einer modernen Wirtschaftsgesellschaft anders. Dort ist primär das Geld der am stärksten limitierende Faktor.

Die Weltbank stuft eine Bewohnerin oder einen Bewohner des Südens als arm ein, wenn ihnen **weniger als 1,25 US-$ pro Tag** zur Verfügung steht. Laut diesem Massstab waren im Jahr 2005 nahezu 1 400 000 000 Menschen von absoluter Armut betroffen – das ist jede vierte Person im Süden. Gegenüber 1981, als noch 1 900 000 000 zu den extrem Armen gezählt wurden, konnte eine massive Verbesserung erzielt werden. Um die MDGs fristgerecht zu erreichen, müssen die Anstrengungen allerdings verstärkt werden – insbesondere für das südliche Afrika, wo die Zwischenauswertung nicht die erwartete Verbesserung zeigt. Was die Prognosen zusätzlich erschwert, ist, dass die Schätzungen aus dem Jahre 2005 stammen – sie wurden also noch vor der Finanzkrise von 2008 und dem damit verbundenen dramatischen Anstieg der Nahrungsmittel- und Treibstoffpreise erhoben.

Definition von Armut

12

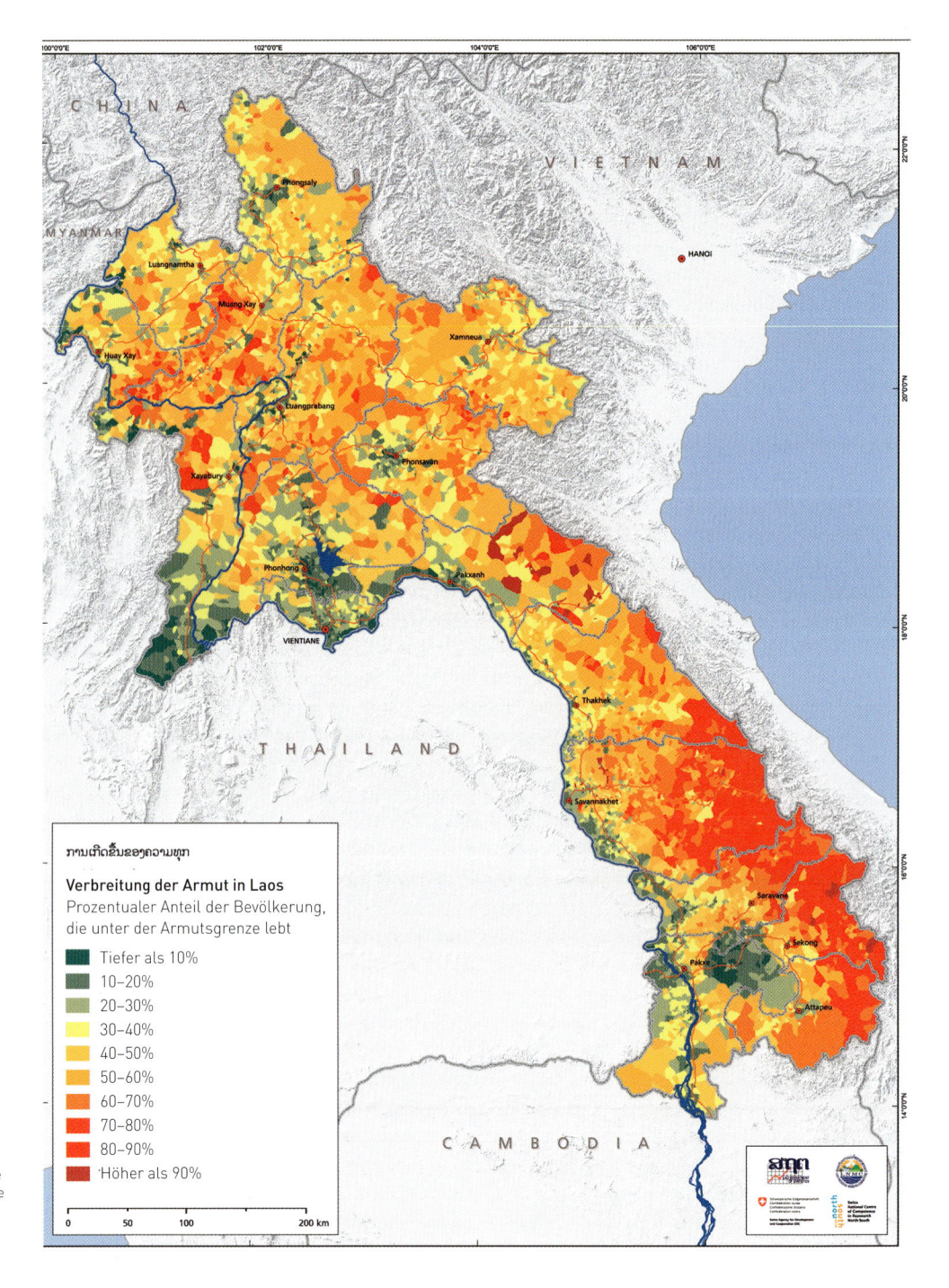

Abbildung 12.14:
Die Verteilung der Armut in Laos lässt Rückschlüsse auf Ursachen und mögliche Strategien der Armutsbekämpfung zu.

Verbreitung der Armut in Laos
Prozentualer Anteil der Bevölkerung, die unter der Armutsgrenze lebt

- Tiefer als 10%
- 10–20%
- 20–30%
- 30–40%
- 40–50%
- 50–60%
- 60–70%
- 70–80%
- 80–90%
- Höher als 90%

Ausgewählte Problemfelder

12

Ursachen und Folgen

Die Weltbank stützt ihre Analyse im Human Development Report 2009 auf geografische Fakten. Der Ort, an dem jemand lebt, sei, so die Weltbank, der wichtigste Einflussfaktor bezüglich Wohlstand. Für die nächsten Jahrzehnte gilt, dass ein Kind, das in den USA geboren wird, hundertmal mehr verdienen wird als ein Kind, das in Sambia lebt. Zudem wird die US-Bürgerin 30 Jahre länger leben. Ein Bolivianer mit einer 9-jährigen Schulausbildung wird monatlich durchschnittlich 450 US-Dollar verdienen, ein Amerikaner mit vergleichbarer Ausbildung das Dreifache. «The best predictor of income in the world today is not what or whom you know, but where you work», so die Schlussfolgerung der Bank.

In peripheren Regionen wurzelt Armut meist in mangelndem Zugang zu und der fehlenden Kontrolle über Ressourcen. Armutsbetroffene besitzen kaum eigenes Land, um ihre Familie zu versorgen. **Elementare Infrastruktur,** wie sauberes Wasser, Elektrizität und Verbindungsstrassen, ist nicht verfügbar, von Bildungs- und Gesundheitseinrichtungen sowie der Möglichkeit, sich relevante Informationen über Marktpreise, Angebote von Saatgut oder ungewöhnliche Wetterveränderungen zu beschaffen, ganz zu schweigen.

Manchmal sind die Ursachen von Armut aber weniger darin zu suchen, dass die Familie in einer abgelegenen Region lebt oder äussere Umstände wie Wetterbedingungen und Bodenbeschaffenheit nur dürftige Erträge zulassen. Solche Faktoren treten häufig kombiniert mit **sozialen Ordnungsstrukturen** auf, oder sie werden durch kulturelle Normen verschärft. So werden Angehörige bestimmter ethnischer Gruppen möglicherweise in der Nutzung von gemeinschaftlichen Ressourcen benachteiligt, oder sie werden aufgrund ihrer Lebensführung diskriminiert. Dies betrifft beispielsweise die Nomadenstämme der Tuareg oder Peul in West- und Zentralafrika. Die Chancen von Frauen auf ein Erwerbseinkommen sind meist geringer als jene von Männern, ihre Löhne sind generell tiefer und ihre Möglichkeit zur Mitbestimmung begrenzt. Kombiniert mit der traditionellen Rollenverteilung, verringert sich ihr Handlungsspielraum empfindlich. Ein Kastensystem, das wie in Indien und Nepal trotz gesetzlicher Verbote weiterhin informell wirksam ist, sorgt für die Kontinuität von ungleichen Machtverhältnissen mit all ihren Nachteilen für die sogenannt tieferen Kasten. Diese Faktoren, die ein Individuum häufig mehrfach kombiniert betreffen, erschweren die Bemühungen der Betroffenen, sich aus Armutssituationen zu befreien.

Weitere Einflussgrössen können Extremereignisse wie Naturkatastrophen, wiederholte Missernten aufgrund von Niederschlagsvariabilitäten oder Kriege und Bürgerkriege sein, die Tausende in die Armut treiben. Besonders einschneidend wirkt sich die epidemische Ausbreitung von HIV/Aids auf die Entwicklungsländer aus, allen voran auf die Länder der Subsahara sowie Süd- und Südostasiens.

Lösungsansätze

Wie kann Armut effizient bekämpft werden? Gesucht sind Strategien, die die Länder des globalen Südens darin unterstützen, Strukturen für eine nachhaltige Entwicklung aufzubauen. Dies geschieht auf der Basis eines Entwicklungskonzepts, welches mehr beinhaltet als rein wirtschaftliches Wachstum. Der gemeinsame Effort der Staatengemeinschaft ist ein wichtiges Signal für die prioritäre Behandlung der Armutsfrage auf der internationalen Agenda. Die mit den Millenniumszielen korrespondierenden Programme sind im Kern auf die Verbesserung von Bildung und Gesundheit ausgerichtet. Statt ausschliesslich um Investitionen in Kapital und Industrie geht es darum, das **Humankapital** zu fördern. Dies ist als Voraussetzung für den Aufbau einer auf den lokalen Stärken beruhenden, konkurrenzfähigen Produktion unabdingbar. Mittelfristig soll ein solides Wirtschaftswachstum erzielt werden, wobei es besonders wichtig ist, dass die Verteilung der Entwicklungsgewinne kontrolliert wird. Wirtschaftliches Wachstum, dessen Erträge nur einer kleinen Elite vorbehalten sind, während das Gros der Bevölkerung weiterhin unter extremen Einschränkungen überlebt, verstärkt soziale Spannungen und ist nicht mit dem Konzept der nachhal-

Soziale Strukturen und kulturelle Normen

tigen Entwicklung vereinbar. Ein Programm, das diesen Massgaben genügt, muss zudem politisch empfindliche Umverteilungsmassnahmen durchsetzen, zum Beispiel eine Landreform.

Nebst der Steigerung der Produktivität, wofür nicht zuletzt die – umstrittene – biotechnische Forschung sorgen soll, sind der Zugang zu den Produktionsmitteln, der Schutz der natürlichen Ressourcen sowie die gesellschaftspolitischen Rahmenbedingungen einschliesslich der Rolle der Frauen, die häufig aufgrund ihrer gesellschaftlichen Position eine erhöhte Verwundbarkeit aufweisen, entscheidende Faktoren. Manche dieser Massnahmen sind ambivalent – etwa die Förderung biotechnologischer Forschung zur Ertragssteigerung oder die Vergabe von Mikrokrediten an Frauen. Die Ausgestaltung dieser Massnahmen und ihre Umsetzung müssen zwischen den Partnern im Norden und im Süden ausgehandelt werden. Dazu gehören nicht nur klare Prioritäten, sondern auch die Bereitschaft, Kompromisse zu bauen.

Die in diesem Buch vorgestellten umfassenden Konzepte von Entwicklung und Armut verlangen nach ebenso ganzheitlichen Lösungsansätzen. Einfache Rezepte zur Armutsbekämpfung greifen zu kurz. Anstelle einer Aufzählung von möglichen Herangehensweisen werden die Millenniumsdörfer als Beispiel eines **Armutsbekämpfungsprogramms** diskutiert.

Beispiel: Die Millenniumsdörfer

Nach ihrem Besuch eines Millennium Village in Kenya äusserte sich Angelina Jolie in dem auf Youtube einsehbaren Clip begeistert: «Es ist lächerlich einfach», so die Schauspielerin. Jeffrey Sachs, Initiator der Millenniumsdörfer, hatte ihr sein Konzept überzeugend dargelegt. Ist es wirklich so einfach, Armut zu überwinden? Und wenn ja: Warum hat man es nicht längst getan? Ein genauer Blick auf die Initiative der Millenniumsdörfer soll über diese Fragen Aufschluss geben.

Zielregionen für die Initiative waren Dorfgemeinschaften, die in der Armutsfalle festsitzen und sich nicht aus eigener Kraft daraus befreien können. Das Konzept sieht Aktionen zur **nachhaltigen Entwicklung auf Gemeindeebene** vor, die Afrika befähigen sollen, die Millenniumsziele zu erreichen. Dabei werden vorerst einfache Lösungen angestrebt: die Beschaffung von qualitativ hochstehendem, robustem Saatgut, Dünger, Medikamenten, der Bau von Brunnen, Schulen und Spitälern. Die Anstrengungen werden begleitet durch technische Lösungen in der Waldbewirtschaftung, Zugang zum Internet, die Verteilung von imprägnierten Moskitonetzen sowie antiretroviralen Medikamenten für HIV-positive Personen.

Die Mbola-Gruppe gehört zu den ins Programm aufgenommenen Dörfern, sie liegt im Uyui-Distrikt, Tansania. Wie die meisten Dorfgemeinschaften in der Umgebung leben die Menschen in Mbola hauptsächlich von subsistenzorientierten Betrieben, die auf Regenfeldbau und Kleinviehhaltung beruht, u.a. Bienenhaltung. Cassava, Süsskartoffeln, Reis, Früchte und Gemüse stehen auf dem Speiseplan, Tabak wird für den Verkauf angebaut. Die Produktion ist durch lang anhaltende Trockenperioden sowie nährstoffarmen Boden erschwert. Die Bedingungen für die Agrarwirtschaft verschlechterten sich in den letzten Jahrzehnten wegen Übernutzung, ausbleibenden Regenfällen sowie der Abholzung der Waldgebiete durch die Tabakindustrie. Die Infrastruktur ist schlecht entwickelt, es fehlen nicht nur Strassen, sondern auch Schulen und Gesundheitszentren. Der Zugang zu sauberem Wasser ist nicht gesichert, von den Häusern mit den Strohdächern lässt sich das Regenwasser nicht sammeln. Sanitäre Anlagen und Abwasserkanäle fehlen vollkommen. Die Leute verrichten ihre Notdurft auf temporären Plumpsklos, die während der Regenzeit das Grundwasser verschmutzen. Die Bevölkerung von Mbola leidet unter Infektionskrankheiten wie Malaria, Atemwegsbeschwerden, Tuberkulose, Magen-Darm-Infektionen sowie HIV/Aids. Nur wenige Kinder schliessen die Volksschule ab, die meisten Eltern können sich die Schuluniform sowie die Kosten für Bücher und Hefte nicht leisten. Die Kinder – allen voran die Mädchen – helfen zu Hause mit. Weiterführende Ausbildungen sind praktisch inexistent.

Was wurde durch die Millenniumsinitiative in Mbola erreicht?

Im Projekt wurden Dorfbewohnerinnen und -bewohner in Malariaprävention, der Diagnostik und Behandlung ausgebildet. Über 30 000 insektizidbehandelte Netze wurden in der Umgebung verteilt, dadurch soll die Infektionsrate um 50 % gesenkt worden sein. Zwei neue Gesundheitszentren wurden gebaut, drei bestehende renoviert. Sie alle werden mit einem Vorrat der wichtigsten gebräuchlichen Medikamente ausgestattet sein, darunter Entwurmungsmittel, Verhütungsmittel, Medikamente für das Wochenbett sowie zahlreiche andere, speziell auf Tropenkrankheiten ausgerichtete Mittel.

Zwei Schulen wurden gemeinsam mit den Bewohnerinnen und Bewohnern der Dörfer neu gebaut. Der nächste Schritt besteht darin, Wohnungen für die Lehrkräfte und Toiletten zu bauen. Die Schulen sollen zudem mit Küchen ausgestattet werden, in welchen umweltschonend gekocht werden kann – mit wenig Holz und wenig Rauchentwicklung.

Ernährungsprogramme, die über die Schulen organisiert werden, zeigen hohe Erfolge. Erhalten die Kinder ihre Mahlzeiten dort, ist der Anreiz für die Eltern, sie in die Schule zu schicken, viel höher, und die Anwesenheitsraten nehmen sprunghaft zu. 99 Schüler, darunter 45 Schülerinnen, erhalten finanzielle Unterstützung für den Besuch einer Sekundarschule. Schliesslich sollen Solarpanels auf den Schulhausdächern montiert werden, nicht nur, um die Lehrerwohnungen mit Strom auszurüsten, sondern auch, um die Schulen während der schulfreien Zeit zu lokalen Kommunikationszentren umnutzen zu können.

Neue Wasserquellen wurden geprüft und erschlossen, die Sicherheit des Trinkwassers wurde erhöht, Regenwassertanks und Bewässerungssysteme sollen aufgebaut werden.

Die Bauernfamilien werden in der Praxis der ökologischen Bewirtschaftung ausgebildet. Zu den schonenden Verfahren gehören Fruchtfolgen sowie das Anpflanzen von Stickstoff bindenden Bäumen zur Verringerung des Düngereinsatzes. Zudem lernten die Dorfbewohnerinnen und -bewohner Neues kennen, wie etwa Fruchtbäume oder Bienenzucht, deren Erträge sie auf dem Markt verkaufen, womit sie sich ein kleines Einkommen sichern können.

Mädchen wurden im Rahmen von Stipendienprogammen speziell berücksichtigt. Auch wurden an den Schulen geschlechtergetrennte Toilettenanlagen eingebaut, da sich in der Vergangenheit gezeigt hatte, dass die Mädchen aus kulturellen Gründen, aber auch aus Sorge um ihre Sicherheit geschlechtergemischte Toiletten nicht benutzten und dadurch vom Schulbesuch abgehalten wurden. Das Projektteam arbeitete in der Planung mit den lokalen Behörden zusammen und stellte sicher, dass das Projekt durch die lokale Bevölkerung begleitet und von ihnen getragen wurde.

Erbringen die Millenniumsdörfer und ihre Bewohnerinnen und Bewohner damit den Beweis, dass Entwicklung «lächerlich einfach» ist, wie Angelina Jolie glaubt? Die Millenniumsdörfer sind Vorzeigeprojekte – hier wird in kurzer Zeit viel Geld investiert, und ihre Entwicklung wird engmaschig überwacht. Vor diesem Hintergrund ist Jolies Eindruck richtig: Wenn die Bedingungen optimal sind und alle am gleichen Strick ziehen, stellt sich der Erfolg ein. Sich abzeichnende Misserfolge werden behoben, bevor sie an die Öffentlichkeit gelangen. Kritische Stimmen haben es entsprechend schwer, gehört zu werden. Ein wichtiger Einwand betrifft die Frage, wie die Modelldörfer eine Wirkung über die Dorfgrenzen hinaus erreichen können. Dazu braucht es nicht nur den Einbezug der regionalen und nationalen Politik, sondern auch eine massiv ausgebaute Finanzierung. Ansonsten werden die Millenniumsdörfer relativ wohlhabende Inseln innerhalb eines Meeres von Armut bleiben.

Hunger und Ernährung

Für Millionen von Menschen ist chronischer Hunger Alltag. Die chronische Unter- oder Mangelernährung zehrt an den Kräften. Diese Menschen haben Mühe zu arbeiten, zu studieren, ja sogar zu spielen. Kinder weisen Wachstumsdefizite auf, und wegen der ungenügenden Vitamin- und Eiweisszufuhr wird das Immunsystem geschwächt, die Menschen werden anfällig für Infektionen und Krankheiten.

Entwicklung und Umwelt

12

Prozentualer Anteil der unterernährten Menschen an der Gesamtbevölkerung

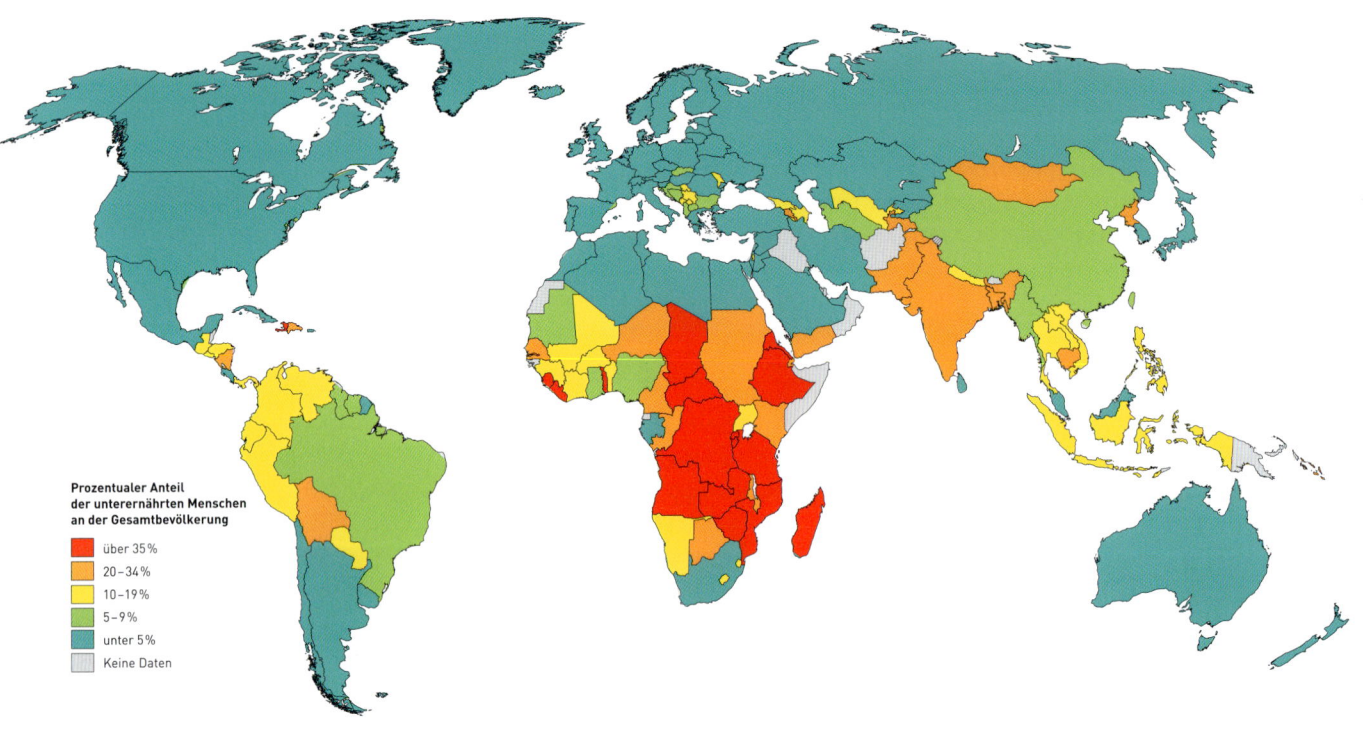

- über 35 %
- 20–34 %
- 10–19 %
- 5–9 %
- unter 5 %
- Keine Daten

Abbildung 12.15: Welthungerkarte 2009: Jedes Jahr sterben 8,8 Millionen Menschen an Hunger, alle drei Sekunden ein Mensch – die meisten davon Kinder. Das sind mehr Menschen als an Aids, Malaria und Tuberkulose zusammen. (Quelle: World Food Programme)

Hunger

Hunger beeinträchtigt nicht nur die Gesundheit und die Lebensqualität der Menschen, er wirkt sich auch auf die Produktivität und letztlich auf das regionale Wirtschaftswachstum aus. Könnte die Unterernährung von Kindern in Indien beseitigt werden, so wäre es laut der Weltbank möglich, das Bruttonationaleinkommen dieses Landes um bis zu 28 Mia. Dollar anzuheben. Dies entspricht der Summe, die Indien heute für Ernährung, Gesundheitswesen und Ausbildung ausgibt.

Problemdarstellung: Die Geografie der Unterernährung

Die Zahl der Hungernden wächst wieder schneller als die Weltbevölkerung, immer mehr Menschen leiden an Hunger: Zurzeit sind es über eine Milliarde oder ein Sechstel der Weltbevölkerung. Infolge der Wirtschaftskrise sind allein im Jahr 2008 40 Millionen Menschen neu zu diesem Heer der Hungernden gestossen. Man schätzt, dass alle fünf Sekunden ein Kind an Unterernährung stirbt. 24 000 Menschen sterben täglich an Krankheiten, die mit Hunger oder Unterernährung in Zusammenhang stehen. In den letzten 50 Jahren starben mehr Menschen an Hunger und schlechten sanitären Bedingungen als in sämtlichen Kriegen des 20. Jahrhunderts.

Die Mehrheit der Hungrigen lebt in einem Entwicklungsland im Süden, meist in einer ländlichen Region (vgl. Abb. 12.15). Viele dieser Familien sind in der Landwirtschaft tätig und versuchen, sich so gut wie möglich selbst zu versorgen. Oft ist kein eigenes Land vorhanden, Arbeit und damit Einkommen sind nur saisonal gesichert. Auch wenn genug Essen vorhanden ist: Unter solchen Bedingungen ist es schwierig, Vorräte anzureichern, um für schlechte Zeiten vorzusorgen. Das Gespenst des Hungers ist ein ständiger Begleiter.

Auch in den Städten sind die Leute hungrig, besonders betroffen sind junge Männer und Frauen, die in der Hoffnung auf eine bessere Zukunft dorthin gezogen sind. Häufig arbeiten sie in schlecht bezahlten und unsicheren Jobs – wenn sie überhaupt Arbeit finden. Sie leben in den Slums, in die täglich Neuzuzüger kommen, die aus Karton, Abfallholz oder Blech eine dürftige Behausung zimmern oder in bereits überfüllten, engen Verschlägen bei Verwandten Unterschlupf finden.

Überproportional von Hunger betroffen sind Personen, die von Naturkatastrophen wie Überschwemmungen, Dürren oder Erdbeben betroffen sind. Ihre Häuser und damit ihr ganzes Hab und Gut sind durch das Ereignis zerstört worden. Auch Kriege tragen zum Hungerproblem bei.

Ausgewählte Problemfelder

12

Ursachen und Folgen

Zum ersten Mal in ihrem Leben steht Gulandam in der Schlange, um bei der Verteilungsstelle des Welternährungsprogamms einen Sack Getreide zu beziehen. «Wir konnten uns kein Fleisch oder andere Luxuslebensmittel leisten, aber bisher hat es immer gereicht», sagt die junge Frau, ihren fünfjährigen Sohn an der Hand haltend. Gulandams Mann arbeitet als Träger in Kabul, wo er einen durchschnittlichen Lohn von zwei Dollar täglich verdient. Seit 2008 die Lebensmittelpreise so dramatisch gestiegen sind, reicht diese Summe nicht mehr aus.

Weltweit werden genügend Lebensmittel produziert, um die Ernährung aller Menschen sicherzustellen. Die moderne Landwirtschaft verfügt über das Wissen und die notwendigen Technologien, um die entsprechenden Mengen zu erwirtschaften. Dies steht im Widerspruch zu den erschreckenden Zahlen, die das Welternährungsprogramm der Vereinten Nationen 2009 veröffentlichte. In diesem Jahr erreichte die Zahl der Hungernden mit 1,02 Milliarden einen historischen Rekord. Wie kommt es zu diesem Widerspruch?

Nahrungsmittelkrise

Die aktuelle Situation ist ein Ergebnis der Lebensmittel- und Treibstoffkrise von 2006 und 2007 – die Finanzkrise folgte diesen Ereignissen auf dem Fuss. Konflikte in den ärmsten Ländern und dadurch ausgelöste Fluchtbewegungen sowie die durch die Klimaveränderung bedingten Naturkatastrophen verschärften die ohnehin **prekäre Ernährungssituation** in den betroffenen Regionen. Die sozioökonomischen Strukturen, insbesondere in den afrikanischen Ländern, werden durch die epidemieartige Ausbreitung des HI-Virus destabilisiert: Junge, an Aids erkrankte Menschen sterben, zurück bleiben ältere Menschen und Waisen, deren Fähigkeit, sich selbst zu versorgen, limitiert ist.

Ein Grund für die Nahrungsmittelkrise liegt bei der internationalen Zusammenarbeit selbst. Zum einen hat sie sich in den letzten Jahren zu wenig auf die Förderung der Landwirtschaft konzentriert. Zum andern gibt es eine historische Schuld: Viele Länder des Südens befolgten die Entwicklungsstrategien der 60er-Jahre konsequent und stellten ihre Produktion radikal um: Statt auf Selbstversorgung setzte man auf Exportgüter wie Kaffee, Kakao, Erdnüsse oder Baumwolle. Als die Kurse einbrachen, verdienten die Kleinbauernfamilien fast nichts mehr – viele mussten ihr Land verlassen. «Erst produzierten wir also Kaffee für die Europäer, und nun haben wir keine Hirse und keinen Reis mehr auf dem Teller», sagt Ndiogou Fall, ein Landwirt aus Senegal. Eine Folge davon ist, dass Senegal trotz einem riesigen Potenzial für landwirtschaftliche Produktion Getreide, Fleisch und Milchprodukte aus dem Ausland importiert.

Abbildung 12.16:
Familie Melander aus den USA (links oben) gibt wöchentlich 613 Franken aus, Familie Celik aus der Türkei (links unten) kauft für 179 Franken ein, während sich Familie Natomo (rechts unten) für einen Gegenwert von 32 Franken eindeckt. Der Anteil am verfügbaren Einkommen, der für Nahrungsmittel ausgegeben wird, ist bei Familie Natomo in Mali am grössten.

Entwicklung und Umwelt

Beim Hungerproblem handelt es sich jedoch nicht nur um ein Produktions-, sondern vor allem um ein **Verteilungsproblem**. Es werden vor allem jene Nahrungsmittel produziert, die von den vermögenden Regionen nachgefragt werden und die auf dem Weltmarkt hohe Preise erzielen. Fleisch etwa ist in den Industrieländern häufig auf dem Speisezettel, seine Produktion ist aber um ein Vielfaches ressourcenintensiver als pflanzliche Nahrung. Zudem wurden in den vergangenen Jahren Anbauflächen, die traditionell der Nahrungsmittelproduktion dienten, für andere Produkte ausgeschieden. Besonders problematisch ist in diesem Zusammenhang die Zunahme der Flächen für Agrotreibstoffe.

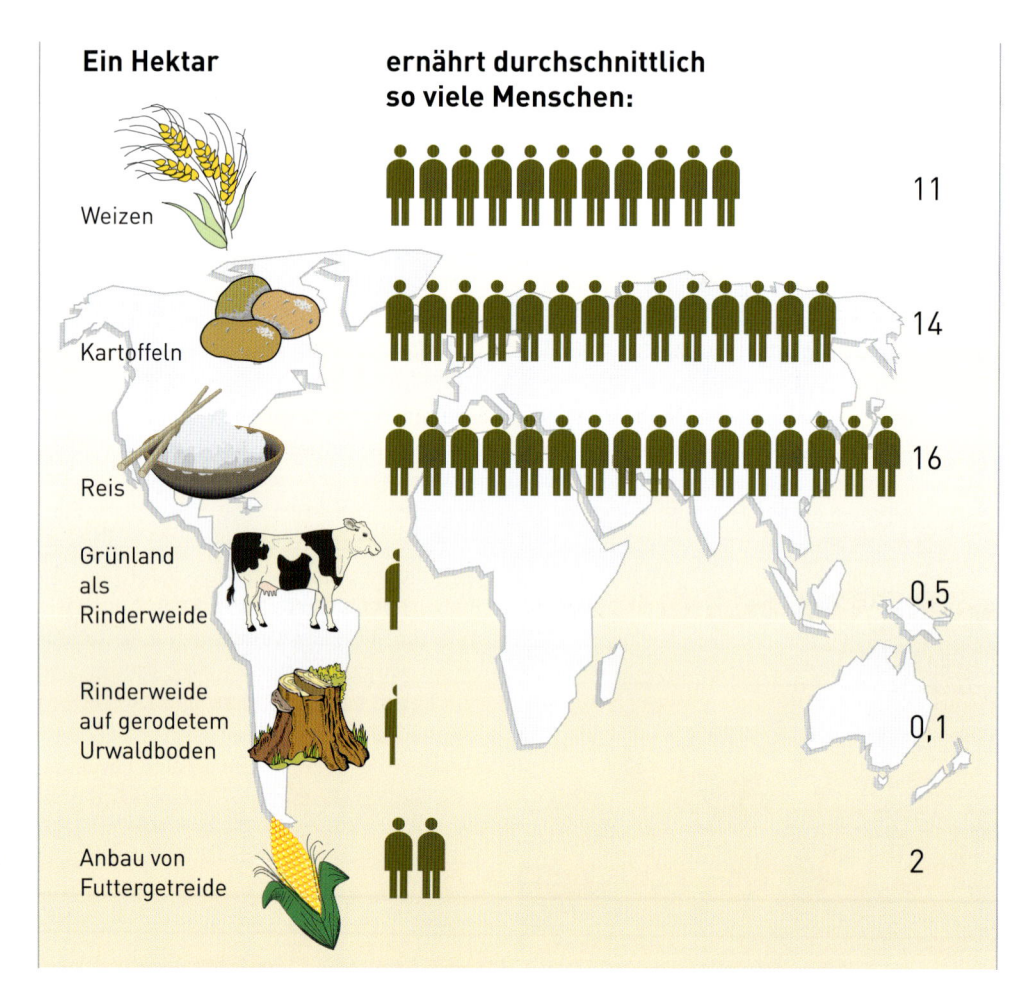

Ein Hektar ernährt durchschnittlich so viele Menschen:

Weizen	11
Kartoffeln	14
Reis	16
Grünland als Rinderweide	0,5
Rinderweide auf gerodetem Urwaldboden	0,1
Anbau von Futtergetreide	2

Abbildung 12.17: Der hohe Flächenverbrauch für die Produktion von Fleisch oder neu für Agrotreibstoffe geht auf Kosten der Ernährungssicherheit.

Lösungsansätze

Das Ziel ist die globale **Ernährungssicherheit**. In Krisenzeiten müsse die Welt zusammenstehen und besondere Massnahmen zur Bekämpfung der humanitären Krise lancieren, bevor die längerfristigen Massnahmen greifen, fordert die Direktorin des UN-Welternährungsprogramms, Josette Sheeran. Die Nahrungsmittelproduktion muss bis ins Jahr 2050 verdoppelt werden. Viele nationale Entwicklungsagenturen haben die Aufforderung angenommen. So auch die verantwortliche Stelle des Bundes, die Direktion für Entwicklung und Zusammenarbeit Deza. Die Deza hat für ihre globalen Programme drei Schwerpunkte bestimmt, einer davon ist die Hungerproblematik.

12

Die Vorschläge für die Lösung des Problems reichen von einer neuen grünen Revolution für Afrika bis hin zu Massnahmen zur Bevölkerungskontrolle. Die entscheidende Frage ist, welche Lösungen zu einer nachhaltigen Ernährungssicherheit führen.

Die kleinen und mittleren bäuerlichen Betriebe und vor allem das Afrika südlich der Sahara stehen im Zentrum von Lösungsstrategien. Vorbild sind die Entwicklungen in Thailand oder Brasilien in den 1980er-Jahren. Hierbei muss die richtige Balance zwischen Intensivierung der Landwirtschaft durch Verbesserung von Saatgut und den Einsatz von Düngern und dem Schutz der natürlichen Ressourcen hergestellt werden. Es ist trügerisch zu glauben, dass den empfindlichen Böden der Tropen durch den Einsatz chemischer Dünger und mittels Pestiziden langfristig höhere Erträge abgetrotzt werden können. Eine nachhaltige Bewirtschaftung beinhaltet auch alternative Anbaumethoden, schonende Bearbeitungsprozesse sowie Techniken der Bodenkonservierung.

In der Debatte um die **Produktionssteigerung** spielt auch die Gentechnologie eine Rolle. Genmutierte Organismen, die resistenter gegen Schädlinge und Variabilitäten des Wetters sind, wecken grosse Hoffnungen. Genmodifizierte Pflanzen als einfache Lösung anzupreisen, greift jedoch zu kurz. Einerseits ist die Forschung verhältnismässig jung, und Kenntnisse über mögliche Langzeitfolgen auf Mensch und Natur stehen noch aus. Zudem ist die Anschaffung von genmanipuliertem Saatgut mit hohem Aufwand verbunden. Von der Ernte lässt sich kein Saatgut gewinnen – die Bauernfamilien müssen sich die Körner für die Saat jedes Jahr neu kaufen –, für die Agrofirmen winkt auf Jahrzehnte hinaus ein satter Gewinn. Solche Lösungsvorschläge sind also möglicherweise durch wirtschaftliche Interessenbindungen beeinflusst und blenden die komplexen Zusammenhänge, die zu Hunger und Armut führen, aus. Technische Lösungen sind nur dann Erfolg versprechend, wenn die lokale Bevölkerung ein Mitbestimmungsrecht wahrnimmt und wenn der Technikeinsatz mit entsprechenden Ausbildungsprogrammen einhergeht.

Produktionssteigerung

Abbildung 12.18:
Mehr Technikeinsatz, mehr Ertrag? Pflügen mit Ochsengespann, Nepal – Terai

Entwicklung und Umwelt

Entwicklung und Umwelt: Die globale Klimaerwärmung

«Let's become rich first and clean up later.»
Kenianische Redewendung

Zu den Verliererinnen der globalisierten Wirtschaft zählt die Natur. Ressourcenintensive Produktionsmethoden und die grenzenlose Mobiliät von Produktionsgütern sowie der Lebensstil der westlichen Konsum- und Wegwerfgesellschaft, der sich auch in den bevölkerungsstarken Schwellenländern China und Indien zunehmend durchsetzt, erhöhen den Druck auf die natürlichen Lebensgrundlagen. Umweltprobleme beginnen meist lokal, ihre Auswirkungen machen indessen vor regionalen oder nationalen Grenzen nicht Halt. Die globale Klimaerwärmung ist hierfür beispielhaft. Das Phänomen der globalen Klimaerwärmung und seine Ursachen wurden in Kapitel 7 ausführlich dargelegt. Im Folgenden werden Auswirkungen und Lösungsansätze erläutert, die spezifisch für den globalen Süden gelten.

Problemdarstellung: Der globale Klimawandel als Entwicklungsproblem

Das Klimaproblem wird in jüngster Zeit vermehrt als zentrales Entwicklungsproblem wahrgenommen, einige Expertenorganisationen sprechen von der grössten Kehrtwende menschlicher Entwicklung. Überschwemmungen, lang anhaltender Smog, erhöhte Häufigkeit von tropischen Wirbelstürmen oder vom Untergang bedrohte Inselstaaten sind nur einige der möglichen Folgen. Besonders verheerend sind die Voraussagen für den globalen Wasserhaushalt, wobei die heute semiariden Gebiete besonders gefährdet sind.

Von den Folgen des Klimawandels ist der globale Süden überproportional betroffen. Dies wird dort als besonders unfair eingestuft, da die Industrieländer mit ihren CO_2-Emissionen ungleich stärker zur Klimaerwärmung beigetragen haben als die Entwicklungsländer. Den Entwicklungsländern fehlen zudem die Mittel, um sich auf die drohenden Veränderungen einzustellen und mögliche Folgen abzufedern.

Ursachen und Folgen

«The countries most vulnerable are least able to protect themselves.
They also contribute least to the global emissions of greenhouse gases.
Without action they will pay a high price for the actions of others.»
Kofi Annan, ehemaliger Generalsekretär der Vereinten Nationen

Die Menschen, die in peripheren Gebieten und nahe an der Armutsgrenze leben, sind von den Auswirkungen des Klimawandels am meisten betroffen. Man spricht von **Vulnerabilität** dieser Bevölkerungsgruppen. Die erhöhte Verwundbarkeit ergibt sich einerseits aus der naturräumlichen Ausstattung von sensiblen Ökosystemen, andererseits aus den fehlenden Mitteln zur Vorbeugung und Bewältigung der Folgen des Klimawandels.

Verwundbarkeit

1. Sensible Ökosysteme

Sensible Ökosysteme wie der Sahel, die Gebirgsräume des Himalaya und des andinen Hochlandes oder das vom Monsun beeinflusste Gangesdelta in Bangladesch sind die Heimat von Millionen von Kleinbauernfamilien. Sie bewirtschaften die kargen Böden mit viel Kenntnis der lokalen Verhältnisse. Die zunehmende Variabilität des Klimas – ausbleibende, geringe oder sehr intensive Regenfälle etwa – führt dazu, dass die langjährige Erfahrung der Bäuerinnen und Bauern nicht mehr greift. Die ansteigende Temperatur führt zu einer Häufung von Extremereignissen und Naturkatastrophen wie etwa Flutwellen durch Gletschersee-Ausbrüche. Die Betroffenen verfügen weder über die notwendigen Informationen und das Wissen noch über die Mittel, um mit den veränderten Bedingungen zurechtzukommen. Ernteausfälle und Einkommenseinbussen sind die Folgen, die Familie ist genötigt, Kredite aufzunehmen, oder muss Hunger leiden, die Kinder werden aus der Schule geholt, um zum Familieneinkommen beizutragen – ein Teufelskreis setzt ein.

Zu den umweltbezogenen Folgen gehört auch der Verlust der Biodiversität. Nutzungsänderungen wie das Abholzen und die Ausdehnung von Anbauflächen in semiariden Zonen führen zu Verdrängungsprozessen. Diese «genetische Erosion» bewirkt, dass das Reservoir an potenziell nutzbaren Organismen schrumpft. Der Verlust an Kulturpflanzensorten und Nutztierrassen erhöht die Anfälligkeit für Krankheiten und Schädlinge und bedroht damit direkt die menschliche Ernährungsgrundlage. **Biodiversität** ist ein kulturell wertvolles Gut, nicht nur für die menschliche Subsistenz, sondern auch für die Medizin oder für den Tourismus. Die ökologische Vielfalt spielt bei der Aufrechterhaltung von natürlichen Kreisläufen und Balancen eine wichtige Rolle. Sie wirkt zudem regulierend auf das Klima und erhöht den Selbstschutz von Pflanzen vor Schädlingen.

Die Biodiversität erhält im Zusammenhang mit **Patenten** und damit als Folge der Globalisierung eine zusätzliche Brisanz. Wie kommt beispielsweise der Fürst von Liechtenstein in den Besitz eines Patents auf Basmati-Reis, der in Punjab schon seit Jahrhunderten angebaut wird? «Biopiraterie» nennt man den Fall des amerikanischen Pharmariesen, der mit einem Patent auf einen südafrikanischen Kaktus, der unter Einheimischen schon seit Generationen als Appetitzügler eingesetzt wird, das grosse Geld in der gegen die verbreitete Fettleibigkeit ankämpfenden westlichen Gesellschaft machen will. In welcher Weise können Kleinbauernfamilien rechtlich geschützt werden, wenn internationale Agrarfirmen sich Patente auf ihre Pflanzen und deren Saatgut sichern? Dasselbe Saatgut, das aus den Labors der Industrieländer teuer an jene verkauft wird, deren Vorfahren in jahrhundertealter Tradition die genetischen Grundlagen eben dieser Sorte hervorgebracht haben.

Biopiraterie

Abbildung 12.19: Über 3000 verschiedene Kartoffelarten: Die kargen Böden des andinen Hochlandes sind ein einzigartiges Reservoir an lokalen Anbausorten.

Entwicklung und Umwelt

2. Fehlende Mittel für Prävention

Auch die Industrieländer sind von den Folgen der Klimaerwärmung betroffen. Im Gegensatz zu den Entwicklungsländern stehen hier jedoch viel mehr Mittel zur Verfügung, um die möglichen Auswirkungen der Klimaerwärmung abzufedern. Dazu gehört die Investition in alternative Energien oder die Erforschung von energieeffizienten und umweltschonenden Produktionsprozessen. Auch eher exotische Ideen wie das Abdecken der schmelzenden Gletscher mit reflektierenden Folien werden diskutiert, sie wären technisch und finanziell realisierbar. Im globalen Süden besteht selbst für elementare Massnahmen kaum Spielraum. Hier kommt den Industrieländern als Hauptverursachern des Klimawandels eine besondere Verantwortung zu, etwa, indem sie Programme zur Reduktion von klimabedingten Naturgefahren unterstützen.

Lösungsansätze

Prävention und Anpassung

Die Bewahrung und Nutzung der natürlichen Ressourcen als Grundlage für menschliches Leben ist, gestützt auf die Agenda 21 sowie verschiedene internationale Konventionen, zentraler Bestandteil nachhaltiger Entwicklungsstrategien.

Die Schweiz hat dem Klimawandel im Rahmen der Entwicklungszusammenarbeit Priorität eingeräumt. Die Deza arbeitet einerseits an **Präventionsmassnahmen** und unterstützt gleichzeitig Anpassungsmassnahmen hinsichtlich bereits bestehender Auswirkungen des Klimawandels. Die konkreten Projekte setzen bei der Energie, der Wald- und Landnutzung ein und unterstützen die Partnerstaaten bei Präventions- und Anpassungsmassnahmen mit dem Ziel, die Verwundbarkeit lokaler Bevölkerungen gezielt zu reduzieren.

1. Wald- und Landnutzung

Die Zerstörung von Waldflächen durch die Expansion der Landwirtschaft beeinflusst das Klima direkt und wirkt sich negativ auf Bodenfruchtbarkeit und Wasserhaushalt aus. Gemeinsam mit der lokalen Bevölkerung arbeiten die Expertinnen und Experten der Deza an Aufforstungsprojekten, gleichzeitig vermitteln sie ökologisch nachhaltige Techniken der Agroforstwirtschaft. Zu den Aufgaben gehört, neue Nutzungsregeln für gemeinschaftlich bewirtschaftete Wald- und Buschlandschaften auszuhandeln. Für die lokale Bevölkerung besteht der Anreiz darin, dass sie aus dem Verkauf von Produkten wie Holz oder Wildfrüchten sowie der Landschaftspflege zusätzliche Einkommen erwirtschaften können.

2. Energie

Die bessere Versorgung der Haushalte mit Energie ist ein Mittel gegen Armut und Hunger. Gleichzeitig ist die Verbrennung fossiler Energien eine der Hauptursachen für den globalen Temperaturanstieg. Mit steigendem Energieverbrauch der Länder des Südens – Asien allein verdoppelte seinen Verbrauch seit 1990 um 100% – ist dringender Handlungsbedarf bei der Entwicklung alternativer Energien angezeigt. Der Zugang der Armen zu verlässlicher und sauberer Energie muss mittels einer dezentralen Energieversorgung verbessert werden. Eine nachhaltige Energiepolitik heisst hier, dass Anreize geschaffen werden, um sozial und ökologisch verträgliche sowie effiziente Energie zu fördern, auch wenn kurzfristig der Zugriff auf die billigeren fossilen Brennstoffe näherliegend scheint. Energieeffizienz geht Hand in Hand mit Gesundheitsförderung, etwa, wenn Kochherde entwickelt werden, die mit weniger Holz eine höhere Leistung erbringen bei gleichzeitig geringeren Russemissionen.

Abbildung 12.20:
Klimawandel: Häufiger auftretende Extremereignisse führen zu Ernteausfällen. Songwe-Becken, Tansania.

3. Vorbeugung und Anpassung

Der Bevölkerung der Entwicklungsländer fehlen die finanziellen und technischen Mittel, um ihre Lebensweise den veränderten Umweltbedingungen anzupassen. Die Rahmenvereinbarung der Vereinten Nationen von 1992 sieht eine massgebliche Unterstützung der besonders verletzlichen Bevölkerungsgruppen im Bezug auf den Klimawandel vor. Dies schliesst die Mittel zur Deckung der kostspieligen Massnahmen zur Anpassung ebenso wie die Installation von Frühwarnsystemen ein. Die lokalen Behörden sollen sich zudem in Ausbildungsprogrammen die notwendigen Kompetenzen aneignen, um die Einführung der notwendigen Massnahmen zu begleiten.

Gender und Entwicklung

Geschätzte 220 000 Menschen in zwölf Ländern Südasiens, Südostasiens und Ostafrikas wurden durch den Tsunami vom 26. Dezember 2004 getötet, weitere 1,6 Millionen verloren ihr Heim. Bei der Analyse der Überlebenszahlen springt eine Zahl unmittelbar ins Auge: Das Verhältnis zwischen weiblichen und männlichen Opfern liegt bei 3:1, für einzelne Regionen in Indonesien, namentlich Nordsumatra, liegt es sogar bei 4:1. Im verheerenden Ereignis zeigte sich einmal mehr, dass die bestehenden Strukturen, die sozialen ebenso wie die räumlichen Bedingungen, darüber entscheiden, wie eine Gemeinschaft betroffen wird und wer dabei den höchsten Preis bezahlt. Welches sind die Gründe dafür, dass selbst eine Naturkatastrophe diskriminierend wirkt?

Problemdarstellung: Was ist Gender?

Mit dem englischen Wort «Gender» wird seit den 80er-Jahren des 20. Jahrhunderts das soziale Geschlecht von Individuen bezeichnet, im Unterschied zum biologischen Geschlecht, dem «Sex». Fragen vor einem «Genderhintergrund» zu untersuchen, bedeutet also, dass man sich dafür interessiert, was die Kategorie «Mann» oder «Frau» genau bezeichnet und welche Lebensrealitäten damit beschrieben werden. Geschlecht wird als eine Grösse wahrgenommen, die die Organisation von Gesellschaften entscheidend prägt. Ausgehend von dieser Annahme schärfen Genderanalysen den Blick für die (Re-)Produktion sozialer Ungleichheit, für gesellschaftlichen Ein- und Ausschluss, für Teilhabe und Demokratie.

Entwicklung und Umwelt

12

Geschlechterungleichheiten

Geschlechterungleichheiten bilden auch in Entwicklungsländern einen Teil der sozioökonomischen und politischen Machtverhältnisse ab. Sie dürfen nicht isoliert betrachtet, als Zeichen traditioneller Verhältnisse oder gar von Rückständigkeit verstanden werden. Vielmehr gilt es, die Geschlechterverhältnisse mit anderen hierarchischen Strukturen in Beziehung zu setzen. Darüber hinaus ist es notwendig, die Lebensrealitäten von Frauen und Männern und die Organisation des Alltags in unterschiedlichen Ländern miteinander zu vergleichen. Nur so kann beispielsweise die Vielfalt der Familien- und Haushaltsformen oder der Konfliktlösungsstrategien im Geschlechter- und Generationenverhältnis veranschaulicht werden. «Gender» ist demnach in einem umfassenden Sinn zu verstehen: Die Lebensrealitäten von Frauen und Männern sollen gemäss ihrem unterschiedlichen Status, ihrem Alter und Bildungsstand differenziert erfasst werden, ebenso ihre spezifischen Handlungsmöglichkeiten und -grenzen.

Ausgestattet mit einer Art Brille, die die Geschlechterperspektive verdeutlicht, lässt sich die Tsunamikatastrophe von 2004 neu deuten. Das Erdbeben vor Sumatra und die dadurch ausgelöste Flutwelle stehen hier exemplarisch für eine gendersensible Problemanalyse. Eine solche Analyse wirkt sich auch auf die Hilfsmassnahmen, die in einem solchen Fall geplant und umgesetzt werden, aus. Ist dies umfassend der Fall, so spricht man von **Gender Mainstreaming**. Gender Mainstreaming heisst, den Faktor Geschlecht ähnlich wie die Frage nach den Kosten für jede Aktivität zu berücksichtigen. Die Geschlechterperspektive soll bereits in der Programmplanung einbezogen werden, und die spezifischen Auswirkungen von Programmen auf Frauen und Männer müssen im Rahmen der normalen Evaluationen erhoben werden. Gender Mainstreaming heisst auch, dass die Entwicklungsagentur ihren eigenen Betrieb auf offene und versteckte Asymmetrien untersucht.

Abbildung 12.21:
Doña Andrea hütet die Schafe, Doña Sofia kümmert sich um die Lamas, und Don Andrés präsentiert seine Kartoffelernte. Geschlechtsspezifische Arbeitsteilung im andinen Hochland.

Ursachen und Folgen

Das Beispiel des Tsunami verdeutlicht, dass sogenannte **«Naturkatastrophen»** immer auch als **«Kulturkatastrophen»** wirken. In Sri Lanka ebenso wie in Nordsumatra trifft die Flutwelle auf eine Landschaft, die durch jahrzehntelange ethnische Kämpfe, drastische Wirtschaftsreformen, Entmächtigung von marginalisierten Gruppen, Diskriminierung von Frauen und unteren Kasten geprägt wurde. Nicht einmal der Tsunami konnte die verheerende Prägung der Vergangenheit auslöschen. Die Auswirkungen der Katastrophe legen Machtverhältnisse frei und lenken den Blick auf die Verhandlung von sozialen Rollen. Viele der Opfer auf Sri Lanka waren Frauen, die bei ihrer Arbeit von der Flutwelle überrascht wurden. Wie jeden Sonntagvormittag verkauften sie ihre Produkte auf den Märkten entlang der Küstenstrassen. Viele unter ihnen konnten nicht schwimmen, sei es, weil sie es nie gelernt hatten, sei es, weil sie durch die kulturellen Kleidervorschriften daran gehindert wurden. In ihrer Beweglichkeit so sehr eingeschränkt, konnten sie sich nicht retten, weder im Wasser noch indem sie auf Bäume kletterten. In Banda Aceh verliessen manche Frauen ihre von der Tsunami-Flut zerstörten Häuser nicht, weil die kulturellen Vorschriften ihnen verbieten, sich ohne männliche Begleitung in der Öffentlichkeit zu zeigen.

Die Unterschiede in der Verwundbarkeit von Männern und Frauen bestätigen die universelle Stabilität und gleichzeitig enorme Flexibilität des Geschlechterverhältnisses. Dieses artikuliert sich beispielsweise in Bezug auf die persönliche Mobilität, auf Rollenvorstellungen und geschlechtsspezifische Arbeitsteilung, Regeln und Normen oder Bildungsunterschiede. Damit geht auch die Fähigkeit einher, sich Informationen zu beschaffen, diese zu interpretieren und adäquat zu handeln.

Auch beim Wiederaufbau waren Frauen in vielen Gebieten schlechter positioniert. Als Witwen hatten sie Mühe, ihre Besitzansprüche geltend zu machen. Falls überhaupt Dokumente vorhanden waren, waren darin meist nur Männer als Besitzer ausgewiesen. In Sri Lanka waren Frauen zusätzlich betroffen, weil ihre Besitztümer häufig aus Goldschmuck bestanden, der von den Wellen weggeschwemmt worden war. Andererseits sind auch positive Veränderungen zu verzeichnen: In Banda Aceh scheint sich die Mobilität von Frauen unmittelbar nach dem Ereignis verbessert zu haben, weil diese angesichts der Benzinknappheit Fahrradfahren lernten und sich das Recht erkämpften, alleine den Markt zu besuchen.

Die Erfahrung zeigt, dass Frauen in Katastrophengebieten ebenso wie in Konfliktzonen oder nach einer Flucht dem Risiko von sexueller Gewalt ausgesetzt sind oder in die Prostitution gezwungen werden. Ob es um Armutsbekämpfung, Ausbildung, Gesundheit, Grundbesitz, Mitbestimmung oder nachhaltige Ressourcennutzung geht, die soziale und ökonomische Stellung und damit der Handlungsspielraum eines Individuums hängen wesentlich von seinem Geschlecht ab. Auch weitere Faktoren der sozialen Organisation sind einflussreich. Ob die Bevölkerung muslimisch ist oder hinduistisch, ob ein Kastensystem oder ethnische Zugehörigkeiten die sozialen Hierarchien bestimmen, all dies verknüpft sich zu einem komplexen System, das die Chancen und Verletzlichkeit von einzelnen Gesellschaftsmitgliedern – Frauen ebenso wie Männern – auf unterschiedliche Art bestimmt.

Die erwähnten **Ordnungssysteme** bleiben von den aktuellen wirtschaftlichen und sozialen Änderungen nicht unberührt, sondern sind zahlreichen Anpassungsprozessen unterworfen. Das spannungsreiche Verhältnis von **Kooperation, Komplementarität und Konkurrenz** zwischen den Familienmitgliedern (gemeint sind nicht nur Männer und Frauen, sondern auch verschiedene Generationen) gerät unter Druck, indem die herkömmlichen sozialen Strukturen aufgebrochen werden. Sowohl Männer als auch Frauen sehen sich angesichts der beschleunigten sozioökonomischen Strukturveränderungen vor der Herausforderung, ihre Positionen in Familie und Gesellschaft neu zu finden, etwa, wenn die klassische «Ernährerrolle» («Bread Winner») vom Mann nicht mehr wahrgenommen werden kann oder wenn Frauen traditionell männliche Arbeiten in der Subsistenzwirtschaft – zum Beispiel das Pflügen der Felder – übernehmen. Ein typisches

Machtverhältnisse und soziale Rollen

Abbildung 12.22:
Frauenrollen,
Männerrollen ...

[Cartoon: "I SEE ONLY WOMEN WORKING. WHAT IS YOUR JOB?" — "WELL, YOU SEE, I CARRY ALL THE RESPONSIBILITY..."]

Abbau von sozialer Ungleichheit

Muster ist dabei die Abwanderung der am besten ausgebildeten, männlichen Familienmitglieder in regionale Zentren auf der Suche nach Arbeit, was die Frauen nicht nur mit der Verantwortung für die Familie und den gesamten landwirtschaftlichen Betrieb zurücklässt, sondern für sie häufig auch ein Armutsrisiko darstellt – insbesondere dann, wenn die erhofften Geldsendungen aus der Stadt ausbleiben. Das statistisch erhöhte Armutsrisiko für von Frauen geführte Haushalte sowohl im Süden als auch im Norden – Frauen machen gemäss UNDP 70% der Armen aus – ist unter dem Schlagwort **«Feminisierung der Armut»** in die Literatur eingegangen. Neuere Erkenntnisse haben allerdings gezeigt, dass regionale Analysen auf der Mikroebene notwendig sind: So scheint die Verbindung zwischen von Frauen geführten Haushalten und Armut besonders für Lateinamerika und Asien zuzutreffen. Im Gegensatz dazu sind matrilineare, von Frauen geführte Haushalte in afrikanischen Gesellschaften ökonomisch und sozial besser gestellt. Für Armutsbekämpfung heisst dies, dass auch Ungleichheiten innerhalb von Haushalten berücksichtigt werden müssen.

Lösungsansätze

«At its simplest, gender analysis entails seeing
what our eyes have been trained not to see.»
World Bank, 2000

Die Gleichstellung von Männern und Frauen ist völkerrechtlich festgeschrieben. Diesem Grundsatz muss die internationale Zusammenarbeit Rechnung tragen. Der Abbau von sozialen Ungleichheiten ist ein zentraler Pfeiler für erfolgreiche Entwicklungszusammenarbeit. Die wichtigste Voraussetzung bei der Planung und Durchführung von Hilfsmassnahmen besteht darin, konventionelle Ungleichheiten nicht zu reproduzieren oder gar zu verstärken. Eine scheinbar einfache Massnahme wie der Ersatz der in der Flutwelle zerschellten Fischerboote wird dadurch kompliziert: Wer hat Anspruch auf ein neues Boot? Sind es alle Mitglieder der Dorfgemeinschaft oder nur diejenigen, die nachweisen können, ehemals ein Boot besessen zu haben? Sind auch Witwen anspruchsberechtigt? Und was gilt als Nachweis dafür, dass der Ehemann ein Bootsbesitzer war? Berücksichtigt man, dass einige Boote grösser und von besserer Qualität waren und damit den gehobenen Status einzelner Familien markierten?

Die Verantwortlichen für die humanitären Aufbauprogramme müssen sorgfältig entscheiden, wie sie auf die vorliegende Struktur, die sie in der zur Verfügung stehenden Zeit meist nur oberflächlich erschliessen können, reagieren. Empirisch abgestützte, fundierte und qualitative Studien, wie sie in der geografischen Entwicklungsforschung erstellt werden, sind besonders gefragt. Es gilt, das soziale Geflecht zu verstehen, um nachhaltig wirksame Massnahmen auszuhandeln. Ob man sich für den Bruch mit der Tradition oder Kontinuität entscheidet: Die Lösung muss im Bewusstsein von lokalen Machtverhältnissen gemeinsam mit den Beteiligten sorgfältig abgewogen werden.

Der Grundsatz der Nachhaltigkeit ist ohne den Bezug auf eine gerechtere Verteilung und Chancengleichheit bezüglich **Zugang und Kontrolle von Ressourcen** gefährdet. Seit etwa 25 Jahren hat sich die Einsicht, Geschlecht in die Projektarbeit einzubeziehen, aufgrund von solchen und ähnlichen Erfahrungen etabliert. Man lernt aus Fehlern der Vergangenheit. In den 1970er-Jahren wurde die Mechanisierung der Landwirtschaft in Westafrika ausgebaut, um die Anbauflächen und damit die Erträge zu vergrössern. Die Bilanz nach einigen Jahren fiel katastrophal aus: Die Lebensbedingungen der Familien hatten sich auf allen Ebenen verschlechtert, die Sterblichkeit und Mangelernährung bei Kindern hatte zugenommen, die Erträge stagnierten. Der Grund lag in der «Geschlechterblindheit» des Projekts: Die Planerinnen und Planer hatten übersehen, dass das Jäten und die Unkrautbekämpfung zu den Aufgaben der Frauen gehören. Mit der Ausdehnung der Flächen nahm deren Arbeitsbelastung so sehr zu, dass ihnen keine Zeit mehr blieb für ihre Aufgaben in der Kinderbetreuung, in der Gesundheitsversorgung und im Haushalt. Dies führte zu den geschilderten Verschlechterungen. Der Blick durch die «Genderbrille» impliziert für die Praxis, dass Massnahmen und Entscheidfindung angepasst werden müssen, damit nicht ausschliesslich Männer oder Eliten einbezogen werden. Projekte werden bezüglich ihrer Auswirkungen auf Männer und Frauen ausgewertet, beispielsweise, indem in geschlechtergetrennten Gruppen darüber diskutiert werden kann. Nicht zuletzt zeigt die Erfahrung, dass einseitig auf Frauen ausgerichtete Projekte ebenso wenig den gewünschten Erfolg bringen wie das Beispielprojekt in Westafrika. Für die Überwindung der gesellschaftlichen Ungleichheit braucht es das Engagement beider Gruppen. In den Worten von Kennedy Otina, Programmkoordinator von «Men for Gender Equality Now»: «Men have a role to play when it comes to ensuring gender equity. It is not just a women's affair. Gender equality does not mean women are ruling over men. It only ensures a level playing field for both men and women.»

Dies heisst keineswegs, dass Männer und Frauen nicht getrennte Aufgabenbereiche haben können. Vielmehr bedeutet eine Genderperspektive, dass Projekte eingedenk dieser Arbeitsteilung geplant und umgesetzt werden, sodass es nicht zu verhängnisvollen Mehrbelastungen und sozialen Spannungen kommt.

Chancengleichheit für Männer und Frauen

Abbildung 12.23: Frauenarbeit – Hirsestampfen in Bamako, Mali

Entwicklung und Umwelt

6. Das Engagement der Schweiz in der internationalen Zusammenarbeit IZA

Die Schweiz hat die Millenniumsdeklaration unterzeichnet und setzt sich im Rahmen ihrer Entwicklungspolitik für deren Umsetzung ein. 2008 gab der Staat 2,2 Milliarden Franken für öffentliche Entwicklungshilfe aus, das entspricht einer Quote von 0,41% des Bruttonationaleinkommens (2007: 0,37%). Verglichen mit andern Geberländern, steht die Schweiz damit im Mittelfeld – sie belegt Rang zwölf von 22 Mitgliedstaaten des Entwicklungsausschusses der OECD. Zu berücksichtigen ist hierbei, dass die Zahl auch die Ausgaben für Asylsuchende aus Entwicklungsländern sowie Gelder der bilateralen Entschuldung enthält (total knapp 300 Mio. Franken). Ohne diese Posten läge der Anteil der schweizerischen IZA noch tiefer. Die 15 alten EU-Länder wollen ihre Quoten bis 2015 auf 0,7% des BNE erhöhen – das Schweizer Parlament diskutiert gegenwärtig eine Erhöhung auf 0,5%. Beurteilt man die Schweizer Anstrengungen in der Entwicklungszusammenarbeit nach qualitativen Kriterien, die nicht nur das Budget, sondern auch die Handels- und Migrationspolitik, Investitionen, Friedensförderung und Umweltpolitik einschliessen, schneidet das Land im internationalen Vergleich allerdings deutlich besser ab.

Die Aufwendungen des Bundes in zentralen Aufgabenbereichen sind für das Jahr 2007 wie folgt budgetiert:

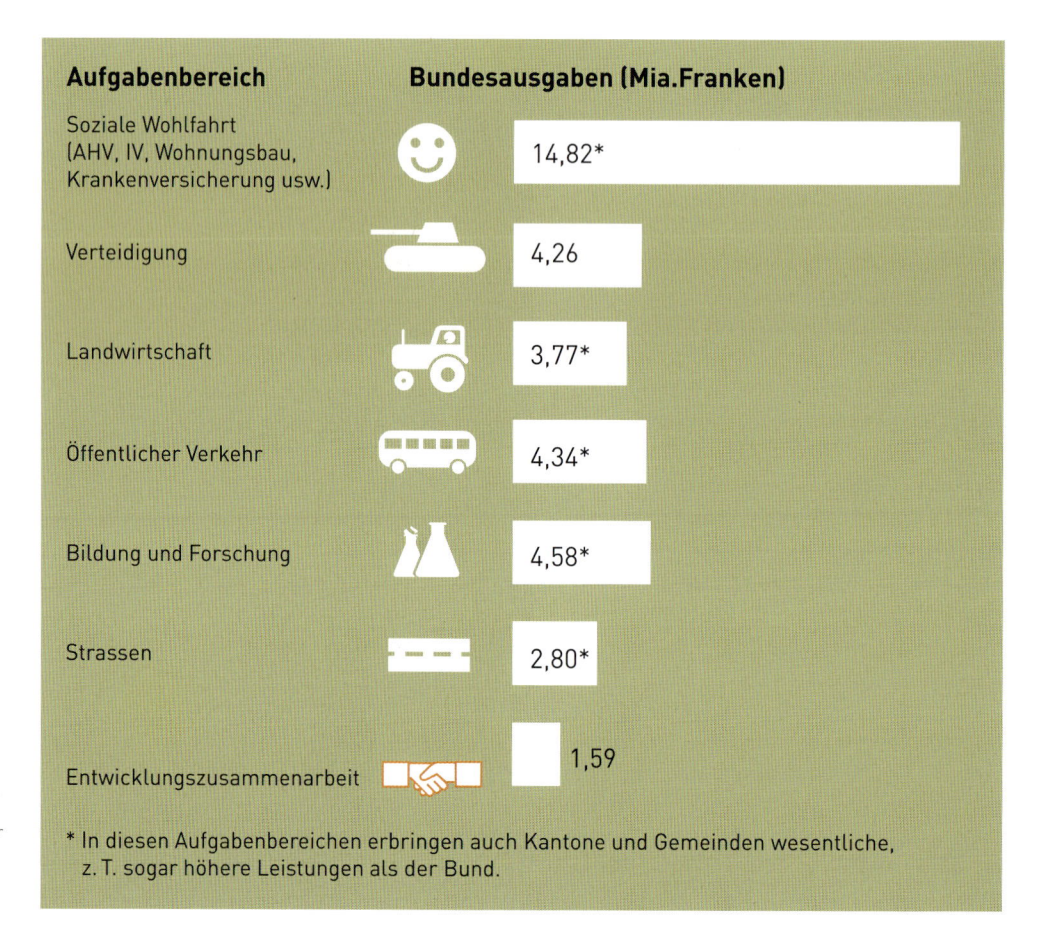

Aufgabenbereich	Bundesausgaben (Mia. Franken)
Soziale Wohlfahrt (AHV, IV, Wohnungsbau, Krankenversicherung usw.)	14,82*
Verteidigung	4,26
Landwirtschaft	3,77*
Öffentlicher Verkehr	4,34*
Bildung und Forschung	4,58*
Strassen	2,80*
Entwicklungszusammenarbeit	1,59

* In diesen Aufgabenbereichen erbringen auch Kantone und Gemeinden wesentliche, z. T. sogar höhere Leistungen als der Bund.

Abbildung 12.24: Ausgaben für die Entwicklungszusammenarbeit im Vergleich mit anderen Staatsaufgaben. 1992 beanspruchte die Entwicklungszusammenarbeit 3,66%. Für das Jahr 2001 waren noch 2,6% budgetiert.

12

Die Ziele der schweizerischen Entwicklungszusammenarbeit

Die gesetzliche Grundlage für die schweizerische IZA

Die IZA ist Bestandteil der schweizerischen Aussenpolitik und damit der Profilierung der Schweiz in der Welt. Die Entwicklungszusammenarbeit steht im Dienste der Erhaltung der Unabhängigkeit und der Förderung der Wohlfahrt der Schweiz. Die internationale Zusammenarbeit obliegt der Verantwortung des Bundes. Das entsprechende Gesetz wurde 1976 vom Parlament unter Bezugnahme auf die Bundesverfassung gutgeheissen. In der neuen Bundesverfassung vom 18. April 1999 wurde diese Verpflichtung erneuert: «Der Bund setzt sich ein für die Wahrung der Unabhängigkeit der Schweiz und für ihre Wohlfahrt; er trägt namentlich bei zur Linderung von Not und Armut in der Welt, zur Achtung der Menschenrechte und zur Förderung der Demokratie, zu einem friedlichen Zusammenleben der Völker sowie zur Erhaltung der natürlichen Lebensgrundlagen» (Art. 54, Abs. 2). Das Engagement der Eidgenossenschaft beruht auf einer klaren gesetzlichen Grundlage.

Im Gesetzestext werden der Gegenstand, die Grundsätze, das Vorgehen, die Verantwortlichkeiten, Ziele sowie die Formen der IZA spezifiziert.

Auszug aus dem Bundesgesetz über die internationale Entwicklungszusammenarbeit und humanitäre Hilfe vom 19. März 1976 (Stand 1. Juni 2007)

Gesetzliche Grundlagen

Art. 2 Grundsätze
1. Die internationale Entwicklungszusammenarbeit und humanitäre Hilfe sind Ausdruck der Solidarität, die eines der Prinzipien darstellt, nach denen die Schweiz ihr Verhältnis zur internationalen Gemeinschaft gestaltet, und entsprechen der weltweiten Verflechtung. Sie beruhen auf der gegenseitigen Achtung der Rechte und Interessen der Partner.
2. Die Massnahmen nach diesem Gesetz berücksichtigen die Verhältnisse der Partnerländer und die Bedürfnisse der Bevölkerung, für die sie bestimmt sind.
3. Die Leistungen des Bundes erfolgen unentgeltlich oder zu Vorzugsbedingungen. Sie ergänzen in der Regel eigene Anstrengungen der Partner.

Art. 5 Ziele
1. Die Entwicklungszusammenarbeit unterstützt die Entwicklungsländer im Bestreben, die Lebensbedingungen ihrer Bevölkerung zu verbessern. Sie soll dazu beitragen, dass diese Länder ihre Entwicklung aus eigener Kraft vorantreiben. Langfristig erstrebt sie besser ausgewogene Verhältnisse in der Völkergemeinschaft.
2. Sie unterstützt in erster Linie die ärmeren Entwicklungsländer, Regionen und Bevölkerungsgruppen. Sie fördert namentlich
   a. die Entwicklung ländlicher Gebiete;
   b. die Verbesserung der Ernährungslage, insbesondere durch die landwirtschaftliche Produktion zur Selbstversorgung;
   c. das Handwerk und die örtliche Kleinindustrie;
   d. die Schaffung von Arbeitsplätzen;
   e. die Herstellung und Wahrung des ökologischen und demografischen Gleichgewichts.

Mit der internationalen Zusammenarbeit verfolgt die Schweiz das Ziel einer gerechten und sicheren Welt ohne Armut, gewaltsame Konflikte und ökologische Zerstörung. Im Sinne des Bundesgesetzes ist die Entwicklungspolitik darauf ausgerichtet, die Länder in ihren Anstrengungen, die Lebensbedingungen ihrer Bevölkerung zu verbessern, zu unterstützen. Mit andern Worten, die Armutsbekämpfung soll gemäss dem Prinzip der **Hilfe zur Selbsthilfe** betrieben werden. Dies geschieht mittels der Förderung der wirtschaftlichen und staatlichen Eigenständigkeit durch die Verbesserung der Produktionsbedingungen. Weitere Schwerpunkte liegen in der Bewältigung von Umweltproblemen sowie im verbesserten Zugang zu Bildung und Gesundheitsversorgung. Diese Zielsetzungen werden mit Blick auf die langfristige Wahrung schweizerischer Interessen – etwa der Wahrung von Unabhängigkeit und Wohlfahrt – begründet.

Entwicklung und Umwelt

Entsprechend diesen Bestimmungen ist die IZA dem Departement für Äussere Angelegenheiten (EDA) unterstellt. Zudem ist das Eidgenössische Volkswirtschaftsdepartement (EVD) involviert. Dort ist das Staatssekretariat für Wirtschaft (Seco) federführend im Bereich der Entschuldungsstrategien sowie bei der Definition der Wirtschafts- und Handelsmassnahmen in der Entwicklungszusammenarbeit. Im EDA ist die Direktion für Entwicklung und Zusammenarbeit (Deza) ausführendes Organ und Koordinationsstelle für die schweizerische IZA.

Das Parlament ist die Aufsichtsbehörde, die die mehrjährigen Rahmenkredite bewilligt. Die Legislative kontrolliert Quantität und Qualität der IZA und stellt die Verbindung zu andern Geschäften her, etwa der Menschenrechtspolitik oder der Asylpolitik. Die parlamentarische Kommission für internationale Entwicklung und Zusammenarbeit berät den Bundesrat in Fragen der IZA und prüft Ziele und Prioritäten. 2005 forderte sie den Bundesrat auf, die Finanzen für die IZA auf mindestens 0,5% des BNE zu erhöhen.

Die Direktion für Entwicklung und Zusammenarbeit (Deza)

Die Deza ist als Kompetenzzentrum des Bundes für die Gesamtkoordination der Entwicklungs- und Ostzusammenarbeit mit andern Bundesämtern sowie für die humanitäre Hilfe zuständig. Mit rund 500 Mitarbeitenden führt die Deza die Aufträge des Bundes, unterteilt in bilaterale und multilaterale Zusammenarbeit, aus.

Die **bilaterale Entwicklungszusammenarbeit** setzt sich zum Ziel, die materiellen und menschlichen Grundlagen für nachhaltige Entwicklungsprozesse zu legen. Diese Hilfe ist deshalb langfristiger und subsidiärer Natur. Neben der traditionellen Projektarbeit in Landwirtschaft, Gesundheit und Bildung ist sie als direkte Zusammenarbeit mit dem Partnerland auf die Förderung günstiger Rahmenbedingungen ausgerichtet. Dazu gehören etwa die Reform des Justizwesens, Fragen der Regierungsführung, Demokratie, Menschenrechte, Frieden und Sicherheit. Die bilaterale Entwicklungszusammenarbeit in Afrika, Asien und Lateinamerika wird von 17 auf 12 Schwerpunktländer reduziert. Folgende Länder sind derzeit ein Schwerpunkt (* nur noch bis 2012):

Schwerpunktländer	Spezialprogramme
Benin	Westbank und Gaza
Burkina Faso	Südliches Afrika
Mali	Grosse Seen
Niger	Kuba
Tschad	Nordkorea *)
Moçambique	Mongolei
Tansania	Afghanistan
Bolivien	
Peru *)	
Ekuador *)	
Nikaragua/Mittelamerika	
Bangladesch	
Nepal	
Pakistan *)	
Vietnam/Mekong	
Indien *)	
Bhutan *)	

Die Zusammenarbeit mit Osteuropa ist ebenfalls bei der Deza angesiedelt. Dort konzentriert sich die Schweiz auf folgende Länder und Spezialprogramme:

Schwerpunktländer	Spezialprogramme
Albanien	Nordkaukasus
Bosnien-Herzegowina	Moldawien
Serbien und Montenegro	Kosovo
Mazedonien	
Ukraine	
Südkaukasus	
Zentralasien	

Zudem verpflichtete sich die Schweiz im Rahmen der bilateralen Verträge mit der EU, die zehn Partnerländer der erweiterten EU durch einen Beitrag zu unterstützen. Fünf Regionen sind zu Haupteinsatzgebieten der **humanitären Hilfe** erklärt worden: Liberia, die Region der grossen Seen in Afrika inklusive Ostkongo, der Sudan, der Kaukasus sowie Palästina.

Im Rahmen der **multilateralen Zusammenarbeit** setzt sich die Deza innerhalb der Organisationen des Uno-Systems, der Weltbank und der regionalen Entwicklungsbanken für die Erreichung der Millenniumsziele ein. Armut, Klimawandel, Ernährungssicherheit und Migration sind die Leitthemen der globalen Zusammenarbeit. Über ihre langjährige Praxis haben sich innerhalb der Deza weitere Themen herausgebildet wie folgende Projektbeispiele illustrieren.

Zusammenarbeit mit Osteuropa und humanitäre Hilfe

Die Themen der IZA: Projektbeispiele

Die schweizerische IZA orientiert ihre Projekte an zehn Themen, dazu kommen zwei Transversalthemen, die in jedem Themenbereich berücksichtigt werden. Die Themen sind: Gesundheit, Landwirtschaft und ländliche Entwicklung, Bildung, Wirtschaft und Beschäftigung, Wasser, Klimawandel und Umwelt, Rechtsstaatlichkeit und Demokratie, Konfliktprävention und -transformation, Migration und wirtschaftliche Integration. Die beiden Transversalthemen sind die Gleichstellung der Geschlechter sowie das Thema der Regierungsführung (Gouvernanz).

Um zu verdeutlichen, was hinter solchen Themen steckt, werden im Folgenden exemplarisch zwei Projekte skizziert.

1. Landwirtschaft und ländliche Entwicklung: Reis in der Demokratischen Volksrepublik Laos

Reis ist in Laos das wichtigste Grundnahrungsmittel. Die ausreichende Versorgung mit Reis ist für über 90 % der Familien des Landes die wichtigste Voraussetzung für das Erreichen von Wohlstand. Bis in die 1990er-Jahre konnte die inländische Reisproduktion jedoch nur knapp die Hälfte der Nachfrage abdecken. Eine qualitativ hochstehende Reisforschung mit dem Ergebnis, produktivere Reissorten hervorzubringen, sowie der Aufbau von Kompetenzen in Wissenschaft und Management durch gezieltes Training sorgten dafür, dass das Ziel der Selbstversorgung mit Reis 2006 trotz des hohen Bevölkerungswachstums erreicht wurde. Nicht nur konnten die Erträge pro Hektar durch die Förderung von wetter- und schädlingsresistenten Sorten gesteigert werden, darüber hinaus trägt das Projekt auch zur Biodiversität bei. Laos verfügt über eine enorm grosse Vielfalt von Reissorten, deren Bewahrung für künftige Generationen von unschätzbarem Wert ist, da der Nahrungsbedarf auch künftig steigen wird und die Wasserressourcen immer noch knapper werden.

2. Rechtsstaatlichkeit und Demokratie/Konfliktprävention und -transformation: Radio Okapi
Der Bürgerkrieg in der Demokratischen Republik Kongo DRK spaltete das Land in mehrere Teile. Millionen von Menschen starben im Krieg, eine halbe Million Flüchtlinge und zwei Millionen Vertriebene sind die traurigen Folgen. Seit 1999 herrscht ein von der Uno überwachter Waffenstillstand. In der prekären Übergangsphase zwischen Krieg und Frieden ist es für die Bevölkerung enorm wichtig, über zuverlässige Informationsquellen zu verfügen. Während der Kriegszeit gab es keinerlei Zugang zu landesweiten Informationen, alle Meldungen wurden streng kontrolliert. Die wenigen Journalistinnen und Journalisten, die es wagten, wahrheitsgetreue Berichte zu veröffentlichen, mussten mit Gefängnisstrafen rechnen. Radio Okapi ermöglichte es der im In- und Ausland wohnenden Bevölkerung, sich ein Bild von den Lebensbedingungen ihrer Angehörigen, Freunde und Bekannten zu machen. Radio Okapi vernetzt landesweit über 25 Radiostationen und sendet in fünf Sprachen. Dem Sender kam bei den Wahlen eine wichtige Rolle zu, da alle Parteien zu Wort kamen. Zudem wagten es die Mitarbeitenden, tabuisierte Themen wie Kindersoldaten oder Studentendemonstrationen zu besprechen. Aus diesem Grund geniesst Radio Okapi bei den Zuhörerinnen und Zuhörern eine hohe Glaubwürdigkeit. Allerdings sind die in der Radiostation tätigen Journalisten nach wie vor gefährdet, wie der Mord an einem Korrespondenten im Juni 2007 zeigt.
In Zukunft soll die Unterstützung der Deza das längerfristige Weiterbestehen von Radio Okapi garantieren und so zur Schaffung einer ausgewogenen kongolesischen Medienlandschaft beitragen. Damit wird der Demokratisierungsprozess gestärkt, die gute Regierungsführung gefördert und der Frieden im Land nachhaltig gesichert.

Die Nichtregierungsorganisationen NRO/NGO

Rund 30% der Entwicklungsgelder fliessen direkt an Nichtregierungsorganisationen. Die Zusammenarbeit zwischen dem Bund und den privaten Hilfswerken bildet einen wichtigen Pfeiler der schweizerischen Entwicklungszusammenarbeit. Die Nichtregierungsorganisationen (NRO bzw. engl. **Non-Governmental Organisations (NGO)** verfügen zwar über einen beschränkten finanziellen Handlungsspielraum, können aber dank ihrer relativen Unabhängigkeit schnell und flexibel auf Probleme reagieren und politisch pointierte Positionen vertreten. In der Bevölkerung geniessen sie hohes Vertrauen, und ihr Einfluss auf die staatliche Entwicklungszusammenarbeit ist nicht zu unterschätzen. Häufig verfügen NGO über sehr gute internationale Beziehungen sowie eine langjährige Praxis. Ihre Projekte im Süden entwickeln sie in enger Partnerschaft mit lokal verankerten Organisationen. Über ihre Verbindungen zu Bundesstellen leisten sie Lobbyarbeit, deren Auswirkungen sich direkt in der Bundespolitik niederschlagen. So hat sich die NRO «Erklärung von Bern» in die politische Debatte um das Bundesgesetz über Entwicklungszusammenarbeit und humanitäre Hilfe von 1976 eingeschaltet und stärkte damit den Anspruch an Gerechtigkeit sowie eine Entwicklungszusammenarbeit, die sich nicht allein an wirtschaftlichen Kriterien orientiert.

7. Faire Chancen statt Almosen – Zukunftsperspektiven für die IZA

Nach mehr als 50 Jahren internationaler Zusammenarbeit halten sich Hoffnung und Ernüchterung die Waage: Immer noch lebt eine Milliarde Menschen unter der Armutsgrenze – also mit weniger als 1,25 Dollar pro Tag. Gleichzeitig präsentiert sich mit den Millenniumszielen eine breit abgestützte Initiative, die massgeblichen Kräfte auf die Verbesserung der Lebensbedingungen der Ärmsten zu konzentrieren. Trotzdem gibt es kritische Stimmen, die einen Teil der Verantwortung für die schwierigen Verhältnisse vor allem auf dem afrikanischen Kontinent bei der IZA selbst orten. Mit andern Worten: Wenn trotz der IZA der Hunger gestiegen ist, die betroffenen Staaten instabil sind und natürliche Ressourcen nicht nachhaltig bewirtschaftet werden, inwiefern waren die bisherigen Ansätze falsch? Diese Kritik fordert die IZA heraus und veranlasst die verantwortlichen Stellen, die bisherigen Herangehensweisen zu evaluieren.

Kritik an der IZA

Boom in Asien, Stillstand in Afrika?

Die sogenannten «asiatischen Tiger», darunter Taiwan, Südkorea, Singapur und Thailand, haben den Sprung in eine modernisierte Produktion geschafft und die Armut erfolgreich bekämpft. Diese Länder, zu denen jüngst auch der chinesische Drache und der indische Elefant gestossen sind, so lautet die provokante, aber mittlerweile gut dokumentierte These, hätten ihre Leistungen auch ohne Entwicklungszusammenarbeit erbracht. Anders sieht die Situation in Afrika aus: Südlich der Sahara erreichen die Unterstützungsgelder mit 21 Dollar pro Kopf und Jahr viel höhere Werte. Die gesamten öffentlichen Entwicklungsgelder in Afrika machen gemäss Weltbank 9,5% des Bruttonationaleinkommens aus, während die privatwirtschaftlichen Direktinvestitionen aus dem Ausland nur 2,7% erreichen. Es überrascht daher nicht, wenn afrikanische Regierungen sich lieber um zusätzliche Entwicklungshilfe bemühen als um ausländische Investoren. Solange ein Land arm bleibt, kann es auf Hilfe zählen, Armut zahlt sich deshalb für Afrikas Eliten aus. Die Frage drängt sich auf: Ist die Entwicklungshilfe etwa gar mitverantwortlich für die hartnäckige Misere auf dem Schwarzen Kontinent?

Drei Entwicklungshindernisse

Hindernis Nr. 1: Entwicklungshilfe als Dauersubvention korrupter Regimes
Als Erbe des Kalten Krieges, in dem die Hilfsgelder an eine ideologische Position gebunden waren, flossen die Mittel an mächtige Eliten, Clans und Bürokraten ohne Auswirkung auf die Bedürftigen. Beispiele wie Somalia oder Burundi zeigen, wie sich die jahrzehntelange Bevorzugung einzelner Schichten in blutigen Konflikten entlädt.

Hindernis Nr. 2: Verhinderte Eigeninitiative
Automatisch fliessendes Geld erzeugt eine «Nehmermentalität» und entmündigt die jeweiligen Empfängerländer. Es begünstigt die Herausbildung einer aufgeblähten Entwicklungsbürokratie, die für den Projekterfolg so zentrale Eigeninitiative wird unterdrückt.

Hindernis Nr. 3: Zu starke Konzentration auf grosse Infrastrukturprojekte
In der Annahme, dass für die Entfaltung der Produktivkräfte vorerst eine Infrastruktur erstellt werden müsse, stecken die Geberländer ihr Geld in gross angelegte Infrastrukturobjekte. Dabei spielt internationales Prestige, welches der Bau solcher Anlagen verleiht, eine wichtige Rolle. Die öffentliche Verschuldung der Empfängerländer schraubt sich wegen der Kreditfinanzierung in die

Entwicklung und Umwelt

Höhe, sodass bis zu 20 % des Staatshaushaltes in den Schuldendienst fliessen. Rechnet man die Aufwendungen für die Abzahlung der Schulden gegen neue Hilfsgelder auf, bleibt davon kaum mehr etwas übrig. Die Weltbank ist der Auffassung, dass die **Verschuldung** heute das grösste Hindernis einer effektiven Entwicklung sei.

Sind diese Einwände berechtigt? Die OECD hält fest, dass ohne die internationalen Anstrengungen die Weltbevölkerung um 500 Millionen grösser wäre – mit den entsprechenden Folgen für Energieverbrauch, Nahrungsmittelbedarf und Bildungsdefizite. Die IZA hat zur Verbesserung der Wasserversorgung, der Wasserqualität und der sanitären Anlagen beigetragen. Prekäre Trockengebiete in Afrika sind dank moderner Bewässerungsanlagen fruchtbarer geworden. Millionen von Familien konnten sich durch die Gewährung von Mikrokrediten aus der Abhängigkeit von Wucherkrediten befreien und den Aufbau von existenzsichernden Kleinstunternehmen finanzieren. Durch die Einsätze der humanitären Hilfe überlebten zudem Millionen Menschen bei Naturkatastrophen, und ihnen konnten neue Perspektiven für die Zukunft eröffnet werden.

Der Vergleich mit Südostasien hinkt in verschiedener Hinsicht. Die erfolgreiche Modernisierung der asiatischen Staaten erfolgte zu einem historisch spezifischen Zeitpunkt, wo vieles möglich war, was heute nicht mehr durchzusetzen wäre, unter anderem wegen industriepolitischen Massnahmen der WTO. Viele der erfolgreichen Staaten waren seit ihrer Unabhängigkeit nicht mehr in Kriege verwickelt. Die Entwicklung des Bildungssystems ist umfassender und hat eine längere Tradition als in Afrika. Die Rolle Japans als Zugpferd der regionalen Entwicklung, die nationale Identität sowie das konfuzianische Denken können in ihrer Bedeutung für die beispielhafte Entwicklung Südostasiens kaum überschätzt werden.

Die Entwicklungszusammenarbeit steht, gerade in finanziell schwierigen Zeiten, unter scharfer Beobachtung. Wenn viele Leute den Gürtel enger schnallen müssen, ist die Frage nahe liegend, warum die Schweiz Millionen an eine Hilfe zahlt, die scheinbar nicht die erhoffte Wirkung erzielt. Es ist allerdings vermessen, Afrika für «entwicklungsunfähig» zu erklären und mit dieser Begründung Gelder einsparen zu wollen. Schliesslich betreibt die Schweiz seit Jahrzehnten «Entwicklungshilfe» im Inland. **Strukturschwache Regionen** überleben einzig aufgrund von staatlichen

Abbildung 12.25:
Dank kräftigen Subventionen des Bundes überlebensfähig: die Schönheit des strukturschwachen Safientals

Faire Chancen statt Almosen – Zukunftsperspektiven für die IZA

Subventionen und dem nationalen Finanzausgleich, so etwa das Safiental: Während die Einkünfte aufgrund von Einwohnersteuern 10 % der Einnahmen ausmachen, werden 74 % durch Agrarsubventionen beigesteuert. Ohne diese sowie weitere staatliche Leistungen könnten weder Schulen noch andere Gemeindeausgaben finanziert werden.

Zudem ist diese Kritik ahistorisch: Auch in europäischen Staaten dauerte der Demokratisierungs- und Modernisierungsprozess mehrere Jahrzehnte oder gar Jahrhunderte. Zwar ist es stossend, wenn korrupte Regimes Entwicklungsgelder zu ihrer persönlichen Bereicherung einsetzen. Zu glauben, der Abzug der Gelder sei die Lösung, ist jedoch ebenso falsch: Die Bemühungen um den Aufbau stabiler Bildungs- und Gesundheitssysteme würden innert kurzer Zeit zusammenbrechen, während etwa die Ausgaben für Rüstung oder prestigeträchtige Bauten stabil blieben. Vielmehr ist dies ein Hinweis darauf, dass sich die IZA vermehrt mit dem **Konzept der guten Regierungsführung** beschäftigen und diese Frage in ihre Programme einbinden sollte.

Vor allem deshalb, weil sich in jüngerer Zeit kritische Stimmen auch aus Afrika selbst zu Wort gemeldet haben, gilt es zu klären, welches die Schwächen der Entwicklungszusammenarbeit sind und wie diese allenfalls behoben werden können. Wie kann die Effizienz gesteigert und gleichzeitig die Abhängigkeit vom Norden verringert werden?

Drei Entwicklungsstrategien

Gerade der Fall Afrika zeigt, dass zwischenstaatliche Zusammenarbeit die Dynamik der Marktkräfte abfedern muss, da die privaten Investitionen ausschliesslich in eine Handvoll attraktiver Entwicklungsländer fliessen. Zu bedenken ist zudem, dass die Summe der staatlichen Entwicklungshilfe in den letzten Jahren gesunken ist – im Jahre 2007 allein um 8,4 % auf 103 Mia. US-Dollar. Um die Millenniumsziele zu erreichen, müssten allein für Afrika südlich der Sahara Investitionen von mindestens 350 Mia. Dollar getätigt werden – das 15-Fache der heutigen staatlichen Hilfsgelder für Afrika.

Massnahme Nr. 1: Faire Handelsbedingungen

Die Abschottung Europas gegenüber den Importen aus den Entwicklungsländern kostet etwa doppelt so viel wie die gesamte Entwicklungshilfe, d. h., die Zollschranken für Importe von Agrar- und Industriegütern aus der Dritten Welt müssen fallen. Auch die Schweiz bevorteilt mit bilateralen Freihandelsabkommen die eigene Pharma- und Chemieindustrie. Der Norden muss zudem seine Exportsubvention für die eigene Landwirtschaft fallen lassen.

Massnahme Nr. 2: Umfassende Entschuldung der Ärmsten

Die hohe Verschuldung ist das grösste Hindernis für Wachstum und Entwicklung im Süden. Die Initiative für die Entschuldung der ärmsten Länder muss auf mehrere Länder ausgeweitet werden.

Massnahme Nr. 3: Mitbestimmung des Südens

Die internationalen Finanzinstitutionen werden von den reichen Ländern gesteuert. Die Entwicklungsländer müssen künftig über ihr wirtschaftliches Wohlergehen mitbestimmen können.

Fazit: Mehr tun – aber das Richtige!

Leistet die Schweiz genug IZA – und vor allem: Tut sie das Richtige?

Die Voraussetzung für erfolgreiche IZA ist gemäss Expertinnen und Experten eine Erhöhung der Kohärenz und eine Konzentration auf jene Ziele, die mittels IZA auch erreicht werden können. Dazu gehört primär, dass die Massnahmen auf die **Millenniumsziele** ausgerichtet werden. **Armutsorientierung** soll dabei der Schwerpunkt sein.

Eine weitere Empfehlung betrifft die Beibehaltung der **Praxisorientierung** der IZA. Die Schweiz soll den politischen Dialog fortsetzen und damit weiterhin den **Einbezug zivilgesellschaftlicher Organisationen** und lokaler Interessengruppen fördern. Die Unabhängigkeit zivilgesellschaftlicher Bewegungen soll gestärkt werden, denn eine eigenständige Zivilgesellschaft ist ein entscheidender Motor der Entwicklung. **Frauenorganisationen** sollen hierbei direkt unterstützt werden: Genderorientierte IZA ist erfolgreicher, wenn sie über lokal arbeitende Frauenorganisationen umgesetzt wird. Gelder an Regierungen sollen an Bedingungen wie **Transparenz, Rechenschaftspflicht und Verantwortungsbewusstsein** gegenüber den nationalen Bevölkerungen geknüpft sein. Die unter dem Stichwort **«Good Governance»** zusammengefassten Richtlinien beinhalten auch, zuverlässige staatliche Dienstleistungen für die Bevölkerung aufzubauen, Debatten und Dissens im Sinne von demokratischen Aushandlungsprozessen zuzulassen und die Korruption zu bekämpfen. Keinesfalls soll die Schweiz durch ihre Entwicklungsgelder repressive Regimes stützen. Schliesslich sollen die **Entwicklungsgelder nur für Entwicklungsländer** eingesetzt werden. Strategische Partnerschaften und wirtschaftliche Kooperationen mit Schwellenländern werden aus dem Entwicklungsbudget ausgegliedert. Die durch grosse gesellschaftliche Ungleichheiten gekennzeichneten Schwellenländer sind künftig via Sonderprogramme der Armutsbekämpfung oder durch private Hilfswerke berücksichtigt.

Literaturhinweise

GERSTER R., 2006: Die Schweiz in der Welt – die Welt in der Schweiz. Ein Arbeitspapier mit Grafiken. DEZA, Bern.
GRESH A., BARTZ D., LE MONDE DIPLOMATIQUE, 2007: Atlas der Globalisierung. Le monde diplomatique/taz, Berlin.
IMMEL K.-A., TRÄNKLE K., 2007: Tatort eine Welt. Was hat mein Handy mit dem Kongo zu tun? Globalisierung verstehen. Hammer, Wuppertal.
NIGGLI P., 2008: Der Streit um die Entwicklungshilfe. Mehr tun – aber das Richtige! Rotpunktverlag, Zürich.
SEAGER J., 2005: The atlas of women in the world. Myriad Editions Ltd, London.
SEN A., 2007: The global economy. In: The present as history. Edited by Shaik Nermeen. Columbia University Press, New York.

Exkurs: HIV/Aids bremst Entwicklungsbemühungen

Über 20 Millionen Menschen im südlichen Afrika sind HIV-positiv, 68% der Infizierten weltweit leben auf dem Schwarzen Kontinent. Allein in Südafrika, das die grösste Anzahl infizierter Personen aufweist, leben 5,7 Millionen Menschen mit HIV. Je nach Provinz sind 5 bis 50% der Erwachsenen mit dem Virus infiziert. Auch wenn die Anstrengungen zur Bekämpfung von Neuansteckung und zur Behandlung bereits infizierter Personen die Ausbreitung in den letzten Jahren verlangsamen konnten, steht Afrika vor einer riesigen Herausforderung.

Familien, die Aidstote zu beklagen haben, werden oft zusätzlich zum erlittenen Verlust mit sozialem Ausschluss geächtet. Die Krankheit schlägt unbarmherzig zu, und sie trifft hauptsächlich die wirtschaftlich aktivste Generation, während die jüngeren Bevölkerungsgruppen, ebenso wie die älteren auf sich allein gestellt bleiben. Medikamente sind teuer, oder das Wissen um die Präventions- und Behandlungsmöglichkeiten fehlt. Galt in Afrika früher das Sprichwort, dass es keine Waisen gibt, weil für jene Kinder, die ihre Eltern verloren, selbstverständlich die erweiterte Familie die Verantwortung übernahm, so hat HIV/Aids diese Situation einschneidend verändert. Die Anzahl der Haushalte, die von einem Kind geführt werden («orphan-headed households»), stieg dramatisch an. In Botsuana wird geschätzt, dass 20% aller Kinder unter 17 Jahren einen oder beide Elternteile aufgrund von HIV/Aids verloren haben. Ein Uno-Abgesandter für HIV/Aids in Afrika beschrieb erschütternde Situationen, die er vorgefunden hatte:

«... in Zambia, [...] we entered a home and encountered the following: to the immediate left of the door sat the 84-year-old patriarch, entirely blind. Inside the hut sat his two wives, visibly frail, one 76, the other 78. [...] On the floor of the hut, jammed together with barely room to move or breathe, were 32 orphaned children ranging in age from two to sixteen... It is now commonplace that grandmothers are the caregivers for orphans.»

Die Opfer von Aids hinterlassen Lücken in der Gesellschaft. Sie waren Lehrpersonen oder vertraten ihr Heimatdorf in der politischen Regionalbehörde. Neben der schweren Zusatzbelastung der älteren und der jüngeren Generation bedeutet der Verlust dieser Personen einen verheerenden Rückschlag für die Entwicklungsbemühungen.

Die Anstrengungen zur Erreichung der Millenniumsziele haben deutlich gemacht, dass es schwieriger ist als erwartet, die globale Armut endgültig auszurotten. Die Erfahrung mit HIV/Aids lehrt, dass immer wieder mit Rückschlägen zu rechnen ist.

Im Rahmen der Millenniumsentwicklungsziele wurden erfreuliche Fortschritte in der Bekämpfung der Ausbreitung von HIV und der Sterberate aufgrund von Aids erreicht. Als besonders wirksam erwies sich der politische Druck auf die Pharmaindustrie, die Preise für antiretrovirale Therapien zu senken. Auch wurden juristische Schranken gegen im Süden produzierte Medikamente mit den gleichen Inhaltsstoffen, sogenannte Generika, aufgehoben. Dies ermöglicht es auch ärmeren Betroffenen, sich behandeln zu lassen – in der Zwischenzeit haben 42% der Infizierten im südlichen Afrika Zugang zu Medikamenten und damit eine echte Chance, trotz HI-Virus ein hohes Alter zu erreichen. Schliesslich zeigen Präventions- und Informationskampagnen – zum Beispiel günstige Abgabe und Erklärung zum Gebrauch von Kondomen – sowie Aufklärung über die Krankheit und die Übertragungsmechanismen erste Wirkungen, indem die Ansteckungsrate bei jungen Leuten stabilisiert und teilweise sogar gesenkt werden konnte.

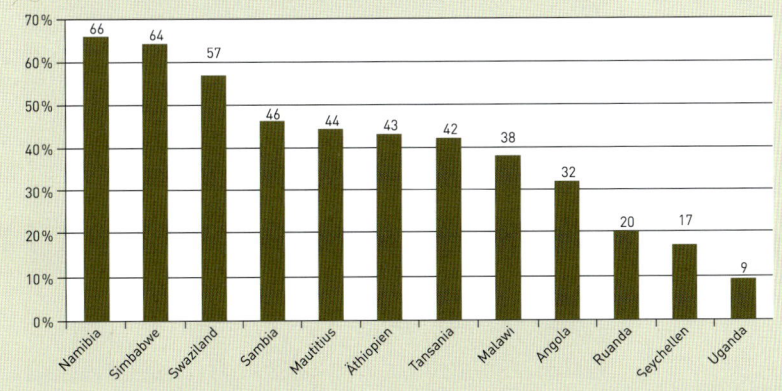

Land	%
Namibia	66
Simbabwe	64
Swaziland	57
Sambia	46
Mauritius	44
Äthiopien	43
Tansania	42
Malawi	38
Angola	32
Ruanda	20
Seychellen	17
Uganda	9

Anteil der Personen, welche beim letzten Geschlechtsverkehr ein Kondom verwendet haben (nach Ländern), 2007
(Quelle: UNGASS)

12

Exkurs: Fallbeispiel eines Entwicklungsprojekts

Karité-San – nachhaltige Ressourcennutzung und Diversifizierung der Wald-, Weide- und Agrarwirtschaft, gemeinsam mit Kleinbauernbetrieben in Mali, Region Ségou

Auftraggeber: Direktion für Entwicklung und Zusammenarbeit, Deza
Ausführende Agentur: Intercooperation, Kanton Waadt
Laufzeit: 2000–aktuell

Projektziel

Das Ziel des Projekts ist die nachhaltige Bewirtschaftung der Karitébäume. Verknüpft damit ist die Stärkung lokaler Akteurgruppen innerhalb der Wertschöpfungskette. Über die verbesserte Qualität und die Förderung von Kleinbauernkooperativen sollen zusätzliche Einkommensmöglichkeiten für die Kleinbauernfamilien geschaffen werden. Dazu gehört insbesondere die Unterstützung der genossenschaftlichen Produktionsgruppen im Hinblick auf einen direkten Marktzugang. Damit sollen die Kleinbauernfamilien den Zwischenhandel umgehen können und vom Verkauf einen höheren Verdienst erzielen. Da Karité traditionell von Frauen erwirtschaftet wird, sind sie die primäre Zielgruppe.

Was ist Karité?

Die Verbreitung des Karité-Baums erstreckt sich über ganz Westafrika, von Senegal bis in den Tschad. Der wild wachsende Baum trägt nach 15 bis 18 Jahren erstmals Früchte und erreicht ein Alter von bis zu 150 Jahren. Die ölhaltige, mandelähnliche Frucht wird seit Generationen jeweils im Juli und August geerntet und von den Frauen in einem aufwendigen Verfahren zu Öl für die Küche oder die Haut- und Haarpflege verarbeitet. Karité hat auch in rituellen Zeremonien eine wichtige Funktion. Die Frauen können sich der Herstellung jedoch nur widmen, wenn ihr Einsatz bei der Feld- und in der Hausarbeit saisonbedingt nachlässt oder wenn sie vertreten werden – etwa durch die älteren Kinder. Meist schliessen sich die Frauen zu Produktionsgruppen zusammen, um einander während des mühsamen Prozesses für die Gewinnung des Rohstoffs zu unterstützen.
Als Exportprodukt wird Karité von der Schokoladenindustrie nachgefragt (zu 90 bis 95%), die mit dem billigeren Karité einen Teil der Kakaomasse ersetzen kann. Erst in jüngster Zeit verzeichnet man eine steigende Nachfrage aus der Kosmetikindustrie.

Problemumfeld

Bedingt durch den Klimawandel, ist das ohnehin sensible Ökosystem der Sahelzone noch stärker von Schwankungen des Niederschlags betroffen. Steigende Temperaturen und verringerte Niederschläge führen dazu, dass die Ausbreitung der Wüste massiv voranschreitet. Dürreperioden wechseln ab mit Extremereignissen, bei denen es zu Überschwemmungen kommt. Die Baumwollproduktion in Mali wird von Jahr zu Jahr reduziert, weil die Erträge zurückgehen. Neben den klimabedingten Ernteausfällen erschwert ein mit Wüstenstaub angereicherter Wind den Alltag der Menschen.

Karitébäume wachsen wild und sind weit verstreut in der Savanne. Als Besitzer der Bäume gelten die Männer, die den Boden bewirtschaften und die Bäume pflegen. Das Sammeln und Verarbeiten der Früchte ist ein zeitintensiver und anspruchsvoller Prozess, der von Frauen wahrgenommen wird, ohne dass sie die eigentlichen Besitzerinnen der Bäume sind. Die Besitzverhältnisse basieren also auf einer Art ungeschriebenem Gesetz und jahrzehntealten Konven-

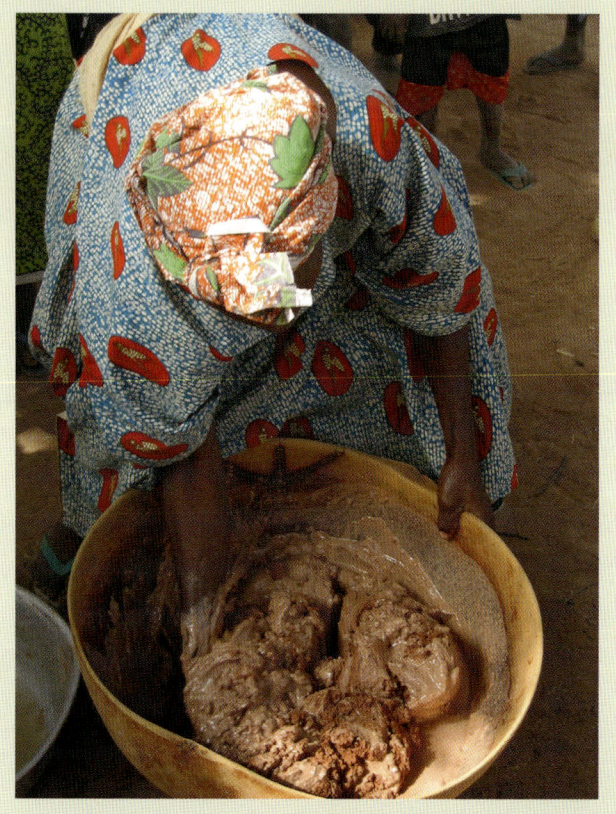

Frauenarbeit: Aus der Karitémandel wird der «beurre de karité» extrahiert, das Grundprodukt für die weitere Verarbeitung zu kosmetischen Produkten sowie für die Lebensmittelherstellung.

tionen. Der Druck auf die bestehenden Ressourcen hat in den letzten Jahren zugenommen. Produkte, die ein zusätzliches Einkommen versprechen, gewinnen an Bedeutung. Damit ändern sich möglicherweise auch die Anspruchshaltungen der De-facto-Besitzer der Bäume.

Konkrete Zielsetzungen des Projekts
1. Erweiterung der Produktepalette um zusätzliche, marktfähige Produkte mit einer höheren Gewinnmarge.
2. Verbesserung des Marktzugangs.
3. Eine ausgewählte Gruppe von Frauen speziell ausbilden, um die Organisation der Gruppe weiter zu stärken und nachhaltig zu sichern.

Erfolge und Schwierigkeiten

Erfolge
– Die Karitékooperative umfasst heute eine Gruppe von 48 Frauen. Diese garantiert die hochstehende Qualität der Rohstoffe und der fertigen Produkte. Nach der Ernte kauft die Kooperative die qualitativ guten Nüsse sowie die Karitébutter zu Preisen, die über dem Marktpreis liegen. Aus den Rohstoffen werden in gemeinschaftlicher Arbeit die Produkte für den Verkauf hergestellt: Seife, Hautöle, Cremes.
– Nachdem sich die Kooperative stabil entwickelt hatte, schlossen die Frauen einen Vertrag mit einer Regionalbank ab, der es den Mitgliedern der Kooperative ermöglicht, Kleinkredite aufzunehmen und diese in weitere Kleinstunternehmen zu investieren.
– Die Kooperative baute ein regionales Netzwerk auf, und die Frauen organisierten Seminare zum Wissensaustausch bezüglich der Verarbeitung und Qualitätssteigerung von Karité.
– Die Marktentwicklung verlief überraschend erfreulich. 2006/2007 erfolgte eine signifikante Steigerung des Weltmarktpreises aufgrund einer erhöhten Nachfrage aus der Kosmetikindustrie, die die Gewinne der Kooperative in die Höhe schnellen liess.

Karitébäume in einem Feld, das für die Aussaat von Sorgum oder Hirse vorbereitet und mit Mist gedüngt wird. Region Ségou, Mali.

Exkurs: Fallbeispiel eines Entwicklungsprojekts

Schwierigkeiten

- Die klimabedingten Veränderungen des Naturraums führten zu einer Ausdehnung der bewirtschafteten Flächen und zu Routenänderungen der nomadischen Hirtenstämme und ihrer Viehherden. Überweidungs- und Übernutzungsprobleme machen auch dem Karitébaum Probleme, insbesondere die nachwachsenden Schösslinge sind gefährdet. Da viele der aktuell kultivierten Bäume bereits sehr alt sind, könnte sich bald ein Ungleichgewicht zwischen alten und jungen Bäumen ergeben, was zu Ernteausfällen führen wird.
- Zu den Schwierigkeiten gehörte, dass sich innerhalb des Dorfes Fronten zwischen Mitgliedern und Nichtmitgliedern der Kooperative bildeten. Die herkömmlichen Machtverhältnisse innerhalb der Dorfgemeinschaft geraten durch die Aufsteigerinnen in der Kooperative unter Druck und müssen ausgehandelt werden.
- Besonders interessant ist die Rolle der Männer. Nachdem sich ihre Rolle auf die Pflege der Böden, auf dem die Karitébäume wachsen, beschränkt hatte, wurden sie durch die massive Preissteigerung auf dem Weltmarkt aufgeschreckt. Da sich die ökonomischen Perspektiven dadurch zumindest kurzfristig stark veränderten und die Frauen ansehnliche Gewinne erwirtschafteten, begannen die Männer, eine aktivere Rolle in der Vermarktung der Produkte zu spielen. Sie verdrängten dabei die Frauen aus der Kooperative und rissen einige Posten an sich. Der Gesinnungswandel der Männer ist im Zitat eines Dorfchefs sehr schön ausgedrückt:

«Le karité est un arbre qui nous a été donné par le Bon Dieu. A cause de son exploitation difficile, nous, les hommes, nous avions attribué son exploitation aux femmes. Cette année (2007), la flambée du prix des amandes nous amène à revoir notre position et je pense que d'ici quelques années, les hommes vont exploiter le karité.»
(Aussage eines «chef de village» von Bélénitiéni)

Ist das Projekt demnach erfolgreich? Gemessen an den Zielsetzungen, kommt man zum Schluss, dass das Projekt eine erfreuliche Entwicklung vollzogen hat. Durch die Förderung der organisatorischen Kapazität der Kooperative, die Vermittlung von Know-how zur Steigerung der Qualität der Produkte und die Erweiterung der Produktepalette konnten die Mitglieder der Kooperative ein zusätzliches Einkommen erwirtschaften.

Bezüglich der nachhaltigen Ressourcennutzung sind noch einige Fragen offen. Der Nutzungsdruck hat sich aufgrund der klimabedingten Veränderungen verstärkt, und bisher ist es eher zu Verdrängungsprozessen als zu nachhaltigen Änderungen in der Nutzung gekommen. Man erhofft sich hier neue Impulse durch den Beitritt Malis zur internationalen Klimaschutzkonvention (1992) und deren Umsetzung mittels eines nationalen Aktionsplans 2007.

Eine grosse Herausforderung besteht darin, die Projekterfolge für die Dorfgemeinschaften integrierbar zu machen. Wie erwähnt, wuchs die gegenseitige Konkurrenz zwischen Mitgliedern der Kooperative und Nichtmitgliedern. Auch im Geschlechterverhältnis entstanden Spannungen, die paradoxerweise auf den grossen Erfolg des Projekts zurückzuführen sind. Die Verantwortlichen müssen sich also mit der Frage auseinandersetzen, inwiefern das Projekt sogar «zu erfolgreich» war und wie die regionale Gemeinschaft dabei unterstützt werden kann, mit diesem Erfolg umzugehen.

Die Butter wird traditionell aus den gerösteten und gestampften Kernen gewonnen, indem die Masse mit Wasser vermischt, über dem Feuer gekocht und das Fett abgeschöpft wird.

Exkurs: Ökologie, Mensch und Umwelt

Franz Xaver Troxler

Die Lebensgrundlage des Menschen ist die Landschaft. Die Ökologie erfasst die komplexen Zusammenhänge zwischen Natur, Wirtschaft und Gesellschaft. Der Begriff **«Ökologie»** leitet sich vom griechischen Wort «oikos» (= Haus, Haushalt, Haushalten) ab, und meint demnach die Lehre vom Haushalt der Natur. Es ist die Wissenschaft, die sich mit den Wechselbeziehungen zwischen den Organismen und den Wechselwirkungen der Organismen zu ihrer Umwelt beschäftigt. Die Gestaltung der Landschaft ist der sichtbare Ausdruck dieser Wechselbeziehung. So zeigen Landschaften dem aufmerksamen Beobachter, welche Werte und Normen sich in ihr widerspiegeln. Aus ökologischer Sicht wird der Mensch als Teil eines umfassenden Umweltsystems gesehen. Gelingt es dem Menschen, sich in dieses System einzufügen, kann seine Existenz nachhaltig gesichert werden. Mit einem schonenden Umgang und einer sanften sozioökonomischen Entwicklung lässt sich auch die Lebensqualität steigern. Die Ziele sind bekannt: Gesunde Luft, eine geringe Lärmbelastung, sauberes Wasser, unbelastete Böden, biologisch erzeugte Nahrungsmittel und ein intaktes Landschaftsbild führen den Forderungskatalog an.

Nachhaltige Entwicklung bedeutet nicht nur Umweltschutz. Wirtschaftliches Wohlergehen ist ebenso wie die Erhaltung der natürlichen Lebensgrundlagen Voraussetzung für die Sicherung der materiellen und immateriellen Bedürfnisse. Nur eine solidarische Gesellschaft ist in der Lage, die erworbenen wirtschaftlichen Güter gerecht zu verteilen, gemeinsame Werte zu pflegen sowie mit den natürlichen Ressourcen haushälterisch umzugehen. Der Begriff «nachhaltige Entwicklung» bezieht sich deshalb gleichwertig auf alle drei Dimensionen Umwelt, Wirtschaft und Gesellschaft (vgl. Abbildung).

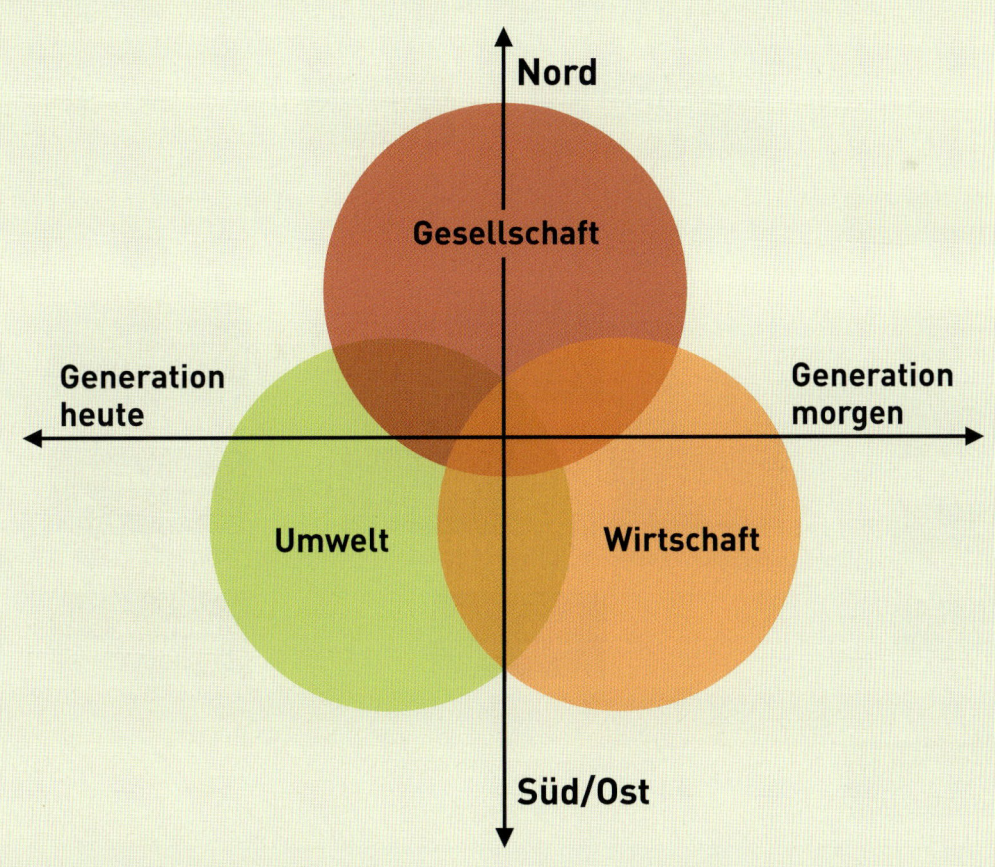

Dimensionen nachhaltiger Entwicklung

12

Der Begriff «nachhaltige Entwicklung» wurde 1987 von der internationalen Kommission für Umwelt und Entwicklung (Brundtland-Kommission) wie folgt definiert:

Nachhaltige Entwicklung ist eine Entwicklung, welche die heutigen Bedürfnisse zu decken vermag, ohne künftigen Generationen die Möglichkeit zu schmälern, ihre eigenen Bedürfnisse zu decken.

Heute wird die Menschheit mit verschiedenen globalen ökologischen Bedrohungen konfrontiert:

Die Auswirkungen des **Klimawandels** (Treibhauseffekt) sind sichtbar. Klimaveränderungen können zur Verschiebung von Klimazonen führen, wodurch die Existenzgrundlage von Millionen Menschen in ärmeren, ländlichen Gebieten infrage gestellt wird.

Bodendegradation und **Bodenerosion** reduzieren die Nahrungsmittelerträge. Durch das Abholzen grosser Waldflächen vor allem in den Tropen wird die Artenvielfalt und die **Biodiversität** verringert. Zukünftige Generationen werden damit nicht mehr auf jenen genetischen Reichtum zurückgreifen können, über den die Menschheit heute noch verfügt. Viele Menschen in städtischen Ballungsräumen leiden unter einer hohen **Luftbelastung** (Smog).

Der Zugang zu **sauberem Wasser** ist für Millionen von Menschen nicht gesichert. Die Globalisierung der Trinkwasservorkommen wird das Problem für die Ärmsten noch verschärfen.

Und schliesslich erhöhte sich die ultraviolette Einstrahlung auf der Erdoberfläche durch den anthropogenen Abbau des **stratosphärischen Ozons**. Dadurch reduzieren sich die Ernteerträge, während die Hautkrebserkrankungen beim Menschen zunehmen.

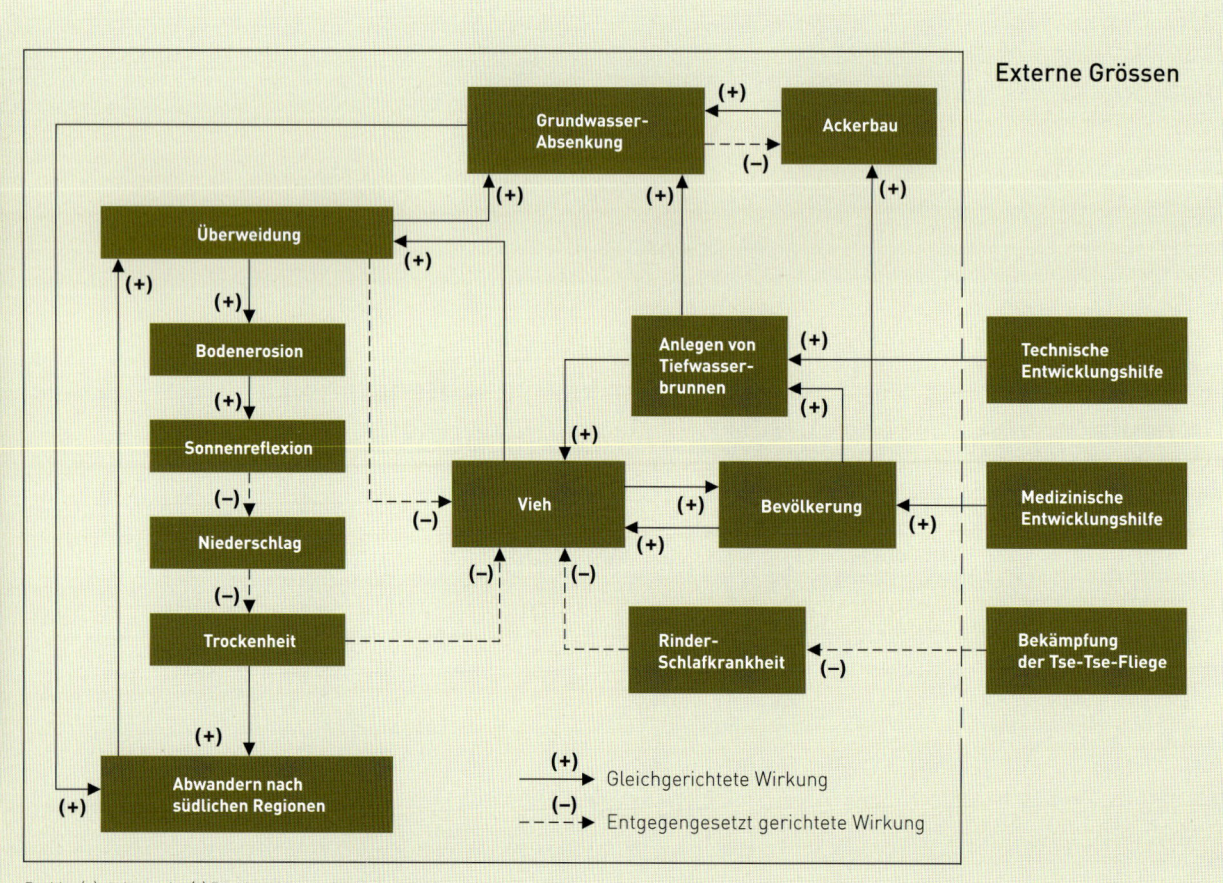

Positive (+) und negative (−) Rückkopplungen des Netzwerks Sahelzone

334   Exkurs: Ökologie, Mensch und Umwelt

Die vom Menschen eingeleitete ökologische Bedrohung vermindert damit die Lebensqualität vieler Menschen und die **Tragfähigkeit der Erde**.

Grundlage einer ökologischen Betrachtungsweise ist das **vernetzte Denken**. Einzelne Elemente eines Ökosystems, wie etwa das Klima, die Pflanzenwelt und das Einwirken des Menschen, werden in ihren gegenseitigen Abhängigkeiten untersucht und die ablaufenden Veränderungsprozesse werden erfasst.

Für den Geografen dienen diese Wechselbeziehungen im jeweiligen Ökosystem zur Klärung der raumprägenden Kräfte, zur Deutung des dynamischen Gleichgewichts innerhalb des Geotops und zur Abschätzung des Wandels durch externe Eingriffe. **Negative Rückkopplungen**, mit ihren dämpfenden (entgegengerichteten) Wirkungen zwischen den Elementen der Geosysteme, halten ein System im Gleichgewicht, wogegen **positive Rückkopplungen** mit ihren verstärkenden (gleichgerichteten) Wirkungen zu einem instabilen Zustand bis hin zur vollständigen Zerstörung eines Systems führen können. Zwei Beispiele (Sahelzone und Bevölkerungswachstum) sollen dies verdeutlichen. Die Abbildung unten zeigt am Beispiel des Bevölkerungswachstums, wie die verschiedenen Bestimmungsfaktoren dämpfende oder verstärkende Wirkungen erzeugen. Je besser sich die Wirtschaftslage präsentiert, desto mehr soziale Sicherheit ist möglich, sodass die Kinderzahl in einer Familie tendenziell von der Notwendigkeit der sozialen Sicherung abgekoppelt werden kann. Im Endeffekt führt dies zu einer Senkung der Geburtenrate. Von der allgemeinen Wirtschaftslage ist aber auch die Sterberate abhängig: Je höher die Lebensqualität ist, desto mehr sinkt die Sterberate.

Verwendete Literatur und weiterführende Hinweise
ARE, 2002: Nachhaltige Entwicklung. Faltprospekt. Bundesamt für Raumentwicklung, Bern.
EWALD K. C., 1978: Der Landschaftswandel: zur Veränderung schweizerischer Kulturlandschaften im 20. Jahrhundert. Tätigkeitsbericht der Naturforschenden Gesellschaft Baselland. Band 30, Liestal.
GEISSBÜHLER I., GILLE W., 1995: Dreimal tief Luft holen. Ozon, Treibhauseffekt, Sommersmog. Sauerländer, Aarau.
HENDINGER H., 1977: Landschaftsökologie. Westermann, Braunschweig.
HAEBERLI R. et al., 2002: Nachhaltige Entwicklung. Ökologisch notwendig, wirtschaftlich, gesellschaftlich möglich. vdf, Zürich.
LESER H., 1997: Handbuch des Geographieunterrichts. Bd. 11. Umwelt: Geoökosysteme und Umweltschutz. Aulis, Köln.
MEADOWS D. U. D., 1998: Die neuen Grenzen des Wachstums. Rowohlt, Reinbek b. Hamburg.
REMPFLER A., 1998: Das Geoökosystem und seine Schuldidaktische Aufarbeitung. Bd. 26. Reihe Physiogeographica. Wepf, Basel.
WEBER K., 1991: Bioindikation. Lehrmittelverlag des Kantons Zürich, Zürich.

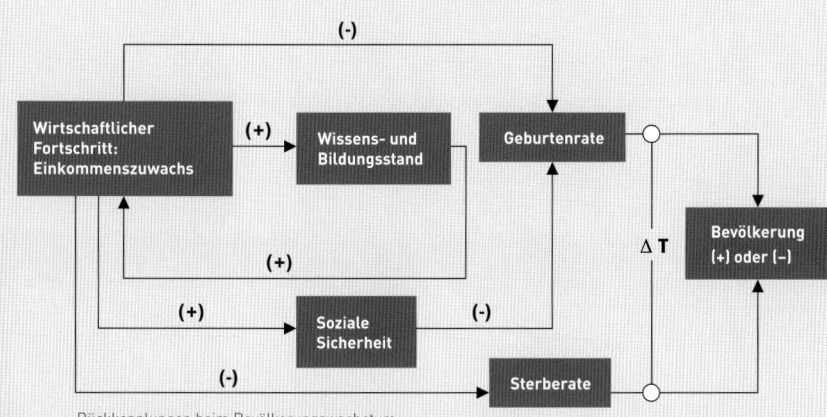

Rückkopplungen beim Bevölkerungswachstum

Exkurs: Ökologie, Mensch und Umwelt

13

Geografische Arbeitsmethoden

Martin Hasler, Stefan Manser, Ernst Stauffer, Hans-Rudolf Egli

Geografische Arbeitsmethoden dienen der Erfassung räumlicher Strukturen und der Darstellung von Prozessen, die im Raum ablaufen. Dabei werden in der Geografie topografische und thematische Karten, Luft- und Satellitenbilder eingesetzt und interpretiert. Neben Recherchen vor Ort (Kartierungen, Messungen, Befragungen) gelangen auch Informationssysteme (Internet, Datenbanken) zum Einsatz. Die Bedeutung von Bild- und Filmmaterial nahm in den letzten Jahren in der geografischen Arbeit zu, und geografische Informationssysteme werden heute zur Bewältigung komplexer räumlicher Fragestellungen eingesetzt.

1. Schlüsselbegriffe geografischer Arbeitsaufträge

Lernkompetenzstufe	Arbeitsauftrag	Was wird erwartet?	Beispiel
Kenntnisse, Verständnis	**benennen, feststellen**	Geografische Sachverhalte erfassen und ohne Erläuterung aufzählen. Wesentliches mit den Fachbegriffen zutreffend benennen.	Nennen Sie die Staaten, die der ehemaligen Sowjetunion angehörten.
	beschreiben, wiedergeben, zusammenfassen	Sachverhalte mit eigenen Worten kurz zusammengefasst zum Ausdruck bringen.	Beschreiben Sie die Niederschlagsverteilung Chinas.
	darstellen	Einen Sachverhalt aussagekräftig (karto-)grafisch umsetzen.	Stellen Sie in einer Skizze den demografischen Übergang dar.
Anwendung, Analyse	**ordnen, gliedern**	Die einzelnen Aspekte eines Sachverhaltes logisch richtig aufführen und gemäss ihrer Bedeutung gewichten.	Gliedern Sie Nordamerika in landwirtschaftliche Nutzungszonen.
	charakterisieren	Einen Sachverhalt gliedern und einzelne wichtige Aspekte hervorheben.	Charakterisieren Sie den Aufbau einer orientalischen Altstadt.
	untersuchen, analysieren	Einen Sachverhalt mithilfe von ergänzenden Materialien systematisch aufarbeiten.	Analysieren Sie mithilfe einer Karte die Struktur des Eisenbahnnetzes im Zürcher Oberland.
	erläutern, erklären	Auf der Grundlage von Fakten einen Sachverhalt fachlich richtig, logisch aufgebaut und verständlich darstellen.	Erläutern Sie das geologische Profil entlang des Gotthard-Basistunnels.
	interpretieren	Geografische Arbeitsmaterialien (Karte, Statistik, Grafik, Bild usw.) fachlich fundiert interpretieren.	Interpretieren Sie die Karte der touristischen Erschliessung des Oberengadins.
Synthese, Bewertung	**begründen**	Auf eine Vermutung, These oder Meinungsäusserung unter Verwendung von Fachbegriffen sachlich antworten und argumentieren.	Begründen Sie die Aussage, San Francisco sei erdbebengefährdet.
	vergleichen	Mithilfe einer Beschreibung und einer Analyse gleicher Sachverhalte Unterschiede und Gemeinsamkeiten herausarbeiten, die auch eine Bewertung mit einschliessen können.	Vergleichen Sie den Altersaufbau der Bevölkerungen Indiens und Chinas.
	beurteilen, bewerten	Einen Sachverhalt fundiert bearbeiten und aus verschiedenen Gesichtspunkten betrachten. Die Bearbeitung mit einem eigenen Urteil abschliessen.	Beurteilen Sie die Auswirkungen des Lötschberg-Basistunnels für das Lötschental.
	entwickeln	Eigene Vorschläge, Massnahmen, Perspektiven sachbezogen weiterführen und formulieren.	Entwickeln Sie für die Stadt Luzern ein Stadtmodell.

2. Karten und Kartenauswertung

Von der Kugel in die Fläche

Der Erdkörper ist nur annäherungsweise eine Kugel. Diese Erdform wird als **Geoid** bezeichnet. In der Kartendarstellung wird die Erdoberfläche auf eine Ebene projiziert, was zu Verzerrungen führt, da eine Kugeloberfläche nicht als Ebene abgebildet werden kann.

Unter **Kartografie** versteht man die Wissenschaft und Technik von Entwurf, Herstellung und Vervielfältigung von Karten und kartenähnlichen Darstellungen. Heute spielt die computergestützte Kartografie eine wichtige Rolle.

Geografische Koordinaten

Damit auf unserer Erde ein Punkt genau beschrieben werden kann, muss man die Lage jedes Ortes exakt angeben können. Zu diesem Zweck wurde ein präzises Orientierungssystem eingeführt. Die Erdkugel wird umspannt von Längen- und Breitenkreisen. Die **Längenkreise** sind Grosskreise, die durch beide Pole hindurchgehen. Man unterteilt die Erdkugel in 360 ganzzahlige Längenkreise, die vom **Nullmeridian von Greenwich** (Grossbritannien) jeweils bis 180° in östlicher bzw. westlicher Richtung gezählt werden. Die **Breitenkreise** sind Kreise, deren Kreisflächen parallel zum Äquator verlaufen, sich nicht schneiden und mit Ausnahme des Äquators nicht durch den Erdmittelpunkt verlaufen. Der Breitenkreis am Äquator ist der einzige Grosskreis, da seine Schnittebene durch den Erdmittelpunkt verläuft. Man unterteilt die Erdkugel in 90 ganzzahlige Breitengrade Nord bzw. Süd, der Äquator stellt dabei die 0°-Bezugslinie dar. Die Breitenkreise stehen senkrecht auf den Längenkreisen und bilden mit diesen das geografische Koordinatensystem. Alle auf einem Breitenkreis liegenden Orte haben die gleiche geografische Breite, alle auf einem Meridian liegenden Orte haben dieselbe geografische Länge. Nur selten liegen Orte präzis auf einem Längen- oder Breitengrad. Damit man ihre Lage trotzdem genau beschreiben kann, wird das Gradnetz in Bogenminuten und Bogensekunden unterteilt. Der Bahnhofplatz der Stadt Bern liegt beispielsweise auf 46° 56' 53,7" nördlicher Breite und auf 7° 26' 24,1" östlicher Länge.

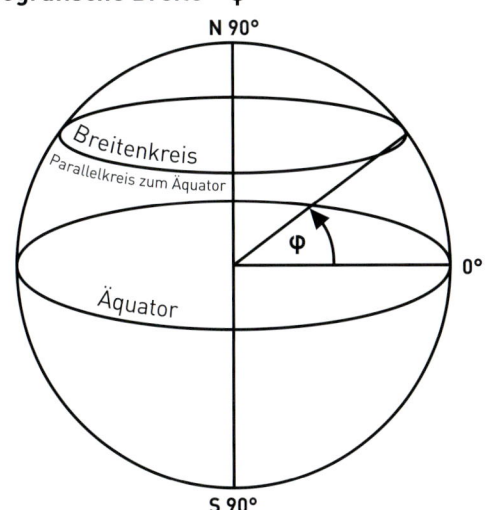

Gradnetz der Erde

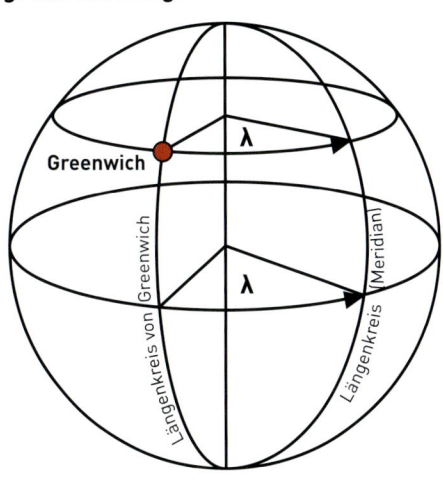

Abbildung 13.1: Geografisches Koordinatensystem: Längen- und Breitenkreise

Geografische Arbeitsmethoden

13

Projektionsarten

Karten und Kartenprojektion

Karten sind massstäblich verkleinerte, generalisierte und erläuterte Grundrissdarstellung von Erscheinungen und Sachverhalten der Erde, der andern Weltkörper und des Weltraumes in einer Ebene. Zunehmend werden Karten nicht mehr als analoge, grafische Modelle hergestellt, sondern nur noch als digitale Datensätze, die direkt im Computer gestaltet und verwendet werden.

Um die Erdkugel in einer Ebene darzustellen, müssen verschiedene **Projektionsarten** angewendet werden. Ein echt gekrümmter Körper (Kugel) kann nicht abgewickelt werden. Deshalb kann man nicht gleichzeitig Strecken, Winkel und Flächen «richtig» (d.h. massstabsgetreu) darstellen. Die «Verfälschung» einzelner Eigenschaften kann aber durch eine überlegte Abbildung der Kugeloberfläche vermindert werden. Daher wird die Verebnungsmethode (Kartennetzentwurf) dem Verwendungszweck der Karte angepasst. Ein Kartennetzentwurf kann entweder flächentreu (z.B. Schulatlaskarte) oder winkeltreu (z.B. Navigationskarte in der Schifffahrt) sein.

Die **Zylinderprojektion** wird für die Darstellung von Gebieten im Bereich des Äquators oder eines Meridians eingesetzt. Die **Kegelprojektion** eignet sich für die Darstellung von Gebieten mittlerer geografischer Breite und grosser West-Ost-Ausdehnung. Die **Azimutalprojektion** eignet sich vor allem für Gebiete von ungefähr kreisförmiger Gestalt, beispielsweise für die Regionen am Nord- oder am Südpol.

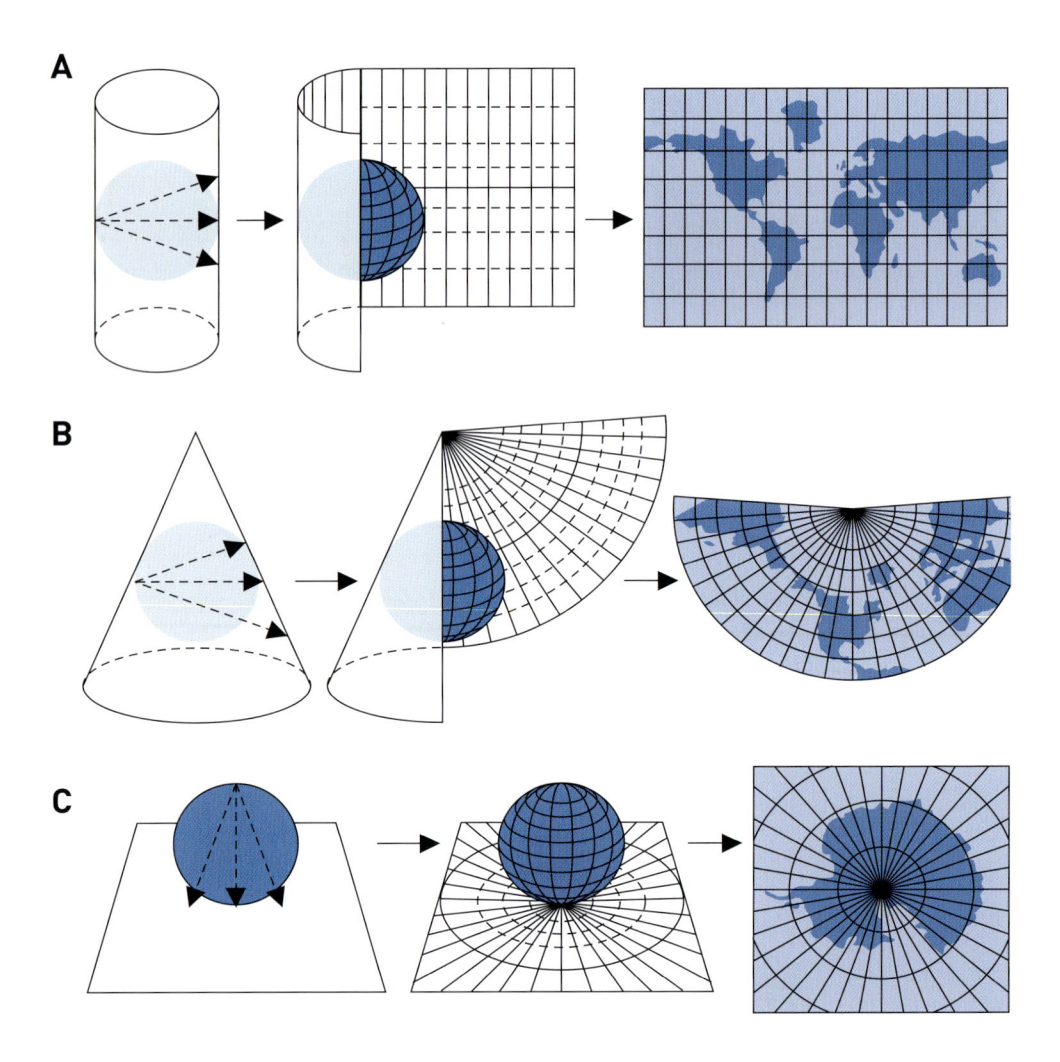

Abbildung 13.2:
Kartenprojektionen:
A Zylinderprojektion
B Kegelprojektion
C Azimutalprojektion

340   Karten und Kartenauswertung

Koordinatensystem der Schweiz

Den Schweizer Landeskarten liegt eine schiefachsige, winkeltreue Zylinderprojektion zugrunde. Der Zylinder wurde schiefachsig gewählt, damit der Berührungskreis zwischen Zylinder und Erdkugel genau durch den Ausgangspunkt des schweizerischen Koordinatensystems geht (Standort der alten Sternwarte Bern, heute im Lichthof des Institutes der Exakten Wissenschaften der Universität Bern). Mit der Wahl eines schiefachsigen Zylinders mit Berührungspunkt durch Bern konnte also die Verzerrung auf ein Minimum reduziert werden. Da die Fläche der Schweiz relativ klein ist, sind die Schweizer Landeskarten winkel- und annähernd längentreu und somit auch annähernd flächentreu.

Für die Schweiz wurde ein eigenes rechtwinkliges **Koordinatensystem** geschaffen, das sogenannte **Kilometerkoordinatensystem**. Man unterscheidet daher nicht Langen- und Breitengrade, sondern Hochwerte und Rechtswerte. Die Koordinaten der alten Sternwarte Bern wurden so gewählt, dass Verwechslungen von Hoch- respektive Rechtswerten nicht möglich sind und dass alle Werte positiv sind. Dem Schnittpunkt des Meridians mit 7° 26' 22,5" östlicher Länge und 46° 57' 07,9" nördlicher Breite wurde deshalb nicht die Kilometerkoordinate 0/0, sondern die Kilometerkoordinate 600/200 zugewiesen. Damit liegen alle Hochwerte unter 400, alle Rechtswerte über 400.

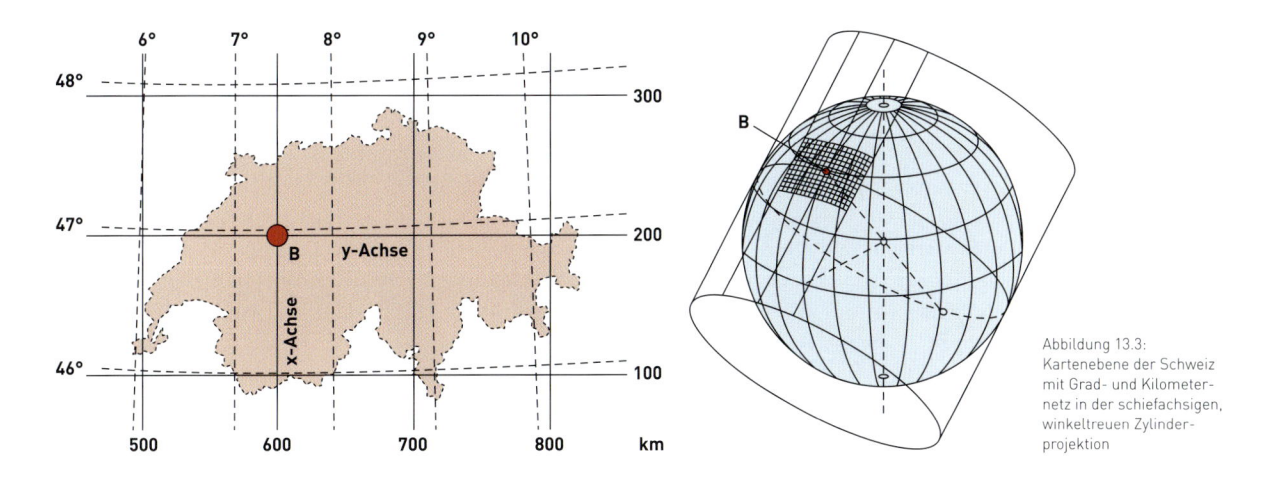

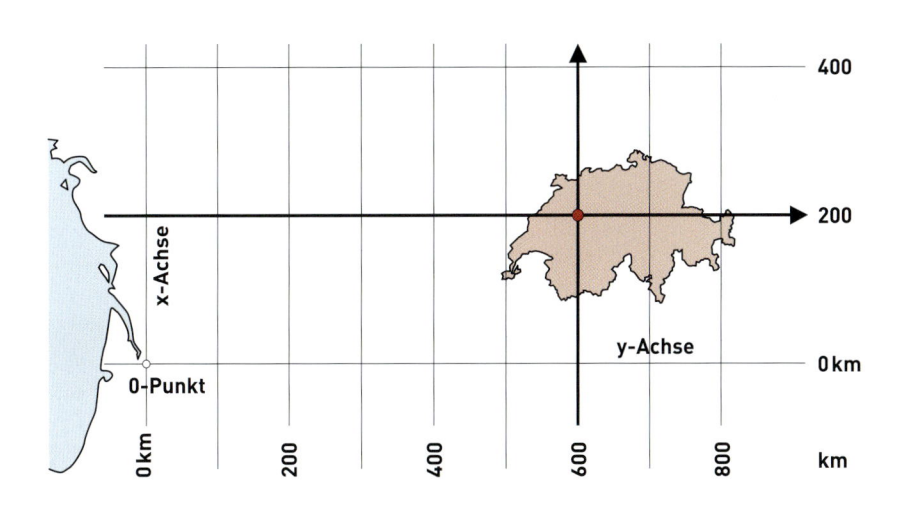

Abbildung 13.3: Kartenebene der Schweiz mit Grad- und Kilometernetz in der schiefachsigen, winkeltreuen Zylinderprojektion

Abbildung 13.4: Kilometerkoordinatensystem für die Schweiz

Geografische Arbeitsmethoden

Kartenlesen

Topografische Karten sind räumliche Modelle der Landschaft und gleichzeitig Kommunikationsmittel. Man verwendet spezielle Punkt-, Linien- und Flächensignaturen, um die verschiedenen Landschaftselemente darzustellen. Zusätzlich werden Farben, Muster und Signaturgrössen unterschieden. Um die Karte lesen und verstehen zu können, benötigt man eine Signaturentabelle (Abb. 13.7). Der Zweck der Karte beeinflusst die Anzahl und Art der Signaturen. Aus einer Karte lässt sich somit eine mehr oder weniger genaue Vorstellung über den abgebildeten Landschaftsausschnitt ableiten. Die Wahl des Massstabs einer Karte beeinflusst die Gestaltung einer Karte erheblich. Es stellt sich die Frage, wie stark die abzubildende Landschaft verkleinert werden darf, damit der Informationsgehalt der Karte benutzergerecht ist. Mit topografischen Karten wird versucht, eine Landschaft möglichst realitätsnah wiederzugeben, thematische Karten befassen sich mit einem bestimmten Thema, beispielsweise mit der Bevölkerungsverteilung oder mit der Geologie. Dabei werden diese Aspekte kartografisch besonders hervorgehoben.

Massstab und Generalisierung

Der **Massstab** einer Karte gibt das Verhältnis an zwischen einer Strecke auf der Karte und der tatsächlichen Länge dieser Strecke. Ein grosser Massstab zeigt Einzelheiten im Gelände genau, ein kleiner Massstab hingegen verallgemeinert stark und gibt keine Details wieder. So entspricht bei einer Karte im Massstab 1:100 000 ein cm auf der Karte 100 000 cm, also 1000 m oder 1 km im Gelände. Keine Karte kann alle Informationen eines Gebietes enthalten, deshalb muss der Karteninhalt dem Massstab entsprechend umgearbeitet und generalisiert werden. Beim **Generalisieren** wird Wichtiges hervorgehoben, Kompliziertes vereinfacht und Unwichtiges weggelassen.

Darstellung der Geländeformen

Die **Geländedarstellung** ist die anspruchsvollste Aufgabe in der Kartografie, da das dreidimensionale Gelände auf der Kartenebene zweidimensional dargestellt werden muss. Dabei sollen die Geländeformen gut erkennbar und bei Karten grösseren Massstabes auch die Höhen ablesbar sein, und es sollten Hangneigungen berechnet werden können. In der neuen Landeskarte kommen verschiedene Darstellungselemente zur Anwendung: Höhenlinien, Schraffen, Reliefschummerung und Farbtöne.

Abbildung 13.5:
Generalisierung in den Landeskarten der Schweiz 1:25 000, 1:50 000 und 1:100 000, Ausschnitt Leuk im Kanton Wallis

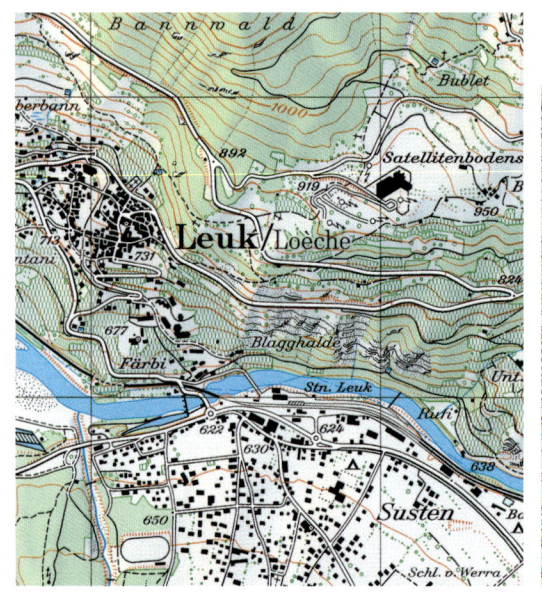

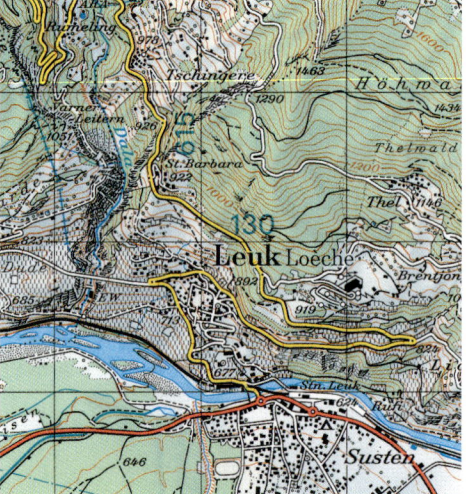

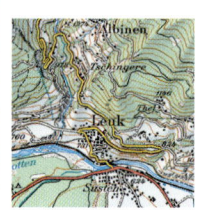

13

Das Koordinatennetz der Schweizer Landeskarten ist ein grobmaschiges Kilometerraster. Nur selten liegen Geländepunkte genau auf einer Linie; eine feinere Unterteilung ist daher notwendig. Die genauen Koordinaten eines Punktes auf einer Karte können mit dem Koordinatenmesser herausgelesen werden.

Vier Schritte zur Bestimmung der Koordinaten des Punktes B (Gurten Ostsignal):
1. Erfassen, in welchem Planquadrat der gesuchte Punkt liegt. Dazu werden die Koordinaten der Ecke unten links bestimmt (Punkt A).
   Fallbeispiel Gurten Ostsignal: Rechtswert: 600, Hochwert: 196. Das heisst: Die Ecke unten links hat die Koordinaten 600'000/196'000.
2. Bestimmen, wie viele Meter der gesuchte Punkt rechts entfernt von der Ecke liegt. Dies kann mittels Koordinatenmesser abgelesen werden.
   Fallbeispiel Gurten Ostsignal: 390 Meter rechts oder östlich der unteren Ecke. Der Rechtswert des Punktes ist also 600'390.
3. Bestimmen, wie viele Meter der gesuchte Punkt über der Ecke liegt. Dies kann mittels Koordinatenmesser abgelesen werden.
   Fallbeispiel Gurten Ostsignal: 245 Meter oberhalb oder nördlich der unteren Ecke. Der Hochwert des Punktes ist also 196'245.
4. Üblicherweise wird zuerst der Rechtswert, dann der Hochwert genannt.
   Fallbeispiel Gurten Ostsignal: Koordinaten 600'390/196'245 (Punkt B).

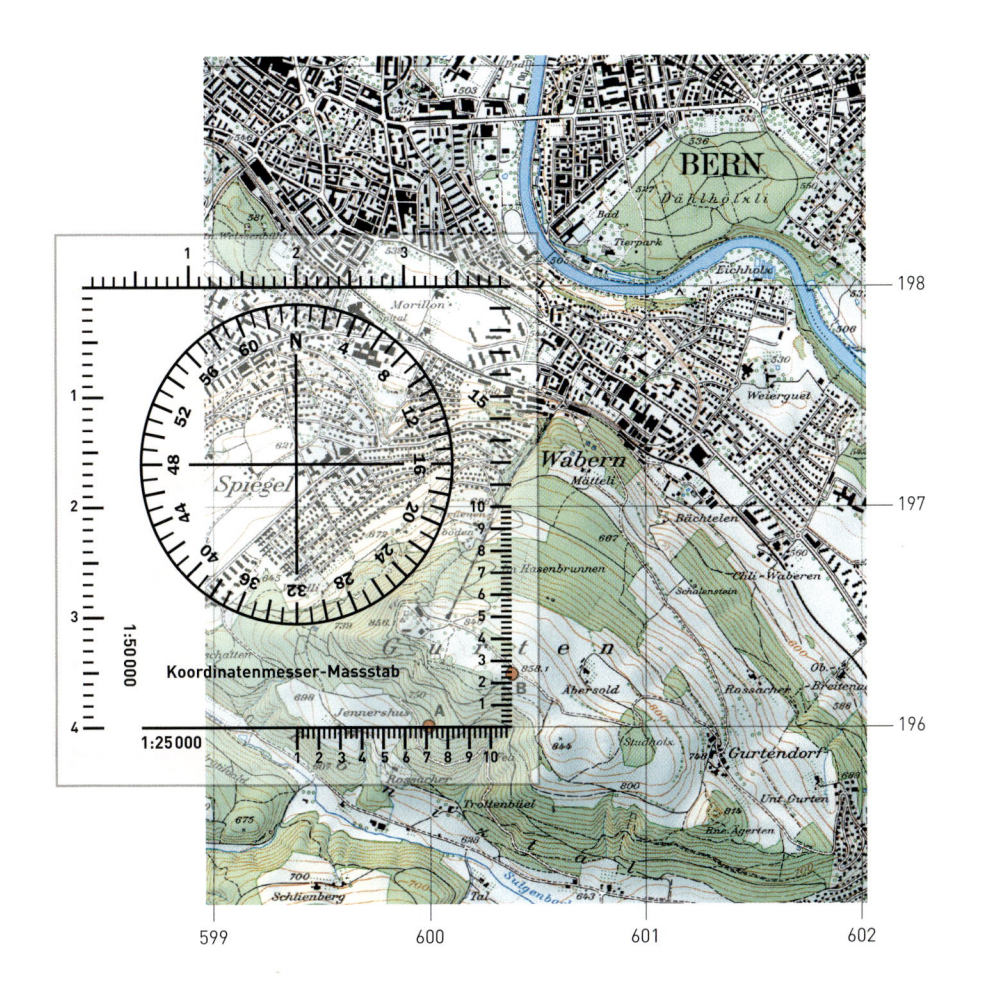

Abbildung 13.6:
Standortbestimmung in den Landeskarten mithilfe des Koordinatenmessers

Geografische Arbeitsmethoden

13

Strassen, Wege		1: 25 000	1: 50 000	1:100 000
Durchgangsstrasse	Verbindungsstrasse			
1. Kl.-Strasse (mind. 6 m breit)	Auffällige Brücke			
2. Kl.-Strasse (mind. 4 m breit)	Auffällige Brücke			
4. Kl., Fahrweg (mind. 1,8 m breit)	Fahrbrücke			
5. Kl., Feld-, Wald-, Veloweg	Steg, Passerelle			

Bahnen		1: 25 000	1: 50 000	1:100 000
Bahnhof	Halle / Perrondach			
Normalspurbahn mehrspurig	Brücke			
Normalspurbahn einspurig	Brücke			
Tunnels				

Einzelsignaturen		1: 25 000	1: 50 000	1:100 000
Haus	Ruine			
Abgelegener Gasthof	Turm			
Kirche	Kapelle			
Friedhof	Bildstock, Wegkreuz			
Campingplatz	Rodelbahn			
Sportplatz	Stadion			

Gewässer		1: 25 000	1: 50 000	1:100 000
Quelle	Bach			
Wasserfall				
Trockenrinne	Bachverbauung			
Fluss, Altwasser	Flussverbauungen, Wehr			
Druckleitung einfach	Druckleitung mehrfach			
Wasserbecken	Brunnen			
Abwasserreinigungsanlage	Öffentliches Schwimmbad			
Reservoir	Wasserturm			

Abbildung 13.7:
Signaturen der Landeskarten der Schweiz 1:25 000, 1:50 000 und 1:100 000 (Auswahl aus der Zeichenerklärung)

Höhenkurven

Die **Höhenlinien** oder **Höhenkurven** (Synonym: Isohypse) sind gedachte Schnittlinien von horizontalen, gleichabständigen (äquidistanten) Ebenen mit dem Gelände. Sie verbinden also benachbarte Geländepunkte gleicher Meereshöhe. Mit **Äquidistanz** wird der Vertikalabstand der Höhenlinien bezeichnet. Dieser ist, bezogen auf eine Karte, immer gleich. So beträgt beispielsweise die Äquidistanz der Landeskarten 1:25 000 im Mittelland 10 Meter, im Alpenraum 20 Meter. Je näher die Höhenkurven beieinander liegen, desto steiler ist das Gelände.
Die **Schraffen** dienen dazu, die Formen und das Gefälle im Gebirge zu veranschaulichen. Je steiler das Gelände, desto enger liegen die Schraffen beieinander.

Die **Reliefschummerung** dient dazu, ein räumliches Kartenbild entstehen zu lassen. Unter Beleuchtung aus Nordwesten wird eine Höhenkurvenkarte nach Licht- und Schattenpartien bearbeitet. Auf der Landeskarte werden dadurch die Südostseiten grau beschattet, die Nordwestseiten mit dem sogenannten Sonnenton gelb beleuchtet.

Ein **Relief** (Geländemodell) ist eine verkleinerte, plastische Nachbildung eines Erdoberflächenausschnitts. Während Höhenkurven horizontale Schnittebenen darstellen, entsteht bei einem Vertikalschnitt durch einen Geländeausschnitt ein Profil. Die Schnittlinie mit der Oberfläche wird als Profillinie bezeichnet. Da die Höhenunterschiede in einem Profil im Vergleich zu den Horizontaldistanzen meistens recht klein sind, wird ein Profil häufig künstlich überhöht. Dies bedeutet, dass man in der Vertikalen einen grösseren Massstab wählt als in der Horizontalen.

Relief

Abbildung 13.8, links: Reliefdarstellung mit (oben) und ohne Reliefschummerung (unten) in der Landeskarte 1:50 000

Abbildung 13.9, rechts: Konstruktion der Höhenkurven und des Profils mit einer Äquidistanz von 10 m

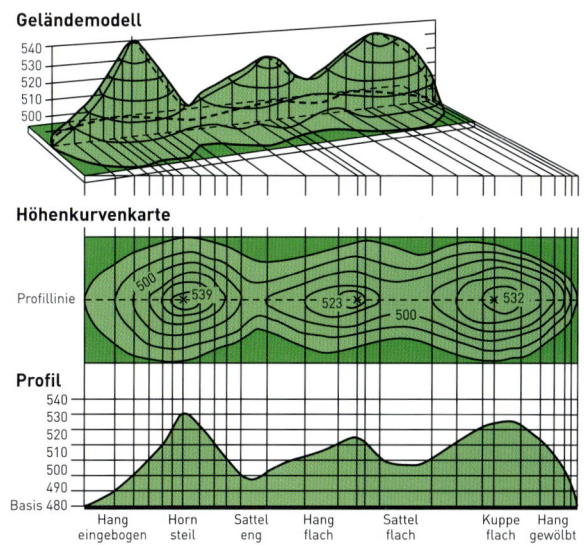

Darstellung von Einzelobjekten

Signaturen sind die spezielle Zeichensprache, mit der die Elemente in der Karte dargestellt werden. Flächenhaften Elementen wie Wäldern oder Seen werden unterschiedliche Farbtöne und Muster zugeordnet. Lineare Elemente wie Bahnlinien, Strassen, Flüsse, Höhenlinien oder Hochspannungsleitungen werden einerseits mit verschiedenen Farben, andererseits mit verschiedenen Linien wiedergegeben, während Einzelsignaturen wie Kirchen, Bahnhöfe, Zeltplätze, Sportanlagen oder Fähren mit Symbolen dargestellt werden.

Einige wichtige Zeichen aus der offiziellen Zeichenerklärung zu den Schweizer Landeskarten befinden sich auf Seite 344.

Signaturen

Die amtlichen Kartenwerke der Schweiz

Ziel der Landesvermessung ist es, eine Grundlage für die kartografische Darstellung eines Landes zu erstellen. Dazu werden die Lage und die Höhe von möglichst vielen Punkten ermittelt. Die Karten dienen auf verschiedenen Ebenen (Bund, Kantone, Gemeinden) als Orientierungsmittel und Planungsgrundlage.

Für die Erstellung und Nachführung der Landeskarten ist das Bundesamt für Landestopographie (swisstopo) zuständig.

Geografische Arbeitsmethoden

13

Triangulation

Geodäsie (Triangulation und Nivellement)

Als Methode der Vermessung diente die Dreiecksmessung oder **Triangulation**. Bereits im 19. Jahrhundert schleppte man Theodoliten (Winkelmessgeräte) in die Berge, bestimmte Winkel, mass Distanzen und berechnete die Eckpunkte mithilfe der Trigonometrie. Zuerst wurde dabei eine Kontroll- oder Basisstrecke A–B genau vermessen. Anschliessend wurden von den Punkten A und B mit Blick zum Fixpunkt C die Winkel α und β gemessen. Mit Kenntnis der Distanz A–B und den Winkel α und β konnte die Lage des Punktes C rechnerisch bestimmt werden (Sinussatz). Mit der Methode, bei der immer eine Strecke und zwei Winkel bekannt sind, wurde die ganze Landesfläche der Schweiz vermessen. Auf diese Weise entstanden in der Schweiz Triangulationsnetze verschiedener Ordnungen mit insgesamt über 70 000 Triangulationspunkten. Diese Punkte sind mit einem Granitstein oder mit einem Messingbolzen markiert. Die Punkte erster Ordnung liegen zwischen 30 und 50 Kilometern auseinander.

Nivellement

Zu allen Triangulationspunkten wurde auch die Höhe bestimmt. Seit Henri Dufour wird dabei das sogenannte **Nivellement** angewandt. Das Standardgerät für dieses Verfahren ist das Nivelliergerät. Der Ausgangspunkt des schweizerischen Nivellements ist der Pierre du Niton (373,60 m ü. M.) im Hafenbecken von Genf. Ein Messgerät (Nivelliergerät) zwischen zwei vertikal aufgestellten Messlatten misst Schritt für Schritt die Höhenunterschiede. Dabei wird zuerst im sogenannten Rückblick die erste Messlatte angepeilt, anschliessend das Nivelliergerät gedreht und auf die obere Messlatte gerichtet. Die Höhendifferenz zwischen den beiden Standorten der Messlatten kann damit einfach bestimmt werden. Mit diesen Verfahren wurden über Jahrzehnte hinweg die Grundlagen der Schweizer Landeskarten geschaffen.

Die klassische Triangulation macht heute einer neuen Technik Platz. Die Wende brachten die Satelliten, zum Beispiel diejenigen des globalen Positionierungssystems (Global Positioning System = GPS). Für eine Genauigkeit von 5 bis 10 Metern braucht es vier Satelliten, wird ein zweiter GPS-Empfänger aufgestellt, ist die Genauigkeit bis auf 1 Zentimeter möglich. Das Netz ist in europäische Partnernetze integriert und verbindet die schweizerische Landesvermessung global.

Abbildung 13.10, links: Triangulation

Abbildung 13.11, rechts: Triangulationsnetz erster Ordnung (verbundene Punkte) und zweiter Ordnung der Schweiz

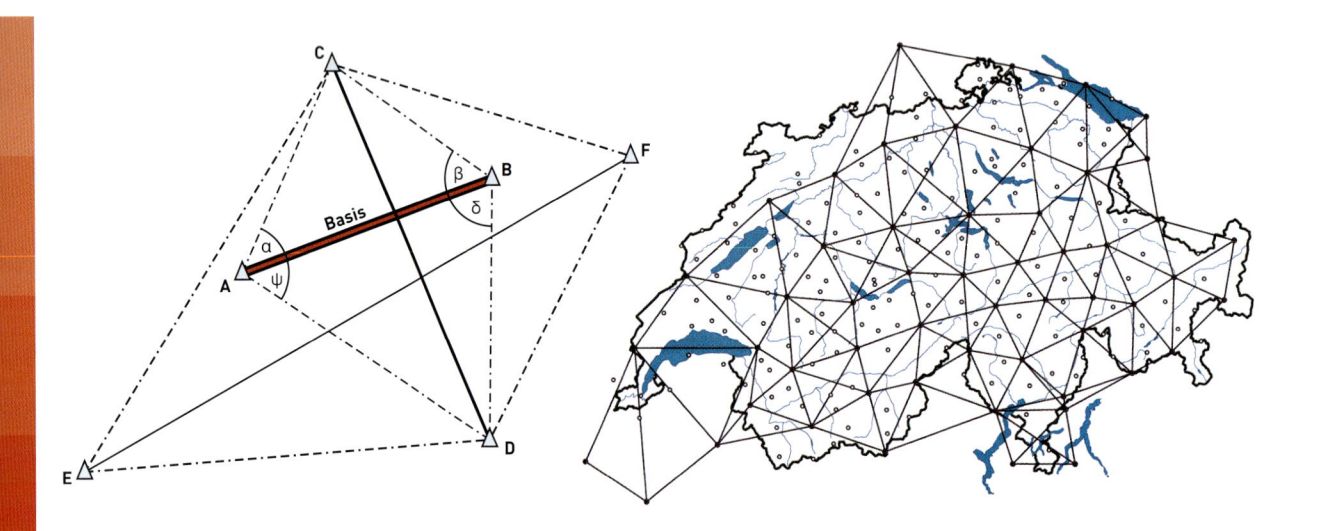

Karten und Kartenauswertung

Höhenbestimmung

durch Nivellieren
$B = A + h_1 + h_2 + h_3 + h_4 - h_5$

A und A' = Höhenfixpunkte
E = Horizontaldistanz
α = Höhenwinkel
B = Gipfelhöhe

durch Winkelmessung
B = errechnet aus A', E und α

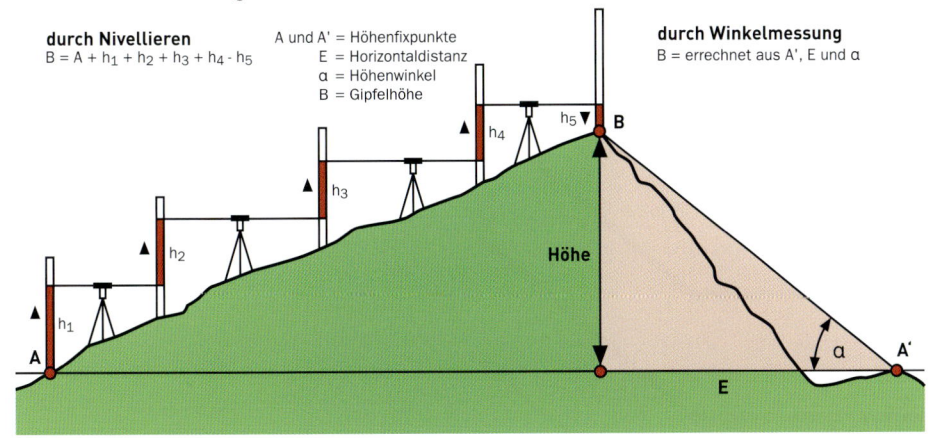

Abbildung 13.12:
Höhenbestimmung durch Nivellierung und durch Winkelmessung

Aero-Fotogrammetrie

Aero-Fotogrammetrie ist die systematische Aufnahme eines Gebietes mit einer in einem Flugzeug eingebauten automatischen Messbildkamera. Dazu überfliegt ein Flugzeug eine Landschaft und nimmt diese nach einem festgelegten Flugplan aus einer Höhe von ca. 4000 Metern über Grund auf. Die Luftbilder überlappen sich zu 70 bis 80 %. Dadurch wird das stereoskopische, räumliche Betrachten der Bilder möglich.

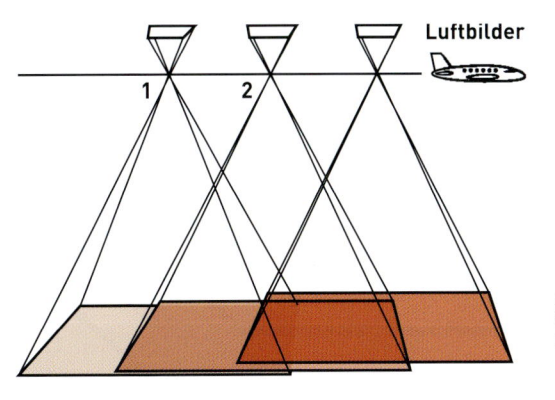

Abbildung 13.13:
Überlappen von Luftbildpaaren

Bei der **Stereoluftbildauswertung** werden jeweils zwei aufeinanderfolgende, sich überlappende Luftbilder gleichzeitig nach stereoskopischem Verfahren ausgewertet und verarbeitet. Damit können Höhen direkt aus Luftbildern bestimmt werden.

Feldbegehung

Trotz Fotogrammetrie ist eine Feldbegehung nötig. Nur draussen kann genau bestimmt werden, was in einer Karte dargestellt werden muss. So sind beispielsweise Waldwege fotogrammetrisch nicht erfassbar, oder Baubaracken können nicht von permanenten Bauten unterschieden werden. Ebenso werden die Strassenkategorien und verschiedene andere Details direkt im Feld bestimmt. Für ein Kartenblatt im Massstab 1:25000 ist ein Topograf rund vier Wochen im Feld unterwegs. Die Umsetzung aller Veränderungen, die man in den Luftbildern und in der Feldarbeit festgestellt hat, geschieht in der Kartografie. Hier entsteht das definitive Kartenbild. Der Kartograf arbeitet mit festgelegten Symbolen, beispielsweise für die verschiedenen Strassen- und Wegklassen oder Gebäude.

Neue Wege in der Kartenerstellung und Kartennachführung

Dank computergestützten Technologien öffnen sich in der Kartografie neue Horizonte. Die Nachführungen von Landeskarten erfolgen heute digital am Bildschirm bis zur druckfertigen Vorlage.
GIS steht für **Geografisches Informationssystem** oder Geoinformationssystem. Dabei handelt es sich um ein computerbasiertes System, mit dem Objekte aus der realen Welt in Form von digitalen Geodaten und unterteilt in thematische Ebenen erfasst, analysiert, verwaltet und digital oder als

Geografische Arbeitsmethoden

13

Strassennetz

Eisenbahnnetz

Gewässernetz

Primärflächen

Gebäude

Hecken und Bäume

Anlagen

Einzelobjekte

Höhenmodell

Abbildung 13.14:
Geografisches Informationssystem (GIS) mit Daten aus verschiedenen Ebenen

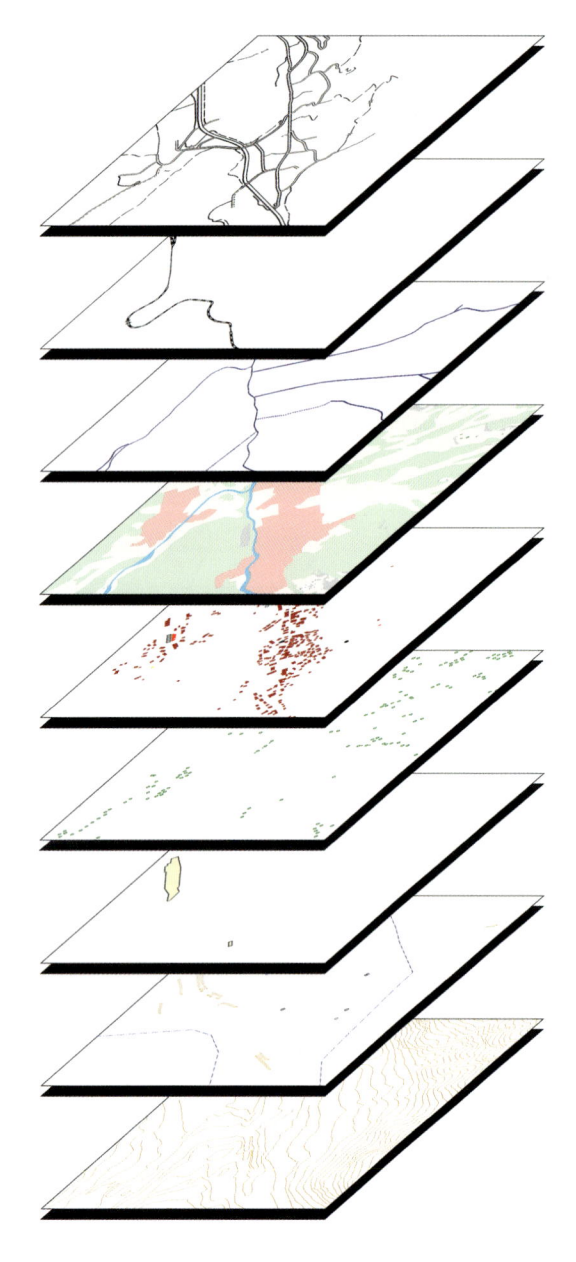

Karten aufbereitet wiedergegeben werden können. Nur mit einem GIS ist es möglich, umfangreiche Geometrie- und Sachdaten in ihren komplexen, logischen und räumlichen Zusammenhängen zu erfassen, zu verwalten und zusätzlich über räumliche Analyse- und Geoverarbeitungsfunktionen neue Informationen zu erzeugen. Mit einem GIS lassen sich interdisziplinäre Fragestellungen in vertretbarer Zeit und in genügend grossem Detaillierungsgrad beantworten. Es können nachvollziehbare, raumbezogene Entscheidungsgrundlagen geschaffen werden.

Zwischen 60 und 80% aller Entscheidungen im politischen, wirtschaftlichen und privaten Leben haben einen räumlichen Bezug. Deshalb spielen GIS in der heutigen Informationsgesellschaft eine grosse Rolle und werden in der Verwaltung, der Privatwirtschaft und in Forschung und Lehre zunehmend genutzt.

Mittels geografischer Informationssysteme können topografische Karten, welche in erster Linie Grundinformationen enthalten, zu thematischen Karten aufbereitet werden. Auf Grundlagenkarten werden zusätzlich Informationen oder Daten dargestellt (z.B. Bevölkerungsdichte, Pendlerströme, Agrarprodukte, Konfessionen, touristische Aspekte).

Schweizer Kartenwerke (Dufourkarte/Siegfriedkarte/Landeskarte)

Das erste amtliche Gesamtkartenwerk der Schweiz wurde nach einem Tagsatzungsbeschluss ab 1822 unter der Leitung von Guillaume-Henri Dufour (1787–1875) erstellt. Dem damaligen «Eidgenössischen Topographischen Bureau» in Genf wurde die Aufgabe übertragen, aus den teilweise bestehenden Kantonskarten ein neues, einheitliches Kartenwerk zu schaffen. Insgesamt besteht das Kartenwerk aus 25 Blättern im Massstab 1:100 000; das erste Blatt wurde 1844, das letzte 1864 fertig gestellt. Die Vermessungsgrundlage der **Dufourkarte** bildet ein trigonometrisches Netz. Die dritte Dimension wurde noch nicht in Form von Höhenlinien, sondern ausschliesslich durch Schraffen und Höhenangaben in den Karten dargestellt. Die Druckplatten für das gesamte Kartenwerk wurden als Negativbilder in Kupfer gestochen.

Ab 1866 wurde unter der Leitung von Dufours Nachfolger Hermann Siegfried (1819–1879) die Arbeit am «Topographischen Atlas der Schweiz» (**Siegfriedkarte**) aufgenommen. Dieses Werk umfasst insgesamt 604 Blätter und wurde ab 1870 publiziert. Mittelland und Jura wurden im Massstab

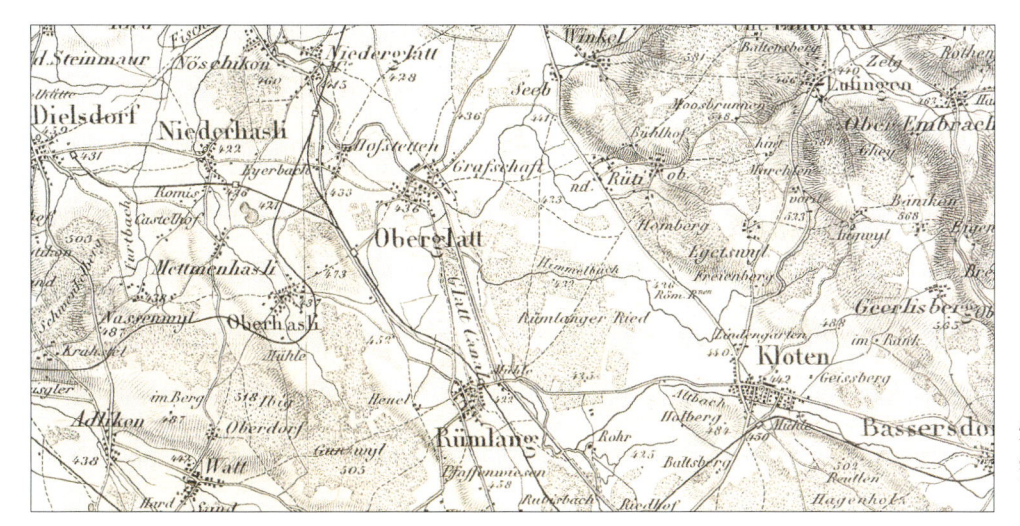

Abbildung 13.15:
Topographische Karte der
Schweiz, 1:100 000, Blatt III,
1849 («Dufourkarte»)

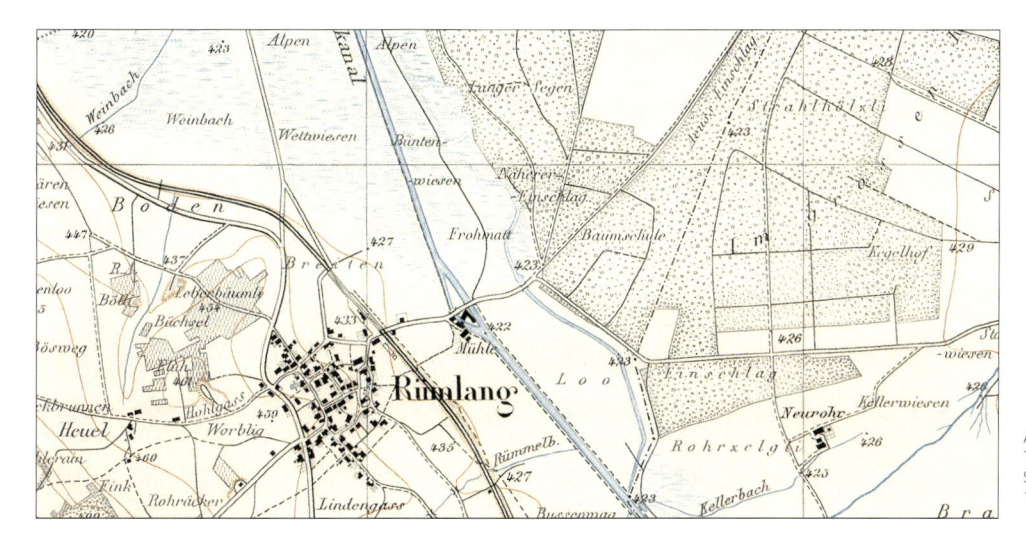

Abbildung 13.16:
Topographischer Atlas der
Schweiz, 1:25 000, Blatt 43,
1904 («Siegfriedkarte»)

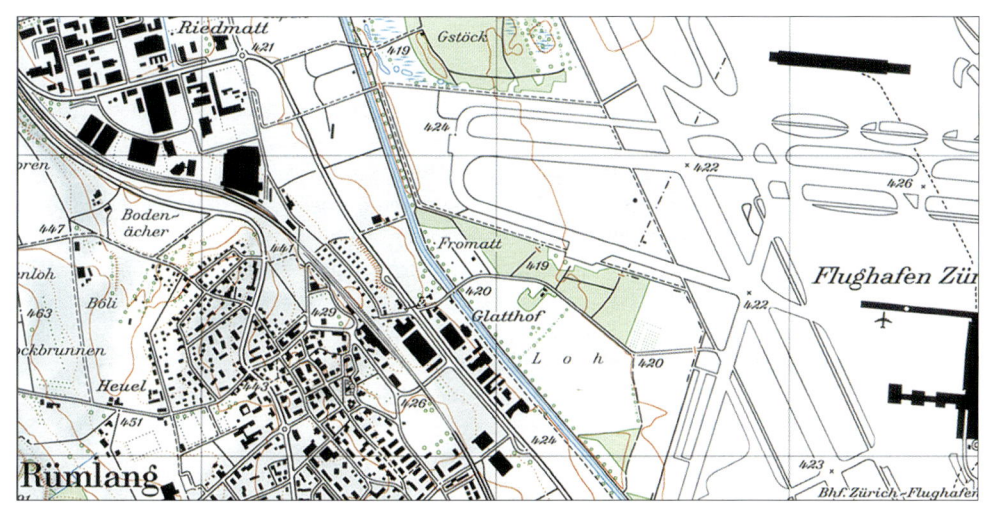

Abbildung 13.17:
Landeskarte der Schweiz,
1:25 000, Blatt 1071, 2008

Geografische Arbeitsmethoden

1:25 000, die alpinen Gebiete im Massstab 1:50 000 kartografisch umgesetzt. Erstmals wurde die dritte Dimension in Form von Höhenlinien dargestellt, und zudem wurden die späteren Ausgaben dieses Kartenwerks dreifarbig (Gewässer blau, Höhenlinien braun, Situation schwarz) gedruckt. Der «Topographische Atlas» dient heute vor allem den Analysen des Landschaftswandels als gute Basis, zeigt er doch die damalige Kultur- und Naturlandschaft in einer ausserordentlich präzisen Form.

Neue Landeskarte

Aus politischen und militärischen Gründen wurde 1935 das «Bundesgesetz über die Erstellung von neuen Landeskarten» erlassen. Ab 1938 wurden laufend Blätter der neuen Landeskarte im Massstab 1:50 000 herausgegeben. Das ganze Kartenwerk umfasst heute flächendeckend über die gesamte Schweiz Karten in den Massstäben 1:25 000, 1:50 000, 1:100 000. Die einzelnen Kartenblätter werden periodisch nachgeführt und erneuert.

Das Bundesamt für Landestopographie publiziert heute auch Karten im Massstab 1:200 000, 1:300 000, 1:500 000 und 1:1 Mio. Daneben existieren verschiedene Spezialkarten wie Skitourenkarten, Wanderkarten oder Strassenkarten, die auf die jeweiligen Bedürfnisse der entsprechenden Benutzerkreise zugeschnitten sind.

Digitaler Atlas der Schweiz

Der interaktive Atlas der Schweiz bietet einen einzigartigen Zugang zu verschiedensten aktuellen Themen aus Natur und Umwelt, Wirtschaft, Gesellschaft, Staat und Politik sowie Schweiz–Europa. Vergleiche und Analysen von Daten sind möglich, zusätzlich lassen sich die Darstellungen an die eigenen Bedürfnisse anpassen. Der Atlas der Schweiz umfasst neben topografischen Basiskarten auch diverse statistische Grundlagen auf verschiedenen räumlichen Ebenen. Die Vielfalt dieser DVD reicht von Wetterdaten (Sonnenscheindauer), geologischen Grundlagen, Bevölkerungsdaten (Einwohnerzahlen von Gemeinden in verschiedenen Jahren, Ausbildungsgrad der Bevölkerung) über umfassende Wirtschaftsdaten (Logiernächte, landwirtschaftliche Nutzflächen) bis zu politischen Aspekten (Resultate ausgewählter Abstimmungen), welche jeweils auf verschiedenen Ebenen (Regionen, Kantone, Gemeinden) dargestellt werden können. Im 3D-Teil kann jede beliebige Region der Schweiz als Kartenrelief, als Blockbild oder als Panoramabild betrachtet werden. Dabei können der Ausschnitt, die Betrachtungshöhe, der Betrachtungswinkel und die Beleuchtung frei gewählt werden. Die Basis dieses 3D-Teils ist das digitale Höhenmodell (DHM, ein Gitternetz mit einer Maschenweite von 25 Metern). Mit den Angaben der Koordinaten und der Höhe der sogenannten Gitternetzpunkte berechnet der Computer für jeden beliebigen Aufnahmepunkt das gewünschte Relief.

Informationsträger in der Geografie

Karten, Luftbilder und Satellitenbilder werden auch als geografische Informations- oder Datenträger bezeichnet, weil sie die für die Geografie wichtigen Daten enthalten. Bei der Auswertung von Karten und Bildern besteht ein grundsätzlicher Unterschied. Während Karten dank Signaturen und Schriftzügen mit etwas Übung detailliert lesbar sind, werden Luft- und Satellitenbilder interpretiert, d.h., man muss die gewünschten Objekte isolieren, genau betrachten und aufgrund von Wissen oder Erfahrung bestimmen.

Luftbild

Luftbilder sind Aufnahmen, die von einem Flugkörper bodenunabhängig aus der Luft in einer Art «Vogelperspektive» erstellt werden. Man unterscheidet **Schrägaufnahmen** und **Senkrechtaufnahmen**. Beim schrägen Luftbild bildet die Kameraachse mit der Geländeoberfläche einen spitzen Winkel. Für das Auge ist diese Art der Aufnahme recht vertraut, sie erweckt den Eindruck, als ob man auf einem Berggipfel stünde. Bildvordergrund und Bildmittelgrund sind gut zu erkennen, während die Erschliessung des Bildhintergrundes meistens schwierig wird. Bei der Senkrechtaufnahme steht die Kameraachse in einem Winkel von 90° zur Erdoberfläche. Damit ist vor allem das Zentrum des Luftbildes klar, deutlich und unverzerrt zu erkennen, während in Randbereichen des Bildes die Verzerrung zunimmt. Ebenso ist das Relief nur mit Übung, beispielsweise anhand von Serpentinenstrassen, zu erkennen.

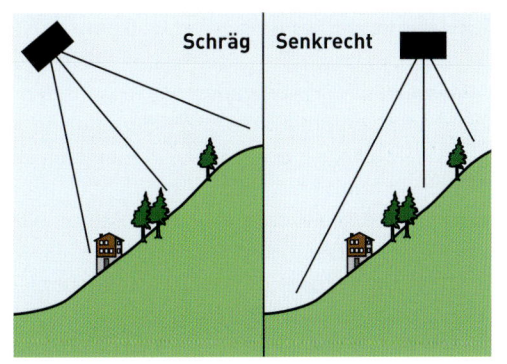

Abbildung 13.18: Schräg- und Senkrechtaufnahme

Abbildung 13.19, links: Das Maggiadelta als Luftbild-Senkrechtaufnahme

Abbildung 13.20, rechts: Das Maggiadelta als Luftbild-Schrägaufnahme

Satellitenbild

Satellitenbilder sind das Resultat der **Fernerkundung** (remote sensing), welche die Gesamtheit von Aufnahme- und Messverfahren ohne direkten Kontakt mit dem Aufnahmeobjekt umfasst. Hierzu zählen auch Infrarotaufnahmen, Mikrowellen- und Radarverfahren. Im Unterschied zu Luftbildern sind Satellitenbilder also keine echten Fotografien. Die Satelliten tasten die Erde mithilfe von Sensoren ab und erfassen Dinge ausserhalb des sichtbaren Lichtes. Die gesammelten Daten werden zu Bildern verarbeitet, damit sie für uns lesbar sind. Dazu werden sie teilweise anders eingefärbt, was zu sogenannten Falschfarbenaufnahmen führt. Satellitenbilder haben gegenüber Karten den Vorteil, dass sie einen guten und aktuellen Überblick über ein grösseres Gebiet ermöglichen. Neue Dimensionen für die Sichtbarmachung von Regionen ergeben sich durch die Verbindung von Satellitenbildern und digitalen Geländemodellen. Die Anwendungsbereiche von Satellitenbildern sind ausserordentlich vielfältig, sie dienen beispielsweise Klima- und Wetterstudien, insbesondere aber dem täglichen Wetterbericht.

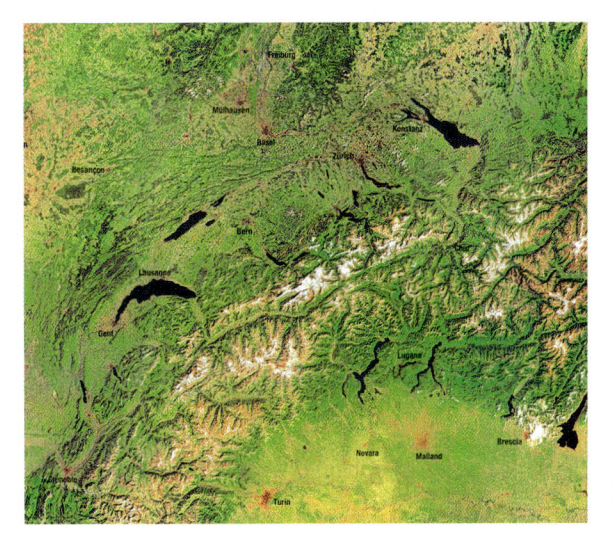

Abbildung 13.21: Satellitenbild der Schweiz

Geografische Arbeitsmethoden

Kartenauswertung

Allgemeines

Topografische Karten lassen sich zur allgemeinen Orientierung auf der Erdoberfläche einsetzen, thematische Karten unterstützen im Geografieunterricht themengeleitete Arbeiten an regionalgeografischen Beispielen. Karten sind damit wichtige Informationsträger für geografische Untersuchungen und dienen dazu, räumliche Gefüge integral darzustellen.

Beispiel: Die Nordsee – ein labiles Ökosystem

Einführung

Die Nordsee umfasst eine Meeresfläche von ca. 580 000 km² und erreicht in der Norwegischen Rinne eine maximale Tiefe von 725 m. Weite Teile der Nordsee sind allerdings weniger als 100 m tief, sodass die Nordsee als Flachmeer oder **Schelfmeer** gilt und damit Teil des europäischen Kontinentalsockels ist. Das Wattenmeer ist ebenfalls Teil der Nordsee.

In die Nordsee entwässern grosse Flüsse wie die Themse, der Rhein, die Ems, die Weser und die Elbe. Diese Ströme durchfliessen wichtige Industriezentren und intensiv genutzte Agrarräume. Die Schwemmstoff- und Schadstofffracht gelangt über diese Zuflüsse in die Nordsee.

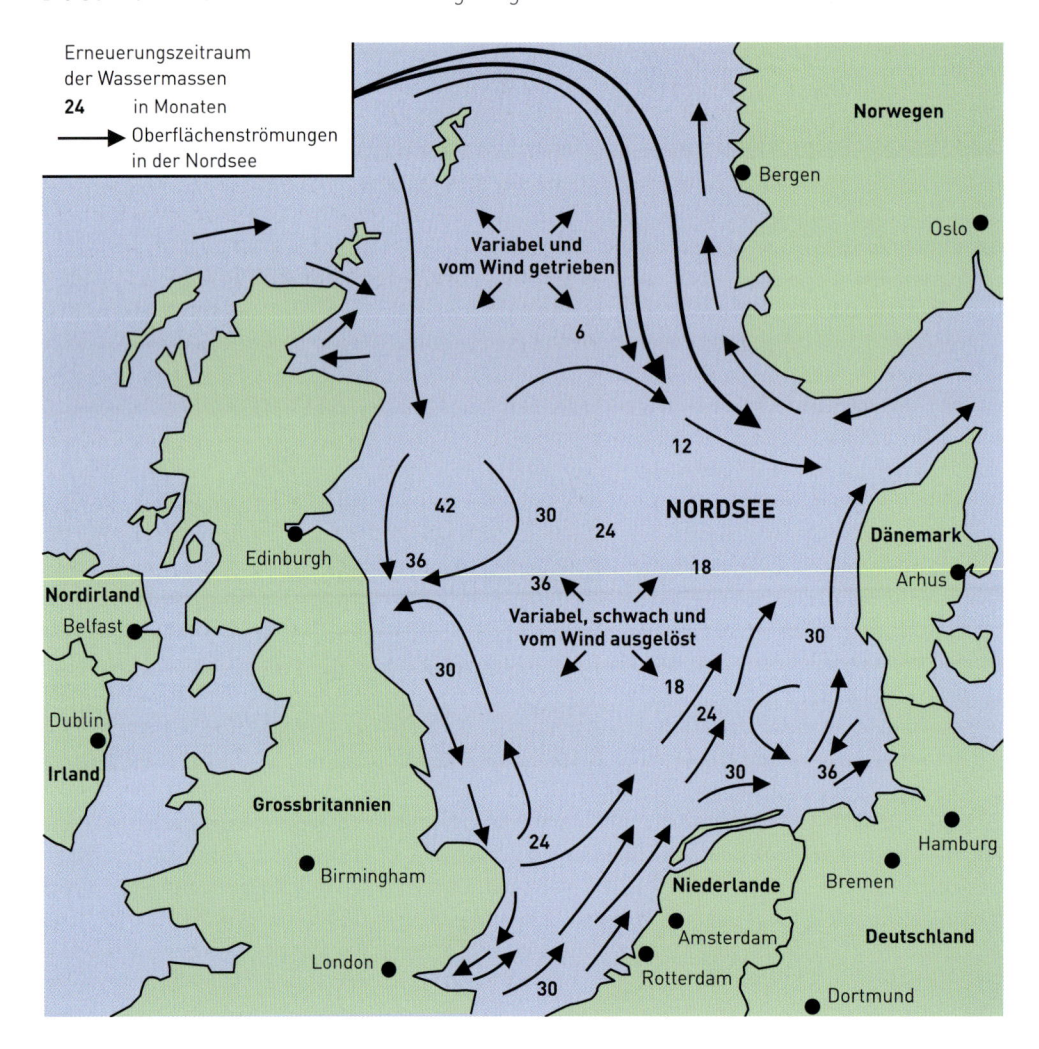

Abbildung 13.22:
Karte der Oberflächenströmungen in der Nordsee

13

Die Nordsee wird seit Jahrhunderten von den Anwohnern für die Fischerei genutzt. Da die Nordsee als Flachmeer reich an Mikroorganismen ist, baute sich eine vielfältige Nahrungskette mit über 200 Fischarten auf. Für viele Fische dient die Nordsee als Laichgebiet. Verschmutzung und Überfischung gefährden heute den Fischbestand. Dies zeigt sich daran, dass zwischen 1977 und 1997 über 200 000 t Kabeljau pro Jahr gefangen wurden, 2001 aber nur noch 50 000 t. Die EU bemüht sich um eine Regelung zur Schonung der Fischbestände und hofft auf die Durchsetzung von Fangquoten, die für 2009 auf 28 800 t Kabeljau festgelegt wurden.

Die Nordsee ist aber auch der Zugang zu den bedeutendsten Häfen Europas wie Antwerpen, Rotterdam und Hamburg. Die südliche Nordsee zählt mit mehr als 80 000 Durchfahrten zu den meistbefahrenen Schifffahrtsstrassen der Welt.

In den 1960er-Jahren wurden Erdöl- und Erdgasvorkommen in den mesozoischen Schichten unter der Nordsee entdeckt und seither durch sogenannten Offshore-Anlagen und Bohrplattformen erschlossen. Jährlich werden mehr als 250 Mio. t Erdöl und über 350 Mia. m³ Erdgas aus der Nordsee gefördert, womit sich Europa von der Abhängigkeit von Importen aus dem Nahen Osten und aus Nordafrika etwas lösen konnte.

Problemstellung
Wie stark ist das Ökosystem der Nordsee gefährdet?

Auswertung
1. Topografische Lage: Der Küstenbereich der Nordsee ist stark besiedelt. Handels- und Industriestädte säumen die Nordsee. Die global orientierte Wirtschaft beansprucht die Nordsee als Schifffahrtsstrasse, lokale Unternehmen versuchen, die traditionelle Fischerei zu erhalten, und die Bevölkerung sucht an den Küsten Erholung und freut sich an unverschmutzten Stränden und einer intakten Pflanzen- und Tierwelt. Unterschiedliche Interessen stehen einander gegenüber.
2. Im südwestlichen Teil der Nordsee befinden sich ausgedehnte Erdgasfelder, während auf dem Meeresrücken, der sich von der Doggerbank nach Norden zum offenen Atlantik hinzieht, vor allem Erdöl gefördert wird. Rund 10 000 km Pipelines sind für den Transport auf das Festland bzw. auf die Britischen Inseln verlegt worden. Obwohl strenge Vorschriften für den Abbau von Erdgas und Erdöl auf den über 400 Offshore-Plattformen gelten, gelangen über das mit dem Öl geförderte Bohrwasser trotz Ölabscheider und über den im Meer deponierten Bohrschlamm immer auch Ölrückstände und Chemikalien ins Wasser. Pannen und Unfälle stellen ein ständiges Risiko dar und belasten die Nordsee zusätzlich.
3. Die kartierten Meeresströmungen in der Nordsee zeigen auf, dass die niederländische Nordseeküste direkt im Strömungsfächer der Erdgasförderstellen vor der englischen Ostküste liegt. Schadstoffe, die in die Nordsee eingeleitet werden, belasten damit direkt die niederländische Wattenmeerküste. Die Schwemmstofffracht des Rheins ergänzt die Belastung der holländischen Wattenmeerinseln. Die Schadstoffe werden entlang der holländischen, deutschen und dänischen Nordseeküste verteilt und gelangen schliesslich über die Norwegische Rinne in den offenen Atlantik. Katastrophenszenarien, die beispielsweise von einem Tankerunfall vor der holländischen Küste ausgehen, zeichnen ein Bild ausgedehnter und stark verschmutzter Küstenlandschaften, wie sie mittlerweile aus anderen Regionen der Welt bekannt sind. Eine derartige Umweltkatastrophe würde das labile Ökosystem der Wattenmeerküste auf Jahrzehnte empfindlich schädigen.

Fazit
Unterschiedliche Ansprüche an die Nordsee führten zu einem Nebeneinander unterschiedlichster Nutzungsformen. Interessenskonflikte werden durch die Karte sichtbar gemacht, und das ökologische Gefahrenpotenzial kann zumindest in den räumlichen Auswirkungen abgeschätzt werden.

3. Raumanalyse und Landschaftswandel

Vorgehen
Geografische Räume sind komplexe Gefüge. Mit einer Raumanalyse werden Räume beschrieben und Strukturen als Folge naturgeografischer Voraussetzungen und der Inwertsetzung durch den Menschen erklärt. Vernetzungen lassen sich oftmals in einem Wirkungsgefüge darstellen, und Prozesse schlagen sich schliesslich im Landschaftswandel nieder.
Eine Raumanalyse beginnt mit einer raumbezogenen Leitfrage oder einer Problemstellung, auf die die Bereitstellung des Materials (Karten, Bildmaterial usw.) folgt.

Das weitere Vorgehen lässt sich wie folgt gliedern:

1. Die Lage des Raumes
– Topografische Orientierung: Wo ist was?
– Topografische Gliederung: Relief, Gewässer, Siedlungen usw. werden in einer Skizze festgehalten.
– Abgrenzung des Raumes und Einordnung in übergeordnete regionale, nationale Strukturen.

2. Bestandesaufnahme: naturräumliche Grundlagen, Erschliessung und sozioökonomische Inwertsetzung
– Naturräumliche Ausstattung des Raumes: Untergrund, Boden, Klima, Wasser, Flora und Fauna.
– Ressourcenpotenzial: die Eignung des Raumes für bestimmte wirtschaftliche Aktivitäten (Eignung für die Landwirtschaft, Rohstoffabbau, Wasserkraft zur Energiegewinnung usw.).
– Raumerschliessung: Siedlungen und Verkehrsnetz, Versorgung und Entsorgung.
– Bevölkerung und Gesellschaft: soziokulturelle Hintergrundinformationen.
– Wirtschaftliche und politische (interne und externe) Steuergrössen, die die Inwertsetzung des Raumes prägen.

3. Konflikt- und Problemfelder
– Interessenkonflikte in der Raum- und Verkehrsplanung (z. B. Moorschutz, Flughafenanflugrouten, Ausbau des Bahn und Strassennetzes, zweite Autobahnröhre am Gotthard u.a.m.).
– Spannungsfeld Wirtschaft und Umwelt (z. B. Ausbau der Grimselkraftwerke, Erschliessung von Zermatt, Wengen und Mürren für den privaten Autoverkehr, Bau neuer touristischer Transportanlagen im Alpenraum usw.).
– Geopolitische Konfliktbereiche (z. B. Wasserfrage im Nahen Osten, Bürgerkrieg im Sudan, Kurdistan usw.).

4. Beurteilung des Raumes
– Zusammenfassung der wichtigsten Erkenntnisse in Bezug auf die Leitfrage.
– Bedeutung der Ergebnisse für die regionale, nationale und globale Ebene.

5. Landschaftswandel
– Erfassen und Beurteilen des Landschaftswandels mit zeitversetzten Raumaufnahmen (alte Karten, Bilder, Textquellen usw.).
– Dynamik einer Landschaft: Prozesse, die eine Landschaft verändern.
– Perspektiven und Visionen: Wie wird sich der Raum weiterentwickeln? Welche Alternativen gibt es?

Beispiel: Landschaftswandel im St. Galler Rheintal bei Sargans

Übersicht

Bei Sargans teilt sich das Tal: Der Rhein fliesst durch das Rheintal nach Norden zum Bodensee, nach Westen zweigt das Seeztal zum Walensee ab. Der Rhein mäandrierte früher in der weiten Talebene von Sargans. Im 19. Jahrhundert begann man, den Rhein einzudämmen und zu begradigen. Die gesamten Meliorationsarbeiten in der Sarganserebene wurden dann aber erst 1968 abgeschlossen.

Im Rheinbett gut erkennbar sind die Kies- und Sandbänke, die abwechslungsweise beide Ufer säumen. Diese Aufschüttung ist hier auf das geringe Gefälle und die grosse Geschiebefracht zurückzuführen. (Die Feststofffracht des Rheins beträgt rund 3,5 Mio. m^3 pro Jahr, und sein Delta wächst jährlich 23 m weiter in den Bodensee hinaus).

Ab dem Fläscherberg bis zur Mündung in den Bodensee ist der Rhein Grenzfluss zwischen der Schweiz und dem Fürstentum Liechtenstein bzw. Österreich (Ausnahme bei Diepoldsau).

1938: Der Talboden wird intensiv genutzt und ist geprägt durch das geometrische Muster der Melioration. Unterbrochen wird diese Struktur auf der Höhe von Sargans durch buschgesäumte, kleine Wasserläufe.

Da der Rhein in früherer Zeit oft über seine Ufer trat, liegen die alten Dorfkerne meist am Rand des Tales überschwemmungssicher auf Schwemmkegeln am Hangfuss oder auf Terrassen.

Landschaftsfenster St. Galler Rheintal

Ursprünglich floss der Rhein von Sargans aus nach Westen in das Gebiet des Zürichsees. Als er dann den Felsriegel des Fläscherbergs durchbrechen konnte, entwässerte er im heutigen Talbett nach Norden. Der eiszeitliche Rheingletscher schuf die Weite des Tales und hob den Taltrog fast bis auf Meeresniveau aus. Später wurde dieser Trog vom Geschiebe des Rheins und den Schwemmkegeln der Seitenflüsse zur grössten Schwemmebene der Schweiz aufgeschüttet.

In früherer Zeit war das Rheintal eine naturnahe Flusslandschaft, die immer wieder überschwemmt wurde. Die Verhältnisse verschlimmerten sich noch, als im 18. Jahrhundert die Seitenbäche als Folge von Kahlschlägen gewaltige Schuttmassen ins Tal brachten, die der Rhein nicht zu verfrachten vermochte. Eine koordinierte und umfassende Korrektion wurde erst durch mehrere Staatsverträge (1827, 1871, 1927, 1954) zwischen der Schweiz und Österreich möglich.

Die landwirtschaftliche Nutzung ist breit gefächert; Graswirtschaft, Obst-, Acker-, Gemüse- und Weinbau werden betrieben.

Abbildung 13.23: Landschaftswandel im St. Galler Rheintal zwischen 1938 und 2000 (62 Jahre)

Geografische Arbeitsmethoden

13

Landschaftswandel zwischen 1938 und 2000 (62 Jahre)

Im Laufe von rund sechs Jahrzehnten hat sich die Region Sarganserland stark verändert. Der Mensch nutzt insbesondere den Talboden immer intensiver. Die Siedlungsfläche hat stark zugenommen und sich zunehmend auch in die ehemals oft überschwemmten Gebiete ausgedehnt. Sargans hat sich zunehmend auch in Richtung Südwesten auf der anderen Seite der Bahnlinie ausgedehnt; die Siedlungsfläche hat sich mehr als verdoppelt.

Nach dem Autobahnbau in den 1970er-Jahren dehnte sich die Siedlungsfläche noch stärker ins Grossfeld aus, sodass Sargans und Mels beinahe zusammengewachsen sind. Neue Freizeit- und Sportanlagen, aber auch grössere Industriekomplexe wurden in der Nähe der Autobahnausfahrt und östlich des Bahnhofs von Sargans realisiert. Dabei wurden einige Teile der traditionellen Kulturlandschaft (Hecken und Hochstammobstgärten/Hofstätten) zerstört. Die Sarganser Au im Nordosten von Sargans wird dagegen immer noch intensiv landwirtschaftlich genutzt; die meliorierte Flur blieb dabei weitgehend unverändert.

4. Bildinterpretation

Das Bild ist ein wichtiger Ersatz für die originale Raumbetrachtung. Bei der Bildinterpretation ist jedoch darauf zu achten, dass ein Bild nur einen Ausschnitt und eine Momentaufnahme des abgebildeten Objekts zeigt. Verallgemeinerungen sind demzufolge nur begrenzt möglich. Eine Bildanalyse kann jedoch mit ergänzenden Informationen aus anderen Quellen (z. B. Kartenmaterial) unterstützt werden; die Aussagen können so vertieft werden.

Luft- und Satellitenbilder werden in der Geografie häufig für Landschaftsanalysen eingesetzt. Mit Google Earth lassen sich auch schwer zugängliche Regionen der Erde geografisch erkunden. Am Beispiel des Mount Kenya soll hier ein Satellitenbild interpretiert und mit Hintergrundinformationen ergänzt werden:

Naturraum

Oberflächenformen und Geologie

Profil des Mount Kenya bis zur Vulkanruine des Mount Marsabit. Dunkelgraue, in den Trockengebieten kaum verwitterte und deshalb weitgehend vegetationslose Lavaplateaus bedecken grosse Teile des Landes.

Die Mathews Range ist ein nichtvulkanischer Horst, entstanden im Zusammenhang mit den gehobenen Grabenrandschollen.

Im äussersten Norden des Bildes treten grauweisse Farbtöne auf. Es sind Salzausblühungen einer zur Regenzeit überfluteten Salztonebene, der Chalbi Desert. Sie ist die einzige wirklich vegetationsfreie Wüste im Bereich des Satellitenbildes. Über sie hinaus reicht lediglich eine relativ vegetationsarme Fläche im Regenschatten des Mount Marsabit, die man als Randwüste bezeichnen könnte.

Klima

Das Klima Kenias ist vorwiegend trocken, besonders im Bereich des von diesem Ausschnitt erfassten Areals im Nordosten des Landes, obwohl der Äquator unmittelbar durch den Südteil des Bildes verläuft.

Es fehlt die äquatoriale Regenwaldzone, weil die zentralafrikanische und die ostafrikanische Schwelle die feuchtigkeitsbeladenen, aber flachen innertropischen Westwinde abhalten. Deshalb sind in Nordostkenia die Regen normalerweise auf die Zeiten kurz nach den Sonnenwenden (21. März und 23. September) mit Maxima im April und Oktober beschränkt. Sie ergeben zusammen aber meist weniger als 500 mm im Jahr.

Bildinterpretation

Abbildung 13.24:
Mount Kenya

Geografische Arbeitsmethoden

Der zum Aufnahmezeitpunkt herrschende Nordostpassat weht küstenparallel und ist deshalb relativ trocken. Nur der Südostpassat, der zur Zeit des Nordsommers auftritt, kommt direkt vom Meer. Er verursacht denn auch Stauwolken und Stauniederschläge am Südosthang des Mount Kenya. Lediglich an den Luvhängen stauen sich die Passate und bringen dort oberhalb von 1500 m auch während der Trockenzeiten Regen.

Hydrologie

Der Mount Kenya ist das einzige «Wasserreservoir» des Gebietes. Dort stauen sich sowohl die Südost- als auch die Nordostpassate. Da die Südostpassate vom Meer her kommen, bringen vor allem sie den Niederschlag. Oberhalb von 1500 m bringen auch die Nordostpassate während der Trockenzeit Feuchtigkeit durch leichte Stauniederschläge.

Bewässerung lohnt sich finanziell nur in den Gebieten, wo das Wasser reichlich zur Verfügung steht und gute Böden vorhanden sind, d. h. nur in den Halbwüsten, wo man Grundwasserwälder vorfindet, oder in Schwemmlandsümpfen. Die Flächen sind aber sehr klein und benötigen ausserdem Entwässerung, weil sie in der Regenzeit überflutet werden.

Vegetation

In der Gipfelregion des Mount Kenya liegt die Waldgrenze bei 3300 m ü. M. Oberhalb dieser Grenze nimmt das Hauptkondensationsniveau wieder ab, d.h., es gibt weniger Niederschlag. Zudem lässt die Kälte weniger Vegetation aufkommen.

Im Übergangsbereich zwischen den Bergen und dem Tiefland findet man Trockensavanne.

In den nördlich gelegenen Tiefländern fällt meist weniger als 500 mm Niederschlag pro Jahr. Deshalb herrschen hier Halbwüsten (nordöstliche Tiefländer) und Dornsavannen (etwas höher gelegene Gebirgsfussregionen) vor.

Lediglich die Luvhänge der meist vulkanischen Berge fallen durch höhenwärts zunehmend intensivere Grüntönung der Feuchtsavannen, des Kulturlandes und der Bergwälder auf.

Kulturraum

Siedlung

Das für die Landwirtschaft gut geeignete Land ist bereits kultiviert und aufgrund der Erbteilung (Realteilung/Kleinbetriebe) überbevölkert. Gleichzeitig nimmt die Bevölkerung nach wie vor um 3% pro Jahr zu, d.h., sie verdoppelt sich etwa alle 25 Jahre. Die Möglichkeiten der Neulanderschliessung sind hingegen begrenzt, und die Leute weichen in Gebiete aus, die ein Missernterisiko von 20 bis 50% (lichtes Grün/Trockensavanne) oder ein solches von 40 bis 60% aufweisen (Dornsavanne/bräunliche Zone).

Wirtschaft

Es wird praktisch nur gemischte traditionelle Agrarwirtschaft der Tropen (Maisanbau und Kaffeeproduktion) betrieben. Das ohne Dürrerisiko anbaufähige Land in Kenia ist sehr begrenzt verfügbar. Es muss im Durchschnitt mindestens 900 mm Jahresniederschlag erhalten, damit auch in trockenen Jahren eine Ernte gesichert ist. Dies ist auch für die Dauerkultur Kaffee ausreichend, das wichtigste Verkaufsprodukt Kenias. Als Ergänzung zur Ernährung werden vor allem Bananen und Bohnen angepflanzt.

Verkehr

Eine Ringstrasse, die von Nairobi aus erreicht werden kann, führt um den Mount Kenya. Eine Eisenbahnlinie verbindet zudem Nanyuki mit Nairobi.

Dynamik

Die Entwicklungszusammenarbeit muss in den Gebieten mit zu wenig Niederschlag ansetzen:

Trockensavanne (lichtes Grün)
- Beratung und Kleinkredite zur Sicherung und Steigerung der Erträge durch Massnahmen zur Abflussreduzierung, Bodenkonservierung und Düngung;
- Einführung des Feldfutterbaus und der Silierung zur Intensivierung der Viehhaltung;
- Aufbau von Baumschulen zur Pflanzung anspruchsloser Futter- und Fruchtbäume als Kompensation zur Abholzung.

Dornsavanne (bräunliche Zone)
- Züchtung anspruchsloser Sorten und Einführung neuer Kulturpflanzen;
- Einführung neuer Techniken, die den Abfluss der Hänge zu einer einfachen Zusatzbewässerung ausnutzen.

Nichtanbaufähige Dornsavanne (helle Tönung/Desertifikation)
- Wiederaufbau und Verbesserung der Weiden durch Einsaatprogramme;
- Erhaltung der Weiden durch Einführung der Weiderotation;
- Erhöhung der Produktivität durch Zuchtzentren.

Bewässerung
- Lohnt den hohen Kapitalbedarf nur dort, wo Wasser reichlich zur Verfügung steht und gute Böden vorhanden sind.

Fazit
- Alle Anstrengungen bringen nur eine zeitweilige Lösung, wenn es nicht gelingt, den Bevölkerungszuwachs einzudämmen.
- Grundvoraussetzung dafür wäre der Aufbau einer Altersversorgung und einer Krankenversicherung, damit nicht mehr allein die Kinder die finanzielle Sicherheit bei Krankheit und im Alter tragen müssten.

5. Statistik und Diagramm

Medien präsentieren verschiedenste Diagrammformen, um den Wahrheitsgehalt ihrer Aussagen zu untermauern: Balken-, Kreis- und Kurvendiagramme werden dazu am häufigsten eingesetzt. Man möchte dadurch ein ermüdendes Zahlenlesen umgehen und stattdessen durch eine übersichtliche Grafik ein schnelleres und leichteres Verständnis ermöglichen. Ein sorgfältiger Umgang mit Diagrammen verhindert, dass man in die Irre geführt wird.

Diagramme sind grafische Darstellungen von Zahlenwerten. Ihre Vorzüge sind:
- Es wird eine im Vergleich zur Zahlentabelle höhere Anschaulichkeit erreicht. Das Auge nimmt bekanntlich optische Aussagen schneller und dauerhafter auf als abstrakte Zahlenreihen.
- Komplexe Zusammenhänge werden vereinfacht und zentrale Aussagen durch geeignete Darstellungsarten klar hervorgehoben.
- Mehrere Sachverhalte lassen sich gleichzeitig überschaubar machen, Entwicklungen kann man damit auf einen Blick erfassen.

In diesen Vorzügen liegen aber auch die entscheidenden Schwächen eines Diagramms begründet:
- Die Aussagegenauigkeit ist geringer als die einer Statistik.
- Durch eine gezielte Wahl bestimmter Darstellungsarten lassen sich Inhalte und Aussagen leicht manipulieren, indem z. B. der Blick des Betrachters einseitig auf die vom Zeichner gewünschte Bewertung der dargestellten Sachverhalte gelenkt wird.

Verschiedene Diagrammformen

Kurvendiagramme (siehe z. B. S. 22)
Sie eignen sich
- vor allem für die grafische Darstellung von Zeitreihen, insbesondere wenn eine grössere Zahl zeitabhängiger Daten wiederzugeben ist, und
- für den Vergleich verschiedener Beobachtungszeitreihen.

Beachtet werden muss,
- dass auf der Abszisse und Ordinate keine Verzerrungen vorgenommen werden (z. B. durch eine Verkürzung der Zeitintervalle auf der Abszisse oder eine übertriebene Einheitenwahl auf der Ordinate), die die Aussagen optisch verfälschen könnten.

Flächendiagramme (siehe z. B. S. 208)
Flächendiagramme sind erweiterte Kurvendiagramme, in denen die Kurven übereinander angeordnet und die Flächen zwischen den Kurven durch Schraffuren oder Farben kenntlich gemacht werden.

Flächendiagramme eignen sich
- für die Darstellung der Entwicklung der Gesamtgrösse und der Teilgrössen während eines bestimmten Zeitraumes.

Beachtet werden muss,
- dass auf der Abszisse und Ordinate keine Verzerrungen vorgenommen werden (z. B. durch eine Verkürzung der Zeitintervalle auf der Abszisse oder eine übertriebene Einheitenwahl auf der Ordinate), die die Aussagen optisch verfälschen könnten.

Kreisdiagramme (siehe z. B. S. 192)
Der Kreis wird in mehrere Segmente eingeteilt, deren proportionaler Anteil den Teilkomponenten der Gesamtmenge entspricht. Will man die Gesamtmengen in verschiedenen Jahren nicht nur relativ, sondern auch absolut wiedergeben, stellt man verschieden grosse Kreise nebeneinander.

Kreisdiagramme eignen sich
- vor allem für die Darstellung der prozentualen Zusammensetzung einer Gesamtmenge.

Beachtet werden muss,
- dass auch die absolute Bezugsgrösse aus der Darstellung hervorgeht.

Säulen- und Balkendiagramme (siehe z. B. S. 209)
Balkendiagramme unterscheiden sich von Säulendiagrammen lediglich durch die horizontale Lage der Stäbe.

Sie eignen sich
- vor allem für die Veranschaulichung statistischer Grössen in einer zeitlichen oder räumlichen Folge.

Beachtet werden muss,
- dass die Höhenskala bei null beginnt,
- dass die Höhenskala proportional zu den dargestellten Zahlen gewählt wird und
- dass bei Zeitreihen das Säulendiagramm verwendet wird.

Mithilfe eines Computerprogramms (etwa Excel) lassen sich heute schnell und mühelos Diagramme anfertigen. Um häufig begangene Fehler zu vermeiden, empfiehlt es sich, in folgenden Schritten vorzugehen:
– das Thema des Diagramms festlegen,
– eine für das Zahlenmaterial geeignete Diagrammform wählen,
– Skalierung und Massstab festlegen,
– gut unterscheidbare Linien, Schraffuren und Farben wählen,
– wesentliche Bestandteile des Diagramms beschriften (Einheiten, Massstab),
– Titel und Angabe über die Datenquelle erstellen,
– Diagramm im Hinblick auf die Informationsübersicht und Aussage überprüfen.

Für die Anfertigung von Diagrammen kann das Zahlenmaterial durch eigene Messungen (z. B. Temperaturwerte), Zählungen (z. B. Verkehr), Befragungen (z. B. Umweltverhalten) oder aus statistischen Unterlagen (z. B. Bundesamt für Statistik, Fischer Weltalmanach) zusammengetragen werden.

6. Kurzmeldungen

Allgemeines
Randnotizen und Kurzmitteilungen, manchmal von Redaktoren verfasst, meist jedoch von einer Agentur übernommen, werden in Zeitungen oft als Lückenfüller eingesetzt. In den Nachrichtensendungen von Radio und Fernsehen finden sich Kurzmeldungen ohne Hintergrundkommentar etwa gegen das Ende der Sendung. Damit wird zum Ausdruck gebracht, dass dem Inhalt im Tagesgeschehen untergeordnete Bedeutung beigemessen wird.
Da Kurzmeldungen häufig von einer Agentur übernommen und von der Redaktion kaum durch eine Recherche überprüft werden, ist es durchaus möglich, dass sich eine derartige Meldung später als «Ente», d. h. als unwahre Geschichte, entpuppt.
Bekannt geworden ist etwa die Meldung des Untergangs von Tuvalu: Die NZZ druckte in der Wochenendausgabe vom 17./18. November 2001 eine Meldung der deutschen Presseagentur dpa, nach der die 11 000 Einwohner des Südseeinselstaates Tuvalu ihre Heimat verlassen müssten, da der ansteigende Meeresspiegel die Inseln bedrohe. In der Ausgabe 52/2001 (S. 71) entlarvte der «Spiegel» die Meldung später als Ente.
Kurzmeldungen mit geografischem Inhalt können aber durchaus informativ sein, sofern man sie als Teil eines Puzzles auffasst, das mit Hintergrundinformationen so weit zu ergänzen ist, dass ein Gesamtbild sichtbar und die Bedeutung der Kurzmeldung in einem grösseren Zusammenhang erkennbar wird.

Beispiel
Schweizerische Depeschenagentur (sda) vom 4. September 2009:

Unwetter in Burkina Faso fordern mehrere Todesopfer
Starke Regenfälle haben in Burkina Faso acht Menschenleben gefordert. Mehr als 150 000 Menschen sind nach Angaben von Ministerpräsident Tertius Zongo obdachlos geworden. Etwa 130 000 Obdachlose fanden den Angaben zufolge Zuflucht in Schulen.

13

Die Hauptstadt des westafrikanischen Staates war neben sieben weiteren Regionen von den Überschwemmungen besonders betroffen. In Ouagadougou und Vororten sind den neuesten Berichten zufolge mehr als 24 000 Wohnhäuser zerstört worden, in den übrigen Landesteilen etwa 180 weitere.
Über der Region waren am Dienstag binnen zehn Stunden 30 Zentimeter Regen niedergegangen. Derart starke Regenfälle gab es laut Wetterdienst zuletzt 1919.
(sda)

Abbildung 13.25:
Überschwemmte Strassen in Ouagadougou

Auswertung

(a) Textbearbeitung
Beim Durchlesen der Meldung sind geografische Schlüsselbegriffe und unklare Textstellen hervorzuheben.

(b) Begriffserklärung
– Topografische Orientierung: Burkina Faso ist ein Binnenstaat in Westafrika, hat also keinen direkten Zugang zum Meer und gehört mit einem Human Development Index von 0,389 (Rang 177 in der Weltrangliste, vgl. S. 293) zu den ärmsten Ländern der Welt. Die Hauptstadt Ouagadougou zählt heute über eine Million Einwohner und liegt in der Sahelzone (Zone der Dornsavanne, vgl. S. 359).

(c) Kernaussage
Starke Niederschläge führten im September 2009 zu katastrophalen Überschwemmungen.

(d) Hintergrundinformationen
Die Sahelzone erstreckt sich am Südrand der Sahara (arab «Sahel» = Ufer [der Wüste]) von

Senegal und Mauretanien quer durch den afrikanischen Kontinent bis nach Äthiopien und Eritrea. Dornbüsche und trockenresistente Gräser charakterisieren die Vegetation, die als Übergangszone von der Savanne zur Wüste gilt. Die Zone gehört klimatisch zu den wechselfeuchten Tropen: Eine kurze Regenzeit im Nordsommer beim höchsten Sonnenstand ermöglicht den Ackerbauern und Viehzüchtern in der Region das Überleben. Allerdings wird das Klima auch durch eine hohe Variabilität (starke Niederschlagsschwankungen von Jahr zu Jahr) gekennzeichnet (Abb. 13.26).

(e) Zusammenfassung
Die starken Niederschläge wirkten sich in Ouagadougou katastrophal aus, starke Niederschlagsschwankungen sind aber im Sahel, wie das Auftreten von Dürren, nichts Aussergewöhnliches.

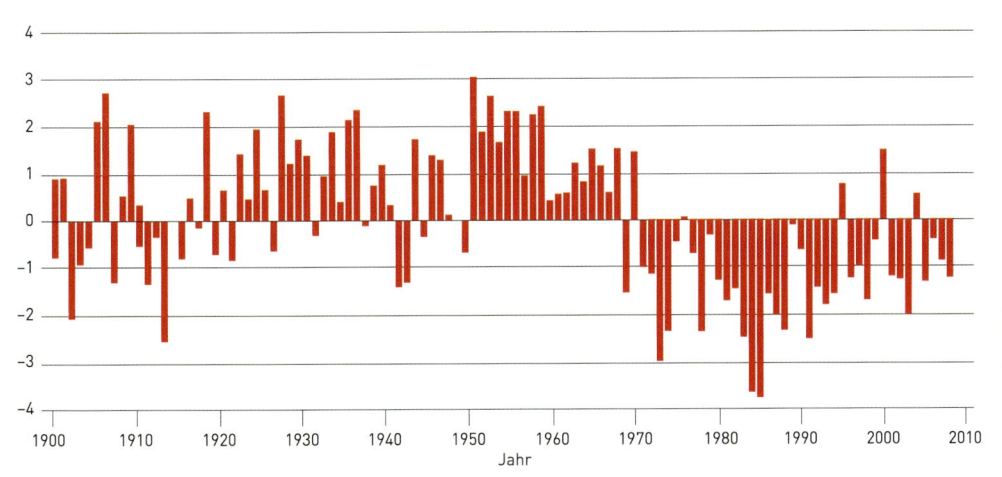

Abbildung 13.26: Niederschläge, gemessen an den Wetterstationen zwischen 10°N und 20°N und 20°W bis 10°E. Angegeben werden die Standardabweichungen vom Durchschnitt 1900–2008 (Quelle: JISAO).

7. Informationsbeschaffung im Internet

Gerade auch für geografische Fragestellungen steht im Internet ein riesiges Informationsangebot zur Verfügung. Im Gegensatz zu den Printmedien (Zeitungen, Fachliteratur) und zum Fernsehen können im Internet Informationen ohne kritische Überprüfung angeboten werden. Es liegt allein am Nutzer, den Wahrheitsgehalt und die Qualität einer Information zu beurteilen und zu entscheiden, ob und wie er die Informationen einsetzen will. Internetseiten mit dubioser Autorenschaft verlangen nach einer besonders kritischen Sichtung und sind eher zu verwerfen als das Informationsangebot eines anerkannten Autors, einer Universität oder einer öffentlichen Amtsstelle. Über fachlich anerkannte Institutionen und das Linkangebot seriöser Anbieter gelangt man oft rascher zum Ziel als durch eine planlose Sucherei im gesamten Netz.

So vermittelt beispielsweise «Stromboli online» (www.swisseduc.ch/stromboli/index-de.html) nicht nur gute Informationen zum Vulkanismus in Italien, sondern bietet auch kommentierte Links zu anderen, weiterführenden Adressen an. www.admin.ch öffnet dem Nutzer die Bundesverwaltung, wo Gesetze (z. B. das Raumplanungsgesetz), Materialien (z. B. Daten zur aktuellen Luftbelastung), aber auch Kontakte zu Amtsstellen angeboten werden.

Allerdings wird der Nutzer bei Bundesstellen (z. B. Bundesamt für Statistik: www.bfs.admin.ch), halbamtlichen Stellen (www.meteoschweiz.ch) und elektronischen Zeitungen (www.nzz.ch) rasch merken, dass Archive, die für geografische Recherchen von Bedeutung sind, sich oft nur kostenpflichtig öffnen lassen. Für Bildungsinstitutionen werden aber häufig besondere Konditionen angeboten.

Geografische Arbeitsmethoden

13

Abbildung 13.27:
Ozonverteilung über der Antarktis am 26. September 2009 in Dobson Units

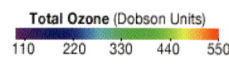

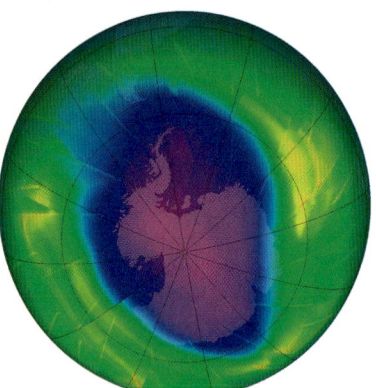

Fehlen direkte Hinweise auf nützliche Adressen zu einem bestimmten Thema, stehen dem Nutzer im Internet Suchprogramme zur Verfügung. Dabei hat sich Google als bekanntester Suchdienst durchgesetzt. Sogenannte Metasucher wie www.metagopher.com kombinieren mehrere Suchdienste miteinander und bieten breiter abgestützte Ergebnisse an. Um rasch fündig zu werden, ist es unerlässlich, sich eine Suchstrategie zurechtzulegen. Vor dem Einstieg ins Internet empfiehlt sich das Anlegen einer Liste mit Schlüsselbegriffen (in Deutsch und eventuell in Englisch) zum Thema.

Google bietet nicht nur Webadressen zum Thema («Web»), sondern man kann sich direkt für eine Bildersuche («Bilder») entscheiden. Gerade für geografische Recherchen empfiehlt sich oft ein solches Vorgehen, werden doch nicht nur Fotos, sondern auch Karten, Grafiken und Schaubilder unter dieser Rubrik aufgeführt und verkleinert als Thumbnails vorgestellt.

Die Suche lässt sich zudem auf deutschsprachige Seiten oder auf Adressen aus der Schweiz (.ch) einschränken. Videoclips lassen sich ebenfalls über «Google Videos» auffinden, und mit «www.youtube.com» hat man Zugriff auf eine grosse Auswahl an kurzen Filmen, deren Qualität allerdings zum Teil zu wünschen übrig lässt.

Doch nicht nur eine effiziente Suchstrategie ist die Voraussetzung, um rasch im Internet fündig zu werden, die aufgerufenen Informationen sollten auch hinsichtlich der Qualität und Brauchbarkeit beurteilt und bewertet werden.

Am Beispiel des stratosphärischen Ozons soll das Vorgehen exemplarisch aufgezeigt werden:
Aufgabe: Eine Karte der Ozonverteilung in der Stratosphäre über der Antarktis soll zum Zeitpunkt des Minimums («Ozonloch») für das Jahr 2009 gefunden werden.
Mögliche Schlüsselbegriffe: «Ozonloch», «Antarktis», «Ozone hole», «ozone depletion».

Für «Ozonloch» liefert Google an erster Stelle den Wikipedia-Beitrag zum Thema. Ein Link zu aktuellen Karten und zu einem Archiv fehlen aber. Ebenfalls gut verständliche Informationen erhalten wir bei der «Ozonloch-Tour» des Centre for Atmospheric Science der University of Cambridge, www.atm.ch.cam.ac.uk/tour/tour_de. Leider wurde die Redaktion der Seite 1999 aufgegeben, sodass man auch über diese Homepage dem Ziel nicht näherkommt. (Nicht aktualisierte Homepages sind ein zunehmendes Problem im Internet und zwingen den Benutzer auch in dieser Hinsicht zu einem vorsichtigen Umgang mit Informationen.)

Über den Suchbegriff «Ozone hole» öffnet sich mit www.theozonehole.com eine interessante Seite: Englischsprachig wird die Entstehung des «Ozonlochs» u.a. mit Videoclips anschaulich erläutert, und beim Aufruf des Jahres 2009 lässt sich ablesen, dass das antarktische Minimum des stratosphärischen Ozons mit 94 Dobson Units (vgl. S. 161) am 26. September 2009 erreicht wurde. Bereits am 17. September erreichte das Ozonloch seine grösste Ausdehnung. Über «Ozone Hole Images September 2009» können die Karten der täglichen Ozonverteilung aufgerufen werden, so auch für den 26. Dezember 2009.

Die TOMS-Messungen (Total Ozone Mapping Spectrometer: http://jwocky.gsfc.nasa.gov) der Nasa (National Aeronautics and Space Administration), auf die im Internet häufig verwiesen wird, wurden Ende 2005 eingestellt. Aktuelle Werte liefert die Nasa heute über ozonewatch.gsfc.nasa.gov. Auch über diese Adresse ist es möglich, eine Karte zum 26. September 2009 aufzurufen.

8. Datenerhebung im Gelände

Begehungen vor Ort dienen dem genauen Erfassen von einzelnen überblickbaren geografischen Teilräumen oder von Prozessen, die sich darin abspielen. Datenerhebungen vor Ort zeigen aber auch, dass die Realität oft komplexer bzw. schwieriger zu interpretieren ist, als es theoretische Modelle erwarten lassen.

Planen und Durchführen von Datenerhebungen im Gelände
Frage- oder Problemstellung formulieren
Vor einer Geländebegehung ist es unerlässlich, die Frage- oder Problemstellung präzise und klar als Text zu formulieren. Die Vorgehensweise zur Problemlösung muss ebenfalls schriftlich formuliert werden. Dabei ist es unerheblich, aus welchen Teilbereichen der Geografie die Fragestellungen stammen, ob es sich also um die Herkunft von Kunden eines Einkaufszentrums oder um die Messung von Wassermengen an einem Bach handelt. Die Untersuchungen haben zum Ziel, bestimmte Prozesse, Abläufe, räumliche Zusammenhänge oder die Funktion von Objekten besser verstehen zu können.

Arbeitstechniken vor Ort
Vor Ort geht es darum, Informationen zu sammeln, um die Frage- oder Problemstellung beantworten zu können bzw. Hinweise zu deren Lösung zu erhalten. Je nach Problemstellung müssen verschiedene Techniken, meistens in Kombination, angewendet werden.

Zu den wichtigsten gehören:

Messen und Zählen
Beim **Messen** wird der Wert einer Grösse bestimmt. Dazu braucht es meistens ein Messgerät. Unerlässlich ist ein genaues Messprotokoll. Darin werden die Messwerte und der Ort und Zeitpunkt der Messungen protokolliert. Ohne detailliertes Messprotokoll können die Messungen anschliessend nicht korrekt ausgewertet und interpretiert werden. Als Beispiel kann die Messung der Lufttemperatur entlang einer bestimmten Route zwischen Stadtzentrum und Umland erwähnt werden. Je nach Messung empfiehlt es sich, auf einer Karte die Messpunkte genau zu vermerken. Durch **Zählen** werden Quantitäten erfasst. Wie bereits beim Messen braucht es auch beim Zählen genaue Protokolle. Ort und Zeit der Zählung müssen ebenso klar ersichtlich sein wie die Merkmale der zu zählenden Objekte.

Beobachten und Dokumentieren
Durch genaues Beobachten werden bestimmte Merkmale, Prozesse oder Strukturen bewusst wahrgenommen. Beobachtungsergebnisse sind im Feld entweder bildlich (Skizzen) oder mit kurzen Texten zu protokollieren. Dazu gehören genaue Angaben zum Ort und Zeitpunkt der Beobachtung wie auch die genaue Beschreibung der beobachteten Phänomene. Beispielsweise können in einem Geländeausschnitt bestimmte Geländeformen beobachtet und kann deren räumliche Verteilung erfasst werden. Skizzen zwingen zum genauen Beobachten eines Sachverhaltes vor Ort. Die elektronische Fotografie eröffnet neue Möglichkeiten, kann das Bildmaterial doch gleich ausgewertet und weiterverarbeitet werden.

Befragungen
Umfragen mit Fragebogen drängen sich auf, wenn sich möglichst viele Personen zu den gleichen Fragen äussern sollten. Zur Datenerhebung wird ein Fragebogen verwendet. Damit können innerhalb kurzer Zeit viele Personen erreicht werden, und ein standardisierter Fragebogen stellt sicher,

Geografische Arbeitsmethoden

dass alle Befragten nach demselben Schema befragt werden und zu denselben Fragen Stellung nehmen können. Auf dem Fragebogen muss die Zielsetzung der Umfrage formuliert werden, ebenso wer sich verantwortlich für die Umfrage zeigt und an wen die ausgefüllten Fragebogen zurückgehen. Bei Fragebogen muss die Fragestellung kurz angegeben werden. **Standardisierte Interviews** sind strukturierte Gespräche mit gezielt ausgesuchten Personen, die sich als Experten oder als Betroffene zu bestimmten Sachfragen äussern. Neben rein sachlichen Aussagen können in Interviews auch persönliche Haltungen und Wertungen durchschimmern.

Damit Interviews auch Resultate liefern, ist es unerlässlich, sie vorzubereiten, die zu stellenden Fragen zu notieren und bei der Durchführung auf Suggestivfragen zu verzichten.

Kartieren

Die räumliche Verteilung bestimmter Sachverhalte wird kartografisch erfasst und dargestellt. Eigene Beobachtungen im Gelände, eigens gesammelte Informationen liefern die Grundlage für eine eigene Karte. Beim Kartieren im Gelände muss mit grossmassstäblichen Karten (1:25 000 oder 1:10 000) oder mit hochauflösenden Ortsplänen (1:1000) als Grundlage gearbeitet werden. Vorgängig zur Kartierung im Gelände müssen die zu beobachtenden Sachverhalte definiert und in eine Kartierungsliste aufgenommen werden. Im Gelände werden die Sachverhalte in einer Orientierungskarte festgehalten und die Beobachtungen protokolliert. Karten sind das wohl wichtigste Medium in der Geografie und für viele Darstellungen räumlicher Sachverhalte geeignet. Vor der Ausgestaltung der definitiven Karte muss festgelegt werden, welche Elemente zur Darstellung kommen, welche Symbole, Signaturen und Farben verwendet werden.

Auswerten und Darstellen der gewonnen Informationen

Je nach Fragestellung des Projektes kommen verschiedene Darstellungsmethoden der gesammelten Informationen infrage. Die gebräuchlichsten sind:

Datenblatt/Tabelle

Ort	Zeit	Lufttemperatur in °C (1,5 m ab Boden)
Kantonsschule		
Kreuzung Herrenweg/Rüttenenstrasse		
Kreuzung Bielstrasse/Konzertsaal		
Franziskanertor		
Stadtzentrum (Friedhofplatz)		
Messgerät		

Beobachtungsprotokoll und -skizze

«... im ehemaligen Gletschervorfeld des Rhonegletschers bei Gletsch kann ich mehrere längliche Moränenwälle erkennen. Dabei handelt es sich teilweise um End- bzw. um Seitenmoränen. Im Vergleich mit historischen Fotografien kann ich erkennen, dass es sich bei den äussersten Moränen um ältere Gletscherstände als um diejenigen von 1856 handelt ...»
8. Juli 1999

Skizze

Verlauf der Schliffgrenze beobachten; verschiedene Moränenstände im Vorfeld des heutigen Rhonegletschers erfassen.

Fragebogen zur Erfassung der Länge des Schulweges und der Art der verwendeten Verkehrsmittel

Im Rahmen eines Statistikkurses an unserer Schule möchten wir herausfinden, wie viel Zeit du für deinen Schulweg benötigst, wie viele Kilometer du auf dem Hinweg zurücklegst und welche Verkehrsmittel (FU: zu Fuss; FA: Fahrrad; MO: Roller, Töffli oder Motorrad; ÖV: öffentliche Verkehrsmittel; PW: Auto) du verwendest. Ausgefüllten Fragebogen bitte zurück in unser Kästchen bei der Loge des Hauswartes.

Deine Klasse 3a
Befragte Klasse:

Schüler	Distanz Wohnort – Schule (km)	Fahrzeit Wohnort – Schule (min)	Verkehrsmittel
1)			
2)			
3)			
4)			
5)			
6)			

Teilauswertung der Schülerbefragung über die Länge des Schulweges

Länge Schulweg in km
Befragung 1. L-Klassen

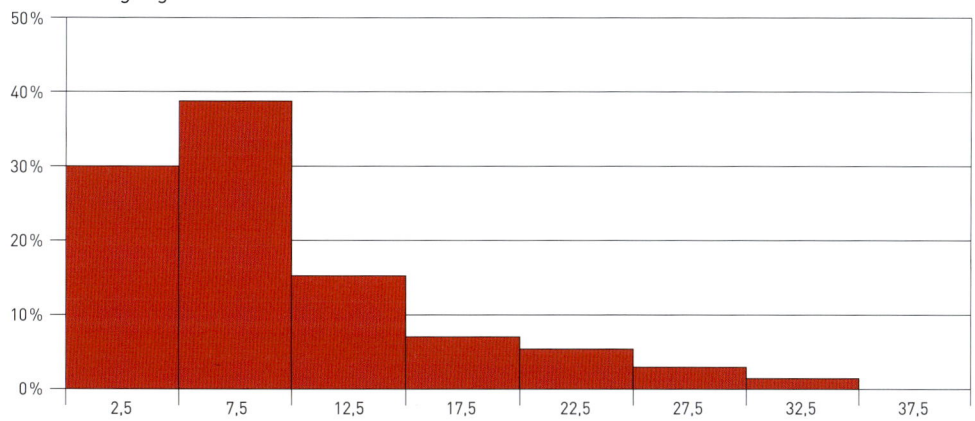

Geografische Arbeitsmethoden

13

Kartieren

Die nach einer Kartierung angefertigte Karte liefert Antworten auf raumbezogene Fragen.
Beispiel: Nutzungsart von Erdgeschossen in einer Fussgängerzone (Ergebnis einer Projektwoche an der Kantonsschule Solothurn, Leitung Dr. A. Ritler).

Abbildung 13.28:
Kartenausschnitt von Solothurn
(Quelle: Mitteilungen der Naturforschenden Gesellschaft des Kantons Solothurn, 2002)

F*	Nahrungsmittel: «Food», Bäckerei, Metzgerei, Spezialitäten
T*	Bekleidung: Textilien, Schuhe
	Übriger Detailhandel («Non-Food»): Warenhaus, diverse Verkaufsläden, Lagerraum
	Private Dienstleistungen: Bank, Versicherung, Praxis Arzt/Ärztin, Gesundheitsbereich, Anwaltskanzlei, Beratung/Consulting, Kunstatelier usw.
	Wohnen
Ö	Öffentliche Gebäude: Kultur, Theater, Museum, Konferenzraum, Lager, Stadtbetriebe
V	Öffentliche Verwaltung: Stadt, Kanton, Bund
S	Öffentliche Schule: Bildung
R	Gastgewerbe: Restaurant, Tea-Room, Bar, Hotel, Unterkunft
K	Kino
†	Kirche
	Produktion (zweiter Sektor): Bekleidung, Nahrung, Druck, Verlag, Holz, Metall, Uhren, Elektronik, Optik usw.
	Keine Nutzung (am Stichdatum)
?*	Nutzung unklar/nicht eruierbar

Datenerhebung im Gelände

9. Modellentwürfe, Wirkungsgeflechte

Begriffsnetze und Wirkungsgefüge
Mit einem Begriffsnetz werden Begriffe in ihren gegenseitigen Beziehungen zueinander dargestellt. Persönlich entworfene Begriffsnetze werden etwa als «Mindmap» bezeichnet und dienen dem Verarbeiten von Informationen. In Wirkungsgefügen wird das komplexe Zusammenwirken von Elementen in einem Geoökosystem aufgezeigt. Dabei werden die einzelnen Elemente mithilfe eines Begriffsnetzes strukturiert angeordnet und Verknüpfungen dargestellt, damit die Wirkungszusammenhänge erkennbar werden. Die komplexe Wirklichkeit wird dabei oft stark vereinfacht.

Beispiel: Der Assuan-Staudamm
Christine Schmidt entwarf 1984 ein Wirkungsgefüge zu den Auswirkungen des 1960 bis 1971 mit sowjetischer Hilfe erstellten Assuan-Staudammes und publizierte dieses in der Zeitschrift «Geographie und Schule» Heft 2/1985. Im Mittelpunkt steht das Grossprojekt Assuan-Staudamm. Ein Wirkungsgefüge entsteht durch das Verknüpfen einzelner Elemente, die einen zentralen Sachverhalt umgeben (in unserem Fall den Bau des Assuan-Staudamms). Ziel des Wirkungsgefüges ist es, Grundlagen zur Diskussion der Bewertung des Assuan-Staudammes zu geben. Ja-Nein-Entscheide werden durch die Beurteilung einzelner Aspekte differenzierter. Anlass zum Assuan-Staudamm gab das starke Bevölkerungswachstum Ägyptens nach dem Zweiten Weltkrieg: Während um 1900 Ägyptens Bevölkerung noch 12,5 Mio. Menschen betrug, wuchs die Zahl 1950 auf 21 Mio. an und erreichte im Jahre 2000 67 Mio.

Ägypten stand vor der Herausforderung, für Millionen Menschen Nahrung und Arbeit zu beschaffen, aber auch die Infrastruktur, Siedlungen, Verkehrswege, Bildungseinrichtungen und ein Gesundheitswesen, auf- und auszubauen.

Ägyptens Ressourcen sind begrenzt: Der Staat verfügt kaum über Erdöl, und der Tourismus beschränkt sich auf einige wenige Gebiete im Niltal, am Roten Meer und auf der Sinai-Halbinsel und ist zudem stark krisenanfällig. Die Wasserführung des Nils steuert seit Jahrtausenden mit dem Sommerhochwasser den Bewässerungsfeldbau und ermöglicht den Bauern auf ihren Feldern im Niltal eine sichere Ernte.

Mit dem Bau des Assuan-Staudammes sollte diese natürliche Begrenzung des landwirtschaftlichen Anbaus durchbrochen werden: Der Nasser-Stausee hält das überschüssige Wasser der Hochwasserfluten oberhalb von Assuan zurück und gibt es je nach Bedarf schneller oder langsamer ab, sodass die Bauern in der Lage sind, eine bis zwei Ernten zusätzlich auf ihrem Land zu realisieren. Zugleich konnte bei el-Kharga, im sogenannten «Neuen Tal», einer zum Niltal parallelen Senke, neues Ackerland für den Gemüse- und Früchteanbau erschlossen und bewässert werden. Den positiven Auswirkungen stehen allerdings auch massive Probleme gegenüber. Neben den ungünstigen Auswirkungen auf die Landwirtschaft im Niltal sind zusätzlich noch die Küstenerosion im Nildelta und der Rückgang der Fischerträge im Mittelmeer aufgrund des fehlenden Nährstoffeintrages zu erwähnen.

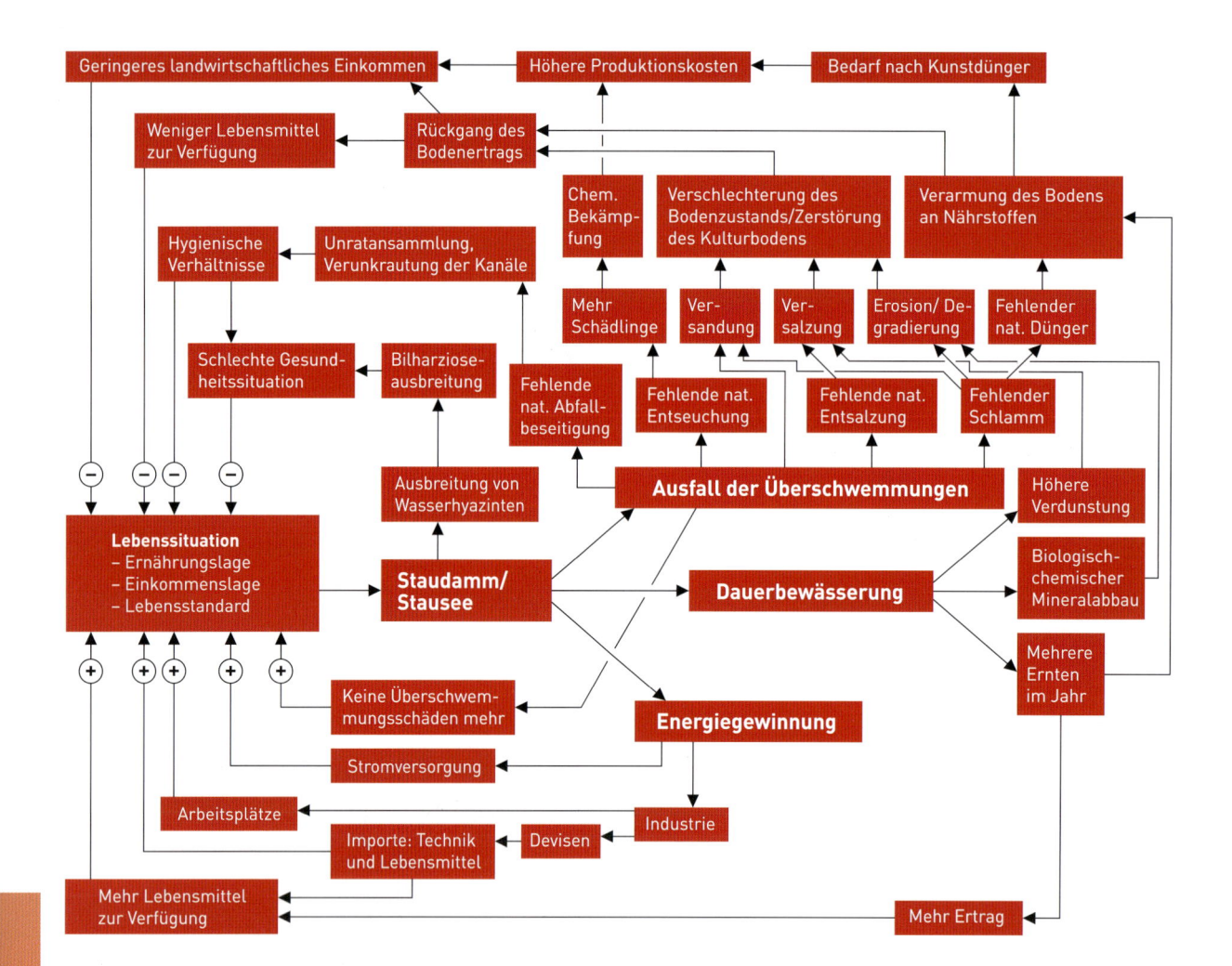

Abbildung 13.29:
Wirkungsschema Assuan-Staudamm.
(Quelle: Geographie und Schule, Februar 1985)

13

Ergänzende Literatur zur Assuan-Staudamm-Diskussion

- IBRAHIM F. N., 1996: Ägypten. Eine geographische Landeskunde. Wissenschaftliche Länderkunden, Band 42. Darmstadt.
- IBRAHIM F. N., IBRAHIM B., 2008: Ägypten. Eine geographische Landeskunde. Wissenschaftliche Länderkunden. Darmstadt.
- OBERWEGER H. G., 1990: Ägypten. Bevölkerungswachstum und Tragfähigkeit. In: Geographie heute 78/1990, S. 16–21.
- Infoblatt Nasser-Stausee (Assuan-Staudamm), 2009, abrufbar unter: http://www.klett.de (TERRA EWG-online).

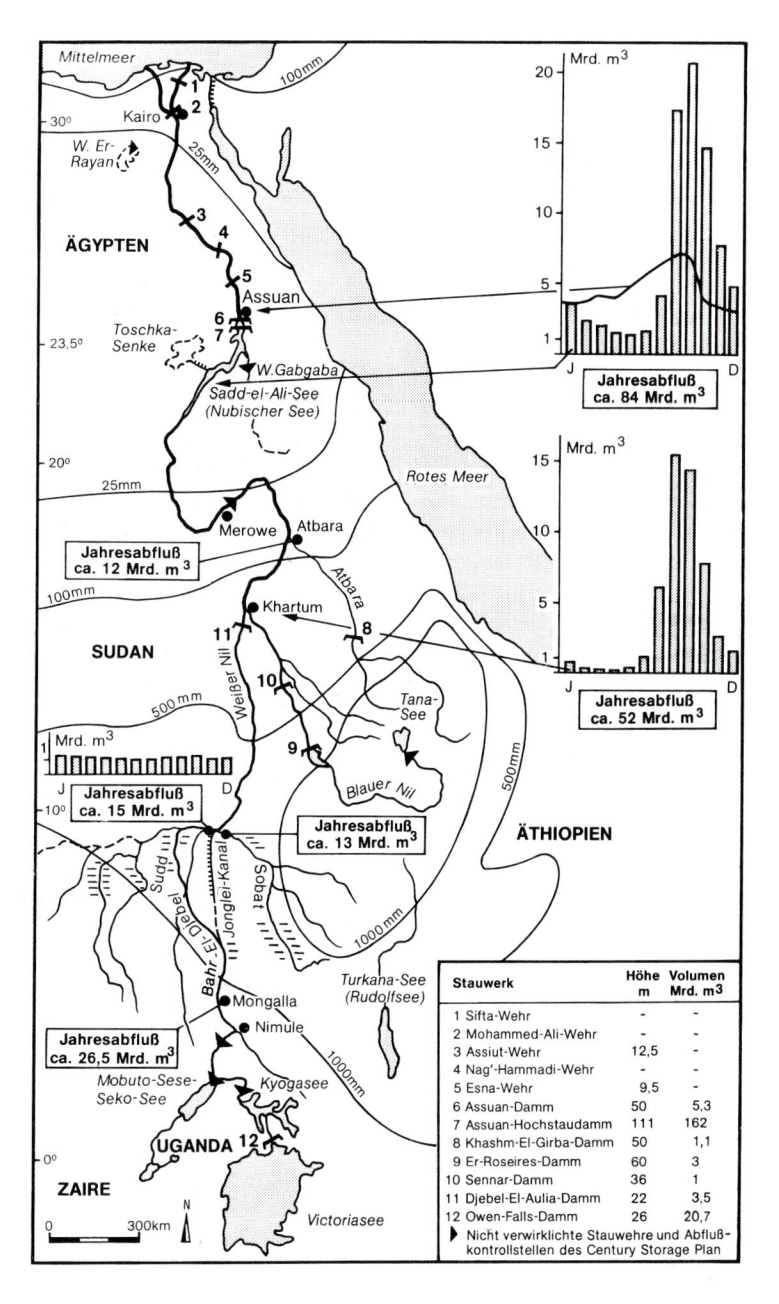

Literaturhinweise

BRUCKER A., 2009: Geographiedidaktik in Übersichten. Köln.
HAUBRICH H., 2001: Das Methodenbuch. Seelze-Velber.
PFANDER G., STAUFFER E., RYSER M., 1996: Flying over Switzerland. Hrsg. vom Medienzentrum Schulwarte Bern. Bern
RINSCHEDE G., 2007: Geographiedidaktik. Paderborn.
SWISSTOPO: Atlas der Schweiz. DVD. Wabern
SWISSTOPO, 2004: Schön, genau und zuverlässig. DVD VP 727. Wabern.
TREIER R., 2009: Geografische Informationssysteme GIS. Grundlagen und Übungsaufgaben für die Sekundarstufe II. Bern.
VBS Schweiz (Hrsg.), 2000: Flying over Switzerland, CD-ROM. 600 Luftaufnahmen, umfassend dokumentiert, mit vielfältigem Zugriff.

Abbildung 13.30:
Der Nil und die Wasserwirtschaft
(Quelle: Ibrahim, 1996)

14 Register und Abbildungsnachweis

14

Register

Aa-Lava: 50
Abbau von Arbeitsplätzen: 250
Abflussrinne: 128
Abgrabung: 117
Abgrenzungstendenzen: 193
Abhängigkeit, historisch produzierte: 286
Ablagerung (Sedimentation): 88, 90, 124
Ablation: 91
Abplattung: 19
Abrasion: 96
Abrasionsplattform: 97
Abtragung: 83, 88
Adern: 70
Advektion: 145
Aero-Fotogrammetrie: 347
Agenda 21: 296
Agglomeration: 248
Agglomerationseffekt: 216
Agrarlandschaft, moderne: 268
Agrarlandschaft, traditionelle: 266
Agrarpolitk der Schweiz: 212
Aids: 329
Akkulturation: 182
Akkumulation: 83, 88, 91, 96
Akkumulationsformen, äolische: 96
Akkumulationsformen, glaziale: 94
al Idrisi: 13
Almere: 260
Alpen: 73ff.
Alpen, Entstehung der: 74f.
Alpinismus: 216
Altersbestimmung, absolute: 64
Altersbestimmung, relative: 64
Altersstruktur: 178
Altertum: 12
Altocumulus: 145
Altostratus: 145
Altwasserarm: 89
Amplituden: 58
Analemma: 18
Anpassung: 314
Anthrazit: 72
Antiklinale: 81
Antiklinaltal: 81
Antizyklone: 146
Apartheidpolitik: 183

Aphel: 25f.
Äquator: 19, 339
Äquidistanz: 344
Äquinoktium: 25, 27
Arbeitsfelder, geografische: 11
Arbeitsmethoden, geografische: 337ff.
Aristarch: 12
Aristoteles: 12
Armut: 290, 303ff.
Armut, absolute: 300
Armut, Definition der: 303
Armut, relative: 300
Armut, Wege aus der: 280f.
Armutsbekämpfungsprogramme: 306
Armutsminderung: 300
Armutsorientierung: 327
Asche: 51
Aschenvulkan: 53
Assuan-Staudamm: 369ff.
Asteroide: 33
Asteroidengürtel: 33
Asthenosphäre: 41
Ästuar: 98
Atlas der Schweiz, digitaler: 350
Atmosphäre: 39, 139f.
Atmosphäre, Aufbau der: 139f.
Aue: 90
Auffassung, jüdisch-christliche: 193
Aufschmelzung: 67f.
Ausblasung (Deflation): 95f.
Ausbreitung der Menschheit: 201f.
Ausgangsgestein: 110
Ausgleichsküste: 98
Ausgrenzung: 183
Ausgrenzung, räumliche: 189
Auswanderung (Emigration): 177
Autobahn: 255
Azimutalprojektion: 340
Bahn 2000: 257
Bandenergie (Grundlast): 222
Basalt: 49
Basaltsäule: 50
Basistunnel: 261
Baureglement: 274
Bauzone: 264
Beaufort-Skala: 147
Bedrohung Europas durch Flüchtlinge: 177
Beregnung: 116
Bergbau: 69

Bergkette, vulkanische: 48
Bergsturz: 101, 105f.
Bergsturz von Randa: 105f.
Bergwerk: 69
Berieselung: 116
Betriebsgemeinschaft 3000: 226f.
Bevölkerung: 167ff.
Bevölkerung, Altersaufbau der: 178
Bevölkerungsbewegungen: 176
Bevölkerungsdichte: 174
Bevölkerungsgeografie: 168ff.
Bevölkerungsprognose: 179
Bevölkerungspyramiden: 178
Bevölkerungstheorie: 203
Bevölkerungsverteilung: 174
Bevölkerungswachstum: 173
Bevölkerungswachstum, natürliches: 171
Bevölkerungswanderung: 176f.
Bevölkerungszahl, Abschätzung der zukünftigen: 179
Bewässerung: 116
Bildinterpretation: 356ff.
Bildungsziele: 11
Binnenvertriebene: 177
Bio Suisse: 211
Biolandbau: 211
Biodiversität: 313, 334
Biogas: 225
Biopiraterie: 313
Bioprodukte: 211
Bitumen: 71
Black Smokers: 70
Bleicherde (Podsol): 114
Block, erratischer: 94
Blockschlag: 101
BNE (Bruttonationaleinkommen): 290
Boden: 107ff.
Bodenbelastung: 116
Bodenbildung: 109f.
Bodenbildungsfaktoren: 110
Bodenbildungsprozesse: 110
Bodendegradation: 116, 334
Bodenerosion: 117, 334
Bodenerosion in der Schweiz: 118f.
Bodenfliessen: 101
Bodenfruchtbarkeit: 111
Bodenhorizonte: 109
Bodenkonservierung: 311
Bodenkontamination: 118
Bodenkriechen: 101

Bodenkunde (Pedologie): 108
Bodenluft: 109
Bodenmeliorierung (Bodenverbesserung): 116
Bodennutzung: 116
Bodenorganismen (Edaphon): 109
Bodenpreis: 235
Bodenprofil: 114
Bodenrentenmodell: 235
Bodenschätze: 69
Bodenschutz: 116
Bodentypen: 114f.
Bodenverbesserung (Bodenmeliorierung): 116
Bodenverdichtung: 117
Bodenversiegelung: 116
Bodenzerstörung: 116
Bomben: 51
Brache: 116
Brandung: 96
Brandungshohlkehle: 97
Brandungsplattform: 97
Braunerde: 114
Braunkohle: 72
Breitenkreise: 339
Brennstoffe, fossile: 71
Bruchlinien: 197
Brückner, Eduard: 14
Bruttonationaleinkommen (BNE): 290
Buddhismus: 193
Büsching, Anton Friedrich: 13
Caldera: 53
Cañons: 88
Cash Crop: 283
Chancengleichheit: 319
Charta von Athen: 244
Chorley, Richard: 14
Cirrocumulus: 145
Cirrostratus: 145
Cirrus: 145
Clash of Civilizations: 196
Container: 258
Corioliskraft: 148
Critical Geopolitics: 196
Cumulonimbus: 145
Cumulus: 145
Dampfdruck: 143
Dampfquelle (Fumarole): 52
Datenerhebung im Gelände: 365ff.
Datierung, radiometrische: 64
Datierungsmethoden: 64f.

Dauerregen: 126
Decke, ostalpine: 74
Decke, penninische: 74
Decke, südalpine: 74
Deflation (Ausblasung): 95
Deindustrialisierung: 216
Dekaden, entwicklungspolitische: 294ff.
Delta: 90, 98, 124
Demografie: 170
Dendrochonologie: 65
Denudation (Hangabtragung): 88
Dependenztheorie: 285
Desurbanisierungsphase: 249
Determinante, demografische: 243
Determinante, gesellschaftliche: 243
Determinante, politisch-administrative: 243
Deza (Direktion für Entwicklung und Zusammenarbeit): 322f.
Diagramm: 359f.
Diagrammformen: 360f.
Dialekt: 195
Dienstleistungen: 215
Differenz, gesellschaftliche: 187
Diffusion: 182
Direktion für Entwicklung und Zusammenarbeit (Deza): 322f.
Direktzahlungen: 213
Diskriminierung: 183
Disparität: 186
Disparität, räumliche: 216
Disparität, soziale: 254
Dolinen: 86
Dorf: 267
Drainage: 116, 129
Dreischichttonmineralien: 111
Dritte Welt: 294
Drumlin: 94
Dufourkarte (Topographische Karte der Schweiz): 348f.
Dünen: 96
Dünger, mineralischer: 116
Dünger, organischer: 116
Dynamik: 359
Ebbe: 32
Edaphon (Bodenorganismen): 109
Effekte, externe (Externalitäten): 206
Einschlagskrater: 34
Einwanderung (Immigration): 177
Einwohnerzahl: 234f.
Einzelhof: 268

Eis: 91
Eisenbahn: 256f.
Eisenbahnbau: 257
Eisenbahninfrastruktur: 256
Eisenbahnnetz: 256f.
Eiszeiten: 79
Ekliptik: 25
Ekliptikschiefe: 26
Element, chemisch: 66
Emigration (Auswanderung): 177
Emme-Birne: 129
Emmekorrektion: 129
EMS-98 (Europäische makroseismische Skala 1998): 60
Endmoräne: 94
Energie: 219ff.
Energie, geothermische: 38
Energie, seismische: 56
Energiedienstleistung: 220
Energieeffizienz: 220
Energieformen: 219f.
Energieformen, alternative: 223ff.
Energiepolitik, schweizerische: 221
Energierohstoffe: 71
EnergieSchweiz: 221
Energiestoffe, fossile: 69
Energieträger, fossile: 221f.
Energieverbrauch in der Schweiz: 221
Entscheidungen, politische: 195
Entstehung der Alpen: 74
Entstehungsgeschichte, geologische: 73
Entwässerung: 116
Entwicklung: 281ff.
Entwicklung und Umwelt: 279ff.
Entwicklung, fragmentierende: 289
Entwicklung, nachhaltige: 15, 306f., 333
Entwicklungsgelder für Afrika: 293
Entwicklungshilfe als Geopolitik: 294
Entwicklungshindernisse: 325f.
Entwicklungsländer: 287ff.
Entwicklungsländer, Merkmale der: 289
Entwicklungsprobleme, aktuelle: 254
Entwicklungszusammenarbeit, bilaterale: 322
Epizentrum: 59
Epizentrum, Bestimmung des: 59
Eratosthenes: 12
Erdachse: 18ff.
Erdachse, Präzession der: 26
Erdbahn: 25f.
Erdbahnparameter: 25

Erdbeben: 55f.
Erdbeben, Auslösung von: 55
Erdbeben, Entstehung von: 55
Erdbebengefährdung: 62
Erdbebenkatastrophen: 61
Erdbebenmessung: 58
Erdbebenrisiko: 62
Erdbebenstärke: 60
Erdbebenwelle: 56
Erde, Aufbau der: 39f.
Erde, Beschreibung der: 12
Erde, Gradnetz der: 339
Erde, Magnetfeld der: 20, 40
Erde, Rotation der: 22f.
Erdbeben, Vorhersagbarkeit der: 62
Erdgas: 71
Erdgaslagerstätten: 71
Erdgeschichte: 63
Erdkruste: 39
Erdmasse: 19
Erdoberfläche: 18ff.
Erdöl: 71
Erdöllagerstätte: 71
Erdrutsch: 101
Erdumfang: 18
Erdwärme: 38
Erfahrungen, religiöse: 191
Erg: 96
Ernährungssicherheit: 310
Ernährungssituation, prekäre: 309
Erosion: 88, 124
Erosionsformen, äolische: 95
Erosionsformen, glaziale: 92
Eruption: 49
Erwerbssektoren: 207f.
Erz: 69
Erzlagerstätte: 69
Ethnie: 182
Ethnologie: 182
Ethnozentrismus: 183
EU (Europäische Union): 199
Europäische makroseismische Skala 1998 (EMS-98): 60
Europäische Union (EU): 199
Evaporation: 122
Evapotranspiration: 122
Existenz- und Sicherheitsbedürfnisse: 206
Exosphäre: 140
Exzentrizität: 26

Faktoren, endogene: 285
Faktoren, exogene: 285f.
Faltenjura: 80f.
Faltung: 45, 80f.
Fastebene: 88
Faulschlamm: 71
Feldbegehung: 347
Feldforschung: 14
Feldspat: 66
Felssturz: 101
Feminisierung der Armut: 318
Fernbeben: 55
Fernerkundung: 351
Ferralsol (tropische Roterde): 115
Fertilität (Fruchtbarkeit): 171
Fertilitätsrate (Fruchtbarkeitsrate): 171
Festungsstädte: 238
Feuergürtel, zirkumpazifischer: 48
Finanzen, öffentliche: 250
Findling: 94
Firn: 91
Fjord: 93, 98
Fjordküste: 98
Flächenerosion: 118
Flächennutzung: 235
Flachküsten: 96f.
Fliessgewässer: 124
Flohn, Hermann: 14
Flüchtlinge: 177
Flughäfen: 258
Flugsand: 95
Flugstaub: 95
Flur: 265
Flurformen: 265f.
Flussanzapfung: 89
Flussterasse: 90
Flussverbauung: 129
Flut: 32
Föhn: 163f.
Föhnlage: 156
Foraminiferen: 68
Förderbandzirkulation: 132
Förderprodukte, vulkanische: 49
Formenbildung durch Flüsse: 88ff.
Formenbildung durch Gletscher: 91
Formenbildung durch Wind: 95f.
Forschung: 14
Forschung, geografische: 11

Fossilien: 63f.
Frauenorganisationen: 328
Frauenräume: 188
Freizeit- und Tourismuslandschaft: 269
Fronten: 154
Frostsprengung: 85
Frostverwitterung: 85
Frostwechsel: 85
Fruchtbarkeit (Fertilität): 171
Fruchtbarkeitsrate (Fertilitätsrate): 171
Fumarole (Dampfquelle): 52
Galilei, Galileo: 13
Gang: 70
Gartenstadt: 239
Gase, juvenile: 52
Gase, vulkanische: 49, 51
Gated Communities: 186
Gebietsansprüche: 194
Gebirgsbildung: 45
Gebirgsbildung, alpine: 74
Gebirgskette: 44
Geburtenrate: 171
Gefahrenminderung, Massnahmen zur: 128f.
Geländedarstellung: 342
Geländeform, Darstellung der: 342f.
Geländemodell: 345
Gender: 315ff.
Gender Mainstreaming: 316
Geodäsie: 346
Geodeterminismus: 284
Geodynamo: 21
Geografie der Angst: 189
Geografie der Gefahr: 189
Geografie der Religionen: 190ff.
Geografie der Sprachen: 194
Geografie im Altertum: 12
Geografie, Allgemeine: 10
Geografie, Geschichte der: 12
Geografie, Integrative: 11
Geografie, Physische: 10f.
Geografie, Politische: 195ff.
Geografie, Regionale: 10
Geografische Arbeitsmethoden: 337ff.
Geoid: 19, 339
Geologie: 37ff.
Geologie, endogene: 37
Geologie, exogene: 83
Geomorphologie: 83ff.
Geopolitik: 195

Geothermie: 225
Gerichtshof, Internationaler: 199
Geröllfracht: 90, 124
Gesamtverkehrskonzeption: 259
Geschiebefracht: 90, 124
Geschlecht: 187ff.
Geschlechterungleichheiten: 316
Gesellschaft: 167ff.
Gesellschaft, multikulturelle: 183
Gesteine: 66ff.
Gesteine, Entstehung der: 66ff.
Gesteine, Kreislauf der: 66ff.
Gesteine, magmatische: 67
Gesteine, metamorphe: 67
Gewässer, stehende: 124
Gewässerkorrektionen: 129
Geysir: 52
Gezeiten: 31
Gezeitenkraft: 32
Gezeitenkraftwerke: 33, 225
Gini-Koeffizient: 302
GIS (Informationssystem, geografisches): 347f.
Glaube und Religion: 190
Glaubenssystem: 190
Gleichgewichtslinie: 91
Gleithang: 89
Gleithorizont: 80
Gletscherbach: 92
Gletschermilch: 92
Gletscherschliff: 92
Gletscherschramme: 92
Gletscherspalt: 92
Gletschertor: 92
Gletscherzunge: 92
Gley: 115
Glimmer: 66
Global Cities: 253f.
Global Positioning System (GPS): 36, 46
Globalisierung: 289
Globalisierung, ökonomische: 215
Glutwolke: 51
Golfstrom: 135
Good Governance: 328
Gotthard-Basistunnel: 261f.
Grabenerosion: 118
Gradientkraft: 148
Granit: 66
Gravitationskraft: 31f.
Greenwich Mean Time (GMT): 23

Grenzen, künstliche: 197
Grenzen, natürliche: 197
Grossfamilie: 186
Grosswetterlage: 156
Grünbrache: 116
Grundbedürfnisstrategie: 295
Grundgebirge, kristallines: 74
Grundgleichung, demografische: 170
Grundlast (Bandenergie): 222
Grundlawinen: 102
Grundmoräne: 94
Grundrissform: 267
Gründungsstädte: 237
Grünlandboden: 108ff.
Gruppen, ethnische: 236
Gruppen, soziale: 236
Gut, freies: 206
Güter, ökonomische: 206
Hägerstrand, Torsten: 14
Haggett, Peter: 14
Halbwertszeit: 65
Hammada: 95
Hangabtragung (Denudation): 88
Hängetal: 93
Hangmuren: 100
Hauptenergieträger: 221
HDI (Human Development Index): 291f.
Hebung: 77
Heizwert: 222
Helvetikum: 74ff.
Herodot: 12
Hilfe zur Selbsthilfe: 321
Hilfe, humanitäre: 323
HIV: 329
Hjulströmdiagramm: 124
Hochdruckgürtel, subtropischer: 150
Hochdruckkraftwerke: 223
Hochwasser: 126ff.
Hochwasser, Ursachen von: 126f.
Hochwasserschutz: 126ff.
Hoffnungsdekade durch nachhaltige Entwicklung: 296
Hofgruppe: 268
Höhenbestimmung: 346
Höhenkurven (Höhenlinien): 344
Höhenlinien (Höhenkurven): 344
Höhenstufen: 150
Hot Spot: 48
Hotellerie: 218
Human Development Index (HDI): 291f.

Humangeografie: 168
Humankapital: 305
Humboldt, Alexander von: 14
Huminstoffe: 111
Humus: 108
Hunger: 307ff.
Hurrikan: 166
Hydratationsverwitterung: 86
Hydroenergie: 223f.
Hydrologie: 121ff.
Hypozentrum: 56, 58f.
Identifikation, kulturelle: 194
Immigration (Einwanderung): 177
Immissionsgrenzwerte: 159
Industrialisierung: 213
Industrie: 213f.
Industriegesellschaft: 207f., 216, 285
Informationsbeschaffung im Internet: 363f.
Informationssystem, geografisches (GIS): 347f.
Infrastruktur, elementare: 305
Inkohlung: 72
Inlandeis: 91
Innovationen, technologische: 243
Inselbogen: 45
Inselbogen, vulkanischer: 48
Integration: 182
Interviews, standardisierte: 366
Inversion: 143
Ionosphäre: 140
IP (Integrierte Produktion): 211
IP-Suisse: 211
Islandtief: 154
Isobaren: 146
Isostasie: 41
ITC (innertropische Konvergenzzone): 149
IZA (Internationale Zusammenarbeit): 199, 320ff.
Jahr: 24
Jahreszeiten: 25
Jahrzehnt, verlorenes: 296
Jetstream: 150
Jura: 73ff.
Jurafaltung: 74
Juragebirge: 74
Juratypen: 80
Just-in-time-Production: 214
Kalenderjahr: 24
Kalkkompensationsstufe: 68
Kalkkompensationstiefe: 68
Kalkschlamm: 68

Kalkstein: 68
Kältehoch, polares: 150
Kaltfront: 154ff.
Kaltluftseebildung: 144
Kanderkorrektion: 133
Kant, Immanuel: 14
Kar: 93
Karité-San: 330ff.
Karrenfeld: 86
Karsee: 93
Karst: 87
Karstverwitterung: 86
Karte der Schweiz, Topographische (Dufourkarte): 348f.
Karte, thematische: 352
Karte, topographische: 349
Karten: 339ff.
Kartenauswertung: 339ff., 352ff.
Kartenerstellung: 347
Kartenlesen: 342
Kartenmassstab: 342
Kartennachführung: 347
Kartennetzentwurf: 340
Kartenprojektion: 340
Kartenwerke der Schweiz: 345
Kartieren: 366ff.
Kartografie: 339
Kationenaustauschkapazität: 111
Kegelprojektion: 340
Kepler, Johannes: 13
Kerbtal: 88
Kern, äusserer: 40
Kern, innerer: 40
Kernenergie: 222f.
Kernfamilie: 185
Kernstadt: 248
Kilometerkoordinatensystem: 341
Kissenlava (Pillow-Lava): 50
Kliff: 97
Klima: 110, 138ff.
Klima und Umwelt: 158f.
Klimaänderungen: 138
Klimaarchiv: 138
Klimadiagramm: 152f., 165
Klimaelemente: 138, 141ff.
Klimaerwärmung, globale: 312
Klimafaktoren: 138
Klimaklassifikationen: 150
Klimaschwankungen: 138, 157
Klimate der Erde: 151

Klimatologie: 138
Klimaveränderung: 157
Klimawandel: 157, 334
Klimawandel als Entwicklungsproblem: 312
Klimazone: 138
Klimazonen der Erde: 150ff.
Klimazonen, solare: 27
Kluft: 70, 85f.
Klus (Quertal): 81
Kohle: 72
Kohlelagerstätte: 72
Kohlensäureverwitterung: 86
Kollision: 45
Kommunikation: 194
Komponentenmethode: 179
Kondensation: 144
Kondensationskerne: 144
Konflikte, räumliche: 197
Kontinentaldrift: 42
Kontinentalität: 142
Kontinentalrand, aktiver: 43, 45
Kontinentalrand, passiver: 43, 45
Kontinentalverschiebungstheorie: 42
Konvektion: 145
Konvektionsströme: 42
Konvergenzzone, innertropische (ITC): 149
Koordinaten, geografische: 339
Koordinatenmesser: 343
Koordinatensystem der Schweiz: 341
Kopernikus, Nikolaus: 13
Kopftuch: 188
Korngrösse: 84
Körper und Raum: 190
Körperwahrnehmung: 190
Kosten, externe: 206
Kostenwahrheit: 206
Kraft, endogene: 42
Kreide: 74f.
Kristalle: 66
Kristallisation: 66
Krümel: 111
Kruste, kontinentale: 39f.
Kruste, ozeanische: 39f.
Kugel: 12
Kultur: 179ff.
Kultur, Definition der: 179f.
Kulturgeografie: 10, 11, 168
Kulturkatastrophen: 317
Kulturkreise: 196

Kulturlandschaft: 180, 210, 265
Kulturraum: 358
Kunststrassen: 255
Kurzmeldungen: 361ff.
Küste: 96
Labels: 211
Lagerstätte: 69
Lagerstätte, hydrothermale: 69f.
Lagerstätte, magmatische: 70
Lagerstätte, sedimentäre: 70
Lagerstätte, sekundäre: 69
Lagune: 98
Lahar: 49, 51
Landeskarte der Schweiz: 349
Landeskarte, Neue: 350
Landessprache: 194
Landnutzung: 264ff.
Landschaft, naturnahe: 264
Landschaftswandel: 264ff., 276, 354f.
Landschaftswandel und Raumplanung: 263ff.
Landverkehr: 255
Landwirtschaft: 208ff.
Landwirtschaft und Ökologie: 211f.
Landwirtschaft, multifunktionale: 212
Landwirtschaft, vier Aufgaben der: 209
Landwirtschaftszone: 274
Längenkreise: 339
Längsspalten: 92
Lapilli: 51
Laser-Vermessungsgeräte: 46
Laufkraftwerke: 224
Lava: 49
Lava, basaltische: 49
Lava, intermediäre bis saure: 50
Lawinen: 102
LDC (Less Developed Countries): 287
Lean-Production: 214
Least Developed Countries (LLDC): 287
Lebenserwartung: 173
Lebensraum Erde: 14
Lebensverhältnisse, Verbesserung der: 280
Lebewesen: 110
Leistungsfähigkeit, wirtschaftliche: 290
Leitbilder der Stadtentwicklung: 243
Leitfossilien: 64
Leitungen: 257
Less Developed Countries (LDC): 287
Libration: 30
Linthkorrektion: 134

Lithosphäre: 40
Lithosphärenplatten: 43
LLDC (Least Developed Countries): 287
Löss: 96
Lösungsfracht: 90, 124
Lösungsverwitterung: 86
Lötschberg-Basistunnel: 261
Love-Wellen: 56f.
Luft, Zusammensetzung der: 140
Luftbild: 350f.
Luftdruck: 146
Luftfeuchtigkeit: 143
Luftfeuchtigkeit, absolute: 143
Luftfeuchtigkeit, relative: 144
Luftschadstoffe: 158
Lufttemperatur: 142
Luftverkehr: 258
Luxusbedürfnisse: 206
Mäander: 89
Maar: 54
Maarsee: 54
Magma: 49
Magmakammer: 53
Magnetostratigrafie: 65
Magnitude: 60f.
Malediven: 229
Malthus, Thomas Robert: 203
Manganknollen: 70
Männerräume: 188
Mantel: 39
Mantel, oberer: 40
Mantel, unterer: 40
Marginalisierung: 186
Marginalsiedlungen: 254
Marschland: 98
Massenhaushalt: 91
Massenproduktion: 214
Massentourismus: 229
Massnahmen, raumplanerische: 127, 129
Meeresküste: 96ff.
Meeresströmung: 131
Meeresströmung, kalte und warme: 131
Meeresströmungskraftwerke: 225
Megastädte: 253
Melioration: 129
Melting Pot: 182
Mensch und Umwelt: 333ff.
Menschheit. Ausbreitung der: 201f.
Mercalli-Skala: 60

Mercator, Gerhard: 13
Meridian: 339ff.
Merkmale, demografische: 289
Merkmale, ökologische: 289
Merkmale, ökonomische: 289
Merkmale, politische: 289
Merkmale, soziale: 289
Mesosphäre: 140
Mesozoikum, mittelländisches: 74, 77
Messlatte: 346
Messungen, geomagnetische: 45
Metamorphose: 68
Meteorit: 34
Meteoriteneinschläge: 35
Meteorologie: 138
Migration: 176
Millennium Development Goals MDG (Millenniumsentwicklungsziele): 297ff.
Millenniumsdörfer: 306
Millenniumsentwicklungsziele (Millennium Development Goals MDG): 297ff., 327
Mineralbestimmung: 66
Mineralerde: 108
Mineralhärte: 66
Mineralien: 66
Mineralneubildung: 110
Mittelland: 73f.
Mittelmoräne: 94
Mitternachtssonne: 28
Modell der angloamerikanischen Stadt: 246
Modell der europäischen Stadt: 244f.
Modell der orientalischen Stadt: 247
Modell der zentralen Orte: 251
Modellentwürfe: 369f.
Modernisierungstheorie: 283f.
Mofette: 52
Moho (Mohorovicic-Diskontinuität): 39f.
Mohorovicic-Diskontinuität (Moho): 39f.
Molasse: 74
Molasse, mittelländische: 76
Molasse, subalpine: 74ff.
Monat: 24
Mond: 30f.
Mondfinsternis: 30
Mondphasen: 30
Moräne: 94
Mortalität (Sterblichkeit): 171
Mulde: 93
Multiplikatoreffekt: 217

Münster, Sebastian: 13
Murgang: 99
Muttergestein: 71, 110
Muttersprache: 194
Müttersterblichkeit: 301
Nachhaltigkeit: 218f., 298
Nadir: 32
Nahbeben: 55
Nährgebiet: 91
Nährstoffkreisläufe: 211f.
Nahrungsmittelkrise: 309
Nationalsozialismus: 196
Nationalstrassen: 256
Nationen, vereinte (UNO): 199
Naturgefahren: 99ff.
Naturkatastrophen: 317
Naturlandschaft: 264
Naturverständnis, islamisches: 193
NEAT: 261f.
Nebel: 144
Nebenkrater: 49
Nehrung: 98
Neuschneekristalle: 91
NGO (Nichtregierungsorganisationen): 324
Nichtregierungsorganisationen (NRO/NGO): 324
Niederdruckkraftwerke: 224
Niederschlag: 143, 146
Nimbostratus: 145
Nipptide: 32
Nivellement: 346
Nivelliergerät: 346
Nordlicht: 21
Nordpol: 20
Nordsee: 352f.
Normalluftdruck auf Meereshöhe: 140
Normen: 180, 189
Normen, kulturelle: 305
NRO (Nichtregierungsorganisationen): 324
Nullmeridian von Greenwich: 339
Nunatak (Nunataker): 91
Nunataker (Nunatak): 91
Nutzen, externe: 206
Nutzenergie: 219
Nutztierhaltung: 210
Nutzungsansprüche: 190
Nutzungskonflikte: 270
Nutzungszonenplan Feldbrunnen-St.Niklaus: 277f.
Oberflächenformen: 81
Oberflächengewässer, stehende: 130

Oberflächenwellen: 56f.
Okklusion: 154
Ökologie: 333ff.
Ökosystem: 312
Ölfallen: 71
Ordnungsmuster, sozial-räumliche: 188
Ordnungsstrukturen, soziale: 305
Organisationen, Internationale: 199
Ortsbeben: 55
Ortszeit: 22
Ostalpin: 74ff.
Ostwinde, polare: 150
Outsourcing: 214
Oxidationsverwitterung: 87
Ozean: 39
Ozon: 140, 159, 334
Ozonabbau: 161f.
Ozonloch: 161f.
P-Wellen (Primärwellen): 56
Pahoehoe-Lava (Stricklava): 50
Paläontologie: 64
Pangäa: 74
Papst Gregor XIII.: 24
Parahotellerie: 218
Paritätslohn: 212
Passat: 149
Patchworkfamilie: 185
Patent: 313
Peak-Oil: 222
Pedologie (Bodenkunde): 108
Penninikum: 74ff.
Perihel: 25
Personenkilometer: 255
Personenverkehr: 258
Pestizide: 118
Pflanzenbau: 210
Pflügen: 116
Ph-Wert: 112
Pillow-Lava (Kissenlava): 50
Pilzfels: 95
Planet: 17ff., 33
Planetoidengürtel: 33
Planungsebene: 273
Planungsinstrumente: 273
Plateaujura: 80
Plattenbewegung: 42
Plattengrenze, destruktive: 44
Plattengrenze, divergierende: 43f.
Plattengrenze, konservative: 43, 45

Plattengrenze, konstruktive: 44
Plattengrenze, konvergierende: 43f.
Plattengrenzen: 43
Plattentektonik: 42
Plattentektonik, Theorie der: 42
Pluralismus, ethnischer: 182
Pluton: 70
Plutonite: 68
Podsol (Bleicherde): 114
Polarfront: 150
Polarkreis: 27
Polarlicht: 21, 140
Polarnacht: 28
Pole, geomagnetische: 21
Politik und Raum: 195
Pollenanalyse: 65
Prallhang: 89
Prävention: 314
Präventionsmassnahmen: 314
Praxisorientierung: 327
Priele: 98
Primärenergie: 219
Primärsektor: 207
Primärwellen (P-Wellen): 56f.
Primatstädte: 253
Probleme, globale: 14
Problemfelder: 303f.
Produktion, integrierte (IP): 211
Produktionsfaktoren: 206
Produktionssteigerung: 311
Projektionsarten: 340
Protosonne: 38
Prozesse, endogene: 37
Prozesse, exogene: 83
Ptolemäus, Claudius: 13
Pull-Faktoren: 176
Pumpspeicherkraftwerk: 224
Push-Faktoren: 176
Pyroklasten: 49, 51
Quartär: 74
Quartärsektor: 207
Quartier: 235
Quarz: 66
Quellkuppe: 54
Querspalten: 92
Quertal (Klus): 81
Radiokarbon-Methode: 65
Randspalten: 92
Rang-Grössen-Regel: 251

Rasse: 184
Ratzel, Friedrich: 14
Rauchgasverwitterung: 87
Raum, öffentlicher: 185
Raum, privater: 185
Raumanalyse: 354f.
Räume, ländliche: 275
Räume, urbane: 275
Raumentwicklung: 264
Raumentwicklungsbericht: 272
Raumordnung: 252, 272f.
Raumplanung in der Schweiz: 270
Raumplanung, Bundesgesetz über die : 270f.
Raumplanung, Entwicklung der: 270ff.
Raumplanung, Herausforderung der: 275
Raumplanung, Instrumente der: 273
Raumplanung, Ziele der: 271f.
Raumplanungsablauf: 273
Raumplanungsebenen: 273
Raumplanungsinstrumente: 273f.
Raumverhaltenskompetenz: 15
Raumwellen: 56f.
Rayleigh-Wellen: 56
Rebound-Effekt: 221
Regen, saurer: 87
Region, strukturschwach: 326f.
Regionalgeografie: 10, 13
Relief: 110, 345
Reliefschummerung: 345
Religion: 190ff.
Religion und Landschaft: 191
Religion und Natur: 193
Religion und Raum: 193
Religionsgeografie: 193
Religionsphilosophie, chinesische: 193
Renaturierung: 127, 130
Rendzina: 114
Reservate: 183
Residenzstädte: 238
Ressourcen: 206f., 319
Reurbanisierung: 249
Revolution der Erde: 25
Rhyolith: 49
Riasküste: 98
Richterskala: 60f.
Rift-Valley: 44, 48
Rillenerosion: 118
Ritter, Carl: 14
Rohstoffe: 69

Rohstoffe, mineralische: 69
Rollenverteilung: 305
Rotationsellipsoide: 19
Rotationsrutschung: 100
Roterde, tropische (Ferralsol): 115
Rücken, mittelozeanischer: 44, 70
Rückwärtserosion: 89
Ruhrgebiet: 228
Rundhöcker: 92
Ruinenstadt: 240
Rutschung: 100
S-Wellen (Sekundärwellen): 56f.
Saltation: 95
Salz: 118
Salzsprengung: 85
Sammeltrichter: 128
Sandbank: 98
Satellitenbild: 351
Sättigung: 126
Sättigungsmenge: 144
Sauerstoff: 39
Säuglingssterblichkeit: 172
Schalenaufbau: 39f.
Schalttag: 24
Schärenküste: 98
Schichtvulkan (Stratovulkan): 53
Schildvulkan: 53
Schliffgrenze: 93
Schlot: 49
Schlucht: 88
Schneebrett: 102
Schneegrenze: 153
Schneeschmelze: 126
Schotter: 90
Schraffen: 344
Schrägaufnahmen : 350f.
Schuldenkrise: 296
Schulgeografie: 11
Schutzmassnahmen, bauliche: 127
Schutzziele, Differenzierung der: 127
Schutzzone: 274
Schwarzbrache: 116
Schwarzerde (Tschernosem): 115
Schwebefracht: 90, 124
Schwellenländer: 288f.
Schwemmfächer: 128
Schwerefeld: 19
Schwermetalle: 118
Schwundlöcher: 86

Seafloor-Spreading: 44
Sedimentation (Ablagerung): 67, 88, 124
Sedimente: 67
Sedimentgestein: 67
Seebeben: 62
Seerecht: 199
Seerecht, internationales: 199
Seeverkehrswege: 258
Segregation: 182, 236
Segregation, demografische: 236
Seife: 70
Seismograf: 58
Seismogramm: 58
Seismologie: 55
Seismometer: 58
Seitenerosion: 89
Seitenmoräne: 94
Sektor, primärer: 207f.
Sektor, sekundärer: 207f.
Sektor, tertiärer: 207f.
Sekundärenergie: 219
Sekundärsektor: 207
Sekundärwellen (S-Wellen): 56f.
Selbstversorgung (Subsistenz): 283
Senkrechtaufnahmen: 350f.
Serir: 95
Siedlungen, ländliche: 266
Siedlungsgrösse: 266
Siegfriedkarte (Topographischer Atlas der Schweiz): 348f.
Signaturen: 345
Slums: 254
Smog: 158, 334
Solarkonstante: 141
Solfatare: 52
Solstitium: 25
Sommersmog: 159
Sommerzeit: 23
Sonne: 24ff., 33ff.
Sonnenfinsternis: 30
Sonnenhöhe: 29f.
Sonnenkollektoren: 224
Sonnenstrahlen, Einfallswinkel der: 26f.
Sonnensystem: 33f., 38
Sonnentag: 23
Sonnenwärmekraftwerk: 224
Sozialgeografie: 185f.
Speichergestein: 71
Speicherkraftwerk: 223
Spezialisierung, flexible: 214

Spitzenenergie (Spitzenlast): 222
Spitzenlast (Spitzenenergie): 222
Sprache: 194ff.
Sprache als kulturelle Identifikation: 194
Sprachen in der Schweiz: 194
Sprachen, Verschwinden von: 195
Sprachenvielfalt: 194
Sprachfamilien: 195
Springflut (Springtide): 32
Springtide (Springflut): 32
Staden, Hans: 13
Stadt: 231ff.
Stadt und Verkehr: 231ff.
Stadt, autogerechte: 244
Stadt, Merkmale der: 233f.
Stadt, zweipolige: 247
Stadtbegriff, formaler: 233
Stadtbegriff, funktionaler: 233
Stadtbegriff, historischer: 232f.
Stadtbegriff, statistischer: 233
Städte, antike: 237
Städtebau, ökologischer: 244
Städtenetze: 251f.
Stadtentwicklung: 239, 242f.
Stadtentwicklung, Einflussfaktoren der: 242f.
Stadtentwicklungsphasen: 248f.
Stadterneuerung: 241f.
Stadterweiterung: 239f.
Städtesystem: 251
Städtesystem, vernetztes: 252
Städteverbindungen: 251
Städtewachstum: 249f.
Stadtgliederung, funktionale: 235
Stadtgliederung, sozialräumliche: 236
Stadtgründung: 237
Stadtgründungsperiode: 238
Stadtlandschaft: 269
Stadtmodelle: 244ff.
Stadtverfall: 240f.
Stalagmit: 86
Stalagnat: 86
Stalaktit: 86
Standardmineral: 66
Standardsprache: 194
Standortfaktoren: 215
Starkniederschläge: 126
Statistik: 359f.
Staublawine: 102
Staubsturm: 95

Staukuppe: 54
Steilküste: 96
Steinkohle: 72
Steinschlag: 101
Sterberate: 172
Sterblichkeit (Mortalität): 171
Stereoluftbildauswertung: 347
Sterntag: 24
Strahlung: 141
Stratigrafie: 64
Stratocumulus: 145
Stratosphäre: 140
Stratovulkan (Schichtvulkan): 53
Stratus: 145
Stricklava (Pahoehoe-Lava): 50
Strom, pyroklastischer: 49, 51
Struktur, hierarchische: 186
Subduktion: 44
Subsistenz (Selbstversorgung): 283
Substanz, mineralische: 108
Substanz, organische: 108
Subtropenzone: 151
Suburbanisierung: 249
Suburbanisierungsphase: 249
Subventionen: 212
Südalpin: 74ff.
Südpol: 20
Synklinale: 81
Synklinaltal: 81
Tafeljura: 80
Tagbogen der Sonne: 29
Tagebau: 69
Tageslänge: 29
Taifun: 166
Take-off: 285
Taupunkt: 144
Teildisziplinen: 14
Temperaturgradient: 144
Temperaturverwitterung: 84
Terrassieren: 116
Tertiär: 74
Tertiarisierung: 216
Tertiärsektor: 207
Tethys: 74
Theodolit: 346
Theokratie: 191
Thermikkraftwerke: 225
Thermosphäre: 140
Tiefbau: 69

Tiefenerosion: 88
Tiefenstufe, geothermische: 39
Tiefseebohrungen: 46
Tiefseegraben: 44
Ton-Humus-Komplexe: 111
Tonnenkilometer: 255
Topographischer Atlas der Schweiz (Siegfriedkarte): 348f.
Torf: 72
Toteis: 95
Toteissee: 95
Tourismus: 216ff.
Tourismus in den Schweizer Alpen: 217
Tourismus und Gesellschaft: 218
Tourismus und Ökologie: 218
Tourismus und Wirtschaft: 217
Tourismus, nachhaltiger: 218
Township-System, amerikanisches: 197
Tragfähigkeit der Erde: 204
Trampelpfade: 255
Transformation von Agrargesellschaften: 285
Transformation, demografische: 175
Transformstörungen: 45
Translationsrutschung: 100
Transpiration: 122
Transport: 88, 124
Transportformen, äolische: 95
Treibhauseffekt: 142, 158
Trend: 179
Triade der Wirtschaft: 214
Triangulation: 346
Trias: 75
Trickle-down-Effekt: 283
Trockentäler: 87
Trog-Tal: 93
Trogkante: 93
Trogschulter: 93
Tropen: 151
Tröpfchenbewässerung: 116
Tropopause: 139, 149
Troposphäre: 139
Tschernosem (Schwarzerde): 115
Tsunami: 62
U-Tal: 93
Überdüngung: 118
Überschuldungskrise: 296
Überschüttung: 117
Umwelt: 158ff.
Umweltprobleme: 249
UNDP-Bericht: 294

Ungleichheit, soziale: 187, 302, 318
United Nations Millenium Declaration: 297
Universalreligionen: 193
Universum: 38
Uno (Nationen, vereinte): 199
Unterentwicklung, Indikatoren der: 289
Unterentwicklung, Ursachen der: 283ff.
Unterernährung: 308 ff.
Untersuchungen der Plattengrenzen: 45
Untertagebau: 69
Urbanisierungsphase: 249
Urknall: 38
Urknalltheorie: 38
Urnebel, solarer: 38
UTC (Universal Time Coordinated): 23
V-Tal: 88
Varenius, Bernhardus: 13
Verbauungsmassnahmen: 128
Verfestigung: 67
Verkehr: 254ff.
Verkehrsleistungen: 255
Verkehrsorganisation: 259
Verkehrsplanung: 259
Verkehrsprobleme: 249
Verkehrssprache: 194
Verkehrswege: 255f.
Verkehrswege zu Wasser: 258
Versalzung: 118
Verschuldung: 325
Verstädterung: 176, 217
Versteinerung: 63
Verteilungsproblem: 310
Verursacherprinzip: 206
Verwerfung: 45, 71
Verwitterung: 83f.
Verwitterung, chemisch-biologische: 87
Verwitterung, chemische: 84f.
Verwitterung, mechanische: 84
Verwitterung, physikalische: 84
Verwundbarkeit (Vulnerabilität): 312
Vielfalt, ökologische: 313
Völkerbund: 199
Voraussetzungen, naturräumliche: 243
Vulkanausbruch, Vorhersagbarkeit des: 54
Vulkane, effusive: 48
Vulkane, explosive: 48
Vulkane, weltweit aktive: 47
Vulkanismus: 47ff.
Vulkanite: 49, 68

Vulkanologie: 47
Vulkantypen: 53
Vulnerabilität (Verwundbarkeit): 312
Wachstum: 169, 171, 178, 204
Wachstumsrate: 173
Wahrnehmungsräume städtischer Strukturen: 236f.
Waldseemüller, Martin: 13
Waldsterben: 158
Wandel, kultureller: 182
Warmfront: 154ff.
Warvenchronologie: 65
Wasser: 39
Wasserbau, Bundesgesetz über den: 127f.
Wasserbilanz der Schweiz: 123
Wasserbilanzgleichung: 123
Wasserkraft: 219f., 223
Wasserkreislauf: 122
Wasserschloss Europas: 122
Watt: 97
Wegener, Alfred: 42
Weiler: 268
Wellen, seismische: 56
Wellenkraftwerke: 225
Wellenzirkulation: 154
Weltall: 38
Weltbank: 305, 325f.
Weltbevölkerung: 168ff.
Weltbevölkerung, Entwicklung der: 168
Weltbevölkerung, Verteilung der: 170
Weltbild, geozentrisches: 13
Weltbild, heliozentrisches: 12
Weltreligionen: 193
Weltstadt: 254
Wertsystem: 180
Wertvorstellungen: 180, 189
Westwinde: 150
Wetter: 138ff.
Wettergeschehen in Mitteleuropa: 154
Wetterkarte: 146
Wildbach: 128
Wind: 146f.
Wind, geostrophischer: 149
Windenergie: 225
Windkanter: 95
Windrippel: 96
Windstärke: 147
Winkelmessung: 347
Wintersmog: 158
Wirtschaft: 205ff.

Register und Abbildungsnachweis

Wirtschaft und Raum: 205ff.
Wirtschaftsstruktur: 233
Wirtschaftssysteme, koloniale: 286
Wohlstand: 204, 217, 305
Wohnungsmangel: 250
Wolken: 143
Wolkengattungen: 145
Wurzeln, gemeinsame: 193
Wurzelsprengung: 85
Zehrgebiet: 91
Zeit: 22ff.
Zeitgleichung: 22
Zeittafel, geologische: 63, Nachsatz
Zeitzonen: 23
Zellen, fotovoltaische: 224
Zenit: 32
Zentralkrater: 49
Zentralmassiv: 76f.
Zentrum-Peripherie-Modell: 289
Zerfall, radioaktiver: 38f.
Zirkulation: 142
Zirkulation, planetarische: 149f.
Zonalzirkulation: 154
Zone, gemässigte: 151
Zone, kalte: 151
Zonenzeit: 23
Zungenbecken: 94
Zungenbeckensee: 94
Zusammenarbeit, internationale (IZA): 199, 320 ff.
Zusammenarbeit, multilaterale: 323
Zweischichttonmineralien: 111
Zwischeneiszeit: 79
Zyklone: 146
Zylinderprojektion: 340

Abbildungsnachweis

Umschlag
 Manfred Kaderli, keystone

Vorsatz
 Ernst Klett Verlag GmbH

1 Geografie und ihre Geschichte

Kapiteleinstieg: Ein kleiner Dorfladen bei Sljudjanka am Südende des Baikalsees in Russland, Martin Hasler

1.1 Hans-Rudolf Egli
1.2 Geografisches Institut Universität Bern, Martin Hasler
1.3–1.11 hep verlag

2 Planet Erde

Kapiteleinstieg: Mitternachtssonne zum Zeitpunkt der Sommersonnenwende (21. Juni) über dem nördlichsten Punkt des europäischen Festlandes, Aune Forlag

2.1 Vasiliy Rumyantsev
2.2–2.4 hep verlag ag
2.5 Peter Berger
2.6 Karlsruher Institut für Technologie (KIT), Karlsruhe
2.7 getty images
2.8 hep verlag
2.9 Peter Berger
2.10 hep verlag
2.11 weltchronik.de
2.12–2.20 hep verlag
2.21 Peter Berger
2.22–2.24 hep verlag
2.25 Sternwarte Singen
2.26 Landesmedienzentrum Baden-Württemberg
2.27 Peter Berger

Exkurs
 Peter Berger

3 Geologie

Kapiteleinstieg: Vulkanausbruch des Ätna in Sizilien 2005, keystone

3.1–3.6 hep verlag

3.7 Martin Hasler
3.8 R. E. Wallace
3.9 G. K. Gilbert
3.10–3.13 hep verlag
3.14 Adrian Pfiffner
3.15 Heiner Aebischer
3.16 Adrian Pfiffner
3.17 Patricia Schmid
3.18 Matthias Probst
3.19 hep verlag
3.20 hep verlag
3.21 M. Williams
3.22 hep verlag
3.23 Matthias Probst
3.24–3.27 hep verlag
3.28 Verlag Desertina, Chur
3.29 hep verlag
3.30/3.31 Verlag Desertina, Chur
3.32–3.34 hep verlag
3.35 Alex Leuenberger
3.36 Christoph Scherrer
3.37 Matthias Probst
3.38 hep verlag
3.39 Matthias Probst
3.40–3.46 hep verlag
3.47–3.49 Schweizer Luftwaffe
3.50 Claudia A. Trochsler aus «Schweiz Suisse Svizzera Svizra», Lehrmittelverlag des Kantons Zürich; bearbeitet durch den hep verlag
3.52 hep verlag
3.53 Westermann
3.54–3.56 hep verlag
3.57 Schweizer Luftwaffe

4 Geomorphologie

Kapiteleinstieg: Verwitterung, Transport und Ablagerungen wirken auf diese Landschaft im Südwesten Boliviens ein, Matthias Probst

4.1/4.2 Matthias Probst
4.3 hep verlag
4.4 Berner Münster-Stiftung, Bern
4.5 hep verlag
4.6 hep verlag; Olivier Rosenfeld
4.7/4.8 hep verlag
4.9 hep verlag; Priener Tourismus, Prien am Chiemsee
4.10 Schweizer Luftwaffe
4.11 hep verlag
4.12 hep verlag; Jürg Alean
4.13 hep verlag; Fabian Piller
4.14 hep verlag; Wengen Mürren Lauterbrunnental Tourismus AG
4.15 Schweizer Luftwaffe
4.16–4.18 Matthias Probst
4.19 Schweizer Luftwaffe
4.20/4.21 Matthias Probst
4.22 hep verlag
4.23 Heiner Aebischer
4.24 hep verlag
4.25 Matthias Probst
4.26 hep verlag
4.27 hep verlag
4.28 Martin Hasler
4.29 Schweizer Luftwaffe
4.30 hep verlag
4.31/4.32 Eidgenössische Forschungsanstalt WSL, Christian Rickli
4.33 Amt für Wald des Kantons Bern

Exkurs
   Schweizer Luftwaffe

5 Böden

Kapiteleinstieg: Waldböden als Übergangsbereich zwischen kalkigem Muttergestein und Atmosphäre bei Les Clées im Kanton Waadt, Matthias Probst

5.1–5.3 hep verlag
5.4 Wolfgang G. Sturny
5.5/5.6 hep verlag
5.7–5.10 Bodenökologie, WSL, Birmensdorf
5.11 P. Germann
5.12 H. Veit
5.13 Matthias Probst
5.14–5.16 Wolfgang G. Sturny
5.17–5.18 Martin Hasler
5.19 Matthias Probst

6 Hydrologie

Kapiteleinstieg: Wasserschloss Brugg, Schweizer Luftwaffe

6.1–6.4 hep verlag

6.5 Lukas Reber
6.6–6.8 Schweizer Luftwaffe
6.9 Hansruedi Egli
6.10 hep verlag
6.11 Schweizer Luftwaffe
6.12 Documenta Natura
6.13 hep verlag
6.14 geographie heute 259, Friedrich Verlag, Seelze, 2009

Exkurse
Kanderkorrektion
    Schweizer Luftwaffe
        hep verlag
Linthkorrektion
    hep verlag
        Schweizer Luftwaffe
Golfstrom
    hep verlag
El Niño
    hep verlag

7 Wetter und Klima

Kapiteleinstieg: Bettmeralp, Martin Hasler

7.1 Martin Hasler
7.2–7.4 hep verlag
7.5 Martin Hasler
7.6/7.7 hep verlag
7.8–7.9 Martin Hasler
7.10–7.24 hep verlag
7.25 L. Bauer, 2001
7.26 hep verlag

Exkurse
Ozonabbau
    hep verlag
Föhn
    Meteo Schweiz
    DLR
    Martin Hasler
Klimadiagramm
    Martin Hasler
Hurrikan
    hep verlag
    Satellitenbild der NOAA

8 Bevölkerung und Gesellschaft

Kapiteleinstieg: Srirangam, Tamil Nadu, Indien, Martin Hasler

8.1 hep verlag
8.2 Hans-Rudolf Egli
8.3–8.6 hep verlag
8.7 U.S. Census Bureau, 2000
8.8 Bundesamt für Statistik
8.9 hep verlag
8.10 Bundesamt für Statistik
8.11/8.12 Martin Hasler
8.14/8.15 hep verlag
8.16 Le Monde diplomatique
8.17 Martin Hasler
8.18 hep verlag
8.19 Peter Bieri
8.21–8.25 hep verlag
8.26 geographie heute 166/1998
8.27 Le Monde diplomatique
8.28 hep verlag
8.29 Le Monde diplomatique

Exkurse
Ausbreitung der Menschheit
    hep verlag
    Ullsteinbild
Thomas Robert Malthus
    hep verlag

9 Wirtschaft und Raum

Kapiteleinstieg: Raffinerie Cressier in der Nähe von Neuenburg, Schweizer Luftwaffe

9.1–9.3 hep verlag
9.4 Schweizer Luftwaffe
9.5 IP-Suisse
9.6 Bio Susisse
9.7 hep verlag
9.9 Rivella
9.10 Le Monde diplomatique
9.11 Alpines Museum Bern
9.12 hep verlag
9.13 Silvan Aemisegger
9.14 hep verlag
9.15/9.16 Bundesamt für Energie
9.17 Schweizer Luftwaffe

9.18 hep verlag
9.19 Lehrmittelverlag des Kantons Zürich (Claudia A. Trochsler aus «Schweiz Suisse Svizzera Svizra»)
9.20 BKW
9.21/9.22 Lehrmittelverlag des Kantons Zürich (Claudia A. Trochsler aus «Schweiz Suisse Svizzera Svizra»)
9.23 Schweizer Luftwaffe
9.24 Stefan Manser

Exkurse
BG 3000
   BG 3000
Ruhrgebiet
   Lehrmittelverlag des Kantons Zürich (Claudia A. Trochsler aus «Europa Menschen, Wirtschaft, Natur»)
   Hansruedi Egli
Malediven
   getty images

10 Stadt und Verkehr

Kapiteleinstieg: Stadt-Landschaft Zürich, Schweizer Luftwaffe

10.1 Schweizer Luftwaffe
10.2/10.3 hep verlag
10.4 Geographisches Institut der Universität Bern
10.5 hep verlag
10.6 Geographisches Institut der Universität Bern
10.7 hep verlag
10.8/10.9 Geographisches Institut der Universität Bern
10.10 hep verlag
10.11 Geographisches Institut der Universität Bern
10.13 Geographisches Institut der Universität Bern
10.14–10.16 Hans-Rudolf Egli
10.17/10.18 hep verlag
10.19 Geographisches Institut der Universität Bern
10.20/10.21 hep verlag
10.22 10.24 Geographisches Institut der Universität Bern
10.25 hep verlag ag
10.28 Geographisches Institut der Universität Bern
10.29 hep verlag
10.30 Bundesamt für Strassen 2009
10.31 Geographisches Institut der Universität Bern
10.32 Hans-Rudolf Egli
10.33 Swisstopo, reproduziert mit der Bewilligung von swisstopo (BA 091701)

Exkurse
Stadt Almere
   Geographisches Institut der Universität Bern
NEAT
   hep verlag
   Geographisches Institut der Universität Bern

11 Landschaftswandel und Raumplanung

Kapiteleinstieg: Haute Nendaz 1948 (links) und 2000 (rechts), Schweizer Luftwaffe

11.1/11.2 Schweizer Luftwaffe
11.3 Hambloch 1982
11.4/11.5 Schweizer Luftwaffe
11.8 Schweizer Luftwaffe
11.9 hep verlag
11.10 Schweizer Luftwaffe
11.11 Nebelspalter
11.12 hep verlag

Exkurse
Landschaftswandel
   Schweizer Luftwaffe
Nutzungszonenplan
   BSB+Partner
   Schweizer Luftwaffe

12 Entwicklung und Umwelt

Kapiteleinstieg: Taglöhnerin bei der Tee-Ernte in Kweminyasa, Pare-Mountains, Tansania. Sylvia Lörcher, Centre for Development and Environment (CDE), Universität Bern

12.1 Bearbeitet auf der Grundlage von Danny Quah, London School of Economics. http://dq6bn.blogspot.com/2007/09/global-balance-and-equality.html
12.2 Sabin Bieri
12.3 Sylvia Lörcher
12.4 Sabin Bieri
12.5 Le Monde diplomatique
12.6 Sabin Bieri
12.7 Udo Höggel, CDE, Universität Bern
12.8 hep verlag
12.9 Werner Dettli
12.10 Millenniumskampagne (www.unkampagne.de)

12.11/12.12 hep verlag
12.13 Le Monde dimplomatique
12.14 Messerli P, Heinimann A, Epprecht M, Phonesaly S, Thiraka C, Minot N, editors. 2008: Socio-Economic Atlas of the Lao PDR – an Analysis based on the 2005 Population and Housing Census. Swiss National Center of Competence in Research (NCCR) North-South, University of Bern, Bern and Vientiane: Geographica Bernensia
12.15 hep verlag
12.16 Photo- und Presseagentur FOCUS, Peter Menzel
12.17 Klaus Tränkle
12.18 Werner Dettli
12.19 Sabin Bieri
12.20 Udo Höggel, CDE, Universität Bern
12.21 Sabin Bieri
12.22 Karl Herweg
12.23 Sabin Bieri
12.24 hep verlag
12.25 WWF, Helene Sironi

13.22 hep verlag
13.23 Schweizer Luftwaffe
13.14 Geographisches Institut der Universität Bern
13.25 Keystone
13.26 hep verlag
13.27 NASA
13.28 Amt für Geoinformation Kanton Solothurn

Exkurse
AIDS
    hep verlag
Karité-San
    Stéphanie Roschi, Intercooperation
    Ernst Gabathuler, CDE, Universität Bern
    Délégation Intercooperation-Sahel
Ökologie
    hep verlag

13 Geografische Arbeitsmethoden

Kapiteleinstieg: Kartenarbeit im Gelände, Martin Hasler

13.1–13.4 hep verlag
13.5–13.8 Swisstopo, reproduziert mit der Bewilligung von swisstopo (BA 100476)
13.9 hep verlag
13.10 hep verlag
13.11 Swisstopo, reproduziert mit der Bewilligung von swisstopo (BA 100476)
13.12/13.13 hep verlag
13.1413.17 Swisstopo, reproduziert mit der Bewilligung von swisstopo (BA 100476)
13.18 hep verlag
13.19 INGOLDVerlag, Herzogenbuchsee
13.20 Schweizer Luftwaffe
13.21 Westermann